張大可文集

第二卷

史記研究

创于1897
商務印書館
The Commercial Press

图书在版编目(CIP)数据

史记研究/张大可著．—北京：商务印书馆，2013
(张大可文集)
ISBN 978－7－100－09393－4

Ⅰ．①史…　Ⅱ．①张…　Ⅲ．①中国历史-古代史-纪传体 ②《史记》—研究　Ⅳ．①K204.2

中国版本图书馆 CIP 数据核字(2012)第 202565 号

史记研究
张大可　著

商　务　印　书　馆　出　版
(北京王府井大街 36 号　邮政编码 100710)
商　务　印　书　馆　发　行
北京德富泰印务有限公司
ISBN 978－7－100－09393－4

2013 年 1 月第 1 版　　开本　640×980　1/16
2013 年 1 月北京第 1 次印刷　　印张　40

定价：160.00 元

内容提要

本卷《史记研究》编列文集为第二卷，共收论文三十二篇，分为八组。第一组论文三篇，总论司马迁其人其书，兼及司马谈作史研讨。第一篇《司马迁评传》，为领起全书的序论。第二组论文六篇，研讨《史记》疑案，为司马迁生卒年、太史公释名、《史记》断限、《史记》残缺与补窜诸问题，这些是老生常谈的课题，却另有新意。第三组论文六篇，剖析《史记》编纂学，探索司马迁的史学理论与史学研究方法。第四组论文三篇，研讨司马迁一家言之界说与历史观。第五组论文三篇、第六组论文四篇，专题研讨司马迁的政治思想、经济思想、民族思想、战争思想，开拓了《史记》研究的新领域。第七组论文四篇，评说创建西汉的盖世英雄人物，涉及刘邦、张良、萧何、韩信四位历史人物。第八组论文三篇，总结当代《史记》研究应注意的若干问题。附录书评四篇，表达学术界的关注。《史记研究》是作者数十年研究《史记》最具代表的成果，《司马迁评传》、《史记二十讲》均是《史记研究》的延伸，其中若干问题直接转化在《司马迁评传》和《史记二十讲》中。《史记研究》已连续出了三版，论文篇数不断增加。第一版，1985 年甘肃人民出版社出版，收文 24 篇；第二版，2000 年华文出版社出版，收文 32 篇；第三版，2011 年商务印书馆出版，收文三十九篇。本次收入文集是第四版，以商务版为基础有较大调整。其中有 14 篇论文，重点是对《史记》文学艺术的研讨，已转化在《司马迁评传》和《史记二十讲》中，为避免重复而删除，另增补论文七篇，总计三十二篇。

目　录

司马迁评传 …… 1
《史记》成书的历史条件 …… 34
司马谈作史考论述评 …… 49
司马迁生卒年考辨辨 …… 62
司马迁生于建元六年说之新证评析 …… 92
太史公释名考辨 …… 106
《史记》断限考略 …… 122
《史记》残缺与补窜考辨 …… 144
《史记》续补与亡篇散论二题 …… 166
《史记》体制义例 …… 179
《史记》取材 …… 202
《史记》论赞 …… 235
《史记》互见法 …… 249
《史记》十表之结构与功用 …… 265
《史记·将相表》之结构与倒书 …… 279
司马迁的一家之言 …… 296
司马迁一家言之界说 …… 317
司马迁的历史观 …… 333
司马迁写当代史表述的政治观 …… 353
司马迁的经济思想 …… 371
司马迁的民族一统思想 …… 386
司马迁的战争观 …… 401

司马迁写秦赵长平之战 …… 422
司马迁写秦王翦灭楚之战 …… 440
司马迁写汉武帝征伐匈奴 …… 445

论刘邦 …… 462
论三杰归汉 …… 476
论韩信功业 …… 532
韩信诚蒙冤　谋反亦不诬 …… 561

《史记》中的抵牾与疏漏 …… 572
司马迁研究中值得注意的问题 …… 582
三十年来史记研究述评 …… 601

附录:书评三篇,书摘一篇

一本系统研究司马迁的论集问世
——读张大可《史记研究》 …… 617
史记研究的新成果
——评介张大可的《史记研究》 …… 621
颇具特色的史学论集
——试评《史记研究》 …… 628
书摘:《史记学史略》对《史记研究》的评述二则 …… 631

司马迁评传

《史记》是我国第一部纪传体通史，西汉司马迁撰。

司马迁字子长，西汉左冯翊夏阳（今陕西韩城南芝川镇）人。他生于汉景帝中元五年（前 145 年），卒于昭帝之初（前 86 年左右），享年约六十岁[①]。司马迁的一生恰与雄才大略的汉武帝相终始，正值西汉鼎盛时期，也是中国封建制度确立以后的第一个盛世，政治、经济、军事、文化各方面都出现了空前蓬勃的发展局面。司马迁降生在这个盛世，完成了空前的历史巨著，正是应运而生。

一、司马迁生活的时代

西汉是在秦末农民大起义后建立的一个统一的封建帝国。西汉初建时，社会经济凋敝，国穷民贫，“自天子不能具醇驷，而将相或乘牛车”，“民失作业而大饥馑”[②]，汉朝统治者为了赢得农

① 司马迁的生卒年，学术界争论很大，各有五六种说法，迄今无定论。我们经过细密的综合考察，认为王国维立论有据，故从之。

② 《汉书》卷二四《食货志上》。

民的拥护和重建地主经济，实行“休养生息”的政策，提倡“清静无为”的黄老思想，巩固了统治地位。经过高、惠、文、景四代的经营，到司马迁成长的汉武帝初年，达到了空前的繁荣。司马迁说：“汉兴七十余年之间，国家无事，非遇水旱，则民人给家足，都鄙廪庾皆满，而府库余货财。京师之钱累巨万，贯朽而不可校，太仓之粟，陈陈相因，充溢露积于外，至腐败不可食。众庶街巷有马，阡陌之间成群，乘字牝者，摈而不得聚会。”① 农业、手工业和商业都得到了发展。“海内为一，开关梁，弛山泽之禁，是以富商大贾周流天下，交易之物莫不通”②。全国兴起了几十个大都会。随着封建政权的巩固和经济的发展，学术文化也繁荣起来。汉武帝即位，锐意兴革。对外用兵，抗匈拓土；对内兴作，多所建树。他访求和超拔人才，“群士慕响，异人并出”，“汉之得人，于兹为盛”③，造成了西汉政治、经济、军事、文化的极盛。西汉各方面的代表人物都涌现了出来，表现了这是一个非常灿烂的时期④。这一宏阔昂扬的时代精神，就是司马迁撰述《史记》的历史背景。

清代学者钱大昕指出，《史记》的微旨有三：“一曰抑秦，二曰尊汉，三曰纪实。”⑤ 三者之中，“尊汉”实为《史记》撰述之大旨。所谓“尊汉”，就是宣扬汉家一统带来的天下大治。因为中央集权制度，在汉武帝手里才巩固下来，这在当时还是新生事物，也是中国古代历史长期发展的结果，需要在意识形态上为它大喊大叫。这一点司马迁有着深刻的见解。他说：

> 昔虞、夏之兴，积善累功数十年，德洽百姓，摄行政事，考之于天，然后在位。汤、武之王，乃由契、后稷修仁行义十余世，不期而会孟津八百诸侯，犹以为未可，其后乃

---

① 《史记》卷三〇《平准书》。

② 《史记》卷一二九《货殖列传》。

③ 《汉书》卷五八《公孙弘卜式儿宽传》。

④ 范文澜：《中国通史简编》修订本第二编，人民出版社 1964 年版，第 39 页。

⑤ 《潜研堂文集》卷三四《与梁耀北论史记书》。

放弑。秦起襄公，章于文、缪，献、孝之后，稍以蚕食六国，百有余载，至始皇乃能并冠带之伦。以德若彼，用力如此，盖一统若斯之难也①。

可是在秦汉之际，“五年之间，号令三嬗，自生民以来，未始有受命若斯之亟也”②。在剧烈的变动之中，司马迁看到了历史走向一统的方向。他为了探索这一历史的发展原因，追溯到了古代，写成了一部贯通的历史书。他引用孔子的话说：“我欲载之空言，不如见之于行事之深切著明也。”③ 所谓“空言”，指的是理论说教，例如董仲舒讲的《春秋》大一统，就是思辨哲学；“见之于行事”，指的是总结历史经验，发展史学。在西汉初年，总结秦亡汉兴的历史，是一个具有紧迫感的现实问题。贾谊的《过秦论》、贾山的《至言》等政论就具有作历史总结的内容。贯穿于《史记》全书的精神是得民心者得天下、失民心者失天下。这本是儒家学派宣扬的王天下的理论。但是，司马迁通过生动的历史叙述来说明这条真理，完满地回答了为什么秦亡汉兴的复杂历史。司马迁肯定秦始皇的统一之功，评价秦取天下“多暴”，然“世异变，成功大”④，但是对秦朝的暴虐统治却作了无情的批判，所谓“抑秦”者指此。司马迁的这种观点，是朴素的唯物主义历史观，在一定程度上反映了人民群众的一些愿望。这说明司马迁是自觉地认识到了时代的要求而总结历史的。

统一的西汉王朝，不仅提出了总结历史的要求，而且提供了修史条件。秦汉时代的书籍主要是用竹木简牍书写，阅读和传播都十分困难，大量书籍藏于皇室。秦始皇“燔灭文章，以愚黔首”⑤，国家所藏《诗》、《书》典籍及诸侯史记都被烧光了⑥，并禁止民间藏书读书。汉朝建立后，废除了挟书律，鼓励民间献

①② 《史记》卷一六《秦楚之际月表序》。

③ 《史记》卷一三〇《太史公自序》。

④ 《史记》卷一五《六国年表序》。

⑤ 《汉书》卷三〇《艺文志》。

⑥ 《史记》卷一五《六国年表序》。

书。班固说："汉兴，改秦之败，大收篇籍。广开献书之路"，汉武帝时"建藏书之策，置写书之官，下及诸子传说，皆充秘府"①。于是，"百年之间，天下遗文古事，靡不毕集太史公"②。司马谈、司马迁父子相继为史官，充分利用了这一条件，成为最博学的人。《史记》虽为私修之史，但并不是一部隐秘之作，司马氏父子是以皇室史官身份修撰的，得到了官家之助。司马迁不仅"紬史记石室金匮之书"，而且动用了官府的人力，那些"写书之官"就是太史令属下的书史。学术界评价《史记》，以后世个人撰述的观念过分强调司马迁的私撰，是不妥当的。

西汉文景之世，实行开明政治，贾谊、贾山等人曾发动过一场批判秦朝暴政的运动，思想界很活跃。这样的历史背景也为司马迁畅抒己志，"成一家之言"创造了条件。

上述种种，说明盛大的西汉王朝对于司马迁修撰《史记》提出了时代的要求，提供了修史的条件。但是，历史是在不断地演化着的。司马迁生活的时代，既是一个光辉灿烂的统一盛世，同时也是一个阶级矛盾激烈发展着的时代。汉初休养生息，使皇室、封君、官吏及整个地主阶级享受了太平盛世的福音，"蓄积岁增，户口寖息"。但是广大的劳动人民却因遭受豪右的侵凌、地租及高利贷的剥削，加上对国家沉重的赋役负担而走向贫困，卖爵鬻子，日有所闻。文帝时的贾谊就发出了"安有为天下阽危者若是而上不惊者"的慨叹③。汉初奉行无为政治，而"四夷未宾，制度多阙"④。这种局势要求汉武帝必须对经济基础及上层建筑进行大规模的改革和发展。所以，汉武帝的多欲是历史发展的必然。汉武帝的作为，基本上是应该肯定的。但是，由于汉武帝无节制地使用民力，在他统治的后期造成了"海内虚耗，户口减半"的残破局面⑤。太初四年（前 101 年），贰师将军李广利征大

---

① 《汉书》卷三〇《艺文志》。
② 《史记》卷一三〇《太史公自序》。
③ 《汉书》卷二四《食货志上》。
④ 《汉书》卷五八《公孙弘卜式儿宽传》。
⑤ 《汉书》卷七《昭帝纪》。

宛还，西域归附，汉武帝的事业达到了它光辉的顶点。此后，繁荣的西汉王朝就从顶峰开始跌落，一步步走向衰败。司马迁创作的鼎盛时期在太初、天汉之际，恰值西汉王朝由盛入衰。也就是说，司马迁在受李陵祸之前已经碰到了理想与现实之间的矛盾。这种时局的变化不能不给予司马迁的思想方法以及《史记》的内容打下深刻的烙印。所以《史记》的主题既是尊汉，为巩固中央集权的西汉王朝服务，却又暴露了一些专制主义的黑暗，讥讽汉朝皇帝的一些隐私。《史记》所呈现出来的内容上的矛盾，正是与司马迁所生活的时代脉搏息息相关的。

二、家学渊源和师承

司马迁追叙先世，祖源久远，为传说的颛顼时代掌管天地的重黎氏之后。重黎氏历经夏、商，世世代代职掌天地。到了周代，重黎氏后代有个封于程的伯爵休甫，做了司马这个官，从此程伯休甫这一支姓司马氏。司马氏在周宣王时重掌史职，世守其业，到东周惠王、襄王时，王室内乱，司马氏去周适晋，分散在各个地方，战国时出了不少的名人。司马迁祖上这一支，公元前621年因晋室内乱而奔秦，迁居少梁。少梁，即今陕西韩城，古梁国，附属于晋，在公元前641年为秦穆公所灭。秦惠王十一年（前327年）改名夏阳，隋以后更名韩城。

司马迁在《太史公自序》中说："迁生龙门，耕牧河山之阳，年十岁则诵古文。"龙门，山名，横跨在黄河两岸，东段在山西河津县北，西段在陕西韩城县北约五十里。黄河穿越龙门，"两岸皆断山绝壁，相对如门，惟神龙可越，故曰龙门"[①]。传说每年暮春，总有成千条鲤鱼游聚龙门山下，跳跃龙门，跳上去的就成龙升天。这种传说给人们的想象增添了驰骋的翅膀，使龙门成了神圣之地，其名悠久，载于《尚书·禹贡》。所以司马迁引龙门

① 乾隆《韩城县志》卷一。

以重桑梓，自称生于龙门。司马迁的实际生地在韩城县南二十里的芝川镇。司马迁自述他的六世祖司马靳葬华池，四世祖司马昌、曾祖司马无泽、祖司马喜皆葬高门。华池离高门三里，均在芝川镇西北。相邻有司马坡，今存有司马迁祠墓。至于“耕牧河山之阳”，更不能按字面理解，认为司马迁从小过着耕牧的生活。司马迁祖上颇有产业，祖父司马喜在汉文帝时为五大夫。五大夫为第九级爵，汉初七级以上为高爵，有食邑。司马喜无功勋显绩，在文帝时得五大夫爵是用四千石粟买来的。汉文帝纳晁错策，颁布卖爵令。富人入粟实边，最高爵可买至五大夫，复一人。四千石粟相当于四十户五口之家自耕农家庭的收入。所以“耕牧河山之阳”，指的是司马迁在乡间度过了他的美好童年。这是司马迁的父亲司马谈有意识地把司马迁留在乡下龙门接受山川的陶冶，培养他具有开阔的胸怀和热爱山川人民的感情，为他的二十壮游打下生活的基础。

司马谈是汉武帝时代的太史令，仕于建元元封之间。虽然太史令厕于下大夫之列，秩比六百石，仅与一个博士官的俸禄相等，但司马谈十分珍惜这一职掌，把它视为自上古以来的世传祖业。司马谈重视这一职掌，为的是完成他的修史理想，所以遗命司马迁必为太史。司马谈用“世典周史”这一光荣家谱来教育司马迁，启发他肩负历史的使命，成长为一个自觉的历史家。司马迁从小受到严格的教育，十岁时就能诵读《左传》、《国语》、《世本》等古代史籍了。司马谈出仕在京师，司马迁“耕牧河山之阳”，少年时期未在父亲身边而能“十岁诵古文”，由此可见司马氏之家规家教的谨严。当青年司马迁来到父亲身边成为他的修史助手的时候，老人的思想品格和学问所给予的影响更是不可估量的。元朔二年（前 127 年），司马迁十九岁。这一年汉武帝徙郡国豪杰及訾三百万以上于茂陵。司马迁一家也徙移到茂陵，属籍显武里。司马迁来到了父亲的身边。

司马谈卒于元封元年（前 110 年），生年不详。他是一个学识渊博的学者，学天官于唐都，受《易》于杨何，习道论于黄子。唐都、杨何、黄子这三个人都是西汉时代活跃于朝廷的大学问家。天官是天文学，由于古人观测天上的日月星辰，赋以君臣、尊卑、百官之称，所以称天文学为天官。唐都是著名的天文学家。《史记·历书》说："至今上即位，招致天下方士唐都，分其天部。"晚年他还和司马迁、落下闳一起参与了太初历的改制工作，也是司马迁的师长。《易》讲阴阳吉凶，杨何是汉初著名的《易》学专家，字叔元，菑川（今山东寿光县）人，在《史记》、《汉书》两书的《儒林传》中均有传。司马谈学天官和《易》，这是史官必备的知识和职掌。这些知识又传给了司马迁。所以司马迁对历法、天文、阴阳等专门知识也十分精通。道论是文景时代的官方哲学。黄子就是景帝时的博士黄生，他曾在汉景帝面前与儒生《诗》博士辕固生展开了一场汤伐桀、武王伐纣的辩论。黄生认为"汤武非受命，乃弑也"意在禁绝一切臣民暴动，维护汉家政权。辕固生鼓吹汤武革命，是为刘邦取得天下而辩护。所以文景时期的儒道之争并非正统思想与异端思想之争，而是统治集团内部不同的思想派别之争。汉武帝初年，司马谈《论六家要旨》与董仲舒的独尊儒术思想相对立，也是这样的。《论六家要旨》十分推尊道论，表现了成长于文景时代的司马谈所受黄老思想的影响很深，但并不能据此证明司马谈是一个道家的信徒。效《春秋》而作《史记》就是司马谈的理想。他还指导司马迁广博地学习百家之学，特别是把儒学放在首位。司马迁在京师拜了两个儒学大师为老师。一个是今文学大师董仲舒，司马迁向他学习《公羊春秋》，接受大一统思想；再一个是古文学大师孔安国，司马迁长期向他学习《古文尚书》，《史记》中多所征引。司马迁在这样的家学和师承熏陶下，成长为一个博学的历史学家，这是别人所不能具备的主观条件。

三、二十壮游

汉武帝元朔三年（前126年），司马迁二十岁，正当盛壮之年，怀抱着凌云壮志，进行了一次全国漫游的学术旅行。《太平御览》引卫宏《汉旧仪》说："司马迁父谈世为太史，迁年十三，使乘传行天下，求古诸侯之史记。"[①]《西京杂记》文略同[②]。这个故事是卫宏记载的传闻遗事，从年龄上说与《太史公自序》云"二十而南游"不符，是不可信的。但这个传闻与《自序》所说"网罗天下放失旧闻"的目的相合，说明司马迁的二十壮游是走出书斋，面向社会做调查，了解和搜求古代与近现代的历史传说故事及各种史料。此行是在司马谈的决定和指导下进行的。也是父亲对儿子的一场考验。司马迁圆满地完成了这次学术旅行，求得了许多闻所未闻的知识，在《史记》许多篇章的论赞中一再论及旅游的收获。这标志着司马迁已经成长为一个成熟的青年史学家，是父亲的一个好帮手了。

司马迁壮游范围的重点在南方，故自述为"二十而南游江、淮"。司马迁从京师长安出发东南行，出武关至宛。南下襄樊到江陵。渡江，溯沅水至湘西，然后折向东南到九疑。窥九疑后北上长沙，到汨罗屈原沉渊处凭吊，越洞庭，出长江，顺流东下。登庐山，观禹疏九江，辗转到钱塘。上会稽，探禹穴。还吴游观春申君宫室。上姑苏，望五湖。之后，北上渡江，过淮阴，至临淄、曲阜，考察了齐鲁地区的文化，观孔子留下的遗风。然后沿着秦汉之际风起云涌的历史人物的故乡、楚汉相争的战场，经彭城，历沛、丰、砀、睢阳至梁（今开封），回到长安[③]。

二十壮游是司马迁一生中的一件大事，他不满足于"天下遗文古事，靡不毕集太史公"的书本知识，有目的有计划地到全国各地去做实地考察，接触伟大祖国壮丽的河山和勤劳的人民。司马迁"浮于沅、湘"，追寻屈原的足迹，思考古往今来的历史变

---

① 《太平御览》卷二三五。

② 《西京杂记》卷六。

③ 司马迁一生的游历有三种情况：（一）二十壮游，（二）奉使巴蜀以南之游，（三）扈从之游。《史记》中记载的游历资料计有十五条。即《五帝本纪赞》、《河渠书赞》、《齐太公世家赞》、《魏世家赞》、《伯夷列传》、《孔子世家赞》、《孟尝君列传赞》、《魏公子列传赞》、《春申君列传赞》、《屈原贾生列传赞》、《蒙恬列传赞》、《淮阴侯列传赞》、《樊郦滕灌列传赞》、《龟策列传》、《太史公自序》。司马迁二十壮游的范围和路线就是根据上述资料勾勒的一个大致的线索，并参阅了王国维的《太史公行年考》。

迁，想着屈原的为人，禁不住悲伤流涕。司马迁在长沙还凭吊了贾谊的遗迹，感到他的遭遇和屈原有些相似，后来写了《屈原贾生列传》，创造了把不同时代人物合传的形式，这是历史比较法的雏形。《史记》中的类传则是历史比较法的集中表现。这种方法使《史记》别开生面，大约就是司马迁在壮游过程中受到民间传说的启发而孕育成的。司马迁“上会稽，探禹穴”、“窥九疑”，搜集了关于五帝三代的古史传说，为他后来写《五帝本纪》和《夏本纪》作了准备。最值得称赞的是，司马迁在淮北对近现代史做了深入细致的寻访调查，比如陈涉少为佣耕有鸿鹄之志的慨叹、樊哙屠狗、曹参为狱掾、萧何为主吏、张良亡下邳、陈平为社宰、周勃织薄曲、韩信贫居葬母高敞地、刘邦好酒及色等等，都是书本上没有的知识。两千年前的司马迁具有这样的实践精神，真是难能可贵。

司马迁的游历考察，兼有历史家和文学家的兴趣。对于历史事件，大至秦始皇的破魏战争，小至战国时的一个城门名字，他都要力求掌握第一手的资料。除历史事件外，有关人物遗事、生动的民间歌谣俚语，无不广泛地做了记载。至于山川地理、古今战场更是了如胸中。顾炎武评论说：“秦汉之际，兵所出入之途，曲折变化，唯太史公序之如指掌。山川郡国不易明，故曰东曰西曰南曰北，一言之下，而形势了然。盖自古史书兵事地形之详，未有过此者。太史公胸中固有一天下之势，非后代书生之所能讥也。”① 这是司马迁在史事方面所得游历之助。苏辙云：“太史公行天下，周览四海名山大川，与燕赵间豪俊交游，故其文疏荡，颇有奇气。岂尝执笔学为如此之文哉？其气充乎其中而溢乎其貌，动乎其言，见乎其文，而不自知也。”② 这是司马迁在文章辞采风格方面所得游历之助。总之，司马迁二十壮游，不仅使他获得了广博的社会知识，搜求了遗文古事；而且开阔了视野，扩展了胸怀，增长了他的识见和才干。这是《史记》成功的条件之

① 《日知录》卷二六《史记通鉴兵事》条。
② 《栾城集》卷二三《上枢密韩太尉书》。

一，在今天也是值得我们借鉴的。

四、从入仕郎中到太史令

司马迁从元朔三年壮游到元鼎六年以郎中身份奉使巴蜀，其间有十六年。这期间，司马迁的重大活动，一是壮游，二是从孔安国问故，三是入仕为郎中。司马迁的二十壮游用了多少时间，文献没有记载，以情理推论，至少要花费一两年时间。孔安国为博士在元朔二年，元狩五年为谏大夫，元狩六年出为临淮郡太守，那么司马迁从孔安国问故，应当是在他壮游归来至元狩六年之前这一段时间是没有疑问的。这期间，司马迁时年二十三四至二十七八。

司马迁出仕为郎中，据施丁的考证在元狩五年（前118年）①，司马迁二十八岁。他在《报任安书》中说："仆赖先人绪业，得待罪辇毂下二十余年矣。"依王国维的考订，《报任安书》作于太始四年（前93年）。从元狩五年到太始四年为二十五年，即便是到征和二年（前91年），也只有二十七年，与《报任安书》完全吻合。

汉朝的郎官系统有议郎、中郎、侍郎、郎中四级。议郎、中郎秩比六百石，侍郎比四百石，郎中比三百石。郎官无定员，可多至上千人，职务是"掌守门户，出充车骑"②，为皇帝的侍从，多由二千石高官子弟和富家子弟充任。郎官积资外迁，往往得为长吏，出守地方为令、长，是仕进的阶梯，平常亲近皇帝，所以人们感到很荣耀。司马迁虽然做的是最低级的小郎官，但在等级森严的封建制度下，他由一个秩比六百石的史官儿子得为郎中，已经是破格的了。由于司马迁超群绝逸的才干，很得汉武帝的信任。武帝从元鼎四年起巡行郡县、祭祀五帝、东巡封禅，司马迁

① 施丁的考证，见其所著《司马迁行年新考》，陕西人民教育出版社1995年版，第19—23页。

② 《汉书》卷一九《百官公卿表上》。

常为侍从。

元鼎四年，汉武帝周游河、洛，观省民风。元鼎五年西登空桐，北出萧关，带领数万骑打猎于新秦中，气派十分雄伟壮观。扈从武帝的司马迁，在观赏这些场面之后必定激发起无限的豪情。司马迁在《史记》中擅长于激烈场面的表现，是和他几十年扈从武帝的豪放巡游分不开的。元鼎六年春，武帝东巡至汲新中乡，发出了征略西南夷的命令，司马迁奉使巴蜀以南地区，设置新郡。这次奉使，给司马迁开拓了一个新领域，使他有机会深入民族地区做调查研究，为他后来在《史记》中首创民族史传提供了生活的实践舞台，是值得大书一笔的。

元封元年（前110年），司马迁三十六岁。这一年汉武帝东巡泰山封禅，太史令司马谈作为顾问随从东行。但他到了洛阳就病倒了。正在这时，司马迁奉使归来，见到了病危的父亲。司马谈拉着儿子的手，悲伤地留下了遗言，他要司马迁矢志继承自己的事业和理想，做太史令，完成通史著作。司马迁终生难忘，他在《太史公自序》中做了极为亲切感人的记载。司马谈说：

> 余先周室之太史也。自上世尝显功名于虞夏，典天官事。后世中衰，绝于予乎？汝复为太史，则续吾祖矣。今天子接千岁之统，封泰山，而余不得从行，是命也夫，命也夫！余死，汝必为太史，为太史，无忘吾所欲论著矣。且夫孝始于事亲，中于事君，终于立身。扬名于后世，以显父母，此孝之大者。夫天下称诵周公，言其能论歌文武之德，宣周邵之风，达太王王季之思虑，爰及公刘，以尊后稷也。幽厉之后，王道缺，礼乐衰，孔子修旧起废，论《诗》、《书》，作《春秋》，则学者至今则之。自获麟以来四百有余岁，而诸侯相兼，史记放绝。今汉兴，海内一统，明主贤君忠臣死义之士，余为太史而弗论载，废天下之史文，余甚惧焉，汝其念哉！

从上引司马谈的临终遗言，可以看到他伟大的抱负和理想。

司马谈的作史理想有三端：一曰效周公，“歌文武之德”；二曰继《春秋》，“修旧起废”，为后王立法，为人伦立准则；三曰颂汉兴一统，论载“明主贤君忠臣死义之士”。合此三端，即构成了以人物为中心，以帝王将相为主体的纪传史，颂汉家一统之威德。这正是秦汉中央集权政治在学术思想上符合逻辑的反映，也就是当时的时代思想。司马迁在父亲的熏陶培育下也以修史为己任，具有崇高的理想。父子两人的理想是一致的。司马迁恳切地低下头来，流着眼泪向父亲起誓说：“小子不敏，请悉论先人所次旧闻，弗敢阙。”司马迁守丧三年后，果然遵循父亲的临终遗训，在元封三年（前 108 年），继任为太史令。这一年司马迁三十八岁。

太史令是皇帝身边最重要的历史顾问，重大制度的兴革和典礼仪节均有太史令参加讨论。司马迁为太史令的第五年，即太初元年（前 104 年），汉武帝颁布了新历，定名太初历，并改年号为太初。改历是封禅活动的继续，封禅象征新王朝受命于天地，改历象征受命的完成。汉武帝完成封禅改历是划时代的壮举，神圣非凡。司马迁躬逢其时，参与其事，激动不已。他想起了父亲的遗训，仿佛像洪钟一样响在耳边：

> 太史公曰：“先人有言：自周公卒五百岁而有孔子。孔子卒后至于今五百岁，有能绍明世，正《易传》，继《春秋》，本《诗》、《书》、《礼》、《乐》之际？意在斯乎！意在斯乎！小子何敢让焉！”①

司马迁对自己肩负的历史使命作了反省，他认为继《春秋》的撰述工作应加紧进行，“于是论次其文”。学术界有人认为司马迁在太初元年开始述作《史记》，这是一种误解。撰述《史记》发凡起例于司马谈，我们从他临终时父子的对话中就可了解资料的整理工作已初具某种规模。所以司马谈一则曰：“汝复为太史，

---

① 《史记》卷一三〇《太史公自序》。

则续吾祖矣。”再则曰：“余死，汝必为太史，为太史，无忘吾所欲论著矣。”三则曰：“汝其念哉！”司马迁回答说：“小子不敏，请悉论先人所次旧闻，弗敢阙。”司马迁二十壮游是作为父亲的修史助手而“网罗天下放失旧闻”的。《史记》是父子两代人毕生的心血结晶，前后撰述达三四十年之久。司马迁的正式撰述当从元封三年为太史令算起。由此可见，太初元年的“于是论次其文”，乃是编次、定稿，一篇一篇地写定。

《史记》完成后，司马迁定名为《太史公书》，意思是太史公所著之书。太史公是司马迁对太史令父亲的尊称。司马迁还把自己的工作看做是继承父亲完成了未尽之功，所以在论赞中均标为“太史公曰”。从这里可以看到司马迁对父亲充满了神圣的尊敬。但是司马迁的伟大就在于他不是一个墨守成规的教条主义者，他大胆创新以成“一家之言”。司马谈发凡起例，“述陶唐以来，至于麟止”。司马迁延伸上限，“起于黄帝”，延伸下限，“迄于太初”。司马迁说：“余述历黄帝以来，至太初而讫，百三十篇”，就是他在创作过程中随着时代的演进，不断修改原计划的结果。司马迁修改《史记》断限，使它的主题更加鲜明。上限“起于黄帝”，是大一统历史观的反映。《史记》所载三代天子，列国世家，追祖溯源，皆归本于黄帝，这是值得注意的。中华民族皆黄帝子孙，这一观念就奠基于《史记》。下限“迄于太初”，则是实录精神的生动反映。因汉武帝即位至元狩元年，才十九年，文治武功，方兴未艾。司马谈在封禅之前定下限“至于麟止”，是效《春秋》绝笔获麟。从元狩元年到太初元年又十九年，到太初四年，历二十二年。这一时期，汉武帝外伐四夷，内兴功作，获得了巨大成功。所谓“文成致麟”，只不过是人为的虚饰宣扬，封禅改历才象征文治武功的极盛，所以司马迁要延伸下限至太初元年。但历史的发展是不能刀锯斧切的，为了史事叙述的完整，在创作过程中，司马迁又一次展延下限至太初四年，因后来的历史发展，太初四年成为汉王朝盛衰的分界点。个别重大事件，如李陵、贰师之降匈奴，征和二年巫蛊案，武帝封禅巡游等事迄于天汉征和之际，乃至武帝之末。《史记》的《外戚世家》、《屈原贾生列传》、《万石君张叔列传》、《平津侯主父列传》、《汲郑列传》、《酷吏列传》等篇多次提到“武帝”二字，这可以说是司马迁在武帝死后仍在修饰的痕迹，但是这些细微的补充，没有改变“迄于太初”这一大的时代断限。而这一断限是司马迁在太初元年定下来的，由此我们可以得出这样的结论：司马迁在太初元年“于是论次其文”，确是着手定稿《史记》，编次其文，修正断限，标志着他的成熟。换句话说，司马迁为太史令，至太初元年已经成长为一个完全成熟的历史家了。

五、遭李陵祸而发愤著书

太初历颁布后第七年，司马迁的撰述工作进入了高潮，正当“草创未就”之时，突然飞来了横祸，司马迁遭受李陵案的株连，而被下狱受腐刑。

李陵是名将李广的孙子，少为建章监，骑射技术有祖父李广之风，谦虚下士，甚得战士心。天汉二年，汉武帝派贰师将军李广利率三万骑兵出酒泉，击匈奴右贤王于天山。李陵率五千步卒出居延，北行三十天，直达浚稽山（约在今图拉河与鄂尔浑河间），吸引单于的注意力，保证贰师将军的出击。李陵的担子很重，汉武帝派老将路博德率领骑兵一万为他的后援。李陵长驱直入，到达目的地后派陈步乐回朝廷报告。汉武帝十分高兴，朝中诸大臣无不举杯祝贺。正在这时，孤军深入的李陵却遭到匈奴单于亲自率领的重兵包围。匈奴骑兵从三万增加到八万。李陵且战且退，经过了十几天的激战，汉兵歼敌一万多。但终因寡不敌众，在离边塞仅有一百多里的地方，李陵全军覆没，投降了匈奴。老将路博德耻为李陵后援，坐视不救，这是汉武帝用人的错误。

贰师将军李广利是一个庸才，因为他是汉武帝宠姬李夫人的哥哥，所以汉武帝把重兵交给他。贰师，本是大宛的都城。太初年间李广利兵征大宛，拜为贰师将军，封海西侯。这次出征匈奴，汉武帝想让贰师立功增封，但这个庸将率领的三万骑兵未遇匈奴主力，却打得大败亏输，损兵折将而返。汉武帝见两路兵败，食不甘味，听朝不怡。阿谀逢迎之徒，猜中了汉武帝的心事，讳言贰师之败，全委过于李陵。司马迁十分气愤，认为这是极不公平的。当汉武帝召问司马迁的时候，他便以自己对汉武帝的“拳拳之忠”坦率地说了他的看法。司马迁说：李陵事亲孝，与士信，一向怀着报国之心。他只带领了五千步兵，吸引了匈奴全国的力量，杀敌一万多，虽然战败降敌，其功可以抵过，我看李陵并非真心降敌，他是活下来想找机会回报汉朝的①。

李陵兵败降敌，成了叛徒，这个案是不能翻的。司马迁为李陵辩护，这个短我们也不必讳言而曲为之开脱。但是，司马迁谏劝武帝，主要用意并不在替李陵辩降，而是站在历史家的立场上讲了事实真相，一方面是宽武帝之心，另一方面是希望汉武帝公正地对待将士的成败。但这却刺痛了汉武帝的心病，他一下子翻过脸来，全不看他多年侍从尽职的份上，怪罪下来，囚禁了司马迁。天汉三年，汉武帝误听传言，说李陵替匈奴练兵，把李陵的全家抄斩了，李陵无辜的老母也上了法场。司马迁进一步遭株连，受了腐刑。他平时的亲友、武帝身边的显贵，没有一个人出来营救他。这使司马迁看到了世态炎凉和人情冷暖，更看出了一些专制主义的弊端，他的立场发生了重大的转变。司马迁受尽了酷吏的凌辱之后，认识到“以求亲媚于主上”的思想是“大谬不然”，从而发扬了批判的精神，同情人民的苦难，揭露专制主义的黑暗。这场灾祸，对司马迁个人是一场悲剧，而对《史记》的完成却是一个动力和新起点，这是加害于司马迁的统治者们非始料所及的。

司马迁在狱中经历了一场严重的生与死的斗争。他说：

> 祸莫憯于欲利，悲莫痛于伤心，行莫丑于辱先，而诟莫大于宫刑②。

① 这里是串述，本段原文见《报任安书》，见《汉书》卷六二《司马迁传》。
② 《报任安书》，见《汉书》卷六二《司马迁传》。

司马迁认为“最下，腐刑极矣”，曾多次想到自杀。但是《史记》还没有完成，父亲的遗愿还没有实现，他的身躯是属于《史记》的，也是属于父亲和自己的理想的。“人死或重于泰山，或轻于鸿毛”，一个人若不能对社会作出贡献待后人评说，而仅仅以一死来同黑暗进行抗争，岂不是“若九牛亡一毛，与蝼蚁何异”？司马迁在痛苦中懂得了人生的意义，他坚强地活了下来，决心以最大的毅力来完成《史记》。他引古人自况，认为只有那些经受得起艰难环境磨炼的人才能做出一番事业来。西伯拘羑里演《周易》，孔子厄陈蔡作《春秋》，屈原放逐赋《离骚》，左丘失明著《国语》，孙子膑脚论《兵法》，不韦迁蜀传《吕览》，韩非囚秦有《说难》、《孤愤》，《诗》三百篇，大都是圣贤发泄愤懑的作品。这些人都是因为心里有所郁结，又得不到通达，所以才叙述往事，寄情后人。司马迁引述的这些古人的事迹与历史事实有出入，例如韩非的《说难》、《孤愤》作于入秦之前，吕不韦的《吕览》写成在放逐之先，这都是《史记》在他们的本传中明白地作了记载的。我们不能钻牛角，司马迁引述古人旨在说明他发愤著书。他效法古人，把自己全部的精力和热血倾注在《史记》之中，成为“一家之言”，表达了鲜明的爱憎感情。《史记》的人物有个性，有血有肉，栩栩如生。《史记》的议论寓于序事之中，不虚美，不隐恶，据事实录，闪耀着民主性的光辉，具有深厚的人民性。鲁迅称誉《史记》是“史家之绝唱，无韵之离骚”①，是十分中肯的。《史记》之所以获得这样高的成就，正因为它是司马迁发愤所著之书，字字句句都用血和泪写成。

司马迁出狱后，被用为中书令。中书令是皇帝身边的秘书，被目为“尊宠任职”。但此职系宦官充任，司马迁因受腐刑，得以充任此职，他认为是一种无法忍受的侮辱，“肠一日而九回，居则忽忽若有所亡，出则不知所如往”，真是坐卧不宁了。但司马迁终于从个人的悲怨中解脱出来，忍辱著书，献身于《史记》，留下了宝贵的实录作品，这种精神体现了中华民族的脊梁，是值

① 《鲁迅全集》第八卷《汉文学史纲要》。

得我们敬仰的。司马迁的人格是崇高的，他认为只有那些能够经受艰难环境磨炼的人才能做出一番大事业来，这一认识不但激励了自己，而且也启迪着后人深思。

六、体大思精的著作

《史记》和历史上其他的名著一样，是经过多次修订删削而成的。从司马谈发凡起例至司马迁太初元年之前这数十年，是搜集整理资料，草创初稿的阶段；从太初元年至太始四年《史记》定稿，写成了正式的史传；太初四年之后直到司马迁之死，始终不间断地在补充、润饰。司马迁在太始四年（前93年），在《报任安书》中，已透露《史记》基本完成，但所列五体顺序与《太史公自序》不同，说明此后司马迁仍在继续修订。《史记》凝聚着父子两代人的心血结晶，成了一部体大思精的著作。

体大是指《史记》的五体形式；思精是指《史记》内容的全面性和系统性。司马迁以前，还没有一部体例完备，囊括中外，贯通古今的历史著作。司马迁第一次汇总古今典籍，“厥协六经异传，整齐百家杂语”，创造了纪传体通史，从内容到形式都是划时代的伟大创造。纪传体是总括二十四史的主流的统称，也是对司马迁所创造的体例的一个简称。因为二十四史中有的无表，有的无志，而纪传必备，所以统称为纪传体。《史记》由五体构成：（一）十二本纪，（二）十表，（三）八书，（四）三十世家，（五）七十列传，凡一百三十篇，五十二万六千五百字。今本《史记》中华书局标点本正文有五十五万五千六百六十字，因杂有褚少孙等人补续增窜的文字四万余字在内，故比原著为多①。

五体结构是一个完整的统一体系。本纪是全书的提纲，它以王朝的更替为体系，用编年的方法记录历史大事。世家记述诸侯

① 《史记》在流传中有残缺，后人有补窜。通计今本《史记》保存了原著97%，字数为510,440字，残缺3%，字数为16,060字，后人补窜45，220字，故总计为555，660字，详见本书《史记残缺与补窜考辨》。

世系。列传载官僚、士大夫、名人和一般平民的活动，是注述本纪的。表用简明的表格标注错综复杂的史实，表现历史发展的线索，它是联系纪、传的桥梁。书分专题记述政治、经济、天文、地理、典礼等方面的制度沿革，可以看做是分门别类的文化专史。五体各部是一个独立的纵向体系，叙述从古到今的历史发展，本纪和表均上起黄帝，下讫太初。五体相互之间又有着横向的联系，司马迁创造了互见法，详此略彼，使五体构成了一个统一的体系。这样的五体结构是有意识创作的一个完整体系，它形象地照映了封建社会的等级秩序。本纪、世家、列传具有不同的载述笔法，就是一种等级序列[①]。所以纪传史是以帝王将相为中心的历史，适应了封建统治者的思想体制，这就是纪传史之被封建王朝颁令为正史的内在原因。

从编纂方法上看，纪传五体能容纳大量的历史素材。载于《史记》书中的司马迁所见书，总计一百零二种，其中六经及训解书二十三种、诸子百家书五十二种，古今历史书及汉室档案二十种，文学书七种。这仅是司马迁在评论中因事涉及论列某书就有这么多，至于未加评论和征引的书，更不在少数。司马迁是第一个广泛地从儒家典籍、诸子百家书中搜求史料，熔铸古今典籍于一炉的历史学家。司马迁还汇入了“网罗天下放失旧闻”所得来的实地调查资料、民间故事传说，使《史记》的内容异常丰富。它上起五帝，下穷汉武，述史三千年，贯穿古今，包罗万有，是一部百科全书式的古代中国通史。诸如政治、经济、文化、学术、民族、社会以及自然界的星象、历法、地理、地利等无所不备。《史记》对汉王朝周边民族的记载远及西亚，具有世界史的意义。人物虽以帝王将相为中心，但它却扩大到整个社会的各阶层。农民起义的发难者如陈涉，下层社会的侠客、医卜、商贾、俳优、博徒、渔夫、猎户、姬妾、妇女等等，凡在人类活动中起过作用的人物都叙入史中。五体结构的纪传史有条不紊地把这三千年间博大深广的内容组织起来，在史学史上建立了一座

① 说详见本书《〈史记〉体制义例简论》一文。

巍峨的丰碑。宋代史学家郑樵评论说：

> （《史记》）使百代而下，史官不能易其法，学者不能舍其书，六经之后，惟有此作[①]。

清代史学家赵翼更进一步评论说：

> 司马迁参酌古今，发凡起例，创为全史。……自此例一定，历代作史者遂不能出其范围[②]。

郑樵和赵翼的评论，基本上是符合事实的。自班固《汉书》以下至《明史》，以及后来的《清史稿》，都承袭了《史记》的体例，创一代一代的大典，丰富了中华民族的悠久文化。《史记》问世以后所起的开创启后的作用是非常巨大的。

七、究天人之际

司马迁对自己的《史记》作了如下的评价：“究天人之际，通古今之变，成一家之言。”这三句话既概括了《史记》在史学上的贡献，也反映了司马迁进步的历史观。先说“究天人之际”。

“究天人之际”就是研究“天”与“人”的关系。今天来看，天人关系是十分简单的事情，但在古代却是上层建筑领域的一个重大问题。天能支配人事，这一观念是维护统治权的理论基础，所以它总是统治阶级的官方哲学。殷周时代宗教神学主宰着思想界，天是至高无上的权威。殷人最迷信，他们把至上神与祖先神合而为一，认为上帝就是他们的祖先。纣王快到亡国的时候还说：“我生不有命在天乎！”[③] 认为有天命保佑是不会亡国的。武

① 《通志·总序》。
② 《廿二史劄记》卷一。
③ 《史记》卷三《殷本纪》。

王伐纣，殷朝覆灭了，天命受到了一次沉重的打击，“天命靡常”的观念产生了。西周末年，幽王无道，发生了骊山之变和平王东迁，王权从天上跌落下来。春秋战国之际的动乱，贵族下降为皂隶，平民上升了，诞生了新兴的封建地主阶级，政治上发生了变法运动，“亲亲”观念被“尊贤”所代替。各国都重视人谋，讲求富国强兵。所以在《左传》中就记载了“吉凶由人”①、“天道远，人道弥”② 等无神论思想。战国末年的思想家荀子甚至提出了“人定胜天”的思想，写出了战斗的唯物主义哲学著作，即《天论》。秦汉之际，社会发生更大的演变，不仅是“五年之间，天下三嬗”，而且陈涉佣耕，兴起为王，他所遣王侯将相竟灭秦。不仅汉高祖刘邦起自匹夫，而且汉初开国功臣大都是卑微的下层人物。这些变化给人们提出了两个尖锐的问题，即天人关系与古今变化。在天人关系上，取得了统治权的统治阶级就要恢复天上的权威来巩固地上的王权，所以秦始皇和汉武帝两个雄主都十分迷信。董仲舒宣扬天人感应的神学，就是适应汉武帝加强中央集权而产生的。司马迁向董仲舒学习《公羊春秋》，接受他的大一统思想，但反对老师的“道之大原出于天”的神学思想，而“究天人之际”，在当时是一种了不起的革命奋发精神。

首先，司马迁把自然现象与阴阳五行的迷信说法区别开来。司马迁发挥父亲司马谈的《论六家要旨》，对阴阳家评论说：

> 夫阴阳四时、八位、十二度、二十四节各有教令，顺之者昌，逆之者不死则亡，未必然也，故曰“使人拘而多畏”。夫春生夏长，秋收冬藏，此天道之大经也，弗顺则无以为天下纲纪，故曰“四时之大顺，不可失也”③。

这里司马迁肯定了阴阳五行学说中对自然规律的概述，评判了“使人拘而多畏”的迷信禁异学说。《太史公自序》还批评了

① 《左传》僖公十六年。
② 《左传》昭公十八年。
③ 《史记》卷一三〇《太史公自序》。

“星气之书，多杂机祥，不经”。《封禅书》对秦始皇、汉武帝的迷信活动更作了无情的揭露和揶揄讽刺。在这个意义上，司马迁“究天人之际”是与阴阳五行学说的迷信开展的一场针锋相对的斗争。

第二，司马迁通过对实录史事的具体论述，对天道提出了质疑。《伯夷列传》为七十列传之首，以议论为主，是一篇示例的论传。这篇论传的中心思想是对“惩恶佑善”的天道提出了质疑，实际上是在提示七十列传是讲人事活动的，支配历史发展的是人而不是天。《项羽本纪》与《高祖本纪》是两篇传记性质的本纪，相互衬映，构成了强烈的兴亡对比。楚亡汉兴的根本原因不是天意，而是人心的向背决定了事业的成败。《太史公自序》明确地指出：“子羽暴虐，汉行功德。”项羽一系列杀人屠城的倒行逆施导致了他的失败。所以司马迁在《项羽本纪赞》中批评项羽至死不悟，怪罪“天亡我”是十分荒谬的。在《高祖本纪》中，司马迁进一步通过刘邦之口直接说出了天意不能支配人谋。刘邦说：

> 夫运筹策帷帐之中，决胜于千里之外，吾不如子房。镇国家，抚百姓，给馈饷，不绝粮道，吾不如萧何。连百万之军，战必胜，攻必取，吾不如韩信。此三者，皆人杰也，吾能用之，此吾所以取天下也。项羽有一范增而不能用，此其所以为我擒也。

这里最清楚明白地说明了刘邦得天下是他善于用人的结果。天意不能支配历史的变迁，同样不能支配个人的祸福。《伯夷列传》在叙述了颜回早夭后说：“天之报施善人，其何如哉?”这是对苍天直接发出了抗争的质问。《蒙恬列传赞》否定了蒙恬怪罪筑断地脉而遭诛屠的观点，指出他轻百姓力，助纣为虐，死有余辜。

以上两个方面是司马迁“究天人之际”的主流和精髓。

但是，司马迁却又保留了天命的地盘。他在《高祖本纪赞》

中说："三王之道若循环，终而复始"，并以此证明汉得"天统"。他还在《秦楚之际月表序》中，赞叹汉得天下是"此乃传之所谓大圣乎？岂非天哉，岂非天哉！"并说："非大圣孰能当此受命而帝者乎？"在《天官书》中更是记载了许多天人感应的例证，并做出这样的结论："为国者必贵三五。上下各千岁，然后天人之际续备。"这些话显然是宣扬天命的言论。

从现象上看，司马迁在天命问题上既承认，又怀疑，时而清醒，时而糊涂。这种矛盾思想恰恰反映了那个时代人们所受到的阶级局限性和历史局限性。作为史官，司马迁必须对天命论这一官方哲学做出反应。他又扈从汉武帝几十年，参与了封禅、祭祀天地百神等活动，既看到了它的虚诞，同时也看到了它对于加强统治的作用，而进行记载，这就是阶级局限性。司马迁通古今之变，认为三代之兴是累世积德行义而得天下，秦汉之际天子起于匹夫，古今何以有这样大的差别，他不可能从政治经济学的角度去求得解释，只好求救于天命论来帮忙，这就是历史局限性。但是，司马迁有着特殊的生活经历，他知识渊博，壮游全国，奉使巴蜀，扈从武帝负薪塞河，有着极其深厚的生活实践，了解人民群体的力量；尤其是无辜遭腐刑，体验了天道的虚妄。这些生活与体验就是司马迁产生进步的天人观的源泉。所以从总体思想上看，司马迁尽管留有天命论的地盘，他并不否认有意志的"天"的存在；但是他主要的思想倾向不是深信，而是怀疑，不是顺从，而是反抗。表现在《史记》中，对天命是抽象地承认而具体地否定。讲"天命"只是表面文章，强调人为才是重点。司马迁在具体地论述历史变迁和评价人物的时候，是看不到天命论的影子的。

司马迁对天道的怀疑而"究天人之际"，强调历史研究以人物为中心，原原本本地总结人为的历史经验，探寻治乱之源，成为古代史学的优良传统。司马迁"究天人之际"的主要思想倾向是应该肯定的。

八、通古今之变

“通古今之变”这一命题是与董仲舒宣扬的“天不变，道亦不变”针锋相对的。“变”是司马迁朴素唯物主义历史观的核心。他认为宇宙间一切事物都在“变”，只有用“变”的观点才能探究事物的规律。他说：“无成势，无常形，故能究万物之情。”①没有一成不变的态势，没有永恒存在的形体，所以才能洞悉万物的真情。从“变”的理论观点出发，决定了司马迁用发展变化的眼光看待人类社会的历史，他名之曰“变”，曰“渐”，曰“终始”。他说：“天人之际，承敝通变”，“略协古今之变”②；“臣弑君，子弑父，非一旦一夕之故也，其渐久矣”③；“是以物盛而衰，时极而转，一质一文，终始之变也”④。司马迁在这方面的言论是很多的。“物盛而衰，固其变也”⑤，“儒者断其义，驰说者骋其词，不务综其终始”⑥ 等，不胜枚举。“变”，指社会不断地进化和发展；“渐”，指的是进行、运动，即进化和发展的过程；“终始”，指的是因果关系，人类社会发展的一个个里程是有因果相连的关系，即有规律可以认识的。总括为一句话，“通古今之变”的目的就是“稽其成败兴坏之理”⑦，探寻社会治乱的规律。

从“变”的观点出发，司马迁对古今关系，基本原则是详今略古，并着重写变革的历史。全书一百三十篇，上下贯通三千年。但五帝三代约一千五百年只写了五帝、夏、殷、周四个本纪，三代、十二诸侯两个年表，共六篇，可仅百年汉代史就占了六十二个专篇，兼及汉史者十三篇，共七十五篇，过了半数。统观全书，《史记》详四个段落的历史：（一）西周建国史；（二）战国之世的变乱历史；（三）秦汉之际的变革历史；（四）武帝建

---

①②③ 《史记》卷一三〇《太史公自序》。
④⑤ 《史记》卷三〇《平准书》。
⑥ 《史记》卷一四《十二诸侯年表序》。
⑦ 《报任安书》。

元、元封之间的变革历史。这四段变革历史加起来不到三百年，仅占三千年历史的十分之一，而在《史记》中篇幅却超过了四分之三。也就是说，《史记》叙三千年历史，五十二万六千五百字，而变革之世的三百年历史就要占近四十万字的篇幅。例如一万七千字的《周本纪》，二百多年的西周史约占三分之二的篇幅，而五百多年的东周史只占三分之一的篇幅。西周部分又详文王、武王及周公辅成王这一段建国史。详变革历史而略升平之世，也是司马迁对待古今的一个原则。这个原则可以概括为详变略渐。只说详今略古是不全面的。详变略渐，突出了“变”，使历史的叙述波澜起伏、言简意深，“辞约而事举，叙三千年事，唯五十万言”。[①]

详今略古与详变略渐这两个原则有一个共同点，它说明司马迁“通古今之变”，着眼于现世和未来，目的是以古为鉴，并不是宣扬复古，所以才详今略古，着重在究变革之世。司马迁“通古今之变”的理论集中表述在十表《序》中。例如《六国年表序》说：“战国之权变亦有可颇采者，何必上古。秦取天下多暴，然世异变，成功大。传曰‘法后王’，何也？以其近己而俗变相类，议卑而易行也。”这讲的是详今略古，取法后王。《秦楚之际月表序》说：“太史公读秦楚之际，曰：初作难，发于陈涉；虐戾灭秦，自项氏；拨乱诛暴，平定海内，卒践帝祚，成于汉家。五年之间，号令三嬗，自生民以来，未始有受命若斯之亟也。”这讲的是剧烈变革之世的历史应该很好总结。《高祖功臣侯者年表序》说：“居今之世，志古之道，所以自镜也，未必尽同。帝王者各殊礼而异务，要以成功为统纪，岂可绲乎？观所以得尊宠及所以废辱，亦当世得失之林也，何必旧闻？”一方面讲以古为镜，一方面又讲古今不同，不可混同古今，表现了司马迁通古今之变的朴素辩证法思想。司马迁特别重视对秦朝历史的总结，就是为汉世作镜子的。例如在《平准书》中讲汉朝百年间的经济变化，而在论赞中突兀其来抨击秦始皇“外攘夷狄，内兴功业”，

---

① 晋人张辅语，见《晋书》卷六〇《张辅传》。“三千年”应为“约两千三百年”，这里是沿用成说，说详本书《〈史记〉断限考略·余论》。

造成了“海内之士力耕不足粮饷，女子纺绩不足衣服”的残破局面，导致了秦朝的速亡，显然是以秦喻汉，给已经出现了“盗贼滋起”的汉武帝作镜子的。

为了探寻古今社会的治乱规律，司马迁还提出了一系列的研究方法的理论。最突出的有两个原则，一是“原始察终，见盛观衰”，一是创造类传、合传，作古今纵横的对比。

“原始察终”，就是追原其始，察究其终。把握历史演变全过程来看它的原因、经过、发展和结果。“见盛观衰”，就是在兴旺的时候，要看到它的转化的起点。司马迁用这八个字来看人类社会历史的发展，整个历史长河是一个不断兴衰发展的连续的系列，要洞悉它的发展过程，不仅要作贯通的研究，还要划分段落来考察。前一段历史是后一段历史发展的原因；后一段历史是前一段历史发展的结果。《史记》五体基本内容是按时间的顺序排列的，这就清楚地表现了司马迁贯通的历史观点，十二本纪和十表尤为集中。在贯通的历史叙述中，对古今的详略层次清楚地反映了历史的发展阶段。试以十表为例，分析它的内容。《三代世表》和《十二诸侯年表》是古代史表；《六国年表》和《秦楚之际月表》是近代史表；汉兴以来诸表是现代史的专题年表。这三大段历史的详略层次极为分明。五帝三代只作一个世表，用以勾勒历史的发展线索，虽然自“黄帝以来皆有年数”①，但那是靠不住的附会传说，司马迁不录，从共和元年起才纪年。《十二诸侯年表》和《六国年表》的分界点是用“孔子卒”②。司马迁鉴于当时的认识水平，以一代伟人的凋落作为时代的分界点，似乎是唯心主义的历史观，实则不然。司马迁在《十二诸侯年表序》和《六国年表序》中集中论述了春秋与战国两个时代的巨大变化，这才是他划分时代断限的依据。古代用王公纪年。孔子卒于周敬王四十一年（前 479 年），而周敬王卒于四十四年（前 476 年）。《十二诸侯年表》与《六国年表》的绝对年代分界点，司马迁用

① 《史记》卷一三《三代世表序》。
② 《史记》卷一四《十二诸侯年表序》。

的是周敬王之卒与周元王之立这两个周王的交替年代，并没有用孔子的绝对卒年，这样做是便于史事的叙述。《六国年表》下限不是断至秦始皇统一中国的公元前 221 年，而是断至秦二世之灭的公元前 207 年。这反映了司马迁划分历史断限具有一定的义例即理论，但是并不作机械的刀锯斧切，而以历史自然发展的段落划断限。前已述及，《史记》全书的断限，司马迁发展了父亲的计划，延伸上限起于陶唐至黄帝始，延伸下限迄于麟止至太初，因为这更能“原始察终，见盛观衰”。黄帝是建立统一天下的圣王，尧是不能与之相比的；太初是西汉的极盛，也是盛衰的转折点，元狩元年是不能与之并提的。学术界主张《史记》下限断自元狩元年的人，未能很好研究司马迁“通古今之变”的理论，是绳墨之见，不可取。建立历史年代学，把贯通的历史划分断限，“原始察终，见盛观衰”，这是司马迁“通古今之变”的重要内容，具有把历史叙述引向科学化轨道的重大意义，应当认真地研究。司马迁的这一理论与实践，是空前的创造，是那个时代朴素历史唯物史观的最高水平。

《史记》七十列传的排列是以时间为序，以类相从的原则编纂的。合传、类传就是以类相从。这是司马迁创造历史纵横比较研究方法的生动表现。例如《仲尼弟子列传》、《孟子荀卿列传》、《老子韩非列传》、《儒林列传》等等一系列的合传、类传，把古今学术的变化发展作了条理化的论述，分合源流，线索分明。《孟子荀卿列传》实际是战国百家学说争鸣的一个类传，特别标明孟荀说明这两派儒学是主流。《老子韩非列传》把法家韩非、申不害和道家老子、庄子排在一起，司马迁认为两家学术有渊源。韩非就有《解老》、《喻老》之作。《屈原贾生列传》，司马迁认为贾生壮志不酬，具有与屈原类似的遭遇，将两人合传，警醒世人记取历史悲剧的重演。《扁鹊仓公列传》，则讲的是医学的继承和发展。总之，类传、合传的创造，是司马迁“通古今之变”的一种方法。这方法就是作历史的类比研究，强调以古为鉴。无疑这也是进步的历史观，在今天仍然有借鉴的意义。

司马迁“通古今之变”的方法和理论，也是值得肯定的。

九、成一家之言

“成一家之言”是司马迁在历史学上的一个首创。这表明，司马迁作史，并不是历史资料的汇抄和事实的堆积，而是要阐明自己的思想。“言”就是议论、理想和主张。司马迁的“一家之言”熔铸在《史记》中，表现为他对哲学、政治、经济、文化、社会及伦理各个领域的观点，内容极其丰富。简括地说，司马迁融会贯通百家学说以建立统一的新思想体系。其核心思想是“稽其成败兴坏之理”，以“自古自镜”。其表述形式是创立了百科全书式的纪传体通史，奠定了史学的独立地位。关于司马迁“一家之言”的核心思想及表述形式另分别作专论评述。这里仅就司马迁怎样奠定独立的史学地位略述四点内容。

第一，《史记》综合古今典籍以成一书，创造出了中国第一部纪传体通史。这有两个方面的创新。一是创造了纪传体，二是创造了通史形式。近代学者十分推崇章学诚“六经皆史”的议论，其实司马迁早就把《六经》当作史料加以利用了。《太史公自序》说：“厥协《六经》异传，整齐百家杂语”，把一切古今典籍，包括汉室档案、天下遗文古事以及调查所得，都囊括在《史记》之中，这的确是一个伟大的创举。客观环境是由于秦始皇焚书，诸侯史记都被烧光了，司马迁不得不广泛地从《六经》异传、百家学说中搜求史料，这是时代推动着历史家创新。主观条件是司马氏父子学识渊博，天文地理无所不通，不仅为他整齐融会百家之学提供了条件，而且使其思想境界高远。所以各种文献典籍都成为述史的材料。又司马谈、司马迁父子是述史以论治的。《论六家要旨》认为百家学说皆有益于治道，而司马迁认为孔子道德学问最高尚，提出“考信于六艺”、“折中于夫子”的述史原则。为了有条理地包容古今典籍和百科知识，司马迁创造了本纪、表、书、世家、列传五体形式。本纪载帝王，表以委曲细事，书载朝章国典，世家载诸侯，列传叙人臣义士。这五体都是司马迁的创新。在司马迁以前，既无以帝王为统贯的编年本纪，也无叙列世系的诸侯世家和人物传记，更无划分时代断限的年表和分门别类的文化专史。不少的《史记》研究者考什么五体溯源，都是在钻牛角。考证司马迁对历史资料和遗产的继承是必要的，但牵强附会一板一眼地去溯源，肯定是劳而无功的。我们认为司马迁主要受到《吕氏春秋》的启示，借用纪、表、书、传、世家这些现成名词，综合各种典籍，匠心独运地创造了纪传体，用以包容百科知识，又突出了人物为中心的内容。通史形式则勾画了一条贯通分明的历史线索，便于了解历史演变的趋势。纪传体通史是“究天人之际，通古今之变，成一家之言”思想体系的形象表述，也是司马迁取得的最大成就。

第二，《史记》是一部百科全书式的通史，广泛地开拓了历史研究的新领域，推动了历史学的发展。中国古代有左史记言、右史记事的说法，把历史只看作是统治者个人的视听言动，这是极其狭隘的，也是不科学的。孔子以前，中国上古史书都是官书，由史官按照统治者的规范剪裁记录的流水账，没有思想深度。孔子修《春秋》，别嫌疑，明是非，寓褒贬，自成一家言。司马谈、司马迁都十分推崇孔子修《春秋》，并把自己的工作看成是继《春秋》的事业。但是《春秋》仅仅是记载了一些新闻标题算不得一部真正的历史书。解释《春秋》的三传，《左传》详载历史事件，才称得上是一部历史书。但《左传》记载的范围和时间都是有局限性的，它的内容也只是偏重于春秋各国间的会盟和征伐，而没有社会各阶级阶层代表人物的活动，也没有制度沿革和经济、地理等知识的叙述。《国语》在很大程度上是一部资料汇编，远不及《左传》有深度。至于其他史书，更不足观。司马迁的著作，第一次囊括古今中外，汇总百科知识，自成体系，完成了“一家之言”。司马迁首创学术史传，综合古今学术，辨别渊源得失；首创民族史传，建立了民族一统的思想观念；首创经济史传，提出了求利是历史的动力的观点；首创各种知识的方技史传，把医卜龟策等百工技艺的平民活动写入了史传……总之，《史记》第一次把政治、经济、文化、法律、军事、道德、宗教、文学、艺术、科学等，都包容在历史学的研究范围之内，开拓了历史学研究的新领域，推动了历史学的发展，影响十分深远。

第三，《史记》继《春秋》，“述往事，思来者”，创造了序赞的史论形式。《太史公自序》反复申言《史记》继《春秋》而作，高度评价《春秋》“善善恶恶，贤贤贱不肖”的褒贬笔法，“使乱臣贼子惧”。司马迁继《春秋》，“述往事，思来者”，就是要在“述”中表达“思”，贯彻褒贬精神，垂示“来者”，为后王立法。《春秋》的褒贬隐含在用字之中，叫做“微言大义”。由于字句褒贬太隐微难知，所以司马迁创造人物传记，叙列一生事迹进行全面褒贬，表达爱憎，以明是非，把史论推向了一个新的高度。顾炎武说：“古人作史有不待论断而于序事之中即见其指者，惟太史公能之。”① 这就是于序事中寓论断，可以看做是《春秋》微言的一种引申。这种论断受序事的局限，难以畅达其志。司马迁用“太史公曰”的形式创造了直接的史论。“太史公曰”仿《左传》的“君子曰”而作。习惯称篇末之“太史公曰”为“赞”；称篇前之“太史公曰”为“序”。此外，《天官》、《伯夷》、《日者》、《龟策》、《自序》等篇中夹“论”。这就是司马迁所创造的史论形式，即篇前作“序”，篇后作“赞”，篇中夹“论”等三种形式，构成了司马迁系统的史学理论和是非观点。述史有论，使历史编纂成为真正的史学论著，《史记》提供了范例。白寿彝先生指出：“《史记》在‘述往事，思来者’方面的成就是很值得注意的。他把历史事实、自己的理想、评论三者很好地紧密结合在一起，这也是我们应当学习和继承的好传统。”②

第四，创造了历史和文学统一的范例。历史要求严肃的科学性，文学要求高度的艺术性，这两者属于不同的范畴，有很大的区别。但是司马迁的《史记》治文史于一炉，他塑造的传记人物把两者统一起来，树立了典范，成为中国古代文化发展的优秀传统。司马迁是怎样把二者统一起来的呢？首先，司马迁写历史人

① 《日知录》卷二六。
② 《史记新论》，求实出版社 1981 年版。

物是有意识地选择社会各种类型的典型人物进行塑造的。他在《张丞相列传》中说，那些备员的丞相，“娖娖廉谨”，对国家没有作出什么贡献，所以不给他们立传。相反，司马迁序货殖，述游侠，传扁鹊仓公，龟卜俳优亦列入传中。司马迁在《留侯世家》中又说：“（张良）所与上从容言天下事甚众，非天下所以存亡，故不著。”司马迁写历史人物，并不是记流水账，而是选取生活行状中典型的事迹突出人物的特点。如写李广突出他的善射，写韩信突出他的智，写项羽突出他的勇，写张良突出他的善谋等。但是有许多特定的历史人物是不容选择的，例如刘邦、项羽等。司马迁利用五体结构把历史人物的事迹分散开来，运用互见法塑造历史人物。例如《项羽本纪》集中写项羽的反秦斗争和勇猛善战，塑造了一个盖世的英雄形象。对于项羽的许多缺点和错误则分散在《高祖本纪》、《淮阴侯列传》等篇中反映出来。此外，司马迁鲜明的爱憎感情强烈地感染着读者，引起共鸣，也增强了人物形象。至于司马迁运用各种文学手法，语言的提炼和通俗化等，也是塑造人物成功的重要条件，但这是属于纯艺术的范畴，这里就不多谈了。

把文史统一起来作为“成一家之言”的内容之一，这是司马迁有意识的创造，是从属于他的理想的。司马迁之所以用人物为中心来写历史，其目的就是要用活生生的历史人物来警醒世人，寓褒贬、别嫌疑、明是非的，如果缺乏典型化和艺术性是达不到目的的。他在《报任安书》中说：“所以隐忍苟活，函粪土之中而不辞者，恨私心有所不尽，鄙没世而文采不表于后世也。”这说明司马迁是有意识地创造历史与文学的统一的。司马迁尊重实录的历史，绝不虚构，但他并不是机械地作自然主义的反映，而是依据历史事实，进行选择、剪裁、提炼和强调，忠实地塑造了各种人物的典型形象，从而更深刻地反映复杂的社会生活和本质，这就是现实主义的创作方法。《史记》之所以成为一部文史兼通的名著，绝不是偶然的。

上述四个方面的成就，说明《史记》是一部真正系统的、完整的历史学著作。在司马迁之前，没有独立的史学，历史包容在

《六经》之中。史言事，经载道。古人重道轻事。所以孔子作《春秋》，为褒贬而褒贬，所载之事有如断烂朝报，只是一些记事标题。《左传》载事，却又受着释经的限制，范围狭窄。正由于《左传》述史，才使得孔子言道之《春秋》具有史学的价值。故《汉书·艺文志》附《史记》于“春秋”中。但是，由于司马迁修撰《史记》所取得的巨大成就，启迪了后人，作者相继而起，西汉以后蔚成大国。虽然，正宗史学是在班固手中完成的，二十四史，汉史以下皆效《汉书》。而《汉书》却是效法《史记》，所以我们说，司马迁“成一家之言”的成就创造了纪传体通史，奠定了史学的独立地位。

十、司马迁在中国文化思想史上的地位和影响

司马迁的一生全部奉献给了《史记》。司马迁和《史记》成为一个不可分割的名字。评价司马迁在中国文化思想史上的地位和影响，也就是评价《史记》的地位和影响。《史记》是一部空前的历史巨著，也是一部杰出的传记文学名著，自成一家之言。司马迁集史学家、文学家、思想家于一身，在中国封建史上是前无古人、后无来者的一位文化巨人，在世界古代史上也是罕见的天才。

作为一个历史学家，司马迁在两千多年前就写出了一部具有世界史性质的中国通史——纪传体《史记》，在史学史上树立了一座丰碑，开创了一个历史学发展的新时代。《史记》是一部体系完整，规模宏大，气魄磅礴，识见超群的历史巨著，奠定了中国“正史”的基础。嗣后作史，踵其遗轨修成蝉联而下的列朝正史积数有二十六种之多①，四千零四十二卷，洋洋数千万言，按各史的朝代序列完整无缺地保存下来，故学术界有全史之称。记事起黄帝讫大清，中华民族五千年文化发展的规模体制，载述毕

① 这里是指正史系统的二十四史再加上《新元史》、《清史稿》，共二十六种纪传史。此外，还有《续后汉书》、《东都事略》、《契丹国志》、《大金国志》等多种纪传史，因非一代大典，未颁入正史，故《四库全书总目提要》列于别史类。

于此编，司马迁的首创之功可与日月并垂悬。

作为一个文学家，司马迁是无与伦比的人物传记作家。《史记》以人物为中心，它系统地叙述了我国古代首尾三千年间各色各样人物活动的历史，展示一长卷光彩夺目的历史形象，篇篇传记都有生动的故事情节、绘声绘色的活动场面及细节描写、生动活泼的口语化语言，直接影响了明清以来的通俗小说和戏剧创作。《史记》的辞采文章千百年来脍炙人口、家喻户晓，影响了历代文学大家的成长。唐宋以来的古文大家无不熟读《史记》，吸取营养，号称唐宋八大家的韩愈、欧阳修等在古文运动中，就把《史记》作为一面旗帜。在散文发展史上，《史记》也起着承先启后的作用。

作为一个思想家，司马迁最可贵的精神品德和崇高人格表现在以下三个方面：一是忍辱负重，发愤著书，实现了一家之言的理想；二是不断地勇于探索和创新，创造了划时代的纪传体通史；三是严肃地忠实于信实可靠的历史，不与圣人同是非。这三点精神是一致的，归结为一点就是坚持实录的写作精神。西汉一代的大儒都推尊《史记》为实录。班固说：

> 自刘向、扬雄博极群书，皆称迁有良史之材，服其善序事理，辨而不华，质而不俚，其文直，其事核，不虚美，不隐恶，故谓之实录①。

司马迁能够超越其他封建史家的成就，核心之点正是他坚持了“实录”。坚持“实录”是司马迁的理想。因为他研究历史，要“究天人之际，通古今之变，成一家之言”，拿出自己独到的见解来回答历史是怎样变化发展的。所以他突破了官方哲学的框架，不与圣人同是非。司马迁不与圣人同是非的异端思想，集中地表现在赞扬道家以及为商人游侠立传这几个方面。班固说：

> 是非颇缪于圣人，论大道则先黄老而后六经，序游侠则

① 《汉书》卷六二《司马迁传·赞》。

退处士而进奸雄，述货殖则崇势利而羞贱贫，此其所蔽也。[1]

班固所批评的司马迁之“蔽”，恰恰是司马迁思想中光彩夺目之“长”。司马迁“论大道则先黄老而后六经”，是肯定文景之治的升平而否定汉武帝的多欲所造成的衰败；司马迁述货殖为商人立传，是肯定商人促进生产发展，对社会经济的繁荣所作的贡献；司马迁颂游侠，是肯定这一类人能够牺牲自己，救人之急的真正道德。实际上，司马迁是通过颂黄老、商人、游侠来表达他对开明政治的向往，对人民求利和反强暴的肯定。司马迁的这些异端思想表现了《史记》的人民性思想，他褒贬人物和历史事件的尺度不是受统治阶级正统思想的约束，而是在一定程度上从被压迫人民的利益来立论，这无疑是那个时代最进步的思想。

最后，人们要问，司马迁的思想究竟是哪一个阶级的呢？有人说他是“人民歌手”对不对呢？我们说，司马迁的思想仍是封建地主阶级的，他还是一个封建历史家，他的《史记》主要是宣扬汉家一统的威德，为巩固封建统治服务的。说司马迁是“人民歌手”是不对的。基于这样的认识，对于《史记》之被颁令为正史也就不难理解了。但是司马迁和正统派的封建史家不同，他突破了愚忠思想的束缚，敢于发挥揭示客观真理的异端思想。他肯定秦始皇汉武帝的统一事业，但反对封建帝王的暴政。司马迁同情人民的苦难，要求减轻剥削，改善政治，歌颂明君贤臣，这是进步的思想。司马迁并不反对封建制度，但反对严刑峻法的压迫，无情地揭露和鞭挞暴君污吏的丑恶。以上这些就是《史记》的人民性成分。当时封建制度还在上升时期，中央集权是新生事物，司马迁歌颂大一统是与历史进程相吻合的，所以这也是值得肯定的。

司马迁的鲜血和生命化成了《史记》，给炎黄子孙留下了宝贵的文化遗产，他将永远值得人们祭奠！

（本文原载《兰州大学学报》专刊，1983 年 1 月）

① 《汉书》卷六十二《司马迁传·赞》。

《史记》成书的历史条件

在两千年前，中国就产生了《史记》这样一部具有世界影响的历史学和文学巨著，是人类文化史上的奇观。探索《史记》成书的历史条件，对于深入研究司马迁的思想和《史记》的价值，具有十分重要的意义。

一、时代提出的要求

《史记》产生在西汉盛世汉武帝时代，这不是偶然的。东汉史学家班固对这一时代曾作了高度的理论概括，写下了一段精彩的议论：

汉兴六十余载，海内艾安，府库充实，而四夷未宾，制度多缺。上方欲用文武，求之如弗及。始以蒲轮迎枚生，见主父而叹息。群士慕响，异人并出。卜式拔于刍牧，弘羊擢于贾竖，卫青奋于奴仆，日磾出于降虏，斯亦曩时版筑饭牛之朋已。汉之得人，于兹为盛，……是以兴造功业，制度遗文，后世莫及。①

汉武帝是西汉第五代皇帝。西汉经过高、惠、文、景四代人的治理，中央集权的统治日益巩固。全国一统，国力充实，“蓄积岁增，户口寝息”②。政治稳定，经济繁荣，必然带来文化学术的高涨。武帝即位，深感“四夷未宾，制度多缺”，为了适应大规模的用兵和上层建筑的改革，不拘一格录用人才，所以“群士慕响，异人并出”。范文澜指出：“西汉一朝各方面的代表人物如大经学家大政论家董仲舒，大史学家司马迁，大文学家司马相如，大军事家卫青、霍去病，大天文学家唐都、落下闳，大农学家赵过，大探险家张骞，以及民间诗人所创作经大音乐家李延年协律的乐府歌诗，集中出现在武帝时期。这是历史上非常灿烂的一个时期，汉武帝就是这个灿烂时期的总代表。”③

首先，如何巩固西汉王朝的统治，需要总结历史的经验，做出学术的综合。早在高祖即位之初，这位马上得天下的开国皇帝，就让陆贾总结“秦所以失天下，吾所以得之者何，及古成败之国”④ 的历史经验，寻求长久之术。陆贾总结亡秦的教训是：秦代“事逾烦天下逾乱，法逾滋而奸逾炽，兵马益设而敌人逾多。秦非不欲为治，然失之者乃举措暴众而用刑太极故也”⑤。针对秦政之失，汉王朝要做到徭役不烦、刑法不滋、兵马少设、减轻对农民的压迫剥削，才能巩固政权。这一套治国理论，刘邦“称善”，左右呼“万岁”⑥，从而确立了汉初的无为政治。孝惠皇帝和高后继续执行这一治国方针，“君臣俱欲休息乎无为”，天下晏然，“民务稼穑，衣食滋殖”⑦。到了武帝即位的时候，民则人给家足，而府库余货财。农业技术提高了，手工业发展了，城市

① 《汉书》卷五八《公孙弘卜式儿宽传·赞》。
② 《汉书》卷二三《刑法志》。
③ 《中国历史简编》第二编，第 39 页。
④ 《史记》卷九七《郦生陆贾列传》。
⑤ 《新语·无为》。
⑥ 《史记》卷九七《郦生陆贾列传》。
⑦ 《史记》卷九《吕太后本纪赞》。

兴起，商业发达，全国一片欣欣向荣。可是，若把时钟拨回一百年，在秦汉之际，“三十年之间，兵相骀藉”，“死人如乱麻”①。陈涉发难，项羽灭秦，刘邦兴起，“五年之间，号令三嬗，自生民以来，未始有受命若斯之亟也”②。翻天覆地的历史变化是怎样发生和发展的？这需要对学术做出综合的研究来回答。与司马谈同时而与司马迁相及的淮南王刘安，就纠集学者编撰了一部“观天地之象，通古今之事”③ 的《淮南子》，进行学术综合的工作。董仲舒倡导“罢黜百家，独尊儒术”，治《公羊春秋》，宣扬大一统，也是做学术综合的工作。司马谈、司马迁对这一问题有着深刻的认识，追溯到春秋战国之世。《十二诸侯年表序》云：

> 是以孔子明王道，干七十余君，莫能用，故西观周室，论史记旧闻，兴于鲁而次《春秋》，上记隐，下至哀之获麟，约其辞文，去其烦重，以制义法，王道备，人事浃。……鲁君子左丘明……因孔子史记具论其语，成《左氏春秋》。铎椒为楚威王傅，为王不能尽观《春秋》，采取成败，卒四十章，为《铎氏微》。赵孝成王时，其相虞卿上采《春秋》，下观近势，亦著八篇，为《虞氏春秋》。吕不韦者，秦庄襄王相，亦上观尚古，删拾《春秋》，集六国时事，以为八览、六论、十二纪，为《吕氏春秋》。④

这段议论把学术总结与现实的政治紧密相连，表明了司马谈、司马迁的学术思想，效《春秋》拨乱反正，综合学术为治政服务。司马谈临终执迁手而泣曰：“余先周室之太史也。自上世尝显功名于虞夏，典天官事。后世中衰，绝于予乎？汝复为太史则续吾祖矣。”又说：“自获麟以来，四百有余岁，而诸侯相兼，史记放绝。今汉兴，海内一统，明主贤君忠臣死义之士，余为太史而弗

① 《史记》卷二七《天官书》。
② 《史记》卷一六《秦楚之际月表序》。
③ 《淮南子》卷二一《要略》。
④ 《史记》卷一四《十二诸侯年表序》。

论载，废天下之史文，余甚惧焉，汝其念哉！”司马迁也说：“余尝掌其官，废明圣盛德不载，灭功臣世家贤大夫之业不述，堕先人所言，罪莫大焉。”① 历史使命感，使司马谈、司马迁父子自觉地肩负起述史的任务，并且确定了“究天人之际，通古今之变，成一家之言”② 的述史原则，探究历史之变，回溯以往，推察未来，用以回答汉朝之所以兴以及如何巩固、发展的问题。清代学者钱大昕说，《史记》的“微旨”有三，“一曰抑秦，二曰尊汉，三曰纪实”③，这正是司马迁所处时代的精神和时代的使命。

其二，西汉的文化发展提供了修史条件。司马迁修纂《史记》，“是长期的历史研究成果的集中体现”④。如果没有《春秋》、《尚书》、《左传》、《国语》、《世本》、《战国策》等史书的先后问世，“就不可能凭空冒出《史记》这样的巨著”⑤。司马迁能够运用这些典籍，是西汉文化发展提供的条件。因秦汉时代，书籍的传播，主要用简策书写，得书十分困难，昂贵的缣帛书更非一般人所能得。秦始皇焚灭诗书史记，以愚黔首，还不准民间读书、藏书，制造了人为的困难。《汉书·叙传》云：“（班）斿以选受诏，进读群书。上器其能，赐以秘书之副。时书不布，自东平思王以叔父求《太史公》诸子书，大将军白不许，语在《东平王传》。”成帝之时，尚且如此，何况武帝之世。但司马迁却能“紬史记石室金匮之书”，即皇室官家的藏书。这些图书是西汉王朝长期收聚起来的。班固说：“汉兴，改秦之败，大收篇籍，广开献书之路。迄孝武世，书缺简脱，礼坏乐崩，圣上喟然而称曰：‘朕甚闵焉！’于是建藏书之策，置写书之官，下及诸子传说，皆充秘府。”颜注引刘歆《七略》云：“外则有大常、太史、博士之藏，内则有延阁、广内、秘室之府。”⑥ 早在惠帝四年，汉朝就废除了挟书律，奖励献书，提倡讲学。汉文帝曾派晁错到济南记录

① 《史记》卷一三〇《太史公自序》。下引《自序》不再注。
② 《报任安书》，见《汉书》卷六二《司马迁传》。
③ 《潜研堂文集》卷三四《与梁耀北论史记书》。
④ 白寿彝：《史记新论》，求实出版社 1981 年版。
⑤ 朱仲玉：《评中国古代史学史简编》，见《光明日报》1983 年 8 月 24 日第 3 版。
⑥ 《汉书》卷三〇《艺文志》及注。

整理九十余岁的故秦博士伏生口授的《尚书》。汉武帝即位之初就“征天下举方正贤良文学材力之士，待以不次之位”①。汉武帝还下令，“天下计书，先上太史公，副上丞相，序事如古春秋”②。所谓“序事如古春秋”，就是进行年月日的编纂整理，使天下计书皆为有用史料。成帝时刘向校书，国家更投入了大量的人力物力。汉武帝“建藏书之策，置写书之官”，实际上就是进行文化整理。这个工作由太史主持。司马迁说：“百年之间，天下遗文古事靡不毕集太史公。太史公仍父子相续纂其职。”也就是司马谈、司马迁相续主持文化典籍的整理工作，得以阅读秘籍图书，成为最博学的人。太史府等于是国家给司马迁设立的书局。

其三，雄才大略的汉武帝加强了中央集权的统治。宏阔昂扬的时代，是《史记》成书的直接背景。汉武帝击胡攘越，开拓疆土；内兴功作，改革了上层建筑，加强了大一统的皇权统治，造成了西汉王朝的博大气象。司马谈、司马迁父子，原本是汉武帝身边的亲信，积极参与了汉武帝事业的兴作。司马谈对封禅制礼起了重要作用。司马迁从巡武帝，目睹各种盛大的典礼场面、阅兵仪式以及游猎活动，领受了宏阔昂扬的时代精神。司马迁还奉命出使西南夷设郡置吏。《报任安书》说：“绝宾客之知，忘室家之业，日夜思竭其不肖之材力，务一心营职，以求亲媚于主上。”这是青年时期司马迁思想的真实记录。“汉兴五世，隆在建元，外攘夷狄，内修法度，封禅，改正朔，易服色，作《今上本纪》第十二。”司马迁充分肯定了汉武帝的事业。他在答壶遂问中说：“余闻之先人曰：伏羲至纯厚，作《易·八卦》。尧、舜之盛，《尚书》载之，礼乐作焉。汤、武之隆，诗人歌之。春秋采善贬恶，推三代之德，褒周室，非独刺讥而已也。”司马谈计划述史至于麟止，鲜明地表现了这一思想倾向。司马迁继承这一思想，认为“汉兴以来，至明天子，获符瑞，封禅，改正朔，易服色，受命于穆清，泽流罔极，海外殊俗，重译款塞，请来献见者，不

① 《汉书》卷六五《东方朔传》。
② 《太史公自序·集解》引如淳所述卫宏说。

可胜道”。《史记》载武帝一朝史事，篇目和字数均占五分之一。许多篇章都有司马迁活动的足迹。《史记》的体大思精，是和司马迁直接参与汉武帝宏伟事业的活动分不开的。也就是说，武帝一朝的宏伟气象是《史记》成书的直接背景。

其四，汉武帝后期阶级矛盾尖锐化为司马迁“原始察终，见盛观衰”的方法论提供了现实的依据。“原始察终”，指历史研究，要考察其发展变化的因果关系；“见盛观衰”，指洞察历史的变化，要能在鼎盛之时看到它衰败的征兆。司马迁用这样的方法，认识到汉朝的统一和制度，是继秦朝历史的发展，从而肯定了秦朝的统一之功。同时，从秦朝覆亡的原因，又看到了当代政治的危机。例如他在《平准书》中就指出汉武帝步秦始皇的后尘，“竭天下之资财”以恣其欲，并不以为怪。因为皇帝视“天下子民”为一人之私产，毫无节制地挥霍，把天下人民推入了火坑，其源盖出于皇帝高度集权之弊。“事势之流”，就是指汉武帝效秦始皇专制纵欲，带来了社会危机。他从各个方面揭露了当时的社会矛盾，得出“物盛而衰，固其变也”[①] 的结论。当汉武帝和臣僚们正在弹冠相庆的时候，司马迁却看出了汉王朝统治的危机，在《酷吏列传》中直言不讳地批评严刑峻法激起了农民起义，敲响了警钟，这实在是了不起的识见。可以说，“原始察终，见盛观衰”，具有辩证法的思想光辉。司马迁既尊汉而又批判，既看到它的鼎盛而又看到它的弊病。两千年前的司马迁有如此不凡的识见，来源于他对现实社会演变的深刻观察。西汉社会在“文景之治”的升平时期，就已隐伏着对立的阶级矛盾。贾谊、晁错在政论中就发出了呼喊。到武帝之世，矛盾有了进一步的激化。“当此之时，网疏而民富，役财骄溢，或至兼并豪党之徒，以武断于乡曲。”[②] 到了武帝后期，由于汉武帝过度使用民力，造成了“海内虚耗，户口减半”的残破局面，阶级矛盾日趋尖锐，各地爆发了农民起义，动摇着汉王朝的根基。司马迁目睹这一事势的变化，不能不对天命论产生怀疑，不能不对“今上圣明”的

①② 《史记》卷三〇《平准书》。

述史主题进行修正。所以《史记》内容呈现出尊汉与暴露的矛盾，正是司马迁所处时代巨变的反映。

其五，文景之世开明政治的流风余韵启迪了司马迁自成“一家之言”。汉文帝即位，发动了对秦王朝暴政的批判，吸取“雍蔽之伤国也”[①] 的历史教训，鼓励臣民直言极谏。举贤良方正的基本条件就是“直言极谏”。汉武帝专制有别于秦始皇的根本之点，就是还能容忍臣下直言，故有晚年悔征伐之事。汲黯在廷对时说：“陛下内多欲而外施仁义，奈何欲效唐虞之治乎！”[②] 汉武帝怒而不罪。所以在汉武帝时代，虽罢黜百家，而文网未密，臣工士庶，尚能直言议政。故司马迁述史，汉武帝未予干涉。尽管卫宏记载了武帝削除景纪、今上纪的流言，但未禁司马迁著书。在这一环境下，司马迁才敢于直言，实录史事，虽有忌讳之辞，而能终成一家之言。

以上各点，是为《史记》成书的客观条件。

二、父子两代人的心血结晶

清赵翼论司马迁作史年岁，谓“迁为太史令即编纂史事，五年为太初元年，则初为太史令时，乃元封二年也”。又谓《报任安书》作于征和二年，该书已言及《史记》基本完成。从元封二年至征和二年，前后共十八年，故谓之曰：“统计迁作《史记》前后共十八年，况安死后迁尚未亡。必更有删订改削之功，盖书之成凡二十余年也。”[③] 按赵氏所论司马迁作史年岁，已为成说，考其实，却有很大的误差。迁为太史令在元封三年，以虚数纪年，五年而当太初元年。《报任安书》据王国维考订在太始四年。此问题学术界有争议，但主征和二年说者拿不出坚实的论据足以推倒王说，故本文仍从王说立论。赵翼所论之误差并不在此。其

---

① 贾谊：《过秦论》。

② 《史记》卷一二〇《汲郑列传》。

③ 《廿二史劄记》卷一。

失在于仅言及司马迁后半生定稿《史记》阶段的经营，而忽略了司马迁前半生助司马谈发凡起例、整理资料之经营，显然是片面的。《史记》为司马谈发凡起例，司马迁发愤续成，是父子两代人的心血结晶。元朔三年，司马迁二十壮游，“网罗天下放失旧闻”，即为作史之始；“太史公记事尽于孝武之事”[①]，方为绝笔之时，前后通计约四十年。昭帝之初，司马迁仍在改削，其卒年不可考，可以不计。司马谈作史准备在建元、元光间，正式述史在元狩元年。从元狩元年至太始四年整三十年。因此，全面地考核《史记》成书，是两代人的经营，前后四十年，基本成书是三十年。由于司马谈述史之始，即有司马迁参加，而后又由司马迁一手完成，因此，研究《史记》思想体系只能用司马迁一人作代表，完整的《史记》不容分割。但研究《史记》成书，司马谈发凡起例之功不可没，《太史公自序》明确记载《史记》有两个断限：其一曰“于是卒述陶唐以来至于麟止”，其二曰“余述历黄帝以来至太初而讫”。顾颉刚先生指出，“获麟，《春秋》之所终也，帝尧，《尚书》之所始也。谈既欲继孔子而述作，故曰‘卒述陶唐以来至于麟止’”。至于“余述历黄帝以来至太初而讫”，是司马迁修正后的实际断限。因太初改历为汉代政治中的大事件，托古改制，效黄帝制历，“是则《史记》一书中起讫之延长固皆有其政治背景在，非迁故意改父之道矣”[②]。

从司马谈制定的述史断限，可知司马谈作史起于元狩元年。至于酝酿构思，在这之前早已进行。司马谈仕于建元、元封之间。他学天官于唐都，受《易》于杨何，习道论于黄子，就是为述史做准备。

唐都是一位星占家，曾在太初元年与司马迁一起制定太初历，其年齿至多与司马谈同辈。《历书序》云：“至今上即位，招致方士唐都，分其天部。”据此唐都是建元年间入京的，与司马谈出仕同时，谈为太史令，唐都为星占官。星占为太卜属官。太

① 《史记》卷二〇褚少孙《补建元以来侯者年表》。
② 《司马谈作史》，见《史林杂识初编》。

史、太卜又皆隶于太常。故司马谈与唐都为同僚。若唐都为太卜令则与司马谈同品位，若只为太卜属官，则是下级，司马谈学天官于唐都可以说是不耻下问。《儒林传》载，杨何传《易》，“元光元年征，官至中大夫”。杨何是汉初田何的再传弟子，而他的弟子之一主父偃与司马迁同时。可见杨何年齿也是与司马谈同辈。黄子年齿稍长，他是景帝时博士，曾与《诗》博士辕固生辩论汤武革命。窦太后好《老子》书，故传道论的黄子在建元年间尚在京师。司马谈不耻下问，广博地学习，表现了他的高远志向。从师受时间看在建元、元光年间。元朔之际进行资料搜集。元朔三年，司马迁二十壮游，是受司马谈指导的。元朔七年，武帝获白麟，改元元狩，作《白麟之歌》。当时认为这是一件了不起的大事，因文成致麟，象征天下太平。司马谈激动不已，制订作史计划，“述陶唐以来至于麟止”。此时司马迁已经壮游归来，其作史计划亦当父子两人共同制定。

司马谈述史理想，继孔子，效《春秋》，成一代大典，颂汉家一统之威德。《自序》亦有明显交代。司马谈临终遗言说：

> 夫天下称颂周公，言其能论歌文武之德。宣周、邵之风，达太王、王季之思虑，爰及公刘，以尊后稷也。幽、厉之后，王道缺，礼乐衰，孔子修旧起废，论《诗》、《书》，作《春秋》，则学者至今则之。自获麟以来四百有余岁，而诸侯相兼，史记放绝。今汉兴，海内一统，明主贤君忠臣死义之士，余为太史而弗论载。废天下之史文，余甚惧焉，汝其念哉！

太初元年，司马迁追忆说：

> 先人有言：“自周公卒五百岁而有孔子。孔子卒后至于今五百岁，有能绍明世，正《易传》，继《春秋》，本《诗》、《书》、《礼》、《乐》之际？”意在斯乎！意在斯乎！小子何敢让焉。

据上所引，父子两人旨趣一致，发凡起例的宗旨有三端：一曰效周公“歌文武之德”；二曰继《春秋》效孔子“修旧起废”为人伦立准则；三曰颂汉兴一统，论载“明主贤君忠臣死义之士”。合此三端，即以人物为中心，帝王将相为主干，颂一统之威德，正是秦汉中央集权政治在学术思想上的反映。《论六家要旨》为司马谈所作述史宣言，发表当在元狩元年。司马谈推崇道家，只不过是文景时代政治思想遗留的一种反映而已。他反对独尊儒术，但倡导融会百家思想为一体，自成一家之言，与汉武帝统一思想的方向是一致的。这是时代使然。

司马谈的思想、述史理想及其成果对司马迁有着重大的影响，从元狩元年至元封元年已历十二年。司马谈临终再三嘱咐司马迁必为太史。司马谈说：“余死，汝必为太史，为太史，无忘吾所欲论著矣。”司马迁流泪发誓说：“小子不敏，请悉论先人所次旧闻，弗敢阙。”从这一对话中可以看出，司马谈不仅留下了写作计划，而且留下了若干篇章。世家始吴太伯，列传始伯夷，与本纪始陶唐，思想一致，皆表彰让德，可能就是司马谈的安排。《礼书序》有“余至大行礼官”云云，此为司马谈语。司马谈与祠官宽舒议礼，载于《封禅书》中。据此，本纪、书、世家、列传，司马谈皆有所作。清方苞，近人王国维、顾颉刚、李长之等均有考论。近年来又有赖长扬、赵生群两同志作了探索。昔贤今人的考论总计司马谈作史三十七篇，有本纪、年表、书、世家、列传，以及“太史公曰”。即今本《史记》五体结构，司马谈作史皆备。顾颉刚等人对司马谈作史痕迹的发现和考论是很有价值的。这对于研究《史记》成书过程和《史记》两个断限，驳正崔适麟止以后为妄人所续的谬说提供了有力的佐证。《史记》体制为谈、迁父子两人所共创，故谓司马谈作史五体皆备亦合实际。但是，如前所述，司马谈发凡起例，从一开始就有司马迁参加，其后司马迁发愤著书，一手定稿《史记》，重新熔铸了司马谈之作，故在今本《史记》中只可考求司马谈作史痕迹，而不可考论作史篇目，所以王国维论述极为审慎，谓司马迁“或追纪父谈语也”[①]。因此顾颉刚等人考论司马谈作史篇目是值得商榷的。

司马迁作史，分为三个阶段。从元朔三年到元封二年为助手阶段。此阶段，司马谈发凡起例，司马迁赞助其业，前后十八年。在父谈指导下，司马迁二十壮游，学公羊于董仲舒，受古文于孔安国，习家学于司马谈，成长为一个渊博的学者、娴熟的历史家，青出于蓝而胜于蓝，打下了继承父志的坚实基础。从元封三年到太始四年为发愤著书阶段，其间十六年。定稿《史记》从太初元年起计，至太始四年共十二年，是司马迁述史的高峰时期。这期间时事发生了巨大的变化，汉王朝由盛而衰，司马迁受李陵之祸，都激发着他发愤著书。太初元年，司马迁修改父谈计划，增强现代史的内容，延伸下限二十二年，写出汉王朝历史的盛衰。司马迁受李陵之祸，备尝专制主义的残害，从而变《史记》颂扬大汉的主题为冷静的分析、深微的刺讥，形成了司马迁独具的异端思想，升华了《史记》的主题。征和以后到武帝之末六年为第三阶段，司马迁最后编订《史记》，但仍继续删订改削，补苴拾遗。在太始四年，《史记》规模虽然大体已备，“一家之言”体系建成，但还没有最后编订。《文选》本所载《报任安书》论及《史记》五体序列为表、本纪、书、世家、列传，与《太史公自序》不合。《自序》所载五体序列即今本《史记》序列，为本纪、表、书、世家、列传。此可证司马迁写《报任安书》时，《史记》还没有最后编订。其写作程序，十表最先完成，作为纲目，全书定稿后才将本纪提前的。

影响司马迁述史而在《史记》中留下深深痕迹的是两件大事，一为二十壮游，二为受李陵之祸。

司马迁二十壮游，负有特别使命。他是太史令司马谈派出去征集天下图书的。卫宏说：“司马迁父谈世为太史，迁年十三，使乘传行天下，求古诸侯之史记。”[②] 年十三当为二十三之误，系指司马迁二十壮游归来时年岁。王国维称为“宦学”之游，极为

---

① 《观堂集林》卷十一《太史公行年考》。

② 《太平御览》卷二三五引卫宏《汉旧仪》。

恰当。因司马迁是奉官差乘传求天下遗书的，既得国家支助，而又不受时间限制，可以自由旅行。于是他“上会稽，探禹穴”、“窥九疑”，调查了关于五帝三代的传说，据此修正了《史记》上限，起于黄帝；他“浮游沅、湘”，凭吊屈原，了解贾谊之为人，比物连类，感触流涕，创造了古今人物的合传、类传；他“北涉汶、泗，讲业齐、鲁之都，观孔子之遗风，乡射邹、峄”，创立了《孔子世家》、《仲尼弟子列传》、《孟子荀卿列传》等学术史传；他“厄困鄱、薛、彭城，过梁、楚以归”，详细考察了秦灭六国及楚汉相争的战场。司马迁还广泛考察了各地物产、商业及民风，创立了《货殖列传》。他还搜求了金石文物资料，如秦始皇巡游的碑刻，载入《秦始皇本纪》中。司马迁还搜求了一些被秦始皇焚灭了的古诸侯史记。《六国年表序》说，秦焚《诗》、《书》，诸侯史记尤甚，“而史记独藏周室，以故灭。惜哉，惜哉！独有《秦记》，又不载日月，其文略不具”。秦只焚灭了官家之藏，而民间尚有残篇。如《燕召公世家》载，燕孝王“三年卒，子今王喜立”。又载“今王喜四年，秦昭王卒”。这是公元前255至公元前251年事，下距司马迁述史一百四五十年，而两称“今王”，显然是抄录燕国史记改写未竟的痕迹。又如《廉颇蔺相如列传》载秦赵会渑池，赵王奏瑟，秦御史书“某年月日，秦王与赵王会饮，令赵王鼓瑟”。蔺相如挟秦王击缶，亦召赵御史书“某年月日，秦王为赵王击缶”。赵御史所书必不载于秦史记而是据赵史记写下的。又年表、世家载各诸侯国史事用第一人称“我”，不可能全部据秦史记回改，亦当采择了一部分诸侯史记。上述例证是《史记》取材于“诸侯史记”的有力佐证。司马迁还着意搜求了古今人物遗事，如魏公子礼贤侯嬴的故事，苏秦、张仪等说士发迹的故事，陈涉佣耕垄上的故事，刘邦家居时喜好酒色的故事，韩信受胯下之辱及其葬母高敞地的故事，樊哙屠狗、萧何为刀笔吏、周勃织薄曲、夏侯婴为车夫、陈平宰社肉等等故事，不仅补充了文献的不足，而且孕育了司马迁现实主义的写作精神，对于破除天命论的唯心史观有重要意义。尽管司马迁受历史的局限，也搜求了一些神秘的故事逸闻，如所谓刘邦行止有天子气，项羽和舜皆重瞳子，留侯得老人赐书，等等，但这些并不是主流。司马迁壮游中亲切地感受了汉王朝盛大的时代气息，领略到山川的豪气，开阔了视野，扩展了胸怀，增长了见识和才干。同时也接触了下层社会，不仅吸收了人民的语言，而且了解了人民的疾苦。当他后来遭受迫害，必然联想到下层人民生活的悲惨景况，从而对残酷暴虐的统治者发出控诉。正如有的论者所指出的那样："司马迁面向现代的作史精神，幽明深察的历史见解，序传人物和历史问题的鲜明感情。生动翔实的文采，无不与切身经历联系着。司马迁几次出使和漫长的游访，便是经历的最重要内容之一。"①

司马迁发愤著书是受李陵之祸以后形成的意识。"发愤"既是《史记》成书的新的动力，更是司马迁思想发生质变的关节。受祸之后，司马迁不仅更加全力以赴撰述《史记》，而且把目光转向下层社会，把思虑转向对绝对君权的审查，揭露和批判绝对君权的弊端，发扬了现实主义的写作精神，从而在人类文化史上留下了无韵之《离骚》。

以上是为《史记》成书的主观条件。

三、《史记》不朽之内因及其所留下的启示

西汉盛世为司马迁著作一部通史提出了时代的要求，也提供了物质条件，这是《史记》成书的历史背景。司马迁所受教育、修养及其经历是《史记》成书的著述内因。历史背景是客观条件，著述内因是主观条件。《史记》之所以成为一部不朽的名著，乃是主客观条件的统一，历史的必然与偶然错综交织所产生的效应。西汉的大一统和文化高涨，汉初的无为政治与言论开放，汉武帝的雄才大略及其宏伟事业，这是大一统社会形成后的历史必然。《史记》中波澜壮阔的历史图景就是对这一历史必然的描述。

① 陈可青：《司马迁的史学思想及其阶级性》，《新建设》1965年第1期。

司马氏世为史官绝而复兴，司马谈、司马迁父子相续纂其业，司马迁之游历与受祸发愤，这是历史的偶然。偶然寓于必然之中。假若没有西汉的统一和学术复兴，司马氏父子就不可能具有渊博的知识，更没有司马迁的“宦学”壮游。所谓偶然，是指各种主观条件很难集于一身。唐刘知几论良史必须具备才、学、识三长，清章学诚又加之以德。这才、学、识、德四大要素，司马迁可谓兼备一身。司马迁聪颖勤奋，十岁诵古文，养育了他的才。得天独厚的家学渊源和师承，培植了他的学。壮游与受祸锤炼了他的识。史官世家的传统和气质，司马谈尽忠尽孝的教育，临终遗言的震响，涵育了司马迁的德。这些主观条件是《史记》成为不朽著作的根本原因。

在客观条件中，汉武帝对文化事业的提倡，国家给予司马迁修史的便利，是最重要的条件。司马谈、司马迁最初的修史动机并不是标榜异端，而是扣紧了时代的脉搏，适应当时社会需要而提出来的。原本主题在于颂扬大一统，记载帝王将相的治世功勋，这就是纪传史产生的根本原因。

在主观条件中，才、学、识、德四要素，最重要的是识。因为只有超卓的识，才能“原始察终，见盛观衰”，知甚远，察其微，探其源，究其终，通古今之变。司马谈以其眼光远大，领略了时代的要求，立下述史壮志；司马迁以其识见超卓，才能追寻历史之变，不断升华述史的主题。在司马迁手中，《史记》主题作了两次飞跃式的升华。一次为太初元年修改《史记》断限，增强现代史内容，以“见盛观衰”；二为司马迁受李陵之祸发愤著书，扩展了《史记》的社会内容，面向下层社会，吐发不平际遇，形成了“是非颇谬于圣人”的异端思想，使《史记》熔铸了人民性的成分。虽然我们无法考证司马迁作史的先后篇目，对《史记》主题思想的升华过程不能做出具体的描绘，但其发展脉络有如上述，具有清晰的轮廓。

《史记》成书的条件留给我们的启示是：一部不朽的传世名著，必须具备主客观条件的统一才能产生。《史记》是适应秦汉大一统社会的历史使命而产生的。它的主题是颂扬帝王将相的功勋来为巩固封建统治服务的。尽管《史记》注入了人民性的成分，但并未改变这一基本主题。学术界以往的论述，未能深究《史记》的成书条件，往往以后世个人的经验去看待《史记》，颠倒了两者的关系，把人民性看成是《史记》的基本主题，因而不能合理地解释纪传史产生的原因。《史记》是司马谈、司马迁二人以汉太史身份修成，在这个意义上，也可以说它是一部自成“一家之言”的官修史书。《史记》的伟大价值，并不只是它揭露现实，表现为异端，而根本性在于它全面地反映了大一统的时代精神及其盛衰。当然，《史记》熔铸了人民性，使它更加灿烂夺目，这是不言而喻的。

司马迁把他的全部精力和生命化成了《史记》，铸造了这一不朽名著将与世长存。

（本文原载《山西大学学报》1984年第2期）

司马谈作史考论述评

司马谈是西汉杰出的思想家和历史家，《史记》就是由他发凡起例的。本文集中考察司马谈作史年岁，从元狩元年到元封元年共十二年，作史五体皆备，均在今本《史记》中留下痕迹。司马谈临终时，已留下若干篇章，这是没有疑义的。《史记》之不朽是司马谈、司马迁两代人的心血结晶。但司马谈之作，已为司马迁所重新熔铸，考求司马谈作史的完整篇目，割裂《史记》体系，则为事实所不容。昔贤今人考论司马谈作史痕迹是很有意义的，但指目某某篇即为谈作，则又是徒劳的。这一结论若不加证明是不能取信于学术界的，此即为本文之所作也。

一、昔贤今人对司马谈作史的考论

清方苞《望溪先生文集》有《书史记十表后》、《又书太史公自序后》两文，是最早考论司马谈作史的文字。近人王国维《太史公行年考》亦有论及。专论有顾颉刚《司马谈作史》和李长之《史记中可能出自司马谈手笔者》两文。近年来赖长扬和赵生群也写了专论①。综上考论，揭示司马谈作史篇目三十七篇，计本纪十二篇，表四篇，书四篇，世家八篇，列传九篇。为了简明扼要地介绍上述考论篇目及论据论点，列表如下。

（一）本纪篇目十二篇			
论　者	篇　目	论　据	论　点
方　苞	十二本纪	《太史公自序》云："网罗天下放失旧闻，……著十二本纪，……作十表，……作八书，……作三十世家，……作七十列传。"	"本纪十二曰'著'者，其父所科条也，余书曰'作'者，己所论载也。"（《又书太史公自序后》）
李长之	孝景本纪	《赞》文称"晁错刻削诸侯"云云。	认为《赞》文批评晁错与《论六家要旨》责备法家的话旨趣一致。
赖长扬	①孝文本纪 ②吕后本纪	《赞》云："太史公曰：……汉兴，至孝文四十有余载，德至盛也。廪廪乡改正服封禅矣，谦让未成于今。呜呼，岂不仁哉！"	（1）"于今"二字证明作者记述之时在改正服封禅之前。 （2）司马谈作史，当先有本纪，既是职守之责，又可提挈一代大事，在编纂上有不少便利。 （3）司马谈歆慕封禅，"廪廪乡"云云，深切惋惜，溢于言表。司马迁则不然。 （4）《论六家要旨》备推黄老思想与文帝政治实践虚实相映。 （5）结论：谈之为史，有纪有传有赞，《史记》体例，创自司马谈。 此外，《文帝纪》中有"事在《吕后》语中"，亦可能为谈作。

① 王国维：《太史公行年考》，见《观堂集林》卷一一。顾颉刚：《司马谈作史》，见《史林杂识初编》。李长之：《〈史记〉中可能出自司马谈手笔者》，见《司马迁之人格与风格》一书中第六章第二节。赖长扬：《司马谈作史补证》，《史学史研究》1981年第2期。赵生群：《司马谈作史考》，《南京师范学院学报》1982年第2期。

续表

论　者	篇　目	论　据	论　点
赵生群	①殷本纪 ②周本纪 ③秦本纪 ④秦始皇本纪	《卫康叔世家赞》、《陈杞世家》、《管蔡世家》等篇司马迁说“余读世家言”、“有本纪言”云云，均“自称其书”。言及本纪有殷、周、秦三纪。又《秦本纪》中有“其语在《始皇本纪》中”云云。	司马迁“自称其书”而云“读”，那么，这些作品当出自司马谈手笔。
（二）十表篇目四篇			
论　者	篇　目	论　据	论　点
方　苞	①十二诸侯年表 ②六国年表 ③秦楚之际月表 ④惠景间侯者年表	诸年表《序》中有“太史公读《春秋历谱谍》”、“太史公读《秦记》”、“太史公读《秦楚之际》”、“太史公读《列封》至便侯”云云。而《高祖功臣侯者年表序》则云“余读高祖侯功臣”云云。	“迁序十表，惟《十二诸侯》、《六国》、《秦楚之际》、《惠景间侯者》，称‘太史公读’，谓其父所欲论著也。故于《高祖功臣》称‘余读’以别之。”又云：“踵《春秋》以及秦灭、汉兴、文景以前，凡所论述皆其父所次旧闻，具见矣。”（《书史记十表后》）
（三）八书篇目四篇			
论　者	篇　目	论　据	论　点
李长之	①律书	《律书》只叙至文帝之事而止。又篇中有“猥云德化，不当用兵”云云，又有“神使气，气就形”云云。	叙亲历之事只至文帝而止，只有司马谈才能接上。“猥云德化”云云可证《律书》作于武帝对外用兵之前。“神使气，气就形”云云与《要旨》所论形神旨趣相合。
赵生群	②历书	《历书序》称考定星历，“王者所重”云云，与《太史公自序》司马谈称祖上“尝显功名于虞夏，典天官事”精神相合。而司马迁《报任安书》说“文史星历，……流俗之所轻”。	父子两人思想大相径庭，因此，“毫无问题，《历书》的写作是从司马谈就开始了的，前面部分当是司马谈所写定，司马迁是在此基础上增写了元封以后的内容”。

续表

论　者	篇　　目	论　　据	论　　点
赵生群	③天官书	《天官书》有“太史公曰：为国者必贵三五”云云，其后有“太史公推古天变，未有可考于今者”云云。	认为“太史公推古天变”云云是司马迁针对司马谈“太史公曰”的内容在发表不同的议论。并由此推断“太史公推古天变”以前的文字，“当为司马谈所写定，其后为司马迁所续”。
	④封禅书	《封禅书》中两称“太史公”均指司马谈，在从巡中与祠官宽舒议礼；赞语有“入寿宫侍祠神语”云云，其事发生在元鼎四年之前。	司马谈、司马迁都没参加元封元年的封禅大典，故赞语“从巡封禅”云云，系指从巡武帝敬礼诸神名山川。元鼎四年前司马迁是否出仕还不能肯定，即使出仕“也未必能跟随武帝出巡”，所以“入寿宫侍祠神语”云云是司马谈，而不是司马迁。《封禅书》赞语亦为司马谈作。元封以后文字才为司马迁所续。
（四）世家篇目八篇			
论　者	篇　目	论　　据	论　　点
顾颉刚	①赵世家	《赞》文云：“吾闻冯王孙曰：赵王迁，其母倡也。”又战国之世，赵事独详。盖冯唐父子语之也。	武帝初立，冯唐九十余，其子冯遂当六十矣，及至司马迁长成，“遂已耄耋矣”，故遂与迁年齿不相及，是篇出谈手无疑。
李长之	②晋世家	《晋世家》不避司马谈讳，文中有“桓叔生惠伯谈，谈生悼公周”。 《赵世家》讳谈，“襄子惧，乃夜使相张孟同，私于韩魏”。《索隐》云：“按：《战国策》作‘张孟谈’。谈者，史迁之父名，迁例改为‘同’。”	《晋世家》不讳谈，为司马谈作。《赵世家》讳谈，乃迁作也。 按：顾、李两说立论不同，而将其考论成果对照，相互抵牾。

续表

论　者	篇　目	论　　据	论　　点
赵生群	③陈杞世家 ④宋微子世家 ⑤齐太公世家 ⑥鲁周公世家 ⑦管蔡世家 ⑧卫康叔世家	《卫康叔世家赞》云“余读世家言”，《陈杞世家》说舜禹之后“有世家言”（即《陈杞世家》），又提到齐、宋世家，《管蔡世家》中提到《鲁周公世家》、《卫世家》，皆司马迁“自称其书”。	“余读世家言”云云，说明司马迁作史之前已有“世家言”，而这些“世家言”又是自称《史记》中篇目，所以卫、陈杞、管蔡等篇为司马谈作，其中提到的宋、齐、鲁周公等篇更在其前，亦为司马谈作。《卫世家》赞语则为司马迁改写。
（五）列传篇目九篇			
论　者	篇　目	论　　据	论　　点
王国维 顾颉刚	①刺客列传 ②樊郦滕灌列传 ③郦生陆贾列传	三传赞语云：“始公孙季功、董生与夏无且游，具知其事，为余道之如是”，“余与他广通，为言高祖功臣之兴时若此云”，“平原君子与予善，是以得具论之。”	考其年齿，公孙季功、董生、樊他广、平原君朱建子似与司马迁不相及。王国维云：“此三传所纪‘史公’，或追纪父谈语也。”顾颉刚云：“此非或然，乃必然也。……此三传成于谈手无疑。” 按，方苞、赵生群以“余”为司马迁自称，据此顾云“余”为司马谈自称，两相对照，相互抵牾。
顾颉刚	④张释之冯唐列传 ⑤游侠列传	《张冯列传》云：“遂字王孙，亦奇士，与余善。” 《游侠传赞》云：“吾视郭解，状貌不及中人。”	“及迁而长，遂已耄耋矣，岂真有此忘年之交耶？是亦其父谈之事也。” 按，以迁生建元六年计，不及见郭解。
顾颉刚	⑥太史公自序	《自序》云：“于是卒述陶唐以来，至于麟止，自黄帝始。”又云：“余述历黄帝以来至太初而讫。”是《史记》存在自相矛盾的两个断限。	顾氏认为上起陶唐，下讫获麟为司马谈计划；上起黄帝，下讫太初为司马迁修改计划。“使余此一假定而得其实，则《太史公自序》一篇本亦谈作，迁修改之而未尽，故犹存此抵牾之迹耳。”

续表

论　者	篇　目	论　　据	论　　点
李长之	⑦老庄申韩列传 ⑧日者列传 ⑨李斯列传	《老庄申韩列传》道法合传，又叙老子后人李解至景帝时为止。 《日者列传》有“此务华绝根者也”云云，道家立场。 《李斯列传》中有韩谈，不避讳。	《老庄》与《日者》道家思想浓厚，与《论六家要旨》合，必为谈作。又叙老子后人至司马迁以前止，由于是“司马谈去写才如此”。 《李斯传》不讳，必谈作。而《平原君虞卿列传》讳谈，“李谈”作“李同”，可证为司马迁作。

总上考论，认为司马谈作史篇目三十七篇，约占《史记》全书的四分之一，且五体皆备，即《史记》一书体例创自司马谈。顾颉刚云：“《史记》之作，迁遂不得专美，凡言吾国之大史学家与大文学家者，必更增一人焉曰司马谈。”① 顾先生的结论，毫无疑义是应当重视的，也是符合实际的，《太史公自序》有确凿记载，不待论辩。但上述诸人的考证篇目是否可靠？论据与论点之间的关系是否合符逻辑？尚需进一步研究。区别司马谈、司马迁作史篇目对于研究司马迁思想关系极大。假如上述三十七篇为司马谈所作的考论成立，则学术界已往研究司马迁的成果大部分将要重写。“司马谈作史”，此课题的研究关系全局，真可以说是牵一发而动全身，故不可不详究。

二、对司马谈作史考论成果之评议

上述各家考论，我们再作综合条理，可概括为六条鉴别标准，条析如下。

（一）从交游上立论，“太史公曰”中所称交游凡年齿与司马迁不相及者，为司马谈作。此论最为有力，顾颉刚据此断定《赵

① 《司马谈作史》，见《史林杂识初编》。

世家》、《刺客列传》、《樊郦滕灌列传》、《郦生陆贾列传》、《张释之冯唐列传》、《游侠列传》等篇为司马谈作。王国维则认为《刺客列传》、《樊灌列传》、《郦陆列传》三传是史公“或追纪父谈语也”。

（二）从时代上立论，叙事至文景时止者为司马谈作。李长之、赖长扬、赵生群等断定《文帝纪》、《律书》、《封禅书》、《老庄申韩列传》为谈作，就以此为佐证。方苞说，“秦灭、汉兴、文景以前，凡所论述皆其父所次旧闻”。赵生群亦认为秦汉统一前后是区别谈、迁写作的“一条重要线索”。

（三）从思想旨趣上立论，《论六家要旨》为一“试金石”，凡具有道家色彩的篇章为司马谈所作。李长之、赖长扬、赵生群等以此断定《文帝纪》、《景帝纪》、《律书》、《历书》、《天官书》、《老庄申韩列传》、《日者列传》等篇为司马谈作。

（四）从文字用语上立论，方苞以言“著”者归司马谈，言“作”者归司马迁，断定十二本纪为司马谈作。李长之从讳与不讳立论，凡当讳而不讳者，如《晋世家》、《李斯列传》不避谈讳，为司马谈作，而《赵世家》、《平原君虞卿列传》避讳为司马迁作。

（五）从称谓上立论，方苞以“太史公读”为司马谈，“余读”为司马迁，断定《十二诸侯年表》、《六国年表》、《秦楚之际月表》、《惠景间侯者年表》诸年表为司马谈作。赵生群进一步推论，既言“余读”，自然在“司马迁作《史记》以前，就应当存在”，从而断定“余读”之篇为司马谈作。计有殷、周、秦、始皇诸本纪，陈杞、宋微子、齐太公、鲁周公、管蔡、卫康叔诸世家。甚至断言这些篇章全篇为司马谈作。

（六）从两个断限上立论，顾颉刚认为《太史公自序》为司马谈原作、司马迁所续。

孤立地来看这些鉴别标准都有一定的理由，但综合起来研究，这些立论互相矛盾，无所适从。若将这些标准放到广阔的时代背景上，与《史记》全书关联，可以说无一条立论能成立，试分层缕述之。

立论互相矛盾。顾颉刚按交游年齿立论，认为《赵世家》是司马谈的杰作；而李长之按讳与不讳立论，断定《赵世家》为司马迁所作，互相抵牾。又，顾先生按年齿交游所论六篇，《赵世家》、《游侠列传》两篇赞语太史公自称“吾”，《刺客列传》、《樊郦滕灌列传》、《郦生陆贾列传》、《张释之冯唐列传》四篇赞语皆用“余”，均指司马谈；而方苞、赵生群从称谓立论以“余读”之“余”指司马迁，则与顾氏所论又互相矛盾。

以实考核，各种立论皆有所片面。以年齿论，司马迁与公孙季功、董生、平原君子、冯遂未必不相及，亦未必不可为忘年之交。以司马迁生于景帝中五年，即公元前145年推计，平原君子在文帝三年，即公元前177年为中大夫，若时年二十，下及司马迁之生约五十年。当司马迁二十时，平原君子七十左右；青年向老人问故，可以相及。至于冯唐，建元元年，即公元前140年九十余，其子冯遂为郎。若冯遂当其父五十而生，时年四十左右，司马迁五岁，年齿相差三十余岁，不但相及，且可为忘年之友矣。顾颉刚一方面缩短司马迁的生年十岁，另方面又提早冯遂二十岁，谓当其父三十而生，这样就把相差三十余岁的年齿扩大为六十余岁，像似不相及。西汉郎官“掌守门户，出充车骑”，皆少年郎充任，冯遂尽管特殊，也不至于六七十老翁充任郎官，顾先生的推论不能成立。至于郭解，元朔二年徙居茂陵，当年司马迁年十九，亦徙居茂陵，恰为司马迁所亲见。由于司马迁生年被缩短，顾先生误认为不相见，其说不可为据。

李长之用讳与不讳来区分谈、迁著述，是相当有道理的，但也不能绝对化。胡适著《西汉人临文不讳考》，陈垣著《史讳举例》论汉讳诸条，指出在汉代讳与不讳有很大的伸缩弹性，这当是符合事实的。《太史公自序》说司马谈之父名司马喜，就与司马氏祖上相中山者名司马喜同名不讳，就是一例。

从称谓上立论片面性更大，可以说是没有几分可靠的。方苞以“太史公读”为司马谈，“余读”为司马迁，却不能自圆其说。《高祖功臣侯表》为“余读”，《惠景间侯表》为“太史公读”，可两表结构一致，记事每帝一格，武帝朝分为两段，“建元至元封六年三十六”为前段，“太初已后”为后段，《惠景间侯者年表》表更分为两格，载太初以后事讫武帝之末，以“咸表始终”，这正是司马迁的历史观。又《六国年表序》，前有“太史公读《秦记》”，后有“余于是因《秦记》”云云，这可以说是否定方苞立说的铁证。至于“著”与“作”之分更属妄测。《太史公自序》云“著十二本纪”，请问“今上本纪”是“著”还是“作”呢？

赵生群以“余读”为司马迁亦是片面的猜测。《太史公自序》云“余述历黄帝以来至太初而讫，百三十篇”此句之“余”指司马迁；《太史公自序》又载，司马谈临终执迁手而泣曰：“余先周室之太史也”，又曰“汝复为太史，则续吾祖矣”，又曰“今天子接千岁之统，封泰山，而余不得从行”，又曰“余死，汝必为太史，为太史，无忘吾所欲论著矣”，又曰“余为太史而弗论载”，又曰“余甚惧焉”云云。司马谈临终遗言，“余”、“吾”并用，一连串用了五个“余”、两个“吾”。再看司马迁，可以确指为司马迁的“太史公曰”也是“余”、“吾”、“予”并用。如《五帝本纪赞》，“太史公曰：……余尝西至空桐，……予观《春秋》、《国语》”；《田叔列传赞》，“太史公曰：……仁与余善”；《卫将军骠骑列传赞》，“太史公曰：苏建语余曰”云云。总之，“余”、“吾”、“予”的用语不能区别司马谈和司马迁。不过赵生群的推理有一个逻辑上的便利。若“余读”指司马谈，所称“余读世家言”，这“世家”指《史记》篇名，当然必为司马谈自作无疑。问题在于赵生群推理的前提不能成立。他说：

> 《史记·卫康叔世家》赞道：“太史公曰：余读世家言……”既是“读世家言”，自然司马迁作《史记》以前，就应有“世家言”存在，那么……这些作品当出自司马谈手笔。

不错，司马迁在“读”之前当有书“存在”。但这“存在”既可指司马谈作，亦可指司马迁作。若把“读”之前的“存在”均指为“司马谈作”，未免武断，更进而推断整篇为司马谈作就更武断了。

退一步说，赵生群的推论能够成立，也仅仅只有一篇“卫世家”。《管蔡世家》、《陈杞世家》所提到的周，“有本纪言”；鲁，“有世家言”；蔡、曹，“有世家言”；卫，“有世家言”；舜禹之后，“有世家言”；殷，“有本纪言”；齐，“有世家言”；秦，“有本纪言”云云，只不过是司马迁的交代，怎么能说是指司马谈的作品呢？最有力的证据是，在《陈杞世家》中的这一交代中，司马迁说：“伯翳之后，至周平王时封为秦，项羽灭之，有本纪言。”通盘考虑司马迁的思想，他为项羽立本纪，为陈涉立世家，且在《陈涉世家》中只字不提沛公军，目的就是用互见法表彰陈、项灭秦之功。《陈杞世家》中“项羽灭之”的交代就是点题。这一铁证足可以把赵氏的推论全部推倒，亦即推倒了赵氏立论的前提。

从思想旨趣上立论，其前提是司马谈尊道，司马迁尊儒，父子异途，思想对立。这个前提根本就不能成立。《史记》效《春秋》，这一宗旨为司马谈所定，故上起陶唐，下讫获麟，谁说司马谈不尊儒？《悲士不遇赋》充满道家色彩，谁说司马迁不尊道？谈、迁父子思想有差异，但基本一致，既非尊儒，亦非尊道，而是兼采儒、墨、名、法、道、阴阳百家之长，融会贯通自成一家。赞文帝未必不是司马迁所作。至于寻章摘句以求曲合于《论六家要旨》，不值得深究。而且《论六家要旨》本身分上下两半篇，大体上是司马谈作之于前，司马迁阐释于后，以此为“试金石”的说法不能成立。

从时间上立论，把秦汉史归于司马迁，把先秦史归于司马谈，恰与司马谈自述的思想相悖。司马谈临终遗言说：“自获麟以来四百有余岁，而诸侯相兼，史记放绝。今汉兴，海内一统，明主贤君忠臣死义之士，余为太史而弗论载，废天下之史文，余甚惧焉，汝其念哉！”这段话充分表现了司马谈详今略古的思想。司马迁二十壮游，既上会稽探禹穴，更在梁、楚一带调查秦汉间史事，这是受司马谈指导的。从时间上来分判谈、迁父子异向，肯定也是徒劳的。

最后，顾颉刚从两个断限来判定《太史公自序》为司马谈原作也是不能成立的。《自序》概括全书一百三十篇大旨，是最后写成的。正因为司马迁修改了父谈计划，才在《自序》中作一交代。这两个断限的交代恰恰说明是司马迁作《自序》，而不是司马谈。为什么会有如此相反的结论呢？顾先生视两个断限为矛盾，而我们视两个断限为发展，《自序》是有意识地作交代。《五帝本纪赞》对上限修正作交代，就是有力的佐证。

总括上述评议，顾颉刚等人关于司马谈作史的考论，断言三十七篇为司马谈所作，基本上不能成立，我们有理由把它推倒。比较起来，王国维的考论最有深味，符合实际。不过顾颉刚比较谨慎，只断定五篇为司马谈作，一篇为父子合作，赖长扬亦谨慎，只补证了《文帝纪》为谈作，《吕后纪》存疑。且顾颉刚所阐发的两个断限，冯唐父子对司马谈父子作史贡献都是很有价值的。赖长扬对“谦让未成于今”的解释是较为合理的。李长之的考论推论较多，发现讳与不讳的例证很有参考价值。方苞、赵生群两人立论比较简单化，结论过于大胆，其所断定的司马谈作史篇目都值得商榷。假如我们把考论的三十七篇从《史记》中割裂出来，在其余篇章中去探索司马迁的系统思想，那是不可想象的。但是赵生群等人的考论仍然是有价值的，敢于开拓新领域，可以启人深思。

三、司马谈作史应如何评价

司马谈作史，唐人有明确论述。司马贞曰：“《史记》者，汉太史司马迁父子之所述也。”[1] 刘知几曰：“孝武之世，太史公司马谈欲错综古今，勒成一史，其意未就而卒。子迁乃述父遗志，采《左传》、《国语》，删《世本》、《战国策》，据楚汉列国时事，上自黄帝，下讫麟止，作十二本纪、十表、八书、三十世家、七

① 《史记索隐序》。

十列传，凡百三十篇，都谓之《史记》。”① 《隋书·经籍志》亦云：“汉武帝时，始置太史公，命司马谈为之，以掌其职。时天下计书，皆先上太史，副上丞相，遗文古事，靡不毕臻。谈乃据《左氏》、《国语》、《世本》、《战国策》、《楚汉春秋》，接其后世，成一家之言。谈卒，其子迁又为太史令，嗣成其志。上自黄帝，讫于炎汉，合十二本纪、十表、八书、三十世家、七十列传，谓之《史记》。”唐人的这些论述充分肯定了司马谈的作史功绩。研究《史记》成书过程、研究司马迁成长道路，忽略司马谈是不全面的。但是《史记》最后完成于司马迁之手，父谈的著述，对于司马迁来说就如同采择《左传》、《国语》，删《世本》、《战国策》一样，剪裁熔铸在自己定稿的《史记》之中，成为“一家之言”。今本《史记》一百三十篇皆可视为司马迁一人之作，方能完整地系统地探索司马迁的思想，这是毋庸置疑的。司马谈创史在元狩、元封之间，从他制定上起陶唐、下讫获麟的断限可以推知。在这之前作创史准备。司马迁元朔三年壮游，实地调查史料可以视为司马谈的创作准备。当司马谈创史之时，司马迁已是得力的助手。所以即便有司马谈的整篇著作，也同时熔铸了司马迁的心血。《史记》体例应是司马谈、迁父子两人所共创。

顾颉刚等人的考论，其具体成果应予推倒，而所得结论却是有重大参考价值的。因为自唐以后，司马谈作史功绩被淹没，又唐人论述过于简略。我们应该承认司马谈有整篇的述史，其成果或许不止三十七篇。问题是司马谈的成果司马迁重新作了剪裁熔铸。这是一个问题的两个方面。如果只看到司马谈作史，而看不到司马迁的重新熔铸，则将是片面的考证，必将是牵强附会而走向死胡同。例如赵生群认为《天官书》中“太史公推古天变”云云是司马迁针对父谈“太史公曰”的内容发表不同的议论，并由此推断，“太史公推古天变”以前文字为司马谈作，其后为司马迁所续，这是没有根据的。《天官书》八千余字，“太史公曰”以下一千二百余字是一长赞。若“太史公推古天变”以下才为司马

① 《史通》卷一二《正史篇》。

迁所续，那只是仅仅写了半篇赞语，怎么能说是续《天官书》呢？假定赵生群的推论成立，恰恰证明现存《天官书》乃司马迁作，而司马谈之原作为迁所扬弃和剪裁吸收，故留下驳难痕迹。而事实上这一驳难痕迹并不存在。《天官书》之“太史公曰”，夹叙夹议以论天人之际，首尾一贯。“太史公曰”中有“余观史记，考行事，百年之中”云云，正是司马迁的语言。汉兴至太初恰好整百年，此可为司马迁在太初年间作《天官书》之铁证。司马谈“学天官于唐都”，精通天文，整理了天官资料，并留下篇章完全可能。但今本《史记》留下整篇司马谈的著述考论是不能信从的。因此，我们既否定顾颉刚等人的具体考论成果，而又接受其考论的结论，因为这是历史的本来面貌。今本《史记》中虽无司马谈整篇的作史，但留下了司马谈作史痕迹是没有疑义的。顾颉刚等人的考论，提供了司马谈作史痕迹的史影，比唐人论述具体，对于研究《史记》成书有重大意义。在史学史的叙述上应有司马谈的一席地位。正如顾颉刚所说，“而《史记》之作，迁遂不得专美，凡言吾国之大史学家与大文学家者，必更增一人焉曰司马谈”，我们同意这一结论。而对于司马谈的评价，也只能做这样的概略论述，不可割裂《史记》篇目作具体分析。由司马迁继父遗志发愤著述的《史记》是不容分割的一个整体。探索熔铸在《史记》之中的“一家之言”，其代表者只能有一人焉曰司马迁。

（本文原载《青海师范学院学报》1984年第2期）

司马迁生卒年考辨辨

西汉著名历史学家和文学家司马迁的生卒年是学术界长期争论的一个问题。在20世纪50年代中期，郭沫若还发起过一场讨论。金代王若虚，清代学者王鸣盛、周寿昌等早就探讨过这个问题，但是由于缺少直接的史料证据，对司马迁的生年和卒年都有五六种说法，而且迄今无定论。比较有影响而又有根据的是王国维和郭沫若两家的考证。郭、王两说势均力敌，各有信从者。近年来郭说有上升之势，从1980年以来有三篇专论申证此说。三篇论题是：一、李伯勋的《司马迁生卒年考辨》，副题为《驳王国维"太史公系年考略"》（以下简称《考辨》），《兰州大学学报》1980年第1期。二、苏诚鉴的《司马迁行年三事考辨》，载《秦汉史论丛》第一辑，陕西人民出版社1981年版。三、吴汝煜的《论司马迁的生年及与此有关的几个问题》，《南开大学学报》1982年第2期。苏、吴两文申证郭说，即主司马迁生于建元六年说，提出了比较有价值的新论据，但并不能证成郭说，当另作专文评述。李伯勋的《考辨》系统地转述了郭沫若、李长之等人的论据，用来驳王国维，似乎20世纪50年代的争论郭说已成定论。为了澄清这一错觉，更为了对郭说作出系统的评价，因此本文集中对《考辨》的论据提出商榷，以就教于通达之士。

一、20世纪50年代中期学术界讨论司马迁生卒年问题的回顾

学术界系统考证司马迁生卒年的第一人是王国维。1916年他在《广仓学窘丛书》发表《太史公系年考略》，定司马迁生年为景帝中元五年（前145年），认为司马迁的卒年“绝不可考，……然视为与武帝相终始，当无大误”。到了1923年，王氏又发表《太史公行年考》，其事稍详，其说未变。这说明王氏对太史公的生卒年作了长期的研究，前后七八年而其说不变，下了很大的功夫。研究司马迁的中外学者一般都依从王说。

根据王国维的考证，1955年是司马迁诞生2100周年纪念。郭老在当年的《历史研究》第6期上发表《“太史公行年考”有问题》的文章，认为司马迁生于汉武帝建元六年（前135年）。郭文的主要论点有两个：其一是引证了十条《居延汉简》补充王国维所说《索隐》所引《博物志》为“先汉记录”；其二是辨析“早失二亲”之“早”为“二十六岁死父亲”。同期《历史研究》还发表了李长之先生的旧作《司马迁生年为建元六年辨》，“举证十条以立其说”，但多系推论而缺乏考据的根据，“自云论据不巩固，已放弃前说”（李仲钧先生语，《文史哲》1957年8月号）。此后，郭老在1956年《历史研究》第4期发表《司马迁之死》一文，提出了司马迁因写《报任安书》有怨言而下狱死的观点，其年从王国维的考证为太始四年（前93年）。支持郭老说的有王达津，1956年《历史研究》第3期有他的《读郭沫若先生“太史公行年考有问题”后》一文。王先生为了给张守节所云“迁年四十二岁”找出路，猜测说是概括司马迁一生的年岁。与郭老商榷的文章有郑鹤声的《司马迁生年问题的商榷》，申证王国维说，见商务印书馆1956年再版的《司马迁年谱》附录。中华书局1957年出版的文史哲丛刊第三辑《司马迁与史记》一书收录了程金造先生的《关于司马迁生卒年月四考》的文章，对司马迁的生年从

王说，论证更加充实，而对司马迁的卒年也认为绝对年代无考，提出卒于昭帝之世的说法。程先生还附论了《报任安书》作于征和二年，既不同意王国维的《报任安书》作于太始四年说，也不同意郭老的司马迁因写《报任安书》下狱致死的说法。以上就是20世纪50年代中期讨论司马迁生卒年的主要观点和论文。

这场讨论提出了许多新问题。有些解决了，如"早失二亲说"。有些问题还没有解决。如司马迁十八岁"为博士弟子受业说"、"卒年四十二岁说"、"二次下狱致死说"、"数字不讹说"等等。因此学术界对郭、王两家之说各有信从者。本文是支持王国维说的。因为我们如果对20世纪50年代中期的这场讨论进行一番认真的研究，就会发现郭老等人的论点和论据抽象地看似有道理，但是按诸史实则矛盾百出。因此郭老等人不但没有驳倒王说，而且反证成了王说。而李伯勋恰好就是转述郭老等人的论据来"驳"王国维的。不仅是为了使争论的脉络清晰。而且也是要对20世纪50年代中期的这场讨论所遗留的问题用新的史料作考辨，所以我们作了以上的回顾。

二、王国维考证司马迁生年的科学精神不容抹杀

李伯勋的《考辨》认为王国维对司马迁生年的考订，否认了有据的《索隐》，依从了无据的《正义》，是违反了"考据学的通例"，是"没有事实作根据，纯系想当然的主观臆测"。甚至断言王国维是"大胆假设，在数字上故弄玄虚"等。为了辨正是非，我们不得不把王氏的考证方法及其论据作一番剖析。

考证司马迁的生年，王国维和郭沫若两家都是根据《太史公自序》的三家注来推算的。

元封元年司马谈病死，"卒三岁而迁为太史令"。司马贞的《索隐》在这一句下注云：

《博物志》，太史令茂陵显武里大夫司马（迁），年二十八，三年六月乙卯除六百石。

元封三年，即公元前108年，司马迁年二十八，郭沫若据此推算，生于汉武帝建元六年，公元前135年。

司马迁当了五年太史令，汉武帝改元太初，颁布新历，这是一件划时代的大事。司马迁决定将《史记》的记事下限迄于太初。这一年司马迁开始了定稿《史记》的工作，故张守节的《正义》就在“五年而当太初元年”下加按语说：

案：迁年四十二岁。

太初元年是公元前104年，迁年四十二，王国维据此推算，司马迁当生于汉景帝中元五年，即公元前145年。

《索隐》、《正义》两说，相差正好整十年。如果《索隐》的“二十八”之说为是，“二十八”加“四”，应为“三十二”，则《正义》的“四十二岁”之说为非。反之，《正义》为是，“四十二”减“四”[①]，应为“三十八”，即《索隐》的“二十八”是“三十八”之讹。《索隐》作者司马贞和《正义》作者张守节都是唐代人，他们的说法是一对一，具有同等的价值。王国维在《太史公系年考略》和《太史公行年考》中用考证推理的方法打破一对一的平衡，取《正义》说，而舍《索隐》说，他的根据是什么呢？王氏的论证主要有三条：

第一，首先考证《索隐》所引《博物志》为可靠信史来论证张守节《正义》说为有据。《索隐》所引《博物志》不见于今本，王国维说“当在逸篇中”。他引用敦煌汉简“新望兴盛里公乘□杀之，年卌八”、“□□中阳里大夫吕年廿八”来证明《索隐》所引《博物志》为“最可信之史料”。王国维指出：“茂陵显武里大

① “五年而当太初元年”。包括了元封三年，因此推算时应加、减“四”而不是“五”。

夫司马迁年三十八，与彼二简正同”，可知“茂先此条当本先汉记录，非魏晋人语”。郭沫若虽然补充了十条《居延汉简》，但认识并没有超出王国维一步，他只是重复证明了王国维已经证明了的问题。王国维是舍弃《索隐》说的，他何以要花大力气来证明《索隐》所引为可靠信史呢？因为张守节是用按语形式表述的，所说必有根据。而这一根据应是当时常见的资料。所以王国维不是形而上学地看问题，表面上谁有据、谁无据，而是能用辩证的观点进行深入分析，指出张守节与司马贞的根据是同源的，得出“《正义》所云亦当本《博物志》”的结论。这就是说司马迁生年的“十年”之差不是材料有问题，而是传抄流传中数字发生了讹误，这是王氏立论的基石。

第二，根据数字讹误的常理来推论，认为《正义》说更接近事实。王国维说：

> 疑今本《索隐》所引《博物志》“年二十八”，张守节所见本作“年三十八”。三讹为二，乃事之常；三讹为四，则于理为远，以此观之，则史公年当为孝景五年，而非孝武建元六年矣。

按，王国维的这个“疑”语，认为司马贞与张守节所见《博物志》为不同的抄本，定“十年”之差发生在《博物志》上。关于“十年”之差的数字讹误，程金造先生提出了新说。他的《四考》中第一考为《从史记三家注商榷司马迁的生年》即专论此问题。程先生考证出《史记》三家注互相关联，后出者疏通前书。《正义》比《索隐》晚出，《正义》中有许多条注文就是对《索隐》的补充和纠正。张守节说司马迁在太初元年“四十二岁”，直用按语出之，显然是看到了《索隐》的注文来推算的。也就是说，在唐代，《正义》和《索隐》的说法是一致的，《正义》是引据《索隐》的，是根据《索隐》“年三十八”之文推算出来的。“十年”之差是唐以后《索隐》在流传中发生了讹误。但是黄烈先生不同意程先生的新说，撰文论证“二书不相称引”（见《关于

《史记》三家注的关系问题》,《文史哲》1958年4月号)。1962年《文史哲》第6期,程金造又发表了《史记正义·索隐关系证》的文章,提出了十条坚实的证据来论证他的新说,我们认为是能够成立的。但是程氏的新说虽然补充了王国维的论证,但并没有突破王国维数字讹误的立论基础。换句话说,程氏的新说用事实补充了王国维考证的"《正义》所云,亦当本《博物志》",但仍不能直接证明《索隐》之误。到底是《索隐》讹误了,还是《正义》讹误了,还要用常理来进一步推论。不过按常理推论,即使有百分之九十九的正确性,也只是一种假说。证明假说成为真理的乃是铁证不移的事实。王国维考证司马迁生年的价值并不只是用逻辑推理提出假说,而是引证事实作为依据,并且不断被尔后发现的史料所证明,这也是我们判定郭、王两家之说谁是谁非的重要依据。

第三,用司马迁生平的经历来验证,这是最有力的旁证。《太史公自序》说"太史公曰:余闻董生"云云。《汉书·儒林传》记载"司马迁亦从孔安国问故"。董生,即董仲舒,河北广川(在今河北中部冀县附近)人。孔安国是孔丘之后,山东曲阜人。他们两人是当世名儒。司马迁是陕西韩城人,他在什么时候什么地方向这两位前辈大师学习呢?合理的推论当然是司马迁游学或出仕京师之时,适逢两位前辈也正仕宦于京师。《太史公自序》云:"二十而南游江、淮",以迁生于景帝中元五年推算,二十南游在元朔三年。王国维考证孔安国为博士"当在元光、元朔间","董生虽至元狩、元朔(鼎)尚存,然已家居不在京师"。王国维作了这番考证以后说:司马迁向孔安国问故在"二十左右",见董生"亦当在十七八以前"。又说:"以此二事证之,知《博物志》之'年二十八为太史令','二'确为'三'之讹字也。"可见《考辨》说王国维的考证"没有事实作根据"云云是不能成立的了。

但是,王国维的考证是有疏失的。王国维说司马迁向董仲舒学习是在壮游之前,以及"史公见董生亦当在十七八以前"都不够确切。司马迁见董仲舒亦应在壮游归来之后。据《董仲舒传》,

董仲舒“家徙茂陵”这一极为重要的史实被王国维忽略了。建元二年，汉武帝在槐里县的茂乡，建造寿陵，置茂陵县，在长安西北八十里。汉武帝鼓励人民迁移茂陵，移住的每户给田二顷和安家费二十万，但响应者寡。所以到了元朔二年采纳了主父偃的建议，用行政力量大规模移置天下郡国豪杰及家产在三百万以上者实茂陵，带有强迫性，郡国仕宦京师的家属大都在迁移之列。司马迁生于龙门，而最后却属籍茂陵，也应当是元朔二年迁居的。因为，第一，“迁生龙门，耕牧河山之阳”，少年司马迁是在家乡成长的。第二，司马迁亲见山东大侠郭解，而郭解是元朔二年徙居茂陵，不久被杀的。李长之在《司马迁之人格与风格》一书的第四章第一节《从耕牧到京师受学》中却说，司马迁是九岁时在夏阳见郭解，十岁到京师向孔安国问故，以证成司马迁生于建元六年说。但这是经不起史实验证的。所谓“年十岁则诵古文”，不过是阅读用先秦文字所写的包括儒家经典在内的先秦典籍。郭沫若等误解为是司马迁十岁向孔安国问故，把“古文”与《古文尚书》等同起来，郑、程两先生均有辨正，兹从略。李长之说司马迁在夏阳见郭解也是不能成立的。请看《游侠列传》的记载：

> 及徙豪富茂陵也……（轵）人杨季主子为县掾，举徙解。解兄子断杨掾头。由此杨氏与郭氏为仇。
>
> 解入关，关中贤豪知与不知，闻其声，争交欢解。解为人短小，不饮酒，出未尝有骑。已又杀杨季主。杨季主家上书，人又杀之阙下。上闻，乃下吏捕解。解亡，置其母家室夏阳，身至临晋。临晋籍少公素不知解，解冒因求出关……久之，乃得解，……遂族郭解翁伯。

这里记载非常明白，郭解入关，被仇家告发，他成了一个被通缉的在逃犯，是偷偷摸摸安置母亲及其外祖到夏阳的，又是冒名混出了临晋关，怎会被一个九岁小儿所知？一个“解亡”，一个“解冒”，这样显赫的字眼却被李长之忽略了，此其一。“解为人短小，不饮酒，出未尝有骑”，这是郭解移居茂陵时的生活行止，完全是司马迁的亲见口吻，此其二。太史公赞语说，“吾视郭解，状貌不及中人，言语不足采者。然天下无贤与不肖，知与不知，皆慕其声，言侠者皆引以为名”云云，恰与一个正在观察和了解社会的青年口吻相合，而绝不是一个小儿口吻，此其三。由这三点，可证司马迁见郭解，只能在茂陵，时年十九岁。也就是说，司马迁见董仲舒是在壮游之前的十九岁时于茂陵和京师。

元朔五年，公孙弘为丞相，嫉仲舒廉直，出为胶西相，不久致仕家居。“朝廷如有大议，使使者及廷尉张汤就其家而问之。”[①]据《汉书·百官公卿表》，张汤为廷尉在元朔三年到元狩二年，足证董仲舒元朔末或元狩初已致仕家居。时值司马迁壮游。元狩二年公孙弘薨，第二年张汤迁为御史大夫，仍不见起用董仲舒，很可能其时董仲舒亦死。但从元朔三年司马迁壮游到元狩二年有五六年之久，所以司马迁壮游归来仍有可能见董仲舒。这时司马迁已是二十二三了。

司马迁向孔安国问故又在何时呢？《史记·孔子世家》云：“安国为今皇帝博士，至临淮太守，早卒。”孔安国初为侍中，其为博士在元朔二年[②]。《汉书·儒林传》称“安国为谏大夫”。王达津指出：《汉书·百官公卿表》云“武帝元狩五年初置谏大夫，秩比八百石”，又《汉书·地理志》云“临淮郡，武帝元狩六年置”。据此，孔安国仕宦京师为博士及谏大夫时，应在元朔、元狩间，而不是在元光、元朔间，这是王国维的疏失。司马迁向孔安国问故应是壮游归来以后的事。

从《汉书·儒林传》的记载来看，司马迁向孔安国问故应有相当长的时间。《儒林传》说：

> 孔氏有《古文尚书》……未立于学官。安国为谏大夫，授都尉朝，而司马迁亦从安国问故。迁书戴《尧典》、《禹贡》、《洪范》、《微子》、《金縢》诸篇，多古文说。都尉朝授

① 《汉书》卷五六《董仲舒传》。

② 《资治通鉴》卷一八《汉纪》汉武帝元朔二年。这是程金造的发现。

胶东庸生。庸生授清河胡常少子。……

“未立于学官”这几个字值得注意。它说明司马迁和都尉朝都是孔安国的私淑弟子。荀悦《汉纪·成帝纪》说：

> 鲁恭王坏孔子宅，得古文《尚书》，多十六篇，武帝时，孔安国家献之，会巫蛊事，未列于学官。

这里很清楚地说明了《古文尚书》之献于朝廷是孔安国身后之事。王达津拘泥于“安国为谏大夫”这句话，忽略了《古文尚书》未立学官，司马迁问故是孔氏的私淑弟子这些史实，而要缩短司马迁的十岁生年来凑成十八岁为博士弟子向孔安国问故，显然这一论点是不能成立的。既然孔安国为谏大夫时，司马迁才问故，他就不是博士了，这也可证司马迁为博士弟子受业说之无根。

再进一步分析上引《儒林传》的记载，内容是说《古文尚书》的流传和师承。孔氏为谏大夫只不过是称誉他仕宦京师的最高官职，并不是说他做了谏大夫以后才私传其学。也就是说“谏大夫”与“孔安国”是同义语，不过是说明孔氏的身份罢了。司马迁问故是学习经义，采入《史记》。两汉经师，皓首穷经，观两《汉书》的《儒林传》可知。司马迁聪明绝伦，也不可能一问便知。因此，司马迁和都尉朝，作为孔安国的私淑弟子，应有相当长的受业时间。司马迁壮游归来问故正有充裕时间，是在元朔末至元狩六年之间，时年二十三四至二十七八。

我们考证了历史事实，纠正了王国维的疏失，恰恰是更加证成了王说。假如按郭沫若的说法，司马迁晚生十年，生于武帝建元六年，他元光元年才两岁，元朔元年才八岁，直到元狩元年才十四岁。“迁生龙门，耕牧河山之阳”，司马迁既不能见郭解，也不能向董仲舒学习。孔安国为谏大夫时，司马迁年仅十八，不久孔安国出为临淮太守，又早卒，司马迁只能在十八岁时匆忙问故，与《儒林传》的记载和情理均相乖谬。由此可见，司马迁生于景帝中五年与史实和《自序》完全吻合，假如晚生十年则矛盾百出。

经过如上的剖析和考证，王国维的推理和考证是很严密的，方法是正确的，结论是经得起历史检验的。李伯勋说王国维的考证不科学，是缺乏根据的。

三、李伯勋的《考辨》值得商榷

李伯勋对于司马迁生年的五条考辨，第一、第四两条是一个问题，驳王国维的考证方法；第二、第三两条是一个问题，辨正司马迁为郎是否与《报任安书》吻合。本文着重讨论这两个问题。第五条“早失二亲”问题，这是郭沫若和李长之立论的基石，日本学者桑原骘藏氏最早提出。但这块基石是建立在不可靠的论辩基础上，并不是历史事实。二十六岁死双亲为“早”，三十六岁死双亲就不能说“早”，这纯粹是“辨”而不是“据”。如果要辩论的话，“早失二亲”的“早”为什么不可以理解为早就失去了双亲呢？这样一辩，“早失二亲”与司马迁的生年考证就是无关的了。对这一问题，郑、程两先生都有精当的史实论据作了辨正。古人四十、五十、六十死双亲都可以言“早”，何况三十六呢？李伯勋还在转述这个早已不成其为问题的问题来驳王国维，适见其建元说的捉襟见肘。读者可按查郑、程原文，这里就从略了。

如前节所述，王国维考证司马迁生年的“十年”之差是古籍在传抄流传中数字发生了讹误，不是引用的《博物志》不可信。但是郭沫若对王氏的这一立论基石讳莫如深，偏偏在《博物志》是否可靠上大做文章。难道不正是王国维第一个考证了《博物志》的可信吗？李伯勋的《考辨》对郭老的说法亦步亦趋，改换命题，转移视线，造成假象，说王国维否认了《博物志》。李伯勋为了证成王国维违犯了“考据学通例”，他不惜颠倒《索隐》和《正义》的先后关系，把早出的《索隐》说成是纠正后出的

《正义》。李伯勋说："关于司马迁的生年，（司马贞）却提出了不同于张守节的说法。"逻辑的常识是：要么同意程金造的观点，是《正义》疏通了《索隐》，要么同意黄烈的观点，"二书不相称引"。而李伯勋却提出了《索隐》纠正了《正义》，这可以说是杜撰历史了，何以能"驳"王国维呢?

古代史籍凭手抄流传，因此数字发生讹误是常见的现象，这就是王国维提出的数字讹误说的科学基础。李伯勋十分肯定地说：

> 不仅"卅二"难以误为"卌二"，就是"卅八"也不会误写为"廿八"的。

但是，事实究竟如何呢?我们就拿《汉书》来说吧，这是一部被学术界公认为谨严的名著，它在纪年上就常有整十年之差。《汉书·食货志》载贾谊在文帝二年（前 178 年）上《论积贮疏》说："汉之为汉几四十年矣。公私之积犹可哀痛。"《汉书·贾谊传》则说"谊以为汉兴二十余年"云云。以实校之，汉之立国是公元前 206 年，到文帝二年是"二十九年"与《贾谊传》所言相合。可见《食货志》所云"几卌年"当作"几卅年"，即"卅"讹为"卌"了。又《汉书·赵充国传》载元康三年先零与诸羌种豪解仇交质盟诅。赵充国曰："往三十余岁，西羌反时，亦先解仇合约攻令居，与汉相距，五六年乃定。"考《汉书·武帝纪》，元鼎五年九月"西羌众十万人反"。元鼎六年汉朝发兵征讨，"五六年乃定"已到元封末了。元康三年是公元前 63 年，上距元鼎五年（前 112 年）是五十年，上距元鼎六年（前 111 年）是四十九年，上距元封六年（前 105 年）是四十三年。可见"往卅余年"应是"往卌余年"之误，即"卌"讹为"卅"了。又辅佐昭宣中兴的大臣霍光，元狩四年为郎，元狩六年为奉车都尉，侍从武帝三十余年。武帝死于后元二年，即公元前 87 年，上距元狩六年（前 117 年）是三十一年，上距元狩四年（前 119 年）是三十三年。《汉书·霍光传》却说霍光"出入禁闼二十余年"。可见，“廿余年”乃“卅余年”之误，即“卅”讹为“廿”了。这种事例，其他史籍中亦常见到，在《史记》和《三国志》我们都有发现。《史记·河渠书》云：“汉兴三十九年，孝文时河决酸枣，东溃金隄，于是东郡大兴卒塞之。其后四十有余年，今天子元光之中，而河决于瓠子，东南注巨野，通于淮、泗。”汉兴三十九年是汉文帝前元十二年，至元光六年只三十九年，故“其后四十有余年”应为“其后三十有余年”。考《史记·汉兴以来将相名臣年表》，文帝十二年“河决东郡金隄”，武帝元光三年“五月丙午河决于瓠子”。《汉书》中《文帝纪》、《武帝纪》的记载也与此相合。从文帝十二年到武帝元光三年，即公元前168至公元前132年，才三十六年，足证“四十有余年”确是“三十有余年”之误。《三国志·蜀书·向朗传》云朗“自去长史，优游无事垂三十年”。裴松之案：“朗坐马谡免长史，则建兴六年中也。朗至延熙十年卒，整二十年耳，此云‘三十’，字之误也。”此为古人发现古籍记事十年之差的例证。由此可见，李伯勋的“廿”与“卅”和“卌”不相讹误说完全是没有根据的。

李伯勋还断言王国维的常理说“存在着片面性和绝对化的错误”，这也是不符合史实的。郑鹤声在《司马迁生年问题的商榷》一文中早做过生动的辨正，兹摘引如下：

> 古书记载“三、二”相讹的地方极多，甚至举不胜举，而“四、三”相讹的地方，则就我翻阅结果，竟未发现。“三、二”相讹的事例，别的书上姑且不说，单就司马迁的《史记》而言，也多至不胜枚举。我们现在只举出几个例子作为引证。例如：《史记·周本纪》称“三十二年襄王崩”，据梁玉绳考证“三十二”当为“三十三”之误。又《天官书》称“岁行十二度”。据钱大昕考证，“十二度”当为“十三度”之误。这是“三”讹为“二”的例证。又《秦本纪》称“孝公十三年始都咸阳”据王念孙考证“十三年”当为“十二年”之误。又汉高祖《本纪》称“高祖年六十三”，据王鸣盛考证“六十三”当为“六十二”之误。这是“二”讹

为“三”的例证。这可证明王先生所说“三讹为二，乃事之常；三讹为四，则于理为远”的话是不错的。

人们还要问，古代史籍中的数字讹误为什么会如王国维所说是经常出现的呢？1924年新疆鄯善县出土的《三国志》东晋抄本《吴志》残卷（见中华书局标点本《三国志》卷首附录的书影），给我们提供了解答这一问题的物证。这个东晋抄本，十以下的数字，“二、三、四”的写法和今天的习惯一样；并不是如李伯勋所说“四”作“亖”（按，实为日本桑原骘藏氏最早提出）。因此“二”与“三”一笔之差，容易互相讹误，而“三”与“四”笔画形体迥殊，故不易讹误。同理“廿”与“卅”和“卌”也是一笔之差，容易互相讹误。《史记》、《汉书》、《三国志》纪年的十年之差就是这样产生的。古人为了避免致误，将“廿”作“卄”，“卅”作“卅”，“卌”作“卌”，十以下的“亖”作“四”。《吴志》残卷的“卅”就写作“卅”，左边的“廿”竖画细短，而右边的“十”竖画较粗长。这样一来，“卅”与“廿”仍相近，容易互相讹误，而与“卌”则不易讹误了，这是一个历史的演变。

我们看第二个问题，关于司马迁为郎与《报任安书》的吻合问题。这个问题是检验郭、王两家之说谁是谁非的事实证据之一，十分重要，也是李伯勋同志“辨”得最力的。

《报任安书》中有“仆赖先人绪业，得待罪辇毂下二十余年矣”的话。王国维考证《报任安书》作于太始四年（详下第四、第五两节），即公元前93年，上距景帝中元五年公元前145年是五十三年。司马迁二十壮游，并未出仕①。五十三年减去二十壮

① 王达津主建元说，认为司马迁二十壮游在元鼎元年，以博士弟子身份“随博士褚大或徐偃等循行天下”，“回来以后是元鼎六年”，“于是仕为郎中”云云，是缺乏史实根据的。褚大、徐偃等循行天下是当年返京复命，司马迁既以博士弟子随行，何以壮游五年而返？此其一。《自序》云，二十南游，“讲业齐、鲁之都，乡射邹、峄”，这都需盘桓多日，司马迁若以循风乘传，岂能任意滞留？此其二。《自序》又云“厄困鄱、薛、彭城”，考《史记·孟尝君列传》云：“吾尝过薛，其俗闾里多暴桀子弟，与邹、鲁殊”云云。若司马迁循风乘传，薛中子弟虽暴，岂敢劫公车乎？此其三。上述三大疑点足证王达津先生的“推论”是没有根据的。

游以及学习之年也就不足三十年了。习惯从二十一到二十九都可以说二十余。简单的加减就可以推知王国维的考证是符合史实的。从太始四年往上推二十一年就是元鼎四年，若上推二十九年是元狩二年。也就是说司马迁从元狩二年到元鼎四年之间仕为郎都是符合《报任安书》的。但到底在哪一年初仕为郎呢？《史记·五帝本纪》说："余（司马迁）尝西至空桐。"王国维据《汉书·武帝纪》"元鼎五年冬十月行幸雍，登空同，西临祖厉河而还"的记载推断说："公西至空桐，当是是岁十月扈从时事。"元鼎五年是公元前112年，下距太始四年公元前93年已二十年。司马迁既扈从武帝，甚见亲信，元鼎五年并非初仕为郎是在情理之中。也就是说，司马迁初仕为郎应早于元鼎五年。这就从事实上证明了王国维的考证与《报任安书》所言"待罪辇毂下二十余年"完全吻合。但是司马迁初仕为郎的绝对年代无考，所以王国维存疑。他说：司马迁仕为郎"其年无考，大抵在元朔、元鼎间，其何自为郎，亦不可考。"由于王国维是把司马迁壮游和仕为郎总起来考虑的，所以说"大抵在元朔、元鼎间"①。总之王国维的考证不仅与司马迁的《报任安书》完全吻合，而且又有存疑的科学精神，是完全符合考据学的通例的。

但是李伯勋的《考辨》不从事实出发，大搞什么"上限"、"中限"、"下限"的抽象考辨，倒是用"大胆假设"（确切说是"大胆想象"）来推翻王国维的考证，当然是徒劳的。

让我们来看看事实。

李伯勋取"上限"，假定司马迁在元朔元年仕为郎，到太始四年已历仕三十六年了，当然与"待罪辇毂下二十余年矣"不合。但是李伯勋忽略了王国维的考证，元朔三年司马迁才开始壮游，怎能在元朔元年仕为郎？可见"上限"说是无的放矢了。李伯勋又取"下限"，说司马迁元鼎六年仕为郎，下距太始四年历

① 施丁《司马迁行年新考》（陕西人民教育出版社1995年版），考证司马迁入仕在元狩五年，与田仁、任安等同时仕为郎中，其说可信，补证了王国维之说。元狩五年至太始四年为二十五年，元狩五年至征和二年为二十七年，与《报任安书》完全吻合。

仕只有十九年，也与“待罪辇毂下二十余年矣”不合。但是李伯勋又忘了王国维已经考出司马迁早在元鼎五年就扈从汉武帝西登空桐，这样的假定“下限”，有什么意义呢？显然李伯勋的“上限”说与“下限”说都是脱离历史事实的“大胆假设”。李伯勋还忘记了自己“考辨”的司马迁壮游了整五年①，二十壮游加五年是二十五岁，五十三减二十五是二十八年，岂不符合了王国维的考证？前已论证从元狩二年到元鼎四年仕为郎均符合《报任安书》，何止取个“中限”才可呢？李伯勋的“中限”说乃是故弄玄虚。

李伯勋“大胆假设”的上、中、下三限论证法并不新鲜，实际是李长之“空白”说的翻版，徒劳地用今人的履历表格式去替古人写行状。司马迁从元朔三年壮游到元鼎五年扈从武帝西登空桐，其间十五年。这十五年中司马迁一是壮游，二是向孔安国问故，三是仕为郎，并不是什么“空白”。考《史记》、《汉书》的列传取材并不罗列人物行状，而是着眼于刻画人物性格或关系国计民生的大事来组织材料的。如《史记·张释之列传》写他事孝文帝为郎“十岁不得调，无所知名”，如果没有这一句话来交代，岂不也成了“空白”？班固深得司马迁笔法。如《汉书·赵充国传》，集中笔墨写赵充国神爵元年屯田安羌的事件，其他经历寥寥数语。赵充国活了八十六岁，一生中“空白”很多。请看如下一段记载：

> （赵充国）本始中，为蒲类将军征匈奴，斩虏数百级，还为后将军、少府。匈奴大发十余万骑，南旁塞，……遣充国将四万骑屯缘边九郡。单于闻之，引去。

这段文字只记述了赵充国两件事，即本始二年征匈奴和神爵元年屯缘边九都，其间就有十一年的“空白”。而司马迁写的

① 李伯勋说司马迁二十壮游在元鼎元年，至元鼎六年返京出仕，正好整五年，这实际是转述王达津的观点，见前引王达津观点。

《太史公自序》还不同于一般的人物列传，它的主旨是阐明《史记》一书的编纂原则的[1]，全文七千八百余字，其中叙家世的文字不过寥寥四百四十字，仅占全文的百分之五，所以十分简括。《太史公自序》说："二十而南游江、淮……过梁、楚以归。于是迁仕为郎中。奉使西征巴、蜀以南，南略邛、笮、昆明，还报命。"这段文字是概括从元朔三年到元鼎六年这十六年中的主要经历，并不是接续发生的事件。"于是迁仕为郎中"后应断句，不应为逗。李长之在《司马迁生年为建元六年辨》中把这段话看成是接续发生的事，所以要缩短司马迁的十岁生年来弥合自己臆造的"空白"说。李伯勋的"三限"论证法正是在填补李长之的"空白"。《考辨》的第二、第三两条基本上是转述李长之的论点和论据，它在效果上就不能不是在填补"空白"了。因此李伯勋十分肯定司马迁二十壮游正好整五年，游归京师立即仕为郎中出使巴、蜀。李伯勋反过来又把这个虚设的果倒为因，按元鼎六年司马迁仕为郎二十五岁，上推生年为建元六年。这样的循环而又抽象的考辨，按诸史实必然要出现许多疑点。举其大端，共有四点。

如前所述，王国维已考出司马迁元鼎五年就扈从武帝西登空桐，而李伯勋说司马迁仕于元鼎六年，其误一。《太史公自序》说"于是迁仕为郎中"当断句（说详前），李伯勋点了逗号，把仕为郎中与奉使巴、蜀当作连续的事件，其误二。奉使西征巴、蜀以南，"南略邛、笮、昆明。还报命"，这里一个"征"字，再加一个"略"字，非常明确地说明了司马迁的使命，并不是如李伯勋说的是去安抚新郡百姓，而是以监军一类的使命去"征"去"略"，这岂是一个初仕为郎的人所能得到的奉命？武帝在元鼎五年夏四月派遣五路大军讨伐南越。其中一路"越驰义侯遗别将巴、蜀罪人，发夜郎兵，下牂柯江，咸会番禺"[2]，当时夜郎与南越通，遂反汉，阻滞巴、蜀兵南下番禺。元鼎六年初，冬十月

① 章学诚谓《太史公自序》是"明述作之本旨"的一篇"自注"，见《文史通义》内篇五《史注》。

② 《汉书》卷六《武帝纪》。

（汉历，太初以前以十月为岁首），武帝东巡至左邑桐乡，得报闻南越破，巴、蜀兵受阻，“春……上便令征西南夷，平之”①。可见司马迁奉使巴、蜀是在随从武帝东巡路上奉命去传达武帝的命令，故曰“征”曰“略”，时间是元鼎六年春正月。从中我们可以窥见司马迁青年时期是很得武帝信任的。《报任安书》说：“忘室家之业，日夜思竭其不肖之材力，务一心营职，以求亲媚于主上”，正说的是这个时候。“务一心营职”也不是一个初仕为郎的人的思想感情。李伯勋对这些史实未加考核，煞有介事地说可以断定在元鼎六年奉使云云以吻合初仕为郎之说，其误三。李伯勋并无根据就肯定司马迁游历了整五年。考《史记·秦始皇本纪》，始皇二十八年、二十九年、三十七年三次东巡，每次差不多走遍大半个中国，都不到一年时间，何以司马迁的壮游不多不少恰好整五年呢？李伯勋引王鸣盛“约计当有数年”的不定之词发挥成具体的五年实数以填补空白，其误四。我们把李伯勋的上述抽象考辨对比王国维的考证，到底谁科学、谁不科学，当是不言而喻的。

四、关于司马迁的卒年

司马迁的卒年比生年更加难以考订，因为更加缺乏直接的史料。学术界推定司马迁的卒年主要是以下两个方法。

第一，用《史记》记事的下限来估算，这是王国维的方法。但是《史记》是一部有严格体例的著作，其下限在太初年间。而且《史记》是司马迁生前定稿的著作，并不是一部未完之作。因此是不能用《史记》的记事下限来考证史公卒年的。太初以后，司马迁或有增补，但也不能确定哪一段增补是司马迁的绝笔文字。加之续补者的窜乱，真伪难辨。因此王国维估定司马迁死于昭帝始元元年，并无可靠根据，只是一个情理上的假定。所以王

① 《汉书》卷六《武帝纪》。

国维说：

> 案，史公卒年，绝不可考。……然视为与武帝相终始，当无大误也。

这再次体现了王国维存疑的考信精神，我们认为这个按语是成立的。本文提供两点间接的旁证。其一，《外戚世家》、《屈原贾生列传》、《万石君张叔列传》、《平津侯主父列传》、《汲郑列传》、《酷吏列传》等篇多次提到汉世宗刘彻的谥号“武帝”二字，这是司马迁在武帝死后仍在修饰《史记》的痕迹。因其事均属太初以前事，符合《史记》断限太初的原则，当是司马迁手笔，而不应是后人的点窜。其二，昭帝始元六年召开盐铁会议，桑弘羊在论战中多次断章引用《货殖列传》为自己辩护称“司马子言”①。班固说，“迁既死后，其书稍出”②。桑弘羊以御史大夫之尊称六百石秩的司马迁为“司马子”，应是对已故学问家的敬称来增加自己观点的权威，合于先贤遗教。上述两点推论可证司马迁卒于昭帝之初。当然这也只是仅备一说罢了。

第二，根据《太史公自序》的《集解》引卫宏《汉旧仪》说司马迁有怨言下狱致死的话来考证《报任安书》的写作年代，这是郭沫若的方法。郭沫若把《报任安书》与司马迁之死挂钩是靠不住的。第一，卫宏的书多疏失，《太史公自序》的《集解》引臣瓒说，《汉书·司马迁传》注引晋灼说，都指出了卫宏所说多不实，“未可以为正”。第二，卫宏所言的“怨言”内容是指《史记》。卫宏说：

> 司马迁作《景帝本纪》极言其短及武帝过，武帝怒而削去之。后坐举李陵，李陵降匈奴，故下迁蚕室，有怨言，下狱死。

① 《盐铁论》卷四《毁学》。
② 《汉书》卷六二《司马迁传》。

司马迁坐“举”李陵就与《报任安书》所言“夫仆与李陵俱居门下，素非相善也，趣舍异路，未尝衔杯酒接殷勤之欢”相乖谬。显然卫宏所说“有怨言”并不是指的《报任安书》。《三国志·魏书·王肃传》及《西京杂记》都有类似的记载，皆为卫宏说的派生，并不能作为司马迁“下狱死”的佐证。第三，班固的《司马迁传赞》所云“既陷极刑，幽而发愤”显系指遭李陵祸受腐刑的事件。班固也曾因作史被人诬告下狱，所以他同情司马迁，“《书》亦信矣”，“迹其所以自伤悼”云云正讽刺汉武帝滥用“极刑”，牢骚情绪溢于笔端，《报任安书》就是赖《汉书》传下来的。这里班固并无“隐晦含混”之词。李伯勋推敲班固的弦外之音，演绎出“又遭了第二次横祸”，是没有根据的。在两汉名人的言论著作中，除卫宏外，并无汉武帝杀司马迁的记载。恰恰相反，倒有对汉武帝不杀司马迁表示不满的话。《三国志·董卓传》裴松之注引谢承《后汉书》记载王允的话说：

昔孝武不杀司马迁，使作谤书，流于后世。

又《三国志·吴书·韦曜传》载，孙皓元凤二年（273 年），左国史韦曜（昭）下狱，右国史华覈上疏救曜。华覈云：

昔李陵为汉将，军败不还而降匈奴，司马迁不加疾恶，为陵游说，汉武帝以迁有良史之才，欲使毕成所撰，忍不加诛，书卒成立，垂之无穷。今曜在吴，亦汉之史迁也。

王允切齿汉武帝不杀司马迁，华覈史官上疏暴君孙皓救曜，皆言之凿凿，这足以证明卫宏所言无根。第四，《报任安书》作于《史记》脱稿之前，这是可以考订的。《昭明文选》本《报任安书》有这样一段：

稽其成败兴坏之纪，上计轩辕，下至于兹，为十表，本纪十二，书八章，世家三十，列传七十，凡百三十篇。

《太史公自序》则曰：

> 上记轩辕，下至于兹，著十二本纪……作十表……作八书……作三十世家……作七十列传，凡百三十篇，五十二万六千五百字，为《太史公书》。

对照这两段文字有三点不同：第一，《史记》五体的编次顺序不同。《报任安书》序列为：表、本纪、书、世家、列传；《自序》排列为：本纪、表、书、世家、列传，与今本《史记》吻合。第二，《报任安书》未定书名，《自序》定书名为《太史公书》。第三，《报任安书》无字数，《自序》总计全书为五十二万六千五百字。这三点不同，说明《报任安书》作于《史记》即将脱稿之时，而早于《太史公自序》。（程金造的《四考》之三《从报任安书商榷司马迁的卒年》一文，还从《报任安书》内容中指出了并非司马迁绝笔。）事实胜于雄辩。《报任安书》早于《自序》，当然不能以《报任安书》来定司马迁的卒年了。

这里还需指出，郭沫若等人的立论是以司马迁一生只活了四十二岁的假定为前提的，这也漏洞百出。第一，《索隐》和《正义》是紧紧扣住《史记》的写作来注明司马迁的年岁的，目的不是在注司马迁的生卒年。而我们则是利用这个资料来推算司马迁的生卒年。郭沫若等人为了给《正义》的"迁年四十二岁"找出路，犯了倒果为因的逻辑错误，也不合古人注书体例。第二，从建元六年到太始四年是四十三年而不是四十二年。郭沫若等人为了弥合这一矛盾，提出了"足岁"之说，也是不能成立的。因《报任安书》作于太始四年十一月，已到年关，"足岁"也超过了四十二。如果司马迁真的下狱又捱过了年关，则已届征和元年那就是四十四岁了。第三，古人习惯以虚岁纪年，"足岁"之说缺乏根据。以《汉书·赵充国传》为证。神爵元年赵充国安羌，他给皇帝的上奏，自称"犬马之齿七十六"，至甘露二年薨，推算是八十五岁。但班固传文则说："充国乞骸骨……年八十六，甘露二年薨，谥曰壮侯。"这一岁之差说明赵充国自言才是"足岁”，而班固传文是讲的虚岁。史传的其他人物亦复如是。

再看李伯勋的《考辨》，他提出司马迁卒于征和三年说，但并没有使问题的解决前进一步。因他的立论方法仍从郭沫若，以《报任安书》断司马迁的卒年，只不过是把《报任安书》的写作时间移到征和二年罢了。《报任安书》作于征和二年是赵翼提出的观点（见《廿二史劄记》卷一），程金造作了详证。这一观点王国维的考证早给予了辨正。《太史公行年考》云：

> 太始四年，戊子，五十三岁。案公报益州刺史任安书在是岁十一月。《汉书·武帝纪》：是岁春三月，行幸太山；夏四月，幸不其；五月，还，幸建章宫。《书》所云“会东从上来”者也。又冬十二月，行幸雍，祠五畤。《书》所云“今少卿抱不测之罪，涉旬月，迫季冬，仆又薄从上雍”者也。是报安书作于是冬十一月无疑。或以任安下狱坐受卫太子节，当在征和二年，然是年无东巡事。又行幸雍在次年正月，均与《报任安书》不合。《田叔列传》后载褚先生所述武帝语曰：“任安有当死之罪甚众，吾尝活之。”是安于征和二年前曾坐他事，公报安书自在太始末审矣。

王国维的这段考证论述得十分精当，郭沫若、王达津、李长之诸先生也不得不信服。因为征和二年武帝既未东巡，又未上雍，“均与《报任安书》不合”，这是事实，不是假设。李伯勋举不出史证，却从“辨”中找出了根据。他把“会东从上来”曲解为“是背西面东而行”，强与征和二年七月汉武帝从甘泉宫还长安建章宫相联系。然后又把征和三年正月的上雍说成是征和二年十二月出发。李伯勋作了这样的主观的推测之后，就以为推翻了“均与《报任安书》不合”的事实。但事实毕竟是事实，它对李伯勋是不利的。

考《史记》、《汉书》的笔法，皇帝出巡曰“行”，所过地曰“幸”，凡言“东”、言“西”、言“南”、言“北”者，均是指的出巡方向。返回京师曰“反”、曰“还”、曰“归”，绝不言方向。

我们试以《汉书·武帝纪》与《史记·封禅书》为例以证之。

（一）元鼎四年冬十月《武帝纪》云："行自夏阳，东幸汾阴。……礼毕，行幸荥阳。还至洛阳。"《封禅书》云："于是天子遂东，始立后土祠汾阴脽丘，如宽舒等议。……礼毕，天子遂至荥阳而还。"

（二）元封元年冬十月，《武帝纪》云："行自云阳，北历上郡、西河、五原、出长城，北登单于台，至朔方，临北河。勒兵十八万骑，旌旗经千余里，威镇匈奴。……还，祠黄帝于桥山，乃归甘泉。"《封禅书》云："上议曰：'古者先振兵释旅，然后封禅。'乃遂北巡朔方，勒兵十余万，还，祭黄帝冢桥山，释兵须如。……"

（三）元封元年春正月，《武帝纪》云："东巡海上。夏四月癸卯，上还，登封泰山……复东巡海上，至碣石。自辽西历北边九原，归于甘泉。"《封禅书》云："遂东幸缑氏……东上泰山……上遂东巡海上……天子从禅还……乃复东，至海上望，冀遇蓬莱焉。……北至碣石，巡自辽西，历北边至九原。五月，反至甘泉。"

我们查遍《史记》、《汉书》，像上引的例子举不胜举，凡言出巡方向都是指出京师，还京师绝不言方向。征和二年夏，武帝行幸甘泉，巫蛊事起，《汉书·刘屈氂传》作"上于是从甘泉来，幸城西建章宫"。此言"从甘泉来"，而不言"从甘泉向东来"可证"背西向东"说是无根据的。程金造说："东是指回京"，又说："我认为是指从武帝由甘泉回建章宫"，实为李伯勋所本。但程金造也只是推测而无史证。再说建章宫的方位在甘泉宫的东南，而且更偏南，与其说"背西向东"毋宁说"背北向南。"

至于"薄从上雍"，薄者，迫也。既然承认司马迁的《报任安书》作于十一月，"薄从上雍"的日期绝不应推迟到第二年的正月。李伯勋解释"薄从上雍"是"讲的出发时间"，而《汉书·武帝纪》记载征和三年正月幸雍是"讲具体到达时间"，这一丰富想象与史实对照有许多矛盾。第一，雍离长安只有二百来公里，如果是正月到达，只能是十二月底出发，那么《报任安书》中的“薄从上雍”的“薄”字就没有着落。第二，如果是十二月底出巡的事，司马迁在十一月就捅了出来，岂不是泄省中语？按汉律泄省中语是大不敬，轻者罢官，重者杀头，身为中书令的司马迁已受李陵之祸，绝不会干以身试法的蠢事。因此，合理的解释，“薄从上雍”的“薄”字是汉武帝已经颁发了巡雍的命令，司马迁临在出发前写《报任安书》的。如此说来，武帝这次幸雍确实是在十二月，而不应是第二年的正月。也就是说《报任安书》只能作于太始四年，而不是征和二年了。

综上所述，关于司马迁生卒年的考证，王国维说优于郭沫若说。王国维立论倚重事实，绝少空论。郭沫若等人立论，“辨”多于“考”，以丰富想象的推论代替史实的考证，如数字不讹说、早失二亲说、卒年四十二岁说、十八岁为博士弟子受业说、第二次下狱说，以及李长之、李伯勋的“空白”说、壮游五年说等等都是如此。当然这些论点也就经不起推敲。李伯勋的《考辨》完全承袭了这种“辨”而不“考”的方法，剪裁编录郭沫若等人并非定论的论点和论据来“驳”王国维缜密考证的结论，那就比郭沫若等人离开真理更加遥远了，故不能不辨！

五、关于《报任安书》写作年代之补证

关于《报任安书》的写作年代，程金造有篇申证赵翼征和二年说的专论，题为《从报任安书商榷司马迁的卒年》，作为《关于司马迁生卒年月四考》之一，收入 1957 年中华书局出版的《司马迁与史记》一书中。该文程金造已改题为《论王国维考定报任安书之年兼明史迁年岁》，收入陕西人民出版社即将出版的先生个人论集《史记管窥》一书中，不久将惠享读者（该书已由陕西人民出版社于 1985 年出版）。程先生学识丰博，是著名的《史记》研究专家。我和程先生近年来为忘年的笔墨师生之友，

对此问题已在书信往还中论及。程先生是我深深敬仰的师长。先生将其论稿赐读，附言曰：“学问之道，不必强同”，但“兄之持论不符情实，曲从权威之意虑失，有累吾兄数十万言之正论，故以草稿寄上”，“请评论”，“因如改订可省时间也”。程先生这样诲人不倦的精神，使人十分感动。但我拜读程先生文论之后，仍有疑团。今当先生健在，后学晚生不揣谫陋，略陈浅见以就教于先生。引文以《从报任安书商榷司马迁的卒年》为准。

程先生说：《报任安书》的写作年代，“这问题不但关系到太史公的卒年；还关系到《史记》一书写作所经历的时间；更重要的，是它牵涉到《史记》部分的真伪问题，因此是值得商榷的一件事”。即程先生提出了三点意义：一关系司马迁的卒年，二关系《史记》写作历年，三关系《史记》部分真伪。自从赵翼提出《报任安书》的写作年代问题以来，学术界的争论一为太始四年说，一为征和二年说，时间只相差两年。这两年司马迁的经历未发生重大变故，因此，如果司马迁之死与《报任安书》无关这一前提成立，那么这两年之差对于司马迁思想的研究无关紧要，不必争论，可以各执已见。程先生证明司马迁《报任安书》与司马迁之死“并没有直接的关系”，也就证明了《史记》部分真伪与《报任安书》的写作年代“并没有直接的关系”。我赞同程先生的这一观点。拙文考证《报任安书》作于《太史公自序》之前（见前第四节），是对程先生论点的有力佐证。也就是说，程先生申证的征和二年说与拙文所申证的太始四年说，在最主要之点上的结论是一致的，可以说是殊途同归。即不能用《报任安书》的写作年代来判定司马迁的卒年。因《报任安书》并非司马迁的绝笔。

但是《报任安书》的写作年代与司马迁之死往往被人们所联系，因此这个两年之差是值得一争的。郭沫若、李长之等人同意太始四年说，目的是要引出司马迁一生只活了四十二岁的结论，用以证明司马迁生于公元前 135 年说。这是一个牵强附会的联系，不大为人所理会。但主张《报任安书》作于征和二年说的，则是要引出司马迁二次下狱说的结论，却很能迷惑人，故不能不辨正。

怎样研究《报任安书》的写作年代呢？首先我们看司马迁本人在《报任安书》中提出的证据。司马迁说：

> 少卿足下：曩者辱赐书，教以慎于接物，推贤进士为务，意气勤勤恳恳，若望仆不相师用，而流俗人之言。仆非敢如是也。……书辞宜答，会东从上来，又迫贱事，相见日浅，卒卒无须臾之间得竭指意。今少卿抱不测之罪，涉旬月，迫季冬，仆又薄从上上雍，恐卒然不可讳。是仆终已不得舒愤懑以晓左右，则长逝者魂魄私恨无穷。请略陈固陋。阙然不报，幸勿过。

我们将这段引文中加着重号的字句串联起来，可以清楚地得出如下的逻辑序列：

第一，任安写信的主题是八个字，即劝司马迁“慎于接物，推贤进士”。司马迁收信时间“会东从上来”，恰值随从汉武帝东巡回来。

第二，司马迁不愿回答任安的信，“相见日浅”，也不愿见任安，于是把回信拖了下来。“书辞宜答”，“阙然不报，幸勿过”，请任安谅解。

第三，“今少卿抱不测之罪”，又“涉旬月，迫季冬”，任安可能被诛，司马迁又要“薄从上上雍”，不得已给任安回信。从“涉旬月，迫季冬”来看，《报任安书》应作于十月底，王国维说十一月，至少是十一月初。

其次再看班固对《报任安书》写作背景的交代。班固说：

> 迁既被刑之后，为中书令，尊宠任职。故人益州刺史任安予迁书，责以古贤臣之义，迁报之。

中书令职掌机要，职卑而权重，被朝士大夫目为“尊宠任职”。但中书令本由宦官充任，而司马迁受腐刑得此职，认为是蒙受了奇耻大辱。司马迁之所以“隐忍苟活”，是惜《史记》未成，故“就极刑而无愠色”。可是任安也陷于流俗之议，劝司马迁“推贤进士”，视为“宠臣”，使得司马迁很痛心，所以才“相见日浅”，“阙然不报”。《报任安书》结尾用“今少卿乃教以推贤进士，无乃与仆之私指谬乎”，正与《报任安书》起首“仆非敢如是也”云云相呼应，紧紧扣住“慎于接物，推贤进士”八字立论。清包世臣认为“推贤进士”四字是任安征和二年蒙罪后求援的隐语①。此说甚辨，但与情理事实不符，其实难从。试想任安犯了死罪向知心朋友司马迁求援，却转弯抹角用隐语；而司马迁在回信中也只字不谈救援之事，倒诉说起自己的衷肠，还在“推贤进士”四字隐语上大做文章，这种滑稽嬉戏，绝非司马迁之所为。又，退一步说“推贤进士”是求援的隐语，那么“慎于接物”四字又从何处落实？还有班固说的“责以古贤臣之义”难道是无的放矢？可见求援说在情理事实上均说不通。至于事实，下面还要详证。

《报任安书》内容和班固交代是考证《报任安书》写作年代的两块基石。王国维脚踏实地，前后贯通《报任安书》的逻辑序列，根据汉武帝在一年中既东巡而后又西上雍，只有太始四年，于是定《报任安书》作于是年。“会东从上来”，指汉武帝太始四年五月从山东回长安；“薄从上上雍”，指冬十二月行幸雍。赵翼仅据“今少卿抱不测之罪”一语，简单地把《报任安书》的写作时间与任安之死相联系，认定《报任安书》作于征和二年。严格说，赵翼只是提出了一个假说的问题，并没有深入论证。据《史记·田叔列传》、《汉书·刘屈氂传》、荀悦《汉纪》卷十五，任安死于征和二年巫蛊案，所以赵翼的简单联系很能迷惑人。王国维认为，《任安传》载汉武帝语云，“安有当死之罪甚众，吾常活之”，即指任安在太始四年犯有“不测之罪”。古字“常”与“尝”相通，王国维释“常”为“尝”，认定任安的“不测之罪”在太始四年。汉武帝愤恨任安有二心，把他曾经宽恕过任安的一次死罪夸张为“常活之”，并非不可理解，王国维的通字串释是

① 《艺舟双楫·复石赣书》。

多余的，但未失原意。在封建帝王那里的所谓“不测之罪”，并非当事人真有死罪，如司马迁之受腐刑就是生动的例证。不过由人主之喜怒定人死罪是可以解救的，而坐巫蛊案之死罪是不能解救的。按汉法，一般死罪在十二月决狱，所以杀人魔王酷吏王温舒顿足叹息说：“嗟乎，令冬月益展一月，足吾事矣！”[①]《报任安书》暗示任安在十二月可能有不测祸端，说明任安的这次“不测之罪”并不是指征和二年巫蛊案。

以事实证之，任安虽死于征和二年巫蛊案，但并不一定死于征和二年十二月。现有史料无法证明任安死的确切日期，但与其说他死于征和二年十二月，毋宁说他死于征和三年春夏之交更切合事实。为此，对于征和二年巫蛊案必须作完整的了解。

所谓征和二年巫蛊案，是就其高潮而言。是案始于武帝征和元年十一月，解冻于武帝后元二年二月武帝临崩前夕大赦长安诏狱之时，前后五年，死者数十万人。武帝求仙，服药中毒，晚年昏耗，最忌巫蛊。除了他本人以外，谁都不相信，包括皇后、太子都在怀疑之列，所以屡兴大狱，使得宫内上下及朝士大夫人人自危。凡坐巫蛊者，皆为不赦要犯，随发随斩，并不在十二月决狱。丞相公孙贺及其子公孙敬声最早死于巫蛊案，在征和二年春正月。诸邑公主、阳石公主，即武帝诸女坐巫蛊案，死于征和二年闰四月。七月江充治巫蛊案，蓄意除皇后、太子。首先是从武帝所在的甘泉宫治起，次及长安诸宫，先治嫔妃，最后治皇后、太子，死者数万。戾太子不得已收斩江充。与丞相刘屈氂大战长安城中。七月壬午（初九日）太子斩江充。七月庚寅（十七日）太子兵败逃出长安。七月癸巳（二十日）武帝大封击太子功臣，商丘成为秺侯，莽通为重合侯，景建为德侯。而丞相司直田仁坐纵太子被腰斩，御史大夫暴胜之受牵连，被迫自杀。当时汉武帝震怒到了极点。不仅在长安大搜捕，而且“诏治巫蛊郡邸狱”[②]，在全国大搜捕。此时“上怒甚，群下忧惧，不知所出”[③]，壶关三

① 《史记》卷一二二《酷吏列传》。
② 《汉书》卷七四《丙吉传》。
③ 《汉书》卷六三《武五子传》。

老茂上书讼太子冤，汉武帝稍有感悟，但并未赦太子。八月辛亥（初八日），太子被吏卒包围，自杀于湖。九月汉武帝还大封围捕太子的吏卒。封张富昌题侯，封李寿邗侯，那个用兵刃取太子首级的兵卒还被拜为北地太守。①

征和二年九月以后，巫蛊案仍在继续中。《汉书·武五子传》记载说：

> 久之，巫蛊事多不信。上知太子惶恐无他意，而车千秋复讼太子冤，上遂擢千秋为丞相，而族灭江充家，焚苏文于横桥上，及泉鸠里加兵刃于太子者，初为北地太守，后族。上怜太子无辜，乃作思子宫，为归来望思之台于湖。天下闻而悲之。

由于车千秋的上书，汉武帝才给太子平反，族江充家，焚苏文，杀北地太守，临湖做思子宫。田千秋也因此从高庙郎被立拜为大鸿胪。《汉书·田千秋传》载："立拜千秋为鸿胪。数月，遂代刘屈氂为丞相，封富民侯。"查《汉书·百官表》"高庙郎田千秋为大鸿胪，一年迁"，系于征和三年。刘屈氂死于征和三年六月，田千秋行丞相事，到征和四年六月才正式封侯拜相。刘屈氂之死是坐与海西侯李广利谋立太子事，正当汉武帝思子之时，所以刘、李两家被族。而且刘、李案也是由巫蛊引发的。由此可见，田千秋上书在征和三年春夏之交，与"久之，巫蛊事多不信"吻合。这"久之"二字就是指征和二年九月以后仍在追究巫蛊案。事实生动地说明汉武帝平反太子、焚苏文、族江充、做思子宫，均应在征和三年春夏之交。《资治通鉴》就系诸事于征和三年，但载入九月，稍失之。田千秋为大鸿胪"数月"代刘屈氂行丞相事，司马光误解为"数月"正式为丞相，故后推了几个月。值得注意，汉武帝虽然平反了太子，但并未赦巫蛊案，太子之孙，即后来的宣帝刘询仍系诏狱。

① 见《汉书·功臣表》及《武五子传》。

北军使者护军任安受太子节而未佐助太子，受到武帝的称赞。武帝平反太子，反过来怨恨任安，钱官小吏才乘此机会告发任安，其时间应在征和三年田千秋上书之后的春夏之交。任安与刘屈氂等人均是武帝心情改变后的牺牲品，很可能是同时被处死的，那已是征和三年六月了。征和二年八月在湖围捕太子的邗侯李寿也是在这时处死的，至少可以肯定，任安在征和二年九月之前并未得罪，他怎么可能在征和二年七月武帝从甘泉回长安之时预为写信向司马迁求援呢？事实胜于雄辩。任安得罪求援于司马迁，"会东从上来"指武帝由甘泉回长安，均难以成立。程金造在文论中把汉武帝平反太子、焚苏文、任安下狱、做思子宫等一系列事件均系于征和二年的九、十、十一月间，殊与史实难合，这大约是一时的疏忽，所以立论未周。程先生说，任安的信写于征和二年九、十月间司马迁从武帝由湖归来，且不说是否为实事，至少在逻辑上与"会东从上来"指武帝由甘泉回长安形成自相矛盾。程先生又反证说，若"会东从上来"是指武帝由山东回长安，到十一月写《报任安书》，中间有七个月，绝不能说"相见日浅"。按《报任安书》"涉旬月，迫季冬"，司马迁回信应在十月或十一月初。五月到十月，中间五个多月，与"阙然不报"完全吻合。至于"相见日浅"，恰恰是司马迁不愿回信的托词，不难理解。

此外，任安写信给司马迁是在益州刺史任上，而不是"北军使者护军"。程先生认为，《任安传》先说任安为北军使者护军，后说任安为益州刺史，由于益州远在西南，交通不便，任安还没有来得及上任就被小吏诬告，下狱死了。由于程先生忽略了时间因素，这一推论难以成立。考《任安传》，任安和田仁入宫为郎，被破格录用，是因少府赵禹力荐，大将军卫青才具籍上奏。查《百官表》，赵禹为少府在元狩四年到元鼎四年之间。以下限元鼎四年（前 116 年）起算，下距征和二年（前 91 年）是二十六年。田仁在这二十余年间经历了多次调动。而且武帝初置部刺史在元封五年（前 106 年），下距征和二年是十六年，也恰是在任安为北军使者护军之后。武帝时刺史不是驻留地方的行政长官，而是以六条问事的钦差大臣，事毕即返京复命。任安和田仁都做过部刺史。任安为益州刺史，田仁为司隶部刺史刺三河（河东、河内、河南）。任安为北军使者护军，一度刺史益州，事毕仍为北军使者护军。刺史惩治贪赃，拔擢贤俊，往往遭豪强贵戚反对。任安在益州刺史任上于太始四年写信劝司马迁“推贤进士”，实际是希望司马迁支持他的工作。任安的“不测之罪”大约也是由于触犯豪强贵戚招来的，终因司马迁的营救而获免。司马迁对“未尝衔杯酒接殷勤之欢”投敌的李陵尚且营救，怎能对无辜的老友坐视不救？我认为司马迁正是出力营救了任安，所以才在信中诉说衷肠，让任安做两手准备，对喜怒无常的汉武帝不抱幻想，要识去就之分。这当然只是一种推论，不作定案，存疑待考。但任安在益州刺史任上写信，明载于《汉书》，是不容置疑的。

从驳难立场来看，若要推翻王国维的立论，可从两方面入手。一是证明任安给司马迁写信作于征和二年，在前提上排除太始四年。二是证明任安在征和二年以前从未犯“不测之罪”，抽掉王国维立论依据。程先生的文论在这两个方面都较薄弱，而用大量篇幅证明任安死于征和二年巫蛊案这一王国维并未否认的前提，是难以驳倒王国维的立论的。

王国维是一位知名的学者，但他对于《史记》研究，只写过一篇《太史公行年考》，很难说是《史记》研究的权威。因此《太史公行年考》存在着许多疏失。但是王国维的考据方法确很踏实，逻辑严密，他对太史公行年重大问题的考证十分坚实，难以推翻，故信而从之。程金造对《史记》的研究功力深厚，建树卓著。程先生对《报任安书》写作年代的考证，由于忽略了时间推查，差之毫厘，失之千里，故结论不能令人满意。但程先生从《报任安书》内容考证出非司马迁绝笔，却是卓识。因此程先生的文论仍有很高的学术价值。

（本文原载1982年《甘肃省历史学会论文集》；部分内容以《关于司马迁生年的考辨》为题，载《上海师范学院学报》1984年第2期）

司马迁生于建元六年说之新证评析

20 世纪 50 年代中期学术界关于司马迁生年的讨论，郭沫若、王国维两家之说势均力敌，所以至今两说并存，王说略占优势。近年来郭沫若所主张的司马迁生于建元六年说有高涨之势。学术界连续刊发了李伯勋、苏诚鉴、吴汝煜等同志的专论申证郭说。李伯勋的《司马迁生卒年考辨》把我们引回到了 20 世纪 50 年代的那场争论中去，因李文主要是转述郭沫若、李长之等人的论点和论据来驳王国维说的。前文《司马迁生卒年考辨辨》对李文所引述的郭说的论点和论据作了评述，但对苏、吴两文未涉及。苏文《司马迁行年三事考辨》①，吴文《论司马迁生年及与此有关的问题》②，提出了一些新论据，是很有价值的。本文兹就苏、吴两文的新论据，评述如次。

推计司马迁生年的直接论据是指司马贞《索隐》中的元封三年，司马迁"年二十八"与张守节《正义》中的元封七年即太初元年"按迁年四十二岁"两条材料。两者相间四年而年差十四

① 载《秦汉史论丛》第一集，陕西人民出版社 1981 年版。

② 载《南开学报》1982 年第 6 期。

年，即两说有十年之差。一个人的生年只能有一说，故两说必有一误。治病必须探源。造成十年之差的原因，是两说的材料来源不同，还是在流传中发生了数字讹误，这是考证司马迁生年的前提和关键。王国维的考证，论据粗疏，应予补正。但王国维考证的方法严密，他以不可辩驳的逻辑和引证，证明了《索隐》、《正义》两说材料同源，十年之差是数字讹误造成的，这就找到了问题的病根。主建元六年说者正是在这一关键的前提上回避讨论，而在枝节上搞推论，其方法似不妥当，其结论自然难以成立。

我们看苏诚鉴的论证。苏文以司马迁自述“二十而南游江淮”为论据，主观确定与元狩六年武帝分遣博士褚大等六人“循行天下”这一历史事件相搓捏。其方法是：“要确定此次行动，可试先选定司马迁生年是武帝建元六年。”既然是“试先”选定的，也就是有待证明的。可是苏文在论证过程中把假定的建元六年当作了已知的因，以因推果，以果证因，陷入了循环的因果互证中。姑按建元六年计，至元狩六年为十九岁，而不是二十，苏先生争辩说，此“取其成数而言”。由此可知，推论证明原是不讲求严格依据事实的。苏文在附注中说：“如作汉景帝中元五年，则司马迁二十岁前后，即当武帝元朔三年（前126年）上下，当时并没有什么重大历史事件可资联系以说明司马迁这次‘南游’。”按苏文的这条注释，恰恰是将可靠的史事联系加以主观的切断。

司马迁二十壮游，《史记》中有详细记载。《太史公自序》云：“二十而南游江淮，上会稽，探禹穴，窥九疑，浮于沅湘；北涉汶泗，讲业齐鲁之都，观孔子之遗风，乡射邹峄，厄困鄱、薛、彭城，过梁楚以归。”司马迁这次全国壮游，目的明确，是“网罗天下放失旧闻”。太史公曰“余至江南，观其行事”云云[1]；“适长沙，观屈原所自沈渊”云云[2]；“吾适楚，观春申君故城，

① 《史记》卷一二八《龟策列传》。

② 《史记》卷八四《屈原贾生列传赞》。

宫室盛矣哉”云云①；“适鲁，观仲尼庙堂车服礼器”云云②；“吾适齐，其民阔达多匿智”云云③；“吾尝过薛，其俗闾里率多暴桀子弟，与邹鲁殊”云云④；“吾如淮阴，淮阴人为余言”云云⑤；“吾适丰沛，问其遗老，观故肖曹樊哙滕公之家”云云⑥；“吾过大梁之墟，求问其所谓夷门”云云⑦。东汉卫宏说司马迁此行是其父太史令司马谈“使乘传行天下，求古诸侯之史记”⑧；唐司马贞说他“亦搜采远矣”⑨；王国维称为“宦学”之游⑩，都是十分恰当的评价。考司马迁一生有三种情况的游历。二十“宦学”之游是其一。扈从武帝之游是其二。奉使巴、蜀以南之游是其三。三种游历《史记》均有反映。《封禅书赞》云，“余从巡祭天地诸神名山川而封禅焉”，交代扈从之游。《自序》云：“奉使西征巴、蜀以南，南略邛、笮、昆明，还报命”，交代奉使之游。《河渠书赞》总叙三种游历对全国水利的考察。司马迁说：

> 太史公曰：余南登庐山，观禹疏九江，遂至于会稽太湟，上姑苏，望五湖；东窥洛汭、大邳、迎河，行淮、泗、济、漯、洛渠；西瞻蜀之岷山及离碓，北自龙门至于朔方。曰：甚哉，水之为利害也！余从负薪塞宣房，悲《瓠子》之诗而作《河渠书》。

但是，20 世纪 50 年代的王达津和 80 年代的苏诚鉴，两人所设想的司马迁为博士弟子从博士之游，《史记》没有丝毫反映。苏文断定，司马谈官太史令，“年秩不过六百石，素来‘家贫’，也不

---

① 《史记》卷七八《春申君列传赞》。
② 《史记》卷四七《孔子世家赞》。
③ 《史记》卷三二《齐太公世家赞》。
④ 《史记》卷七五《孟尝君列传赞》。
⑤ 《史记》卷九二《淮阴侯列传赞》。
⑥ 《史记》卷九五《樊郦滕灌列传赞》。
⑦ 《史记》卷七七《魏公子列传赞》。
⑧ 《太平御览》卷二三五引《汉旧仪》。
⑨ 《史记》卷一三〇《太史公自序索隐》。
⑩ 《太史公行年考》。

可能自费供给儿子这样广泛地游山玩水”。说司马迁“游山玩水”不符史实，说司马迁无钱出游未免武断。汉武帝元朔二年大移民茂陵，按常例奖励二十万，未必不可以用来出游。“六百石秩”虽低，但一个以述史为理想的人，难道不可以省吃俭用积攒点儿考察费么？再说，司马谈述史，得官家之助，司马迁是“乘传行天下”①。苏文把司马迁的“宦学”考察与褚大的博士循风两件毫不相干的事附会在一起，虽称之为是“内证与外证”相结合，仍是不可能成立的。

我们再看吴文的新证。吴汝煜的文章具有较高的学术价值，可以说是近三十年来，第一次给建元六年说注入了新鲜的血液，触及了问题的要害。吴文列举《正义》纪年十误，用以证明张守节之说不可信，这的确是具有新意。

但是，吴文所列《正义》纪年十误，能否推倒王国维的考证，成为支撑建元六年说的论据呢？还有待于商榷。

在分析吴文的引例之前，需对王国维的立论加以补正，以确定辨别是非的标准。

王国维在论证十年之差为数字讹误后，提出了一个常理来推论，即“三讹为二，乃事之常；三讹为四，则于理为远”，故取《正义》而舍《索隐》。吴文列举两例三、四相讹以否定王国维的常理说，思虑欠周。其一为：《秦本纪》载，秦宣公“三年，郑伯、虢叔杀子穨而入惠王”。梁玉绳《史记志疑》卷四云：“此宣公四年事。”吴文据以为三、四相讹。查《十二诸侯年表》，周惠王四年，“诛穨，入惠王”，正当秦宣公三年、鲁庄公二十一年。不仅《史记》纪表相合，且与《左传》记载相合。梁说误。吴文据误说以立论，不能成立。其二为：《秦本纪》载，“二十四年，献公卒”。查《六国年表》，秦献公只有二十三年，故《秦本纪》之《集解》引徐广曰：“表云二十三年。”在两代人交接之际，往往有一个虚实纪年问题。例如《秦始皇本纪》后附秦世系，“毕公享国三十六年”，《正义》曰，“一作三十七年”。“悼公享国十

① 参阅本书《〈史记〉成书的历史条件》。

五年”，《正义》曰，“本纪作十四年”。本纪指《秦本纪》。梁玉绳《史记志疑》卷四指出悼公、简公、惠公纪年均有一年之差。由此看来，秦献公卒年纪表不合未必是三、四相讹，至少此例不典型。话得说回来，三、四相讹也是存在的。如《秦本纪》云：“二十四年与晋战雁门”，据《六国年表》其事在孝公二十三年。但偶然出现的三、四相讹并不能推倒王国维的常理说。因为在古今的实践中，“鲁鱼亥豕”之讹是客观存在的常理，就如生人往往把双胞胎兄弟看成一个人是一个道理。《康熙字典》特集相似字供人习观，为的是使人少犯“鲁鱼亥豕”之误。二、三一笔之差，三、四形体迥异，这并不是一个难懂的道理。“三”原作“三”，“四”原作“亖”，都是上下一般齐的横线，而后演变为长短不齐，“亖”作“三”，再变作“四”，避免与“三”鲁鱼相混。1924年新疆鄯善县出土的《三国志》东晋抄本《吴志》残卷，已将金文中的“亖”写作“四”。由此可证，南北朝隋唐以后，三、四相讹于理为远是有根据的。而且东晋抄本，“三十”作“卅”以便与“廿”、“卌”有较大差别。从汉至唐，“二十”、“三十”、“四十”均作一字写。古籍纪年常有十年之差，均出在“廿”、“卅”、“卌”这几个“鲁鱼亥豕”数字上。东晋抄本这一实物的发现有两个意义。第一，它形象地证实了王国维常理说的存在，否则人们何以要将“亖”作“四”呢？第二，它提供了生动的证据，在二十至四十的数字相讹上，不是什么二、三相讹，而是“廿”、“卅”、“卌”相讹。考证司马迁生年应转移视线，不要停留在王国维的常理说上纠缠。

更值得重视的是，在20世纪50年代的讨论中，程金造发表《从史记三家注商榷司马迁的生年》一文①，提出了晚出的《正义》疏通《索隐》的立论。程先生经过与黄烈先生辩论，在1962年又撰写了《史记“正义”“索隐”关系证》一文②，以坚实的论据论证了《正义》疏通、驳正《索隐》。由此，程先生得出结论：

① 载《司马迁与史记》，中华书局1957年版。

② 载《文史哲》1962年第6期。

“《自序》中‘卒三岁而迁为太史令’一语下，《索隐》引据《博物志》注明‘司马迁为太史令时，是元封三年，那时他三十八’；张守节便依据《索隐》‘年三十八’之文，推断其作史时之年岁”，“那年是四十二岁”①。

我们完全同意程先生的立论。这是 20 世纪 50 年代那场争论的收获，已经在王国维立论的基础上前进了一大步。今天的讨论应在新的基础上进行，而不应纠缠王国维的疏失。因为王国维的疏失并不能帮助建元六年说的成立。原因是王国维立论的基石数字讹误说，至今未被推倒。

现在，我们按上述两条标准来衡量吴文列举的《正义》纪年十误，到底证明了什么问题。这两条标准是：第一，十年之差为“廿”、“卅”、“卌”之间的数字讹误造成；第二，数字讹误为唐以后传写之误。在唐代，《正义》和《索隐》是一致的，张守节是依据司马贞的引据立论的。吴文引例辨析如下。

①《秦本纪》：“成公元年梁伯”下《正义》曰：“《国都城记》云：梁，伯国，嬴姓之后，与秦同祖。秦穆公二十二年灭之。”据《十二诸侯年表》，秦灭梁在穆公十九年。吴文云：“《正义》‘二十二年’之说实误。”

按：《秦本纪》下文即有穆公“二十年，秦灭梁、芮”的记载。吴文云：“盖先灭梁，再灭芮，芮之灭，已在穆公二十年，故连类言之，表记相合。”此说是。由此可证张守节引《国都城记》以纪异，其失在于未加考异之按。且“十九”与“二十”之间无数字讹误鲁鱼关系。《国都城记》，见《隋志》，为南北朝时人所作。

②《秦本纪》：“（秦昭王）五十二年，周民东亡，其器九鼎入秦。周初亡。”《正义》云：“（九鼎）历殷至周赧王十九年，秦昭王取九鼎，其一飞入泗水，余八入于秦中。”据《周本纪》，周赧王五十九年，秦攻西周，西周君入秦“尽献其邑三十六，口三

① 载《司马迁与史记》。

万”。吴文云：“《正义》在‘十九’前夺一‘五’字。”

按：夺去“五”字，显系传写之误，此例不存在数字鲁鱼之误。查《周本纪》，在西周君入秦献地之后，《索隐》注云：“当秦昭王之五十二年。”所以《正义》即在《秦本纪》昭王五十二年下注云“周赧王五十九年”。这是转录为注，亦不存在推算致误。吴文云“夺一‘五’字”极是。

③《秦始皇本纪》：“得齐王建”下《正义》曰：“齐王建之三十四年，齐国亡。”据《六国年表》齐亡在齐王建四十四年。吴文云：“‘三十四’实为‘四十四’之误。”

按：此例恰为十年之差，乃“卌”讹为“卅”。

④《孝景本纪》：“吴王濞”下《正义》曰：“高祖兄仲子，故汉高祖十二年封，三十三年反。”据《汉兴以来诸侯王年表》，吴王反诛在四十二年。吴文云：“此言‘三十三’，不仅‘四’讹为‘三’，且‘三’讹为‘二’。”

按：非“四”讹为“三”，乃“卌”讹为“卅”。至于“二”讹为“三”，乃王国维常理之说也。

⑤《孝景本纪》：“胶西王卬”下《正义》曰：“十年反。”吴文云：“据《汉兴以来诸侯王年表》，应作‘十一年’。”

按：查表，济南王辟光、菑川王贤、胶东王雄渠、胶西王卬四人皆齐悼惠王子，在文帝十六年同时封王，景帝三年同时叛，均立十一年反。《正义》据表注纪，济南、菑川、胶东三王不误，胶西独误，显系传录中“十”下夺去“一”字，非数字鲁鱼之误。

⑥《越王勾践世家》：“朱公不得已而遣长子，为一封书遗故所善庄生。”《正义》曰：“《年表》云周元王四年，越灭吴。范蠡去齐，归定陶，后遗庄生金。庄周与魏惠王、周元王（按：《老庄申韩列传》作魏惠王、齐宣王”，下文即言“齐宣王”，可见是传写之误）同时。从周元王四年至齐宣王元年一百三十年，此庄生非庄子。吴文云：“周元王四年为公元前472年，齐宣王元年为公元前320年，两者相去152年，《正义》误。”

按：查《六国年表》，齐宣王元年为公元前342年，恰130年。《正义》据表注纪，不误。吴文以近人之考订纠古人之所谓误，方法不妥。

⑦《老庄申韩列传》："盖老子百有六十余岁，或言二百余岁。"《正义》曰："秦献公与烈王同时，去平王二十一王。"吴文云："秦献公之年纪虽可以同烈王相接，但其即位时，已在周安王十八年，应该说与周安王同时。周烈王去平王二十王，周安王去平王才是二十一王。由此可知，《正义》所说的'烈王'，实为'安王'之误。"

按：据《周本纪》，周王相承世系为：平王、桓王、庄王、釐王、惠王、襄王、顷王、匡王、定王、简王、灵王、景王、悼王、敬王、元王、贞定王、哀王、思王、考王、威烈王、安王、烈王、显王。从平王至威烈王为二十王，至安王为二十一王，至烈王为二十二王，至显王为二十三王。威烈王名午，烈王名喜。秦献公即位在安王十八年，历安王、烈王、显王三王，至显王七年卒，在位三十三年。《正义》取其中王，云"秦献公与烈王同时"，本不误。又云"去平王二十一王"，未计平王，或未计悼王故也。悼王刚立，即为子朝所杀。吴文误以威烈王为烈王，实自误。

⑧《苏秦列传》："长城，钜防"下《正义》曰："《竹书纪年》云：梁惠王二十年，齐闵王筑防以为长城。"据《六国年表》，梁惠王二十年，为齐威王二十八年，下距闵王尚远。吴文据《水经·汶水注》引《竹书纪年》作"二十年，齐筑防以为长城"。无"闵"字，按云"《正义》误引"。

按：吴文所考是，但无关鲁鱼之误。

⑨《张仪列传》："仪相秦四岁，立惠王为王。"《正义》曰："《表》云，'惠王之十三年，周显王之三十四年'。"查《六国年表》，秦惠王十三年，应为周显王四十四年。吴文云："'三十四'实为'四十四年'之误。这是《正义》中'四'讹为'三'的明显的例子，而且正好搞错一个十位数。"

按：非"四"讹为"三"，乃"卌"讹为"卅"也。

⑩《张仪列传》在"遂定蜀"下《正义》曰："表云，秦惠王后元年十月，击灭之。"据《六国年表》，"击蜀，灭之"在秦惠王后元九年。吴文云："《正义》在'后元'下夺一'九'字。"

按：吴文所考是，但无关鲁鱼之误。

总上十例，第①例《正义》引书纪异；第②⑤⑩三例显系传写夺误；第⑥⑦两例《正义》不误，吴文自误；第⑧例《正义》误引。以上七例都与数字的讹误无关。只有第③④⑨三例存在数字讹误，均为“卌”与“卅”相讹，以及“二”与“三”相讹，并无“四”与“三”相讹之例。从这个分析中，可以说吴文的引例，非始料所及地再次证明了王国维的立论基石，司马迁生年的十年之差为传抄流传中数字讹误造成，从而进一步推倒主建元六年说者的数字不讹说。

吴文大量引证与数字的鲁鱼讹误无关的例证，目的在于推导张守节治学粗疏，《正义》浅陋，得出结论：“与其相信《正义》的‘迁年四十二岁’，不如相信《索隐》的‘年二十八’。”三家注各有所长、各有所短，全面评价还有待深入。吴文认为《索隐》对时间的记载和推算要比《正义》严谨得多，未免偏颇。就以秦世系的纪年，试举两例以明之。其一，《秦本纪》载，“简公……十六年卒”下《集解》引徐广曰：“表云十五年也。”查《六国年表》，徐说是。《秦始皇本纪》载秦世系云：“简公……享国十五年，葬僖公西。”《索隐》失察，以误为正云：“立十六年，葬僖公西。”其二，《始皇纪》又载，“孝公享国二十四年。……其十三年，始都咸阳。”查《秦本纪》云：“十二年，作为咸阳，筑冀阙，秦徙都之。”《索隐》云：“本纪十二年。”《正义》云：“本纪云‘十二年作咸阳，筑冀阙’，是十三年始都之。”显然《正义》比《索隐》严谨。标点本误将《索隐》系于“孝公享国二十四年”下，非司马贞原失，特此说明。在简单的数条目中，《正义》纪年之误比《索隐》为多，由此判断《正义》浅陋，难免不犯形而上学的毛病。《正义》订补《索隐》，纪年条目大大超过《索隐》。就拿《秦本纪》来说，《集解》注疏纪年七条，《索隐》亦为七条，《正义》多达十五条。由于《正义》条目增多，流传中散失又最严重，所以才出现了较多的纪年传抄讹误。但具体问题要作具体分析。在司马迁生年问题上，张守节直以按语出之，是阐发《索隐》，而不是订误《索隐》。正由于张守节是阐发《索隐》，“按迁年四十二岁”，是依据《索隐》“年三十八”推得，故今本“年二十八”是《索隐》在唐以后流传中出现的传抄讹误。

但是，吴汝煜的考证是极有价值的。他一条一条研究前人注书之误和纠正古书传抄之误，本身超出了考证司马迁生年的价值。其次吴文的考证把《索隐》的纪年“年二十八”的价值提高到与张守节的“迁年四十二”同等的价值的地位。按王国维的常理说，《正义》的价值比《索隐》要高。现在我们可以抛开王国维的常理说了。其实程金造指出《正义》据《索隐》立说，已经否定了王国维的常理说，拉平了《索隐》与《正义》的价值。我们所说的“否定”，不是指王国维的常理说不成立，而是说他的常理说不适用于推导司马迁的生年。因为十年之差不是“二”、“三”、“四”相讹造成的，而是“廿”、“卅”、“卌”之间的相讹造成的。既可能是《索隐》之误，亦可能是《正义》之误。《索隐》与《正义》一对一。那怎样来考证《索隐》与《正义》的得失呢？即苏诚鉴的方法。试先确定司马迁生于建元六年和景帝中元五年来排定司马迁的行年，引据事实作依据。吴文的第二部分即作如是考察，从方法上看，这是正确的。但吴文也与苏文同样，把假定的建元六年当作已知的前提来推导司马迁的交游，成了循环论证，这是不可取的。顾颉刚在《司马谈作史考》中，本来是用司马迁与“太史公曰”云云所言人物“不相及”来证明是司马谈作史的。这“不相及”应当是可靠的绝无疑义的才能成立。可是司马迁与秦始皇时的夏无且之友董生、公孙季功，以及与平原君朱建子和冯唐之子冯遂，未必不相及。顾颉刚为了证成已说，他缩短司马迁的生年十岁，以建元六年说来证明“不相及”；反过来吴文又用“不相及”证明司马迁生于建元六年。像这样的循环无端、因果互证，怎能得出正确的结论呢？

吴文最后在附记中引证段熙仲的证明，从《汉书》中得三证，知《索隐》所引《博物志》为可靠。这和王国维的考证方法本来是一致的。王国维的考证首先就是证明司马贞所引《博物志》可靠，这是《正义》和《索隐》之源。段熙仲和郭沫若一样，重复证明王国维的依据来反对王国维的结论。段文说：“然则小司马所引《博物志》文当可信，而年二十八不应独误。”这仍然是纠缠于王国维的推导疏失而不顾王国维的大前提逻辑所作的错误结论。这也是主建元六年说者的一个通病，在逻辑推理上南辕北辙。

本文是支持王国维说的。为了不再纠缠枝节问题，我们不惮其烦再次申说一遍王说的立论前提及逻辑序列以供进一步探讨。要点有五：

第一，司马贞所引《博物志》为可靠之材料，也是推导司马迁生年唯一有据的原始资料。

第二，《正义》和《索隐》两说的十年之差，不是引据的材料有分歧，而是流传中数字讹误造成的。

第三，汉唐时数字写法“二十”、“三十”、“四十”作“廿”、“卅”、“卌”。司马迁生年的十年之差，即是廿、卅、卌之间讹误造成。

第四，《正义》据《索隐》立说，“按迁年四十二岁”。由此可知，《索隐》原引《博物志》为“年三十八”，唐以后讹为“年二十八”。今本《博物志》无此条，王国维说在逸篇之中。因此，“年三十八”误为“年二十八”并非《博物志》有误，而是三家注在唐以后流传中发生讹误。明乎此，段先生的疑问可以冰释矣。

第五，依《正义》说推导司马迁的行年，事事无碍；而依《索隐》说推导司马迁行年多有抵牾。因此从理论上说，《正义》与《索隐》是一对一，而引证史事，则可以确信是《索隐》之误。详证见本书《司马迁生卒年考辨辨》一文中，兹不赘。

【余论】时贤学者中有赵生群、袁传璋力主司马迁生年建元六年说，两人都撰写了专论立说①。赵生群最有价值的发现，是

① 赵生群专论有两文：《司马迁生年考辨》、《从〈正义〉佚文考定司马迁生年》，收入《史记文献学丛稿》，江苏古籍出版社 2000 年版。袁传璋专论亦有两文：《司马迁生于武帝建元六年新证》（载《陕西师范大学学报》1988 年增刊）、《从书体演变角度论〈索隐〉〈正义〉的十年之差——兼为司马迁生于武帝建元六年说补正》，载台湾《大陆杂志》第 90 卷第 4 期，1995 年。下文提及的施丁的发现与驳论文章为：《司马迁生年考》，载《杭州大学学报》1984 年第 3 期；《史记索隐注“太史令”有问题》，载《中国社会科学院研究生院学报》1996 年第 2 期。

明王应麟《玉海》卷四六载《正义》佚文，所引《博物志》云“迁年二十八，三年六月乙卯除，六百石”，与《索隐》所引同。赵氏视此为铁证。无独有偶，施丁在日人水泽利忠《史记会注考证校补》中发现日本南化本《史记》之《索隐》作“年三十八”，与《玉海》正相反，两者又打了一个平手。由于《博物志》原本失传，载于他书之引文为二手资料，故不是铁证，两者皆孤证不立。袁传璋的新证，最有力者是他发现“三十”这一数字的连体书写有作“丗”者，与“年三十为一世”的“世”字古体作“丗”形近容易相混。袁氏推论《正文》原文作“迁年丗二”，“丗”误为“世”，再误为“卌”，而成“四十二”。袁氏断言“二十”、“三十”、“四十”这三组数字，自殷周秦汉下讫唐代，均作连体书写，只是到了唐宋的转换时期才作分书的。袁氏以此推翻王国维的“数字讹误说”。而施丁引据《居延汉简甲乙编》、《居延汉简释文》、《居延新简》提供了十三个例证，汉人书写已打破了殷周惯例，已作分书。施丁又引证从北魏正光三年到北宋景祐二年十四例碑刻文字证明六朝至唐宋有更多的分书，可见袁氏的新证亦非铁证。中国古籍浩如烟海，任何一种立说都可以找到若干事例，这就是司马迁生年纷争不绝的原因。智者见智，仁者见仁，但最基本的事实是不能改变的。史籍中数字讹误大量存在，而《正义》与《索隐》引据同源，而发生差错，必是流传中数字讹误所致，所以王国维的立论基石是科学的，牢不可摧。如何验证《正义》与《索隐》的是非，最可靠的方法是排比司马迁的行年，找出司马迁行年中最关键的几个坐标点，即司马迁在《太史公自序》与《报任安书》自述的：年十岁诵古文、耕牧河山之阳、二十南游、师承、出仕郎中，奉使巴蜀、待罪辇毂下二十余年、交游见郭解等。排比司马迁行年是依据《史记》中的本证，这才是抱西瓜；搜遗采异也很重要，那只能是拣芝麻。下面试列表排列郭沫若、王国维两说形成对照，以供评说。

司马迁行年表（王国维、郭沫若两说对照）

纪年		王说	郭说	大事记	考据	备注
前 145	景帝中元五年	1 岁		迁生龙门，一岁	王氏依《正义》说，其据与《索隐》同源为《茂陵中书》	迁生年的十年之差，乃《索隐》在流传中数字三十八讹为二十八，此王氏立论基石
前 135	武帝建元六年	10 岁	1 岁	年十岁诵古文	见《太史公自序》	
				郭说迁生一岁	郭氏依《索隐》说	
前 128	元朔元年	18 岁	8 岁	耕牧河山之阳	见《太史公自序》	
				王说：迁从孔安国问故	王氏推断有误，无考据	
前 127	元朔二年	19 岁	9 岁	迁家徙茂陵/郭解入关/孔安国为博士	是年武帝迁徙豪富及京师高官子弟实茂陵/孔安国为博士，程金造据《通鉴》考证	《游侠列传》载，司马迁曾见郭解
前 126	元朔三年	20 岁	10 岁	二十而南游江淮	见《太史公自序》	
前 124	元朔五年	22 岁	12 岁	依《太史公自序》所载行程，迁游必二三年始归	董仲舒出京为胶西相，不久致仕家居茂陵	受学于孔董之年
前 118	元狩五年	28 岁	18 岁	迁出仕为郎中三百石/孔安国为谏议大夫/董仲舒家居茂陵此时卒	是年大选郎官，任安、田仁为郎，迁亦应是年为郎/《百官表》是年初置谏议大夫	史公行年空白说不能成立；《报任安书》云：待罪辇毂下二十余年矣 元狩五年—太始四年＝二十五年
前 117	元狩六年	29 岁	19 岁	孔安国出为临淮太守	《地理志》是年初置临淮郡	出仕八年后为郎中将
				博士褚大巡风，郭派推断迁为博士弟子，南游	建元六年说者推论无据	
前 112	元鼎五年	34 岁	24 岁	迁扈从武帝西登空同	王氏据五行志、武帝纪考出	
前 111	元鼎六年	35 岁	25 岁	奉旨西征巴蜀以南，为郎中将，秩千石	唐蒙、司马相如使西南夷职为郎中将，迁亦当如此	
前 110	元封元年	36 岁	26 岁	迁奉使还，见父于河洛/（父谈卒）	载《太史公自序》	元狩五年—征和二年＝二十七年
前 108	元封三年	38 岁	28 岁	迁为太史令	《索隐》注引《博物志》所载《茂陵中书》	
前 104	太初元年	42 岁	32 岁	迁议历法；正式定稿《史记》	《正义》按：迁年 42 岁	
前 99	天汉二年	47 岁	37 岁	李陵降匈奴，迁为辩说	武帝纳迁言，派公孙敖迎李陵	
前 98	天汉三年	48 岁	38 岁	是年冬李陵家被族，迁受腐刑	武帝误听传言族李陵家，迁株连受祸	

续表

纪年		王说	郭说	大事记	考据	备注
前 96	太始元年	50 岁	40 岁	迁出狱为中书令		
前 93	太始四年	53 岁	43 岁	作《报任安书》内有：会东从上来/涉旬月，迫季冬，仆又薄从上上雍	是年武帝春三月幸泰山，冬十二月行幸雍与《报任安书》合	
前 91	征和二年	55 岁	45 岁	清赵翼系《报任安书》作于是年	史无可考，而为新说所据	
前 90	征和三年	56 岁		春夏之交刘屈氂被腰斩	任安应死于是年六月	
前 87	后元二年	59 岁		武帝卒	太史公记事尽于孝武之事	褚少孙说
前 86	昭帝始元元年	60 岁		《外戚世家》等多篇有“武帝”二字，留下史公修订《史记》的痕迹		
前 81	始元六年	“盐铁会议”桑弘羊引用《货殖列传》称“司马子言”，是对已故学问家的敬称。此是司马迁死于昭帝之初的铁证				

（本文原载《求是学刊》1984 年第 2 期，
“余论”为本次结集所增）

太史公释名考辨

一、问题的提出

《史记》一百三十篇之论赞皆称“太史公曰”，全书称“太史公”凡一百五十二见。“太史公”既称司马谈，又称司马迁，并为《史记》书之原名。最集中的是《太史公自序》（以下简称《自序》）一篇，凡称“太史公”十四处，却有四种指称。今按文中顺序排比如下：

1. 喜生谈，谈为太史公。
2. 太史公学天官于唐都，受《易》于杨何，习道论于黄子。
3. 太史公仕于建元元封之间。
4. 太史公既掌天官，不治民，有子曰迁。
5. 是岁，天子始建汉家之封，而太史公留滞周南，不得与从事，故发愤且卒。
6. 太史公执迁手而泣曰……

7. 太史公曰：“先人有言……”

8. 太史公曰：“余闻董生曰……”

9. 太史公曰：“唯唯，否否，不然。余闻之先人曰……”

10. 七年而太史公遭李陵之祸。

11. 天下遗闻古事，靡不毕集太史公。

12. 太史公仍父子相续纂其职。

13. 凡百三十篇，五十二万六千五百字，为《太史公书》。

14. 太史公曰：“余述历黄帝以来，至太初而讫，一百三十篇。”

上引十四条材料的四种指称是：第一至第六条之“太史公”指司马谈；第七至第十及第十四五条之“太史公”指司马迁；第十一条说图籍、资料毕集太史公，第十二条说谈、迁父子相继为太史公撰述史记，故这两条之“太史公”兼指谈、迁父子；第十三条谓《史记》原名《太史公书》。

《自序》又云：“卒三岁而迁为太史令。”同一篇《自序》，前称“谈为太史公”，后叙“迁为太史令”。若“太史公”为官名，司马迁继父之职，何以称述职名，父子相异？若“太史公”为司马迁对父之尊称，又何以父子相共？又“太史公”为《史记》原名，取义何在？后世又何以用《史记》之名取代“太史公”为书名？这些疑点引起了后世学者的长期争论。如何释“太史公”之名义是解决上述疑点的关键，近世争论尤为激烈。不少专家学者都写了专论，但“太史公释名”之问题仍未取得统一意见，故有必要对各家之说进行一番归纳、条理，并作出中肯的推断以为继续研究之新起点，这就是本文的写作目的。

二、太史公释名之分歧及考辨

“太史公”释名与《史记》书名紧密相连。随着《史记》书名的变迁，“太史公”之名义愈辨愈复杂，主要有十种说法。为了便于寻释争论的线索，按其说最早提出的时间，排列考辨于下。

1. 太史公为他人尊称司马迁说

——桓谭曰："太史公造书，书成，示东方朔，朔为平定，因署其下。太史公者，皆朔所加之者也。"①

——韦昭曰："说者以谈为太史公，失之矣。《史记》称迁为太史公者，是外孙杨恽所称。"②

【按】桓谭，东汉初著名学者，学识宏通，他第一个对《史记》中之"太史公"作了解释，认为是东方朔所加。桓谭离司马迁之世未远，其说必出有因。以情理推断，当是东方朔替司马迁题大题，即《太史公书》。若通本《史记》中之"太史公"都是东方朔添加的，情理不可通。因《史记》的序赞，若删去"太史公曰"，则文气不接，此其一；若司马迁有意留空，委东方朔加称"太史公曰"，这是"成一家之言"的司马迁做不出的，此其二；即便是司马迁做得出，东方朔也断不会接受，此其三。从这三点情理来看，"皆朔所加"不可信。三国时人韦昭看出了这些破绽，于是提出了杨恽加称之说。因《汉书·司马迁传》云："迁既死后，其书稍出。宣帝时，迁外孙平通侯杨恽祖述其书，遂宣布焉。"韦昭应是根据这一记载作出的推论。外孙尊称外祖，并传播其书，情理较圆通。但是，《汉书》恰恰没有记载杨恽题称的事，仅仅凭推论是不能成立的。实际上，韦昭的看法只能是他个人的一种观点，也可以说是桓谭说的一种引申。

2. 太史公为官名说

——如淳曰："《汉仪注》太史公，武帝置，位在丞相上。天下计书先上太史公，付上丞相。序事如古春秋。迁死后，宣帝以其官为令，行太史公文书而已。"③

---

①② 《孝武本纪·索隐》引。
③ 《太史公自序·集解》引。

【按】如淳，三国时人，他引卫宏《汉旧仪》注《汉书》，裴骃《集解》则是转引自《汉书》如注。卫宏为东汉初人，略后于桓谭。卫宏书多载街谈巷议小说家言，故晋灼驳之云："《百官表》无太史公在丞相上。又卫宏所说多不实，未可以为正。"①。臣瓒亦云："《百官表》无太史公。《茂陵中书》司马谈以太史丞为太史令。"② 晋灼、臣瓒都是晋人，《汉书》注家，他们的著述已佚，而其说为后世《史记》、《汉书》注家所引。《汉书》为一代大典，《茂陵书》是汉代户籍文书，具有不容置疑的权威性，故为《汉书》早期注家晋灼、臣瓒所引，这是值得注意的。很明显，卫宏的官名说不能成立（后面第四节还要补证），但是官名说的影响最大。虞喜、张守节、梁玉绳等均为之申说。

——虞喜曰："古者天官皆上公，自周至汉，其职转卑，然朝会坐位，犹居公上，尊天之道。其官属仍以旧名，尊而称公，公名当起于此。"③

——张守节引虞喜《志林》后，按云："下文'太史公既掌天官，不治民，有子曰迁'，又云'卒三岁而迁为太史公'，又云'太史公遭李陵之祸'，又云'汝复为太史，则续吾祖矣'，观此文，虞喜说为长。乃书谈及迁为'太史公'者，皆迁自书之。《汉旧仪》云'太史公秩二千石，卒史皆秩二百石'。然瓒及韦昭、桓谭之说皆非也。"④

——梁玉绳曰："盖太史公是官名，卫宏汉人，其言可信。《西京杂记》、《隋书·经籍志》、《史通·史官建置篇》、宋三刘（敞、攽、奉世）、《两汉刊误》并同卫宏也。"⑤

【按】虞喜，晋人；张守节，唐人；梁玉绳，清人。他们三人虽然均主官名说，但立论基点是不同的。虞喜认为，古代天官上公，而汉代天官职卑，只是习惯上尊为公。这和卫宏所说二千

① 见《汉书·司马迁传》颜注引。
② 《太史公自序·集解》引。
③ 《孝武本纪·索隐》引虞喜《志林》。
④ 《太史公自序·正义》。
⑤ 《史记志疑》卷一。

石之太史公是不同的。梁玉绳主卫宏说。张守节首鼠两端，既以虞喜说为长，而又赞成卫宏说。近人闻惕著《太史公名位考》[①]云："太史公名见于《太史公书》，盖武帝始置太史，考古天官书而尊其称，谈以前无其位，谈以后并无其号矣。《史记》赞辞皆称太史公，表、书篇首亦称太史公，此太史公父子共之。以父子皆为太史公，其书亦相继论次，故统称其官。"认为太史公只是武帝一朝所设。所有这些说法均与司马迁的自述不合，是不可信的。早在北宋，《新唐书》的作者之一宋祁就指出："迁与任安书，自言仆之先人，文史星历，近乎卜祝之间，固上所戏弄，倡优畜之，流俗之所轻也。若其位在丞相上，安有此言耶？"[②] 以《报任安书》与《汉书》迁本传对照还可发现一个显证，就是司马迁被刑之后为中书令，任安致书责以"推贤进士为务"，班固说："迁既被刑之后，为中书令，尊宠任职。故人益州刺史任安予迁书，责以古贤臣之义。迁报之曰"云云。若太史公位在丞相上，人们不以太史公为"尊宠任职"，反而以刑余之躯的中书令为"尊宠任职"，于情理事实均不可通。也就是说，各式各样解释的官名说均是不能成立的。但官名说为什么得以泛滥呢？因为主官名说，皆承认"太史公"为司马迁自题，这是《史记》书所提供的事实，值得注意。

3. 太史公为司马迁尊称其父说

——颜师古曰："谈为太史令耳，迁尊其父，故谓之公。"[③]

——顾炎武曰："非三公不得称公。……太史公者，司马迁称其父谈，故尊而公之也。"[④]

【按】此说是在否定官名说的基础上引申出来的，它承认"太史公"为司马迁所书。但是《史记》中绝大部分"太史公"

① 《安雅月刊》1935年第1期。

② 泷川氏《太史公自序·会注考证》引宋祁笔记。

③ 《汉书·司马迁传》注。

④ 《日知录》卷二〇。

皆称司马迁，又如何解释呢？于是：

4. 太史公为司马迁尊称其父亦是自题说

——司马贞曰："按《茂陵书》，谈以太史丞为太史令，则公者，迁所著书尊其父为公也。然称太史公虽皆迁称述其父所作，其实亦迁之词。而如淳引卫宏《仪注》，称位丞相上，谬矣！按《百官表》又无其官，且修史之官，国家别有著撰，则令郡县所上图书，皆先上之。而后人不晓，误以为在丞相上耳。"①

【按】司马贞的折中，比较上述各家之说最为中正近理。但"太史公"既是尊名，而司马迁又何以自题，司马贞没有解说，于是又回到了官名说的立场上，产生了更加纷纭的不同说法。以下 5、6、7、8、9 皆官名说之派生。

5. 太史公为太史令之尊称说

——吴仁杰云："迁父子官为令，而云公者，邑令称公之比。"②

——朱一新曰："卫宏所说位在丞相上者，盖谓朝会之位，以其国史所关，使之密迩至尊，以便记注，非以其爵秩，亦非必以尊宠也。《百官志》：'太史令六百石。'而《汉旧仪》言太史公秩二千石，此则或谈任职时增其秩以示宠，或官秩尊卑随时升降，或记者偶失其实，阙疑可矣。"③

6. 太史公为官府之通称说

——李慈铭云："太史公自是当时官府通称，非官名，亦非尊加，如后之称太史氏，非有此官名也。流俗相沿，如晋之中书令称令君，唐之御史称端公，不以其尊官也。卫说

① 《太史公自序·索隐》。
② 《两汉刊误补遗》。
③ 《太史公自序·会注考证》引。

太过，因公字而附会之。"①

7. 太史公乃太史官之假借说

——吴国泰云："《周礼》：'牛人，掌养国之公牛。'注：'公犹官也。'又公工声同。《尚书·尧典》：'允釐百工。'传：'百工，百官也。'《说文》：'工，巧饰也。'与官字义别。工既可借为官，则公亦可借为官审矣。太史公者，即太史官也。太史官犹今言太史氏也。古者氏出于官，故或称官，或称氏也。"②

8. 司马迁从楚俗，自题太史令为太史公说

——朱希祖曰："若太史公者，实为迁自己之题署，则官名之说似较可通。惟此官名，乃从楚俗之别名，非汉官之正名。自春秋时，楚国县令，或称县公。《左传》楚有叶公、析公、申公、郧公、蔡公、息公、商公、期思公。《吕氏春秋》楚有卑梁公。《战国策》楚有宛公、新城公。《淮南子》楚有鲁阳公。此令称公之证也。……迁从楚俗称太史令为太史公，既以称其父，又以自称，且以称其书，而《报任少卿书》之太史公，亦可迎刃而解矣。"③

9. 司马迁为太史公，追书其父亦为太史公说

——施蛰存曰："迁之为太史官，其地位与俸秩实高于普通之太史令，且《周礼》太史虽属下大夫，实为史官之长。"故"武帝太初元年改定官名，皆从周制，故极可能拔擢其官位，使从太史令而为太史公也……故司马迁记其父之遗命，凡其父称述其官职处皆曰太史，不曰公，亦不曰令。而记述其父之官职，则曰太史公，追书之也。自称亦曰太史公，直举其官爵也"。④

① 《太史公自序·会注考证》引。

② 《史记解诂》册一。

③ 《太史公解》，载《制言》半月刊1936年第15期。

④ 《太史公名号辨》，载《学原》第2号第5期。

【按】综观上述诸说，都没有提出直接的证据来证成己说。但有一个共同点，即承认“太史公”为司马迁自题。

10. 太史公为书名说

——清俞正燮曰：“《史记》署太史公是司马迁署官以名其书，其曰公者，犹曰著书之人耳。”①

【按】俞氏谓“太史公”是司马迁以其官称为书名，而用“公”字，犹如先秦诸子书，均称一“子”字，曰“子”曰“公”，都是指的著书之人。这一新说，完全排除了尊称说和官名说所带来的矛盾，即从尊称说来看，为什么司马迁亦称“太史公”？从官名说来看，为什么有两名，即“太史令”和“太史公”？但是俞氏新说又带来了两个新问题有待探究：第一，为什么司马迁用官名称其书？第二，既用官名，为什么不称“太史令书”而名“太史公书”？俞氏既排除“公”字为官名，又排除“公”字为尊称，那么“公”字有何用意呢？俞氏未加阐明，不能不说是思虑未备。

总上十说，可以概括为三种类型：一曰尊称说；二曰官名说；三曰以官称为书名说。从互相驳难的立场来看，每一种说法都未能圆通赅备；但从立论的角度看，各说都有着合理的论据，不能完全否定。综合起来看，各说之失在于未能大量引证《史记》、《汉书》材料，尤其是司马迁自述的材料引证极少，也就是说，各说因系依靠间接的材料来推论，故结论亦似是而非，不能圆通。

从立论基点来看，各家都纠缠在“太史公”名义本身的考证，就事论事，不得要领。只有俞正燮提出的书名说，从司马迁题称书名的角度来考察“太史公”之义，得出以官称为书名的结论，可以说是从全局看问题，抓住了本质，只是解释未备罢了。这样说来，“太史公”释名问题与《史记》书名之演变有着密不可分的关系，这就是本文兼论《史记》书名之演变的原因。

① 《癸巳类稿》卷一一《太史公释名义》。

三、《史记》专名始于东汉桓灵之际而原题《太史公书》

“史记”原为共名，司马迁自题其书为《太史公书》。《自序》云：

> 凡百三十篇，五十二万六千五百字，为《太史公书》。序略，以拾遗补艺，成一家之言，厥协六经异传，整齐百家杂语，藏之名山，副在京师，俟后世圣人君子，第七十。

《太史公书》中称述“史记”凡九见，可证“史记”原为共名。

1.《周本纪》云：“太史伯阳读史记。”
2.《十二诸侯年表》云：“孔子西观周室，论史记旧闻。”
3.《十二诸侯年表》又云：“鲁君子左丘明，因孔子史记，具论其语，成《左氏春秋》。”
4.《六国年表》云：“秦既得意，烧天下《诗》、《书》，诸侯史记尤甚，为其有所刺讥也。”
5.《六国年表》又云：“《诗》、《书》所以复见者，多藏人家，而史记独藏周室，以故灭。”
6.《天官书》云：“余观史记，考行事。”
7.《陈杞世家》云：“孔子读史记至楚复陈，曰：‘贤哉楚庄王！轻千乘之国而重一言。’”
8.《孔子世家》云：“乃因鲁史记作《春秋》。”
9.《太史公自序》云：“紬史记石室金匮之书。”

王国维《太史公行年考》依据司马迁屡次称说“史记”，又引《逸周书》、《盐铁论》、《公羊疏》、《越绝书》、《东观汉记》等书中均有“史记”之名作出推断说：“汉人所谓‘史记’，皆泛言古史，不指《太史公书》，明《太史公书》当时未有《史记》之名。故在前汉，则著录于向、歆《七略》者谓之《太史公》百三十篇。”按，王氏的推断极是。但是王国维不认为“太史公书”为司马迁自题，反而根据两汉人称《史记》为《太史公》作出了如下推断，说：

> 窃意史公原书本有小题而无大题。

张舜徽信其说，认为“这话是正确的”①。我们认为这个推断是值得商榷的。先秦书多无大题，但也没有小题。司马迁之前已有《吕氏春秋》，有大题，有小题。《太史公书》之体制结构受《吕氏春秋》影响很大，在一书之中包容多种体制，是“成一家之言”的著作，故应有大题以及小题。《太史公自序》明文大书为《太史公书》，而又将撮述全书之大旨的自序传定名为《太史公自序》，怎么能说没有大题呢？有的学者断句为《太史公书序》，认为这句话不是大题，而是指自序。姑不论这样断句是否与上下文相协调，而且即便作《太史公书序》破读，恰恰也包含了大题在内。这个大题就是以“太史公”为书名。此其一证。

《史记》中司马迁多次自引其书，如《陈杞世家》云：

> 舜之后，周武王封之陈，至楚惠王灭之，有世家言。禹之后，周武王封之杞，楚惠王灭之，有世家言。契之后为殷，殷有本纪言。殷破，周封其后于宋，齐湣王灭之，有世家言。后稷之后为周，秦昭王灭之，有本纪言。皋陶之后，或封英、六，楚穆王灭之，无谱。伯夷之后，至周武王复封于齐，曰太公望，陈氏灭之，有世家言。伯翳之后，至周平王时封为秦，项羽灭之，有本纪言。垂、益、夔龙，其后不知所封，不见也。右十一人者，皆唐虞之际名有功德臣也；

① 《中国历史要籍介绍》。

其五人之后皆至帝王，余乃为显诸侯。滕、薛、驺，夏、殷、周之间封也，小，不足齿列，弗论也。

这段文字中的“世家言”、“本纪言”，均指《太史公书》中篇目。它如“故附之世家言”①，“余读世家言”②，“然封立三王……文辞烂然，甚可观也，是以附之世家”③，等等，都是司马迁自称其书。由此可证，“凡百三十篇，五十二万六千五百字，为《太史公书》”，应是司马迁自称其书之大题。此其二证。

司马迁“䌷史记石室金匮之书”，因事论及而作出交代，如“予观《春秋》、《国语》”④，“太史公读《春秋历谱牒》”⑤，“太史公读《秦记》”⑥，“余读《孟子书》”⑦，“余读《功令》”⑧，等等。据统计，载于《史记》中的司马迁所见书有一百零六种⑨，每种书均言及书名，而泛称“史记”者特指史官所记述之书。司马谈、司马迁父子相继为太史而著书，故视自己所著书为“史记”之林，因之以“太史公”之名题书，即以官称为书名，题为《太史公书》。此其三证。

如上所述三证，司马迁自题其书为《太史公书》，取义太史公所著所记之书，故《太史公书》又为《太史公记》，其名已包含着“史记”之义。在流传中省称为“太史公”、“太史记”、“史记”，于是共名之“史记”而为专名之《史记》了。所以两汉之际，《史记》通名“太史公”而有微别之称，逐步向着专称的“史记”之名过渡。通计有微别的“太史公”之称有五名。1.《太史公书》名，此为司马迁自题，流布最广。《太史公自序》，《汉书·宣元六王传》，《后汉书·班彪传》所载班彪《后传略

① 《管蔡世家赞》。
② 《卫康叔世家赞》。
③ 《三王世家赞》。
④ 《五帝本纪赞》。
⑤ 《十二诸侯年表序》。
⑥ 《六国年表序》。
⑦ 《孟子荀卿列传赞》。
⑧ 《儒林列传》。
⑨ 详本书《〈史记〉取材》一文。

论》，《后汉书·杨终传》，《论衡》之《超奇》、《案书》、《对作》等篇。又《左传正义》引宋衷《世本注》亦称《太史公书》。宋衷，字仲子，东汉末人，曾与刘表共定五经章句。2.《太史公》名。《史记·三王世家》褚补、扬雄《法言·问神篇》、《汉书·艺文志》、《后汉书·范升传》、《陈元传》等。3.《太史公传》名。见《史记·龟策列传》褚补，此为褚少孙专指"列传"，等于说《太史公书》之列传。4.《太史公记》名。见《汉书·杨恽传》、应劭《风俗通义》卷一。应劭卒于建安九年（204年），《风俗通义》成书，约在灵帝之世。5.《太史记》名。见《风俗通义》卷二。

上引五名，均两汉间人所称。《太史公书》为司马迁自题。《太史公》为《七略》著录之名，《艺文志》因之。范升与陈元两传记载《太史公》是两人在东汉初廷辩时所称，可见《太史公》为官方对《太史公书》之省称。其余不过随个人传呼而记之。《太史公记》之省称即为《史记》。

《史记》专名，起于何时，不可确考。依据文献，东汉末已成通称。蔡邕《独断》、荀悦《汉纪》、应劭《风俗通义》、颍容《春秋例序》、高诱《吕氏春秋训解》、高诱《战国策注》等书均称《太史公书》为《史记》。蔡邕、荀悦、应劭、颍容、高诱均为汉末述作家。《三国志·魏书·文帝纪》注引《典论·自叙》，魏文帝曹丕已将《史记》、《汉书》并称。《王肃传》载魏明帝曹叡与王肃两人君臣问对亦称《史记》，这说明《史记》之名，三国时已为官家所承认。

王国维《太史公行年考》、范文澜《正史考略》等书均谓《史记》之名始于王肃，定名于《隋志》，据上引材料，此论不确。从唐人之误可以得到反证。张守节《史记正义·论史例》云："古者帝王右史记言，左史记事，言为《尚书》，事为《春秋》。太史公兼之，故曰《史记》。"刘知几《史通·六家》云："迁因鲁史旧名，目之曰《史记》。"《古今正史》亦云："凡百三十篇，都谓之《史记》。"正因为隋唐时"史记"成为"太史公书"专名已久，所以张、刘两大著述家才会致误，认为"史记"

为“太史公书”原称。从可考的文献记载，《史记》之名在东汉桓、灵之际已在民间口授之中广为传布。《隶释·汉东海庙碑碑阴》云：“阙者秦始皇所立名之秦东门阙，事在《史记》。”其事见《秦始皇本纪》三十五年。《金石萃编·汉执金吾丞武荣碑》云：“阙帻传讲《孝经》、《论语》、《汉书》、《史记》、《左氏》、《国语》，广学甄微，靡不贯综。”这里已将《史记》之名与《汉书》等典籍并称了。此两碑据陈直考证，东海庙碑为桓帝永寿元年（159年）立，武荣碑约立于灵帝初年。以这两碑之铁证，可知《史记》之名早在东汉桓灵之际广为流布，否则不会刻于石碑。《史记》之名东汉末已为通称，荀悦《汉纪》提供了确证。《汉纪》卷一四云：

> 司马子长既遭李陵之祸，喟然而叹，幽而发愤，遂著《史记》，始自黄帝，以及秦汉，为《太史公记》。

荀悦将《史记》与《太史公记》并称，文义显明，《史记》为当时通名，《太史公记》为追述之原称。其后，晋荀勖《穆天子传序》称《太史公记》，乃至唐颜真卿《东方朔画像赞》称《太史公书》，均援引古称，不能说是《史记》之名未定。《后汉书·班彪传》范晔述语称《史记》，录载班彪《后传略论》仍保留原称《太史公书》，此旨与荀悦《汉纪》同。

关于《史记》书名，杨明照著《太史公书称史记考》，载《燕京学报》第二十六号，指出《史记》名称，始于东汉灵献之间。陈直著《太史公书名考》，载《文史哲》1956年6月号，举证九条论证《史记》专名始于桓灵之际。陈先生并推论其书名演变过程说：“司马迁自定原名为《太史公书》。嗣后西汉诸儒多沿用此名称，故《汉书·艺文志》列《太史公书》于春秋类。一变为《太史公记》，再变为《太史记》，三变为今《史记》。其他有称《太史公传》及《太史公》者，均属在演变中多种的名称。”陈先生举证确凿，议论精严，可为定论。但是杨、陈两先生孤立地考证《史记》书名的确立时间，未能与“太史公”释名问题结合，因此，没有能够阐释清楚“太史公书”演变成“史记”的原因，故本文兼论及之。这里特别评述杨、陈两先生的考证，以示不掠前贤之美也。

四、司马迁署官以名其书曰“太史公”既尊其父，亦是自题

前述第二节“2”，已考论“太史公”为官名说不能成立。这里再从《史记》、《汉书》两书对照中补述两条证据。第一，《太史公自序》云“迁为太史令”，张守节《正义》改为“迁为太史公”，于是主官名说者认为此处“太史令”是“太史公”之笔误。但是转录《自序》的《汉书·司马迁传》依照录为“迁为太史令”，其他各条包括“谈为太史公”仍保持原称，由此可见笔误之说不能成立。第二，《史记·封禅书》有两处明称司马谈为“太史公”，《汉书·郊祀志》均改为“太史令谈”。一为“有司与太史公、祠官宽舒议”立后土祠事，其议事在元狩二年（前121年），其立祠在元鼎四年（前113年）；二为“太史公、祠官宽舒等曰”云云，议立太畤坛，其事在元鼎五年（前121年）。这两事都是司马谈生前参与朝议的大事，太史令主天官事，故班固转录《封禅书》均改为“太史令谈”。而《司马迁传》照录《自序》是尊重作者自称，故不改。“太史公”非官名，这是两条铁证。

“太史公”既非官名，我们又说“太史公书”是署官以名其书，岂不矛盾？按核事实，并不矛盾。“太史公”之“公”是尊称；“太史公”之“太史”才是官称。司马谈自称“太史”。《自序》述司马谈临终遗言曰：

1. 余先周室之太史也。
2. 汝复为太史，则续吾祖矣。
3. 余死，汝必为太史。
4. 为太史，无忘吾所欲论著矣。

5. 今汉兴，海内一统，明主贤君忠臣死义之士，余为太史而弗论载，废天下之史文，余甚惧焉，汝其念哉！

司马迁俯首流涕回答说：

小子不敏，请悉论先人所次旧闻，弗敢阙。

“太史”属奉常，其长官为令。称述职名，不必带“令”。论“太史令”之官级，不过是六百石秩的卑官，但太史职掌天官、图籍，为修史必备之前提，故司马谈在弥留之际，反复致意司马迁必为太史，完成己欲论著的未竟之业。司马迁发誓继承父志，故坐李陵案受腐刑，痛不欲生，然而一想到父亲的遗言又坚强地站立起来，奋笔写作。司马迁把自己的事业看成是继父之志，所以书成定名《太史公书》，以祭奠父亲。故《自序》云“谈为太史公”，自述则云“迁为太史令”，这正是司马迁尊称其父为“太史公”之铁证。《史记》一百三十篇中之序赞亦称“太史公”，并不是司马迁自尊，而是尊其父太史公所欲论著之书。因书名《太史公书》，则序赞称“太史公曰”乃是必然之理。“太史公书”即《史记》之大题，《自序》显明记载，毋庸置疑。明乎此，则千年聚讼可一旦冰释；疑乎此，则纷纭辩难莫衷一是。东方朔所书，书大题也。杨恽祖述传播称“太史公记”，与“太史公书”同旨，谓此书为太史公所书所记。尊称说、官名说都各执一端，差之毫厘，谬以千里。古代史官所记，泛称史记，而“太史公书”即为汉太史官司马氏所记，后来演化为“史记”也完全符合司马迁题书之本义。

最后，还有一个并非题外之问题，亦需交代。司马迁在《报任安书》中说：“仆亦尝厕下大夫之列。”韦昭注：“周官，太史，位下大夫也。”臣瓒曰：“汉太史令千石，故比下大夫。”这个问题，主官名说者旁征博引，聚讼纷纭，兹不具述。考论这一问题，仍然要用司马迁自己的话来定是非。《十二诸侯年表序》云：“上大夫董仲舒推《春秋》义，颇著文焉。”《索隐》云：“作《春秋繁露》是。”考董仲舒建元元年对策为举首，拜江都相，秩二千石。不久征还朝廷为中大夫。中大夫，秩比千石，太初元年更名为光禄大夫，秩比二千石。汉二千石有三级，即中二千石、二千石、比二千石，比古之上、中、下卿；汉千石、八百石、六百石，比古之上、中、下大夫。董仲舒卒于太初之前，终其身为比千石之中大夫，司马迁拟古称为上大夫。昭帝时太史令张寿王秩八百石，被朝官所劾，《汉书·律历志上》云，“劾寿王八百石，古之大夫”云云，正以八百石比古之大夫。《自序》之《索隐》引《博物志》云：“太史令，茂陵显武里大夫司马迁，年二十八，三年六月乙卯除，六百石。”《后汉书·百官二》亦云：“太史令一人，六百石。”所以司马迁称之为下大夫。臣瓒所云“汉太史令千石”，当是太初元年定官制时所增之秩，但是不久又逐步削减为六百石。所以昭帝时之寿王为八百石，到了东汉又为六百石了。总之卫宏所说秩二千石之太史公，位在丞相上，于史无征，不能成立。至于《文选》本《报任安书》首句“太史公牛马走司马迁再拜言”中之“太史公”，当是“太史令”之讹，很可能是后人据《史记》妄改，亦有可能这一句是编录《文选》的萧统所加。而此句中“牛马走”之“牛”亦“先”字之误。顾炎武《日知录》卷二四考“前马”、“先马”、“洗马”、“马洗”为一事，系指天子、王公出行，仪卫为之马前开道。“先马走”借称为谦词。由“先”字误为“牛”字，似可证“令”字误为“公”，大约是萧统或后人妄加套语造成的错误。这句套语应当存疑，断不可据此证明汉有“太史公”官。

综上所考，“太史公”不是官名，此称“太史”为官名，“公”字为尊称，乃是司马迁尊称其父，署官以名其书曰《太史公书》，故一百三十篇之序赞题“太史公曰”，是必然之理，均司马迁自题，不是外人所加。“太史公书”取义太史所记之书，故演变为“史记”也完全符合司马迁题名之原义。这就是本文所作的结论。

（本文原载《人文杂志》1983年第3期）

《史记》断限考略

《史记》断限，是学术界两千年来一直争论不休的一个问题。

本文从《史记》的成书过程和司马迁的历史方法论这一角度，考察《史记》断限。上起黄帝，下讫太初，而重大事件穷武帝之末，这并非司马迁初始的写作计划，而是他在创作过程中随着时代的演进不断修改原计划的结果。本文试用本证法，在《史记》本书中提炼证据，用司马迁自己的话来证明《史记》断限，作出结论，以求教于方家。

一、《史记》的两个断限计划

《太史公自序》云："于是卒述陶唐以来，至于麟止，自黄帝始。"又云："太史公曰：余述历黄帝以来至太初而讫，百三十篇。"这两段话是自相矛盾的，因上限和下限都各有两个断限。于是引起了后世学者的争论，焦点集中在下限上。梁启超认为《自序》末段"太史公曰"云云是后人窜入的。其理由是："同出《自序》一篇之中，矛盾至此，实令人迷惑。查讫麟止一语，在《自序》正文中，讫太初一语，乃在小序之后，另附一行，文体突兀不肖。又《汉书》本传全录《自序》，而不载此一行，似班固所见《自序》原本，并无此语。”① 梁氏的辩论，抽象地孤立起来看似有道理，其实不然。《自序》末“太史公曰”与《史记》一百三十篇的体例是统一的，乃是《自序》的篇末赞语，总括《史记》完稿后的断限和篇数。《汉书》本传抄录《自序》有增有删，并非全录。再说《汉书》转录《史记》篇目尚多，都是只录正文，不录赞语，怎能以此为证《自序》所载为非呢？所谓“乃在小序之后另附一行，文体突兀不肖”云云，乃是梁氏囿于“麟止”之说而失察，不足取证。

那么，《自序》中的矛盾是怎么一回事呢？原来《自序》所说是两个计划。起于陶唐，至于麟止，是司马谈发凡起例的计划。起于黄帝，至于太初，是司马迁扩大的计划②。这在《史记》中可从两个方面得到直接的证明。第一，《史记》上限的修改，司马迁有着明确的交代（详后第二节）。第二，《史记》是司马谈、司马迁父子两代人的心血结晶，最初由司马谈规划，而后由司马迁完成，《自序》言之确凿，《史记》中留有痕迹，为顾颉刚等所发现。这一发现很有价值，它给我们研究《史记》的成书过程和《史记》两个断限计划提供了有力的佐证。

二、司马迁对《史记》上限的修正——起于黄帝

司马迁修正《史记》上限，起于黄帝，有着明确的交代：

> 太史公曰：学者多称五帝，尚矣。然《尚书》独载尧以来，而百家言黄帝，其文不雅驯，荐绅先生难言之，孔子所传《宰予问五帝德》及《帝系姓》，儒者或不传。余尝西至

① 《要籍解题及读法——史记》，载《史地学报》第二卷第七期，1923年。

② 顾颉刚最早提出这一观点，但未论证，见《司马谈作史》，收入《史林杂识初编》。

空桐，北过涿鹿，东渐于海，南浮江淮矣。至长老皆各往往称黄帝、尧、舜之处，风教固殊焉，总之不离古文者近是。予观《春秋》、《国语》，其发明《五帝德》、《帝系姓》章矣，顾弟弗深考，其所表见皆不虚。书缺有间矣，其轶乃时时见于他说。非好学深思，心知其意，固难为浅见寡闻道也。余并论次，择其言尤雅者，故著本纪书首。①

太史公曰：五帝三代之记尚矣。……余读谍记，黄帝以来皆有年数，稽其《历谱谍》、《终始五德之传》，古文咸不同，乖异。夫子之弗论次其年月，岂虚哉？于是以《五帝系谍》、《尚书》集世，记黄帝以来讫共和为《世表》。②

这两段文字是司马迁自己交代的考信原则，也是家学渊源的承传，概括起来是两条标准：第一，对文献典籍的记载，“考信于六艺”③，“折中于夫子”④，所以对《春秋》、《国语》、《五帝德》、《帝系姓》、《尚书》等古文很推重；第二，通过实地调查来补充、验证文献资料。《史记》上限，司马谈计划起自陶唐，理由有二：儒家的权威著作《尚书》记事起于尧，《尚书》第一篇即为《尧典》，此其一；百家言黄帝，其文不雅驯，“黄帝以来皆有年数”，却与古文“乖异”，此其二。司马迁修正上限，起于黄帝，理由有四：第一，司马迁在全国游历考察中，“西至空桐，北过涿鹿，东渐于海，南浮江淮”，尽管各地风教不同，但长老口碑相传黄帝事迹非常生动；第二，《五帝德》、《帝系姓》，司马迁相信它是孔子所传典籍，并与《春秋》、《国语》参证，认为是可靠的资料；第三，谱谍资料，百家言黄帝虽然其文不雅，但绝非无因；第四，“书缺有间，其轶乃时时见于他说”。司马迁对古文资料，百家之言，长老口碑，择其雅驯者记焉。对于不可信的资料则屏而不录。那么为什么上限至黄帝而止呢？因为轩辕氏“修德振

① 《史记》卷一《五帝本纪赞》。
② 《史记》卷一三《三代世表序》。
③ 《史记》卷六一《伯夷列传》。
④ 《史记》卷四七《孔子世家赞》。

兵”，统一了天下。《自序》云，“非兵不强，非德不昌，黄帝、汤武以兴”云云，乃是歌颂大一统。《史记》所载三代天子，列国世家，追祖溯源，皆归本于黄帝，这一点是值得注意的。中华民族皆黄帝子孙，这一民族观念就奠基于《史记》。司马迁延伸上限，打破了《尚书》载尧以来的局限，而又不突破“修德振兵”统一天下的黄帝这一极限，其用意是宣传大一统，寓意是深远的。

唐司马贞由于未究司马迁之史识，他对《史记》上限的解释是含糊不清的。司马贞说：

> 《史记》以黄帝为首，而云“述陶唐”者，案《五帝本纪赞》云“五帝尚矣，然《尚书》独载尧以来，百家言黄帝，其文不雅驯”，故述黄帝为本纪之首，而以《尚书》雅正，故称“起于陶唐”。①

这一解说显然是断章取义的、自相矛盾的。既然司马迁以《尚书》雅正，而“起于陶唐”，那又何故画蛇添足，载黄帝为书首呢？难怪司马贞要越俎代庖，替《史记》补《三皇本纪》了。从司马贞之失，可以反证司马迁修正上限，“起于黄帝”，寓有深意。

三、《史记》的四种下限说

1. 讫于麟止说

西汉扬雄说：“《太史公》记六国，历楚汉，讫麟止。”② 东汉班彪说：“太史令司马迁……上自黄帝，下讫获麟，作本纪、世家、列传、书、表，凡百三十篇。”③ 三国张晏说：“武帝获麟，

① 《史记》卷一《五帝本纪·索隐》。
② 《汉书》卷八七《扬雄传》。
③ 《后汉书》卷四〇《班彪传》所载《后传略论》。

迁以为述事之端。上纪黄帝，下至麟止，犹《春秋》止于获麟也。”[①] 按，《史记》窃比《春秋》，本是司马谈的理想，并以此遗命司马迁，《太史公自序》言之甚悉。孔子作《春秋》讫于鲁哀公十四年获麟。汉武帝元狩元年（前 122 年）冬十月获麟，故改年号为元狩。司马谈卒于元封元年，其述史规划在汉武帝封禅、改历之前，讫于麟止，是司马谈的原计划，确定无疑。这不仅是效法《春秋》，而且也是时势使然。扬雄、班彪、张晏等人言之有据。近人崔适、梁启超力主此说。崔适《史记探源》，罗列八条证据以成其说，凡麟止以后记事一概斥为“妄人所续”。朱东润作《史记终于太初考》[②]，对崔适论据，逐条驳斥，兹不赘引。查《史记探源》卷首开宗之言云：

> 《史记》者，《五经》之橐籥，群史之领袖也。乃《汉书》已云其缺，于是续者纷起。见于本书者曰褚先生，见于《七略》者曰冯商，见于《后汉书·班彪传》注及《史通》者，有刘歆等十六人。

这里崔适混淆了续史与补缺二者之间的界限。司马迁写当代史，至太初而讫，《汉书》云“而十篇缺，有录无书”，这是两个截然不同的问题。褚少孙等十六人是续史，并非补缺，凡续史都是自成体系，或单独成书，或附骥而行，均标明作者姓氏。《汉志》载“冯商所续《太史公》七篇”，即单独别行。褚少孙所续附骥《史记》而行，均标明了“褚先生曰”，以志识别。冯商、褚少孙等十六人都是续史，并非补缺，而且褚少孙等人从来就没有说《史记》有缺。在两汉兴亡之际，《史记》有了残缺，如《礼书》、《乐书》、《律书》、《今上本纪》等篇，补缺者也是转抄现成材料，并不妄作。至于《史记》在流传中，读史者抄注他书材料，或钩玄提要，或发抒评论，写在篇后作备注，后之读者误抄入正文，

① 《史记》卷一三〇《太史公自序》之《集解》引。

② 《史记终于太初考》，收入《史记考索》。

这是无意补史而窜乱了原文，此谓之增窜。增窜是无意为之，既不系统，且往往与原文矛盾，也非“妄人所续”。太初以后，司马迁还有附记，乃是终结太初以前大事，前后相接，自有脉络可寻（详后第四节）。所以综观《史记》全书，续史、补缺、增窜、史公附记，四者的脉络是相当清楚的。《史记》并无“妄人所续”的问题。《史记探源》倒是大有妄人说妄之态。正如泷川氏所言，崔适为书，不过是“求奇竞新，务为异说，以惊人耳目”罢了①。诚然，《史记探源》在考订《史记》中的衍、倒、讹、脱方面，也提供了一些有参考价值的意见，但该书说麟止以后记事皆“妄人所续”，则完全是错误的，应当彻底否定。其所言讫于麟止的八条证据，也有合理的成分，此可为司马谈作史痕迹及计划之证，断不可为司马迁作史下限之据。

2. 讫于太初说

汉武帝太初共四年，即公元前 104 至公元前 101 年。司马迁作史讫于太初说有相当势力，但纷论歧出，莫衷一是，不如麟止说整齐划一，谓讫于元狩元年。东汉班固、荀悦，唐刘知几，清梁玉绳，日人泷川资言等人从《太史公自序赞》，笼统地说“讫于太初”②；朱东润谓“讫于太初前一年，即元封六年”；王国维谓“讫于太初四年”，而最后记事则讫于征和三年③。《史记》为何讫于太初？梁玉绳、王国维均认为司马迁太初元年始作史，故讫于太初。史公又为何说至于麟止？梁玉绳认为是假设之辞，表示效法《春秋》；泷川氏则认为是“表作史之时”。但考之行事，司马迁作史始于太初和始于元狩均与史实不符。《自序》称，元封三年，“而迁为太史令，䌷史记石室金匮之书”。《索隐》引如淳云：“抽彻旧书故事而次述之。”又引小颜云：“䌷，谓缀集之也。”若以年齿考之，司马迁生于景帝中元五年，至元狩元年才

① 《史记会注考证·史记总论》。

② 班固言见《汉书》卷一〇〇《叙传下》，荀悦言见《汉纪》卷三〇，刘知几言见《史通》卷一二《古今正史》，梁玉绳言见《史记志疑》卷三六，泷川资言言见《史记会注考证·史记总论》。

③ 《观堂集林》卷一一《太史公行年考》。

是一个二十四岁的青年。又过了十一年，到元鼎六年，司马迁还以郎中之职出使西南夷，显然“至于麟止”的作史计划是出自司马谈，而不是司马迁。也就是说梁玉绳、王国维、泷川氏等人的考论未能圆通。

主讫于太初说者，以朱东润持论最为有力，不仅详列九例以证其说，而且从司马迁的历史观高度立论，尤为有识。其言曰：

> 史迁既言麟止，亦言太初……观于《自序》，“获符瑞，封禅，改正朔，易服色，受命于穆清”之言，盖司马迁视元狩、元鼎、元封直至太初改定新历，为一整个的时期，获白麟，得宝鼎，为受命之起点，封泰山，禅梁父，为受命之中峰，而改正朔，易服色，为受命之终极，所以同时并陈而归于穆清者此也。就此整个时期之起点而言，则曰“至于麟止”，就此整个时期之终点而言，则曰“太初而讫”。然在今日，必为《史记》立一断限，自不得不据此时期之终点而言，故曰讫于太初，此则证之本书而可信者也。[①]

但朱先生认为司马迁“视元狩、元鼎、元封直至太初改定新历，为一整个的时期”的观点仍值得商榷。因为照这一观点，司马迁作史规划必在太初之后，否则他怎么会把从元狩至太初作为一个整体时期呢？又《汉兴以来诸侯年表》、《建元以来王子侯者年表》皆讫于太初四年，也与朱先生谓“终于太初”即“元封六年”相矛盾。朱先生之失，同诸前辈学者一样忽视了《史记》为司马谈、司马迁父子相继而作，强把两代人的两个计划捏合在一起，就事论事，顾此失彼。反之，从两个计划的发展观点来看，诸家的歧说也就迎刃而解了。尤其是朱先生“一整个的时期”的观点，就完全是合理的了。也就是说，司马迁视元狩至太初为西汉鼎盛的“一整个的时期”这一历史观，形成于作史过程中，也即司马迁扩展下限计划是伴随历史的发展而不断推移的。最初延

① 《史记终于太初考》，收入《史记考索》。

伸“至于麟止”为“至太初元年”，而后“讫于太初四年”。太初以后，时有所续，也就不难理解了。

3. 讫于天汉说

班固曰：“司马迁据《左氏》、《国语》，采《世本》、《战国策》，述《楚汉春秋》，接其后事，讫于天汉。”①

司马贞曰：“夫太史公纪事，上始轩辕，下讫天汉。”②

张守节曰：“《史记》者，汉太史公司马迁作。……上起轩辕，下暨天汉。”③

4. 讫于武帝之末说

褚少孙曰：“太史公纪事尽于孝武之事。”④

范文澜曰：“太初以后事，则犹《左氏》之有续传也。”⑤

按，讫于天汉，讫于武帝之末，虽非司马迁自述，而出自他人之口，但班固、褚少孙二人去司马迁之世未远，又均是治汉史的一代宗师、博学宏儒，绝非妄言，乃是据《史记》实录事实以立论。褚少孙仕于元、成之间为博士，《史记》宣布于宣帝之世，褚氏是能够看到《史记》官、私原本的人。班固转录父亲班彪语，却改“下讫获麟”为“讫于天汉”。值得注意的是，班固又说；“太初以后，阙而不录”⑥，则又认为《史记》讫于太初了。刘知几也两存其说，一曰“上自黄帝，下讫麟止”，又曰：“太初以后，阙而不录。”⑦《索隐》、《正义》则从班固“讫于天汉”之说。可见《史记》的各种下限，早为古代论史家所注意，他们虽未作解释，但并不认为是矛盾的。《史记》四种下限说的差异，正好透露了司马迁随着时代的演进而修正《史记》断限的情况。这种修正，正是“实录”精神的反映。

① 《汉书》卷六二《司马迁传》。
② 《史记索隐后序》。
③ 《史记正义序》。
④ 《史记》卷二〇《建元以来侯者年表》褚补。
⑤ 《正史考略》史记条。
⑥ 班固两说分见《汉书·司马迁传赞》及《汉书·叙传下》。
⑦ 刘知几两说均见《史通·古今正史》。

四、《史记》断限太初四年而大事尽武帝之末

《史记》断限太初，是司马迁历史观的重要组成部分，所以司马迁自述断限之原则旨意和示例甚明。而大事尽武帝之末，仅为附记，以“咸表终始”。兹就《史记》五体材料，具论之如下。

1. 太初改历象征西汉极盛

汉武帝即位，至元狩元年历十九年，文治武功，方兴未艾。元狩元年至太初元年又十九年，至太初四年历二十二年。这一时期，汉武帝外伐四夷，内兴功作，获得了巨大的成功，故封禅改历，象征西汉极盛。太初四年，贰师将军李广利征大宛还，西域归附，汉武帝的事业达到了光辉的顶点，此后就从顶峰上跌落下来。司马迁躬逢盛时，又亲自参与改历，激动非凡，决定将《史记》下限从“至于麟止”，延伸到“至太初而讫”，这是“成一家之言”的必然发展。司马迁在《太史公自序》中说：

> 卒三岁而迁为太史令。绌史记石室金匮之书。五年而当太初元年，十一月甲子朔旦冬至，天历始改，建于明堂，诸神受纪。……于是论次其文。七年而太史公遭李陵之祸……故述往事，思来者。

“绌史记石室金匮之书”，即是正式作史。“于是论次其文”，非指作史之始，而是指《史记》的定稿断限。这句话是总结司马迁和壶遂讨论作史义例说的。由于太初改历，司马迁认为这是一个划时代的大事件，他和壶遂讨论孔子作《春秋》，不过是借题发挥，旨在阐明自己作史所承担的历史使命，有一种紧迫感，所以决定以太初元年为下限，加紧《史记》的定稿工作。七年以后遭李陵之祸而发愤著书，再次修正下限至太初四年。详载典章制度的八书，因《礼》、《乐》、《律》三书残缺，姑置不论外，《历书》等五篇均载元狩以后事，大体上迄于太初；此外，《五宗》、

《三王》两世家亦记事迄于太初，《太史公自序》总括交代迄于太初，表列如下：

表一：《史记》下限讫太初非麟止之证

篇　名	载元狩以后内容至太初	说　　明
①历书	①《序》云："王者易姓受命，必慎始初，改正朔，易服色，推本天元，顺承厥意。……因诏御史曰：十一月甲子朔旦冬至已詹，其更以七年为太初元年。" ②历术甲子篇，以太初元年起排列年名。	封禅改历象征汉家文治武功之盛，司马迁作了热情歌颂，故述史以太初元年为下限。此为第一次延展下限。
②天官书	①汉之兴，五星聚于东井。……兵征大宛，星茀招摇，此其荦荦之大者。 ②余观史记，考行事，百年之中，五星无出而不反逆行，反逆行，尝盛大而变色，日月薄蚀，行南北有时，此其大度也。	司马迁述汉兴以来天人感应之变，"百年之中"至太初"兵征大宛"而讫。
③封禅书	①《封禅书》详载武帝封禅及迷信活动。行文中，"其后二岁，十一月甲子朔旦冬至，推历者以本统"至"故上亲禅焉"止，大书太初元年至太初三年事。 ②延及太初以后记事至天汉三年，共33字："其后五年，复至泰山修封，还过祭恒山。"又云："今上封禅，其后十二岁而还，偏于五岳四渎矣。"	《封禅书》记事至太初三年。记太初以后事两条，33字，不过是一句总括性的交代而已，以"表其终始"。
④河渠书	自是之后，用事者争言水利，……然其著者在宣房。	序事至元封二年，武帝亲临瓠子塞河止。
⑤平准书	弘羊又请令吏得入粟补官，及罪人赎罪。……是岁小旱，上令官求雨。卜式言曰："……烹弘羊，天乃雨。"	序事至元封元年。
⑥五宗世家	记景帝五夫人之子为王，共十三子，十五国（胶东、常山各分为二国），至太初年间除国五，太初以后见王十：①河间王刘授（《汉书》作刘缓），②鲁王刘光，③越王刘彭祖，④中山王刘昆侈，⑤长沙王刘鲋鮈，⑥广川王刘齐，⑦胶东王刘通平（本作刘庆，此从《汉书》），⑧六安王刘庆，⑨真定王刘平，⑩泗水王刘贺，均不书卒年。	《五宗世家》记事讫太初四年，故十王不书卒年。此为第二次延展下限至太初四年。

续表

篇　名	载元狩以后内容至太初	说　　明
⑦三王世家	武帝四子，只载元狩六年所封三王，昌邑王太初后所封不书，故名《三王世家》。	若记事“至于麟止”，《三王世家》不当作。
⑧太史公自序	太史公曰：余述历黄帝以来自太初而讫，百三十篇。	总括《史记》断限。

上表所列八篇记事均超越元狩元年之界限。此外，《封禅书》记事延及太初以后至天汉三年有两条。“其后五年”云云，指太初三年之后五年，故《集解》引徐广曰：“天汉三年。”“其后十二岁而还”，应从“今上封禅”起计算，即从元封元年往下推算，是指天汉二年。以《史记》、《汉书》互校，查《汉书·武帝纪》，天汉二年武帝“行幸东海”，天汉三年“行幸泰山，修封，祀于明堂，因受计”云云，可证《封禅书》中太初以后两条记事出自司马迁手笔无疑。从《封禅书》两处行文来看，不得不有此交代以“表其终始”，绝非后人窜乱。这就是班固和三家注的作者一致认为《史记》讫于天汉说的证据之一。

2. 按历史发展的自然断限，“咸表始终”

“原始察终，见盛观衰”，这是司马迁在《自序》中明确交代的一个历史方法论。而且司马迁在《十二诸侯年表序》中还批判了“儒者断其义，驰说者骋其词，不务综其终始”的非历史观点和方法论。在司马迁看来，只有用“综其终始”的方法，“考之行事，稽其成败兴坏之理”，才能“通古今之变”，“成一家之言”①。司马迁围绕“治”、“乱”二字写历史，十分注重历史事变的始末。可以说，司马迁的这一历史观和方法论是我们研究《史记》断限的一把钥匙。《史记》十表是划分历史断限的，十表的《序》又清楚地阐述了历史断限的理论。因此，《史记》断限，当以十表为据。又，司马迁在表《序》中还反复交代“汉定百年之间”，“至太初百年之间”，这些话头都是他示例作史迄于太初的

① 《报任安书》，载《汉书》卷六二《司马迁传》。

铁证。兹摘引汉史诸表资料列表于后，以资考索。

（1）《汉兴以来诸侯王年表》，序列诸侯王事至太初四年而讫。《序》云："汉定百年之间，亲属益疏，诸侯……殒身亡国。"又云："臣迁谨记高祖以来至太初诸侯，谱其下益损之时，令后世得览。"

按：公元前202年高祖定天下即帝位，公元前201年封同姓王，至太初四年，即公元前101年，正好整百年。

（2）《高祖功臣侯者年表》，列高祖功臣一四三侯始末，至太初四年，失国者一三八人，太初以后见侯五。《序》云："汉兴，功臣受封者百有余人……至太初百年之间，见侯五，余皆坐法殒命亡国，耗矣。"又云："于是谨其始终，表见其文。"

（3）《惠景间侯者年表》，列九十三侯，至太初四年失侯者九十人，太初以后见侯三。《序》云："孝惠讫孝景间五十载，追修高祖时遗功臣，及从代来，吴楚之劳，诸侯子弟若肺腑，外国归义，封者九十有余，咸表始终，当世仁义成功之著者也。"

按：《高祖功臣侯者年表》列一百四十三侯，元狩以后见侯四十人，而太初之后仅见侯五人；《惠景间侯者年表》列九十三侯，元狩之后见侯二十四人，太初之后仅见侯三人。若记事讫于麟止，则大批见侯无法表其终始。司马迁"谨其终始"，两表设计每帝一格，而武帝时期却有变通。《高祖功臣侯者年表》将武帝格分为两段："建元至元封六年三十六；太初元年尽后元二年二十八。"《惠景间侯者年表》分武帝时期为两格：第一格"建元至元封六年三十六"；第二格"太初已后。"两表分太初以后为另格，以"咸表始终"，载太初以后侯事讫武帝之末。

（4）《建元以来侯者年表》，列七十三侯，太初以后见侯三十一人，其中二十九人太初以后事皆不书，唯载葛绎侯公孙贺、按道侯韩说两侯始末至武帝之末。太初以后所封四侯不书：（一）当涂侯魏不害、（二）蒲侯苏昌、（三）潦阳侯江德，三人均征和三年共捕淮阳反者公孙勇，同时封侯。（四）富民侯田千秋，征和四年为丞相封侯。

（5）《建元以来王子侯者年表》列一百六十二侯，至太初年间失国者八十三人，太初后见侯七十九人。

按：建元以来两侯表，载当代侯者事，记事讫太初四年，又，太初以后封侯则不书，此为《史记》下限"至太初而讫"之铁证。《建元以来侯者年表》列七十三侯，元狩以前所封仅二十三侯，元狩以后封五十侯，若记事迄于麟止，则本表无法作出。可见记事"至太初而讫"，乃是历史发展的自然断限。

总之，《史记》十表是划分历史断限的。汉史六表，有五表记事迄于太初，而非迄于象征麟止的元狩元年，如上所言，乃是历史发展的自然断限，表列如下：

表二：汉史诸表记事讫太初四年之证

篇　　名	记事下限内容	说　　明
①汉兴以来诸侯王年表	（一）《序》云："汉定百年之间，亲属益疏，诸侯……殒身亡国。"又云："臣迁谨记高祖以来至太初诸侯，谱其下益损之时，令后世得览。" （二）《表》列诸侯王到太初四年而讫。	西汉建国于前206年，高祖即帝位在前202年，封同姓王始于前201年，下讫太初四年，前101年正好整百年。《表序》云"汉定百年之间"而不云"汉定百余年来"者，盖此表记事尽太初四年而止也。
②高祖功臣侯者年表	（一）《序》云："汉兴，功臣受封者百有余人……至太初百年之间，见侯五，余皆坐法殒命亡国，耗矣。"又云："于是谨其终始。表见其文。" （二）《表》列高帝功臣143人始末，138人到太初年间失国。	迁因"谨其终始"而记见侯五人事至太初以后，此为变例，详后（表三）。
③惠景间侯者年表	（一）《序》云："孝惠讫孝景间五十载，追修高祖时遗功臣，及从代来，吴楚之劳，诸侯子弟若肺腑，外国归义，封者九十有余。咸表始终，当世仁义成功之著者也。" （二）《表》列93人，至太初年间失侯者90人。	因"咸表始终"而记见侯3人，事至太初以后，详后（表三）。

续表

篇　　名	记事下限内容	说　　明
④建元以来侯者年表	（一）表列 73 侯，太初以后所封四侯不录。①当涂侯魏不害，②蒲侯苏昌，③潦阳侯江德，征和二年共捕淮阳反者公孙勇同时封侯。④富民侯田千秋，征和四年为丞相封侯。 （二）太初以后见侯 31 人，除葛绎侯公孙贺，按道侯韩说外，其余 29 人太初以后事皆不录。	司马迁太初以后唯书大事，葛绎侯、按道侯牵连巫蛊案，变例而书，详后（表三）。
⑤建元以来王子侯年表	《表》列 162 侯，至太初年间失国者 83 人，太初后见侯 79 人。	本表记事讫太初四年。

综上各表所载，记事讫太初四年而止，此为下限太初元年之发展，也是“至太初而讫”之极限。而《高祖功臣侯者年表》、《惠景间侯者年表》、《建元以来侯者年表》，皆“咸表终始”，记事尽武帝之末，只附记特大事件，咸表巫蛊、李陵与贰师降匈奴案之始末（详后本题第三节）。此三表，司马迁这样记事，寓有深刻的讽刺意义，“借此表明汉家待功臣薄德的意思”[①]，即汉武帝把前代功臣侯者全都除尽。

3. 太初以后只记特大事件“综其终始”

太初以后，只书特大事件，是司马迁“原始察终”历史观的反映，也是《史记》的破例，这与断限太初并不矛盾。太初以后的记事，可称之为附记。经过细密考察，司马迁附记太初以后特大事件涉及十六个篇目，而集中在巫蛊案与李陵及贰师将军投降匈奴始末两件大事上，以“综其终始”，别有寄寓。下面将《史记》中有关断限附记资料，列表说明如次。

① 程金造语，见《司马迁卒年之商榷》，载《司马迁与史记》，中华书局 1957 年版。

表三：太初以后附记资料字数统计表

<table>
<tr><th colspan="2">篇　目</th><th>记事内容</th><th>说　　明</th><th>字数</th></tr>
<tr><td rowspan="5">①高祖功臣侯者年表（太初以后见侯五）</td><td>（1）郦终根（曲周侯）</td><td>后元二年，侯终根坐咒诅诛，国除。</td><td rowspan="4">本表列高祖功臣 143 侯。记年每帝一格，至武帝格分为两段：“建元至元封六年三十六，太初元年尽后元二年二八”，这里为了“咸表始终”，叙太初以后见侯五之本末。</td><td>13</td></tr>
<tr><td>（2）卞仁（阳河侯）</td><td>征和三年，十月，仁与母坐祝诅，大逆无道，国除。</td><td>18</td></tr>
<tr><td>（3）靳石（汾阳侯）</td><td>太始四年五月丁卯，侯石坐为太常行太仆事，治啬夫可年，益纵年，国除。</td><td>28</td></tr>
<tr><td>（4）秋蒙（戴侯）</td><td>后元元年五月甲戌，坐祝诅，无道，国除。</td><td>15</td></tr>
<tr><td>（5）曹宗（平阳侯）</td><td>失载。</td><td>据《汉书·功臣表》，征和二年，曹宗失国。</td><td></td></tr>
<tr><td rowspan="3">②惠景间侯者年表</td><td>（1）李则（道侯）</td><td>后元元年四月甲辰，侯则使巫齐少君祠祝诅，大逆无道，国除。</td><td rowspan="3">本表列 93 侯，纪年同《功臣表》，但将武帝格分为两格，辟“太初以后”一栏，以表其终始。</td><td>24</td></tr>
<tr><td>（2）唯徐光（容成侯）</td><td>后二年，三月壬辰，侯光坐祠祝诅，国除。</td><td>15</td></tr>
<tr><td>（3）卢贺（亚谷侯）</td><td>征和二年七月辛巳，侯贺坐太子事、国除。</td><td>16</td></tr>
<tr><td rowspan="2">③建元以来侯者年表</td><td>（1）公孙贺（葛绎侯）</td><td>太初二年三月丁卯，封葛绎侯。“征和二年，贺子敬声有罪，国除。”</td><td rowspan="2">本表列 73 侯，太初以后见侯 31 人，司马迁独记两人终始，均与巫蛊案相关联。两人传附《卫将军骠骑传》后，记事亦尽征和。</td><td>12</td></tr>
<tr><td>（2）韩说（按道侯）</td><td>征和二年，子长代，有罪，绝。子曾复封为龙额侯。（据《汉书·功臣表》曾复封在后元元年。）</td><td>18</td></tr>
<tr><td colspan="2">④汉兴以来将相名臣年表</td><td>载太初以后事至征和三年，刘屈氂因巫蛊斩。</td><td>征和四年以后事，疑为褚少孙所补。</td><td>175</td></tr>
<tr><td colspan="2">以上表四篇</td><td colspan="2">记太初以后事十一人，讫太始者一人，讫征和者六人，讫武帝末后元者四人。</td><td>149</td></tr>
<tr><td colspan="2">⑤封禅书（书 1 篇）</td><td>（1）其后五年，复至泰山修封。还过祭恒山。
（2）今上封禅，其后十二岁而还，遍于五岳四渎矣。</td><td>（1）此天汉三年三月间事。
（2）天汉二年事。</td><td>33</td></tr>
</table>

续表

篇目	记事内容	说明	字数
以上书一篇	记太初以后事两条，乃“咸表终始”的一句总括性交代。		
⑥外戚世家	王夫人早卒，而中山李夫人有宠……有男一人，为昌邑王。	昌邑王刘髆，天汉四年六月封。《三王世家》不载，此作一交代。	8
⑦曹相国世家	子宗代侯。征和二年中，宗坐太子死，国除。	“征和二年”以下十二字记巫蛊事。	12
⑧梁孝王世家	梁平襄王十四年……公卿请废襄为庶人……乃削梁八城。枭任王后首于市。梁余尚有十城。襄立三十九年卒，谥为平王。子无伤立梁王也。	“襄立三十九年卒”以下19字为天汉三年事。	19
以上世家三篇	记太初以后事三人，讫天汉者二，征和者一。		
⑨韩信卢绾列传	（韩）说再封，数称将军，卒为案道侯。子代，岁余坐法死。后岁余，说孙曾拜为龙雒侯，续说后。	“子代”以下21字记太初以后事，因韩曾袭封在后元元年。	21
⑩樊郦滕灌列传	（曲周侯郦商传）……世宗卒，子侯终根立，为太常，坐法，国除。	郦终根坐法在后元二年。见前表。	4
⑪田叔列传	记田仁事，“其后使刺举三河”至“仁发兵，长陵令车千秋上变仁，仁族死。陉城今在中山国”止，84字。	仁，有贤能名，事迹显于太初后，故不详书，此为交代巫蛊案事而书也。	84
⑫李将军列传	附李陵传，叙陵降匈奴及其家被族，299字。	此天汉二三年间事，司马迁受李陵祸，此一大事也，书其始末。	299
⑬匈奴列传	“且鞮侯单于既立”至“使广利得降匈奴”止，426字。	贰师将军，武帝后期大将，迁受李陵祸与贰师亦相关。此述李陵贰师降匈奴始末，天汉、征和间事。	426

续表

篇目		记事内容	说明	字数
⑭卫将军骠骑列传	（一）葛绎侯公孙贺	将军公孙贺……为丞相。坐子敬声与阳石公主奸，为巫蛊，族灭，无后。	征和二年巫蛊案为太初后特大事件，故本传公孙贺等四将军皆坐巫蛊案被族，特书记之。叙葛绎侯、按道侯二人事可与前《建元以来侯者年表》独书二人终始事相参证，可信巫蛊事确为司马迁所附记。	17
	（二）按道侯韩说	将军韩说……太初三年为济南将军，屯于五原外列城。为光禄勋，掘蛊太子宫，卫太子杀之。		14
	（三）将军公孙敖	将军公孙敖……以因杅将军筑受降城。（太初元年事）七岁（天汉四年也）复以因杅将军再出击匈奴，至余吾水，亡士卒多，下吏，当斩，诈死，亡居民间五六岁。后发觉，复系。坐妻为巫蛊，族。		45
	（四）将军赵破奴	将军赵破奴……生为虏所得，遂没其军。（在太初二年）居匈奴中十（当作四，天汉元年归汉）岁，复与其太子安国亡入汉。后坐巫蛊，族。		21
⑮酷吏列传	（一）尹齐	（王）温舒死，家直累千金。“后数岁，尹齐亦以淮阳都尉病死，家直不满五十金。所诛灭淮阳甚多，及死，仇家欲烧其尸，尸亡去，归葬。”	据《汉书·百官表》王温舒死于太初二年，尹齐当死于天汉年间。	40
	（二）杜周	周中废，后为执金吾，逐盗，捕治桑弘羊、卫皇后昆弟子刻深，天子以为尽力无私，迁为御史大夫。	《集解》引徐广曰：“天汉三年为御史大夫，四岁太始三年卒。”又据《汉表》，杜周为执金吾在天汉二年。	37
⑯大宛列传		“汉已伐宛，立昧蔡为宛王而去”至“而仑头有田卒数百人，因置使者护田积粟，以给使外国者”止，127字。	“立昧蔡为宛王”以下均天汉及其以后事。	127
列传共8篇		记太初以后事十二人，讫天汉者四，讫征和者七，讫后元者一。		1135
总上16篇		记太初以后事总二十六人，去其重，实为二十三人。		1541

五、结论

总上第四节所考，三表所列书五篇，表六篇，世家五篇，列传九篇，凡二十五篇。各体所记史事大势，均断限在太初，故太初以后名臣显宦，概不作传。其中有十六篇（见表三）涉及太初以后记事，凡二十二人（昌邑王未计），只不过是司马迁对历史变迁“综其终始”的简略附记，与作为时代断限的太初并不矛盾。《高祖功臣侯者年表》、《惠景间侯者年表》、《建元以来侯者年表》，司马迁设计“太初元年尽后元二年十八”和“太初以后”一栏，正是作附记之用。王国维《太史公行年考》认为“太初以后五元并为一格，尤为后人续补之证”，乃是王氏失察司马迁“咸表终始”的历史观而作出的误断。

我们再进一步综合分析上述表列太初以后的记事内容，可以看出这是司马迁的精心布局，各体照应符合若节。所记二十二人，其中记天汉间事六人：尹齐之死、大宛立昧蔡为王、李陵降匈奴、汉武帝封禅、梁平王刘襄卒、杜周为御史大夫。记太始间事一人：汾阳侯靳石，太始四年纵奸失侯。记征和间事十人：征和二年坐巫蛊案被族者七人：卢贺、公孙贺、韩说、曹宗、田仁、公孙敖、赵破奴；征和三年三人：卞仁坐祝诅国除、李广利降匈奴、刘屈氂因蛊斩；记武帝末后元间事五人：郦终根、秋蒙、李则、唯徐光，四人均坐祝诅上，国除，乃巫蛊案之余波，韩曾复封为侯，因韩说在巫蛊案中无辜被杀，司马迁特记其后嗣侯。这些人和事集中在两件大事上，一为巫蛊案，一为李陵案。《建元以来侯者年表》太初以后见侯三十一人，司马迁只记葛绎侯公孙贺、按道侯韩说二侯终始，因均与巫蛊案相关联。汉武帝求神拜仙，迷信猜忌，导致了晚年的巫蛊案，葬送了太子，自是一特大事件。司马迁受李陵之祸，故详记李陵与贰师两将军投降匈奴始末。这两件大事是终结武帝一生行事，本是太初以前记事的延续、互见，其势不得不附载。也就是说，巫蛊案和李陵案是司马迁记太初以后事的一条明显的脉络。

本文的结论是：《史记》断限，“述陶唐以来，至于麟止”是司马谈效法《春秋》而发凡起例的计划；“述历黄帝以来，至太初而讫”是司马迁修改原计划以成“一家之言”的实际断限。司马迁的这一修正，充满了创新和进步的思想。“上起黄帝”是大一统历史观的反映；“至太初而讫”则是实录精神的生动体现，它以历史发展的自然断限而“咸表终始”、“综其终始”。所以“至太初而讫”乃是一个时代的断限，并非绝对年代，初为太初元年，而后发展为太初四年，附载大事则尽武帝之末。若取绝对年代，当从年表，以太初四年为正。

六、余论

《史记断限考略》与《史记残缺与补窜考辨》（见后）两文是互补互证之文，旨在恢复《史记》原貌，剔除窜乱。因此两文皆列表详载太初以后记事内容及字数，以便排比综合进行数据分析。本文第四节列表所记字数，即司马迁附记太初以后大事，涉及十六个篇目共二十三人之事，时间前后十四年，总计才一千五百四十一字。寥寥一千余言可以反证《史记》断限，确系至太初而讫。查明了太初以后附记仅一千余字，对于《史记》断限的“讫于天汉说”与“讫于武帝之末说”就没有多大的争论价值。此外还有讫于太始二年说，这是东汉服虔的观点，见《自序》之《索隐》引。服虔云：“武帝至雍获白麟，而铸金作麟足形，故云‘麟止’。迁作《史记》止于此，犹《春秋》终于获麟然也。”这显然是臆造的曲说，以合于“麟止”，故本文不论。但服虔之曲说，恰恰证明了《史记》断限太初，而后又有附记，表现了这位大经学家具有诚挚的态度。但他的曲解又表现了经学家的迂腐。去粗取精，服虔的迂阔曲解倒具有合理的内核。

《史记残缺与补窜考辨》一文之第三表“续史者增窜篇目内容”共十篇，四千八百四十九字，载武帝以后记事，乃是太初以后附记的三倍多。若将“增窜”与“附记”两项字数、内容加以比较，可以得出结论：约五千言的武帝以后记事，则是后人的增窜。从理论上说，若果司马迁记事跨出武帝界限，则进入了新的历史时期，它就破坏了《史记》“咸表终始”的历史观。从内容上考论，武帝之后记事杂乱无章。司马迁卒于昭帝之世，《外戚世家》、《屈原贾生列传》、《万石君张叔列传》、《平津侯主父列传》、《汲郑列传》、《酷吏列传》等篇多次提到汉世宗刘彻的谥号“武帝”二字，当是司马迁在武帝死后仍在修饰的痕迹，但均属太初以前事，这可以说是司马迁不记武帝之后事的一条铁证。综观《史记》全书，太初以后记事，可分为四类：（一）褚少孙续史记，（二）好事者补亡史记，（三）读史者增窜史记，（四）司马迁“咸表终始”而附记。即续、补、增、附，四者目的不同，有着显著区分。（一）、（二）两项续史补亡，均是大篇文章；（三）、（四）两项均附著文字，大体是以武帝之卒为其界限。

此外，还有一个需作交代的大问题，即《史记》断限的相对年代是上下三千年还是两千四百年？我们常说，中华民族具有五千年的文明史，就是取三千年的说法。因《史记》下限太初四年的绝对年代是公元前 101 年，叙事三千年，就要上溯到公元前三千年，距今公元后两千年，就是五千年。这一说法的根据是晋人张辅的观点。张辅尝著论马班优劣，说了这样的话：“迁之著述，辞约而事举，叙三千年事唯五十万言。”[①] 两千四百余年是唐人张守节在《史记正义·论史例》中提出的。他说：“太史公作《史记》，起黄帝、高阳、高辛、唐尧、虞舜、夏、殷、周、秦，讫于汉武帝天汉四年，合二千四百一十三年。”天汉四年即公元前 97 年，比太初四年又接续了四年。以此推计，上溯黄帝是公元前 2510 年，则从黄帝至汉武帝太初四年是 2409 年。这两说何者更接近于司马迁所排列的三代世系呢？考核方法，用两条线索参校。第一，据《史记》的世系推算。有年代记载的周王世系，从共和元年至周赧王之灭，传二十二代二十六君，历年公元前 841

① 《晋书》卷六〇《张辅传》。

年至公元前256年，共586年，每代平均26.6年。秦世系，从周平王东迁始封秦襄公为侯至秦二世之灭，传二十五代三十一君，历年公元前771年至公元前206年，共565年，每代平均22.6年。三代世系，从禹至桀历十四代十七王，从汤至纣历十七代三十王，从周武王至厉王历九代十王，三代相接共四十代。以周、秦两代年差比较，周世系每代平均26.6年，秦世系每代平均22.6年，即愈往上年差愈大。三代相接之世系以较大值每代30年计，四十代为1200年。《五帝本纪》之《集解》引《帝王世纪》谓黄帝在位100年，颛顼在位78年，帝喾在位70年。尧、舜两人在位年数，《五帝本纪》已作记载，尧在位98年，舜摄政28年，守丧3年，在位39年，则继尧之后在位42年。据此五帝相继共388年。即五帝、三代共历年1588年。从公元前841年上推1588年为公元前2429年。第二，据《竹书纪年》。《夏本纪》之《集解》引《汲冢纪年》，即《竹书纪年》曰，夏代"有王与无王，用岁471年"；《殷本纪》之《集解》引《汲冢纪年》曰，"汤灭夏以至于受二十九王，用岁496年也"；《周本纪》之《集解》引《汲冢纪年》曰，"自武王灭殷以至幽王，凡257年"。据此，三代相接历年为1224年，加五帝388年，共1612年。从幽王之灭的公元前770年上推1612年为公元前2382年。用《竹书纪年》与世系所推相较，仅差47年，可以说基本吻合。可是据《汉书·律历志》，殷代纪年还有两种说法，即《三统历》和《殷历》。《三统历》记载殷为629年，比《竹书纪年》多133年；《殷历》记载殷为458年，则比《竹书纪年》少38年。据上述各种纪年，推计《史记》上起黄帝有四种纪年：公元前2256年①，公元前2382年②，公元前2429年③，公元前2417年④。如果加上武王克殷年代的各种波动，可以有十几种说法，但上下波动不过100年到200年，对于几千年前的上古史可以忽略不计，只取一种说

① 据《殷历》。

② 据《竹书纪年》。

③ 据世系推算。

④ 据《三统历》。张守节的二千四百一十三年之说即据此推算，但略有误差。

法。我们取《史记》三家注所引《竹书纪年》说，“上起黄帝”为公元前2382年，至下讫太初四年的公元前101年止，为2281年。也就是说《史记》记事上下约2300年。按照这一相对纪年，我们可以推断《史记》各个时期断限的起年如下：

黄帝统一：公元前2382年；

禹王即位：公元前2127年①；

汤王伐桀：公元前1656年②；

武王伐纣：公元前1027年③；

共和元年：公元前841年，《十二诸侯年表》起年；

《六国年表》起年：公元前475年；

西汉建国：公元前206年；

《史记》下限：公元前101年（武帝太初四年）。

必须指出：共和元年以前，司马迁不取绝对纪年，因为当时存在多种传说和记载，取绝对年代无所适从。本文写入“余论”，仅供参考，旨在用以证明，按《史记》系统，只能说上下贯通约2300年，张守节之说近于实际。但上古纪年固不能绝对考实，而三千年之说已成习惯，故本书开篇《司马迁评传》仍沿袭张辅成说。

（本文原载《西北大学学报》1983年第3期）

①② 据《三统历》。

③ 按，夏商周断代工程考实武王伐纣之年在公元前1046年。

《史记》残缺与补窜考辨

《史记·太史公自序》云："于是卒述陶唐以来，至于麟止，自黄帝始。……凡百三十篇，五十二万六千五百字，为《太史公书》。"又云："余述历黄帝以来，至太初而讫，百三十篇。"班氏父子云，《太史公书》十篇缺，有录无书，其字数理应少于五十二万六千五百字。但是今中华书局标点本《史记》，不仅一百三十篇粲然具在，而且却有五十五万五千六百六十字，反比原著多近三万字，而记事涉及太初以后事，乃至昭宣元成之际。显然今本《史记》已非《太史公书》原貌。梁启超说："现存古书什有九非本来面目，非加一番别择整理工夫而贸然轻信，殊足以误人，然别择整理之难，殆未有甚于《史记》者。"[①] 因为《史记》不仅存在着残缺与补窜的问题，而且与《史记》的断限问题相交织，十分复杂。研究《史记》首先必须解决这两个问题，辨正真伪，尽可能恢复本书原貌。有清一代，乾嘉以来诸儒，别择《史记》真伪，考证颇详。但甲说乙云，多层层相因，歧说漫衍，莫衷一是。近人余嘉锡著《太史公书亡篇考》，洋洋十余万言，专

① 《要籍解题及其读法——史记》，《史地学报》第二卷第七期，1923 年。本文简称《读史记》。

考十篇亡缺，虽引证繁博，而本证不足，故仍不能成为定案。至于清末崔适所著《史记探源》谓八书全为赝品，通篇皆伪者达二十九篇，又谓元狩以后记事皆妄人所续。崔氏为论，“求奇竞新，务为异说，以惊人耳目”[①]，更不足为据。

本文考辨《史记》的残缺与补窜，不宗一家，不主一说，搜求本证以验核前人的考据，摒弃支离漫衍之说，力求简明扼要地理出一个头绪来以备参考。史记断限是本文研究的前提。若不先定断限，则无从谈起补窜。断限、残缺与补窜这几个问题是不可分割的，研究时必须作通盘的考虑。我们从《史记》成书过程和司马迁的历史方法论这一角度考察了史记断限，“至于麟止”，是司马谈效法《春秋》而发凡起例的计划；“至太初而讫”，是司马迁修改原计划以成“一家之言”的实际断限。但司马迁为了“咸表终始”、“综其终始”，记载大事则尽武帝之末。为了行文简洁、序事条贯，史记断限已另作专文表述，这里是引述其结论以排除崔适等人所设置的障碍。本文重点研究两个问题：一、《史记》残缺篇目；二、《史记》补窜内容。考辨于下。

一、《史记》残缺篇目

东汉卫宏第一个提出了《太史公书》有缺。但解说穿凿，为历代学者所非。嗣后班氏父子谓十篇缺，有录无书，因其学问渊博，此说为多数学者所接受。

——班彪曰：“太史令司马迁作本纪、世家、列传、书、表，凡百三十篇，而十篇缺焉。”[②]

——班固曰：“凡百三十篇，五十二万六千五百字，为《太史公书》……迁之自叙云尔。而十篇缺，有录无书。”[③]

① 日泷川资言语，见《史记会注考证·史记总论》。

② 《后传略论》，载于《后汉书》卷四〇《班彪传》。

③ 《汉书》卷六二《司马迁传》。

——《汉书·艺文志》："太史公百三十篇。"班固本注云："十篇有录无书。"

班氏父子语焉不详，留下了一系列待考问题，如亡缺时间、原因、篇目，以及"缺"字的确切内容，是专指亡缺呢，还是兼包残缺等，均不得知。后世纷论歧出，由此而起。信从者认为《太史公书》十篇全亡，班氏父子之语毋庸置疑。驳难者认为班氏父子之语疑点既多，不能全信，而是对张晏所列十篇亡书目录的内容进行一篇一篇的分析考辨，指出十篇中有存、有缺、有残。概括前代学者讨论十篇缺，共有五种说法。

（一）十篇全亡说。这是三国时魏人张晏提出的。他说：

> 迁没之后，亡《景纪》、《武纪》、《礼书》、《乐书》、《兵书》、《汉兴以来将相年表》、《日者列传》、《三王世家》、《龟策列传》、《傅靳列传》。元成之间，褚先生补缺，作《武帝纪》、《三王世家》、《龟策》、《日者》传，言辞鄙陋，非迁本意也。

张晏著《汉书音释》四十卷，其书早亡，上引这段话保留在《汉书·司马迁传》颜师古注中，《太史公自序》三家注之《集解》、《索隐》亦引证。但颜师古并不完全同意张晏的说法，引《太史公自序》有《律书》而无《兵书》以驳张晏。颜师古虽然是误驳（详后），但说明他并不完全相信《史记》有十篇亡缺。支持张晏说的有《史记》三家注之《集解》、《索隐》，陈振孙《直斋书录解题》，余嘉锡《太史公书亡篇考》等。（二）十篇草创未成说。此说发自唐刘知几《史通》，《四库全书总目提要·史记提要》支持此说。梁启超《读史记》谓《史记》未成，不过是此说的一种发挥。（三）十篇佚而复出仅亡《武纪》说。这是南宋学者吕祖谦在《大事记解题》卷十中提出的说法。王鸣盛《十七史商榷·十篇有录无书》条亦论证仅亡《武纪》说。（四）亡书为七篇说。梁玉绳在《史记志疑》卷七中提出《景纪》、《将相名臣表》、《律书》、《傅靳传》皆太史公手笔，这样张晏所列十篇书目只剩下了六篇。梁氏以古书“十”与“七”易混，于是加上《历书》凑成了亡书为七篇说。（五）十篇未亡说。这是近人李长之的主张，他认为“史记有零星的补缀，却无整篇的散亡”。[①] 至于《武帝本纪》，李先生认为是司马迁自己重抄的《封禅书》，用这办法加重对武帝迷信鬼神的讽刺。

以上各种说法以张晏提出的十篇全亡说最有势力，余嘉锡著《太史公书亡篇考》，支持张晏说，征引博富，考辨至为详悉。余先生提出了他的考辨理论说：

> 凡考古书，当征之前人之书，不可臆见说也，《太史公书》百三十篇，十篇有录无书，著于《七略》，载于本传，而张晏复胪举其篇目，其事至为明白，无可疑者。[②]

余先生提出“不可臆见说”的考证原则无疑是正确的，但他囿于班固、张晏之说却是前代学者考证《史记》亡缺所犯的一个通病，这就是余先生的详细考证亦不能成为定案的致命原因。吕祖谦、王鸣盛、李长之等人依重现实立论，议论简要，观点明晰，值得注意。但是吕、王、李等人挖掘本证不够，立说亦多推论，给人以凿空之感，亦失之于率略。

考证《史记》亡缺，应尊重客观存在的事实，立足于本证，首先弄清亡缺的时间和原因，辨正班固和张晏之说不可尽信，然后进行全面的综合考察，即把《史记》断限、亡缺与补窜进行通盘的研究，这就是本文所用的方法。

第一个提出《史记》有亡缺的人是东汉卫宏，并明确地说明了时间和原因。卫宏认为《史记》在司马迁当世已被武帝所削。他说：

> 司马迁作《景帝本纪》，极言其短及武帝过，武帝怒而削去

① 见《司马迁人格与风格》第六章第一节《缺和补》。

② 《太史公书亡篇考》，收入《余嘉锡论学杂著》，中华书局 1963 年版。

之。后坐举李陵，陵降匈奴，故下迁蚕室。有怨言，下狱死。[①]

这就是卫宏提出的削书说，魏王肃[②]、西晋葛洪[③]，辗转相沿其说。由于卫宏书多载小说家言，《汉书》注家臣瓒、晋灼都指出了卫宏书的许多错误，所以削书说为历代学者非难之。余嘉锡曰："卫宏东汉人，作《汉旧仪》四篇，以载西京杂事。其时班氏父于书未成，扬雄等续太史公书盖亦传播未广，宏无所据依，故其所著书，颇载里巷传闻之辞。如所作诏定古文尚书序，谓伏生使其女传言教晁错《尚书》及此所记司马迁事皆是也。考之《汉书》，迁之得罪，坐救李陵耳，未尝举以为将，亦无下狱死之事。则其言武帝怒削本纪，自属讹传，不可以其汉人而信之也。"[④] 梁玉绳亦驳之曰："《封禅》、《平准》诸篇，颇讥切，又何以不削？而其余几篇，不尽是讥切，非关怒削，又何以俱亡？"[⑤] 余、梁二氏所驳卫宏削书说甚是。又，若司马迁当世，其书已被削，为什么宣帝时杨恽宣布《太史公书》只字未提及。后于卫宏的班氏父子云十篇缺，亦只字不提削书说。故范文澜斥之曰："无稽之谈，不足为据。"[⑥]

东汉王允说："昔孝武不杀司马迁，使作谤书，流于后世。"[⑦] 亦可证明卫宏的削书说是没有根据的。但是今本《武帝本纪》全抄自《封禅书》，又可证卫宏之说并非完全无因。这里需要辨正一个事实。卫宏的削书说虽然不能成立，但《太史公书》有缺亡确是事实。卫宏是东汉初人，第一个明确提出了《太史公书》亡《景纪》、《武纪》，而西汉人并没有提出有亡缺，可见《太史公书》亡缺应在两汉兴亡之际。残缺原因，由于兵兴世乱，图籍散

---

① 《太史公自序》之《集解》引《汉旧仪》。由于裴骃是转引自《汉书》注，故作《汉书旧仪注》。考《后汉书》卫宏本传，书名应为《汉旧仪》。

② 王肃说见《三国志》本传。

③ 葛洪说见《西京杂记》卷六。

④ 《太史公书亡篇考》，载《余嘉锡论学杂著》。

⑤ 《史记志疑》卷七。

⑥ 范文澜：《正史考略》"《史记》条"。

⑦ 王允语见《三国志·董卓传》裴注引谢承《后汉书》。又见《后汉书·蔡邕传》。

亡，东汉搜求整理不易得完帙。因为《史记》在西汉传播未广。宣帝时杨恽宣布《太史公书》，并不是像后世那样刻印流传，而是在狭小范围内讲读传抄。直到成帝之世，诸侯王欲读《太史公书》，还只能向皇帝申请，要求朝廷授予。成帝建始五年（前28年），东平王刘宇朝觐，上疏求诸子及《太史公书》，大将军王凤认为“《太史公书》有战国纵横权谲之谋，汉兴之初谋臣奇策，天官灾异，地形阨塞，皆不宜在诸侯王，不可予”①，成帝纳其言，不予东平王书。由此可证，西汉时代，《太史公书》并未广布。当时传抄一部大书并非易事。若用简牍，体积庞大；若用丝帛，价值昂贵。这是物质条件的限制，民间不易得书。统治阶级及其子弟读书多用删节本。东汉杨终“受诏删《太史公书》为十余万言”②。杨终略后于卫宏，与班固同时，他受诏删书提示了《太史公书》亡缺的又一原因。卫宏说景、武二纪被削，班氏父子说十篇缺，亦就自己所见的删节本而言。故卫宏说《景纪》被削，而今宛然具在，并不是如吕祖谦所说佚而复出，而应当是所见删节本不同。删节与削书有着本质的不同。删节本即是选本，削书是禁毁。卫宏把后世的删节说成是武帝的禁削，当然是不能成立的，但并非全诬，这是本文所作的历史分析。

还需辨正的一个问题是，《艺文志》注“十篇有录无书”，这句话是班固注语，并不是“著于《七略》”的话。余嘉锡所说“十篇有录无书，著于《七略》，载于本传，而张晏复胪举其篇目，其事至为明白，无可疑者”云云，乃是智者千虑之一失。余先生不仅误把班固注语当作《七略》原文，而且把班固说的“十篇缺”与张晏说的十篇目录等列为一回事也是不妥当的。张晏所列篇目是注释班固所说的十篇缺，只能是张晏个人的一种看法，未必就是班固所见的删节本。张晏的话，疑点甚多。第一，张晏没有交代亡书的时间和原因。第二，张晏说褚少孙补缺，并无根据。不仅褚少孙未言补缺，而且褚补十篇就有七篇不在张晏所说

① 《汉书》卷八〇《宣元六王传》。

② 《后汉书》卷四八《杨终传》。

亡书目录之内。褚少孙是续史，并非补缺，张晏弄混淆了，后世学者不察，沿袭引用，遂成疑团，此不可不辨。例如，《武帝本纪》并无“褚先生曰”，张晏强谓之褚补就是明证。第三，张晏说褚补各篇，言辞鄙陋，今观褚少孙所补续各篇文辞可观。第四，张晏以“言辞鄙陋，非迁本意”来推断《三王世家》、《龟策》、《日者》等传不是司马迁的作品，也是缺乏根据的。我们看《扁鹊仓公列传》引列二十五宗医案以成仓公传，是不是“言辞鄙陋”呢？《三王》、《日者》、《龟策》等传抄撮档案，辞章华彩不及他篇，未必不是司马迁所作。正如刘知几所说：“人之著述，虽同自一手，其间则有善恶不均，精粗非类。若《史记》之苏、张、蔡译等传是其美者。至于三五本纪（按：指夏、殷、周三代及五帝本纪），日者、太仓公、龟策传，固无所取焉。”[①] 这是十分通达的议论。其实张晏所说“文辞鄙陋，非迁本意”还包括了《武帝本纪》。这篇明明抄自《封禅书》，说它“非迁本意”则可，说它“文辞鄙陋”是根本不能成立的。第五，班固说十篇缺，张晏复列其书目，都没有申说其因由，反不如卫宏的说法完备。但是最早指出《太史公书》有亡缺的卫宏仅仅开列了景、武两纪，并没有说十篇缺。上述种种疑点，余嘉锡先生未作辨正，就把张晏的十篇目录等同班固的十篇缺，再推而为刘向之语，并绝对排斥卫宏说，这就和他自己所说的“凡考古书，当征之前人之书，不可臆见说也”的考信原则自相矛盾。因此余先生的《太史公书亡篇考》不能成为定论。

那么今本《史记》究竟亡缺了多少篇呢？我们综核各家所考，按核《史记》原书，验之以本证，张晏所云十篇亡书，实际亡四存六，或者说亡一残三存六，其目如下。

《景纪》 今取《史记》、《汉书》两书对校，内容并不等同。疑古过勇如崔适者，也说《景纪》不亡。崔适说：“此纪之文，亦有详于《汉书》者。如三年，徙济北王以下五王；五年，徙广川王为赵王；六年，封中尉赵绾为建陵侯，至梁楚二王皆薨，班

① 《史通》卷六《叙事篇》。

书皆无之，则非取彼以补也。盖此纪实未亡尔。”①

《武纪》 赵翼曰：“案史公自序作武帝纪，谓‘汉兴五世，隆在建元，外攘夷狄，内修法度，举封禅，改正朔，易服色，故作《今上本纪》’，是迁所作《武纪》，凡征匈奴、平两越、收朝鲜、开西南夷，以及修儒术、改夏正等事，必按年编入，非仅侈陈封禅一事也。”② 赵氏举本证以辨真伪极是。再以《史记》互见法证之，既有《封禅书》，则《今上本纪》对于封禅事更当略述，岂有重屋叠床自抄《封禅书》之理？李长之假设的司马迁自抄《封禅书》以示讽的说法是不能成立的。又，今本《武帝本纪》与《自序》所说《今上本纪》篇名不合，可证《今上本纪》亡，补缺者改更名称以示非原作，这是十分清楚的。

《礼书》、《乐书》 篇前之序有“太史公曰”，当是补亡者搜求的史公遗文，可以说这两篇是书亡序存。《礼书》取荀子《礼论》及《议兵》篇文，《乐书》取《乐记》。下面还将论证，《兵书》亡，补缺者裁《律历书》补缺。《礼书》、《乐书》、《兵书》以及《武纪》四篇，补缺者均取成书补亡，并不妄作。由此可证篇前之《序》是史公原文。论者以《乐书·序》中“又尝得神马渥洼水中”一节文字与史实不符以否定《序》文为司马迁所作。其实这是一节增窜的文字。《序》文至“世多有，故不论”作结，正是太史公笔法。如《孟子荀卿列传》云：“自如孟子至于吁子，世多有其书，故不论其传云。”即是一证。

《兵书》 梁玉绳《史记志疑》、王元启《三书证伪》、赵翼《廿二史劄记》等均谓《律书》即《兵书》。因《史记》之《太史公自序》之《集解》引张晏语作“亡律书”，与《律书序目》（按：本文特称《太史公自序》中述一百三十篇之要旨因某事作某篇云云为《序目》）云“作《律书》第三”相合，于是论者谓《太史公书》原有《律书》。《律书序目》云：“非兵不强，非德不昌，黄帝汤武以兴，桀纣二世以崩，可不慎欤？《司马法》所从

---

① 《史记探源》卷三。

② 《廿二史劄记》卷一。

来尚矣，太公、孙、吴、王子能绍而明之，切近世，极人变。作《律书》第三。”这一旨意显然与今本《律书》内容不吻合，此其一。《太史公自序》之《索隐》引张晏语与《汉书》司马迁本传颜注均作“兵书亡”。司马贞明确指出“《兵书》亡，不补，略述律而言兵，遂分历述以次之”①。此其二。又《太史公自序》末段总括八书说：“礼乐损益，律历改易，兵权山川鬼神，天人之际，承敝通变，作八书。”据此，“礼乐损益”，即《礼书》、《乐书》；“律历改易”，即《律历书》；“兵权山川鬼神”，即《兵书》、《河渠书》、《封禅书》；“天人之际”，即《天官书》；“承敝通变”，即《平准书》。若《兵书》即《律书》，则与司马迁的这一段话的断句释义均有抵牾，此其三。再看《太史公自序》中《历书序目》云：“律居阴而治阳，历居阳而治阴，律历更相治，间不容翲忽。五家之文怫异，维太初之元论，作《历书》第四。”这里是律历并论，即可反证《律书》非《兵书》，此其四。上述四证说明今本《太史公自序》有误。“作《律书》第三”应正名为“作《兵书》第三”；“作《历书》第四”应正名为“作《律历书》第四”。裴骃《集解》引张晏语改《兵书》为《律书》，由此可以推知《太史公自序》原文亦当为裴氏所改。今本《律书》乃是《律历书》之一部分，《兵书》亡而未补，司马贞之语不诬。但今本《律书》篇首之《序》亦当补亡者搜求的《兵书》逸文。

《将相表》 陈直曰：“《史记》各表中，当以《秦楚之际月表》及《汉兴以来将相名臣年表》最为创作。《将相表》每一格中，有顺文、有倒文。倒文例子统计起来有官制的建立与罢废、公卿的病死、公卿的得罪、公卿的罢免、公卿的诛杀，六种体例。因表文分两种格式，对读者有很大便利。在后代人如作此表，可用朱墨二色笔区分，因竹简诸多不便，故太史公独创此种新奇办法。”② 陈直先生称此表为司马迁创作之最，别人不能构思，这一见解是颇具识力的。表文武帝征和四年以后记事，疑为

① 《史记》卷一三〇《太史公自序》之《索隐》。

② 《汉晋人对史记的传播及评价》，《四川大学学报》1957年第3期。

褚少孙所续。详论见本书《〈史记·将相表〉之结构与倒书》，兹从略。

《日者传》、《三王世家》、《龟策传》 王鸣盛认为三篇“为未成之笔”，赵翼驳之云，史公《自序》总括全书篇目字数，可证“非史公未及成而有待于后人补之也”。按，赵氏所言极是。这三篇均有褚少孙补文。褚补皆叙述作之意，清楚地说明了他是补续正传之未备，不是补缺亡。《龟策传》无传，《三王世家》无世家，褚少孙声称求之不得，但并没有说亡缺。司马迁本来就没作传，褚少孙当然求之终不能得。且看《三王世家》褚补：

> 褚先生曰：“臣幸得以文学为侍郎，好览观《太史公》之列传。传中称《三王世家》，文辞可观，求其世家终不能得。窃从长老好故事者，取其封策书，编列其事而传之，令后世得观贤主之指意。”①

这里的“文辞可观”指的是三王“封策书”，摘述自司马迁的赞语。司马迁说：

> 太史公曰：古人有言曰“爱之欲其富，亲之欲其贵”。故王者疆土建国。封立子弟，所以褒亲亲，序骨肉，尊先祖，贵支体，广同姓于天下也，是以形势强而王室安。自古至今，所由来久矣。非有异也，故弗论箸也。燕齐之事，无足采者。然封立三王，天子恭让，群臣守义，文辞烂然，甚可观也，是以附之世家。

《太史公自序》云：

> 三子之王，文辞可观。作《三王世家》第三十。

① 《史记》卷六〇《三王世家》褚少孙补。

《三王世家》赞文的文采辞章不仅酷似司马迁手笔，而且与《自序》完全吻合，这是《三王世家》未亡的铁证。但是褚少孙说“求其世家终不能得”这是怎么一回事呢？本来司马迁的赞语交代得很明白，“燕齐之事，无足采者”，三王并无事迹可传，但封王策文“文辞烂然，甚可观也”，故“附之世家”。所谓“附之世家”，即是说取三王“封策文”权作三王之世家，并不是说将“封策文”附入世家。考三王之封，同在元狩六年四月乙巳日。齐王刘闳死于元封元年，无后国除；燕王刘旦、广陵王刘胥死于昭帝之世，谋反诛灭。司马迁作世家时，三王既未传代，又无可载之事，所以说“燕齐之事，无足采者”。但是，按司马迁的作史体例，应当给已经封王的武帝之三子作世家，于是取“封策文”敷衍成篇。再看褚少孙的续补也只是搜求了一些遗闻，说明“封策文”的意义，是补充司马迁所说“文辞可观”之旨的。仔细寻释褚少孙的话，其意也十分明白，他是对司马迁用“封策文”权充世家这一创造作评述，并没有说三王之世家亡缺。可是司马迁对“封策文”的意义评述得太简略，只有笼统的一句话：“文辞烂然，甚可观也。”褚少孙为了充实这一内容，“令后世得观贤主之指意”，于是他从“长老好故事者”那里求得“封策文”之原式及其遗闻故事，“编于左方”。褚少孙说：

> 盖闻孝武帝之时，同日而俱拜三子为王：封一子于齐，一子于广陵，一子于燕。各因子才力智能，及土地之刚柔，人民之轻重，为作策以申戒之。谓王：“世为汉藩辅，保国治民，可不敬与！王其戒之。”夫贤主所作，固非浅闻者所能知，非博闻强记君子者所不能究竟其意。至其次序分绝，文字之上下，简之参差长短，皆有意，人莫之能知。谨论次其真草诏书，编于左方，令览者自通其意而解说之。

古人直行书写，从右至左，“编于左方”，转换成今之横行书写，即是“编于下方”。褚少孙从长老那里探求了“封策文”内容的微言大义，并认为封策简牍的参差长短、书写的真草字体皆有深意，故“编于左方，令览者自通其意而解说之”。也就是说褚少孙所补续的《三王世家》附有三王“封策文”的行款原式，在今本《史记》中看不到了。张晏误解褚少孙的话，认为《三王世家》太史公赞文前面的“封文策”是褚少孙所补，后世学者不察，以致讹传至今。其实，我们只要认真分析一下《三王世家》前后两个部分，褚少孙的解说是背离了司马迁思想的。司马迁对“封策文”不作具体评述，只笼统地说了一句“文辞可观”，是明褒暗贬。因为汉武帝把汉初功臣及前代诸帝子孙所封侯王差不多一个个地消灭了，却要想自己的儿子“世为汉藩辅”，岂不可笑？如果按张晏的说法，《三王世家》全篇为褚少孙所补，那么前后两半篇所表现出来的思想差异是无法解释的。又，篇中忽插入太史公赞语也是无法解释的。由此可证，司马迁所作《三王世家》并未亡缺，褚补只不过是续貂之作。《日者》、《龟策》两传亦同此理，皆司马迁所作，既未亡缺，亦非草创，后世学者嫌其率略，殊不知司马迁给予两传的规模本来就是这样。

《傅靳传》 梁玉绳曰：“傅靳传非史公不能作，其叙事简而有法，与曹相国、樊郦滕灌传同一体例。孟坚仍其文，少所删润，其阙安在。”[①] 一般学者均如此看法，甚至崔适也说张晏曰亡，“此言转不足信”，举证有三：一曰赞“乃班氏所无”，二曰“文亦似太史公作”，三曰“三侯立国之年，皆与功臣侯表合”[②]。李长之则说：“《傅靳传》……假若张晏不提及，恐怕谁也不会这样怀疑过”[③]，此言极是。但余嘉锡独谓张晏语可信。他说：“此篇《自序》曰：‘欲详知秦楚之事，唯周緤常从高祖平定诸侯，作《傅靳蒯成列传》第三十八。’是其传中当叙秦、楚之事特详。”“此其非史迁原书明甚。”[④] 按，余先生的这条考辨是值得讨论的。“欲详知秦楚之事”是司马迁一句喻讽的话，并不是傅靳传的内容提要。因秦楚之事已详在秦汉头等人物传之中，怎么能

① 《史记志疑》卷七。
② 《史记探源》卷八。
③ 见《司马迁人格与风格》第六章第一节《缺和补》。
④ 《太史公书亡篇考》，载《余嘉锡论学杂著》。

在平庸如周绁等人传中写出呢？司马迁之意是说，像淮阴侯韩信这样的大功臣被高祖屠了，像周绁这样的平庸之人却封侯了，欲详秦楚之事，看看这些人是怎样发迹的。周绁等人靠的是愚忠和迎逢来保爵禄，所以说司马迁用此以喻讽。也就是说《傅靳传》未亡。

依上述考辨，我们认为张晏所列十篇亡书目录，实际亡缺四篇，即《武纪》、《礼书》、《乐书》、《兵书》。值得注意，班固在《艺文志》的"春秋家"有两条注语：在"《太史公》百三十篇"下注云，"十篇有录无书"；而在总括语"凡《春秋》二十三家，九百四十八篇"下注云，"省《太史公》四篇"。这两条注语前后只相隔四行，何以矛盾至此？看来班固对《太史公书》的十篇缺也没有做肯定的结论，而只能指实亡缺四篇，其余六篇在疑似之间。又总括的"九百四十八篇"数目与前列各书篇卷相加所得"八百八十四篇"之数目亦不吻合。这些疑点我们至今还做不出结论。"十篇有录无书"与"省《太史公》四篇"云云均存疑。是否可以作如下推论："九百四十八篇"为《七略》原来篇数，"八百八十四篇"为班固作志时实存篇数，而亡缺"六十四篇"；至于《太史公》十篇有目无书，班固所见有目有书，故载"《太史公》百三十篇"，其中可以断定四篇为后人补作，所以加注"省《太史公》四篇"。清姚振宗在《汉书艺文志条理》中认为，《汉志》韦昭注和《张汤传》如淳注，皆云"冯商受诏续《太史公》十余篇"，而《汉志》著录"冯商所续《太史公》七篇"，则所省即冯商书，也就是姚氏认为冯商著书十一篇。但班固径云省《太史公》四篇，未云省冯著《太史公》四篇，因此姚氏亦是推论，可备一说，不能为定论。按本文的实际考辨《史记》缺亡四篇，只能视为与"省《太史公》四篇"一语是偶然巧合。且《礼书》、《乐书》、《律书》三书篇首之《序》我们认为是补缺者所搜求的《太史公书》亡篇之逸文，也可以说这三篇均是残而并非全亡。因此张晏所列十篇亡书目录，既可云亡四存六，亦可云亡一残三存六，所以本文标题用"残缺"而不用"亡缺"即此意也，为了醒目，上述考辨内容，简括表列如下。

①景纪　　存。
②武纪　　亡。
③礼书　　亡。
④乐书　　亡。　三篇均书亡序存，亦可云残。
⑤兵书　　亡。
⑥将相表　存。（征和四年以后疑为褚少孙所续。）
⑦日者传　存。
⑧三王世家　存。　三篇之后均有褚少孙续。
⑨龟策传　存。
⑩傅靳传　存。

二、《史记》补窜内容

补与窜是两个不同的概念。所谓补，有两层含义，一是指褚少孙补，实际是续史；二是指好事者补缺，大约是某个注家所补。续史补亡皆有意为之，补文经作者精心撰述，事理条贯，文辞典雅，一般是大篇大段的文章，容易识别。所谓窜，是无意增入的备注字。《史记》在流传中，读史者抄注他书材料，或钩玄提要，或发抒评论，这些均是备注，往往写于篇后，后之读史者误抄入正文中，无意补史而窜乱了原作，这叫增窜。此外，司马迁为了"咸表终始"，记太初以后大事至武帝之末，这是司马迁附记。孤立地看一条材料，难以别择是增窜还是附记。但是，只要综观《史记》全书，续史、补缺、增窜与附记这四者的脉络是相当清楚的。增窜文字，本是备忘、书感，既不系统，时或与原文有矛盾。附记有严格义例。从断限上来看，附记不能跨出武帝界限。因越出武帝界限，就进入了新的时期，破坏了《史记》"咸表始终"的原则，故武帝之后记事必为窜入无疑。

以上就是本文别择《史记》真伪、考辨补窜内容的原则。准此原则，将《史记》的续、补、窜、附逐层讨论如下。

1. 表一：褚少孙等续史篇目内容

篇　目	续　史　内　容	说　　明	字数
① 三代世表	张夫子问褚先生曰："《诗》言契、后稷皆无父而生。今察诸传记咸言有父，父皆黄帝子也，得无与《诗》谬乎？"褚先生曰："不然。……一言有父，一言无父，信以传信，疑以传疑，故两言之。……"	释司马迁"信以传信，疑以传疑"之旨。	810
②建元以来侯者年表	后进好事者褚先生曰："太史公记事尽于孝武之事，故复修记孝昭以来功臣侯者，编于左方，令后好事者得览观成败长短绝世之适，得以自戒焉。……"	补昭宣之世侯者，兼武帝征和以后四侯。褚序 240 字，补表 2812 字，总 3052 字。	3052
③ 陈涉世家	褚先生曰："地形险阻，所以为固也；兵革刑法，所以为治也。犹未足恃也。夫先王以仁义为本，而以固塞文法为枝叶，岂不然哉！吾闻贾生之称曰：……"	引贾谊《过秦论》上篇述秦亡之由。《集解》引徐广说："一作太史公。"	953
④ 外戚世家	褚先生曰："臣为郎时，问习汉家故事者钟离生。"	述所闻以续补《太史公书》。	1180
⑤梁孝王世家	褚先生曰："臣为郎时，闻之于宫殿中老郎吏好事者称道之也……"	述所闻以续补《太史公书》。	1153
⑥ 三王世家	褚先生曰："臣幸得以文学为侍郎，好览观《太史公》之列传。传中称《三王世家》文辞可观，求其世家终不能得，窃从长老好故事者，取其封策书，编列其事而传之，令后世得观贤主之指意。……"	述所闻以释三王封策文之旨意。	1888
⑦ 田叔列传	褚先生曰："臣为郎时，闻之曰田仁故与任安相善。……"	述所闻以续补《太史公书》。	1158
⑧ 滑稽列传	褚先生曰："臣幸得以经术为郎，而好读外家传语。窃不逊让，复作故事滑稽之语六章，编之于左。可以览观扬意，以示后世好事者读之，以游心骇耳，以附益上方太史公之三章。……"	此篇褚序述著所闻以续补《太史公书》之旨意，最为明彻。	4145
⑨ 日者列传	褚先生曰："臣为郎时，游观长安中，见卜筮之贤大夫，观其起居行步，坐起自动，誓正其衣冠而当乡人也，有君子之风。……"	述所闻以续补《太史公书》。	409

续表

篇目	续史内容	说明	字数
⑩龟策列传	褚先生曰："臣以通经术，受业博士，治《春秋》，以高第为郎，幸得宿卫，出入宫殿中十有余年。窃好《太史公传》。《太史公之传》曰：'三王不同龟，四夷各异卜，然各以决吉凶，略窥其要，故作《龟策列传》。臣往来长安中，求《龟策列传》不能得，故之太卜官，问掌故文学长老习事者，写取龟策卜事，编于下方。……"	太史公本未作传，褚少孙述所闻以补传。"编于下方"应作"编于左方"。	7664
⑪张丞相列传	太史公赞后补续车千秋至昭宣丞相魏相、丙吉、黄霸、韦玄成、匡衡等六人事。起句："孝武时丞相甚多，不记，莫录其行起居状略，且纪征和以来。"末段有"太史公曰"云云，论及宣帝丞相匡衡、御史大夫郑弘。	起句大类褚少孙他篇所述续史之意，当为褚少孙所补。篇首因脱"褚少孙曰"，好事者误为司马迁文而在篇末窜加"太史公曰"。	1204
⑫汉兴以来将相名臣年表	仿迁表格式续征和四年以后事尽鸿嘉元年。	疑为褚少孙所补。	1439
共12篇	凡褚补皆述其续补之意，并非妄作。		

按，《孝武本纪》之《索隐》引韦棱云："《褚颢家传》，褚少孙，梁相褚大弟之孙，宣帝代为博士，寓居于沛，事大儒王式，号曰'先生'，续《太史公书》。"司马贞又曰："阮孝绪亦以为然。"据此褚少孙是续太史公书，并非补亡，上表所列各篇，标明"褚少孙曰"的有十篇，确为褚少孙所补无疑。据《后汉书·班彪传》注及《史通·正史篇》所载，在班彪之前续补《太史公书》的有褚少孙、刘向父子及冯商等十六人。大都单独别行，《艺文志》载"冯商所续《太史公》七篇"，就是明证。褚少孙所续附骥《太史公书》流传，加注"褚少孙曰"以为标识。《张丞相列传》赞后记事、《汉兴以来将相名臣年表》征和四年后记事，辞采风格，大类褚补。其他凡未有褚少孙述著作之意的篇章，特别是零星增窜之文，皆非褚补。三家注及后世学者动辄斥为褚补者皆臆测之词，不足为据。《陈涉世家》引《过秦论》褚少孙亦

有交代，可证《孝武本纪》绝非褚少孙所补。

2. 表二：好事者补亡篇目内容

篇　目	补　亡　方　法	字数
①孝武本纪	篇首60字抄自《孝景本纪》，以下全录《封禅书》。	6416
②礼书	存太史公序721字。“礼由人起”以下割取荀子《礼论》及《议兵篇》之文。	1671
③乐书	存太史公序604字。“又尝得神马渥洼水中”一段为后人窜乱之文。“凡音之起”以下割取《乐记》之文。	6236
④律书	篇首之序乃《兵书》遗文。“七正二十八舍”以下割取《律历书》之文。	2555
共4篇	好事者割取成书以补亡，并非言辞鄙陋。	16878

按，《史记》三家注《集解》、《索隐》皆谓《孝武本纪》为褚少孙所补。后世王鸣盛《十七史商榷》、赵翼《廿二史劄记》、俞樾《湖楼笔谈》等从之。钱大昕《廿二史考异》、臧庸《拜经日记》、余嘉锡《太史公书亡篇考》等斥其为非。余嘉锡曰：“褚先生当时大儒，以文学经术为郎，虽不善著书，亦何至于此。且其所补缀附益，皆自称褚先生曰，以别于太史公原书，往往自言其作意及其事之所以得者。未尝有依托剽窃之意。《武纪》一篇，全自抄袭，可谓至愚极陋，而篇末独不缀一字，其必不出少孙之手，尤大彰明著者矣。……今察，裴氏《集解》于此篇引用徐广《史记音义》语甚多，广为东晋人（原注：广以宋元嘉二年卒，年八十，见《建康实录》卷十二），所见本已如此。以此考之，盖两晋间人所为也。”① 余先生辨正《孝武本纪》不是褚少孙所补极是，其他三篇亦然。只是“剽窃”、“至愚极陋”云云尚需商榷。补亡者并未著名，岂不是无名氏在“剽窃”吗？补亡者取成书补缺，示己不妄作，由此可证《礼书》、《乐书》、《律书》三书之序是司马迁亡篇逸文。

① 《太史公书亡篇考》，载《余嘉锡论学杂著》。

3. 表三：读史者增窜篇目内容

篇　目	增　窜　内　容	说　　明	字数
①秦始皇本纪	"秦孝公据殽函之固"以下贾谊《过秦论》上篇、中篇以及"襄公立"以下秦世系之文。	读史者书后之文被窜入，与史公赞论相抵牾。	2872
②乐书	"又尝得神马渥洼水中"以下至丞相公孙弘曰"黯诽谤圣制，当族"止。	读史者备注之文被窜入。	158
③历书	史公本文只书七十六年岁名。今本岁名下所书年号乃后人据《正义》之注误入。①	从太初元年至建始四年。	196
④孔子世家	安国生卬，卬生欢。	司马迁问故于安国，至于孙欢，年辈差小，未必相及。	8
⑤楚元王世家	王纯立，地节二年，中人上书告楚王谋反，王自杀，国除，入汉为彭城郡。	地节，宣帝年号。地节二年上距武帝末已历十九年。	27
⑥齐悼惠王世家	(一)(城阳)荒王四十六年卒，子恢立，是为戴王。戴王八年卒，子景立，至建始三年，十五岁卒。 (二)(菑川顷王)三十六年卒，子终古立，是为思王。二十八年卒，子尚立，是为孝王。五年卒，子横立，至建始三年，十一岁卒。	本篇记太初以后事至成帝建始三年，其间七一年。《正义》云"盖褚先生次之"，妄臆之也。城阳"荒王四十六年卒"以下31字、菑川顷王"三十六年卒"以下40字，皆读史者之旁注字窜入正文。	71
⑦屈原贾生列传	(贾嘉)至孝昭时，列为九卿。	旁注字窜入。	8
⑧郦生陆贾列传	"初，沛公引兵过陈留"至"遂入破秦"645文，重叙郦生事，与本传赞语"郦生被儒衣往说汉王，乃非也"相矛盾，显系窜入。	梁玉绳曰："初沛公引兵过陈留，……考《御览》三百六十六引《楚汉春秋》与此正同。则是后人因其小有异同而附之"。②	645

① 见朱文鑫：《十七史天文诸志之研究》。

② 《史记志疑》卷三二。

续表

篇目	增窜内容	说明	字数
⑨平津侯主父列传	“太皇太后诏”以下至“累其名臣，亦其次也”827字。	《集解》引徐广曰：“此诏是平帝元始中元后诏，后人写此及班固所称，以续卷后。”元后诏是褒奖公孙弘，班固语即录自《汉书》公孙弘本传赞。此为汉末读史者备注之文窜入正文。	827
⑩司马相如列传	扬雄以为靡丽之赋，劝百风一，犹驰骋郑卫之声，曲终而奏雅，不已亏乎？	东汉末读史者旁注《汉书》本传赞语，而后窜入正文。	28
共10篇	读史者之备注字窜入正文，并非妄人续貂。		4839

按，以上10篇共窜入4839字。《秦始皇本纪》，司马迁引《过秦》下篇为始皇赞，强调“壅蔽之伤国”，读史者复又引《过秦》上、中篇，强调秦亡之祸始自始皇，并加后论以难司马迁。又由于司马迁另立《秦本纪》，故读史者列秦世系备注，亦窜入正文。《郦生陆贾列传》篇后窜入之文亦与司马迁论赞相矛盾，显然不是司马迁的手笔。其他各篇寥寥数语，皆武帝身后事，杂乱无条理，亦是增入的旁注字，更不待辨说了。

4. 表四[①]：司马迁附记太初以后事篇目内容

凡十六篇，附记太初以后事尽武帝之末，附记字数已在本书《史记断限考略》的专论中列表讨论，兹从略。司马迁附记太初以后大事一为巫蛊案，一为李陵案，兼及武帝封禅，涉及16个篇目，22人，总计1541字。16个篇目如下：①《封禅书》，②《高祖功臣侯者年表》，③《惠景间侯者年表》，④《建元以来侯者年表》，⑤《汉兴以来将相名臣年表》，⑥《外戚世家》，⑦《曹相国世家》，⑧《梁孝王世家》，⑨《韩信卢绾列传》，⑩《樊郦滕灌列传》，⑪《田叔列传》，⑫《李将军列传》，⑬《匈奴列传》，⑭《卫将军骠骑列传》，⑮《酷吏列传》，⑯《大宛列传》。

① 表四：见下页注①。

综上四表[①]所列：

（一）褚少孙等续史 12 篇，字数 25055 字。

（二）读史者增窜 10 篇，字数 4839 字。

（三）好事者补亡 4 篇，字数 16878 字。

（四）司马迁附记 16 篇，字数 1541 字。

总计续、补、窜、附共 41 篇，总字数 48313 字。

上列统计，在篇目和字数中各有一个减数。篇目中有四篇作了重复计算。《乐书》是补亡篇目，又杂有增窜。《外戚世家》、《梁孝王世家》、《田叔列传》3 篇既有褚少孙续补，又有司马迁附记。总篇目数 41 减去重复篇目数 4，应为 37 篇。也就是说今本《史记》130 篇中有 37 篇存在着续、补、窜、附的问题，约占全书篇目的三分之一。字数统计中，《律书》2555 字和附记 1541 字两项共 3096 字为《太史公书》原文，别择真伪应减去这一数字。即《史记》中的补窜字数为：48316－3096＝45220 字。

也就是说今本《史记》中有 45220 字非司马迁所作。《太史公自序》总括原书 526500 字。可作为验证本文考辨的一个标尺。今本《史记》555660 字，减去补窜 45220 字，保存了原书字数 510440 字，则《史记》之残缺字数为：526500 － 510440 ＝ 16060 字。

这个数字与好事者补亡的四篇字数 16878 字几乎相等，仅有 818 字之差。这就说明本文的考辨是接近于《太史公书》的实际的。

今本《史记》残缺 16060 字，约占原书 526500 字的 3%。《史记》97%的原文流传至今，基本上保持了原貌。

总上考辨，张晏所列《史记》亡书十篇目录不可尽信。从实考校，实亡四篇，即《今上本纪》、《礼书》、《乐书》、《兵书》，可以认为是《艺文志》班固注语“省《太史公》四篇”的内容，或者是一种巧合。我们统计了今本《史记》全书的字数，分辨了

① 四表指本篇所列三表及《史记断限考略》一文中的第三表《太初以后附记资料字数统计表》，共四表。

续、补、窜、附，统计了各项数字，用司马迁自己总括的原书字数来验证，基本相符。也就是说，我们的考辨接近了原书的实际。

前代学者考辨《史记》真伪，取得了很大的成果，提供了本文开辟新路的基础，其功不可没。但是前代学者忽视本证。且又孤立地去审察一条条的材料，不仅支离漫衍，纷论歧出，而且往往夸大其词，似乎《史记》已被窜乱得面目全非，例如崔适满纸的“妄人所续”云云，就十分耸动视听。对于具体的例证，因囿于成说，也往往以讹传讹，一误再误。例如把补亡和增窜都归之于褚少孙就是一种臆测。梁启超有元狩以后皆为后人所续的先入之见，因此也把一些具体材料弄错了。例如《酷吏列传》载杜周为执金吾捕治桑弘羊昆弟子事，本是天汉二年间事，梁启超误认为是昭帝元凤间事①。《酷吏列传》之《集解》引徐广说，杜周天汉三年为御史大夫，太始三年卒。杜周既然卒于武帝太始三年，他怎么会在昭帝的元凤年间去捕系桑弘羊昆弟子呢？再查《汉书·百官公卿表》，杜周为执金吾在天汉二年，一年迁御史大夫，四年卒，与徐广说相吻合。大约徐广就是据《汉书》以注《史记》的。梁启超的这条误论并为郑鹤声的《史汉研究》所转引，这就是一误再误了。又，《史记》之赞论往往补传文之未备，故《田儋列传赞》述蒯通语是因事连及，赵翼以为是窜入②。以上这些误解都是考辨家们疑古过勇，弃其丘山，取其毫末，就事论事造成的错觉。

本文考辨超脱于群喙喧嚣之闹市，另辟蹊径，系统地列表分析，进行全面的比较，取得了两大发现。第一，对于《史记》这部引人注目的名著，根本不存在“妄人所续”的问题。褚补有明确的“褚少孙曰”为标志，并述续作之意。补亡者取成书补亡，并截《封禅书》补《今上本纪》而更名《孝武本纪》，分《律历书》以补《兵书》而更名《律书》，示意已不妄作，由此可证

① 《要籍解题及其读法——史记》，《史地学报》第二卷第七期，1923年。

② 《廿二史劄记》卷一。

《礼书》、《乐书》、《律书》三书的《序》文是搜求的史公逸文。第二，分辨了增窜与附记，基本是以武帝之末为断限。司马迁附记太初以后事，从天汉元年（前100年）至后元二年（前87年）长达十四年，仅载巫蛊、李陵两案寥寥一千余字，增窜则基本为武帝之后事。这就证明《史记》下限至太初而讫为确凿可信。这一断限为我们考辨《史记》的残缺与补窜提供了依据。太初以后，尽管增窜与附记涉及了许多篇目，但累计起来并没有多少字数，可见包括司马迁本人在内，都没有对定稿后的《史记》作长篇补续。今本《史记》除残亡的四篇外，基本上保持了原貌。

（本文原载《兰州大学学报》1982年第3期）

《史记》续补与亡篇散论二题

本文为《史记残缺与补窜考辨》一文之续篇，对褚少孙续补和《日者》、《龟策》两传之真伪再提出来讨论，故为散论二题略述如次。

一、论褚少孙续补《史记》

1. 褚少孙为西汉时代唯一续补《史记》的人

据典籍记载，西汉后期续补《太史公》（即《史记》）的人有十七家。其中十六人虽以续《太史公》为名，实际是续作武帝以后纪传，也就是接《史记》之后续写西汉史，单独别行。只有褚少孙最早而且真正地续补《史记》，只增记逸事，不另立事目，附骥《史记》而行。但褚少孙续史，并不想鱼目混珠，故褚补皆述其续补之意，自称“褚先生曰”以有别于司马迁，详载《史记》各补篇中。既附骥《史记》而又有别于司马迁是褚少孙续补的两大特点，这也是按核《史记》中增补文字是否为褚补的直接证据。其他十六家续补皆西汉后期史事，单独别行。

《汉志》云："冯商所续《太史公》七篇。"注引韦昭曰："冯商受诏续《太史公》十余篇，在班彪《别录》。商字子高。"师古曰："《七略》云，商，阳陵人，治《易》，事五鹿充宗，后事刘向，能属文，后与孟柳俱待诏，颇序列传，未卒，病死。"又《张汤传》赞曰："冯商称张汤之先与留侯同祖，而司马迁不言，故阙焉。"注引如淳曰："班固《目录》：冯商，长安人，成帝时以能属书待诏金马门，受诏续《太史公书》十余篇。"师古曰："刘歆《七略》云，商，阳陵人，治《易》，事五鹿充宗，能属文，博通强记，与孟柳俱待诏，颇序列传，未卒，会病死。"

按，冯商受成帝诏续作太初以后列传，故单独别行，同时受诏者有孟柳，《史通》论之未及。陈直据张汤传赞曰云云，认为冯商所补，"有的是补充材料，有的是另作列传"，于是以褚、冯并论，说"褚少孙、冯商为续补《太史公书》之始"①，这是一种疏忽。若冯商有张汤补传，班固必据以入史，不当言"而司马迁不言，故阙焉"。班赞引论，只不过是冯商偶及之语。

《后汉书·班彪传》："武帝时，司马迁著《史记》，自太初以后，阙而不录，后好事者颇或缀集时事，然多鄙俗，不足以踵继其书。彪乃继采前史遗事，傍贯异闻，作后传数十篇，因斟酌前史而讥正得失。"章怀太子李贤注云："好事者谓扬雄、刘歆、阳城衡、褚少孙、史孝山之徒也。"

《论衡·须颂篇》："司马子长纪黄帝以至孝武，扬子云录宣帝以至哀平。"

《史通·正史篇》："《史记》所书，年止汉武，太初已后，阙而不录。其后刘向、向子歆及诸好事者若冯商、卫衡（即阳城衡）、扬雄、史岑（即史孝山）、梁审、肆仁、晋冯、段肃（又作殷肃）、金丹、冯衍、韦融、萧奋、刘恂等相继

① 《汉晋人对史记的传播及其评价》，《四川大学学报》1957年第3期。

撰续，迄于哀平间，犹名《史记》。至建武中，司徒掾班彪以为其言鄙俗，不足以踵前史。又雄、歆褒美伪新，误后惑众，不当垂之后代者也。于是采其旧事，旁贯异闻，作后传六十五篇。其子固以父所撰。未尽一家，乃起元高皇，终乎王莽，十有二世，二百三十年，综其行事，上下通洽，为《汉书》纪、表、志、传百篇。"

按，上引材料都是讲《汉书》成书经过，东汉班氏父子是据西汉冯商、刘向、扬雄等十六人所续《太史公》武帝之后元成哀平时事，先成后传六十五篇，而后勒成断代的《汉书》。班彪所著书取名"后传"，即"太史公后传"，仍用续补之名，实非续《太史公》，而是西汉后期史事。说到这里，我们需要给"续补"二字的界说加以严格的定义。班固云《史记》十篇有目无书，魏人张晏，唐人司马贞、张守节等谓褚少孙补十篇亡书，此为补亡界说。刘知几认为，太初以后，阙而不录，冯商以下十五人（未计孟柳）是续元成哀平时事，此为续史界说。按核实际，褚少孙所补内容，虽有太初以后史事，但其宗旨是补载轶事而下及太初以后，故褚补为补轶，这是本文所立界说。补亡、续史、补轶，这是三种界说。前人考论《史记》亡篇及褚补，不区分界说，既把褚少孙与冯商等人混淆，又把褚少孙补轶与好事者补亡相混淆，故考论虽辨，却不得其真。本文区分续补的三种界说，又以补轶之界说立论，故敢于判定，褚少孙是西汉时代唯一续补《史记》的人。

又《史通·史官篇》云："司马迁既殁，后之续《史记》者，若褚先生、刘向、冯商、扬雄之徒并以别职来知史务，于是太史之署，非复记言之司。"刘氏这段话提供的史影非常重要。据《太史公自序》，西汉太史令并不是"记言之司"，而是职掌天文、图籍，参与礼仪。《封禅书》载司马谈与祠官宽舒议礼，制封禅仪就是明证。发愤修史，乃司马谈、司马迁个人立志，以唐虞三代之祖业自励，但却以太史身份修书，颇得官家之助，并上奏朝廷。所以《史记》是一部私修性质的官书，从司马谈遗命司马迁必为太史可知。《史记》书成，“藏之名山，副在京师”。“名山”是指国家书府，“京师”指个人私留副本。宣帝时司马迁外甥杨恽宣布了副本。所谓宣布，并非如后世刻板流布，而只不过是个人讲授，或供人抄写。简牍传抄，范围有限。当时的书若要流传，也需得官家之助。正本藏于皇室秘阁，西汉王朝视为宝典，只有特殊恩遇的人才能读到它。《汉书·叙传》云：“（班）斿以选受诏，进读群书，上器其能，赐以秘书之副。时书不布，自东平思王以叔父求《太史公》、诸子书，大将军白不许，语在《东平王传》。”班斿是班固的伯祖，成帝时人，与刘向典校秘书，得成帝恩宠赐予《太史公》等秘籍。东平王刘宇求《太史公》，其事在成帝建始五年，即公元前28年，未得获准。此事上距汉武帝之卒后元二年，即公元前87年，已近六十年，官家所藏《史记》尚未宣布，诸侯王求读，需向皇帝申请，批准后才能赐予副本。由此可见，西汉皇室对《史记》之重视。刘向校书，看到《史记》太初以后不录，奏议成帝续史，于是有诏冯商续《太史公》。冯商是刘向的弟子，当是由于刘向的推荐而得受诏。由于西汉王朝未设国史馆，所以冯商等人才以“别职来知史务”。可以说这是官家修续《史记》之后的西汉史，与褚少孙补轶是两码事。后世学者不察，把《史记》亡缺与褚少孙补轶以及冯商等人续西汉史混为一谈，至今淆乱于学术界，这是应当澄清的。

2. 褚少孙续史动机及其内容

《史记·三王世家》云：“褚先生曰：臣幸得以文学为侍郎，好览观《太史公》之列传。”又《龟策列传》云“褚先生曰：臣以通经术，受业博士，治《春秋》，以高第为郎，幸得宿卫，出入宫殿中十有余年。窃好《太史公传》。”褚少孙十分喜读《史记》。由于他为郎所以有机会在宫中读到皇家藏书副本。又由于在宫中得知许多轶事，他觉得应该补进《史记》中去。《外戚世家》云：“褚先生曰：臣为郎时，问习汉家故事者钟离生。”《田叔列传》云：“褚先生曰：臣为郎时，闻之曰田仁故与任安相善。”《日者列传》云：“褚先生曰：臣为郎时，游观长安中，见卜筮之贤大夫，观其起居行步，坐起自动，誓正其衣冠而当乡人也，有君子之风。”等等。这说明褚少孙所补都是亲身所闻所见，所以褚补文字，读来亲切，深得司马迁之遗风。褚少孙续补时间，并非为郎之时，而是当博士以后，故称“褚先生”。《三代世表》褚补起首载张夫子与褚先生问答云云，《索隐》云：“褚先生名少孙，元成间为博士。张夫子，未详也。”张夫子亦当同时博士或时贤硕儒，故称“夫子”。虽然《太史公》未立学官，当也是博士们学习研讨的范围。在研讨之中，褚少孙据所闻续补，并上奏朝廷。所以刘向校书，以褚补附益《太史公》各篇之后，这就是我们今天见到的本子。褚少孙续补《史记》与冯商等奉诏续西汉史，其动机和内容都是完全不相同的。

褚少孙续补，皆有“褚先生曰”为标识的计十篇，无此标识的两篇，计有十二篇。①《三代世表》，②《建元以来侯者年表》，③《陈涉世家》，④《外戚世家》，⑤《梁孝王世家》，⑥《三王世家》，⑦《田叔列传》，⑧《滑稽列传》，⑨《日者列传》，⑩《龟策列传》，中华书局点校本《史记》低一格以为标识，⑪《将相表》，⑫《张丞相列传》[①]，清姚振宗在《汉书艺文志拾补》中据赵翼立说，谓诸补十五篇，除上列十一篇外（未计《将相表》），有《武帝本纪》、《礼书》、《乐书》、《历书》。但姚氏没有提出论据。这也是姚氏把补轶与补亡混为一谈所致误。赵翼在《廿二史劄记》中立“褚少孙补《史记》不止十篇”条，视张晏所列十篇亡书目录全为褚补，故云不止十篇。张晏所列十篇目录是：①《景纪》，②《武纪》，③《礼书》，④《乐书》，⑤《兵书》，⑥《将相表》，⑦《日者传》，⑧《三王世家》，⑨《龟策列传》，⑩《傅靳列传》。这十篇目录与标识有“褚先生曰”的十篇目录重叠了三篇，即《三王世家》、《日者传》、《龟策传》。若十篇亡书皆为褚补，两项相加为十七篇，再加《张丞相列传》为十八篇。立此说者滥觞于张守节，见《龟策列传》之《正义》。其言曰：

① 说详见本书《〈史记〉残缺与补窜考辨》一文。

《史记》至元成间十篇有录无书，而褚少孙补《景纪》、《武纪》、《将相年表》、《礼书》、《乐书》、《律书》、《三王世家》、《蒯成侯》、《日者》、《龟策列传》。《日者》、《龟策》言辞鄙陋，非太史公之本意也。

张晏只说褚补四篇，云："元成之间，褚先生补缺，作《武帝纪》、《三王世家》、《龟策》、《日者》传，言辞鄙陋，非迁本意也。"① 张晏说褚补《武帝纪》等篇本是一种妄测，张守节复又扩大这种妄测，所以都没有举列论据。不特如此，张守节还把窜衍亦归之于褚少孙。如《齐悼惠王世家》载城阳戴王恢卒，子景立，至成帝建始三年。《正义》云，"盖褚先生次之"。这纯属妄臆，故用"盖"词。

我们只能根据《史记》标注立说，可以确定有"褚先生曰"的十篇为褚补。《张丞相列传》后之续补，《将相表》武帝之后记事，虽无"褚少孙曰"，而留下类似褚少孙之所为的痕迹，可以推论为褚补。《将相表》以征和三年之记事为断限，前后两部分非一人之作，后半篇附骥前表，前后两半篇留下可资考辨的不同书法，表现了褚补风格，故可推论为褚补②。至于补亡篇目，即《武纪》、《礼》、《乐》、《律》等篇，非褚少孙所为。褚补潜精研思，述所闻以增益《史记》，言辞练达，旨意可观，言辞鄙陋云云，可以说是信笔妄议。至于《龟策列传》所补策文，乃是附列资料，言词鄙陋，非出少孙之手，批评亦为不当。总之，前人对于褚补所加的不实之词，应予推倒，重新评议。

3. 褚少孙其人及补史年岁

《史记·孝武本纪》之《集解》引张晏曰："《武纪》，褚先生补作也。褚先生名少孙，汉博士。"《索隐》云："张晏云'褚先生颍川人，仕元成间'。韦棱云'《褚颛家传》褚少孙，梁相褚大弟之孙，宣帝代为博士，寓居于沛，事大儒王式，号为"先生"，

① 《史记》卷一三〇《太史公自序》之《集解》引。

② 详本书《〈史记·将相表〉之结构与倒书》。

续《太史公书》’。阮孝绪亦以为然也。”褚颉始末不详。《隋书·经籍志》杂传类有《褚氏家传》一卷，褚觊撰。褚颉与褚觊，当是一人，“颉”与“觊”字形异耳。《新唐书·艺文志》误作“褚结”（音转而误），褚陶注。褚陶，吴晋间人，见《晋书·文苑传》。余嘉锡考证，褚陶，褚先生之后，居钱塘，褚觊亦当为钱塘褚氏，所作家传可信①。

据《褚颉家传》，褚少孙为颍川人，寓居沛，大儒王式弟子。但家传云“宣帝代为博士”句有误，或应是“宣帝代为郎，后为博士”。因褚少孙应博士弟子选在宣帝五凤四年，可以考实。

> 《汉书·儒林·王式传》云：“王式字翁思，东平新桃人也。式为昌邑王师。昭帝崩，昌邑王嗣立，以行淫乱废，式系狱，……减死论，归家不教授。山阳张长安幼君先事式，后东平唐长宾、沛褚少孙亦来事式，问经数篇。唐生、褚生应博士弟子选，诣博士，抠衣登堂，颂礼甚严，试诵说，有法，疑者丘盖不言。诸博士惊问何师，对曰事式。皆素闻其贤，共荐式。诏除下为博士。式征来……博士江公世为《鲁诗》宗，心嫉式。式耻之，遂谢病免归，终于家。张生、唐生、褚生皆为博士。张生论石渠，至淮阳中尉。唐生楚太傅。由是《鲁诗》有张、唐、褚氏之学。”

按，上引一段文字，提供了考证褚少孙生年及行状经历的重要依据，有两个问题值得研究。第一，唐生、褚生应博士弟子选，以高才惊动诸博士，于是诏征王式，引起了江博士的嫉恨，王式谢病免归，考订这一事件的时间即可推定褚少孙的生年。第二，张生、唐生、褚生皆为博士，但唐生、褚生未能参加石渠会议，可推定褚少孙在宣帝时未为博士，可纠《褚颉家传》传写之误。分述于下。

考《儒林·瑕丘江公传》，江博士是瑕丘江公之孙。瑕丘江

① 见《太史公书亡篇考·褚先生事迹》。

公受申公所传《谷梁》及《鲁诗》。汉武帝立五经博士，《春秋》用公羊学，董仲舒和公孙弘都是公羊学大师。宣帝即位，因他父亲戾太子好《谷梁》，所以宣帝要立《谷梁》于学官。甘露三年石渠阁会议就是辩论《谷梁》应不应立学官。宣帝元康年间选郎十人从郎中户将蔡千秋习《谷梁》，为立学官造舆论，做准备。蔡千秋病死征江公孙为博士授《谷梁》。江博士死又征周庆、丁姓待诏保宫授《谷梁》。《江公传》云：

> 千秋病死，征江公孙为博士。刘向以故谏大夫通达待诏，受《谷梁》，欲令助之。江博士复死，乃征周庆、丁姓待诏保宫，使卒授十人。自元康中始讲，至甘露元年，积十余岁，皆明习。

据此，江博士死于甘露元年之前。又据《刘向传》，刘向五凤二年下狱，逾冬减死，五凤三年受诏习《谷梁》。由此可推江博士之征在五凤三年。五凤共四年，五年改元甘露。也就是说江博士授《谷梁》在五凤三四年间。王式之征即五凤三年或四年。江博士先征，王式后至，取五凤四年为宜。即褚少孙五凤四年应博士弟子选。汉制十八岁应博士弟子选，习业一年课试，高第者可为郎中。褚少孙以经术为郎即在甘露元年。据《龟策列传》，褚少孙为郎十余岁，然后为博士。甘露元年下推十年已到元帝永光元年。以五凤四年上推十八年是宣帝本始三年（前 71 年）。依上所考，褚少孙生于宣帝本始三年，五凤四年十八岁应博士弟子选，甘露元年以高第为郎，出入宫禁十余年，元成间为博士。

石渠会议在宣帝甘露三年，张长安为博士，参与会议。张长安在昌邑王入嗣大统前为王式弟子，受《鲁诗》。唐生、褚生为晚辈，是王式家居时的弟子。张生、唐生、褚生虽均为博士，但辈分年齿不同，时间有先后。张长安当是与王式同时应征的。石渠会议后两年宣帝即崩殂。褚少孙才是二十三四的青年郎官，入宫四五年。由此可证，褚少孙在宣帝时未为博士，与前一条考索完全吻合。

依上述考论，褚少孙为博士在元帝永光元年之后，时年三十左右。褚少孙续补《史记》在元、成之间。《张丞相列传》续史至韦玄成之薨，匡衡始为丞相的元帝建昭三年（前36年），褚少孙三十六岁。《将相表》续史至成帝鸿嘉元年（前20年），褚少孙五十二岁。所以这两篇有可能出自褚少孙之手。

1957年中华书局出版“文史哲”丛刊第三辑《司马迁与史记》一书，收入了程金造的《司马迁年月四考》一文，程先生仍据本文所引史料，推定褚少孙年岁与司马迁相接。程先生说：

> 王式授诗于褚少孙，是在昭帝以后、宣帝的时候。那时褚先生的年岁已不会很小，因为他已是曾受业于博士，学过《春秋》了。司马迁生于景帝中五年，到昭帝末，年不过七十二岁。如果诸少孙在此时是十三四岁。那么和司马迁也算得上是上下同时的人。

由于程先生未考褚少孙应博士弟子选的时间，所以他的推论误差较大，应予纠正。

二、论《日者》、《龟策》两传非补作

日者是星占卜筮之人的统称。汉武帝迷信鬼神，日者云集太卜，国家大政及帝王起居都要借助日者占卜。《日者传》褚少孙补传记载，汉武帝娶妇，聚会日者卜问，某日可娶妇。五行家曰可，堪舆家曰不可，建除家曰不吉，丛辰家曰大凶，历家曰小凶，天人家曰小吉，太一家曰大吉。辩讼不决，最后由汉武帝裁断，以五行为主。由此可见当时占卜之盛。所以司马迁作《日者》、《龟策》两传。

《日者传》载占卜之人，《龟策传》载占卜之物。所以两传为表里之文，蝉联并编，不可分割。但两传内容，既未载连类相及的日者，亦未载卜策祝辞，而是借题发挥以明志，抨击时政，婉

约而微，寄意深远。《日者》、《龟策》两传与《伯夷列传》前后呼应，都是序事为论的论传。褚少孙未深究其旨而求索《龟策传》不能得，继又有张晏指目为亡书，遂成疑案。

刘知几《史通·叙事篇》、吕祖谦《大事记解题》卷十、黄震《古今纪要》卷二、何焯《义门读书记·史记下卷》、钱大昕《廿二史考异·史记五》、王鸣盛《十七史商榷》卷一均谓两传未亡，是司马迁未成之篇，褚少孙续补之。陈振孙《直斋书录解题》卷四、臧庸《拜经日记》卷九、梁玉绳《史记志疑》卷三十五、崔适《史记探源》卷八、余嘉锡《太史公书亡篇考》均谓两传有目无书，是褚补或他人补作。双方议论势均力敌，都是围绕张晏和司马贞两人的论点展开的。

《太史公自序》之《集解》引张晏曰："元成之间，褚先生补阙，作《武帝纪》、《三王世家》、《龟策》、《日者》列传，言辞鄙陋，非迁本意也。"司马贞《索隐》曰："《日者》不能记诸国之同异，而论司马季主。《龟策》直太卜所得占龟兆杂说，而无笔削之功，何芜鄙也。"

张晏和司马贞的意见条析起来是三条。一曰《日者》只载司马季主，"无以知诸国之俗"，《龟策》只载蓍龟，"无以纪其异"。二曰"言辞鄙陋，非迁本意也"。三曰《龟策》所载占策杂说，率略烦芜，不能裁剪。按诸事实，这些议论似是而实非，不能成立。

《太史公自序》所述两传序目云："齐、楚、秦、赵为日者，各有俗所用。欲循观其大旨，作《日者列传》第六十七。""三王不同龟，四夷各异卜，然各以决吉凶。略窥其要，作《龟策列传》第六十八。"《日者传》只载楚人司马季主事，《龟策传》仅载灵龟，内容上与序目不合，形式上与其他类传不同，引起了后世学者的惶惑。例如余嘉锡就说：《日者》为传，"必如《货殖传》分叙各国之风俗，而不仅记一人可知也"。这是重形式而轻内容的议论，殊不可取。《日者传》载司马季主一人，完全不同于《货殖传》载货殖之人。司马迁借司马季主以设寓说理，故不必载其他日者，连褚少孙的续传也没有记载其他日者。因为那些五行家、堪舆家、建除家、丛辰家、历家、天人家、太一家，各据各理，矫言鬼神，妄测吉凶，对于像司马迁这样严肃的历史家，绝不会去记载的。至于货殖之人，“不害于政，不妨百姓，取与以时而息财富，智者有采焉”。总结货殖者的治生之术有益于俗，故详载之可也。余氏将两传比较以定真伪，不伦不类。司马迁对诸国之俗，四夷之卜，序目交代得很清楚，只是“欲循观其大旨”，“略窥其要”。《龟策传》云：“蛮夷氐羌虽无君臣之序，亦有决疑之卜。或以金石，或以草木，国不同俗。然皆以战伐攻击，推兵求胜，各信其神，以知来事。”这就是“大旨”，就是“其要”，所以两传不详载各国日者及四夷之异卜。讨论的前提必须弄清楚这两传的性质。若不明司马迁是设寓说理，两传为论传，则道不同不相为谋而无法论是非。从论传角度来看，张晏、司马贞的第一条论据不能成立。

“言辞鄙陋，非迁本意”，更是信口妄议。黄震《古今纪要》卷二曰：“欧公每制作，必取此读数过。末乃褚所补，晏并疑之，非。”疑古者如梁玉绳、余嘉锡亦不能否认。梁氏曰：“然其文汪洋自肆，颇可爱诵。”余氏曰：“《日者》传文自佳，故欧公爱之。然褚先生非不能文者，不得因此遂断为非褚所补也。”余氏的“然”书实在是多余的蛇足。《日者传》不但文情俱佳，而且语言口语化，非司马迁莫能为之。相映成趣的是司马贞自己也前后矛盾，注《日者传》情不自禁盛赞其文，又认为是司马迁所作。“司马季主者，楚人也。”《索隐》云：“按，云楚人而太史公不序其系，盖楚相司马子期、子反后，芈姓也。”《索隐·述赞》云：“日者之名，有自来矣。吉凶占候，著于《墨子》。齐楚异法，书亡罕纪。后人斯继，季主独美。取免暴秦，此焉终否。”这撮述的恰是司马迁之旨。《日者传赞》云：“太史公曰：古者卜人所以不载者，多不见于篇。及至司马季主，余志而著之。”我们再退一步说，这两传即使文词鄙陋，亦不可断为补作。刘知几《史通·叙事篇》云：“人之著述，虽同自一手，其间则有善恶不均，精粗非类。若《史记》之苏、张、蔡泽等传，是其美者，至于三五本纪（指三代夏殷周及五帝本纪），日者、太仓公、龟策传，固无所取焉。”这就是说，一人之作，出现善恶不均、精粗非类是正常现象，不可能篇篇精美，任何伟大的著述家总有他的败笔。刘氏此论虽不切合《日者》、《龟策》，而其理则允。《日者》、《龟策》两传宛然俱在，文辞简练有法，议论汪洋，畅达雅正，何率略烦芜之有？张晏、司马贞的第二条论据也是不能成立的。

至于《龟策传》褚补策文，率略烦芜，不能裁剪。此乃褚少孙附载的资料，与司马迁无涉，更不能混淆议论。司马贞的这第三条论据无须辨正，本是不能成立的。

《日者》、《龟策》两传为司马迁所作，显证有八。两传褚补均标明“褚先生曰”，恰恰反证原传之存。因褚少孙续史在元、成之际，去司马迁未远，他既续在后，则两原传自当在元、成之前，非司马迁作而为何？此其一证。《日者传》褚补云：“夫司马季主，楚贤大夫，游学长安，通《易经》，术黄帝、老子，博闻远见。观其对二大夫贵人之谈言，称引古明王圣人道，固非浅闻小数之能。”此言可证司马季主确有其人，贾谊、宋忠游观卜市确有其事。此其二证。两传行文多与司马迁用语相合。《封禅书》卷首曰：“自古受命帝王，曷尝不封禅?”《日者传》起论云：“自古受命而王，王者之兴，何尝不以卜筮决于天命哉!”《龟策传》起句云：“自古圣王，将建国受命，兴动事业，何尝不宝卜筮以助善!”三传起论用语相同，因三传大旨相类，均讲天人关系。《日者传》又云：“述而不作，君子义也。”《太史公自序》云：“余所谓述故事，整齐其世传，非所谓作也。”此其三证。两传隐微之语与司马迁身世相应。《日者传》云：“为人主计而不审，身无所处”，可为《报任安书》注脚。司马迁推言李陵之功，“欲以广主上之意，塞睚眦之辞”，以“效其款款之愚”。而事乃大谬不然，武帝却认为司马迁目的是沮坏贰师，“遂下于理”，“因为诬上，卒从吏议”。此其四证。两传思想意趣与司马迁其他传的旨意若合符契。《日者传》云：“道高益安，势高益危，居赫赫之势，失身且有日矣。”《将相表》倒书丞相、御史一个个悲惨下场，不就是这样的现实吗？这段话可为读淮阴侯等传注脚。此其五证。《龟策传》涉及巫蛊案事，论者囿于《史记》讫于麟止、太初成说，以为伪作之证。《史记》断限太初，而李陵案、巫蛊案等重大事件讫于武帝之末，此恰为司马迁作《龟策传》之证。传中揭露丘子明之属的虚妄，与《封禅书》揭露齐方士文翁、栾大奸伪一脉相承。此其六证。《龟策传》载“今上即位”云云，又载“余至江南”云云，尤为司马迁原作之证。此其七证。两传抨击时政，词锋锐利，讥切刻深，非司马迁不能作。此其八证。

总上所论，《日者》、《龟策》两传非补作，既未亡缺，亦非草创，率略烦芜云云，皆失察妄议，不可为据。传中显证，余嘉锡认为是作伪者的效颦，这种揣度是不能成为根据的。

（本文原题《史记散论二题》，载《宁夏大学学报》1984年第1期）

《史记》体制义例

《史记》由五体构成。1. 本纪十二篇。2. 表十篇。3. 书八篇。4. 世家三十篇。5. 列传七十篇。凡一百三十篇，五十二万六千五百字，原题《太史公书》，东汉桓灵之际，始专名《史记》。

《史记》五体结构是一个伟大的创造，自班固以下，历代依仿，成为中国传统史学的主干，称为纪传体。纪传体被封建王朝定为国史正体，这是值得认真研究的一个课题。前代学者，从唐刘知几以来，对纪传体得失的探讨，留下了不少的精辟论断，是我们应当继承的遗产。但是，前代学者对纪传体得失的探讨，偏重于史料的编纂方法，疏于从笔法义例上加以研究。本文着重研究五体结构的笔法义例，揭示司马迁创造纪传体的意义，以补前人论述之不足，显然是一件很有意义的工作。本文研究两个问题：五体题名义例；五体序目义例。

一、五体题名义例

前人探讨《史记》五体，在溯源问题上大钻牛角，认为五体古已有之，司马迁只不过把它汇总在一起以构成一书而已。此种观点很值得商榷。论者引《史记·大宛列传赞》提到的《禹本纪》作为古有本纪一体之证。其实司马迁所言《禹本纪》与《山海经》相提并论，指出是言志怪之书，仅有本纪之名而已，与载述帝王事迹的本纪风马牛不相及。赵翼说："《史记·卫世家赞》，'余读世家言'云云，是古来本有《世家》一体，迁用之以记王侯诸国。"[①] 泷川资言说："世家言三字，又见《管蔡》、《陈杞》各世家，史公自称其书也。"[②] 按查《史记》，正是如此，可见古代并无世家一体。先秦典籍中有"世卿"、"世禄"、"世臣"、"世家"之称[③]，均指卿大夫之爵职秩禄世代相传，司马迁"世家"之体，其名称由此演化而来。范文澜说："八书之名，本于《尚书》"，其言可采。但又说："八书之作，则取《尚书》之《尧典》、《禹贡》"[④]，这就太板而显得推论得太远了。

《史记》五体均为司马迁所创造。刘知几说：

> 夫纪传之兴，肇于《史》、《汉》，盖纪者，编年也；传者，列事也。编年者，历帝王之岁月，补《春秋》之经；列事者，录人臣之行状，犹《春秋》之传。《春秋》则传以解经，《史》、《汉》则传以释纪。寻兹例草创，始自子长[⑤]。

此言极是。《太史公自序》反复申说《史记》效《春秋》而作，可见《春秋》之经、传形式对《史记》体例的创作影响是很大的。《三代世表序》云："余读《谍记》"，《十二诸侯年表序》云："余读《春秋历谱牒》"，这是司马迁创造年表所借鉴的蓝本。《吕氏春秋》一书分为十二纪、八览、六论，用以统一百家思想，包容丰富的内容，这一形式也给予司马迁以很大的启示。但是《吕

---

① 《廿二史劄记》卷一。

② 《史记会注考证》卷三一。

③ "世卿"见《公羊传》隐公三年；"世禄"见《古文尚书·毕命》又见《孟子·梁惠王下》；"世臣"见《孟子·梁惠王下》；"世家"见《孟子·滕文公下》。这些名词皆指世卿爵禄之家，父子相继，世代相传之意。

④ 《正史考略》"《史记》条"。

⑤ 《史通》卷二《列传》。

氏春秋》的各体都是短篇的论文，只是名称不同，并无本质的区别，是不能与各具笔法义例的《史记》五体相提并论的。以上说明，司马迁的创造不宗一书，不祖一体，而是参酌各种典籍体例的长短，匠心独具地汇入一编。《史记》五体，各具笔法，自成系统，而又构成一个严密的整体，不仅是一种史料的编纂方法，而且更是一种历史的表述法，反映了司马迁大一统的历史观，是值得我们去深入研究的。

内容决定形式。《史记》的五体创造是由《史记》的创作宗旨，即《史记》所要包容的历史内容直接引申出来的。《史记》的创作宗旨，《太史公自序》有着明确的表述，主要有四点：1.“网罗天下放失旧闻，王迹所兴，原始察终，见盛观衰”，即总结古今一切人间社会史事，考治乱之源。2. 究“天人之际，承敝通变”，即探讨天道与人事的关系，展现历史的变化和发展。汉代流行天人感应学说，自然要给司马迁的思想打下时代的烙印，而究“天人之际”。但是“承敝通变”却又打破了“天不变，道亦不变”的框架。3. 确立以人物为中心的述史体系。司马迁认为“运行无穷”的历史，并不只是帝王的政绩，那些“辅弼股肱之臣”的言论行事不应泯没。他的父亲司马谈临终遗言说：“今汉兴，海内一统，明主贤君忠臣死义之士，余为太史而弗论载，废天下之史文，余甚惧焉，汝其念哉!”司马迁在《史记》中创作了三十世家和七十列传来实现父亲的遗言。4.“拾遗补艺”，“厥协《六经》异传，整齐百家杂语”，继《春秋》之后“成一家之言”。总括起来就是：司马迁要完成一部以人事为中心的包容百科全书知识的通史。五体结构的创作能够完满地体现司马迁的创作意图，于是应运而生。

1. 本纪

裴松之《史目》云：“天子称本纪，诸侯曰世家。”张守节发挥说：“本者，系其本系，故曰本；纪者，理也，统理众事，系之年月，名之曰纪。”[①] 刘知几曰：“盖纪者，纲纪庶品，网罗万

① 《史记》卷一《五帝本纪》之《正义》。

物，论篇目之大者，其莫过于此乎！”又云：“盖纪之为体者，犹《春秋》之经系日月以成岁时，书君上以显国统。”[1] 据此，“本纪”之义有五：

（1）“本纪”为法则、纲要之意，它“纲纪庶品”，故为最尊贵之名称。

（2）“本纪”为记载天子国君之言事所专用。

（3）“本纪”是“网罗万事”的，即国家大事无所不载，不得视为人物传记。

（4）“本纪”编年，记正朔，象征天命攸归。从编纂学角度立论，编年记事是我国史法的优秀传统，使叙列的历史事件、兴衰发展的线索分明，它创自《春秋》。

（5）“本纪”效《春秋》十二公，故为十二篇。《太史公自序》云：“著十二本纪。”

用上述义例来衡量一下二十四史，班固的《汉书》最合标准，而《史记》最不合标准。因为《史记》的十二本纪中，夏、殷、周三《本纪》包括了三代的先公先王，更有《秦本纪》，这均是诸侯入本纪，此其一。《史记》立《吕太后本纪》，而不立《惠帝纪》，竟把帝王逸出了本纪，此其二。《史记》又立《项羽本纪》，却不纪西楚之年，而用“汉之元年”、“汉之二年”记正朔，且记事章法为传体。实际上司马迁写的是一篇“项羽列传”，只不过定名《项羽本纪》而已，此其三。因此，刘知几的《史通》处处扬班抑马。他在《二体》篇中虽然以《史记》、《左传》为纪传、编年二体之祖，但真正许为二体代表作的却是班固的《汉书》和荀悦的《汉纪》。所以他在《二体》篇的结论中说：“然则班荀二体，角力争先，欲废其一，固亦难矣。后来作者，不出二途。”《史记》的十二本纪何以有这些“破例”，刘知几的评论是否允当，我们将在本节的结论中评述。

2. 十表

司马贞曰：“《礼》有《表记》，而郑玄云‘表，明也’。谓事

① 《史通》卷二《本纪》。

微而不著，须表明也，故言表也。”[1] 赵翼说：“《史记》作十表，仿于周之谱牒，与纪传相为出入，凡列侯、将、相、三公、九卿功名表著者，既为立传，此外大臣无功无过者，传之不胜传，而又不容尽没，则于表载之，作史体裁，莫大于是。”[2] 准上，则“表”之义：

（1）表隐微之事，使之鲜明。

（2）扩大纪、传的记事范围。

（3）表与纪、传互为经纬，是联系纪、传的桥梁。

以上释义仅仅是从组织材料上立论，远远没有揭示出十表的真正价值。尽管赵翼说“作史体裁，莫大于是，”而二十四史中竟有十五史无表。计有：《后汉书》、《三国志》、《晋书》、《宋书》、《齐书》、《梁书》、《陈书》、《魏书》、《北齐书》、《周书》、《南史》、《北史》、《隋书》、《旧唐书》、《旧五代史》。除《旧唐书》、《旧五代史》外，其余十三史皆刘知几所见，故他一方面盛赞表之功用，“使读者举目可详”[3]，同时又有废表之论[4]。刘知几认为史表既不便阅读，又与纪、传重复，只应单独成书，不宜杂厕纪、传中。刘知几未能详考《史记》十表之义例，故立论不确。司马迁十表，用以反映历史发展的线索和阶段性，建立了古代的年代学理论，最有章法义例。本文将在第二节《五体序目义例》中详论，兹从略。

3. 八书

司马贞曰：“书者，五经六籍总名也。此之八书，记国家大体。”[5] 即八书是分门别类的文化制度史。《尚书》是各种体裁的公文档案汇编，略如后世的资料汇编，司马贞以“五经六籍总名”释之最确，司马迁把分门别类记载典章制度和文化发展的八书用“书”之名也是十分恰当的。

① 《史记》卷一三《三代世表·索隐》。
② 《廿二史劄记》卷一。
③ 《史通》卷一六《杂说上》。
④ 《史通》卷三《表历》。
⑤ 《史记》卷二三《礼书·索隐》。

4. 世家

司马贞曰："系家者，记诸侯本系也，其言下及子孙常有国。故孟子曰：'陈仲子，齐之系家。'又董仲舒曰：'王者封诸侯，非官之也，得以代为家也。'"① 刘知几曰："案世家之为义也，岂不以开国承家，世代相续。"又曰："司马迁之记诸国也，其编次之体与本纪不殊，盖欲抑彼诸侯，异乎天子，故假以他称，名为世家。"② 即定名"世家"之义有三：

（1）记诸侯列国史。

（2）载传代家世。

（3）世家与本纪同体，均编年记事，因有别于天子等第而别名"世家"。

但是在实践中，司马迁又有破例：

①项梁所立楚王熊心，曾统兵遣将，号令一方。刘邦入关，项羽北救赵，均为楚王心所遣。项羽杀宋义自号上将军犹假号楚王之令，入关后尊楚王为义帝。司马迁既不为之立"本纪"，亦不为之立"世家"。

②汉初诸侯吴王刘濞，淮南王刘长、刘安，衡山王刘赐，因叛逆降为"列传"，而西周诸侯管叔叛逆，宗庙不守，却有《管蔡世家》。

③汉初功臣萧何、曹参、张良、陈平、周勃等，爵禄不过封侯而立"世家"，但其他侯国不立"世家"，而且赵王张耳、长沙王吴芮，封为诸侯，又历传数代，亦不立"世家"。

④三十世家中有孔子、陈涉、外戚三世家。孔子为布衣，陈涉称王不终，汉帝后妃无世可传，但均立"世家"，其例云何？这些问题均属破例，详见本节后面的详述。

5. 列传

司马贞曰："列传者，谓叙列人臣事迹，令可传于后世，故

① 《史记》卷三一《吴太伯世家·索隐》。

② 《史通》卷二《世家》。

曰列传。"[1] 张守节曰："其人行迹可序列，故云列传。"[2]

列者，陈也，列传，即众多之传。传，本为注经之书名，司马迁借以传人，记功臣贤人之言行以注本纪，表示人臣拱卫主上。《太史公自序》云："扶义俶傥，不令己失时，立功名于天下，作七十列传。"所以刘知几以《史记》、《汉书》之纪传比于《春秋》之经传，议论是很精辟的。

总上所述，本纪编年，广载军国大事，摘载诏令制诰，以象征历史发展的统绪。世家述开国承家的诸侯。列传叙人臣事迹，辅弼君上，如众星之拱卫北辰。这种不同的题名及载述笔法，是一种等级序列。所以纪传史是以帝王将相为中心的历史，形象地照映了封建政体的等级秩序，适应了封建统治者的思想体制，这就是纪传史之被封建王朝颁令为正史的内在原因。也就是说，司马迁创作纪传史，正是为了巩固封建大一统政权服务的。

但是，司马迁又确是一位伟大的史学家，他有别于其他封建史家的可贵之点，突出地表现在《史记》中，主要有如下两个方面：

第一，体大思精。体大，指《史记》的五体形式；思精指《史记》内容的全面性和系统性。《史记》体例完备，内容丰富，包罗万有，贯穿古今。它上起黄帝，下讫太初，汇总古今典籍，"网罗天下放失旧闻"，成为一部百科全书式的古代中国通史，从内容到形式都是划时代的伟大创造。诸如经济、政治、文化、学术、民族、社会以及自然界的星象、历法、地理、地利等无所不备。人物除帝王将相之外，还记述了农民起义的领袖，如项羽、陈涉等，下层社会的侠客、医卜、商贾、俳优、博徒、渔夫、猎户、妇女、姬妾等，凡在人类活动中起过作用的人物都叙入史中。也就是说，司马迁创作的《史记》虽然以帝王将相为中心，但它却扩大范围，描写了整个社会的各阶层。司马迁不仅首创民族史传，记载周边各民族的历史发展；而且记载了国外民族，远

① 《史记》卷六一《伯夷列传·索隐》。
② 《史记》卷六一《伯夷列传·正义》。

及西亚，是他当时所理解的世界范围，使《史记》具有古代世界史的意义。《史记》内容如此丰富，正是因为五体结构形式体大思精，能容纳丰富的历史素材。

第二，记事实录。西汉学者刘向、扬雄以及东汉班彪、班固父子皆称迁有良史之才，服其善序事理，“辨而不华，质而不俚，其文直，其事核、不虚美，不隐恶，故谓之实录”[①]。这里着重从体制义例上来讨论一下司马迁的实录精神，用以回答本节前面所提出的本纪、世家中的破例问题。

《史记》破例为体，计有三种类型。

(1) 序事首尾完整，便于“察其始终”。夏、商、周三本纪上溯先公先王，使记一代兴衰之历史首尾完具，有利于总结历史经验，洞察历史的发展轮廓。魏收作《魏书》，首列《序纪》，记载拓跋氏的先世起源，就是仿《史记》而创造的。

(2) 正名实。司马迁认为，秦至献公之后，“常雄诸侯”[②]，“昭襄业帝”[③]，才有始皇的统一，故特作《秦本纪》。参照《六国年表》，寓意更明。表名为六国，实叙八国，首栏列周，以示尊周天子为共主，次列秦，就是纪实以体现秦国“常雄诸侯”之意。因此周与秦不在六国数中。司马迁立《吕太后本纪》不立《惠帝本纪》也是纪实。因高后孝惠时，惠帝垂拱，吕后称制，故以惠帝附入吕后纪中。司马迁将楚王熊心附入《项羽本纪》中亦同此例。司马迁不为吴芮立“世家”。因其事迹不显，载入年表即足。至于不为赵王张耳立“世家”，是有意将张耳陈余合传。

(3) 寓褒贬。司马迁为孔子、陈涉、汉帝后妃以及为汉初萧、曹、张、陈、周等开国功臣立世家，是褒显他们的历史功绩；反之，对汉初叛国诸侯，因为他们没有起到“辅弼股肱”的作用，降为“列传”，以示贬抑。但是周初管叔、蔡叔虽谋叛逆，后因蔡仲悔改，复封为诸侯，故司马迁仍立《管蔡世家》以劝善。由此可见，司马迁的破例为体，是寓有深意的。

---

① 《汉书》卷六二《司马迁传·赞》。

② 《史记》卷一五《六国年表序》。

③ 《史记》卷一三〇《太史公自序》。

班固仿《史记》作《汉书》，改通史体为断代史体，这是另一种创造，二者只可对照，不可并论。《汉书》断代为史。本纪载帝王，并取消世家，陈胜、项籍理应入传。《史记》贯通，本纪兼叙朝代，所以夏、商、周三代本纪上溯先公先王；又，《秦始皇本纪》之前有《秦本纪》，《高祖本纪》之前有《项羽本纪》，完全符合历史发展的序列，章法义例是严谨的。如果形式主义地看问题，就会认为《史记》为例不纯。刘知几以《汉书》为标准细绎出纪传体的撰述理论。然后反过来用《汉书》的义例范围创始者《史记》的体例，在逻辑上犯了倒果为因的错误，所以是迂阔之论。请看刘知几提出的改造《史记》的意见，其言曰：

> 案姬自后稷至于西伯，嬴自伯翳至于庄襄，爵乃诸侯，而名隶"本纪"。若以西伯、庄襄以上别作"周秦世家"，持殷纣以对武王，拔秦始以承周赧，使帝王传授，昭然有别，岂不善乎？必以西伯以前，其事简约。别加一目，不足成篇，则伯翳之至庄襄，其书先成一卷，而不共世家等列，辄与"本纪"同编，此尤可怪也。项羽僭盗而死，未得成名，求之于古，则齐无知、卫州吁之类也，安得讳其名字，呼之曰王者乎？《春秋》吴楚僭拟，书如列国，假使羽窃帝名，正可抑同群盗，况其名曰西楚，号止霸王者乎？霸王者，即当时诸侯，诸侯而称"本纪"，求名责实，再三乖谬。①

又云：

> 陈胜起至群盗，称王六月而死，子孙不嗣，社稷靡闻，无世可传，无家可宅，而以"世家"为称，岂当然乎？②

刘知几以帝王相接来贯通历史的观点不无可取之处，现代的

① 《史通》卷二《本纪》。
② 《史通》卷二《世家》。

章节体通史正是这样编撰的，但这和纪传体之义例是不相容的。显然刘知几是以断代之例来绳墨通史体，故其言迂阔。假如真的按照刘氏意见来改造《史记》，势将割裂三代本纪及秦代史事叙述的连贯性。至于《项羽本纪》，司马迁用汉纪年，又用传体叙述，只不过是用“本纪”之名列于《高祖本纪》之前，不仅仅是反映了历史发展的实际，而且构成了楚亡汉兴的强烈对比，增强了文章气势，更加引人深思。张耳被降为列传与陈余合传，亦是此例。司马迁之一升一降，其义则一。司马迁作《陈涉世家》，其因有四：一曰尊汉，二曰反暴政，三曰赞首难，四曰纪实。刘邦反秦是打着楚王陈胜的旗号起事的，得天下后为陈涉置守冢三十家砀。陈涉首难，“其所置遣侯王将相竟亡秦”①。司马迁认为，秦朝暴政应当推翻，陈涉发难之功应予表彰，这在《史记》中多处讲到。西汉人并不认为陈涉是叛逆者。刘知几用强化了的后世封建正统观念抨击司马迁不应为项羽立本纪，为陈涉立世家，当然是迂阔的了。相映成趣的是，今世时贤用形而上学的分析法引出了与刘知几殊途同归的结论，说什么司马迁“为陈涉这样被统治阶级视为‘盗贼’的人立世家”，是“歌颂人民的反抗斗争”，从而否定班固作《陈胜项籍传》，这同样是一种迂阔的议论。假如班固照抄《史记》，在断代的《汉书》中孤标特立《项羽本纪》、《陈涉世家》，岂非咄咄怪事？作为断代的《汉书》，体例是严密的，马班优劣在史识，不在两书体例之得失。比较《史记》、《汉书》体例以辨马班优劣，刘知几正是失足在此，我们应引以为鉴。

二、五体序目义例

《史记》的篇章次第，各体均按时间先后为序来排列，这是符合通史体例的。但司马迁往往有打破。尤其是列传、合传、类

① 《史记》卷四八《陈涉世家》。

传、附传四种形式，都有一定的义例，这是研究《史记》不可忽视的。《史记》全书一百三十篇，由十二本纪、十表、八书、三十世家、七十列传五体构成，总体是一个宝塔形的结构，与题名的内涵相吻合，形象地照映了封建政体的等级秩序。下面，分层讨论如次：1. 五体序列及篇数义例；2. 十二本纪、十表、八书序列义例；3. 三十世家序列义例；4. 七十列传序例义例；5. 序赞义例。

1. 五体序列及篇数义例

五体目次：本纪十二、年表十、书八、世家三十、列传七十——一百三十篇

五体序列义例，前节实已述及。篇数寓意，司马贞《补史记序》云：

> 本纪十二象岁星之周；八书有八篇，法天时之八节，十表放刚柔十日；三十世家比月有三旬。七十列传取悬车之暮齿；百三十篇象闰而成岁①。

张守节《论史例》稍稍做了修正，认为本纪十二象一岁有十二月，其说更详：

> 太史公……作本纪十二，象岁十二月也。作表十，象天之刚柔十日，以记封建三代终始也。作书八，象一岁八节，以记天地日月山川礼乐也。作世家三十，象一月三十日，三十辐共一毂，以记世禄之家辅弼股肱之臣忠孝得失也。作列传七十，象一行七十二日，言七十者举全数也，余二日象闰余也，以记王侯将相英贤略立功名于天下，可序列也，合百

① 转引自范文澜：《正史考略》“《史记》条”。

三十篇，象一岁十二月及闰余也。而太史公作此五品，废一不可，以统理天地，劝奖箴诫，为后之楷模也。

范文澜认为“本纪十二之数，实效法《春秋》十二公而作”①，这也是正确的。因《春秋》十二公，亦象十二月，所以上起隐公以成十二之数，而使得《春秋》记事晚于平王东迁数十年。《史记》篇数与岁时历法相配乃是反映儒家所宣扬的一种天道观。《论语·尧曰》篇载，“尧曰：咨！尔舜！天之历数在尔躬，允执厥中。四海困穷，天禄永终。舜亦以命禹。”所谓“中”即是“历数”，象征天道运行；“执中”即是得天命，所以受命之君必封禅改正朔。司马迁亲自参与了汉武帝的封禅、改历，而《史记》究“天人之际”，故五体篇数各有象征，寓意天道运行。司马迁将惠帝事迹附于《吕太后本纪》中而不像《汉书》那样分立两纪，在纪实之中包含了不逾十二之数的意义在内。

《史记》五体结构及篇数的寓意，司马迁在《太史公自序》中也有着明确的交代。十二本纪取法《春秋》十二公，示《史记》继《春秋》而作，三十世家寓意“三十辐共一毂”，象征君臣之道如众星环北辰。但是，我们不必去钻牛角，刻意地探求五体结构及篇数的玄妙微意。我们只需从原则上来把握，《史记》五体结构是有意识创作的一个完整体系，它形象地照映了封建政体的等级秩序。数目的限制使司马迁记事简练，把握着严格的取舍标准。篇章次第的排列也遵循着一定的义例，是司马迁史学思想体系的一种反映。因此，司马贞对《史记》序目次第之批评，以及赵翼的“随得随编”之说都是不能成立的。

2. 十二本纪、十表、八书序列义例

表、书二体与本纪紧密相连，可以看做是《本纪》内容的扩大和补充，故三体序列义例宜作通盘的综合分析。

---

① 范文澜：《正史考略》“《史记》条”。

本纪目次	上古史	五帝	本纪第一………卷一
		夏	本纪第二………卷二
		殷	本纪第三………卷三
		周	本纪第四………卷四
	近古史	秦	本纪第五………卷五
		秦始皇	本纪第六………卷六
		项羽	本纪第七………卷七
	今世史	汉高祖	本纪第八………卷八
		吕太后	本纪第九………卷九
		孝文帝	本纪第十………卷十
		孝景帝	本纪第十一……卷十一
		孝武帝	本纪第十二……卷十二

年表目次	上古史表	①三代世表	年表第一……卷十三
		②十二诸侯	年表第二……卷十四
	近古史表	③六国	年表第三……卷十五
		④秦楚之际月表	年表第四……卷十六
	⑤今世史表	汉兴以来诸侯王	年表第五……卷十七
		高祖功臣侯者	年表第六……卷十八
		惠景间侯者	年表第七……卷十九
		建元以来侯者	年表第八……卷二十
		建元以来王子侯者	年表第九……卷二十一
		汉兴以来将相名臣	年表第十……卷二十二

八书目次	礼书	八书第一……卷二十三
	乐书	八书第二……卷二十四
	律书	八书第三……卷二十五
	历书	八书第四……卷二十六
	天官书	八书第五……卷二十七
	封禅书	八书第六……卷二十八
	河渠书	八书第七……卷二十九
	平准书	八书第八……卷三十

本纪、年表均编年记正朔，篇目按年代顺序排列。本纪编年以王朝为体系，年表以时代的变革划分段落，打破了王朝体系。十表明确地划分古代约两千三百年史事为三个段落（上古、近

古、今世)，五个时期。上古史表分为《三代世表》和《十二诸侯年表》两个时期。近古史表分为《六国年表》和《秦楚之际月表》两个时期。今世史表为一个时期。分期义例如下：

(1)《三代世表》，起黄帝，讫西周共和，表现积德累善得天下的古朴时代。

(2)《十二诸侯年表》，起共和，讫孔子卒，即公元前 841—公元前 476 年，表现王权衰落的霸政时代。

以上两个时期为上古史。

(3)《六国年表》，起周元王元年，讫秦二世之灭，即公元前 475—公元前 207 年，表现暴力征伐得天下的战国时代。

(4)《秦楚之际月表》，起陈涉发难，讫刘邦称帝。即公元前 209—公元前 201 年，详著月表以表现五年之间天下三嬗的剧烈变革时代。从秦亡至西汉统一是五年，但月表溯及陈涉发难。

以上两个时期是近古史。

(5)汉兴以来诸表，分类条析，表现大一统的今世时代。

司马迁的历史分期，是以社会的伦理变化为标准的，这在十表《序》中阐述得很清楚，这当然是不科学的。但是，司马迁是我国古代第一个具体划分历史发展阶段的历史家。用以表现历史之“变”，具有作规律性探讨的卓识远见。而且司马迁找出历史的大事变，用共和、孔子卒、秦亡、陈涉起义、刘邦称帝等大事记作为分期断限的临界点。这是十分光辉的思想。明白了司马迁的时代断限，是我们研究《史记》的一把钥匙。

司马迁的这一光辉思想也是有继承的。战国时代的百家争鸣，各家学说都在探讨治乱的根源，对历史发展的规律做试探。《礼记·礼运篇》记载了孔丘儒家学说的观点，认为尧舜时代为大同之世，三代为小康之世，春秋以来为乱世，历史的发展向着衰败的方向演进，要治天下就得法尧舜，妄图把历史拉回到西周的时代。《韩非子·五蠹》篇记载了法家时移世异的进化论历史观，并有明确的上古、中世、近古、今世的提法。西汉时的《春秋》公羊学大讲《春秋》十二公，分为所见、所闻、所传闻三阶段。同时又流行五德终始说、三统说等循环论历史观。无疑这些都是司马迁所继承借鉴的历史思想资料。但是，在司马迁以前的百家学说对历史发展规律的探索，仅仅停留在思辨哲学的猜测和囫囵的描绘上，而司马迁却第一次用叙述历史的方法来研究历史的发展规律，做出了明确的断限划分，不能不说是一个伟大的贡献。《春秋》亲近疏远的笔法，在司马迁手里发展为详今略古法后王的历史观，当然这也受到了荀子法后王思想的启迪。

八书分专题记载典章制度。《史记》原有《兵书》、《律历书》，由于《兵书》亡，补阙者分《律历书》为《律书》、《历书》补缺（依司马贞说）。《礼书》、《乐书》亦亡佚，补缺者摘取荀子《礼论》及《议兵》补《礼书》，摘取《礼记·乐记》补《乐书》。礼、乐、兵、律历、天官、封禅、河渠、平准八个方面都是当时人们认为的经国大事，故司马迁各列专题论列。但是地理、职官、食货（具体说是“食货”中之“食”，即土地制度）、艺文等几个方面未受到司马迁的重视，这给班固留下了创造的英雄用武之地。《汉书》十志比《史记》八书的内容更丰富，结构更严密，在这一点上班固发展了司马迁的史学，这是不必讳言的。

3. 三十世家序列义例

目次如下：世家第一吴太伯；二齐太公；三鲁周公；四燕召公；五管蔡；六陈杞；七卫康叔；八宋微子；九晋；十楚；十一越王勾践；十二郑；十三赵；十四魏；十五韩；十六田敬仲完；十七孔子；十八陈涉；十九外戚；二十楚元王；二十一荆燕；二十二齐悼惠王；二十三萧相国；二十四曹相国；二十五留侯；二十六陈丞相；二十七绛侯；二十八梁孝王；二十九五宗；三十三王。三十世家，按时代序列可分为六组：

世家目次	①吴太伯至郑世家	世家第一至十二………卷三一至四二
	②赵世家至田敬仲完	世家第十三至十六……卷四三至四六
	③孔子、陈涉、外戚	世家第十七至十九………卷四七至四九
	④楚元王至齐悼惠王	世家第二十至二十二……卷五十至五十二
	⑤萧相国至绛侯	世家第二十三至二十七……卷五十三至五十七
	⑥梁孝王、五宗、三王	世家第二十八至三十……卷五十八至六十

第一组，吴太伯至郑世家共十二世家，载周初所封诸侯，其始祖皆有德于人民，子孙享其德泽为诸侯。但世家篇目序列与《十二诸侯年表》序列不同，对照如下：

周、鲁、齐、晋、秦、楚、宋、卫、陈、蔡、曹、郑、燕、吴

——《十二诸侯年表》序列

吴、齐、鲁、燕、蔡、陈、卫、宋、晋、楚、越、郑

——三十世家序列

年表反映春秋之世的霸政，以诸侯强弱为序列。周列第一栏，尊天下共主；鲁列第二栏象征以《春秋》当一王之法，故周、鲁均不在十二之数中。鲁后为齐、晋、秦、楚、宋，即春秋五霸之序列。吴殿后，示意内诸夏而外夷狄之义。这些都是春秋笔法。世家按诸侯始祖与周之亲疏关系和开国时功劳大小排列，象征诸侯夹辅周室，所以与年表序列不同。司马迁嘉吴太伯之让国，列为第一。第二组赵世家至田敬仲完四世家，乃战国之世以暴力篡夺而得的诸侯，即赵、魏、韩三家及田齐。第四、第六两组共七世家，载当世刘姓宗室王。楚元王至齐悼惠王四世家为高祖高后所封，梁孝王文帝子，五宗诸王景帝之后，三王武帝子。第三组为孔子、陈涉、外戚，第五组萧相国至绛侯汉初功臣，仍按时代序列排列的专题世家。

4. 七十列传序列义例

目次如下：列传第一伯夷，附叔齐；二管仲、晏婴；三老子、韩非，附庄子、申不害；四司马穰苴；五孙武、孙膑、吴起；六伍子胥；七仲尼弟子；八商君鞅；九苏秦，附苏代、苏厉；十张仪，附陈轸、犀首；十一樗里子、甘茂，附甘罗；十二穰侯、魏冉；十三白起、王翦；十四孟轲、荀子，附齐三邹子：邹忌、邹衍、邹奭，又附齐稷下学者淳于髡、慎到、田骈、接子、环渊，又附公孙龙、李悝、尸子、长卢子、吁子、墨子；十五孟尝君田文，附冯瓘；十六平原君赵胜、虞卿，附毛遂、李同、楼缓；十七魏公子信陵君无忌，附侯嬴、朱亥、毛公、薛公；十八春申君黄歇，附朱英、李园；十九范雎、蔡泽，附须贾、王稽、郑安平；二十乐毅，附乐间、乐乘；二一廉颇、蔺相如，附赵奢、李牧；二二田单，附王蠋；二三鲁仲连、邹阳；二

四屈原、贾谊；二五吕不韦，附嫪毐；二六刺客：曹沫、专诸、豫让、聂政、荆轲，附聂荣、田光、樊於期、高渐离；二七李斯，附李由；二八蒙恬，附蒙毅、赵高；二九张耳、陈余；三十魏豹、彭越；三一黥布；三二淮阴侯韩信，附蒯通；三三韩王信、卢绾；三四田儋，附田横；三五樊哙、郦商、夏侯婴、灌婴；三六张苍，附周昌、任敖、申屠嘉；三七郦生、陆贾，附朱建；三八傅宽、靳歙、周緤；三九刘敬、叔孙通；四十季布、栾布，附季心、丁公；四一袁盎、晁错；四二张释之、冯唐；四三万石君石奋、张叔，附石建、石庆、卫绾、直不疑、周文；四四田叔，附田仁；四五扁鹊、仓公；四六吴王濞；四七魏其侯窦婴、武安侯田蚡，附灌夫；四八韩安国；四九李将军李广，附李陵；五十匈奴；五一卫将军卫青、骠骑将军霍去病，附公孙贺等十六人；五二平津侯公孙弘、主父偃；五三南越尉佗；五四东越；五五朝鲜；五六西南夷；五七司马相如；五八淮南王刘长、刘安，衡山王刘赐；五九循吏：孙叔敖、子产、公仪休、石奢、李离；六十汲黯、郑当时；六一儒林：申公、辕固生、韩生、伏胜、董仲舒、胡毋生；六二酷吏：郅都、宁成、周阳由、赵禹、张汤、义纵、王温舒、杨仆、减宣、杜周；六三大宛，附乌孙、康居、奄蔡、大月氏、安息、条枝、大夏；六四游侠：朱家、剧孟、郭解；六五佞幸：邓通、韩嫣、李延年；六六滑稽：淳于髡、优孟、优旃；六七日者司马季主；六八龟策；六九货殖：范蠡、子贡、白圭、猗顿、乌氏倮、巴寡妇清、卓氏、程郑、宛孔氏、曹邴氏、师史、刁间、任氏、桥姚、无盐氏，附田啬、田兰等十二人；七十太史公自序：司马谈、司马迁。

上述七十列传分为四个类型：①专传，②合传，③类传，④附传。专传指一人一传，二人以上为合传，以类标题为类传，凡未入传目标题的人物为附传。专传、合传、类传三种传中皆有附传。正传与附传，表示列传人物的主次，并非附传为可有可无的附属物。有的附传仅附其名，一般是载列子孙、戚友；重要附传人物为事类相从。七十列传载正传人物一百四十人，附传人物九十二人。附传人物本多于正传人物，九十二人只指事类相从的附传人物。孔子弟子七十七人。列传人物总计三百零八人。类传人物古今同传，以类相从；合传与类传为同一类型，或对照或连类，故合传人物往往打破时代界限，上溯下及。《白起王翦列传》、《鲁仲连邹阳列传》、《屈原贾生列传》等是下及；《扁鹊仓公列传》是上溯。《孟子荀卿列传》附列人物十一人，实质是一篇先秦的“诸子列传”，《汲郑列传》实质是“黄老列传”。匈奴、南越、东粤、西南夷等周边民族史传分插在人物列传中，与相关的人物并列，等同天子臣民，此四海一家之观念，表现了司马迁民族一统的进步历史观。《大宛列传》所述为外国民族，单列于类传中。总之七十列传具有组合义例，可分为十四组[①]，序列如下：

列传目次

①伯夷列传	列传一	卷六十一
②管晏至仲尼弟子	列传二至七	卷六十二至六十七
③商君至田单	列传八至二十二	卷六十八至八十二
④鲁邹至屈贾	列传二十三至二十四	卷八十三至八十四
⑤吕不韦至蒙恬	列传二十五至二十八	卷八十五至八十八
⑥张耳陈余至田儋	列传二十九至三十四	卷八十九至九十四
⑦樊郦滕灌至季布栾布	列传三十五至四十	卷九十五至一百
⑧袁盎晁错至扁鹊仓公	列传四十一至四十五	卷一百零一至一百零五
⑨吴王濞至韩长儒	列传四十六至四十八	卷一百零六至一百零八
⑩李将军至卫将军骠骑	列传四十九至五十一	卷一百零九至一百一十一
⑪平津主父至淮南衡山	列传五十二至五十八	卷一百一十二至一百一十八
⑫循吏至酷吏	列传五十九至六十二	卷一百一十九至一百二十二
⑬大宛至货殖	列传六十三至六十九	卷一百二十三至一百二十九
⑭太史公自序	列传七十	卷一百三十

① 本文首发分为二十组，这里将原十三至十九各组类传并为一组，是为十四组。

第一组，伯夷列传，是唯一的三代人物入传。此传是一篇以议论为主的文章，可以称之为论传。八书的中心是探讨天道，律历、天官、封禅都是直接讲天道的。天官有等级，百神有等级，人世间也应有等级。各种礼乐制度是合于天道人性的，这就是究天道的目的。但自西周共和以来，天道的权威一次次受到社会变革的打击，至上的天道权威伴随着王权的衰落而动摇了。尤其是秦楚之际，“五年之间，受命三嬗”，这更使得司马迁看到人心的背向对历史的发展起最后的发言力量，因而对佐善惩恶的天道发出了疑问。如果说八书重在讲天道人性，那么列传则是强调人为的作用。司马迁列伯夷为列传之首，不仅是尊其让国和守节不食周禄的节操，而且更主要的是借题发挥，提示义例，表明七十列传是讲人事的。所以司马迁评论历史人物，不以成败论英雄、论形势、论功利，这里是看不到天道的影子的。

第二组，管晏至仲尼弟子六传，传春秋时代人物。第三组，商君至田单共十五传，传战国时代人物。战国四公子排列一起，苏秦与张仪蝉联，都有以类相从之意。第四组，鲁仲连至屈贾四传，表彰品德高尚，壮志不伸，而能以言论德行留照人间的人物，连类相及。鲁仲连、屈原均战国之世人物，故编列于此，下及汉代的邹阳、贾谊。第五组，吕不韦至蒙恬四传，序辅佐秦国兴起的人物，他们的特点是注重暴力权诈取天下，固轻百姓力，都不得好下场。《刺客列传》是类传，应排在《循吏列传》之后，而司马迁有意穿插在辅秦人物中间，这是对比见义，表现了司马迁反暴政的思想。刺客都是反暴人物。司马迁在李斯、蒙恬两传的赞中，既肯定他们的功绩，又直接地批判他们轻忽百姓的罪责，是值得注意的。白起、王翦有大功于秦，白起冤死，王翦善终。因白起坑降，王翦却无此暴行，所以两人合传以示对比。白起坑降不同于李斯、蒙恬的轻暴百姓，故司马迁将王翦前置白起传，而不是将白起下连王翦，以与第五组的暴政人物分开。第六组，张耳、陈余至田儋六传，叙楚汉相争人物。第七组，樊、郦、滕、灌至季布、栾布六传，皆辅汉功臣义士。第八组，袁盎、晁错至扁鹊、仓公五传，叙文、景时代忠勤于王室的人物。

仓公传上连扁鹊以表现医学的承传。第九组，吴王濞至韩长儒三传，叙景、武之际统治集团的内部矛盾。韩长儒卷入魏其与武安两侯的纠葛中，故排列于此。第十组，李将军至卫将军、骠骑三传，序伐匈奴的专题人物。第十一组，平津侯、主父至淮南衡山七传，序武帝时的人臣传记和开疆拓土。第十二组，循吏至酷吏四传作两两对比。循吏传无汉代人，酷吏传无汉以前人。汲、郑古朴耿直而不喜儒，武帝倡儒学而多用酷吏。司马迁用这样的强烈对比来讥刺武帝的政治。第十三组是各种专题类传。《大宛列传》是叙外国史事的类传，西域各国附载于该传中。第十四组是总括全书要旨的自序传。

由上分析，七十列传基本以时代为序排列，符合通史原则，但有组合义例，或以类连及，或对比见义。用八个字来概括是："时代为序，以类相从。"上面的分组与评论，未必完全符合司马迁的原意，但总原则的分析不会有错。赵翼评论《史记》篇目是"随得随编"[①]，其说绝不可信。"时代为序"，勾勒历史发展的线索，是司马迁"通古今之变"的思想反映；"以类相从"是司马迁"成一家之言"的一个方面，反映了他用历史类比法进行古今纵横排比论证，探寻治乱兴衰的规律，这也是一种先进的研究方法。古今类比，有利于吸取历史的经验和教训，即以古为鉴之意。我们掌握了司马迁的历史类比法，以此为解剖刀去阅读和研究《史记》，许多疑难问题迎刃而解。例如附记法，不仅列传中有附传，而且其他各体亦有附记。夏、商、周三本纪上溯先公先王，实质是附记。《十二诸侯年表》、《六国年表》附载其他小国，《管蔡世家》附"曹世家"。司马迁对他的附记法并有所交代。《鲁仲连邹阳列传·赞》说："邹阳辞虽不逊，然其比物连类，有足悲者，亦可谓抗直不挠矣，吾是以附之列传焉。"这说明合传、类传以某人物或以某时代为中心上溯或下及，是连类而附。也就是说，《史记》附记法的实质是类比法的引申。

此外，《史记》命篇，司马迁不作统一标准。《汉书》列传一

---

① 《廿二史劄记》卷一。

律以人物姓名命篇。司马迁以姓名、封爵、谥号、别名兼用，其义无法考实，但可以肯定司马迁绝不是随意使用，而是根据当时所理解的善恶是非所表现的爱憎感情来决定命名的。例如“循吏”与“酷吏”两类传之命名尤为明显。又如汉初三雄，彭越、黥布皆以其名命篇，而韩信用“淮阴侯”之爵名命篇，表现了一种亲切感，最同情韩信。对石奋用“万石”之别号命篇，是口语化的反映。其他不必一一评述了。

5. 序、赞义例[①]

《史记》篇末“太史公曰”云云，仿《左传》的“君子曰”而作，习惯称“赞”。十表、八书及类传篇前之“太史公曰”，习惯谓之“序”。《伯夷列传》、《货殖列传》等篇中夹议，亦用“太史公曰”。这是司马迁所创造的议论形式，即篇前作“序”、篇后作“赞”、篇中夹“论”三种史论形式，对于后世影响很大。《太史公自序》则是全书的总论。不过司马迁本人并没有命名曰序曰赞曰论。《史通·论赞篇》正式论列“太史公曰”为“赞”，也就成了通称。

《左传》的“君子曰”是有议而发，后世的编年体如《汉纪》、《资治通鉴》均效法它。《史记》则篇篇有“赞”，为纪传体史所效法，只是名称不同而已。《汉书》称“赞”；《后汉书》称“论”而又为“赞”；《三国志》称“评”，官修各史称“史臣曰”。刘知几评论《史记》之“赞”是画蛇添足，认为司马迁给史论的泛滥开了一个恶例。我们认为刘氏的批评是不恰当的。一部历史著作，若无作者的评论和观点，只能算做资料汇编，而不是一部真正的史学。所以刘氏的批评在实践中不能成立，唐以后官修诸史，仍篇篇有“赞”，而且唐太宗亲自为《晋书》作“赞”称“制曰”，因为“论”、“赞”是史家直接发抒议论的重要形式，并非蛇足。刘宋时的杰出史学家范晔作《后汉书》，他以“论曰”发端的史论以及类传中的“序论”，篇篇精彩，足以夺二十四史之冠。但是范书在“论曰”之外又有“赞曰”，确如刘知几所说，

① 本文略述，详论见本书《〈史记〉论赞》一文。

是“此皆私狥笔端，苟衒文采”[①] 的蛇足。所以空洞无物的论赞，责任在效颦者而不在司马迁，这是不言自明的。

司马贞对《史记》的论赞却从另一角度提出了批评。他认为司马迁为论失于偏颇，没有全面概括篇中内容。所以司马贞注疏《史记》名曰《索隐》，探索幽隐，阐扬光大，重新一一作“赞”，称《索隐述赞》。我们看司马贞的“赞”，内容虽全，却不是真正的史论，只不过是史传内容的复述以韵文形式摘要，是标准的“苟衒文采”之作，是不能与司马迁的史论同日而语的。清代学者章学诚对司马迁的史论作了崇高的评价。他说：“太史叙例之作，其自注之权舆乎！明述作之本旨，见去取之从来，已似恐后人不知其所云而特笔以标之，所谓‘不离古文’及‘考信六艺’云云者，皆百三十篇之宗旨，或殿卷末，或冠篇端，未尝不反复自明也。”[②] 我们认为章氏的评论是中肯的。综观《史记》一百三十篇之“序”、“赞”、“论”，它是研究司马迁思想的重要资料，内容极其丰富，计其大端有五：①考证史实，如五帝三代诸本纪之“赞”；②调查研究，叙游历之所得，如《河渠书赞》、《齐太公世家赞》等；③对历史人物进行直接的评论，如《项羽本纪赞》、《蒙恬列传赞》、《淮阴侯列传赞》等；④明述作之旨，如《八书序》、《十表序》等；⑤提示作史义例，如《苏秦列传赞》交代写翻案文章的原则，《鲁仲连邹阳列传赞》交代连类相及之附记法，《匈奴列传赞》交待对当世历史多微文刺讥……以上内容往往补篇中所未言之事。正如赖襄所说，《史记》之论赞，“自是一体”，“特疏已立传之意，又补传所未及，而有停笔踌躇俯仰今古处，足以感发读者心。是论赞所以有用。子长之后，少得此意者”[③]。我们认为这一评论是很有见地的。

过去，史学界似乎流行一种形而上学的观点，凡“封建正统”必斥之为“反动”。所以在研究《史记》时为了肯定它的进步性就千方百计美化司马迁，把他和其他封建史学家对立起来，

---

① 《史通》卷四《论赞》。

② 《文史通义》内篇五《史注》。

③ 转引自《史记会注考证·总论》。

乃至于称司马迁为“人民歌手”，这是不符合历史实际的。《史记》虽然受到一些封建文人的诋毁，但却更受到整个封建社会各王朝的推尊，被颁令为国史正体。班彪、班固父子虽有批评，但也是很推崇的。本来班彪作的是“《史记》后传”，班固才断代为史的。司马迁本人不仅反复申说效《春秋》作《史记》，而且还提出了“厥协六经异传”、“考信于六艺”、“折中于夫子”、“总之不离古文者近是”等述史原则。我们通过对《史记》五体结构义例的分析，得出了五体结构形象地照应了封建等级秩序的结论，这说明司马迁也是维护封建正统的史学家。《史记》的厚今薄古，却也反映了两汉帝王中心论的历史观。但在当时条件下，司马迁的这些历史观又是进步的。因西汉封建社会处于上升发展时期，大一统的中央集权是新生事物，司马迁为这一新制度呐喊是应该肯定的。《史记》的进步性并不止此。司马迁“成一家之言”，使他在某些方面，例如反暴政、同情人民等，突破了正统思想的束缚，使《史记》的内容无比丰富。司马迁不止创造了容纳丰富历史内容的五体形式，而且还摸索出了新的历史研究法，例如历史的类比研究、划分历史断限的研究，这在整个封建社会都是空前绝后的。这些就是我们研究《史记》体制义例所得到的结论。也许本文所述是一个谬误，这仅仅是一种探索，热诚地希望史学史专家们给予指正。

（本文原载《兰州大学学报》1983 年第 6 期）

《史记》取材

编纂历史著作，不同于文学作品，以抒情见意，辞必己出；也不同于哲理著作，以空言论道，设寓说理。一部传世的历史名著，应当做到言有所据、事有所托、字字句句，均有来历。所以研究《史记》取材，不仅是揭示司马迁史学思想的一个重要侧面，而且也是评价《史记》科学性的重要依据，因此是《史记》研究中的一个重大课题。金德建著《司马迁所见书考》[①]，洋洋三十万言，为我们研究《史记》取材提供了方便的论著资料，是一部很有价值的参考书。有不少的专家论文亦有涉及，郑鹤声在《太史公司马迁之史学》一文中就设有专节论述[②]。本文会通前人研究成果，参以己意，比集司马迁所论载的资料，作一概略的归纳，供研读《史记》者以简明的参考，不无意义。

一、载于《史记》中的司马迁所见书

郑樵曰："大著述者必深于博雅，而尽见天下之书，然后无

① 《司马迁所见书考》，上海人民出版社1963年版。

② 《太史公司马迁之史学》，载《史地学报》二卷五期、六期，1923年。

遗恨。当迁之时，挟书之律初除，得书之路未广，亘三千年之史籍，而踽踳于七八种书，所可为迁恨者，博不足也。”又谓迁书“间以俚语”，“时插杂言”，疏于笔削，“所可为迁恨者，雅不足也”[1]。按，郑氏本是推重《史记》的，称它是“《六经》之后，惟有此作”[2]。对《史记》作如此跌宕抑扬的，郑樵是第一人。观郑氏之意，不过是借《史记》以自重其书，一抑一扬皆为自衬。以实考校，郑樵之讥，既未深究《史记》本书，亦曲解班氏父子之言，班彪、班固父子对《史记》虽致不满之词，但并没有说《史记》采录不博，恰恰是指责司马迁采录泛滥。兹录班氏父子之论以观其词：

——班彪曰：孝武之世，太史令司马迁采《左氏》、《国语》，删《世本》、《战国策》，据楚汉列国时事，上自黄帝、下讫获麟，作本纪、世家、列传、书、表，凡百三十篇，而十篇缺焉。迁之所记，从汉元至武以绝，则其功也。至于采经摭传，分散百家之事，甚多疏略，不如其本，务以多阅广载为功，论议浅而不笃[3]。

——班固曰：故司马迁据《左氏》、《国语》，采《世本》、《战国策》，述《楚汉春秋》，接其后事，讫于天汉，其言秦汉详矣，至于采经摭传，分散数家之事，甚多疏略，或有抵牾，亦其涉猎者广博，贯穿经传，驰骋古今。上下数千载间，斯以勤矣[4]。

班氏父子均讥《史记》“甚多疏略”，探其源“务以多阅广载为功”，“亦其涉猎者广博”也。班氏父子的评论是否允当，姑置不论，然谓司马迁采录广博则是事实。其所举《左氏》、《国语》、《世本》、《战国策》、《楚汉春秋》等书，仅举其要，说明《史记》之所自出，并不是指司马迁仅凭数种书就编撰出了贯穿几千年的通史。郑樵所言“踽踳于七八种书”，乃曲意贬抑《史记》以自

[1][2] 《通志·总序》。

[3] 《后传略论》，载《后汉书·班彪传》。

[4] 《汉书》卷六二《司马迁传赞》。

炫《通志》之宏博，真是用心良苦，大言无根，是不足为据的。

司马迁作史，采录至为宏博。他十分自谦，一则曰："余所谓述故事，整齐其世传，非所谓作也"；又曰："厥协《六经》异传，整齐百家杂语。"[①] 其实司马迁称《史记》为"述"而非"作"，这话并非纯然自谦，亦是窃比圣人之意，谓《史记》言之有故，持之有本。孔子编纂《六经》，自谓"述而不作"[②]。历史著作，贵在信而有征，以"述"见长。其实"述"亦"作"，融会贯通百家学说，剪裁熔铸古今典籍，自成一家之言，这非有大学问大手笔而不能作。《史记》能以"实录"见称于世，这博采古今典籍是成功的一个重要因素。单以《史记》本书考校，司马迁所见古书即达一百零六种。

班氏父子论《史记》取材，示例性地具列了五种书：《左氏》、《国语》、《世本》、《战国策》、《楚汉春秋》。这几种都是言事为主的历史书，司马迁作了大量引载，所以班氏具列以示例。《国语》、《战国策》两种虽以"语"见长，而"事"贯其中。这五种书司马迁竟有三种未论及，即《世本》、《战国策》、《楚汉春秋》。《世本》、《楚汉春秋》二书亡，无法按核。《战国策》今传本三十三篇，四百八十余条，《史记》采用了九十二条，约占全书内容的五分之一。司马迁为什么没有论及呢？原来载于《史记》中的司马迁所见书，仅仅是因事论及，而不是有意识的论载。所以表列的一百零六种书仅仅是司马迁所见书的一小部分[③]，载于《史记》中的篇目四十篇，也只及全书一百三十篇的四分之一。由此可见班氏父子之言，"务以多阅广载为功"，"亦其涉猎者广博"，是信而有征；郑樵所谓"跼蹐于七八种书"之说，毋庸置喙矣。

《史记》中所载司马迁所见书一百零六种，为了便于分析数

---

① 《史记》卷一三〇《太史公自序》。

② 《论语·述而》。

③ 《史记》中所载书表章奏，如《乐毅列传》载乐毅《遗燕惠王书》；《鲁仲连邹阳列传》载鲁仲连《遗燕将书》，载邹阳《狱中上梁王书》；《李斯列传》载李斯《谏逐客书》及其他章奏等等，表中未一一列及。

据，我们以传统的四分法归类，用简表列载如下。

1. 六经及其训解书二十三种

	书　　名	存	亡	残	载于《史记》之篇目、表列数序	
1	《春秋》	存			《五帝本纪赞》：予观《春秋》、《国语》。	1
					《十二诸侯年表序》：是以孔子明王道，干七十余君莫能用。故西观周室，论史记旧闻，兴于鲁而次《春秋》。上记隐公，下至哀之获麟。约其辞文，去其繁重，以制义法；王道备，人事浃。	2
					《孔子世家》：（孔子）乃因史记作《春秋》。	3
2	《国语》	存			《太史公自序》：左丘失明，厥有《国语》。	4
3	《左氏春秋》	存			《十二诸侯表序》：鲁君子左丘明……故因孔子“史记”，具论其语，成《左氏春秋》。	
4	《谷梁春秋》	存			《儒林列传》：“瑕丘生为《谷梁春秋》。”又云：“故汉兴至于五世之间，唯董仲舒名为明于《春秋》，其公羊氏也。”	5
5	《公羊传》	存				
6	《春秋灾异之记》			残	《儒林列传》：董仲舒以《春秋》灾异之变，推阴阳所以错行……著《灾异之记》。	
7	《春秋繁露》	存			《十二诸侯年表序》：“上大夫董仲舒推《春秋》义，颇著文焉。”《索隐》曰：“作《春秋繁露》是。”	
					《太史公自序》引孔子语：“子曰：我欲载之空言，不如见之行事深切著明也。” 按：“子曰”云云引自《春秋繁露·俞序篇》，文略小异。	
8	《春秋杂说》		亡		《平津侯主父列传》：公孙弘者……年四十余，乃学《春秋杂说》。 按汉人自谦，称自著书为“说”。《儒林列传》云，公孙弘学胡毋《春秋》，“尝集比其义”。《汉志·六艺略》春秋类有《公羊杂记》八十三篇，金德建氏谓即公孙弘之《春秋杂说》。	6

续表

书　名		存	亡	残	载于《史记》之篇目、表列数序	
9	《易》	存			见《孔子世家》及《儒林列传》。	
10	《周官》（周礼）	存			《封禅书》：《周官》曰“冬日至，祀天于南郊”云云。 按：《周官》即《周礼》，序言所引见《周礼·太师》。	7
11	《礼记》 《王制》 《中庸》	存			《六国年表序》：《礼》曰：“天子祭天地，诸侯祭其域内名山川。” 按：“礼曰”云云引自《礼记·曲礼》及《王制》。 《封禅书》：文帝使博士诸生刺六经中作《王制》。 《孔子世家》：子思作《中庸》。 按：《王制》及《中庸》皆《礼记》中篇名。 《五帝本纪赞》：予观《春秋》、《国语》，其发明《五帝德》、《帝系姓》章矣。	8
12	《大戴礼记》 《五帝德》 《帝系姓》 《夏小正》	存			《夏本纪赞》：孔子正夏时，学者多传《夏小正》云。 按：《五帝德》、《帝系姓》、《夏小正》，皆《大戴礼记》中篇名。	9
13	《士礼》（仪礼）	存			均见《儒林列传》，不具引。 按：《士礼》即《仪礼》；《汉礼仪》叔孙通所作。《今文尚书》伏生所传；《古文尚书》孔氏壁中书，未立学官而亡，司马迁私学于孔安国。	
14	《汉礼仪》		亡			
15	《今文尚书》	存				
16	《古文尚书》		亡			
17	《书序》	存			《三代世表序》：孔子……序《尚书》，则略无年月。 按：泷川氏云，“史公尧舜三代纪事，采《书序》尤多”。	10
18	《周书》		亡		《货殖列传序》：《周书》曰：“商不出则乏其食，工不出则乏其事，商不出则三宝绝，虞不出则财匮少。” 按：此引自《逸周书》。	11
19	《诗三百五篇》	存			《孔子世家》：“古者诗三千余篇，及至孔子，去其重。取可施于礼仪，三百五篇，孔子皆弦歌之”，“以备王道，成六艺”。 《太史公自序》：《诗》三百篇，大抵圣贤发愤之所为作也。	11

续表

书名		存	亡	残	载于《史记》之篇目、表列数序	
20	《申公诗训》		亡		《儒林列传》："申公独以《诗》经为训以教，无传"，"韩生推诗之意，而为《内外传》数万言，其语颇与齐鲁间殊"。	
21	《韩诗内外传》	存				
22	《乐》		亡		《太后公自序》：《乐》，乐所以立，故长于和。	
23	《孝经》	存			《仲尼弟子列传》：曾参作《孝经》	12
小计	二十三种	16	6	1		

2. 诸子百家及方技书五十三种

书名		存	亡	残	载于《史记》之篇目、表列数序	
1	《管子》	存			《管晏列传赞》：吾读管氏《牧民》、《山高》、《乘马》、《轻重》、《九府》，及《晏子春秋》，详哉其言之也。至其书，世多有之，是以不论，论其轶事。	13
2	《晏子》	存				
3	《老子上下篇》	存			均见《老子韩非列传》。	14
4	《老莱子十五篇》		亡			
5	《庄子》	存				
6	《申子二篇》		亡			
7	《韩非子》	存				
8	《商君书》	存			《商君列传赞》：余尝读商君《开塞》、《耕战》书。	15
9	《司马兵法》			残	《司马穰苴列传》：齐威王使大夫追论古者《司马兵法》，而附穰苴于其中，因号曰《司马穰苴兵法》。太史公曰：余读《司马兵法》……	16
10	《孙子十三篇》	存			均见《孙子吴起列传》，不具引。	17
11	《孙膑兵法》			残		
12	《吴起兵法》		亡			
13	《魏公子兵法》		亡		《魏公子列传》：公子威震天下，诸侯之客进兵法，公子皆名之，故世俗称《魏公子兵法》。	18
14	《王子兵法》		亡		《太史公自序》：《司马法》所从来尚矣。太公、孙、吴、王子，能绍而明之。	19
15	《太公兵法》		亡		按：《太公兵法》又见《齐世家》及《留侯世家》。	20

续表

	书名	存	亡	残	载于《史记》之篇目、表列数序	
16	《计然七策》		亡		《货殖列传》：范蠡既雪会稽之耻，乃喟然而叹曰：“计然之策七，越用其五而得意。”	
17	《论语》	存			《仲尼弟子列传赞》：太史公曰：……论言《弟子籍》，出孔氏古文近是。余以弟子名姓文字悉取《论语》弟子问，并次为篇，疑者厥焉。	
18	《弟子籍》		亡			
19	《孟子》	存			《孟子荀卿列传》：（孟子）退而与万章之徒，序《诗》、《书》，述仲尼之意，作《孟子》七篇。	21
20	《荀卿子》	存			同上：荀卿赵人……于是推儒、墨、道德之行事兴坏，序列著数万言而卒。	
21	《李克书》		亡		同上：魏有李悝尽地力之教。 按：《货殖列传》云：“当魏文侯时，李克务尽地力之教。”《艺文志·诸子略》法家类有《李子》三十二篇，李悝著；儒家类有《李克》七篇。李悝、李克实为一人，魏文侯相。	
22	《终始》		亡		同上：“其次驺衍，后孟子……深观阴阳消息而作怪迂之变，《终始》、《大圣》之篇十余万言。”至燕，“作《主运》”。 按：《艺文志·诸子略》阴阳家类有《邹子》四十九篇，《邹子终始》五十六篇，皆驺（邹）衍著。驺衍谈天，谈历运天命，谈终始五德说，有多种著书。	
23	《大圣》		亡			
24	《主运》		亡			
25	《邹衍子》		亡		同上：自邹衍与齐之稷下先生，如淳于髡、慎到、环渊、接子、田骈、邹奭之徒，各著书言治乱之事，以干世主，岂可胜道哉。	21
26	《淳于髡子》		亡			
27	《慎子》			残		
28	《环渊子》		亡			
29	《接子》		亡			
30	《田骈子》		亡			
31	《邹奭子》		亡			
32	《公孙龙子》	存			同上：赵亦有公孙龙，为坚白同异之辩；剧子之言；魏有李悝尽地力之教；楚有尸子、长卢；阿之吁子焉。自如孟子至吁子，世多有其书。	
33	《剧子》		亡			
34	《李子》		亡			
35	《尸子》		亡			
36	《长卢子》		亡			
37	《吁子》		亡			

续表

书名		存	亡	残	载于《史记》之篇目、表列数序	
38	《墨子》	存			同上：墨翟宋大夫，善守御，为节用。	
39	《公孙固子》		亡		《十二侯年表序》：及如荀卿、孟子、公孙固、韩非之徒，各往往捃摭《春秋》之文以著书，不可胜记。	
40	《周书阴符》	存			《苏秦列传》：于是得《周书阴符》，伏而读之，期年以出《揣摩》。	22
41	《揣摩》		亡			
42	《吕氏春秋》	存			《吕不韦列传》：是时诸侯多辩士，如荀况之徒，著书布天下。吕不韦乃使其客，人人著所闻。集论以为八览、六论、十二纪，二十余万言；以为备天地万物古今之事，曰《吕氏春秋》。 按：又见《十二诸侯年表序》。	23
43	《贾谊新书》			残	《秦始皇本纪》引贾谊《过秦论》下为赞。	24
44	《蒯通书》		亡		《田儋列传》：蒯通者，善为长短说，论战国之权变，为八十一首。 按：金德建氏考证，《蒯通书》即《战国策》，但《汉志》纵横家录有《蒯子》五篇。	25
45	《郦生书》		亡		《郦生陆贾列传赞》："世之传郦生书"云云。	26
46	《新语》	存			同上：余读陆生《新语》书十二篇，固当世之辩士。	
47	《槃盂诸书》		亡		《魏其武安侯列传》：蚡有口，学《槃盂诸书》。	27
48	《儿宽书》		亡		《儒林列传》：儿宽为人温良，有廉智自持，而善著书、书奏，敏于文，口不能发明也。	
49	《札书》		亡		《封禅书》：齐人公孙卿有《札书》曰云云。	
50	《黄帝扁鹊之脉书》			残	《扁鹊仓公列传》：太仓公……要悉以禁方予之，传《黄帝扁鹊之脉书》。	27
51	《星经》			残	《天官书》："昔之传天数者，……周室，史佚、苌弘；于宋，子韦；郑则裨灶；在齐，甘公；楚，唐昧；赵，尹皋；魏，石申。"又云："皋、唐、甘、石，因时务，论其书传，故其占验，凌杂米盐。"又云："甘、石历五星法，唯独荧惑有反逆行。"	29

续表

书名		存	亡	残	载于《史记》之篇目、表列数序	
					按：各家《星经》为《天官书》所本。甘德有《天文星占》八卷，石申有《天文》八卷，成书约在公元前370至公元前270年之间，比希腊著名天文学家伊巴谷的活动年代早两个世纪。这两书已佚。今传《甘石星经》系宋人辑录。1973年长沙马王堆三号汉墓出土帛书有《五星占》约八千字，亦多甘石星占。	
52	《历术甲子篇》	存			《历书》摘载《历术甲子篇》。	30
53	《淮南子》	存			《五帝本纪》、《屈原列传》皆熔铸《淮南子》之文。	31
五十三种 小计		17	30	6		

3. 历史地理及汉室档案二十三种

书名		存	亡	残	载于《史记》之篇目、表列数序	
1	《百家》		亡		《五帝本纪赞》：《百家》言皇帝，其文不雅驯，荐绅先生难言之。	31
2	《谍记》		亡		《三代世表序》：余读《谍记》，黄帝以来，皆有年数，稽其《历谱谍》、《终始五德之传》……于是以《五帝系牒》、《尚书》集世，纪黄帝以来，讫共和为世表。 按：《终始五德之传》即《十二诸侯表序》所载张苍著书《历谱五德》。	
3	《历谱谍》		亡			
4	《终始五德之传》（历谱五德）		亡			
5	《五帝系谍》		亡			
6	《春秋历谱谍》		亡		《十二诸侯年表序》：太史公读《春秋历谱谍》，至周厉王，未尝不废书而叹也。	
7	《禹本纪》		亡		《大宛列传》：《禹本纪》言河出昆仑。昆仑其二千五百余里，日月所相避隐为光明也，其上有醴泉瑶池。……至《禹本纪》、《山海经》所有怪物，余不敢言之也。	32
8	《山海经》	存				
9	《铎氏微》		亡		《十二诸侯年表序》：“铎椒为楚威王傅，为王不能尽观《春秋》，采取成败，卒四十章，为《铎氏微》。”“赵孝成王时，其相虞卿上采《春秋》，下观近势，亦著八篇，为《虞氏春秋》。”	
10	《虞氏春秋》		亡			

续表

	书名	存	亡	残	载于《史记》之篇目、表列数序	
11	《史记》		亡		《天官书》：余观史记，考行事。 《太史公自序》：䌷史记石室金匮之书。	
12	《秦记》		亡		《六国年表序》：太史公读《秦记》，……余于是因《秦记》，踵《春秋》之后，起周元王，表六国时事，讫二世，凡二百七十年。	
13	《秦楚之际》		亡		《秦楚之际月表序》：太史公读《秦楚之际》。	33
14	《列封》		亡		《高祖功臣侯者年表序》：余读高祖侯功臣，察其首封。	34
15	《令甲》		亡		《惠景间侯者年表序》：太史公读《列封》，至便侯，曰：有以也夫！长沙王者，著《令甲》，称其忠焉。	35
16	《功令》		亡		《儒林列传序》：太史公曰：余读《功令》，至于广厉学官之路，未尝不废书而叹也。	
17	《汉律令》		亡		《太史公自序》：于是汉兴，萧何次律令，韩信申军法，张苍为章程，叔孙通定礼仪，则文学彬彬稍进。《诗》、《书》往往间出矣。 按：萧韩等人所定皆汉代典制。张苍《章程》为历算度量衡。叔孙通《礼仪》已列经类（见经 14）	35
18	《汉军法》		亡			
19	《汉章程》		亡			
20	《晁错所更令三十章》		亡		《袁盎晁错列传》：错所更令三十章，诸侯皆喧哗疾晁错。	36
21	《世本》			残	此三种见班氏父子评述，按之《史记》有征引，《战国策》被引用达 92 条之多。	
22	《战国策》	存				
23	《楚汉春秋》		亡			
小计	二十三种	2	20	1		

4. 文学书七种

	书名	存	亡	残	载于《史记》之篇目、表列数序	
1	乐毅、鲁仲连、邹阳、李斯等书	存			乐毅、鲁仲连、邹阳、李斯等传录载章表疏奏及书信多种，见《史记》各本传。	37 38 39

续表

书名		存	亡	残	载于《史记》之篇目、表列数序	
2	屈原赋	存			均见《屈原贾生列传》。	
3	宋玉赋	存				
4	唐勒赋		亡			
5	景差赋		亡			
6	贾谊赋			残		
7	司马相如赋	存			见《司马相如列传》。	40
小计 七种		4	2	1		
总计 一〇六种		39	58	9	载于《史记》篇目共40篇。	40

上列诸表具录一百零六种书，姑以四分法统计，计经部之书二十三种，子部之书五十三种，史部之书二十三种，集部之书七种。经部序列依《太史公自序》所论《春秋》、《易》、《礼》、《书》、《诗》、《乐》六经顺次列表，子部序列基本依《史记》列传所载先后列表。汉时《论语》、《孟子》未尊为经，故列于子部。《铎氏微》、《虞氏春秋》据司马迁所论，言“事”之书，故列于史部。汉代功令、典制列入史部。集部书寥寥无几。而列于史部的二十三种书，都不能说是真正的史书。像“史记”、“秦记”、“列封”、“功令”、“律令”等等只是一些档案资料，所以亡失殆尽。仅存的《战国策》与《山海经》两部，前者策士之言，后者《山海经》更是一部言志怪的方志，司马迁未予引载。故《汉书·艺文志》无史部，而将有价值的史书包括司马迁的《史记》（称《太史公书》）附于《六艺略》春秋家类。可见先秦时代，虽然典籍大备，而史学还处于童年时代。司马迁“厥协《六经》异传，整齐百家杂语”，集天下之书以为一书，并以《六经》为主要史料，乃是时代使然。

再从存亡情况看，经部二十三种，存十七种，亡六种，残一种，四分之三流传至今，可见经部典籍价值之高。子部五十二种，存十七种，亡三十种，残六种，存亡略半。史部二十三种，仅《山海经》与《战国策》两书流传外，全部荡然无存。集部七种存亡各半。总计一百零六种书，存三十九种，亡五十八种，残九种，过半数无存，书之传世，可谓难矣。《史记》汇总了古今典籍成一书，而且基本完整地保存下来，这是中国文化史上的一件划时代的大事。《史记》的价值不单是它的史学成就，而且是保存古代文化典籍的宝库，同时也是鉴别现存古代典籍科学价值的一个尺度。《史记》效《春秋》而作，尊《六经》为群籍之首，不是从尊经出发，而是从史料价值出发，是值得注意的（详后本文第三节）。汉、唐以后，史籍大备，《六经》被道学家引向了经院哲学，其史料价值反被埋没。所以章学诚提出“六经皆史”，为世所惊。从这个意义上说，研究《史记》取材，对于我们研究先秦历史，如何对待《六经》史料，是一个很好的借鉴。

二、司马迁用多种途径搜求史料

司马迁用多种途径搜求史料，载于《史记》中的资料，可以归纳为六个方面。

1. 阅读皇室所藏图书档案

——《太史公自序》云：百年之间，天下遗文古事靡不毕集太史公。太史公仍父子相续纂其职。

——《报任安书》云：网罗天下放失旧闻，考之行事，稽其成败兴坏之理，凡百三十篇，亦欲以究天人之际，通古今之变，成一家之言。

【按】这两段话十分鲜明地展示了司马谈、司马迁父子两人共同的史学思想。他们要“网罗天下放失旧闻”，用多种途径搜求史料，广泛参证，以“考之行事”，成一家之言。由于秦朝焚灭《诗》、《书》，图籍散乱，单靠个人的力量是不可能获得古今图书的。汉朝建立，大收图籍，广开献书之路，“建藏书之策，置写书之官”[①]，百年之间，典籍充栋，宫内有天禄阁、延阁、广内等藏书馆，外朝有太常、太史、博士官署藏书。司马迁所读《诗》、《书》、《春秋》、《国语》、《谍记》、《春秋历谱谍》、《秦记》、《列封》、《功令》等，皆国家所藏图书。故司马谈临终遗言，司马迁必为太史。“卒三岁而迁为太史令，紬史记石室金匮之书”，这是司马迁在《自序》中特地大书的一笔，示承继父志，续纂其业。太史令，秩六百石，是“陪外廷末议”的一个卑官[②]，但汉制，“天下计书先上太史公，副上丞相”[③]，却给司马迁修史提供了必要的条件。《曹相国世家》所录曹参军功，即功令所载之文。《扁鹊仓公列传》载仓公所对医案为皇室所藏。《樊郦滕灌》、《傅靳蒯成》等传亦多录《功令》之文。汉史诸表更是依赖于《功令》、《列封》、《令甲》等资料而制成。清赵翼评论说：

> 《史记》曹参世家叙功处，绝似有司所造册籍，自后樊哙、郦商、夏侯婴、灌婴、傅宽、靳歙、周緤等传，记功俱用此法。并细叙斩级若干，生擒若干，降若干人，又分书身自擒斩若干，所将卒擒斩若干，又总叙攻得郡若干，县若干，擒斩大将若干，裨将若干，二千石以下若干，纤悉不遗。另成一格，盖本分封时所据功册而迁料简存之者也。然亦可见汉初起兵，即令诸将各立简牍，以纪劳绩，无枉无滥，所以能得人死力以定大业也[④]。

赵翼的评论，十分精当。但他认为这是“《史记》变体”，未免率略，《史记》载百年汉史特详，许多材料都是来自汉室档案簿书。司马迁“紬史记石室金匮之书”，《索隐》引如淳云：“抽彻旧书故事而次述之。”又引小颜云：“紬谓缀集之也。”可见“紬”就是编录撰述。司马迁将“石室金匮”之中的档案簿书紬绎摘述以入史，与《六经》典籍并重，可以说这是《史记》取材

① 《汉书·艺文志》。
② 《汉书》卷六二《司马迁传》。
③ 卫宏语，见《太史公自序》之《集解》引《汉仪注》。
④ 《廿二史劄记》卷一“《史记》变体”条。

上的一个显著特点。这不是“变体”，而是《史记》的正书。

2. 金石、文物、图像及建筑

——《秦始皇本纪》载《泰山石刻》、《琅邪石刻》、《之罘石刻》。

——《孔子世家赞》：适鲁，观孔子庙堂车服礼器，诸生以时习礼其家，余祗回留之，不能去云。

——《留侯世家赞》：余以为其人计魁梧奇伟，至见其图，状貌如妇人好女。

——《春申君列传赞》：吾适楚，观春申君故城宫室，盛矣哉！

——《蒙恬列传赞》：吾适北边，自直道归。行观蒙恬所为秦筑长城亭障，堑山堙谷，通直道，固轻百姓力矣。

【按】秦始皇统一天下，巡游各地，在峄山、泰山、琅邪、之罘、会稽、碣石等地刻石颂功，司马迁采择载入《秦始皇本纪》中，开了金石做史料的先河。孔子庙堂文物，留侯图像，春申君宫室建筑，蒙恬所筑长城、直道，都吸引了司马迁的注意。可惜当时没有摄影技术和图版印刷，这一物质条件限制了司马迁在《史记》中作图版穿插，他只好用文字来描绘了。如说秦始皇“蜂准，长目，挚鸟膺”[①]；汉高祖“隆准而龙颜，美须髯”[②]；陈平“为人长，美色”，“如冠玉”[③]；张苍“身长肥大白如瓠”[④]；李广“为人长，猿臂”[⑤]；公孙弘“状貌甚丽”[⑥] 等。有的人物为司马迁所亲见，大多是得之于传闻或见之于文物图像。如说越王勾践“长颈鸟喙”[⑦]；孔子“长九尺有六寸”，“其颡似尧，其项类皋

① 《史记》卷六《秦始皇本纪》。
② 《史记》卷八《高祖本纪》。
③ 《史记》卷五六《陈丞相世家》。
④ 《史记》卷九六《张丞相列传》。
⑤ 《史记》卷一〇九《李将军列传》。
⑥ 《史记》卷一一三《平律侯主父列传》。
⑦ 《史记》卷四一《越王勾践世家》。

陶，其肩类子产，然自腰以下，不及禹三寸”[①]。这些描写，表现了司马迁搜求史料的广泛兴趣，除得之于传闻外，当有古代的文物图像为司马迁所亲见，留侯图像就是一例。

3. 游历访问、实地调查

——《五帝本纪赞》：余尝西至空桐，北过涿鹿，东渐于海，南浮江淮矣，至长老皆各往往称黄帝、尧、舜之处，风教固殊焉。

——《周本纪赞》：学者皆称周伐纣，居洛邑，综其实不然。武王营之，成王使召公卜居，居九鼎焉，而周复都丰、镐。至犬戎败幽王，周乃东徙于洛邑。所谓“周公葬于毕”，毕在镐东南杜中。

——《封禅书赞》：余从巡祭天地诸神名山川而封禅焉。入寿宫，侍祠神语，究观方士祠官之意。

——《河渠书赞》：余从负薪塞宣房，悲《瓠子之诗》而作《河渠书》。

——《齐太公世家赞》：吾尝过薛，其俗闾里率多暴桀子弟，与邹、鲁殊，问其故，曰：“孟尝君招致天下任侠，奸人入薛中，盖六万余家矣。”世之传孟尝君好客自喜，名不虚矣。

——《伯夷列传》：余登箕山，其上盖有许由冢云。

——《魏世家赞》：吾适大梁之墟，墟中人曰：“秦之破梁，引河沟而灌大梁，三月城坏，王请降，遂灭魏。”说者皆曰魏以不用信陵君故，国削弱至于亡，余以为不然。

——《魏公子列传赞》：吾过大梁之墟，求问其所谓夷门。夷门者，城之东门也。

——《樗里子甘茂列传赞》：太史公曰：樗里子以骨肉重，固其理，而秦人称其智，故颇采焉。

——《淮阴侯列传赞》：吾如淮阴，淮阴人为余言，韩

① 《史记》卷四七《孔子世家》。

信虽为布衣时，其志与众异。其母死，贫无以葬，然乃行营高敞地，令其旁可置万家。余视其母冢，良然。

——《樊郦滕灌列传赞》：吾适丰、沛，问其故老，观故萧曹樊哙滕公家，及其素，异哉所闻。

——《龟策列传》："余至江南，观其行事，问其长老"云云。

【按】司马迁二十壮游，奉使巴、蜀以南，从巡武帝，搜集了全国各地关于上古历史的传说，在调查中考实了西周建国经营洛邑的情况，纠正了学者所传之误。至于调查战国故事、汉初故事、古战场形势、个人遗事，至为详悉。大至秦国的破魏战争，小至一个城门的名字，都要亲历访问。司马迁十分重视普通老百姓的口碑、传颂，并在《史记》中留下了记载。如适大梁之墟，求问夷门及秦灭魏，"墟中人曰"云云；载樗里子事迹，"秦人称其智"云云；"淮阴人为余言"云云……此类例证，不胜枚举。这说明司马迁的调查，深入了社会下层，有时甚至冒着生命危险，也在所不辞。例如他在齐鲁地区考察，就曾厄困鄱、薛、彭城，认识到薛地风俗，其闾里"率多暴桀子弟，与邹、鲁殊"①。为了弄清原因，司马迁"问其故"。《货殖列传》对全国都市经济和各地物产、习俗的记载，就是从游历调查中得到的。

4. 搜求诸侯史记

——《六国年表序》：秦既得意，烧天下《诗》、《书》，诸侯史记尤甚，为其有所刺讥也。《诗》、《书》所以复见者，多藏人家，而史记独藏周室，以故灭。惜哉，惜哉！独有《秦记》，又不载日月，其文略不具。

——《燕召公世家》载："孝王三年卒，子今王喜立。"又载："今王喜四年，秦昭王卒。"

【按】秦始皇焚灭诸侯史记，司马迁深为痛惜，故在"网罗

① 《史记》卷七五《孟尝君列传赞》。

天下放失旧闻”中搜求诸侯史记是一大目的。燕孝王之卒及燕王喜四年秦昭王卒是公元前255至公元前251年事，下距司马迁述史一百四五十年，而《燕召公世家》两称“今王”，显然是抄录燕国史记的痕迹。至于年表、世家载各诸侯国史事用第一人称“我”亦是录自诸侯史记的痕迹。

5. 接触当事人或他人口述材料

冯王孙：

——《赵世家赞》：吾闻冯王孙曰：“赵王迁，其母倡也，嬖于悼襄王。悼襄王废适子嘉而立迁。迁素无行，信谗，故诛其良将李牧，用郭开。”岂不谬哉！

贾嘉：

——《屈原贾生列传》：贾生之孙二人至郡守，而贾嘉最好学，世其家，与余通书。

樊他广：

——《樊郦滕灌列传赞》：余与他广通，为言高祖功臣之兴时若此云。

田仁：

——《田叔列传赞》：仁与余善，余故并论之。

壶遂、韩长孺：

——《韩长孺列传赞》：余与壶遂定律历，观韩长孺之义，壶遂之深中隐厚。世之言梁多长者，不虚哉！

李广：

——《李将军列传赞》：余睹李将军悛悛如鄙人，口不能道辞。

郭解：

——《游侠列传赞》：吾视郭解，状貌不及中人，言语不足采者。

苏建：

——《卫将军骠骑列传赞》：“苏建语余曰”云云。

【按】在交游中采访史料，弥补文献记载的不足，也是《史记》取材的一大特色。在战国史中，赵事独详。“有造父御穆王西巡狩之事焉，有屠岸贾灭赵氏与程婴立孤之事焉，有赵简子梦至帝所赐翟犬之事焉，有赵襄子拜受霍泰山三神之令之事焉，有武灵王梦见处女鼓琴歌而得孟姚之事焉，是皆《国语》与《战国策》之所未记而极富于故事性之民间传说也。”又“《史记》中赵之将相若平原君、虞卿、廉颇、蔺相如之俦，及其流寓若乐毅、信陵君、封国若张耳，其中振奇恢诡之故事必有绝大都分为冯氏子所宣扬，故能笔墨生动若此”[①]。冯氏父子，即冯唐、冯王孙，父子两人相继长期在宫廷做郎官，冯唐官至楚相。冯唐父子与司马谈、迁父子是世交好友。冯氏，祖籍赵人，熟悉赵国掌故，为司马迁提供了丰富的战国史料。至于当代汉史，司马迁得交游之助，更不待具论。

6. 采集歌谣诗赋，俚语俗谚

此分三项：

（1）乐府歌谣，文人诗赋

——《项羽本纪》载《项羽之歌》：力拔山兮气盖世，时不利兮骓不逝。骓不逝兮可奈何，虞兮虞兮奈若何！

——《高祖本纪》载汉高祖《大风歌》：大风起兮云飞扬，威加海内兮归故乡，安得猛士兮守四方。

——《吕太后本纪》载赵王刘友《饥饿之歌》：诸吕用事兮刘氏危，迫胁王侯兮强授我妃。我妃既妒兮诬我以恶，谗女乱国兮上曾不寤。我无忠臣兮何故弃国？自决中野兮苍天举直！于嗟不可悔兮宁早自财（裁），为王而饿死兮谁者怜之！吕氏绝理兮托天报仇。

——《乐书序》载汉武帝《神马太一之歌》：太一贡兮天马下，霑赤汗兮沫流赭。骋容与兮跇万里，今安匹兮龙

① 顾颉刚：《司马谈作史》，载《史林杂识初编》。

为友。

——又载《大宛千里马歌》：天马来兮从西极，经万里兮归有德。承灵威兮降外国，涉流沙兮四夷服。

——《河渠书》载汉武帝《瓠子之歌》二章。其一曰：

瓠子决兮将奈何？皓皓旰旰兮闾殚为河！殚为河兮地不得宁，功无已时兮吾山平。吾山平兮钜野溢，鱼沸郁兮柏冬日。延道弛兮离常流，蛟龙骋兮方远游。归旧川兮神哉沛，不封禅兮安知外！为我谓河伯兮何不仁，泛滥不止兮愁吾人？啮桑浮兮淮、泗满，久不反兮水维缓。

其二曰：

河汤汤兮激潺湲，北渡污兮浚流难。搴长茭兮沈美玉，河伯许兮薪不属。薪不属兮卫人罪，烧萧条兮噫乎何以御水！颓林竹兮楗石灾，宣房塞兮万福来。

——《宋微子世家》载箕子《麦秀之歌》：麦秀渐渐兮，禾黍油油。彼狡僮兮，不与我好兮！

——《晋世家》载晋大夫《士蒍之歌》：狐裘蒙茸，一国三公，吾谁适从。

——《孔子世家》载孔子《去鲁之歌》：彼妇之口，可以出走；彼妇之谒，可以死败。盖优哉游哉，维以卒岁。

——又载《太山之歌》：太山坏乎！梁柱摧乎！哲人萎乎！

——《齐悼惠王世家》载朱虚侯刘章《耕田歌》：深耕溉种，立苗欲疏；非其种者，锄而去之。

——《伯夷列传》载伯夷叔齐《采薇之歌》：登彼西山兮，采其薇矣。以暴易暴兮，不知其非矣。神农、虞、夏忽焉没兮，我安适归矣？于嗟徂兮，命之衰矣！

——《刺客列传》载《荆轲之歌》：风萧萧兮易水寒，壮士一去兮不复还。

——《滑稽列传》载《优孟之歌》：山居耕田苦，难以得食。起而为吏，身贪鄙者余财，不顾耻辱。身死家室富，又恐受赇枉法，为奸触大罪，身死而家灭。贪吏安可为也！念为廉吏，奉法守职，竟死不敢为非。廉吏安可为也！楚相孙叔敖持廉至死，方今妻子穷困负薪而食，不足为也！

(2) 民歌童谣

——《周本纪》载周宣王时之童谣：檿弧箕服，实亡周国。

——《鲁周公世家》载鲁文成之世童谣：鸜鹆来巢，公在乾侯。鸜鹆入处，公在外野。

——《田敬仲完世家》载齐人《采芑之歌》：妪乎采芑，归乎田成子。

——又载齐人怨王建《松柏之歌》：松耶柏耶？住建共者客耶？

——《曹相国世家》载汉初百姓颂《萧曹之歌》：萧何为法，觏若画一；曹参代之，守而勿失。载其清净，民以宁一。

——《魏其武安侯列传》载《颍川儿歌》：颍水清，灌氏宁；颍水浊，灌氏族。

——《淮南衡山列传》载《淮南民歌》：一尺布，尚可缝；一斗粟，尚可舂，兄弟二人不相容。

(3) 俚语俗谚

——《陈杞世家》：鄙语有之：牵牛径人田，田主夺之牛。径则有罪矣，夺之牛，不亦甚乎？

——《郑世家赞》：语有之：以权利合者，权利尽而交疏。

——《赵世家》：谚曰：以书御者，不尽马之情；以古制今者，不达事之变。

——又载谚曰：死者复生，生者不愧。

——又载民讹言曰：赵为号，秦为笑。以为不信，视地之生毛。

——《陈涉世家》：客曰："夥颐！涉之为王沈沈者！"

楚人谓多为夥，故天下传之。

——《楚元王世家赞》：甚矣，“安危在出令，存亡在所任”，诚哉是言也。

——《陈丞相世家》：鄙语曰：儿妇人口不可用。

——《伯夷列传》引载《贾谊新书》：贾子曰：贪夫徇财，烈士徇名，夸者死权，众庶冯生。

——《管晏列传》：语曰：将顺其美，匡救其恶，故上下能相亲也。

——《孙子吴起列传赞》：语曰：能行之者，未必能言。能言之者，未必能行。

——《苏秦列传》：鄙谚曰：宁为鸡口，无为牛后。

——《樗里子甘茂列传》：秦人谚曰：力则任鄙，智则樗里。

——《白起列传赞》：鄙语云：尺有所短，寸有所长。

——《平原君列传赞》：鄙语云：利令智昏。

——《春申君列传赞》：语曰：当断不断，反受其乱。

——《范雎蔡泽列传》：语曰：庸主赏所爱而罚所恶；明主则不然，赏必加于有功，而刑必断于有罪。

——又载蔡泽所闻俗语：吾闻之：鉴于水者见面之容，鉴于人者知吉与凶。

——《鲁仲连邹阳列传》载《鲁仲连遗燕王书》：吾闻之：智者不倍时而弃利，勇士不却死而灭名，忠臣不先身而后君。

——又载：吾闻之，规小节者不能成荣名，恶小耻者不能立大功。

——又载邹阳《狱中上梁王书》：谚曰：有白头如新，倾盖如故。

——《刘敬叔孙通列传赞》：语曰：千金之裘，非一狐之腋也；台榭之榱，非一木之枝也；三代之际，非一士之智也。

——《季布栾布列传》：楚人谚曰：得黄金百，不如得季布一诺。

——《袁盎晁错列传赞》：语曰：变古乱常，不死则亡。

——《张释之冯唐列传赞》：语曰：不知其人，视其友。

——《扁鹊仓公列传赞》：女无美恶，居宫见妒；士无贤不肖，入朝见疑。

——《吴王濞列传赞》：毋为权首，反受其咎。

——《韩长孺列传》：语曰：虽有亲父，安知其不为虎？虽有亲兄，安知其不为狼？

——《李将军列传赞》：谚曰：桃李不言，下自成蹊。

——《游侠列传》：鄙人有言曰：何知仁义，已飨其利者为有德。

——又载谚曰：人貌荣名，岂有既乎！

——《佞幸列传》：谚曰：力田不如逢年，善仕不如遇合。

——《货殖列传》：谚曰：千金之子，不死于市。

——又载谚曰：天下熙熙，皆为利来；天下攘攘，皆为利往。

——又载谚曰：百里不贩樵，千里不贩籴。

——又载：用贫求富，农不如工，工不如商，刺绣文不如倚市门。

【按】汉武帝设乐府采诗，《史记》中部分民歌童谣，来自乐府，上引统治阶级上层人士所作之歌，则来自皇室档案。但大部分民歌童谣、俚语俗谚，是司马迁采自民间，往往标明谚曰、语曰、鄙语曰，或融合在叙事之中，挥洒自如，用于刻画人物，用于叙事说理，妙趣横生，寓意透辟。司马迁还采择文人诗赋入史，如《屈原贾生列传》录屈原赋、贾谊赋，《司马相如列传》录司马相如赋，均得其宜。采择歌谣诗赋入史，不仅开拓了史料来源，而且使史文具有文学的形象性，增强了文章的感染力，是应该肯定的。司马迁还大量地将歌谣俚语引入赞中，用以褒贬人物，就像引用经典一样郑重。歌谣俚语，寓有平凡的真理，是人民生活实践的结晶。司马迁引用歌谣俚语，正是他过人的识力表现的一种形式。但这为正统派史学家所不容。班彪所谓的“论议浅而不笃”，郑樵讥之为“雅不足”云云，也就值不得辩驳了。

三、司马迁取舍材料的标准

古人著述，如何选取材料和组织材料，称之为“书法”，亦谓之“凡例”、“义例”。《史记》自成“一家之言”，有着严密的书法、义例，司马迁在论赞及行文中反复提示。今就司马迁别择材料的标准作简要归纳，大致可概括为六条凡例，分论之如下。

1. 考信于六艺，折中于夫子

——《伯夷列传》：夫学者载籍极博，犹考信于六艺。

——《孔子世家赞》：孔子布衣，传十余世，学者宗之。自天子王侯，中国言六艺者折中于夫子，可谓至圣矣。

——《殷本纪赞》：太史公曰：余以《颂》次契之事，自成汤以来，采于《书》、《诗》。

【按】明王守仁说：“以事言曰史，以道言曰经。事即道，道即事。《春秋》亦经，五经亦史。”① 但未引起史学界的注意。嗣后清章学诚提出“六经皆史”的论断②，因出于著名史学评论家之口，受到史学界的崇高评价。其实早在西汉，司马迁第一个提出了六经皆史的论断，并做出了杰出的实践，以《六经》为史料。《太史公自序》云：

夫《春秋》，上明三王之道，下辨人事之纪，别嫌疑，明是非，定犹豫，善善恶恶，贤贤贱不肖，存亡国，继绝

① 《传习录》卷一。

② 《文史通义》内篇一《易教上》。

世，补敝起废，王道之大者也。《易》著天地阴阳四时五行，故长于变；《礼》经纪人伦，故长于行；《书》记先王之事，故长于政；《诗》记山川谿谷禽兽草木牝牡雌雄，故长于风；《乐》，乐所以立，故长于和；《春秋》辩是非，故长于治人。

又云：

是故《礼》以节人，《乐》以发和，《书》以道事，《诗》以达意，《易》以道化，《春秋》以道义。拨乱世反之正，莫近于《春秋》。

章学诚论六经皆史的根据是“六经皆先王之政典也”。章氏所论与王守仁的说法是一致的，但都没有超出司马迁的认识水平。尧、舜、夏、殷、周诸纪，三代、十二诸侯两年表，齐、鲁、燕、晋、宋、卫、孔子诸世家，仲尼弟子传等篇主要以六艺经传为史料。至于司马迁以孔子言论作为褒贬人物的一个尺度，贯穿于《史记》之中，俯拾即是，不一一具引。

2. 择其言尤雅者，总之不离古文者近是

——《五帝本纪赞》：太史公曰：学者多称五帝，尚矣。然《尚书》独载尧以来；而百家言黄帝，其文不雅驯，荐绅先生难言之。孔子所传宰予问《五帝德》及《帝系姓》，儒者或不传。余尝西至空桐，北过涿鹿，东渐于海，南浮江淮矣，至长老皆各往往称黄帝、尧、舜之处，风教固殊焉，总之不离古文者近是。予观《春秋》、《国语》，其发明《五帝德》、《帝系姓》章矣，顾弟弗深考，其所表见皆不虚。书缺有间矣，其轶乃时时见于他说。非好学深思，心知其意，固难为浅见寡闻道也。余并论次，择其言尤雅者，故著为本纪书首。

——《三代世表序》：余读《谍记》，黄帝以来，皆有年数，稽其《历谱谍》，《终始五德之传》，古文咸不同乖异。

——《仲尼弟子列传赞》：太史公曰：学者多称七十子之徒，誉者或过其实，毁者或损其真，钧之未覩厥容貌，则论言弟子籍，出孔氏古文近是。

【按】“择其言尤雅者”，司马迁有着明确的释义，有两方面的含义。第一，文献记载要经得起实地调查的考核；反过来，传闻材料要有文献记载的印证，即文献记载与实地调查并重，相互印证。这就是司马迁多方面搜求史料的指导思想。第二，对重大历史事件，要征引多种史料进行排比、考实，然后谨慎地取舍、综合。司马迁作《五帝本纪》就是一个“择其言尤雅者”的典型例证。这篇三千四百五十字的本纪（未计赞语字数），在文献方面至今犹能按核的典籍就有十余种：①古今文《尚书》，②《大戴礼记》（即《五帝德》及《帝系姓》），③《国语》，④《左传》，⑤《世本》，⑥《庄子》，⑦《孟子》，⑧《韩非子》，⑨《战国策》，⑩《吕氏春秋》，⑪《礼记》，⑫《淮南子》。此外，还有我们至今无法按核的典籍，如《百家》、《谍记》等。儒家经典《尚书》，第一篇为《尧典》，所以司马谈发凡起例，上限起自陶唐。但司马迁在游历考察中。从全国各地搜集了关于黄帝的传说资料，修正上限起自黄帝[①]。传说资料，各地不同，甚至互相抵牾，真伪杂陈，必须和文献资料印证，去伪存真，去粗取精。司马迁认为《五帝德》、《帝系姓》是孔子传下来的。实际这两篇文献是战国时人所记载的传说，不过是托名孔子答宰予问。司马迁用《左传》、《国语》等古文加以印证，摘取可靠的资料，而对其中不可信的部分，删而去之。例如《五帝德》述黄帝，其中有“黄黼黻衣，大带黼裳，乘龙扆云”的记载；述颛顼，有“乘龙而至四海”的记载；述帝喾，有“春夏乘龙，秋冬乘马，黄黼黻衣”的记载，这都是不合理、不可信的，司马迁均予以删去。至于《百家》、《谍记》所载黄帝以来年数，一概予以摒弃。从黄帝以来至西周共和只作一个《三代世表》，以象征历史发展的线索而已。可见司马迁取材，是进行了一番广征、互证的考核工作，才加以别择的。

至于古文，系指用先秦文字书写的典籍，《六经》是古文的主体，故“总之不离古文者近是”，与“考信于六艺”是一致的，但

① 参阅本书《〈史记〉断限考略》一文。

含义和范围更宽广。用今天的行话说，就是述史要征用原始资料，愈早愈珍贵。司马迁对古文有很深的造诣，他十岁就能读古文书籍，成年后又向大儒孔安国学习古文《尚书》，故《史记》载《尧典》、《禹贡》、《洪范》、《微子》、《金縢》诸篇，“多古文说”①。

3. 纪异而说不书，所有怪物，余不敢言之也

——《天官书》：幽厉以往，尚矣。所见天变，皆国殊窟穴，家占物怪，以合时应，其文图籍禨祥不法。是以孔子论六经，纪异而说不书。

——《太史公自序》：星气之书，多杂禨祥，不经；推其文，考其应，不殊。比集论其行事，验于轨度以次，作《天官书》第五。

——《刺客列传赞》：太史公曰：世言荆轲，其称太子丹之命，“天雨粟，马生角”也，太过。

——《大宛列传赞》：至《禹本纪》。《山海经》所有怪物，余不敢言之也。

【按】“纪异而说不书”，这是究天人关系的一个原则。司马迁精通天文、律历。但古代的科学知识是与宗教迷信、神话传说杂糅在一起的。实际观察天象，可以验证“星气之书，多杂禨祥，不经”；但巫祝的预言也“时或颇中”，于是司马迁又认为“推其文，考其应，不殊”。天道性命到底有无呢？司马迁既怀疑，又相信。“纪异”，就是对天道灾变加以记载；而“说不书”，即对感应的说法不加记载。司马迁是怎样运用“纪异而说不书”的呢？他作《律历书》和《天官书》，把历算天文的科学史纳入了历史编纂的范围，也记载了许多天人感应的资料，但在纪传中载人事时并不加以发挥。天是天，人是人，两者在《史记》五体的分工记载中作了明显的区分。所以七十列传，力求实录人事的历史变化，而对虚妄荒诞之说加以摈斥或揭露。例如《陈涉世

① 《汉书》卷八八《儒林传》。

家》对鱼腹丹书、篝火狐鸣的记载就揭示了真相。燕太子丹求归，仰天而叹，“天雨粟，马生角”，以及《禹本纪》、《山海经》所有怪物，荒诞无稽，一概不录。

4. 非天下所以存亡，故不著，至于世传其书者，论其轶事

——《报任安书》：稽其成败兴坏之理。……

——《留侯世家》：留侯从上击代，出奇计马邑下，及立萧何相国，所与上从容言天下事甚众，非天下所以存亡，故不著。

——《张丞相列传》：自申屠嘉死之后，景帝时开封侯陶青、桃侯刘舍为丞相。及今上时，柏至侯许昌、平棘侯薛泽、武强侯庄青翟、高陵侯赵周等为丞相。皆以列侯继嗣，娖娖廉谨，为丞相备员而已，无所能发明功名有著于当世者。

【按】司马迁以人物为中心，却只用了五十二万言就叙出三千年史事，真正做到了字字精练、要言不烦。这成功的关键就是司马迁以论治为核心叙史，“稽其成败兴坏之理”，对入传人物和行状史事作了严格的选择，“非天下所以存亡，故不著”。留侯佐高祖，奇谋善策至多，只载其著者。汉代丞相，自申屠嘉以后，大都碌碌，无功无过，备员丞相，列名而已。反之，事关治道的下层人物、医卜星象、刺客游侠，皆立专传以载之。还有一类人物，对历史做出了重大贡献，家喻户晓，口碑相传，或著书立说，留言后世，则只载其轶事。这一原则，司马迁反复申言之：

——《管晏列传赞》：太史公曰：吾读管氏《牧民》、《山高》、《乘马》、《轻重》、《九府》，及《晏子春秋》，详哉其言之也。既见其著书，欲观其行事，故次其传。至其书，世多有之，是以不论，论其轶事。

——《司马穰苴列传赞》：世既多《司马兵法》，以故不论，著穰苴之列传焉。

——《孙子吴起列传赞》：太史公曰：世俗所称师旅，皆道《孙子》十三篇，吴起《兵法》，世多有，故弗论，论其行事所施设者。

——《孟子荀卿列传》：自如孟子至于吁子，世多有其书，故不论其传云。

但《鲁仲连邹阳列传》、《屈原贾生列传》、《李斯列传》、《司马相如列传》却又大量引载人物著作入史。司马迁在《司马相如列传赞》中示例说："余采其语可论者，著于篇。"上述三种形式：或只著其关系天下兴亡之行事，或论其轶事，或载列著述，形式不同，皆为有益于"治"，考论兴亡之理。手法虽异，而旨归则一。

5. 信以传信，疑以传疑，故两言之

——《三代世表序》：太史公曰：五帝、三代之记，尚矣。自殷以前诸侯不可得而谱，周以来乃颇可著。……故疑则传疑，盖其慎也。

——《仲尼弟子列传赞》：太史公曰：余以弟子名姓文字悉取《论语》弟子问，并次为篇，疑者阙焉。

——褚少孙补《三代世表》云：张夫子问褚先生曰："《诗》言契、后稷皆无父而生。今案诸传记咸言有父，父皆黄帝子也，得无与《诗》谬乎?"褚先生曰。"不然。……一言有父，一言无父，信以传信，疑以传疑，故两言之。"

【按】《史记》中有两存之例，如殷始祖契，既曰"母曰简狄，为帝喾次妃"，又曰简狄吞玄鸟卵而生契。周始祖后稷，"其母曰姜原，为帝喾元妃"，又谓"姜原出野，见巨人迹"，践之而生稷。这两例就是褚少孙所释的"信以传信，疑以传疑"的考信精神。五帝三王之本纪年表，只载世系而不记年，其义亦在此。

6. 厥协六经异传，整齐百家杂语

——《太史公自序》：凡百三十篇，五十二万六千五百字，为《太史公书》。序略，以拾遗补艺，成一家之言，厥协《六经》异传，整齐百家杂语。

——《报任安书》：究天人之际，通古今之变，成一家之言。

【按】“成一家之言”是司马迁的述史理想。因此，他虽然提出了“考信于六艺”、“折中于夫子”的取材原则，但是引载六艺经传及百家杂语并不墨守教条，而是纳入“一家之言”中，有着独具的特点。《史记》有“述”与“作”之分。大体说来，百年汉史以“作”为主，战国以前的古代史以“述”为主。所谓“述”，即熔铸剪裁，摘抄旧史而成。“厥协《六经》异传，整齐百家杂语”是就“述”而言。所谓“厥协”就是综合、贯通；“整齐”就是别择、统一。白寿彝解释这两句话说：“前一句用‘协’字，协者，合也，说明他认为经传是比较正确、可靠的，就是要把六经异传综合起来，把它们都吸收到《史记》里面去。后一句用‘整齐’，则含有批判的意思，意味着百家杂语的正确性差一些。”[①] 从第一节司马迁所见书的表列统计数据分析来看，白先生的话是很精练的。

那么司马迁是怎样合协《六经》异传和统一百家杂语以成一家之言的呢？主要的贯通手法有四种：

(1) 剪裁摘要：

——《左传》文公十八年：昔高阳氏有才子八人，苍舒、聩敳、梼戭、大临、龙降、庭坚、仲容、叔达。齐圣广渊，明允笃诚。天下之民。谓之“八恺”。高辛氏有才子八人，伯奄、仲堪、叔献、季仲、伯虎、仲熊、叔豹、季貍。忠肃共懿，宣慈惠和。天下之民，谓之“八元”。此十六族也。世济其美，不陨其名。	——《五帝本纪》：昔高阳氏有才子八人，世得其利，谓之“八恺”。高辛氏有才子八人，世谓之“八元”。此十六族者，世济其美，不陨其名。

(2) 增文补史

——《尧典》：正月上日，受终于文祖。在璇玑玉衡，以齐七政。	——《五帝本纪》：正月上日，舜受终文祖。文祖

① 《史记新论》，求实出版社 1981 年版。

者，尧大祖也。于是帝尧老，命舜摄行天子之政，以观天命。舜乃在璿玑玉衡，以齐七政。

(3) 训释古文

——《尧典》：

克明俊德

钦若昊天

宅朔方

允厘百工，庶绩感熙

——《五帝本纪》：

能明驯德

敬顺昊天

居北方

信饬百官，众功皆兴。

(4) 熔铸改写

①《尧典》：

——帝曰："咨！四岳。朕在位七十载，汝能肩命巽朕位？"岳曰："否德忝帝位。"曰："明明扬侧陋。"师锡帝曰："有鳏在下，曰虞舜。"帝曰："俞！予闻，如何？"岳曰："瞽子，父顽，母嚚，象傲，克谐，以孝蒸蒸，乂不格奸。"帝曰："我其试哉！"女于时，观厥刑于二女。厘降二女于妫汭，嫔于虞。帝曰："钦哉！"

②《淮南子·泰族训》：

——四岳举舜荐之于尧，尧乃妻以二女，以观其外。既入大麓，烈风雷雨而不迷，乃属以九子。

③《韩非子·难一》：

——历山之农者侵畔，舜往耕焉，期年，甽亩正。河滨之渔者争坻，舜往渔焉，期年，而让长。东夷之陶者器苦窳，舜往陶焉，期年而器牢。仲尼叹曰："耕、渔与陶，非舜官也，而舜往之者，所以救败也。舜其信仁乎！乃躬藉处苦而民从之，故曰：圣人之德化乎！"

或问儒者曰："方此时也，尧安在？"其人曰："尧为天子。"然则仲尼之圣尧奈

——《五帝本纪》：

舜父瞽叟顽，母嚚，弟象傲，皆欲杀舜。舜顺适不失子道。兄弟孝慈，欲杀不可得；即求，尝在侧。

舜年二十以孝闻。三十而帝尧问可用者，四岳咸荐虞舜，曰可。于是尧乃以二女妻舜以观其内，使九男与处以观其外。舜居妫汭，内行弥谨。尧二女不敢以贵骄事舜亲戚，甚有妇道。尧九男皆益笃。舜耕历山，历山之人皆让畔；渔雷泽，雷泽上人皆让居；陶河滨，河滨器皆不苦窳。一年而所居成聚，二年成邑，三年成都。尧乃赐舜絺衣，与琴，为筑仓廪，予牛羊。瞽叟尚复欲杀之，使舜上涂廪，瞽叟从下纵火焚廪。舜乃以两笠自扞而下，去，得不死。后瞽叟又使舜穿井，舜穿井为匿

何？圣人明察在上位，将使天下无奸也。今耕渔不争、陶器不窳，舜又何德而仕？舜之救败也，则是尧有失也；贤舜则去尧之明察，圣尧则去舜之德仕；不可两得也。楚人有鬻盾与矛者，誉之曰："吾盾之坚，莫能陷也。"又誉其矛曰："吾矛之利，于物无不陷也。"或曰："以子之矛陷子之盾何如？"其人弗能应也。夫不可陷之盾，与无不陷之矛，不可同世而立。今舜、尧之不可两誉，矛盾之说也。 ④《孟子·万章上》第一章： ——万章问："《诗》云，'聚妻如之何？必告父母'。信斯言也，宜莫如舜。舜之不告而娶，何也？" 孟子曰："告则不得娶。男女居室，人之大伦也。如告，则废人之大伦，以对父母，是以不告也。" …… 万章曰："父母使舜完廪，捐阶，瞽叟焚廪。使浚井，出，从而揜之。象曰：'谟盖都君咸我绩，牛羊父母，仓廪父母，干戈朕，琴朕，弤朕，二嫂使治朕栖。'象往入舜宫，舜在床琴。象曰：'郁陶思君尔。'忸怩。舜曰：'惟兹臣庶，汝其于予治。'不识舜不知象之将杀己与？" 曰："奚而不知也？象忧亦忧。象喜亦喜。" 曰："然则舜伪喜者与？" 曰："否，昔者有馈生鱼于郑子产，子产使校人畜之池。校人烹之，反命曰：'始舍之，圉圉焉；少则洋洋焉；攸然而逝。'子产曰：'得其所哉！得其所哉！'校人出，曰：'孰谓子产智？予既烹而食之，曰：得其所哉，得其所哉。'故君子可欺以其方，难以罔其道。彼以爱兄之道来，故诚信而喜之，奚伪焉？"	空旁出。舜既入深，瞽叟与象共下土实井，舜从匿空出，去。瞽叟、象喜，以舜为已死。象曰："本谋者象。"象与其父母分，于是曰："舜妻尧二女，与琴，象取之。牛羊仓廪予父母。"象乃止舜宫居，鼓其琴。舜往见之。象鄂不怿，曰："我思舜正郁陶！"舜曰："然，尔其庶矣！"舜复事瞽叟爱弟弥谨。于是尧乃试舜五典百官，皆治。

上述例证是就《五帝本纪》随手摘出，只是简要的示例，实

际情况，要复杂得多。剪裁、补史、训释、熔铸等手法常常是交叉运用，综合贯通。熔铸改写，已经是一种创作。熔铸旧史，需有大识力，方能从沙里淘金，在旧籍中摄取有价值的史料。上引《尧典》、《淮南子》、《韩非子》、《吕氏春秋》、《孟子》诸书对舜的记载大多是传闻，各书所载意义迥殊，而司马迁运用巧思熔铸成一节生动的历史故事，反映尧舜时代的禅让史影。《孟子》中记载象谋害舜后，前往舜宫，企图霸占二嫂，舜已先归家。按儒家礼教，象是不能玷污二嫂的。他的活动只不过是衬托舜的伟大。司马迁改写，打了一个颠倒。当舜从井中旁出归家时，象已在自己宫中调戏二妻，并且在前面还加了一句“本谋者象”，不仅使故事更加戏剧化，而且使斗争更合情理而激烈。《史记》以实录著称于世，是就历史本质而言，至于细节，往往有改动，甚至虚拟情节，尽管与具体事实的细节不符，但更符合历史发展的真实。这一创造，贵在掌握分寸，唯司马迁能之。再举三例来说明。

其一，《左传》宣公三年记载楚庄王伐陆浑之戎，“遂至于雒，观兵于周疆。定王使王孙满劳楚子。楚子问鼎之大小轻重焉”。《史记·楚世家》载其事，楚庄王与王孙满问对，庄王曰：“子无阻九鼎，楚国折钩之喙，足以为九鼎。”这句话是司马迁增加的。在《史记·周本纪》中亦载其事，司马迁又改为楚庄王伐陆浑之戎，次洛，“使人问九鼎”。楚子问鼎周室，这是历史事实。但是问鼎细节，司马迁根据需要却作了不同的处理，旨在突出楚庄王的野心，也就更加符合历史的真实了。

其二，《太史公自序》引古人自况，认为：“西伯拘羑里，演《周易》；孔子厄陈蔡，作《春秋》；屈原放逐，著《离骚》；左丘失明，厥有《国语》；孙子膑脚，而论《兵法》；不韦迁蜀，世传《吕览》；韩非囚秦，《说难》、《孤愤》；《诗》三百篇，大抵贤圣发愤之所为作也。”这些都是历史的真实，但各人经历的细节，尤其是遭遇与著书的关系，与《史记》各本传所载就不完全相符。司马迁改动历史细节以突出发愤著书的哲理意义，说明只有那些经受得起磨难的人才能做出一番大事业来。这些地方，类似诸子哲学，以述史为论。不明司马迁之史识者，则大钻牛角，考其真伪。正如司马迁所说："非好学深思，心知其意，固难为浅见寡闻道也。"①

其三，《孔子世家》引载《论语》材料，一一作了时间和场景的定位，形成连贯的史料。这已超出了细节的改写，而是文学构思了。又如《项羽本纪》载鸿门宴，樊哙撞军门、怒目视项王、头发上指的描写，乃是文学夸张。在塑造历史人物时，司马迁更是运用多种文学手法，这已超出本文所论范围，兹从略。

总括本文所述，《史记》取材，有着严密的史法义例，宗旨是"成一家之言"。司马迁取材义例，不仅表现了他的创造精神和卓越史识，而且许多方法至今仍有借鉴意义。班氏父子谓《史记》专务广博而疏略抵牾，郑樵讥《史记》博雅不足，皆皮相之论，贻误后学两千年，亟应辨正。

（本文原载《甘肃社会科学》1983年第5期）

① 《史记》卷一《五帝本纪赞》。

《史记》论赞

《史记》论赞，系指《史记》中的“太史公曰”，这是司马迁仿《左传》的“君子曰”所创造的史论形式。习惯称篇前之“太史公曰”为“序”，称篇末之“太史公曰”为“赞”。通计《史记》全书，序二十三篇，赞一百六篇。二十三序，即十表九序，《将相表》无序；八书五序，《礼》、《乐》、《律》、《历》、《封禅》五书有序；世家中有《外戚》一序；列传中有《孟荀》、《循吏》、《儒林》、《酷吏》、《游侠》、《佞幸》、《滑稽》、《货殖》八序。一百零六赞，即十二本纪缺《今上本纪》，有赞十一；八书三赞，《封禅》、《河渠》、《平准》三书有赞；世家二十九赞；列传六十三赞。此外有五论传。《天官书》之赞，夹叙夹议，可称为《天官书论》。《伯夷》与《日者》、《龟策》三传前后呼应，提示义例，亦为论传。《太史公自序》（通常也称《自序》）为全书总论。凡一百三十四篇，三万零九百三十六字，约占全书五十二万六千五百字的百分之六，篇幅不长，而内容却极为丰博，乃《史记》一书之血气。本文总题“《史记》论赞”，就其基本内容，简评三题如次。

一、序、赞、论为太史公首创的史论形式

《史记》原题《太史公书》，意为太史公所述之书。太史公是司马迁对父谈为太史令官之尊称，引用为书名，也就成了父子相共之名，故《史记》论赞称“太史公曰”，司马谈发端于前，司马迁完成于后，乃父子相承之作。不过《史记》最后完成于司马迁之手，其父司马谈的著述也只作为资料运用融入司马迁所定稿的成书之中，特别是作为表述“一家之言”的系统史论，是一个完整的统一体系，更是司马迁的结晶之作。所以《史记》中的全部“太史公曰”均可视为司马迁史论而加以贯通的研究，是符合历史发展的实际的。

“太史公曰”形式上是仿自《左传》的“君子曰”，而《史记》发展成为序赞论的系统史论，却是司马迁的首创，不过司马迁并没有命名曰序曰赞。《史通》卷四《论赞篇》和《序例篇》正式论列“太史公曰”为序为赞，也就成了通称。

先秦典籍《国语》、《战国策》及诸子著作间或已有“君子曰”，表示当时有德者之言。有人统计，《左传》有一百三十四条评论，直接引仲虺、周任、史佚、孔子等人的话约五十条，有“君子曰”或“君子谓”、“君子以为”之称的评论八十四条。这样多的评论，已具系统史论的雏形。所以我们说“太史公曰”，系仿《左传》的“君子曰”而作。但《左传》的“君子曰”就事论事，还不是具有理论色彩的史论，未能形成一种体系。隋代著名史家魏澹云：“丘明亚圣，发扬圣旨，言‘君子曰’者，无非甚泰，其间寻常，直书而已。”[①] 这就是说，左丘明的史论，只限于对具体事实的褒贬，可以说是一种直书。评论方式，主要是博采君子之言，亦断以己意。如文公二年《传》跻鲁僖公，“君子以为失礼”云云，《国语·鲁语》作宋人有司之言；襄公三年

① 《隋书》卷五八《魏澹传》。

《传》，“君子谓祁奚于是能举义矣”；二十一年《传》作晋叔向之言，曰“祁大夫外举不弃仇，内举不失亲”。所以宋人林尧叟曰：“《左传》称君子曰，多是取当时君子之言，或断以己意。”[①] 而《史记》的“太史公曰”全书浑然一体，每序每赞，无论长短，自为一体，具有浓厚的理论色彩，并不只是就事论事的评论。“太史公曰”言约义丰，博大思精，涉及政治、经济、军事、思想、文化、天文、地理、历史、伦理、世俗、形势、人事等，往往补篇中所未备。“太史公曰”，议论宏阔，笔势纵横，言辞精练，旨义深微，或考证古史，或叙游历所得，或提示取材义例，或明述作之旨，或褒贬人物，或纵论史事，或隐微讥刺，皆直抒胸情，观点鲜明，并构成了系统的史学理论。司马迁所引典籍及君子之言，如《诗》、《书》、《论语》、诸子、孔子等，皆化为自己的语言，还大量引用诗赋歌谣及鄙语俗谚来加强评论的生动性和通俗化。“太史公曰”的形式既整齐而又灵活。所谓整齐是指“太史公曰”分为系统的篇前序论、篇后赞论、夹叙夹议为论传三种形式。大段的恢弘议论置于篇首为序论，集中在十表、八书及类传的篇首。十表、八书及类传都是贯通古今的，序论即作贯通性的概括，最具理论色彩。本纪、世家、列传皆篇末置赞论，三体皆叙人物，故赞论重点在于褒贬人物，具有强烈的感情色彩。论传总论义例，《自序》集中明述作之旨，为全书之总纲。序、赞、论三种形式整齐而集中，显系匠心布局。所谓灵活，即形式并不刻板，在整齐之中有变通。如十表中《将相表》以倒书代序，即创无字之序衬托倒书，示例更为鲜明。八书中，《礼》、《乐》、《律》、《历》有序无赞，《河渠》、《平准》有赞无序，《封禅》有序有赞，《天官》夹叙夹议为论。十类传中，《刺客》无序有赞，《儒林》、《货殖》无赞有序，《循吏》、《酷吏》、《游侠》、《佞幸》、《滑稽》有序有赞，《日者》、《龟策》借题发挥，以序事为论。灵活变通的形式，表现了司马迁的宏阔气度和无限创造活力，抒发议论以曲尽其妙为善。变体，即破例，是为了切合内容

① 《左传》隐公元年林注。

的需要而作的变通。《外戚世家》及《孟子荀卿列传》两篇实质是类传，故作序以明其类。《孟荀》用合传之目标题，只不过是突现两位儒家大师的历史地位，而内容却是一篇先秦诸子类传。《刺客列传》本应编列在《循吏》之后，与类传的时序并编，而司马迁有意穿插在辅秦人物中间，与吕不韦、李斯、蒙恬等人并列，这是对比见义，表现了司马迁的反暴政思想。刺客都是反暴人物。《刺客列传》无序，与《将相表》无序是一例，以无字之序引人注目，发人深思，收到强烈的对比效果。破例为体是《史记》的一大特色，全书五体结构均有破例。历史本身是丰富多彩的，而又变化万端，怎么能用死板的格式来作形象的反映呢？但质的定性又必须通过格式来反映。既有格式，又有变通，才能妙尽其理。立例又破例，正是司马迁卓越史识的一大表现形式。所以“太史公曰”呈现出丰富多姿的形态，在整齐之中有变通。也就是正常的了。

如上所述，司马迁师法“君子曰”而又作了超越前人的大胆创新，创造了序、赞、论的史论形式，使历史编纂成为真正的史学论著，为后世史家提供了典范。其后“班固曰赞，荀悦曰论，东观曰序，谢承曰诠，陈寿曰评，士隐曰议，何法盛曰述，扬雄曰撰，刘昞曰奏，袁宏、裴子野自显姓名，皇甫谧、葛洪列其所号”①，名称虽殊，但都是效法司马迁作史论。《后汉书》作者范晔撰史论，序、赞、论形式齐备，而且精意撰述，史识不减司马迁。其余诸史，难以与《史记》比论。

二、《史记》论赞提示书法义例

古人著述，讲究在行文中深藏微言大义，以发人深思，垂示久远。这微言大义有待注疏家条例，即为“凡例”，或称之为“书法”、“义例”。清恽敬说：“作史之法有二，皆太史公自发之。

① 《史通》卷四《论赞》。

其一，《留侯世家》曰，所与上从容言天下事甚众，非天下所以存亡，故不书。此作本纪、世家、列传法也，而表书亦用之。其一，《报任少卿书》曰，'究天人之际，通古今之变'，此作表书法也，而本纪、世家、列传亦用之。"① 这里所说的《留侯世家》曰云云，提示的是取材义例。《报任少卿书》曰云云，提示的是通史之法的义例。这两个问题涉及面深广，本书《史记体制义例简论》和《论史记取材》已有具体论述，本文从略。清章学诚说："太史叙例之作，其自注之权舆乎！明述作之本旨，见去取之从来，已似恐后人不知其所云而特笔以标之，所谓'不离古文'及'考信六艺'云云者，皆百三十篇之宗旨，或殿卷末，或冠篇端，未尝不反复自明也。"② 章氏的这一论断极为精审。《史记》论赞所提示的书法义例，即可概括为"明述作之本旨"与"见去取之从来"两个方面。"见去取之从来"，即取材义例，本文不论。这里专论"明述作之本旨"，择其大端，可条列为下列五项。

1. 阐明五体结构义例

《史记》由五体构成。(1) 本纪十二，(2) 表十，(3) 书八，(4) 世家三十，(5) 列传七十，凡一百三十篇，五十二万六千五百字。《自序》提示《史记》的写作宗旨，以人事为中心，贯通古今，包容天文地理、人事物理等百科知识。"本纪"编年，以王朝的更替为体系，记载从黄帝起到汉武帝为止的历代大事。"世家"载述诸侯世系。"列传"记述官僚、士大夫、名人和一般平民的活动，是用以注述本纪的。"表"用简明的表格标注错综复杂的史实，表现历史发展的线索，它是联系纪、传的桥梁。"书"分专题记述政治、经济、天文、地理、典礼等方面的制度沿革。这样的五体结构是有意识创作的一个完整体系，它形象地照映了封建社会的等级秩序。本纪、世家、列传具有不同的载述笔法，就是一种等级序列。诸侯人臣，辅弼君上，如众星之拱卫北辰。所以纪传

① 《大云山房文稿》初集卷二《读货殖列传》。

② 《文史通义》内篇五《史注》。

史是以帝王将相为中心的历史，适应了封建统治者的思想体制，这就是纪传史之被封建王朝颁令为正史的内在原因。

2. 提示立篇旨意

《自序》总括一百三十篇旨意。因某事作某篇，着重史事评述，立意皎然，此不具论。某些篇目的意图具有不同凡响的识见，司马迁于赞论中提示。有《五帝本纪赞》、《项羽本纪赞》、《三代世表序》、《河渠书赞》、《陈杞世家赞》、《陈涉世家赞》、《苏秦列传赞》等篇。

《五帝本纪赞》说明延伸上限的理由。《三代世表序》说明黄帝以来年数不可信，只能据《尚书》作世表。《项羽本纪赞》说明“政由羽出”，应立本纪。《陈涉世家赞》（按今本脱“太史公曰”四字）说明陈涉首事，“其所置遣侯王将相竟亡秦”，故立世家。《陈杞世家赞》表彰舜、禹之德，“苗裔兹兹”，故陈、杞小国而立世家，这与秦行虐政、二世而绝形成鲜明对比，寓意良深。《苏秦列传赞》说明“苏秦起闾阎，连六国从亲，此其智有过人者”，但他因中反间计而死，庸夫俗子“共笑之、讳其学术”，这种仅凭一事的得失来论人的庸俗观点为司马迁所不齿。他一反俗见，为苏秦立传，“毋令独蒙恶声焉”，可以说这是司马迁写翻案史传的原则。淮阴侯韩信、彭越、黥布等人以谋反罪被处死，司马迁敢于为之立传，表彰他们对历史的贡献，就是“毋令独蒙恶声”翻案原则的运用，即还历史的本来面目。《河渠书》是有感于军民征服水患而作，故于赞中提示说：“余从负薪塞宣房，悲《瓠子之诗》而作《河渠书》。”这一“悲”字是人民感情的体现。《瓠子之诗》云，“瓠子决兮将奈何！皓皓旰旰兮闾殚为河”，即黄河泛滥，广阔无际的村闾尽为河泊，人民蒙受无穷的灾难。但驯服黄河，它将造福人民，“宣房塞兮万福来”。司马迁亲自参加了堵塞黄河工程的壮丽斗争，他怎能不激动？《瓠子之诗》就是当时塞河工地上的劳动号子。这些赞论，深深地表达了司马迁胸中的无限激情，增添了史传的光辉。

3. 阐明附记之法

历史事件有大小，历史人物有主次，一一详载，为其势所不能。若将次要事件、次要人物，全部删略，则不能状历史之真，亦修史者所不忍为。于是司马迁创造了附记法，载述史事人物主次分明，使得一部《史记》有如参天大树，枝叶扶疏，形象灿然。《史记》各体皆有附记。夏、商、周三本纪上溯先公先王，实质是附记。又《项羽本纪》附楚怀王熊心，《吕太后本纪》附惠帝刘盈。年表中，《三代世表》之前溯及五帝，亦为附记。《十二诸侯年表》、《六国年表》附载小国。如在《六国年表》中，秦表附有蜀与义渠，韩表附有郑，赵表附有代、中山。魏表附有卫，楚表附有鲁、蔡、燕、吴、越，齐表附有宋，即附见的小国随宗主国。晋为三家所分，而晋末之事附魏，因晋都为魏所有。《封禅书》附载方士求仙炼丹。《管蔡世家》附文王诸子及《曹世家》。七十列传附传人物多于正传人物。用以标题名篇的人物为正传，其余所载人物为附传。正传与附传，表示列传人物的主次，并非附传为可有可无的附属物。有的附传仅附载其名，有的是附载戚友、子孙，这些是附传中的次要人物，有如附属物然。但主要的附传人物是因事连类而附，为传记中不可分割之整体。合传、类传即是连类而附。《管蔡世家赞》、《三王世家赞》、《鲁仲连邹阳列传赞》阐明附记之法。《管蔡世家赞》阐明大任十子，周室宗强，故成叔、冉季之属得附世家。《三王世家赞》说明武帝三子，其事迹无足称，因是王子，封为列侯，从例附之世家。"附"之言，即权立世家之目，而无世家之事。褚少孙不明此旨，在《三王世家》封策文之外去求世家，自然是终不可得。《鲁仲连邹阳列传赞》说明打破时代序列的合传，是"比物连类"而附。也就是说，附记法的实质是历史类比法的引申。

4. 阐明互见、对比义例

《史记》互见法是司马迁的卓绝创造，既省笔墨，而又使史事叙述井然，人物塑造形象生动，另有专论，兹不赘，仅述对比之义例。

深微之理，对比见义，不言而喻。《张耳陈余列传赞》提示云："张耳、陈余，世传所称贤者；其宾客厮役，莫非天下俊杰，所居国无不取卿相者。然张耳、陈余始居约时，相然信以死，岂顾问哉。及据国争权，卒相灭亡，何向者相慕用之诚，后相倍之戾也！岂非以势利交哉？名誉虽高，宾客虽盛，所由殆与太伯、延陵季子异矣。”张耳、陈余合传就是有意将两人行事构成对比。赞论还提示应将二人行事与太伯、延陵季子对比，即不同篇章之间有对比。《卫康叔世家赞》提示卫宣公太子伋以妇见诛，弟寿争死以相让，应与《晋世家》载晋太子申生不明骊姬之过的行事相对比。《李将军列传赞》与《卫将军骠骑列传赞》构成明显的对比。李广命运坎坷，其死日，天下知与不知皆尽哀；卫、霍尊显而天下贤士大夫无称。在同一传中，李广有才不遇与李蔡无才封侯也是对比。管仲、晏婴合传，既是一奢一俭之对比，又是知人与不知人之对比。管仲奢，不知荐贤；晏婴俭，知人荐贤。公孙弘与主父偃合传，是一廉一贪之对比，也是善终与恶报之对比。公孙弘廉，善终；主父偃贪，族灭。两两相形，优劣自见。

5. 提示微词讽喻义例

《六国年表序》云：“孔子次《春秋》……七十子之徒口授其传指，为有所刺讥褒讳挹损之文辞不可以书见也。”《匈奴列传·赞》云：“太史公曰：孔氏著《春秋》，隐桓之间则章，至定哀之际则微，为其切当世之文而罔褒，忌讳之辞也。”这一序一赞是借《春秋》以提示《史记》对当代史的记载多有微词讽喻。条列司马迁的讽喻手法，主要有五端。其一，状摹本人自矜声色动态以寓讽。其二，引用他人之语以寓讽。其三，言古事以讽今。其四，用以褒为贬的反写法以寓讽。其五，记事两出，故为破绽以寓讽。其六，记事雷同，周而复始，相映成趣，构成讽刺。其七，用无声的沉默以寓讽。

三、褒贬历史人物，自成一家之言

《史记》以人物为中心，因此褒贬历史人物是《史记》论赞最主要的一项内容。司马迁褒贬人物所要达到的目的是惩恶劝善，鼓励个人立名立节，劝诱为政者清平尚贤。

1. 论个人立名及生死之节

这方面的论赞，形式分散，篇幅较多，涉及面广，各阶层的人都有，很难一一条列，只能就司马迁的主要思想及褒贬尺度，略述两点于后。

第一，不以成败名位论英雄，褒扬对历史有贡献的人。司马迁为政治上的失败者项羽立本纪、陈涉立世家，破例为体，突出两人的历史地位，这是大家所熟知的。司马迁评苏秦“起闾阎，连六国从亲，此其智有过人者”；评魏豹、彭越“智略过人”，虽败亡身诛，“然已席卷千里，南面称孤，喋血乘胜日有闻矣”；评黥布“功冠诸侯”；评淮阴侯韩信“于汉家勋可以比周、召、太公之徒”；评田横“高节，宾客慕义而从横死，岂非至贤！”这些人物的个人事业最终都失败了，死得很悲惨，但他们对历史发展作出了贡献，赢得了司马迁肯定的评价。孔子布衣，怀道济世，他周游列国而不遇，退而著书立说，教授弟子，“传十余世，学者宗之”。屈原忠君爱国，他同邪恶势力不两立。司马迁评价孔子、屈原，一往情深。他用高山大路来比喻孔子的学问，描写自己的心情说：“余读孔氏书，想见其为人”，适鲁，参观孔子故居，“余祗回留之，不能去云”。司马迁称赞屈原的崇高品德可“与日月争光”，读其赋，悲其志，观屈原所自沉渊，“未尝不垂涕，想见其为人”。反之，对于赫赫声名的暴虐人物，司马迁则投之以讥酸的感情。他批评秦始皇“自以为功过五帝，地广三王，而羞与之侔”，商鞅“天资刻薄”，王翦“偷合取容”，李斯“严威酷刑”，蒙恬“固轻百姓力”。始皇及其辅秦人物，个人功业虽就，但不恤人民，最终不免身败名裂，受到了司马迁的笔诛。

一个公正实录历史的历史家，他的卓越史识，不仅要反映人民的直观感情，而且要忠实地记载史事，还要作出历史家的客观分析，也就是要做到爱不虚美、恶不毁功，把感情与史事二者统一起来，司马迁作出了很好的实践。一是载述和评论人物运用了冷静的理智分析；再是编纂方法运用互见法对材料作了艺术的布局。具体说，《史记》论赞往往直抒胸臆，表达强烈的感情倾向，而传记载述善恶必书，《太史公自序》撮其要旨，侧重史事分析，又十分冷静。

试以李广、卫青、霍去病等征伐匈奴的将领作一分析，以见其旨。

《李将军列传》与《卫将军骠骑列传》两相对照。司马迁写李广一唱三叹，对老将军的不平遭遇，寄予了深厚的同情，论赞达到高潮。“及死之日，天下知与不知，皆为尽哀。彼其忠实心诚信于士大夫也？谚曰‘桃李不言，下自成蹊’。此言虽小，可以谕大也。”倾倒之情，溢于言表。记载卫、霍，则多曲笔讽谕，论赞借苏建语批评卫、霍两将军虽声威赫赫，而“天下之贤大夫毋称焉”，又云“其为将如此”，蔑视口吻，运于笔端。司马迁还说，“李广才气，天下无双”；卫、霍不败，是“军亦有天幸”。这些评论是人民直观感情的倾述，旨在打动读者对李将军的同情，谴责专制政治亲亲疏贤的不公平待遇，吐发内心的不平。但感情并不是史实本身，因此司马迁在传中对史实作了详载。他实录了李广“自负其能”，几次覆军的事实，还记载了李广心胸狭窄，枉杀霸陵尉的事实，还有杀降的残忍之行等，并不因爱而虚饰。反之，对于卫、霍敢深入，屡立战功的事迹，并不因恶而抹杀。同样对陈涉、项羽、彭越、韩信等人的过失并不隐晦，司马迁冷静地分析了他们失败的原因；而对秦始皇及辅秦人物的功绩也不埋没。总之，司马迁是一个善于表露感情，而又善于克制感情，理智冷静的历史家，他能够做到评论历史人物着重于功过是非的实事分析，着重于指出在历史上所起的作用，不以成败名位论英雄，发扬了中国古代实录历史的优良传统。司马迁的杰出贡献更表现在他既实录史实，又表达了强烈的思想感情倾向，反映了古代庶民的喜怒情绪，这是司马迁“一家之言”的精华。

第二，不随世俗论是非，褒扬个人发愤取得成功的人。发愤，是指一个人身处逆境而其志不屈，更加激扬奋发而有所作为。《越王勾践世家赞》、《伍子胥列传赞》、《范雎蔡泽列传赞》、《季布栾布列传赞》等篇较集中地论述了发愤精神。

一个人能不能发愤，需要具有两个方面的精神素质：一要有坚韧顽强的奋斗精神，二要有忍辱负重的生死观。勾践卧薪尝胆，终报强吴。论赞评曰：“苦身焦思，终灭强吴，北观兵中国，以尊周室，号称霸王。勾践可不谓贤哉！盖有禹之遗烈焉。”勾践坚韧顽强，发愤雪耻，司马迁许之以“贤”。忍辱负重，更加难能可贵。《伍子胥列传赞》云：“向令伍子胥从奢俱死，何异蝼蚁。弃小义，雪大耻，名垂于后世，悲夫！方子胥窘于江上，道乞食，志岂尝须臾忘郢邪？故隐忍就功名，非烈丈夫孰能致此哉?”《季布栾布列传赞》云：“季布以勇显于楚，身履军搴旗者数矣，可谓壮士。然至被刑戮，为人奴而不死，何其下也！彼必自负其材，故受辱而不羞，欲有所用其未足也，故终为汉名将。贤者诚重其死。”忍辱负重，自奋立名，如伍子胥、季布，司马迁评为是真正的“烈丈夫”。这一观点，不仅与世俗相违，而且颇谬于圣人的是非。一般的世俗观点，认为忍辱负重是“贪生怕死”，若被刑戮，“中材以上且羞其行”[①]。孔孟遗教是“杀身成仁”、“舍生取义”。而司马迁却说：“勇者不必死节，怯夫慕义，何处不勉焉。”[②] 又说：“夫婢妾贱人感慨而自杀者，非能勇也，其计画无复之耳。”[③] 那些一遇侮辱就轻生自杀的人，在司马迁看来只不过是无可奈何的表现，并不是真正的勇士。

司马迁赞扬忍辱负重的前提是自奋立名，“弃小义，雪大耻”，不能把生命视为蝼蚁，而要充分发挥它的价值。这恰恰是极为重视人的尊严，认为人格不可辱，而不是提倡委曲求全。怎样处理好这二者的界限是很难的。他说：“人固有一死，或重于泰山，或轻于鸿毛，用之所趋异耳。”[④] 人生最宝贵的生命不是不可牺牲，而是要让它闪光，死得有价值。司马迁评论晏子伏庄公尸而哭，成礼然后去，说：“假令晏子而在，余虽为之执鞭，所忻慕焉。”[⑤] 评栾布说：“栾布哭彭越，趣汤如归者，彼诚知所处，不自重其死。虽往古烈士，何以加哉！”[⑥] 评蔺相如说：“知死必勇，非死者难也，处死者难。方蔺相如引璧睨柱，及叱秦王左右，势不过诛，然士或怯懦而不敢发。相如一奋其气，威信敌

① 《史记》卷九〇《魏豹彭越列传赞》。
② 《汉书》卷六二《司马迁传》。
③ 《史记》卷一〇〇《季布栾布列传赞》。
④ 《汉书》卷六二《司马迁传》。
⑤ 《史记》卷六二《管晏列传赞》。
⑥ 《史记》卷一〇〇《季布栾布列传赞》。

国，退而让颇，名重太山，其处智勇，可谓兼之矣！”[1] 懂得生命之所趋，重于泰山之死而不辞避，这就是智勇双全的人。

怎样趋避生死之节，是司马迁评价历史人物的一个重要尺度。举事成名，为国而死，如陈涉之发难，死重于泰山。保持气节，尽忠报国而死，如齐布衣王蠋义不北面于燕，“自奋绝脰而死”，死重于泰山。守正不屈，为义献身，如屈原之沉渊、公孙杵臼和程婴之救孤，死重于泰山。扶危济困，重然诺而死，如侯嬴自刭之死以励军，刺客、游侠仗义之死以抗暴，死重于泰山。耽于安乐，碌碌无为而死；贪慕荣利，争竞而死；助纣为虐，效忠暴君而死，则死轻于鸿毛。如商鞅、李斯、蒙恬等残民而死，武安侯田蚡陷贤而死，袁盎、晁错相仇而死，皆轻于鸿毛。统观《史记》全书，司马迁十分注重每个人的下场，在“死”的关节上大做文章。《报任安书》说：“要之死日，然后是非乃定。”人要盖棺才能论定，所以生命的最后闪光是人之大节。可以说司马迁论“死”的精彩议论，是《史记》的特色，其所寄托的爱憎幽思之情，凝聚着丰富的人民性。

2. 论为国者治政之得失

这方面的论赞，集中反映了司马迁的政治观点。简括其要点如下。

第一，主张大一统，颂扬秦始皇汉武帝之功。《秦始皇本纪赞》云：“自缪公以来，稍蚕食诸侯，竟成始皇。”《六国年表序》称赞秦取天下多暴，“然世异变，成功大”。《自序》肯定汉武帝的功业，说：“汉兴五世，隆在建元，外攘夷狄，内修法度，封禅，改正朔，易服色。作《今上本纪》第十二。”《高祖功臣侯者年表序》和《建元已来王子侯者年表序》明确肯定汉武帝“强本干，弱枝叶”的推恩措施，称扬说：“盛哉，天子之德，一人有庆，天下赖之。”

第二，主张顺民之俗，颂扬无为政治。有高祖、吕太后、孝文帝诸本纪赞，律书序，萧、曹世家赞等篇。汉高祖刘邦，起自

---

① 《史记》卷八一《廉颇蔺相如列传赞》。

匹夫而得“天统”，是因为他顺民之俗，“承敝易变，使人不倦”。吕太后无为，“民务稼穑，衣食滋殖”。汉文帝“能不扰乱，故百姓遂安”，司马迁许之为“德至圣”的“仁”君。萧何为相，“因民之疾秦法，顺流与之更始”。曹参因循，“天下俱称其美”。

第三，崇尚德治，反对暴政。循吏、酷吏两传赞对照立论。《循吏列传·序》云：“奉职循理，亦可以为治，何必威严哉?”《酷吏列传序》云：“法令者治之具，而非制治清浊之源也。”这里，司马迁并没有绝对排斥“法”治，而只是认为“刑法”不是治政的根本，不能带来太平。《秦楚之际月表序》说：虞、夏之兴，“积善累功数十年，德洽百姓”；汤、武之王，“乃由契、后稷修仁行义十余世”，而后有天下，子孙百世不绝。秦以暴力得天下，“销锋镝，钼豪桀，维万世之安”，结果二世而亡，“向秦之禁，适足以资贤者”。《自序》云，“非兵不强，非德不昌”，“黄帝、汤、武以兴，桀、纣、二世以崩，可不慎欤?”这些论述表明了司马迁崇尚德治、反对暴政，但并不赞同俗儒们将德治与法治对立起来的迂腐观点。暴力和法是治政之“具”，不可缺少。但“具”，只是手段，不是治政的目的。“汉兴，孝文施大德，天下怀安”①，这才是目的。为政之道，是以“德”治，导致天下太平。

第四，主张任贤使能，颂扬治平天下的贤相良将。《刘敬叔孙通列传赞》引谚语说：“千金之裘，非一狐之腋也；台榭之榱，非一木之枝也；三代之际，非一士之智也。”治平天下需要众多的贤才。周文王、武王之有天下，因有太颠、闳夭、散宜生、鬻子、辛甲大夫之徒佐文王，有周公、召公、毕公、尚父之伦辅武王。秦并天下，楚灭汉兴，都是有一大批贤相良将为辅。《自序》提示立篇旨意，喜欢用“嘉”字和“能”字。如“嘉仲悔过，作《管蔡世家》”，“鞅去卫适秦，能明其术，强霸孝公，后世遵其法，作《商君列传》”。三十世家序目用了二十个“嘉”，七十列传序目用了十八个“能”，这一区别严谨的用字，表现了世家、列传的等级序列。诸侯为藩辅，将相乃爪牙。蔡仲悔过为藩辅，

① 《史记》卷一一《孝景本纪赞》。

司马迁用“嘉”字以彰其善。商鞅以策谋辅秦立大功，司马迁用“能”字以扬其才。这些评论表现了司马迁对人才的珍惜，用冷静的理智分析人才的社会作用。《史记》以人物为中心，和这一任贤使能、珍惜人才的思想密不可分。历史并非帝王的个人政绩，而是一大批贤相良将共同推进的。冯唐论将，司马迁为之立传；赵王迁诛贤害良，司马迁予以谴责。《楚元王世家赞》论贤人君子为国之祯祥，斥乱臣小人为亡国的祸胎。“安危在出令，存亡在所任，诚哉是言也。”司马迁把用人的得失，提到治政成败、国家兴亡的高度来立论。认为即便是尧那样的贤君，“得禹而九州宁”，如果想要治平天下，“唯在择任将相哉！唯在择任将相哉！”这些精彩的议论表达了古代人民对贤人治政的向往，应该说是一种进步的历史观。

司马迁的述史理想是“成一家之言”。《史记》论赞是司马迁一家之言的重要组成部分，内容博大思精，上论三题只是其中的一部分内容。司马迁创立一家之言的方法和目的，就是通过究天人之际，通古今之变来寻求治道的规律，回答何以有汉朝兴起的历史发展。司马迁表述一家之言的方式主要有三种形式：创立五体结构的纪传体通史以寓义例；剪裁熔铸史事，寓论断于序事之中以明其理；创史记论赞直抒胸情。司马迁一家之言的内容是融会百家学说，包罗天文地理、人事物事百科知识以建立的一个新思想体系。所以“网罗天下放失旧闻”既是《史记》的取材原则，也是司马迁的史学理论。八书集中究天人之际，十表集中通古今之变。关于史记论赞提示的取材义例，究天人之际、通古今之变的思想内容，都是重大的问题，已有专题讨论，本文限于篇幅，皆未论及。但就以上所述三题来看，已足以反映司马迁思想的活跃和精深的创造，具有系统的史学理论。史记论赞所阐述的司马迁史学理论，不仅是中国史学史上的文化瑰宝，而且也是发展现代史学的宝贵资料，其中可供我们借鉴的东西是很多的。因此，深入地系统地研究史记论赞，是司马迁研究中的一个重大课题。

（本文原载《青海社会科学》1983 年第 6 期）

《史记》互见法

《史记》互见法是司马迁首创的一种述史方法。这一方法是将一个人的生平事迹、一件历史事件的始末经过，分散在数篇之中，参错互见，彼此相补。靳德俊称做“互文相足例”。其定义曰：

> 一事所系数人，一人有关数事，若为详载，则繁复不堪，详此略彼，详彼略此，则互文相足尚焉。①

这仅仅是从组织材料上立论。我们认为司马迁首创的互见法，不仅仅是组织材料，互文相足，从本质上看，它是司马迁运用历史比较研究法的反映。司马迁在研究历史中，进行了普遍的联系和对比，抽出人物、事件最本质的东西来组织材料，突出重心，而将枝叶蔓衍的材料互见于他篇。由于司马迁得心应手地运用互见法，所以《史记》无论在叙述历史，还是在塑造人物方面，都取得了极大的成功。主要功用有如下五个方面。

① 《史记释例》。

一、互见法详此略彼，便于史事叙述条理分明

司马迁撰述《史记》，创造了五体结构，能容纳丰富的历史素材，这是它的优点。但一人事迹或一个历史事件，总是错综复杂、彼此牵连的。以人物为中心的纪传史，将历史人物一个一个分散来写，势必造成记事重复冗赘，这又是五体结构的缺点。唐代著名史学评论家刘知几，对此有很中肯的评价。他说：

> 《史记》者，纪以包举大端，传以委曲细事，表以谱列年爵，志以总括遗漏，逮于天文、地理、国典、朝章，显隐必该，洪纤靡失，此其所以为长也。若乃同为一事，分在数篇，断续相离，前后屡出，于高纪则云，“语在项传”，于项传则云，“事具高纪”。……此其所以为短也。[①]

天地间的事物总是一分为二的，长处和短处如影随形，不可分割。司马迁意识到了五体结构所带来的一事分散而又前后屡出的短处，他运用互见法来弥补，并化短为长。张舜徽对此曾写下了一段精彩的议论：

> 古代历史书籍，特别是由一手写成的作品，在组织材料时，有着预定的义例，对于材料如何安排得更合理、更重要，是费了多番考虑的。尽管是一部规格庞大的书，也必然体现出篇与篇之间，错综离合、彼此关联的精神。这一精神运用在写作上最早而最成功的，自然要推司马迁的《史记》。司马迁已将某段材料摆在甲篇，遇着乙篇有关联时，便清楚地作出交代说：“事见某篇”，“语在某篇”。例如《周本纪》说：“其事在商君语中”；又说：“其语在《始皇本纪》中”；

① 《史通》卷二《二体》。

《秦始皇本纪》说："其赐死语，具在《李斯传》中"；《吕后本纪》说："语在齐王语中"；《孝文本纪》说："事在吕后语中"；《礼书》说："事在袁盎语中"；《赵世家》说："语在晋事中"；《萧相国世家》说："语在淮阴事中"；《留侯世家》说："语在项羽事中"，"语在淮阴事中"；《绛侯周勃世家》说："其语在吕后孝文事中。"这一类的交代，在全书中不能尽举。都是唤起读者们不要把每篇记载孤立起来看，应该联系他篇来参考问题。①

司马迁书明互见的仅是示例，其不书名互见而实为互见的更多。其义亦深而微，且其用更显著。例如《项羽本纪》不载田儋之兴亡而突出田荣，这是因为田荣反对项羽，给刘邦创造了东出的战机，故详载之。田儋不反项羽，故立专传以详之。《平原君虞卿列传》不载魏齐逃亡的原因，而突出虞卿重义，轻万户卿相之位，与魏齐间行，终于离开了赵国，这是因为魏齐事已详载于《范雎传》中。又《游侠列传》不详载朱家之事，而述于《季布列传》之中；《荆燕世家》不载刘泽被齐骗诱事，而详述于《齐悼惠王世家》之中。这些都是《史记释例》所列举的典型例证，或连类相及，或先后之便。总之，互见法的详此略彼，给《史记》的全盘结构提供了艺术性布局的广阔天地，使得每篇重点突出，而且记事简练，便于史事叙述，线索分明。因此，《史记》只用了五十万言载三千年事，不能不使人惊叹司马迁不愧为是一个伟大的创作家，他驾驭材料的能力是无与伦比的。

我们再来看一下《史记》的总体结构，互见法对于谋篇布局所起的经济功能更是显而易见的。五体互文相补，纪传为经纬组成骨架，年表有如神经脉络贯穿其中。本纪编年，摘载诏令、奏议、军国大事，世家、列传详纪事本末。纪为纲，传为目，互文相补。例如武王伐纣和西周建国，这是发生剧变的历史时代，记载特详。当我们详究西周建国始末，只读《周本纪》是不够的，

① 《中国古代史籍校读法》。

因为大量记事分散在齐、鲁、燕、管蔡、卫康叔诸世家中。反过来看，周初的开国功臣吕尚、周公旦、召公奭等所起的作用和地位，在《周本纪》中只是条列事目，形成比较，而细节则详述于各个世家之中。这样布局，不仅笔墨经济，而且序事井然。对于复杂的历史事件，通过互见法叙述，更加显得条理清晰。在这个意义上，纪传体显示了它的优点。所以"语在某中"、"事在某中"，不能简单地看做是重复屡出，而是互文补足，相得益彰。

年表乍一看是一个独立的系统，其实不然。司马贞云："事微而不著，须表明也，故言表也。"[①] 可见年表的定义就是表隐微之事，与纪传互补而相发明。清人梁章钜作了精湛的分析。他说：

> 史之有表，经纬相牵，或连或断，可以考证而不可以诵读，学者往往不观。故刘知几《史通》有废表之论。其实表之为用，与纪传相为表里。凡王侯将相公卿，其功名表著者，既为立传，此外无积劳，又无显过，传之不可胜书，而姓名爵里存没盛衰之迹，要不容遽泯，则于表乎载之。又其功罪事实，传中有未能悉备者，亦于表乎载之。年经月纬，一览了然。作史体裁，莫大于是。[②]

梁氏所释，虽是评价史表的价值，但却把纪传史各体之间互文相补的功用阐述得很清楚。有的史家对此认识不足，创纪传而不作史表，可以说是残缺不全的纪传史。这也说明司马迁创立五体结构，首先对材料作了通盘的考虑，然后用互见法把各体贯通起来，取舍之间，独具匠心。在《史记》中，司马迁运用的许多笔法义例，我们需得通过互见法来探微索隐，才能揭示它的精义。

---

① 《史记》卷一三《三代世表·索隐》。
② 《退庵随笔》。

二、互见法集中史事，使历史事件的叙述首尾完具

清李笠说："阙于本传而详于他传者，是曰互见。"① 反过来看，本传附载相关事件，使史事叙述首尾完具，而于他传则略，即为互见。司马迁述史，十分重视"咸表终始"，故于重大事件用互见法集中史事，具有纪事本末体的特色，试举三例说明。

一为诸吕之变。事件起因是吕太后当政，惠帝垂拱，吕太后扶植诸吕势力，倾危刘氏。太尉周勃和丞相陈平谋诛诸吕，迎立文帝。故此事《吕太后本纪》、《孝文本纪》、《陈丞相世家》、《绛侯周勃世家》均有记载。陈平设谋，周勃收南北军，朱虚侯诛诸吕，大臣谋立代王，东牟侯清宫，在各本传写得很简略或一笔带过，而详于吕后纪中，这就是李笠所说的"阙于本传而详于他传者"。从吕后纪来看，诛除诸吕在吕太后身后而详载，因事件关联而集中，使这一重大事件首尾完具。司马迁破例为吕太后作本纪，而不立"孝惠本纪"，不仅吕太后是实际的女皇，而且也是为了突出诸吕之变这一历史事件的。

二为七国之叛。首谋者吴，协从者有楚、赵、胶东、胶西、济南、淄川六国。起因是汉高祖刘邦大封同姓以为屏藩，吴为大国。景帝为太子时弈棋争道击杀吴太子，吴王怨汉谋反，文帝优容而未发。导火线是晁错建削藩策，吴王以"清君侧，诛晁错"为名反汉。袁盎乘间进言诛晁错。太尉周亚夫平叛。涉及七国之叛有十几个篇章，司马迁都只作简略记载，避免重复累赘，而将这一重大事件详尽地载于《吴王濞列传》中。吴王蓄谋，七国合从，袁晁交怨，亚夫平叛，七王伏辜等一系列事件，写得生动、详尽，情节精彩，前因后果，交代得清清楚楚，完全是纪事本末体。司马迁不为吴王立世家，降为列传以示贬抑，同时也是便于用传体序事，运用互见法集中史事。

① 《史记订补》。

三为汉通西域。汉武帝伐匈奴，为断其右臂，派张骞凿空，出使西域。贰师征大宛，西域归附。《大宛列传》载西域各国事，以张骞、李广利两人为主线，以汉通西域为旨归综合排比史料，不仅行文生动，而且使汉通西域始末，首尾完具。张骞、李广利二人事迹详载宛传中，故司马迁不为二人立传，省却许多笔墨。《史记》中有许多附传人物，也因用互见法而少立传目。类传人物因事连类，亦有互见之笔，并体现了纪事本末的笔法。

编年体以时为主，史事记载，年月分明，纷繁事变，备于一编，形于目前，此其所长。纪传体以人为主，形象生动，纪传志表分合，类例严谨，能容纳丰富的史事内容，“显隐必该，洪纤靡失”，此为别体所不能。但二体各有短处。编年体使一事记载跨越数卷，史事脉络淹没在枝叶蔓衍的他事之中，线索不明，首尾难稽。纪传体人物交错，分别立传，难免支离和重复。纪事本末体以事为主，集中反映，首尾完具，弥补了两体之失。此体为南宋袁枢所创。清章学诚评论说“文省于纪传，事豁于编年”①，十分精当。而司马迁运用互见法在《史记》中穿插纪事本末体的笔法已经很熟练了。

三、互见法正名实，于回护之中不失历史之真

《春秋》笔法有为尊者讳、为亲者讳、为贤者讳之例，这是孔子所开的隐晦历史的恶例，理应受到批判。但从历史观点来看，又不能完全责怪孔子。封建时代的礼制，要求子为父隐，父为子隐，则“直”在其中矣！所以皇帝颁行的诏令制诰，臣下进呈的章表疏奏，无不充满回护溢美之词。司马迁引据这些档案，即便是一字不差地照抄，也将陷入回护的旋涡之中。如果司马迁根据事实改造史料，则又不能做到忠实于历史档案。换句话说，名分与事实之间往往发生矛盾。既要忠于历史，又不能违犯名分

① 《文史通义·书教下》。

改造档案，这确是一个难题。司马迁用互见法来补救，互文相足，正名实，而又于回护之中不失历史之真。这种事例，往往未书明互见，不易觉察，反而错觉为记述矛盾。这种事例《史记》中很多，略举数例以明之。

关于秦始皇帝的出身。《秦始皇本纪》载，始皇之父庄襄王子楚为秦质子于赵，“见吕不韦姬，悦而取之，生始皇”；而《吕不韦传》云，吕不韦取邯郸诸姬绝好善舞者，与居，已有身，子楚从不韦饮，见而悦之，因起为寿，请之。“吕不韦怒，念业已破家为子楚，欲以钓奇，乃遂献其姬；姬自匿有身，至大期时生子政。”两传对照，可知秦始皇实为吕不韦子，而名为秦庄襄王子，故不韦传记其实，始皇本纪书其名，回护之也。

张良刺杀秦始皇。据《秦始皇本纪》载：“二十九年，始皇东游，至阳武博浪沙中，为盗所惊。”而《留侯世家》云：“秦始皇东游，良与客阻击秦始皇博浪沙中，误中副车，秦始皇帝大怒，大索天下，求贼甚急，为张良故也。”《秦始皇本纪》称盗是正其名，《留侯世家》云张良之所为是记其实，此亦回护之法。

秦楚之际楚齐交恶事。《项羽本纪》载，项梁约齐王田荣发兵共击秦。田荣曰：“楚杀田假，赵杀田角、田间，乃发兵。”项梁曰：“田假为与国之王，穷来从我，不忍杀之。”田荣不助楚。而《田儋列传》则云：“项梁使使告赵、齐，发兵共击章邯。田荣曰：使楚杀田假，赵杀田角、田间，乃肯出兵。楚怀王曰：田假与国之王，穷而归我，杀之不义。”两传不同，项梁为怀王之臣，而实操全权，故《项羽本纪》记其实，《田儋列传》书其名。

楚将项燕之死。《秦始皇本纪》载，秦王二十四年王翦、蒙武攻荆，破荆军……“项燕遂自杀”。《王翦传》云：“王翦果代李信击荆。……大破荆军。至蕲南，杀其将军项燕。”《项羽本纪》载：“梁父即楚将项燕，为秦将王翦所戮者也。”三传记载不同，司马贞《索隐》云：“此云为王翦所杀，与《楚汉春秋》同，而《秦始皇本纪》云项燕自杀，不同者，盖燕为王翦所围逼而自杀，故不同耳。”司马贞虽然解释了事实真相，但还没有解释司马迁如此书法的原因。《王翦传》据秦方记载，王翦报战功杀楚将项燕以增其功。《项羽本纪》突出项燕为秦将所杀，旨在描写项羽怨秦之因。但这两传记载都淹没了项燕自杀的史实，故于《秦始皇本纪》中记其实，互见乃明真相。

燕太子丹之死。《始皇本纪》载，燕太子丹使荆轲刺秦王，秦王怒，大发兵击燕。王翦"破燕太子军，取燕蓟城，得太子丹之首"。据《王翦传》，秦将李信"逐燕太子丹至于衍水中，卒破得丹，始皇以为贤勇"。《燕召公世家》则云，秦王使将军王翦击燕，下蓟，"燕王亡，徙居辽东，斩丹以献秦"。三传互见，可知，秦将王翦破燕，遣其副将李信追丹至衍水中，燕王为了缓秦之攻，杀丹以献秦。故《资治通鉴》载其事云："（始皇二十年）冬十月，王翦拔蓟，燕王及太子率其精兵东保辽东，李信急追之。代王嘉遗燕王书，令杀太子丹以献，丹匿衍水中，燕王使使斩丹，欲以献王，王复进兵攻之。"两相对照，《通鉴》记事集中，最为明晰，但《史记》互见，保留了各方的原始档案面貌，此又为《通鉴》所不及。

淮阴侯谋反案。《淮阴侯列传》载淮阴侯韩信两度谋反。第一次在汉六年，时韩信为楚王，"人有上书告楚王信反"，高祖用陈平计伪游云梦擒楚王信，降爵为淮阴侯。这是一场有预谋的冤案，司马迁在《陈丞相世家》中才作了淋漓尽致的揭露。高祖与陈平计擒韩信，司马迁详载两人对话，寓论于序事之中，淮阴侯的冤情大白于天下。第二次谋反是汉十一年，淮阴侯韩信与陈豨通谋，其事论者多以为疑狱。以互见法考之，《高祖本纪》于汉十一年载此事云："春，淮阴侯韩信谋反关中，夷三族。"又于《萧相国世家》中书其事。如果淮阴侯未与陈豨通谋，司马迁是不会作这些记载的。所以韩信第一次谋反为冤，第二次谋反是实，故司马光云："观其拒蒯彻之说，迎高祖于陈，岂有反心哉？良由失职怏怏，遂陷悖逆。"[1] 今之论者趋于两端，或云韩信从来就是一个野心家，或者为韩信辩诬，均失平允。互文相足，司马光的议论较符合实际。

---

① 《资治通鉴》卷一二《汉纪》四。

《史记》破例，亦借助互见法以正名实，其义例更加隐微，必须深入研究方可得出结论。司马迁记实灭秦之功就是一个最典型的例证。

秦末大起义，刘邦攻下了咸阳，接受秦王子婴投降，而后统一天下，被西汉统治者颂为“大圣”。司马迁在《高祖本纪》中记载了刘邦起兵，挥师入关，受降子婴等历史功绩，但在评论中并不提起他的反秦功勋。司马迁说：

> 子羽暴虐，汉行功德，愤发蜀汉，还定三秦；诛籍业帝，天下惟宁，改制易俗。作《高祖本纪》第八。①
>
> 三王之道若循环，终而复始。周秦之间，可谓文敝矣。秦政不改，反酷刑法，岂不谬乎？故汉兴，承敝易变，使人不倦，得天统矣。②

司马迁着重评价刘邦打败项羽，除暴安天下，“改制易俗”，“承敝易变”的历史作用。灭秦之功，第一归于陈涉之发难，第二归于项羽继业，击败秦军。为了实录这一历史过程，司马迁破例为陈涉立“世家”，为项羽立“本纪”，并在《陈杞世家》中示例说：“伯翳之后，至周平王时封为秦，项羽灭之，有“本纪”言。”司马迁还把详载秦汉之际的大事年表题名《秦楚之际月表》而不名以“秦汉之际月表”是寓有深意的。在内容叙述上，《陈涉世家》历述大小起义军近二十支，唯独不载沛公军，陈胜死后，吕臣、黥布反复与秦军争夺陈，“复以陈为楚”，示义旗不倒。然后紧接一句“会项梁立怀王孙心为楚王”结束了《陈涉世家》的正传。《太史公自序》说：“秦失其道，豪杰并扰；项梁业之，子羽接之；……作《项羽本纪》第七。”司马迁分散在不同篇章的这些记载是互相呼应的。可见司马迁的破例，是运用互见法精心安排的笔法，旨在说明陈涉首事，项氏继业，他们推翻了

① 《史记》卷一三〇《太史公自序》。
② 《史记》卷八《高祖本纪赞》。

暴秦，才为刘邦统一天下开辟了道路。这些地方表现了司马迁实录历史的卓越史识，这是值得我们认真总结的。

四、互见法写人物，是塑造历史人物形象的一种特写方法

写史传人物不同于一般文学作品的人物形象塑造，它不允许虚构和概括众多人物特征来塑造典型形象，而只能在历史事实的基础上进行概括，突出人物的性格特征。《史记》中的人物都具有报告文学的特点，它集中了一生行事中最典型的事迹组织文章。例如《张释之冯唐列传》，司马迁只描绘了几个生活片段就把张释之、冯唐两个人物写活了。但是，若将史传写成了人物特写，它就不能全面反映这个人的精神面貌和品德。例如司马迁很不注意人物的生卒年和连续的行状事迹，并影响了后世，这不能不说是一个缺陷。但是司马迁总是筛选出有重大意义，能够反映社会本质的史料来组织文章，塑造人物形象，确是获得了很大的成功。司马迁写的史传人物，形象完美，思想丰满，有血有肉，栩栩如生，音容笑貌，呼之欲出。既重形象丰满，又不失历史之真，互见法的巧妙运用，可以说是塑造史传人物的特写方法。第一，最基本的形式是本传着意刻画人物形象，集中描写和叙述矛盾最尖锐、斗争最激烈的事件，突出人物的主要精神面貌，而将人物的侧面载于他传，即剪裁史事，突显正面形象，项羽的形象塑造就是一个典型的例子。第二，是将有广泛历史联系的人物构成强烈的对照。第三，传赞相补，用以表现强烈的爱憎感情，点画人物的精神面貌。第四，重复累书，用以突出人物的伟大。下面我们来逐层分析。

其一，运用互见法剪裁史事，突显正面形象。《项羽本纪》完美地塑造了项羽的英雄形象。篇名本纪，实为传体。司马迁抓住巨鹿之战、鸿门宴、垓下之战三个关键时机，描叙故事，塑造项羽的形象，写得有声有色，流传后世，家喻户晓。巨鹿之战，

项羽破釜沉舟，奠定了灭秦的盖世功勋。这是项羽一生中最得意的战斗，也是司马迁刻画项羽形象最精彩的段落。战前，项羽杀庆夺军，大义凛然；战时，项羽勇冠三军，士卒感奋，楚战士无不以一当十，呼声动天，大败秦军；战后，项羽召见诸侯，声威显赫，被拥为上将军。这些都是重笔描绘，加以铺垫和夸张，集中刻画项羽之勇和善战。鸿门宴拉开了楚汉相争的序幕，酒宴上的斗争扣人心弦。刘邦谦恭奉承，项羽骄横自大，形成鲜明对比。司马迁把楚汉君臣聚在一起进行了夸张的描绘，塑造了人物群像来衬托项羽。在战场上，项羽是叱咤风云的统帅，在政治上，项羽不过是一个短视的侏儒。他骄傲自大，头脑简单，厚重木讷，重个人感情，轻信奉承。狡诈的刘邦利用项羽个性中的这些特点，大灌迷魂汤，从而掌握了斗争的主动权。通过这个场面的描写，司马迁集中刻画了项羽的仁爱和坦荡胸怀。垓下之围，在四面楚歌声中，项羽从容不迫悲歌别姬，这一儿女情长的描述，使项羽的形象更加丰满。最后，项羽在东城为部下表演了一场精彩的“溃围、斩将、刈旗”的决战，而后率 26 骑突至乌江边上，在“天之亡我”的慨叹声中自刎而亡。这是一幅苍凉而悲壮的画图，引起人们的无限惋惜。至此，一个顶天立地的盖世英雄形象跃然纸上。

但是项羽并不是一个完美的人物，他有许多缺点，也打过败仗，甚至在个性中有着凶残的一面，他坑杀人以千万数，失去了民众，所以他终于是一个失败者。但项羽的这些短处，在本传中只是轻描淡写，一笔带过，或略而不载，却在《高祖本纪》、《陈丞相世家》、《淮阴侯列传》、《黥布列传》等篇中补叙出来。刘邦数羽十罪，与群臣论项羽之败，集中描写了项羽的缺点。即便在军事斗争中，项羽也只是一员战场猛将，不是一个有远见的战略家，绝不是刘邦的对手。他在成皋之战中，与刘邦对峙广武，屯兵于坚城之下，一筹莫展。虽有一范增，而羽不能用。范增走后，立刻陷入被动，竟不断中了刘邦的圈套，疲于奔命。这些情节都记述于《高祖本纪》中。

再看《魏公子列传》，司马迁满怀深情塑造了一个礼贤下士的政治家形象。魏公子急人之难，可以说是一个完人。但是，在《范雎传》中却记载了魏公子畏秦不纳魏齐的虚饰情态，受到了侯嬴的批评，而本传中却只字不提。

上述两例说明了，司马迁笔下的人物形象之所以光彩照人，一个最基本的方法，就是他用特写笔法刻画人物，对材料作了取舍。但是舍去不利于塑造人物形象的材料则有害于历史的真实，司马迁用互见法于他篇补见，两全其美，冶文史于一炉。这是互见法运用的最大成功，也是司马迁的一个伟大创造，毫无疑义应作高度的评价。

其二，运用互见法组织材料，构成两两对照，突出人物形象。此以《项羽本纪》和《高祖本纪》最为典型。前面指出，《项羽本纪》虽名为本纪，实为传体。司马迁用本纪之名，也正是要将项羽事迹与刘邦事迹紧密地排列在一起构成两两对照的史传。《项羽本纪》中有刘邦，《高祖本纪》中有项羽。鸿门宴以刘邦的狡诈烘托项羽的诚笃和坦率。反过来，成皋对峙，则以项羽的鲁莽无策烘托刘邦的智计过人。这是明显的对比。还有许多暗比。例如刘邦在彭城战败后逃命时的狼狈相，与项羽在垓下之围的奔走东城应对照起来看。刘邦为了活命，竟不惜三次推下亲生子女，表现了一个政治家的冷酷无情。项羽在重围中别姬，是那样的从容不迫和洒脱，更显得项羽的威武悲壮和对生活的热爱。当然，司马迁的主题并不在此。《自序》说，“子羽暴虐，汉行功德”，主题在于揭示楚汉相争的成败兴亡对比。项羽暴虐，高祖抚民；项羽奋勇，高祖智计；项羽由强变弱，高祖由弱变强；最后羽灭汉兴，对比见义，相反相成。司马迁运用互见法布局材料，使两传发生交织，形象特别鲜明。同类或对待人物之间的列传都具有这样的笔法。例如苏秦、张仪二人的列传也是两两对照的史传，只不过互见笔法不如项羽、刘邦两纪明显。

其三，传赞互补，直抒胸臆。《史记》篇末“太史公曰”云云，习惯称赞。《史记》之赞，或考证古史，或叙游历所得，或直抒评论，或交代作史义例，未有定式，内容丰富，往往补篇中所未言之事。故《史记》之赞与正传互文相补。司马贞、刘知几未明此旨，批评司马迁作赞不当，偏宕好奇，如同蛇足。司马贞重为《史记》一一作赞，称“索隐述赞”。究其实，司马贞之赞只不过是传文的复述，并无特色可取，反不如“太史公曰”之互文相补寄意深远。这里只分析司马迁评价人物时的互见义例。

《商君列传》赞语曰，“商君，其天资刻薄人也”云云，似乎是否定商君的。但正传中说：“（变法）行之十年，秦民大悦，道不拾遗，山无盗贼，家给人足，民勇于公战，怯于私斗，乡邑大治。”又说：“秦人富强，天子致胙于孝公，诸侯毕贺。”似乎又是在热情地歌颂。又《晁错传》赞语曰：“（错）擅权，多所变更……语曰‘变古乱常，不死则亡’，岂错等谓邪！”似乎是批评晁错变革。但传中记载晁错更令三十章，诸侯皆喧哗，错父从颍川赶来责备晁错，错曰：“不如此，天子不尊，宗庙不安”，这段对话似又在颂扬晁错的耿耿忠心。同一篇传赞，出自一人之手，何以矛盾至此？明白了互见法，这一矛盾就迎刃而解。原来司马迁是互文相补，传中纪实，赞中补充法家的残刻面目，表现了司马迁的憎恶感情。

传赞互补，不局限于本篇。《苏秦列传》与《张仪列传》两赞不仅各自与本传相补，而且两传互补。苏秦传赞说，苏秦之智有过人者，“毋令独蒙恶声”而作传，张仪传赞则指出，苏秦之恶声是张仪制造的舆论后果。要之，两人都是倾危之士。司马迁的这些评论刻画了政治家们的倾轧面目。

《魏公子列传》则与《魏世家赞》互补。《魏公子列传》叙魏公子在魏，秦兵不敢出。魏公子留赵十年不归，秦兵日夜东出攻魏。魏公子回国为将，诸侯合从救魏，大破秦军于河外，乘胜扣关，秦人不敢出。后魏公子卒，秦人攻魏，拔二十城，初置东郡。其后秦稍蚕食魏境，十八年而虏魏王。这里极力写出魏公子的声威，以他一人之身系魏之安危，其用意在于塑造魏公子的高大形象。但是对魏公子的理性评价却在《魏世家赞》中补出。太史公曰：“说者皆曰魏以不用信陵君故，国削弱至于亡，余以为不然。天方令秦平海内，其业未成，魏虽得阿衡之佐，曷益乎？”这里的天是指天命还是形势，姑置不论。但它正确地指出，魏国的命运并不取决于魏公子的个人作用，让魏公子从超凡的英雄形象中回到了人世间。

司马迁寓论断于序事之中，他评赞人物的精言妙句，有时并不在赞中。《卫将军骠骑列传》，多次运用“天子曰”云云为提振，示意二人特为天子所贵幸。司马迁为了加重二人的幸运色彩，在《佞幸传》末云：“卫青、霍去病亦以外戚贵幸，然颇用材能自进。”这里显然是运用互见法以示讽，点画卫、霍有佞幸之态。

其四，运用互见法重复累书，以突出人物的伟大。此法集中表现在对孔子的评价上。司马迁为孔子立世家，在赞语中满怀虔敬的心情推崇孔子为“至圣”，赞扬他的道德学问像高山一样使人瞻仰，像大路一样供人遵循。又说：“余读孔氏书，想见其为人。”他曾到曲阜考察，参观了孔子的庙堂，看到了孔子行用的以及演礼的车服礼器，访问了那里按时习诵礼仪的诸生，完全被孔子的教化遗风所陶醉，诚挚地依恋，久久地徘徊，舍不得离开。这里的评价是一种诗歌的格调，抒发着一个崇拜者的浓郁感情。而在《太史公自序》中，司马迁则用理性化的语言评价孔子对历史的贡献。他说：

> 周室既衰，诸侯恣行。仲尼悼礼废乐崩，追修经术，以达王道，匡乱世反之于正，见其文辞，为天下制仪法，垂六艺之统纪于后世。作孔子世家第十七。

如果说，《孔子世家》赞语是横向的评价，指出孔子学说影响的广泛，“中国言六艺者”都“折中于夫子，可谓至圣矣”；那么《太史公自序》中对孔子的评价则是纵向的，指出孔子学说影响的深远，“为天下制仪法，垂六艺之统纪于后世”。这两种角度的不同评价，也是互文相足的一种笔法。司马迁对孔子是十分崇拜的。反复评赞仍觉不足以重其人，又用互见法重复累书孔子之卒，以见一代伟人之陨落，加重悼念的感情。《史记》记载如下：

①《周本纪》云：（敬王）四十一年……孔子卒。

②《秦本纪》云：惠公元年，孔子行鲁相事。又云：孔子以

悼公十二年卒。

③《鲁世家》云：（定公）十年，定公与齐景公会于夹谷，孔子行相事。……（哀公）十六年……孔子卒。

④《燕世家》：（献公）十四年，孔子卒。

⑤《陈世家》：（成公）二十四年，楚……灭陈而有之。是岁，孔子卒。

⑥《卫世家》：（庄公）二年，鲁孔丘卒。

⑦《晋世家》：定公十二年，孔子相鲁。三十三年，孔子卒。

⑧《郑世家》：（声公）十四年，孔子卒。

司马迁三次书孔子相鲁，八次书孔子卒，重复累书以突出孔子天下一人的历史地位，这是运用互见法来寓论于序事。在《史记》中用互见法重复累书的事例也是很突出的。

总括上述，互见法本身并不是一种艺术手法，它只是组织材料，互文相补。但是司马迁塑造人物形象的种种文学手法和评价人物的史法义例都离不开互见法的运用。这是我们研究《史记》人物形象塑造和人物评价时绝不应忽视的。

五、互见法两传存疑，广载异闻以备参考

《殷本纪》云：九侯女不憙淫，纣怒，杀之，而醢九侯。鄂侯争之强，辨之疾，并脯鄂侯。西伯昌闻之窃叹。崇侯虎知之，以告纣，纣囚西伯羑里。

《周本纪》云：西伯曰文王，遵后稷公刘之业，则古公、公季之法，笃仁敬老慈少，礼下贤者，日中不暇食以待士，士以此多归之。……崇侯虎谮西伯于殷纣曰："西伯积善累德，诸侯皆向之，将不利于帝。"帝纣乃囚西伯于羑里。

按，崇侯虎谗西伯事，《战国策·赵策》及《吕览·行论》所载为《殷本纪》所本。而《周本纪》所载为异说，《淮南子·应道训》以及东汉桓谭《新论》有类似记载，可见司马迁别有所本，故两存之。

此例转引自靳德俊氏《史记释例·两存传疑例》。此类事例《史记》中甚多，往往在一篇之中并存异说。《殷本纪》载殷祖契，母曰简狄，吞玄鸟卵而生契，又曰简狄为帝喾次妃。《周本纪》载周始祖后稷，名弃，母曰姜原，践巨人迹而生弃，又曰姜原为帝喾元妃。故《三代世表》云："高辛生契"，"高辛生后稷"。有时在一句之中用"盖曰"、"或曰"并存异说，亦两存之例。这一方法是司马迁处理历史异闻的考信原则，即"信以传信，疑以传疑，故两言之"，褚少孙在《三代世表》补论中特作了阐述。总之，将同一事件的若干异说分载于他篇，大同小异，相互参证，这就是运用互见法两存传疑，广载异闻以备参考，因此在这里亦附带论及。

司马迁在《史记》中广泛地运用互见法，其作用是多方面的，并不止上述五个方面。例如司马迁还运用互见法隐喻讥刺，全身避祸，委婉曲折地实录现代史。例如描写汉高祖的忌刻狠毒、贪财好色、倨傲无赖等情事，不载于《高祖本纪》，而分散在项羽本纪、萧何及留侯世家、淮阴侯韩信、樊哙、周昌、郦生等传中星星点点揭露。司马迁描写酷吏之暴，轻轻一点，"上以为能"，批判了汉武帝的虐政。又借汲黯之口讥刺汉武帝多欲。这类记载，正如李笠所说，司马迁因"避讳与嫉恶，不敢明言是非，不忍隐蔽其事，故互见焉"①。

综上全文所述，《史记》互见法是连结五体结构的经络，它伴随五体结构而产生，亦依赖五体结构而存在。司马迁熟练地运用互见法，最经济地组织了历史素材，巧妙地塑造了历史人物的典型形象，而又保持了历史的纪实。互见法把自成单元的一百三十篇《史记》文章紧密地连结起来成为浑然一体的艺术品。可以说，研究《史记》互见法的运用，是探讨司马迁"一家之言"的一把钥匙。

（本文原载《史记研究》论集，甘肃人民出版社 1985 年版）

① 《史记订补》。

《史记》十表之结构与功用

《史记》十表，最具笔法义例，是司马迁作史精意之所存，值得深入研究。明清两代学者有许多精辟的论述，并产生了汪越的《读史记十表》这样的专书。江著有徐克范补，疏理十表精义，发微显隐，十分详尽。许多《史记》论著，都立有专章论述。本文会综前人论述，沙汰歧义，择善而从，断以己意，对十表之结构与功用作一概略论述，以供讨论。

一、十表之结构

《史记》十表划分历史断限，综述天下大势，表序作集中的理论综合，两者结合构成《史记》全书的纲要，与本纪、世家、列传相发明。精读《史记》十表，是研究《史记》的一把钥匙。郑樵曰："《史记》一书，功在十表。犹衣裳之有冠冕，木水之有本原。"[①] 可谓中的。十表在五体序列中紧接本纪之后，二体互补，均编年记正朔。本纪编年以王朝和帝王为体系，反映了从黄

① 《通志·总序》。

帝至汉武帝二千三百余年朝代变迁和帝王相承的大势；年表编年以时代的变革划分段落，打破了王朝和帝王相承的体系，更鲜明地表现了各个历史段落的世势发展与变迁，表序则就各个历史段落的大势承递作理论的剖析，综其终始，供人自镜。司马迁的作史目的、作史方法、作史意义，均有鲜明的表述。

十表篇目依历史进程的年代顺序排列，按时代断限可划分为三个阶段（上古、近古、今世）、五个时期；按叙事内容可分为两大类，即大事年表和人物年表。表列如下：

十表目次、类别
- 大事年表——
  - 上古史表
    - ①三代世表第一
    - ②十二诸侯年表第二
  - 近古史表
    - ③六国年表第三
    - ④秦楚之际月表第四
- 人物年表——⑤今世史表
  - 汉兴以来诸侯王年表第五
  - 高祖功臣侯者年表第六
  - 惠景间侯者年表第七
  - 建元以来侯者年表第八
  - 建元以来王子侯者年表第九
  - 汉兴以来将相名臣年表第十

前四表，每表为一历史时期，分为上古、近古两个大的历史阶段，只作纵向历史的略载，表列历史大势的发展线索，是为大事年表。后六表详列今世的事势变迁，以人物为中心分类条析，是为人物年表。表中序号①②③④⑤代表五个历史时期的序列，分期义例详本文第二节“十表之功用”，兹从略。下面按十表顺序略述其内容的结构义例，表序择要分析。

1.《三代世表》。本表谱夏、商、周三代世系及周封诸侯，起黄帝，讫共和。读《三代世表》，以黄帝为主。夏为颛顼后，商、周为帝喾后，同出黄帝，故表名三代而起于黄帝。周初所封诸侯凡十一国，“不冠于《十二诸侯年表》之前，而缀于《三代世表》之末”，亦是用以“明诸侯亦皆黄帝后”[①]。题称世表，因《尚书》不载年月，黄帝以来年数不可靠，故只勾画一个帝王世

① 《读史记十表》。

系来表现上古历史的发展线索。故汪越说，不可因其所表列的世次抵牾而“訾其鄙陋而不学，疏略而轻信”。

2.《十二诸侯年表》。本表谱列春秋之时列国大势，共十四栏，即周、鲁、齐、晋、秦、楚、宋、卫、陈、蔡、曹、郑、燕、吴。除首栏周为其共主之外，实谱十三诸侯。因第二栏鲁象征《春秋》当一王之法，不计在十二数中，故表名“十二诸侯年表”[①]。表序内容有两层。第一层写孔子作《春秋》的历史背景及其影响。孔子借鲁史以制义法，当一王之法。茅坤曰：“孔子作《春秋》，而太史公得因之，以表本末盛衰之迹也。”[②] 第二层，总结前代历史典籍的得失，阐明《史记》效《春秋》的述史目的，论兴衰成败以拨乱反正。《太史公自序》云：“幽、厉之后，周室衰微，诸侯专政，《春秋》有所不纪。而谱谍经略，五霸更盛衰，欲睹周世相先后之意，作《十二诸侯年表》第二。”这段话是《十二诸侯年表》的内容提要，即叙录，可与序文相发明。司马迁作表，为的是“欲睹周世相先后之意”，故列表详载历史资料以究其盛衰本末，察其变化终始，明其因果规律，可以说这就是司马迁最基本的历史研究方法。这一方法要点有二：一是要系统记载真实可靠的历史资料，这是在批判了儒者、辩者、历数、阴阳、谱谍各家之失的基础上总结出来的；二是发扬《春秋》义法的传统，要详究历史事势变迁的本末因果探寻其发展趋向，司马迁称之为“综其终始”。这一理论在其他几个年表序中反复论及，或称“察其终始”[③]，或称“谨其终始”[④]，或称“咸表始终”[⑤]。唯有“综其终始”，“通古今之变”，并“稽其成败兴坏之理”，才是一个真正的历史家。《史记》之所以体大思精，因它具有系统的史学理论统贯其中。《十二诸侯年表序》作了一个鲜明的提示。

3.《六国年表》。表名六国，实谱八国。第一栏周，尊天下

① 刘咸炘：《太史公书知意》卷三。
② 《史记评林》引。
③ 《六国年表序》。
④ 《高祖功臣侯者年表序》。
⑤ 《惠景间侯者年表序》。

共主。第二栏秦，列于六国之前，日食灾异载于秦表而不载于周表，其义即以秦系天下之存亡，褒美秦统一之业。因此周、秦均不在“六国”数中，故表名“六国年表”。

小国附属于宗主国。蜀与义渠附于秦表，因两国为秦所并。同理，郑附于韩表，代、中山附于赵表，鲁、蔡、吴、越附于楚表，宋附于齐表。韩、赵、魏三家分晋，残存之晋仅有绛、曲沃，其后为魏所并，故晋附魏表①。

表序是一篇专论秦朝兴亡的史论。要点有二，一是讨论秦统一中国的原因；二是评价短命秦朝在历史上的地位。

秦据关中，居高临下与六国争衡，进可攻，退可守，这是秦取得胜利的原因之一。但司马迁认为，地利形势并不是秦并天下的主要原因。秦国是依靠暴力手段统一天下的，这与三代之君积德累善得天下完全迥异。秦取天下多暴而能得其所欲，好像是天要这样做似的，所以说“盖若天所助焉”。

秦得天之助，司马迁反复言之。《魏世家赞》云：“天方令秦平海内，其业未成，魏虽得阿衡之佐，曷益乎？”这里的“天”与“盖若天所助焉”之“天”为同一含义，主要是指天下形势之变，非个人之力所能挽回。秦国虽非“德义”之邦，但东方各国礼坏乐崩，兼并征伐不已，秦国却在献公之后“常雄诸侯”，东方贤人竞奔走于秦。可见秦灭六国是一种必然的趋势，即历史之变的事势，它是一种客观存在的运动力量。这种力量是长期历史的积累所形成的物质的和人为的力量总和。西汉学者拘于耳食之见，诋毁秦朝是“余朝闰位”，说什么汉朝是“上继周统”，这都是违反历史事势之变的狂惑之言。司马迁反对暴政，批判了秦朝的焚书坑儒和严刑酷法；但对秦朝“法后王”、革新政治而富强、终于一统天下的历史功绩却作了高度的评价和肯定，颇具辩证的目光。司马迁认识到，在“强国相王”、“务在强兵并敌”的形势下，“秦取天下多暴”是必然的事势。司马迁的这一认识，在当时既是卓绝的，也是进步的。

---

① 刘咸炘：《太史公书知意》卷三。

4.《秦楚之际月表》。表起陈涉发难，讫刘邦称帝，即公元前209—公元前201年，共八年。《太史公自序》云："八年之间，天下三嬗，事繁变众，故详著《秦楚之际月表》第四。"表序云"五年之间，号令三嬗"，系指从秦亡至西汉统一是五年。表序重点讲楚汉相争，所以说"五年之间，号令三嬗"。三嬗，指陈涉、刘邦、项羽相继称王，政权由秦嬗楚陈涉，再由涉嬗项羽，三由项羽嬗刘邦。

《秦楚之际月表》由两部分组成。第一部分为秦表，表陈涉发难，六国纷起，以接《六国年表》。秦表九栏。秦、楚、项、赵、齐、汉、燕、魏、韩。第二部分为楚表，表项羽分封十八王及楚汉相争。楚表二十栏，即十八王加义帝、项羽两栏。秦表以秦二世纪年，楚表以义帝纪年，示为天下共主。义帝死，第一栏留空，因项羽只号霸王，未称帝。但"政由羽出"，故于项王表中云："西楚主伯，项籍始，为天下主命，立十八王。"汉王五年刘邦称帝，但不升为第一栏，仍载汉王表，故表名"秦楚之际月表"，名实相符。

秦楚之际，事繁变众，扰攘僭篡，运数又促，故创月表。如陈涉称王六月而死，武臣王赵，四月而亡，项羽继业，另起纪月。由此可见，创为月表，形势使然。秦表起陈涉，讫项羽入关，凡三年，只纪月，不纪年。楚表起项羽分封十八王，讫刘邦称帝凡五年，纪年又纪月。在楚表中项羽及十七王纪年皆不书"元年"及"正月"。刘邦入关即书"汉元年"以承秦之灭，又书"正月"且早诸王一月以接秦王子婴之死，这是寓意汉承正统，故序云："此乃传之所谓大圣乎？"但全表结构创为"秦楚之际"而不名"秦汉之际"，乃是突出陈涉、项羽灭秦功绩。《史记》十表，纪实正名，义例严密，首推此表。

表序论述秦楚之际的历史事势，说明汉得天下的原因。全文内容分三层。第一层概述秦楚之际政治形势的特点，即陈涉发难、项羽灭秦、刘邦称帝，发生在短暂的时间里，是历史上一个剧烈变革时期。第二层，追溯虞夏商周秦五代兴起之难，说明秦楚之际"天下三嬗"是历史事势的重大转折。第三层，分析刘邦起于布衣，“无土而王”的原因。一方面是秦朝废分封，销锋镝，除豪杰，主观上“维万世之安”，而客观上“适足以资贤者为驱除难耳”，说明暴力不可持。另一方面，刘邦是一个“贤者”、“大圣”，得天之助，“故愤发其所为天下雄”，说明了汉之兴，因顺应了历史事势发展的趋向，获得了成功。

表序只有二百八十七字，而内涵义理却极为深厚。司马迁没有抽象发议论，而是在序事之中引人深思，把所论之理寓于言外，使读者深思而自得之，十分精妙。行文曲折，层层说理，正反相映，对比强烈。秦楚之际天下三嬗之“易”，与古代王迹兴起之“难”，一正一反，构成历史纵向的强烈对照，提出悬案，启人思索。秦之失与汉之得，项羽之暴与刘邦之仁，一反一正，构成历史横向的强烈对照，以不容置疑之问作结，首尾呼应，回答悬案，言尽而意不穷。表序的构思之妙，乃是司马迁历史纵横比较研究方法的生动运用，在比较之中易于阐明义理。古今得天下难易之对比，并不是说刘邦得天下轻而易举，恰恰是以古之难衬映刘邦取天下之不易。因“天下三嬗”表象是“易”，实质是历史事势变化之“剧”，反映斗争之“酷”，秦朝“驱除”于前，项氏“虐戾”于后，才有刘汉“愤发”之得以成功。虞夏商周积德而有天下，秦朝用力而成帝业。或积善累功“数十年”，或修仁行义“十余世”，或蚕食兼并“百有余载”，说明一统天下十分不容易。因此，凡是完成统一大业的帝王和王朝都是值得歌颂的。

5.《汉兴以来诸侯王年表》。谱列同姓九王及异姓长沙王等诸侯国世系，起汉之建国，讫太初四年（前 206 至前 101），共一百零六年。高后、惠帝、文、景、武诸帝所封诸侯亦列表中，故表名“汉兴以来诸侯王年表”。年表十一栏，首栏为汉以纪年，诸侯王依大小为次，曰楚、曰齐、曰荆（即吴）、曰淮南、曰燕、曰赵、曰梁、曰淮阳、曰代，异姓长沙殿后。景帝时，吴楚七国反叛，祸难之作，发于宗亲。其后分削诸侯，化大为小。前后分国共二十六，故年表由十一栏而增为二十七栏。又减黜诸侯国官职，诸侯王只得衣食租税，不与政事，强本弱枝，祸患不作。由此可见，分封建国，安上全下，不在亲疏，而在形势。形势颠倒，本弱枝盛，则仁义不立，诸侯只有小弱，才能奉职效忠。

表序以“形势”二字为纲，总论汉兴以来百年之间的历史事势，刘邦建立诸侯，文、景、武帝逐渐加以削弱，最后集权于中央。

6.《高祖功臣侯者年表》。本表谱列汉初开国功臣侯国世系，共一百四十三人。纪年表载，终高后之世，已失侯者十六人；终文帝之世，又失侯者十九人；终景帝之世，又失侯者三十六人；至武帝元封末，又失侯者六十五人，太初失侯者一人；太初以后见侯五人，失载一人，至武帝末失侯皆尽。

7.《惠景间侯者年表》。本表谱列惠景间所封侯国世系，计孝惠时侯者三人，高后时侯者三十一人，孝文时侯者二十九人，孝景时侯者三十一人，共九十三人。纪年表载，终高后之世，已失侯者十七人；终文帝之世，又失侯者二十一人；终景帝之世，又失侯者十五人；至武帝元封末，又失侯者三十五人，太初以后见侯三人，失载二人，至武帝末失侯皆尽。

8.《建元以来侯者年表》。本表谱列武帝征伐功臣侯国，共七十三人；太初以后见侯三十一人，失侯者已四十二人。

9.《建元以来王子侯者年表》。本表谱列无功得侯的宗室子弟，共一百六十二人，太初以后见侯七十九人，失侯者已八十三人。

6、7、8、9四表为分类条析的汉代侯国表，其体制皆国经年纬，因各表内容不同而略有变通。《高祖功臣侯者年表》，纵行排列侯国一百四十三为经；横行由上至下纪年为纬共九栏。第一栏国名。第二栏侯功，录载侯者功状，封邑户数。第九栏侯第，载位次。第三至第八共六栏纪年，次第为高祖十二年，孝惠七年，高后八年，孝文帝二十三年，孝景帝十六年，孝武帝五十四年。武帝一栏以太初为界限又分为建元至元封六年三十六年、太初元年尽后元二年十八年两个纪年层次。《惠景间侯者年表》横行无“高祖十二年”一栏，无“侯第”一栏，武帝时期的两个纪年层次正式分为两栏，共八栏。建元两表横行以武帝年号次第纪年。《惠景间侯者年表》以下三表题名省“功臣”二字，以示与高祖时开国功臣之侯功相区别。《建元以来王子侯者年表》揭示推恩分国之义，“侯功”一栏更名“王子号”，示无功得侯。高祖时侯者功臣一百三十七人，兼王子四，外戚二，共一百四十三人。此表之王子、外戚，亦皆功臣。

《高祖功臣侯者年表序》云：“至太初百年之间，见侯五，余皆坐法殒命亡国，耗矣。”此语当与《惠景间侯者年表序》云“咸表始终，当世仁义成功之著者也”参互合观，一正一反提示列表义例。汉初功臣侯，至武帝之世失侯皆尽，这是当代史中的一件大事。上古诸侯传代数千年，今世诸侯却如此短促！这是怎么一回事呢？司马迁究其原因，一方面是汉家德薄，法网日益严密；另方面是诸侯子孙骄奢淫逸，触犯刑律造成的。属于前者如坐酎金失侯，为太常牺牲不如令失侯，为太常不缮治园陵失侯，为太常酒酸失侯，不偿人债过六月失侯，坐出国界失侯，坐买塞外禁物失侯，坐入上林谋盗鹿失侯，坐卖宅县官故贵失侯，坐葬过律失侯等，皆罪之轻者，表而出之，讥汉家德薄。属于犯重法者，如坐略人妻，坐杀人，坐祝诅，坐奸淫，坐大不敬，坐谋反等，总之不守刑律胡为者，列表记载，供人自镜。

10. 《汉兴以来将相名臣年表》。此表体制最为奇特，无序有倒书。《太史公自序》云：“国有贤相良将，民之师表也。维见汉兴以来将相名臣年表，贤者记其治，不贤者彰其事。作《汉兴以来将相名臣年表》第十。”显然司马迁是以无序及倒书的特殊配合寄寓褒贬。本表的结构和笔削微旨，另有专论①，兹从略。

综观十表，如“天孙云锦，丝牵绳联，绮回绣合”②，首尾贯通，结构细密，一气呵成的一列长卷，形象地展示了司马迁“通古今之变”的史学思想。

二、十表之功用

《太史公自序》云：“并时异世，年差不明，作十表。”这是

① 见本书《〈史记·将相表〉之结构与倒书》一文。

② 潘永季：《读史记札记》。

司马迁对十表功用的概略揭示，即是把同一时间和不同时代所发生的纷繁历史事件，用对照排比的时间纪年清晰地表现出来。使读者一目了然。近人梁启超论史表功用曰："范繁赜的史事为整饬，化乱芜的文章为简洁。"① 具体论述，可概括为三个方面。

第一，从编纂方法上看，十表归类条析，既简洁明晰地反映了历史大势，又综合归纳了丰富的历史内容。前代学者研究史表功用，集中在编纂学上，试列举几条以资分析。

唐刘知几说："观太史公之创表也，于帝王则叙其子孙，于公侯则纪其年月，列行萦纡以相属，编字戢孴而相排，虽燕越万里而于径寸之内犬牙可接。虽昭穆九代而于方尺之中雁行有叙，使读者阅文便睹，举目可详，此其所以为快也。"②

清赵翼说："《史记》作十表，仿于周之谱牒，与纪传相出入，凡列侯、将、相、三公、九卿功名表著者，既为立传，此外大臣无功无过者，传之不胜传，而又不容尽没，则于表载之，作史体裁，莫大于是。"③ 牛运震说："年表者，所以较年月于列眉，画事迹于指掌，而补纪传书志之所不及也。"④

以上诸家所释史表功用，都是从组织材料上立论。刘知几阐述了史表述史的简洁明晰；赵翼、牛运震则强调了史表条分缕析能容纳大量的历史素材。这实质是一个问题的两个方面。由于史表是对历史内容进行全面的归纳与综合，所以显示出这一体制的简洁明晰以及容量广大的特殊功能。比如《十二诸侯年表》和《六国年表》，把春秋、战国两个时代周王室、秦王朝及其先王、列国诸侯的立国、受封、传代、征伐、会盟、篡弑、灾异、存亡等项历史内容全面而明晰地揭示出来，提纲挈领地表现了这两个历史时期的盛衰本末。汪越说："观世家所载之详，乃知此表断其义，不骋其词"，此"春秋二百四十年之大势"，此"战国二百九十年之大势"也。两表内容不但简洁，而且丰富。例如"征

① 《中国历史研究法》补编。
② 《史通》卷一六《杂说上》。
③ 《廿二史劄记》卷一。
④ 《史记评注》卷三。

伐”一项，《十二诸侯年表》载春秋时期战争一百八十九次，《六国年表》载战国时期战争一百九十六次，系统地表现了春秋战国时期战争史的内容，可补本纪、世家之缺略。朱东润在《高祖功臣侯者年表书后》一文中①，利用该表所载功臣的侯功、履历、官爵、封邑考释楚汉相争形势，补本纪、列传之不足，更是一个生动的例证。

但是事物又是一分为二的。史表以简驭繁组织历史的内容是其优点，但可读性差、枯燥乏味，一般读者对于“表中所列之经纬次第，初无寓目焉者”②。所以刘知几又批评说：

> 观马迁之《史记》，天子有本纪，诸侯有世家，公卿以下有列传，而重列之以表，成其烦费，岂非谬乎？且表次在篇第，编诸卷轴，得之不为益，失之不为损，用使读者莫不先看本纪，越至世家，表在其间，缄而不视，语其无用，可胜道哉！③

刘氏的自相矛盾之言，论者多谓是刘氏不同时期说的话，这并非确论。刘知几认为史表既不便阅读，又与纪传重复，只应单独成书，不宜杂厕纪传中。又谓，史表分国时可有，一统时不必有，非难汉史诸表为诸侯国纪年，这又反映了刘氏维护正统的迂腐思想，故有意作夸大之言。但从刘氏对史表的非难中正好说明，只从编纂学角度评价史表，远远没有揭示出十表的真正价值。《史记》十表的真正价值在于排比分析，揭示历史发展的时与势，而不是供阅读的。唐以前的十五种正史，除《史记》、《汉书》外，竟有十三种无表。这说明马、班以后，相当长的一个历史时期，历史家不明史表的真正价值，唐代史家尤甚，因上述十三史中有八种成于唐代。这就难怪刘知几的非难了。宋以后，所修正史皆有史表，清人更大量补作史表，所以自宋以来研究《史

---

① 载《史记考索》。
② 梅文鼎：《读史记十表序》。
③ 《史通》卷三《表历》。

记》十表的论著蜂起，也就是自然的了。

第二，从褒贬笔法的义例看，十表经纬纵横，表隐微之事，创为“无言之文”。司马贞释名，谓“表”之义云，“事微而不著，须表明也，故言表也”[①]。本文第一节“十表之结构”所阐释的义例就是“无言之文”。谓司马迁作史表创为“无言之文”，本牛运震语，杨燕起第一次作了精确的阐释，见《史记的体例与变通》[②]。杨文论史表之功用有三：一曰提纲挈领地表现历史内容，二曰简要明晰地揭示天下大势，三曰经纬纵横地创为“无言之文”，十分允当。杨文前两点是讲史表的归纳综合，第三点即是阐述史表明隐微之事的功用。史表之所以能为“无言之文”，就在于它经纬错置历史内容，鲜明地揭示了笔削微旨。宋林駉第一个作了明晰的分析。其言曰：

> 尝观迁史之表矣，《三代世表》所以观百世之本支也。考黄帝之初，先列诸系以祖宗为经，以子孙为纬，则五帝三王皆出于黄帝，此帝王授受之正统可见也。《六国年表》所以示天下之名分，故齐康公之十九年为田和迁居海上，而书曰齐太公卒[③]，且系之康公二十年。康公既卒，始书田齐，此尊卑逆顺之正理可见矣。《十二诸侯年表》以下，以地为主，故年经而国纬，所以观天下之大势也。《功臣年表》以下，以时为主，故国经而年纬，所以观一时之得失也。《秦楚月表》上尊义帝，而汉居其中，明大义也。《将相年表》上系大事纪，明职分也。[④]

具体而微地一一疏剔十表义例，“使史记百三十篇之大义微旨，皆炳然跃然于诸表之中”者，当推汪越的《读史记十表》及

① 《史记》卷一三《三代世表》之《索隐》。

② 载《史学史研究》1983年第4期。

③ 田和亦号太公。但史表在康公二十年下书“田和卒”，此言书“齐太公卒”，林氏笔误。

④ 《古今源流至论》后集卷九《史学》。

徐克范补。徐克范云，读《将相名臣表》，“但观其所书，必于其所不书者，参互考核，乃知所书之义”，这也是读十表“无言之文”的法则。

第三，从通古今之变的述史目的看，十表编年纪历，划分历史断限，建立了古代的年代学。这是《史记》十表的最大功用，前人多未论及。恩格斯说：“一切存在的基本形式是空间和时间，时间以外的存在和空间以外的存在，同样是非常荒诞的事。”① 《史记》十表，把历史存在的空间（朝代、诸侯）和时间（纪年）二者有机地结合起来，以表现时间为主，用以反映历史发展的线索和阶段性，最有章法义例。《三代世表》、《十二诸侯年表》、《六国年表》、《汉兴以来诸侯王年表》四篇首尾相接，上起黄帝，下讫汉武太初四年，合二千三百余年②，是十表记事系年的主干。秦楚之际为特出的历史时期。司马迁创史表，划分所贯通的整个历史为三个阶段、五个时期。本书《〈史记〉体制义例》一文已作了阐释，兹引载如下：

《三代世表》，起黄帝，讫西周共和，表现积德累善得天下的古朴时代。

《十二诸侯年表》，起共和讫孔子卒，即公元前 841 至公元前 476 年，表现王权衰落的霸政时代。

以上两个时期为上古史。

①《六国年表》，起周元王元年，讫秦二世之灭，即公元前 475 至公元前 207 年，表现暴力征伐得天下的战国时代。

②《秦楚之际月表》，起陈涉发难，讫刘邦称帝，即公元前 209 至公元前 201 年，详著月表以表现五年之间天下三嬗的剧烈变革时代。从秦亡至西汉统一是五年，但月表溯及陈涉发难。

以上两个时期是近古史。

③汉兴以来六表。分类条析，表现大一统的今世时代。

司马迁的历史分期，在表序中作了明晰的阐述，以社会的伦

① 《马克思恩格斯选集》第三卷，第 91 页。

② 详本书《〈史记〉断限考略·余论》。

理变化为标准。虽然不是科学的，但却是我国古代第一个具体划分历史发展阶段的历史家，用以表现历史之“变”，具有作规律性探讨的卓识远见。而且司马迁找出历史的大事变，由共和、孔子卒、秦亡、陈涉起义、刘邦称帝、汉武帝改历等大事记作为分期断限的临界点，这是十分光辉的思想。世表、年表、月表之创造，以及百年汉史列六表，鲜明地显示了司马迁详今略古的述史原则。秦楚之际，事繁变众，特著《秦楚之际月表》，这体现了司马迁另一述史原则，即详变略渐。“变”，为动乱之世，“渐”，为升平之世。“变”与“渐”，皆指历史的运动。春秋、战国、秦楚之际的动乱，司马迁认为是历史的进步，是事势之巨变，故能对秦汉的暴力统一天下和中央集权制度作正确的评价，歌颂大一统。司马迁在各篇表序中突出了通古今之变，作纵横的历史比较，述秦汉之事，总是追溯三代、殷周，“志古自镜”，以史为鉴。汉初的分封和分削诸侯与周封五等不同。司马迁在比较之中，对汉制有讥刺、有肯定。表现了他的缜密才思和求实精神。

综观十表，司马迁对历史分期的划分，用以阐明秦汉统一是长期历史发展的必然。他认为，三代讲德义，春秋战国用武力征伐，秦汉统一靠“天助”。“天”在古人头脑中是一个既神秘而又复杂的哲学概念，没有人能够确切地把它说清楚。《史记》中的“天”也有多种意义。单就《天官书》所论就有三种含义。一曰自然之天，如“日月星辰”、“三光”、“五气”之“天变”。二曰命运之天，即历史的运数周期，如“三十岁一小变，百年中变，五百载大变”。三曰意志之天，如天人感应之“形见应随”。司马迁对意志之天既相信，又怀疑，不完全肯定，也不完全否定。秦统一，“盖若天所助焉”。刘邦起自布衣，既非积“德”，亦非用“力”，五年之间，卒践帝祚，司马迁惊奇为“大圣”，迭声慨叹“岂非天哉，岂非天哉”！以今天的唯物史观来看，秦汉之际的阶级斗争、急剧变化，突破了积“德”与用“力”的固有格局，创造了布衣登基的奇迹，使得暴戾之秦王和泗上亭长刘邦都扮演了英雄的角色。由于司马迁受历史的局限，没有今人的阶级观点，保留了天命论的地盘，这是不必讳言的。但司马迁更强调人为。

他写秦得天之助，东方贤才争流入秦。他写刘邦得天下，是秦朝废分封，坏名城，销锋镝，鉏豪杰，驱之于前；陈涉、项羽发难于后，于是“向秦之禁，适足以资贤者为驱除难耳”。说明司马迁所讲“天”字的主要内容是历史事势的发展，并且肯定历史的进步，提出“法后王”，颂秦汉一统等思想。汉初分封，而后削弱，建立了稳固的中央集权。这就是司马迁“通古今之变”的完整理论体系，表现了司马迁卓越的史识，十分令人赞叹。

（本文原载《青海社会科学》1985 年第 6 期）

《史记·将相表》之结构与倒书

一、问题之提出与破读方法

《史记》十表，最具笔法义例。而十表中又当推《汉兴以来将相名臣年表》（下称《将相表》）最为奇特。此表有三大疑案，引人注目。第一，《史记》十表，九表有序以阐发作表义例及史学理论，而唯独此表无序。第二，《史记》十表又唯独此表有倒书，更是古今史籍中的罕见现象，成为《史记》研究中的一大谜团。第三，《将相表》记事下限至成帝鸿嘉元年。这些疑案直接与《将相表》的真伪问题相交织，更加引起了人们的迷惑。正由于此，读《将相表》如置身五里雾中，不辨东西南北，故论《史记》者，对《将相表》的疑案都不加深究。或沿袭成说，或就事论事猜哑谜，互相抵牾排斥，不得其解。学术界迄今还没有一篇通盘研究《将相表》疑案的文章，这是再不能忽视的。本文试对《将相表》之结构作一分析，解开无序、倒书、载武帝后事之谜，表陈愚见，以供讨论，并未必是。

《将相表》之结构分为五栏，即“帝纪”、“大事记”、“相位”、“将位”、“御史大夫位”，年经而人纬。帝纪系年，大事记载国家大事，相位、将位、御史大夫位各栏载将相之相承。丞相之相承，必记任职之年；将则有年者，有不年者；御史大夫皆不记年。各栏的这一不同笔法，既表现了封建秩序的等级序列，同时也表现了司马迁对相、将、御史大夫的轻重地位。将相之下场皆提升一栏倒书。丞相薨卒免自杀倒书于大事记栏，太尉罢置倒书于相位栏，御史大夫抵罪自杀薨卒倒书于将位栏，御史大夫位无倒书。这一有规律的倒书，真是一大新奇的创造，寄寓了司马迁不言的深微喻义。

第一个对倒书作研究的是清代学者汪越。他在《读史记十表》中认为提升一栏倒书，“是便于观览，未必有深义”。近人陈直先生在《汉晋人对史记的传播及其评价》一文和《史记新证》一书中用排比归类方法研究倒书，归纳倒书内容有八种体例：一纪官职之罢废；二纪官职之初置或复置；三纪大臣之死；四纪大臣之薨；五纪大臣之卒；六纪大臣之抵罪；七纪大臣之免相；八纪大臣之自杀。结论：“倒书之例，为太史公所特创，学者从未注意，亦从未有人阐明其体例。而后代史家亦无仿效之者。一顺一倒，使读者易于分明，当日设用朱墨颜色顺写，固无不可，然在竹简用两色，比较复杂，故改创倒书之例。”① 陈直认为倒书为太史公所特创，这一见解甚是。但陈直先生的解释还不周洽。一是对倒书的体例概括，只是罗列现象，没有揭示出其中的规律性。二是认为一顺一倒“使读者易于分明”，仍是汪越的观点。果真如此，则倒书“未必有深义”。事实上将倒书正过来放入同栏观览更方便。《汉书·百官公卿表》无倒书，比《将相表》更便观览，就是有力的佐证。

1981 年，中华书局出版的《学林漫录》第三集刊载了李解民的专论:《史记表中的倒文》，依据余嘉锡的考证《太史公书亡篇考》的结论，认为《将相表》是汉成帝时冯商的草创之作，从而推论倒书是冯商写在简背的草稿。由于“后人不明其义，转抄时

---

① 《史记新证》，第 63 页。

就将简背文字用倒文的形式来表示了”。李解民并且断言：“如果天假冯商时日得以从容完成续作，那么这些倒文必然会成为顺文而置于‘表’中适当的位置上，这个谜一样的倒文问题就不存在了。”后人误抄未定稿而成有规律的倒文，这一见解可以说是谜上加谜，显然是不能成立的。再说，制表如制图，应是书于方版之上，而非简书，这是不言而喻的。

《将相表》并非天书。汪越《读史记十表》，阐发精深，很有见地。他说：“读《将相名臣年表》以大事为主。”可以说是抓住了破读《将相表》的一把钥匙，但未解开倒书之谜。徐克范在《补》中说：“读《将相名臣表》固以大事为主，但观其所书，必于其所不书者，参互考核，乃知所书之义。”这是破读《将相表》的又一把钥匙，可惜徐氏未用此方法分析倒书。陈直与李解民的排比归类是破读《将相表》的第三把钥匙。也就是说，汪、徐、陈、李诸人对《将相表》的研究方法并不误，但都没有彻底解破倒书之谜，我认为其失有二：一是各自解读的方法单一，未能运用各种方法进行综合分析；二是未能把握《将相表》的总体结构和司马迁的总体思想，而就事论事，封闭了视线，因此功亏一篑。

《将相表》是司马迁精意构思的奇特创作，隐而显，深而微。司马迁述史寓论断于序事之中，有互见之法、有对比之法、有纵横比较之法。本文在汪越等人的研究基础上，从辨正真伪入手，运用司马迁述史的各种方法进行综合分析，以解破无序、倒书之谜。试按层次分述于后。

二、运用对比法可证《将相表》为司马迁所作不容置疑

主《将相表》为伪说者以崔适和余嘉锡两人最力。李解民谓“余嘉锡先生对此加以论证，凿凿有据，可信无疑”。其实细按崔、余两人的考证，并没有坚实的论据，所谓“凿凿有据，可信无疑”云云，是值得商榷的。

崔、余两人各有两条论据。崔适《史记探源》卷四的两条论据是：第一，指出孝景元年相位栏倒书“置司徒官”与史实有出入；第二，述事至孝成帝鸿嘉元年，于是据以断定《将相表》是“非才妄续”。余嘉锡《太史公书亡篇考》的两条论据是：第一，“十表之中，有序者九，独此表不著一字，与全书异”。第二，“表与录不相应，其不出太史公手明甚”。

《史记》三家注《将相表》之《集解》、《索隐》，梁玉绳《史记志疑》卷十四，日泷川氏《史记会注考证》卷二十二等书认为“天汉以后，后人所续”，“此表无叙，盖缺亡也”。但是上述诸书未提出论据证明，所以后来有崔、余两人的置疑。破读《将相表》，它的真伪是首先要辨正的问题。

《太史公自序》云：“国有贤相良将，民之师表也。维见汉兴以来将相名臣年表，贤者记其治，不贤者彰其事，作《汉兴以来将相名臣年表》第十。”这是司马迁自述的作表之旨，即验证《将相表》真伪的依据。余嘉锡先生称之为“录”。他以“录”证“表”，方法不误，但脱离了司马迁的总体思想，只作简单的形式对照，其分析和结论都是错误的。余先生分析说：“今表中所谓大事记者，皆国家之事，至于将相，但载封拜罢免薨而已，其治未记，其事不彰，恶睹所谓贤不贤邪？”于是做出结论：“表与录不相应，其不出太史公手明甚。”对余先生的这一错误结论，以下各节逐层辨正。这里先用对比法以辨正余先生分析之误。

先以《史记》、《汉书》两表相对比。

《汉书·叙传》云：“汉迪于秦，有革有因，粗举僚职，并列其人。述《百官公卿表》第七。”查《汉书·百官公卿表》，内容分序与表两个部分。“序”述汉承秦制，“有革有因”；“表”备载西汉一代三公九卿，的的确确是“但载封拜罢免而已”，与“粗举僚职，并列其人”的宗旨完全吻合。《将相表》则不然。司马迁是通过载述贤相良将的治行来表达尚贤的政治理想，故只载丞相、将军、御史大夫，而特创“大事记”。《史记》、《汉书》两表即便是同样记载将相的薨卒免死，立论角度也不一样。《汉书》表备载，《史记》表笔削。汪越已经看到这一点。他说：“《汉书·百官公卿表》详一代官制，《史记》但表相与将、御史大夫，意在论世知人，以备劝惩，故举其大者，不在备官。若曰于此得贤任职，斯可也。”由此可见，《将相表》之有大事记生动地证明了非司马迁莫能创，余氏谓“表与录不相应”云云，是未解《史记》表之旨。

再以《将相表》前后两个部分对比，书法迥异，内容不相统一，非一时一人所作，可证余嘉锡推论的冯商补缺云云是不能成立的。

《将相表》前后两个部分的分界应以武帝之末征和三年为断限。《集解》、《索隐》在“太始元年”下注云：“天汉已后，后人所续。”这是沿袭《汉书·司马迁传》班固的成说。班固并未指明是《将相表》，裴骃、司马贞未加考核，随手注引，不可为据。

征和三年断限的依据可从三个方面来证明。为了行文简洁、明确，本文称征和三年以前记事为“原表”；称征和四年以后记事为“补表”。三个方面的论据如下。

第一，“原表”内容丰富，“补表”简略，书法不同。

（一）大事记书法。《索隐》谓：“诛伐、封建、薨、叛。”试以武帝后元两年当书而不书之例为证。

“原表”书“叛”，“补表”不书。

“原表”武帝元狩元年书：“十月中，淮南王安、衡山王赐谋反，皆自杀，国除。”考《汉书·武帝纪》，武帝后元元年“夏六月，侍中仆射莽何罗与弟重合侯通谋反，侍中驸马都尉金日磾、奉车都尉霍光、骑都尉上官桀讨之”。按例，武帝后元元年表当书“夏六月，侍中仆射莽何罗与弟重合侯通，谋反，诛”。而“补表”为空白。高帝八年贯高谋反，十年陈豨反，景帝三年吴楚七国反，“原表”皆书；而宣帝地节四年霍禹谋反，“补表”亦不书。

“原表”书皇帝“崩、葬”，“补表”不书。

“原表”高帝十二年书：“夏，上崩，葬长陵。”惠帝七年书，“上崩，九月辛巳，葬安陵。”高后八年书：“七月，高后崩。”孝文帝后元七年书：“六月乙亥，孝文皇帝崩。民出临三日，葬霸陵。”孝景帝后元三年书：“正月甲子，孝景皇帝崩。”《汉书·武帝纪》后元二年云：“二月丁卯，帝崩于五祚宫，入殡于未央宫前殿。三月甲申，葬茂陵。”按例，武帝后元二年表当书：“二月丁卯，今上崩。三月甲申，葬茂陵。”而“补表”为空白。孝昭以后大事记亦不书昭、宣、元诸帝之崩葬。

举一反三，大事记“原表”与“补表”书法之迥异，不一一列举。

（二）将位栏书法。《索隐》云“命将兴师”。“原表”载二十条“命将兴师”的军事活动，不书将军封拜。“补表”记事二十二条，书“命将兴师”的军事活动仅五条，而书将军封拜的竟有十七条，不符“原表”书法。试以武帝征和三年与后元二年的记载对照如下。

“原表”征和三年，“春，贰师将军李广利出朔方，以兵降胡。重合侯莽通出酒泉，御史大夫商丘成出河西，击匈奴。”“补表”后元二年：“二月己巳，光禄大夫霍光为大将军，博陆侯；都尉金日磾为车骑将军，秺侯；太仆安阳侯上官桀为大将军。”“原表”记载的主旨是“击匈奴”，即“命将兴师”；“补表”只是载将军封拜，书法迥异。

（三）“原表”与“补表”相位、将位两栏倒书之书法亦迥异，将在第四节中详论。

第二，以《将相表》与《建元以来侯者年表》对照，可证“补表”为褚少孙所补。

褚少孙在补《建元以来侯者年表》中说，“太史公记事尽于孝武之事，故复修记孝昭以来功臣侯者，编于左方”。《史记》五体所载史事大势，断限在太初四年，故太初以后名臣显宦，概不作传。但司马迁为了“咸表终始”，而附载大事尽武帝之末，一为李陵、贰师降匈奴事，一为巫蛊事[①]。司马迁的这一总体思想也是验证《将相表》真伪的一个标准。所以《建元以来侯表》只载太初以前封侯，太初以后所封四侯不载。褚少孙补《建元以来

① 详本书《〈史记〉断限考略》。

侯表》，述孝昭以后事，并补武帝朝太初以后四侯。田千秋为太初以后四侯之一。故《将相表》征和四年相位栏记事非司马迁所书。此栏记事，“六月丁巳，大鸿胪田千秋为丞相，封富民侯”，乃褚少孙所补。因《将相表》的续补与《建元以来侯表》的褚补极为相似。司马迁“原表”述事至武帝征和三年，咸表巫蛊案、贰师降匈奴两事之始末，褚少孙补孝昭以后事至孝成帝鸿嘉元年，同时续补武帝征和四年以后两条记事。一记田千秋为相，二记霍光等三人拜将封侯。考褚少孙约生于宣帝本始三年，元、成间为博士，至成帝鸿嘉元年为五十二岁，年事相及①。褚少孙补史，附骥《史记》而行；冯商续史，单独别行，故《将相表》非冯商所补。

褚少孙补史皆用“褚先生曰”以序其续补之由。《将相表》“补表”无“褚少孙曰”，这是因为《补建元以来侯表》已经作了交代，无须赘言。又《将相表》无序，为划一起见，褚少孙亦不作序。武帝后元二年不书崩葬，这大约是褚少孙有意留下的考证痕迹，以示与“原表”有别。

第三，《将相表》之“原表”书法合符司马迁的总体思想，可证为司马迁原作。

司马迁推尊汉文帝，称其为“德至圣”的“仁”君。大事记突出书载孝文帝的仁政。徐克范云：“孝文元年书除收孥相罪律，首施仁也。”二年书“除诽谤律”，十三年书“除肉刑及田租税律、戍卒令”，后元七年书崩葬，特出一笔“民出临三日”，这些都是旨在称颂文帝。太初以后咸表贰师降匈奴及巫蛊之始末，以及天汉四年不书立皇子刘髆为昌邑王等均与司马迁思想符合若节。武帝封立四子为王。元狩六年封三子，司马迁作《三王世家》。天汉四年封刘髆为昌邑王，在太初后，司马迁不入世家，故表亦不载。

如上所证，《将相表》征和三年以前记事为司马迁所作是不容置疑的。下面两节的分析还将提供进一步的论证。

---

① 参阅本书《〈史记〉续补与亡篇散论二题》。

三、《将相表》大事记之分析

大事记之分析，又分为三个层次。汪越《读史记十表》，徐克范《补》，分析精微深透，是本文立论的基础。

（一）何为大事记？汪越说："大事者，天子之事也，而见于《将相名臣表》者何？将相代天子而行之者也。观其事，可察人君治忽之机，即可定人臣贤不肖之分。非极有关系者不屑屑书，故曰大事记。"《索隐》释大事记书法，谓"诛伐、封建、薨、叛"，这只是举其要者，"然不止此也"。汪越说："如高祖二年立太子，五年入都关中，皆冠于上。如破项籍，春践皇帝位，如尊太公为太上皇，其后如城长安，赦无所复作，赦齐除诸侯丞相为相，置孝悌力田，行八铢钱，除收孥相罪律，除谤诽律，除肉刑，郊见上帝，见渭阳五帝，地动，河决，改历，以夏正月为岁首，皆《索隐》所未该。"至于"高后立少帝，废少帝更立弘，王吕产、吕禄，其后大臣诛诸吕，迎代王即皇帝位，汉不绝如带，仅而复兴，表于此者正以明后之诛乱定策不为无功，则前之阿吕后，乱汉约，恶得无罪也"！这就是司马迁"论世知人，以备劝惩"而作的大事记。汪越的分析，卓识精警，深味司马迁作表之意。梅文鼎在《读史记十表序》中说："然则十表者，岂非太史公作史精意所在哉？……汪子此编能一一为之疏剔，使《史记》百三十篇之大义微旨，皆炳然跃然于诸表之中，可谓好学深思而心知其意者也。"梅氏的评论，恰如其分，毫不过誉。余嘉锡谓《将相表》记事"无以异于诸史表，非有文字高下可辨也"，并断言"表与录不相应，其不出太史公手明甚"，而对于汪氏的卓识论断不置一辞，是何也？

（二）《将相表》各栏记事寓有笔削之旨，皆为国家大事。"原表"所载，相位栏两条，将位栏二十条，御史大夫位栏一条，共二十三条。

相位栏两条为高帝元年，"丞相萧何守汉中"；二年，"守关中”。《萧相国世家》云：“汉王引兵东定三秦，何以丞相留收巴、蜀，填抚谕告，使给军食。”此何守汉中也。又云：“何守关中……计户口转漕给军，汉王数失军遁去，何常兴关中卒，辄补缺。上以此专属任何关中事。”此何守关中也。汉中、关中为汉立国之根本，萧何固守根本，特书记之以“褒元功也”。

将位栏书二十条“命将兴师”的军事活动，往往与大事记栏呼应互见。如文帝三年匈奴大入上郡，十四年匈奴大入萧关，后元六年匈奴入上郡，景帝三年吴楚七国反，武帝元朔五年匈奴杀代都尉朱英，元狩二年匈奴入雁门，三年匈奴入右北平、定襄，元鼎五年南越反，六年东越反等九条，都是大事记栏与将位栏同时记载，呼应互见，褒国家“命将兴师”之得宜。武帝元光二年设谋马邑，大事栏不书，只书于将位栏中，“夏，御史大夫韩安国为护军将军，卫尉李广为骁骑将军，太仆公孙贺为轻车将军，大行王恢为将屯将军，太中大夫李息为材官将军，篡单于马邑，不合，诛恢”。值得注意，诛恢未倒书于上一栏，大事记栏又不载，此讥武帝多事，王恢之当诛也。天汉二年李陵出居延北，兵败降敌，司马迁为言受祸，故不书，为李陵讳而削也。徐克范云，读《将相表》，当“观其所书，必于其所不书者，参互考核，乃知所书之义”。

御史大夫位栏一条为高帝九年，“御史大夫昌为赵丞相”，这条记事应与将位栏惠帝六年倒书“尧抵罪”结合分析。《张丞相列传》载，高帝忧虑自己死后，吕后将加害戚夫人之子赵王如意，他采纳了符玺御史赵尧的主意，为赵王置贵强相。高祖徙御史大夫周昌为赵相，以赵尧代周昌为御史大夫。高帝死后，吕后欲害赵王，“使者三反”皆被周昌挡回。吕后不得已召周昌入京，罢了他的官，然后得召赵王到京药死。后来吕后得知计出赵尧，于是以莫须有之罪杀赵尧，除其封邑。抵，即牴字，《说文》云：“牴，触也。”司马迁倒书“尧抵罪”，即赵尧触犯了罪，而不言所坐何罪，是鸣尧之冤，讥吕后之虐也。

（三）倒书皆为大事。《将相表》三栏倒书，书法有别。三栏倒书之笔削微旨，将在下一节详论。

总上三点，可以看出，司马迁创制《将相表》，不在备官，而是精意构思大事记，用以臧否将相，“贤者记其治，不贤者彰其事”。司马迁在《刘敬叔孙通列传赞》中说，任何一个人不能独占智慧，治理国家不是一个人所能办到的。楚汉相争，并不是刘项两个人的决斗，而是两大集团的斗争。刘邦之所以取得胜利，靠的就是萧何守关中、周苛守荥阳、韩信等将领的攻城野战。除吕安刘，靠的是陈平、周勃将相合谋。平吴楚之乱，有晁错谋之于内，有周亚夫御之于外。武帝伐匈奴，有卫青、霍去病、韩安国、李广等统其兵。贤相良将，民之师表，他们的贤与不贤，关系国家的兴衰，故其薨卒死免皆为国家大事。余嘉锡把将相的封拜薨卒死免与国家大事对立起来的论点，不符司马迁创表之旨，显然是错误的。

四、倒书书法之微旨与无序之谜

分析倒书，要运用排比归纳和对比比较两种方法交叉分析，才能把握其中的规律性，揭示出它的笔削之旨。李解民误以《将相表》出自一人之手，未用对比法比较“原表”与“补表”的不同书法，因此他的排比归纳得不出有意义的结论，也就不难理解了。

由于大事记栏倒书备载丞相的薨卒免死，“原表”与“补表”的书法，在形式上无别，所以我们先分析相位栏和将位栏的倒书，而后及大事记栏。

（一）相位栏倒书。共十八条，“原表”倒书八条如下：

1. 高皇帝五年，“罢太尉官”。
2. 高后四年，“置太尉官”。
3. 孝文三年，“罢太尉官”。
4. 孝景元年，“置司徒官”。
5. 孝景三年，“置太尉官”。
6. 孝景七年，“罢太尉官”。

7. 孝武建元元年，“置太尉”。

8. 孝武建元二年，“蚡免太尉，罢太尉官”。

“补表”倒书十条如下：

1. 孝昭始元元年，“九月，日磾卒”。

2. 孝宣本始三年，“田广明、田顺击胡还，皆自杀。充国夺将军印”。

3. 孝宣地节二年，“三月庚午，将军光卒”。

4. 孝宣地节四年，“七月壬寅，禹腰斩”。

5. 孝宣元康四年，“八月丙寅，安世卒”。

6. 孝宣五凤二年，“五月己丑，曾卒”。

7. 孝宣甘露元年，“三月丁未，延寿卒”。

8. 孝元永光元年，“七月子长免，就第”。

9. 孝成建始三年，“八月癸丑，遣光禄勋诏嘉上印绶免，赐金二百斤”。

10. 孝成阳朔四年。“七月乙丑，右将军光禄勋平安侯王章卒”。

“原表”中第四条倒文“置司徒官”，崔适据以为《将相表》伪作之证，非。《史诠》、《史记志疑》指出它是“错简衍文”，是。其余七条倒文都是记太尉官的罢置，不倒书将军之薨卒免。值得注意，元光二年书诛大行王恢，元朔元年书卫尉韩安国屯渔阳卒，皆顺书，而不提升一栏倒书，这是司马迁不倒书将军薨卒免的有力佐证。这两条书诛卒，一贬一褒。书“诛恢”，前文已指出讥其有罪而应得；书韩安国卒，徐克范云，“以安国尝行丞相事也。”《韩长孺列传》详载其事，兹不赘。孝武建元二年“田蚡免太尉，罢太尉官”，只是强调自田蚡免太尉后，官省，再未设置。“补表”所载十条倒书都是记将军之卒免自杀，不符司马迁书法，不论。

考西汉太尉的罢置，前后五次。第一次，高帝二年置，委心腹卢绾为太尉，五年后九月，绾为燕王，官省。此时全国统一，高帝收臣下兵权，罢太尉。第二次，高帝十一年，周勃为太尉，攻代，平陈豨，定燕，兵罢即省。这是一次临时性的设置，使周勃以太尉衔领兵，故置与罢皆未倒书。第三次，高后四年周勃复为太尉。据《绛侯周勃世家》及《汉书·百官公卿表》应在惠帝六年，《将相表》及《吕太后本纪》误为高后四年。这次置太尉是吕后以虚衔笼络周勃，实际军权掌握在上将军吕禄手中。《世家》云："勃为太尉，不得入军门。"然而诛诸吕，周勃终借太尉之职立功。文帝即位，勃为右丞相，灌婴继任，文帝三年，婴为丞相，官省。第四次，景帝三年吴楚七国反，因用兵使周亚夫为太尉，七年亚夫入相，官省。第五次，武帝初即位，年少，窦太皇太后与王太后干预朝政，田蚡与王太后合谋分窦婴权，由王太后出面讽武帝，安排窦婴为丞相，田蚡为太尉。此策出于策士籍福。汉武帝为平衡宫廷两太后争权而采取的权宜之计。所以建元二年即罢太尉官。自此以后，武帝大权独断，虽几十年用兵，不再设置太尉。五次设置太尉总计二十二年，因用兵而设的三次总共才九年。可见西汉承秦制，掌兵权的最高武职太尉是不常设的。司马迁用倒书突出了这一层意义，揭示了西汉加强中央集权制，帝王与臣下在兵权上的斗争。

（二）将位栏倒书。共十二条，"原表"倒书五条如下：

1. 高皇帝四年，"周苛守荥阳，死"。
2. 孝惠六年，"尧抵罪"。
3. 孝景后二年，"六月丁丑，御史大夫岑迈卒"。
4. 孝武建元六年，"青翟为太子太傅"。
5. 孝武元鼎二年，"汤有罪，自杀"。

"补表"倒书七条如下：

1. 孝元永光元年，"二月，广德免"。
2. 孝元建昭二年，"弘免"。
3. 孝元竟宁元年，"延寿卒"。
4. 孝成建始三年，"谭免"。
5. 孝成建始四年，"十月己亥，尹忠自刺杀"。
6. 孝成阳朔二年，"张忠卒"。
7. 孝成阳朔四年，"闰月壬戌，永卒"。

原、补两表倒书在形式上看似无差别，皆书御史大夫之死免。其实不然。我们只要对两表作一综合统计分析，书法不同，顿然显现。

“原表”载御史大夫二十九人，升丞相者九人，迁职者二人，其余十八人，只倒书了五人的抵罪死免，而有十四人不倒书薨卒免，即任敖、曹窋、冯敬、蚡（据《汉》表当作“介”）、直不疑、牛抵、赵绾、韩安国、张欧、卜式、儿宽、延广、杜周、暴胜之。可见倒书五人是精意选择的，寓有笔削之旨。书周苛守荥阳死，是表彰他慷慨殉难的死节。书尧抵罪，是为无罪的赵尧昭雪。特书张汤有罪自杀，是谴责他的不仁。庄青翟是升丞相的九人之一，大事记栏有倒书，“青翟有罪，自杀”，与张汤之死在同一行内，即元鼎二年，而且书法相同，皆书“有罪自杀”。因他和张汤之死是由于争权而同归于尽的。建元六年倒书“青翟为太子太傅”，是贬官，特作倒书记载，为的是引起读史者注意，在张汤死一行上去对照青翟之死。孝景后二年倒书岑迈卒，《汉书》表无其人，《史记》纪传无载。徐克范云：“惟孝景后二年书御史大夫岑迈卒，未知何义，《汉书》表亦无其人。”徐氏此论是存疑。查表，孝景六年书“御史大夫阳陵侯岑迈”，于孝景七年书“御史大夫舍”，可知岑迈只做了一年御史大夫就被免职，而后又活了九年卒于孝景后二年。书岑迈卒是示例免官臣僚的善终。在大事记栏中孝文后二年倒书“八月戊辰，苍免相”，又于孝景五年倒书“丞相北平侯张苍卒”是同一书法。司马迁特书丞相张苍和御史大夫岑迈免官后之善终，旨在与后段将相多危作对比，同时示例二人之幸运，讥汉家德薄，将相善终之不易也。

“补表”载御史大夫二十二人，升丞相者九人，迁职者三人，其余十人，倒书七人卒免死，仅有三人未倒书薨卒免：杜延年、陈万年、贡禹。这三人未倒书，可能是缺漏。也就是说“补表”载御史大夫去职的倒书只是备载，无笔削之微旨，是不符合司马迁书法的。

（三）大事记栏倒书。大事记栏倒书丞相之去职，由于是备载其薨卒死免，“原表”与“补表”无笔削之微旨，故只分析“原表”倒书。“原表”倒书共二十五条，又以张苍之卒分为前后两段。前段倒书十条如下：

1. 孝惠二年，“七月辛未，何薨”。
2. 孝惠五年，“八月乙丑，参卒”。
3. 高后八年，“后九月，食其免相”。
4. 孝文二年，“十月，丞相平薨”。
5. 孝文三年，“十一月壬子，勃免相，之国”。
6. 孝文四年，“十二月己巳，婴卒”。
7. 孝文八年，“太仆汝阴侯滕公卒”。
8. 孝文后二年，“八月戊辰，苍免相”。
9. 孝景二年，“嘉卒”。
10. 孝景五年，“丞相北平侯张苍卒”。

后段倒书十五条如下：

1. 孝景七年，“青罢相”。
2. 孝景中元三年，“亚夫免相”。
3. 孝景后元年，“舍免相”。
4. 孝武建元元年，“绾免相”。
5. 孝武建元二年，“婴免相”。
6. 孝武建元六年，“昌免相”。
7. 孝武元光四年，“蚡卒”。
8. 孝武元朔五年，“泽免相”。
9. 孝武元狩二年，“弘卒”。
10. 孝武元狩五年，“蔡坐侵园堧，自杀”。
11. 孝武元鼎二年，“青翟有罪，自杀”。
12. 孝武元鼎五年，“八月，周坐酎金，自杀”。
13. 孝武太初二年，“正月戊寅，庆卒”。
14. 孝武征和元年，“冬，贺坐为蛊死”。
15. 孝武征和三年，“六月，刘屈氂因蛊斩”。

大事记栏备载丞相的下场是全表倒书的重心所在。汪越说：“大事记附表丞相薨卒免及自杀者何？重相也。相得其人则书，惜之也。相非其人则亦书，幸之也。不于相位书，而表于大事记，正以见相之重也。”汪氏此论极是，但升堂而未入室。读

《将相表》应与《张丞相列传》互证。该传虽以专传名篇，而实为西汉将相类传。司马迁在传中示例说：

> 自申屠嘉死之后，景帝时开封侯陶青、桃侯刘舍为丞相。及今上时，柏至侯许昌、平棘侯薛泽、武强侯庄青翟、高陵侯赵周等为丞相。皆以列侯继嗣，娖娖廉谨，为丞相备员而已，无所能发明功名有著于当世者。

这就是我们以张苍卒作为“前表”倒书划分两段的依据。从绝对年代上断限，应依照上引《张丞相列传》之交代以孝景二年申屠嘉之卒为断限，实际是以高惠文三朝与景武两朝来划分西汉前期的政治为两段。前段从高帝元年至景帝二年（前206至前155年）共五十二年，历十丞相，倒书九条（其中王陵免相未倒书）；后段从景帝三年至武帝征和三年（前154至前90年）共六十五年，历十五丞相，倒书十五条。对照前后两段倒书的内容，可以鲜明地看到，前段丞相皆开国功臣，功勋显赫，皆得善终。大书张苍之卒①，寓意丞相善终之意甚明，象征政治清平、君臣信赖。后段丞相，娖娖廉谨，下场多凶。特别是武帝一朝，走马灯似的撤换丞相，前后十二任，免职者四人，犯轻罪而被迫自杀者三人，被斩二人，只有阿顺苟合的公孙弘和文深醇谨的石庆幸而善终。“田蚡卒”，实际是畏罪被斩而死于精神分裂症。大事记前后两段也形成鲜明对比。前段记载内容丰富，政治、经济、军事、文化纲举略备，示贤相良将之所为。后段记载多缺略。武帝一朝之建树，诸如封禅、改官制、巡狩、盐铁专卖、杨可告缗、独尊儒术、罢黜百家等大事一概忽诸。这些施设，司马迁在《封禅》、《平准》两书中持批评态度，故于《将相表》不言以喻讽。

至于前段文帝八年倒书“太仆汝阴侯滕公卒”，是一条破例。徐克范云：“太仆汝阴侯滕公卒则书，贤之也。”考《樊郦滕灌列

① 张苍薨，特大书称其职名“丞相北平侯”。此外丞相陈平、太仆夏侯婴亦大书职名，皆寓有褒扬之意，此太史公书法也。

传》，夏侯婴从高祖起于沛，常从左右，以太仆官历仕高、惠、文三朝，是一位开国元老重臣。而且高后“德婴之脱孝惠、鲁元于下邑之间也，乃赐婴县北第第一，曰‘近我’，以尊异之”。可以想见，夏侯婴之卒隆重如丞相礼。立例而破例，正是司马迁笔法。他用丞相规格倒书夏侯婴之卒，褒贤也。

分析至此，倒书和无序之谜，可以说已经是水落石出了。视丞相之薨卒免死为国家大事，与皇帝、皇后之崩葬同书一栏，只能是具有古代民主思想倾向的司马迁才能思能作。那么何以用倒书呢？这有三层意义。其一，表现封建秩序的等级序列。这一层汪越已经看出。他说，书丞相薨卒与书皇帝、皇后之崩葬“是无别也”，但“辍朝临祭大臣有异数，而书之遂同国恤可乎？”于是作倒书以别其等第。其二，作倒书更突现出所载内容的醒目地位，启迪后人去深思倒书的书法微旨。其三，倒书皆升一栏，使全表结构如环之无端，紧密地联结成一个整体。假若丞相之薨卒免不倒书于大事记栏，就正如余嘉锡所说，大事记为国家之事，与丞相之薨卒免有何干系？由于升一栏倒书，二者就紧密地结合起来了，这就是司马迁苦心经营的书法命意之所在。

《将相表》无序，其作用正如倒书一样，是故作悬案，启迪后人深思，以进一步突现倒书的醒目地位。排比倒书，就可鲜明地看出景武之世将相的危境。请看：“丞相北平侯张苍卒”与“冬，贺坐为蛊死”、“六月，刘屈氂因蛊斩”这是多么触目惊心的对比。这一对比鲜明地表现了司马迁批判武帝独断君权的思想倾向，这是不能在序中明述的。司马迁在《匈奴列传赞》中突兀议论说：“孔氏著《春秋》，隐桓之间则章，至定哀之际则微，为其切当世之文而罔褒，忌讳之辞也。”接着，司马迁深深叹婉汉伐匈奴建功不深，“且欲兴圣统，唯在择任将相哉！唯在择任将相哉”！择任将相关系国家兴亡，而汉武帝用人赏轻罚重，亲亲疏贤，顺我者昌，逆我者亡，将相多危，非明圣之君也。从司马迁的笔削讥评中，朦胧地表现了他反对君权专断的思想倾向，这是进步的历史观，值得肯定。

最后，再将全文的考辨作一总括的复述。《将相表》为司马迁精心所作，述事至武帝征和三年。《将相表》以独特的倒书与大事记交相互证，又以无字之序衬托倒书，使其寄寓深微的笔削之旨，显豁于字里行间。倒书丞相之下场，以张苍卒分为前后两段，形成鲜明对照，表现了司马迁对高惠文三朝清平尚贤政治的肯定和对景武之世，尤其是对汉武帝多欲专断政治的批评，这就是《将相表》的大旨精神。

（本文原载《史记研究》论集，甘肃人民出版社 1985 年版）

司马迁的一家之言

“成一家之言”是司马迁的述史理想。但是，由于《史记》内容丰富，包罗万象，若只从字面上看，博杂而矛盾，互相对立的思想资料俯拾即是，难以把握“一家之言”的核心。所以研究者对这一问题，似乎大都心知其意而言之寥寥，或言之亦语焉不详。本文拟就此问题作一初步探索，不妥之处，恳请方家纠谬。

司马迁的“一家之言”可简括为三个层次来评述：一、“一家之言”的结构，融会贯通百家学说以建立统一的新思想体系；二、“一家之言”的核心思想，稽其成败兴坏之理以志古自镜；三、“一家之言”的表述形式，创立百科全书式的纪传体通史，奠定了史学的独立地位。第三点因另有专文①，本文只谈一、二两个问题。

一、融会贯通百家学说以建立统一的新思想体系

“言”即议论、理想和主张。“成一家之言”就是要独创一

① 此专文即本书《〈史记〉体制义例》。

个思想体系，具有划时代的内容，能启迪后人，影响社会。“成一家之言”是司马迁在历史学上的一个首创。这表明，司马迁作史，并不是历史资料的汇抄和事实的堆积，而是要阐明自己的思想和理想。他在《太史公自序》（本文简称《自序》）和《报任安书》中均作了鲜明的提示。《自序》说：

> 网罗天下放失旧闻，王迹所兴，原始察终，见盛观衰，论考之行事，略推三代，录秦汉，上记轩辕，下至于兹，著十二本纪，既科条之矣。并时异世，年差不明，作十表。礼乐损益，律历改易，兵权山川鬼神，天人之际，承敝通变，作八书。二十八宿环北辰，三十辐共一毂，运行无穷，辅弼股肱之臣配焉，忠信行道，以奉主上，作三十世家。扶义俶傥，不令己失时，立功名于天下，作七十列传。凡百三十篇，五十二万六千五百字，为《太史公书》。序略，以拾遗补艺，成一家之言，厥协《六经》异传，整齐百家杂语，藏之名山，副在京师，俟后世圣人君子。

《报任安书》云：

> 网罗天下放失旧闻，考之行事，稽其成败兴坏之理，亦欲以究天人之际，通古今之变，成一家之言。

司马迁的这两段话，把他“一家之言”的内容和表述形式都揭示得十分透彻，是我们研究的依据。“网罗天下放失旧闻”，讲的是《史记》的取材，无所不包，这决定了《史记》内容的丰富性及复杂性。这句话也是司马迁提出的史学理论。他认为历史学要概括人类社会的一切文化发展，所以要“厥协《六经》异传，整齐百家杂语”，融会百家学说于一编之中。于是他创造了五体的表述形式来条理包罗万象的人类文化历史。“原始察终，见盛观衰”、“论考之行事”、“承敝通变”等，是讲治史的观察方法。“究天人之际”，讲自然和空间，划分天人关系。“通古今之变”，讲时间流变，人类社会是随时间的流逝而演变。司马迁所要捕捉的就是这一个“变”字。威武雄壮的历史活剧就是在古与今的时间流变中不断演进。“稽其成败兴坏之理”，则是通过考察历史来把握历史演进的内容，认识治乱兴衰的规律，为西汉一统的封建政权寻求长治久安的“治道”。可以说这就是司马迁历史思考的出发点和归宿点。我们研究司马迁的哲学思想、政治思想、经济思想、社会伦理思想等，都应循着这一思考路线去分析，才能把握它的实质。所以我们说“稽其成败兴坏之理”是司马迁“一家之言”的核心。

秦汉时期，封建政治归于一统，要求文化思想与它相适应。所以综合百家之说，建立一统的新思想体系是时代提出的要求。秦始皇相吕不韦集门客撰述《吕氏春秋》就搞的是这样的统一工作。董仲舒治《公羊春秋》，倡独尊儒术，得到了汉武帝的支持，原因亦在此。司马迁“成一家之言”也正是应运而生。它发端于其父司马谈。

众所周知，《史记》是由司马谈发凡起例的。司马谈仕于建元、元封之间。他的述史计划是上起陶唐，下讫获麟。获麟即元狩元年。这一断限计划说明司马谈着手述史是在元狩年间。他的《论六家要旨》就是述史的宗旨和宣言，当作于元狩之初。当时，汉武帝“罢黜百家，独尊儒术”的思想体制已经确立。儒生公孙弘以布衣为丞相，封平津侯，在社会上也产生了很大的冲击波，竟至于“靡然向风矣”[①]。尊儒崇儒，从上到下成了一边倒。汉武帝外伐四夷、内兴功作也大规模地发动起来。文景时代的无为政治为汉武帝的多欲政治所代替。全国的宁静生活被打破了，而且翻江倒海似的沸腾起来。司马谈预感到“物盛而衰，固其变也”，他为了矫弊，也为了及时地提出警告，所以写了《论六家要旨》。

《论六家要旨》总括百家学说为六家：阴阳、儒、墨、名、法、道。司马谈在评论中全面肯定道家使人精神专一，与时迁移，应物变化，遵循自然，随俗办事，无所不宜。道家言“无

① 《史记》卷一二一《儒林列传》。

为"，又言"无不为"，吸收各家的长处，以"虚无"为本，以"因循"为用，"指约而易操，事少而功多"。其他五家各有长短。阴阳家言吉凶禨祥，"未必然也"；但言春夏秋冬四时之大顺，"不可失也"。儒家以六艺为教条，繁文缛节，"博而寡要，劳而少功"；但言君臣父子之礼，序夫妇长幼之别，"虽百家弗能易也"。墨家言俭朴，过分啬吝，尊卑无别，"俭而难遵"；但言强本节用，人给家足之道，"虽百家弗能废也"。法家不别亲疏贵贱，一断于法，"严而少恩"；但言尊主卑臣，职责分明，"虽百家弗能改也"。司马谈的这些评论，把独尊的"儒术"与罢黜的"百家"等列，论长道短，而独尊了道家，简直是离经叛道，故班固抨击说："论大道则先黄老而后《六经》"[①]，直斥为是司马迁之一短。

班固的批评本之于父亲班彪之言。班彪说："其论术学，则崇黄老而薄《五经》。"李贤注云："黄帝、老子，道家也；《五经》，儒家也。迁序传曰：'道家使人精神专一，动合无形，赡足万物'，此谓崇黄老也。又曰：'儒者博而寡要，劳而少功'，此为薄《五经》也。"[②] 班氏父子是东汉的史学大家，离司马迁之世未远，他们的批评对后世产生了很大的影响，也引起了对立的争论，至今犹然。论证司马迁尊奉黄老学说的论者奉班氏父子之言为经典；反之，更多的论者辟班正名，论证司马迁是崇儒的。或为折中，说司马谈、司马迁父子思想异趣，父子分途，司马谈尊黄老，司马迁崇儒，《论六家要旨》乃司马谈之作，与司马迁无涉。这些论点，按诸《史记》，各自都能找到大量的论据，试简括之如下。

司马迁"尊黄老"说。司马迁反对汉武帝的"多欲"，推崇道家的"无为"，贯彻《史记》全书。《五帝本纪》述唐尧、虞舜，逊让禅位，无为任贤，天下大治。《周本纪》概括文武之道的核心是"务在节俭，毋多欲"。《吕太后本纪赞》称"君臣俱欲

① 《汉书》卷六二《司马迁传赞》。

② 《后汉书》卷四〇《班彪列传》及注。

休息乎无为，故惠帝垂拱，高后女主称制，政不出房户，天下晏然”。《孝文本纪》载，汉文帝约法省禁，轻徭薄赋，“宫室苑囿狗马服御无所增益”，专务节俭，以德化民，司马迁称他是“德至圣”的“仁君”。反之，对汉武帝则公然通过汲黯之口批判说：“陛下内多欲而外施仁义，奈何欲效唐虞之治乎![1]”《平准书》对文景时期国家无事的赞美和对武帝兴功萧然烦费的讥刺形成鲜明对比。列传中，对当政儒者如叔孙通、公孙弘、张汤等的微词与对尊奉黄老名贤的称美亦形成了鲜明的对比。张良为圯上老人取履，功成身退而“欲从赤松子游”，血食汉家[2]；张释之为王生结袜，得免景帝之报复为汉名臣[3]；直不疑学老子言，“称为长者”[4]；田叔学黄老术，“汉廷臣无能出其右者”[5]。至于尊奉黄老的诸名贤在政治上的运用更得到了崇高的评价。曹参师盖公，为齐相，用黄老术，“相齐九年，齐国安乐，大称贤相”。其后曹参为汉相国，治事尚“清静”，日饮醇酒，他死后，百姓歌之曰：“萧何为法，觏若画一；曹参代之，守而勿失。载其清静，民以宁一。”[6] 汲黯学黄老，治官理民，好清静，责大指，不苛小，不拘文法，为东海太守，“卧闺阁内不出”而“东海大治”[7]。班氏父子之言可谓有据。

司马迁“崇儒”说。比起黄老，司马迁更崇拜孔子。他为孔子立世家，又为仲尼弟子立传。他评价孔子倾注了满腔的热忱。司马迁说：“《诗》有之，‘高山仰止，景行行止’，虽不能至，然心向往之。余读孔氏书，想见其为人。适鲁，观仲尼庙堂车服礼器，诸生以时习礼其家，余祇回留之，不能去云。天下君王至于贤人众矣，当时则荣，没则已焉。孔子布衣，传十余世，学者宗

---

① 《史记》卷一二〇《汲郑列传》。

② 《史记》卷五五《留侯世家》。

③ 《史记》卷一〇二《张释之冯唐列传》。

④ 《史记》卷一〇三《万石张叔列传》。

⑤ 《史记》卷一〇四《田叔列传》。

⑥ 《史记》卷五四《曹相国世家》。

⑦ 《史记》卷一二〇《汲郑列传》。

之，自天子王侯，中国言六艺者折中于夫子，可谓至圣矣。”[①] 孔子的思想品德堪为人伦准则，他是最伟大的人物，孔子的学说是不朽的。所以司马迁述史要“考信于六艺”[②]，“折中于夫子”，在《史记》一书中称引孔子的言论比比皆是。《孝文本纪赞》引孔子言：“必世然后仁，善人之治国百年，亦可以胜残去杀。”《吴太伯世家赞》引孔子言：“太伯可谓至德矣，三以天下让，民无得而称焉。”《宋微子世家赞》引孔子言：“微子去之，箕子为之奴，比干谏而死，殷有三仁焉。”《留侯世家赞》引孔子言：“以貌取人，失之子羽。”《伯夷列传》连缀孔子之语称扬伯夷之行。《史记》各篇所引孔子语不必一一征引。总之，孔子的言论是司马迁评价历史人物和事件的一个重要标尺。在许多地方，司马迁甚至把《论语》的成句熔铸在自己的文章中，巧妙自然，天衣无缝。例如孔子说：“富贵可求也，虽执鞭之士，吾亦为之；如不可求，从吾所好。”[③] 司马迁评论晏婴说：“假令晏子而在，余虽为之执鞭，所忻慕焉！”[④] 孔子说过：“殷因于夏礼，所损益，可知也；周因于殷礼，所损益，可知也，其或继周者，虽百世可知也。”[⑤] 这本是讲文化继承的。司马迁借用孔子的权威抨击佞幸说：“甚哉爱憎之时！弥子瑕之行，足以观后人佞幸矣，虽百世可知也。”[⑥] 这当然是断章取义的运用。司马迁引用孔子的话说“六艺于治一也”[⑦]。《自序》对儒家《六经》所起的治政作用，更作了高度的评价。司马迁说：“《易》著天地、阴阳、四时、五行，故长于变；《礼》经纪人伦，故长于行；《书》记先王之事，故长于政；《诗》记山川谿谷，禽兽草木，牝牡雌雄，故长于风；《乐》，乐所以立，故长于和；《春秋》辨是非，故长于治人。是故《礼》以节人，《乐》以发和，《书》以道事，《诗》以达意，《易》以道

① 《史记》卷四七《孔子世家赞》。
② 《史记》卷六一《伯夷列传》。
③ 《论语·述而》。
④ 《史记》卷六二《管晏列传赞》。
⑤ 《论语·为政》。
⑥ 《史记》卷一二五《佞幸列传赞》。
⑦ 《史记》卷一二六《滑稽列传》。

化，《春秋》以道义，拨乱世，反之正，莫近于《春秋》。”司马迁不仅特作《礼书》、《乐书》，又为儒林立专传。据此看来，班氏父子之言岂非太偏宕？

那么，是否是司马谈、司马迁父子异途呢？司马谈成长于黄老之学盛行的文景时代，又习道论于黄子；司马迁则成长于独尊儒术的武帝之世，拜古文学大师孔安国和公羊学大师董仲舒为师，父子两代人是存在着思想差异的。这当是《史记》内容呈现矛盾性的原因之一。例如司马谈论儒“博而寡要，劳而少功”；司马迁则对《六经》作了高度评价。但是这种差异并不是两种思想体系的对立，而是“一家之言”的发展——从偏重道家的色彩转向偏重儒家。司马迁父子的基本思想是一脉相承、一以贯通的。这贯通之点就在于一个“治”字。司马谈论六家要旨，开宗明义强调殊途同归，皆“务为治者也”。司马迁引孔子之言称“六艺于治一也”。在“论治”的基础上，父子两人对百家学说兼收并蓄，熔铸贯通自成一家。从“论治”的观点来看，《论六家要旨》批评儒家“博而寡要，劳而少功”，主要的是针对汉武帝好大喜功有所为而发。《史记》效《春秋》而作，正是司马谈定下的义例。《自序》云：“太史公曰：先人有言：‘自周公卒，五百岁而有孔子。孔子卒后至于今五百岁，有能绍明世，正《易传》，继《春秋》，本《诗》、《书》、《礼》、《乐》之际？’意在斯乎！意在斯乎！小子何敢让焉。”可见司马谈并非不尊儒。而且司马迁拜孔安国和董仲舒两个儒学大师为师也是司马谈的指导。至于《论六家要旨》所论之“道”，“其为术也，因阴阳之大顺，采儒墨之善，撮名法之要”，这样的“道”，尚贤、尚法、尚刑名，不非毁礼义，不排斥儒学，既非先秦老庄，亦非汉初黄老。可见，司马谈是以赞“道”为名，论“治”为实，融会贯通百家学说以成一家之言的。这在儒道互绌的激烈斗争时代，司马谈的立场表现出一个先进思想家的博大胸怀。司马迁继承这一家学传统，“厥协《六经》异传，整齐百家杂语”，完成了包容百科知识的《史记》，毫无疑义是得益于司马谈的方略教导的。而且《论六家要旨》发表之时，司马迁已壮游归来，成为司马谈述史的得力助手，日渐成熟。《论六家要旨》完全可以看做是父子两人的共同宣言。《论六家要旨》分上下两半篇，内容雷同。很可能上半篇是司马迁对父谈手稿的精言摘要，下半篇则是自己的发挥和阐释。因此班氏父子直接把《论六家要旨》当作司马迁之言加以评论是完全合理的，至于观点是否正确，另当别论。后世学者以司马氏父子异轨的论点来辟正班氏父子的立论是缺乏根据的。

如上论述，司马谈、司马迁父子二人，思想一脉相承，对儒、道两家既尊崇又批判，取其所长，去其所短，均把它们当作自己“一家之言”的思想资料来源而加以改造利用。对阴阳、墨、名、法莫不如是。司马迁关于天变修德、五德终始的循环论历史观就采自阴阳家。司马迁尚贤、尚游侠、同情人民苦难，强调发展生产等思想采自墨家。司马迁尚刑名，讲古今之变等思想来自名、法家。司马迁的“一家之言”既然是博采百家，融会贯通构成一个新思想体系，所以从《史记》中摘引单方面的资料来阐述司马迁的某一个方面的思想倾向，可以把他塑造成各种面孔的甚至是完全对立的思想家，这正是学术界评论司马迁思想往往产生对立观点的主要原因。但这都不是“成一家之言”的司马迁。我们再进一步分析《论六家要旨》的精神，它是用政论形式写的一篇史论。作为一个六百石秩的太史公司马谈已身感他的“百家为治”的主张不能行用于当世，所以效孔子作《春秋》，在述史中来完成自己的理想。他以祖先世典周史而自豪，并把它作为光荣的家谱教育司马迁。他临终遗嘱司马迁必为太史，一定以尽忠尽孝来鞭策自己完成继《春秋》的历史著述。由此可见，谈、迁父子兼采百家，并不是向着杂家的方向发展，而是熔铸成一个述史体系。表面上看，《史记》是一个杂家的思想体系[1]，但不是杂家。杂家只不过融会众家之长，并没有达到贯通和改造的境界。所以从传统学术的观点分类，司马迁的“一家之言”不属于阴阳、儒、墨、名、法、道中的任何一家，也不是杂家，而是

① 扬雄《法言·问神篇》：“或曰：《淮南》、《太史公》者，其多知与！曷其杂也？”

一个崭新的思想体系。从文、史、哲、经的现代分类来看，司马迁都堪称大家。因为，体大思精的《史记》包容了社会科学各个领域的知识，并且都达到了那个时代的顶峰。司马迁是集文、史、哲、经于一身的思想家。因此，学术界对司马迁思想的研究，是相当活跃的。司马迁的哲学思想，司马迁的政治思想，司马迁的经济思想，司马迁的历史观，司马迁的社会伦理观等等，均有热烈的讨论，专题论文数以百计。无疑的这些思想都是“一家之言”的内容。但是一个真正的有独创的思想家，并不是杂然陈列各种思想的一个大杂烩。而且司马谈和司马迁都无意于把自己的思想和著述割裂成若干平列的部分。他们反复强调《史记》效《春秋》而作，表明自己是一个言“治”的历史家。由于当时还无“史”家之称，故自称为“成一家之言”。

这就是本文探讨司马迁“一家之言”的界说。

二、稽其成败兴坏之理以志古自镜

“稽其成败兴坏之理”，以“志古自镜”，是司马迁“一家之言”的核心。《太史公自序》云“原始察终，见盛观衰”，《报任安书》云“究天人之际，通古今之变”，最终目的就是“稽其成败兴坏之理”，为治政者提供历史借鉴。这个“理”字，一作“纪”，以今语言之，即是“法则”、“原理”，含有“规律”的意义。董仲舒的“春秋公羊学”是空言论道。司马迁引孔子的话说：“子曰，我欲载之空言，不如见之行事之深切著明也。”[①] 司马迁的这句话引自董仲舒的《春秋繁露·俞序篇》，文略小异。但司马迁恰恰是用以批评董仲舒的思辨哲学，推演阴阳灾异以言天道，用概念立论。“空言”即言说论道，用概念推理。“见之行事”，乃是以行事论道，即总结切实的历史经验。也就是说，司马迁所阐述的“成败兴坏之理”是从“稽”中得来。“稽”的目

① 《史记》卷一三〇《太史公自序》。

的是“志古自镜”，以史为鉴。司马迁说：

> 居今之世，志古之道，所以自镜也，未必尽同。帝王者各殊礼而异务，要以成功为统纪，岂可绲乎？观所以得尊宠及所以废辱，亦当世得失之林也，何必旧闻[①]？

这段话把“志古自镜”、以史为鉴的道理说得很深透。司马贞说：“言居今之代，志识古之道，得以自镜当代之存亡也。”[②] 司马迁考史，并非发思古之幽情，而是为了今世之治，故现实的行事更应总结。所以《史记》详今略古，载汉代历史特详。司马迁“志古”所总结的“自镜”之理，即所“稽”的“成败兴坏之理”，主要有以下四个方面的内容。

1. 成败兴坏在于人心向背

司马迁“究天人之际”，旨在阐明成败兴坏在于人心向背。“究天人之际”，有两个方面的意义。《说文》云：“际，壁会也。”[③] 朱骏声曰：“凡两墙相合之缝曰际。”[④] 两墙相合之缝，既是会合，也是分界。天人关系如两墙相合之缝，既是交会，也各自分途，有着明显的界限。

“天人之际”来自董仲舒的用语。其原话是：“臣谨案《春秋》之中，视前世已行之事，以观天人相与之际，甚可畏也。国家将有失道之败，而天乃先出灾害以谴告之，不知自省，又出怪异以警惧之，尚不知变，而伤败乃至。”[⑤] 这就是汉代流行的天人感应学说。“相与”，即天人会合、互相感应。董仲舒企图用“谴告”说来限制君权为所欲为，免招败亡，维护统治阶级的长治久安。但是统治者是不会用虚妄的“谴告”说来束缚自己的手脚的，恰恰利用天人相与、君权神授的学说来开脱自己的罪责，愚

① 《史记》卷一八《高祖功臣侯者年表序》。
② 《高祖功臣侯者年表序·索隐》。
③ 《说文》卷一四下。
④ 《说文通训定声》泰部第十三。
⑤ 《汉书》卷五六《董仲舒传》。

弄人民。董仲舒宣扬“畏天”，走向了他立意的反面，成为反动的神学目的论者，受到了统治者的欢迎，故他的天人相与学说得以泛滥。这一思想也给司马迁打下了时代的烙印，他在《天官书》中就记载了不少天人感应的例证。在其他篇章中也流露了不少天命论的言论，这是不必讳言的。

但是，司马迁的主要思想倾向是讲天人相分。他删去董仲舒“天人相与之际”这句话中的“相与”二字，还要“究”它一番，这就突出了天人相分的思想。司马迁“究”的方法，就是“论考之行事”，“原始察终，见盛观衰”，从历史事变中认识到了人心向背才是成败兴坏的决定力量。他从董仲舒宣扬的“畏天”立场，转到重视人心向背的立场，这是一个了不起的进步。

得民心者得天下，失民心者失天下，这一思想贯穿《史记》全书。三代之王都是祖上积德累善赢得了百姓的拥戴。“昔虞、夏之兴，积善累功数十年，德洽百姓”；“汤、武之王，乃由契、后稷修仁行义十余世，不期而会孟津八百诸侯”[①]。武王伐纣，“纣师皆倒兵以战，以开武王”，“武王至商国，商国百姓咸待于郊”[②]。秦之亡，是因为“天下同心而苦秦久矣”[③]。楚汉相争，民心向背更成鲜明对比。刘邦西进，“诸所过毋得掠卤（虏），秦人喜，秦军解”。入关后，封府库，约法三章，秦人大喜，“唯恐沛公不为秦王”[④]。这说明刘邦深得民心。相反，项羽西进，“夜击坑秦卒二十余万人于新安城南”。入关后，“屠咸阳，杀秦降王子婴，烧秦宫室，火三月不灭”[⑤]。项羽大失民心，众叛亲离。故韩信亡楚归汉，论项羽必败。其言曰：“项王所过无不残灭者，天下多怨，百姓不亲附，特劫于威强耳。名虽为霸，实失天下心，故曰其强易弱”[⑥]。事实一步步按着韩信的预言演进，楚亡汉兴，民心向背起了决定性的作用。

① 《史记》卷一六《秦楚之际月表序》。
② 《史记》卷四《周本纪》。
③ 《史记》卷八九《张耳陈余列传》。
④ 《史记》卷八《高祖本纪》。
⑤ 《史记》卷七《项羽本纪》。
⑥ 《史记》卷九二《淮阴侯列传》。

司马迁不仅认识到了人民力量对历史的演进起最后的决定作用，而且肯定人民的反暴斗争，大声赞美革命行动。

所谓“革命”，即革膺天命，有道伐无道。“革命”词源有两个出处。一是《逸周书·克殷解》，记载武王克商的告天之词，曰：“膺受大命，革殷，受天明命。”一是《周易兼义下经夬传·革象》载孔子语：“天地革而四时成，汤武革命，顺乎天而应乎人，革之时义大矣哉。”战国时孟子更发展成为民贵君轻说，盛赞武王革命诛“一夫纣”①。汉代景帝时还发生了儒生辕固生与道家黄生展开的一场汤伐桀，武王伐纣是不是革命的辩论。黄生认为汤武革命是“臣弑君”，大逆不道。辕固生认为汤武革命是“汤武与天下之心而诛桀纣”②。可见“革命”是先秦至汉初儒家的一个进步观点。司马迁继承这一观点，又向前推进了一步，提出了反暴政的思想。司马迁为陈涉作世家，把他与汤、武并论：“桀纣失其道而汤武作，周失其道而《春秋》作，秦失其政而陈涉发迹。诸侯作难，风起云蒸，卒亡秦族。天下之端，自涉发难。”③ 项羽灭秦，司马迁热情地歌颂了他，为之立本纪。但项羽暴虐，却又受到司马迁无情的批判。“子羽暴虐，汉行功德。……诛籍业帝，天下惟宁。”④《刺客列传》和《游侠列传》都是颂扬反暴的思想。所不同的是，《刺客列传》反映的是政治斗争，宣扬锄强扶弱的正义精神。至于游侠，“其行虽不轨于正义，然其言必信，其行必果，已诺必诚，不爱其躯，赴士之厄困。既以存亡死生矣，而不矜其能，羞伐其德，盖亦有足多者焉”⑤。这说明游侠虽不合乎正统的封建道德，但对下层人民很讲“仁义”，很有道德。游侠的出现，是封建社会法制瓦解、匹夫抗愤的一种形式。游侠为受压迫、受冤屈的下层人民伸张正义，而不惜牺牲性命，司马迁歌颂他们，表现了他同情广大人民的反暴愿望，这是

① 《孟子·梁惠王下》、《尽心下》。
② 《史记》卷一二一《儒林列传》。
③ 《史记》卷一三〇《太史公自序》。
④ 同上。
⑤ 《史记》卷一二四《游侠列传》。

应当肯定的。

2. 用贤相良将以治平天下

在稽其成败兴坏之理的原因时，司马迁十分注意贤才的作用。他说："国之将兴，必有祯祥，君子用而小人退；国之将亡，贤人隐，乱臣贵。……贤人乎，贤人乎，非质有其内，恶能用之哉！甚矣，'安危在出令，存亡在所任'，诚哉是言也！"[①] 三代的兴亡如此，春秋列国的争战如此，楚亡汉兴尤其如此。司马迁批评汉武帝用人不当，主观决策，"是以建功不深"。他十分感慨地说："尧虽贤，兴事业不成，得禹而九州宁。且欲兴圣统，唯在择任将相哉！唯在择任将相哉！"[②] 由此可见，司马迁对于贤相良将治平天下的作用有着深刻的认识。他把用人得失强调到关系国家兴亡的高度。

殷周之际，纣王昏乱，诸侯多叛纣而往归西伯。王子比干谏，不听。商容贤者，百姓爱之，纣废之。西伯乘机灭饥国。大臣祖伊奔告纣："维王淫虐用自绝，故天弃我……今王其奈何？"纣王拒谏说："我生不有命在天乎！"祖伊深深叹息说："纣不可谏矣。"[③] 其后，武王观兵孟津，不期而会者八百诸侯。诸侯都说："纣可伐矣。"武王说："女未知天命，未可也。"又过了两年，纣杀王子比干，囚箕子，太师疵，少师强抱其乐器奔周。于是武王遍告诸侯说："殷有重罪，不可以不毕伐。"[④] 一战而灭纣。

春秋时，齐桓公得管仲、鲍叔、隰朋，高傒，"修齐国政，连五家之兵，设轻重鱼盐之利，以赡贫穷，禄贤能，齐人皆悦"[⑤]。桓公称霸，"九合诸侯，一匡天下，管仲之谋也"[⑥]。战国时，燕昭王用乐毅为将，率兵伐齐，势如破竹，下齐七十余城，唯莒城和即墨不下。燕惠王逐乐毅，齐田单施奇计，用火牛攻燕

① 《史记》卷五〇《楚元王世家赞》。
② 《史记》卷一一〇《匈奴列传赞》。
③ 《史记》卷三《殷本纪》。
④ 《史记》卷四《周本纪》。
⑤ 《史记》卷三二《齐太公世家》。
⑥ 《史记》卷六二《管晏列传》。

军，“遂存齐社稷”[1]。

司马迁说：“论秦之德义不如鲁卫之暴戾者，量秦之兵不如三晋之强也，然卒并天下，非必险固便形势利也，盖若天所助焉。”[2] 所谓秦得天之助，即指秦得“天”赐以贤才。《商君列传》、《张仪列传》、《樗里子甘茂列传》、《穰侯列传》、《白起王翦列传》、《范雎蔡泽列传》、《吕不韦列传》、《李斯列传》、《蒙恬列传》九传都是记载秦之所以兴的贤才。战国之世，司马迁写了二十一传，秦国人物几乎占了一半，多数贤才非秦所产，岂非是天助？秦孝公用商鞅，民富国强；秦惠王用张仪，连横告成；秦昭王用白起，破赵长平；范雎建远交近攻之策，南拔楚鄢郢，北困三晋，东破齐，各个击破了东方六国。秦始皇奋六世之余烈，在李斯、王翦、蒙恬等人的辅佐下，终于一统天下，北却匈奴。反之，东方六国，楚王流放屈原，地日以削；魏不用信陵君，赵杀良将李牧，导致国家速亡。当苏秦拜六国相之时，秦人不敢东出函谷关者十五年。齐王用奸佞之后胜，“不修攻战之备，不助五国攻秦，秦以故得灭五国。五国已亡，秦兵卒入临淄”，齐亦亡[3]。

楚亡汉兴，用人的得失更是起了至关重要的作用。刘邦说：“夫运筹策帷帐之中，决胜于千里之外，吾不如子房。镇国家，抚百姓，给馈饷，不绝粮道，吾不如萧何。连百万之军，战必胜，攻必取，吾不如韩信。此三者，皆人杰也，吾能用之，此吾所以取天下也。项羽有一范增而不能用，此其所以为我擒也。”[4] 萧何、曹参、留侯、陈平、绛侯等世家，张耳、彭越、黥布、淮阴侯、韩王信卢绾、樊郦滕灌、张丞相、郦生陆贾、傅靳蒯成、刘敬叔孙通等传，记载了一大批贤相良将佐刘邦打天下、治天下，真是人才济济。项羽手下的贤才都跑到刘邦那边去了，成了一个孤家寡人。

① 《史记》卷八二《田单列传》及卷一三〇《太史公自序》。
② 《史记》卷一五《六国年表序》。
③ 《史记》卷四六《田敬仲完世家》。
④ 《史记》卷八《高祖本纪》。

值得注意的是，司马迁记叙贤相良将的治平作用，总与“天”字相连。这是接受“天人相与”说影响的流露，并认为刘邦起自匹夫，贵为天子，是得到天命的“大圣”[①]。但司马迁更重视人为而不信天命。他对项羽战败，引“天亡我”以自解的言论，直斥其为“谬”[②]。又如纣王一味迷信得天之助，不施善政，不用贤才，结果天命就完蛋了。所以这一记载很能发人深省。

“国家将兴，必有祯祥；国家将亡，必有妖孽”，这本是《中庸》里的话，带有浓厚天人感应的宿命论色彩。司马迁赋以“君子用，小人退”、“贤人隐，乱臣贵”的历史内容，接过古代人们天命论的语言，改造灌注以具有唯物主义的新思想，对历史的成败盛衰提出了合理的新解释，这是一个大胆的创新。司马迁赞贤才为君子，称他们的用世是国家的祯祥；斥乱臣为小人，说他们的尊贵是社会的妖孽。他一往情深地称赞屈原的崇高品德可“与日月争光”，读其赋，悲其志，观屈原所自沉渊，“未尝不垂涕，想见其为人”[③]。因为屈原忠君爱国，他同邪恶势力作了绝不妥协的斗争，与人民的爱憎一致。司马迁批评商鞅“天资刻薄”[④]；王翦“偷合取容”，其孙“王离为项羽所虏”[⑤]；李斯“阿顺苟合，严威酷刑”[⑥]；蒙恬“固轻百姓力”而“阿意兴功”[⑦]，他们对秦朝的灭亡都负有责任，一个个不得善终是罪有应得。司马迁的这些评论，说明他在贤才问题上十分重视政治品质。贤才只有顺着民心才能治平天下，反其道而行之，违背人民意愿，终不免身败名裂。这就是司马迁不以表面的成败论人的思想基础。那些对历史作出过重大贡献，或行事品德足以为人示范的失败者，如孔子周游列国不见用于世，屈原之沉渊，陈胜、项羽之败亡，均得到司马迁的崇高评价；反之，暴虐人民的成功者，如上举的辅秦人

① 《史记》卷一六《秦楚之际月表序》。
② 《史记》卷七《项羽本纪赞》。
③ 《史记》卷八四《屈原贾生列传赞》。
④ 《史记》卷六八《商君列传赞》。
⑤ 《史记》卷七三《白起王翦列传赞》。
⑥ 《史记》卷八七《李斯列传赞》。
⑦ 《史记》卷八八《蒙恬列传赞》。

物，功业虽就，但都不免遭到司马迁的笔诛。可以说这些思想是《史记》人民性的内容之一。

3. 因循为用以顺民之俗

“因循为用”与“多欲滋事”正相反对。纵观《史记》，司马迁所歌颂的圣君贤相，皆“因循为用”；所抨击的暴君污吏皆“多欲滋事”。五帝三王与汉初君臣都是“因循为用”的；三代末主与秦皇、汉武都是“多欲滋事”的。前者兴盛，无为而无不为；后者衰败，为所欲为而国破家亡。

司马迁所讲的“因循为用”，采自道家的思想资料，但却与老庄之道有本质的区别。老子的“无为”，主张绝圣弃智，灭去人欲，要把历史拉回到古朴的原始社会中去①。司马迁所讲的“因循”却是顺民之俗，给人之欲。他在《货殖列传》里明确地提出了欲望是历史发展的动力的观点，主张施政要随从民俗。他说：“故善者因之，其次利导之，其次教诲之，其次整齐之，最下者与之争。”因此，《货殖列传》一开篇就把老子的小国寡民主张作为批判的靶子引用。其实《老子》五千言中连一个“因”字也没有。司马迁从“无为”学说中引出“因循”是一种创新和发展。“因循”之“因”，不是消极地率由旧章，无所作为；恰恰相反，而是“因势利导”之“因”，积极地与时迁移。《论六家要旨》说：“与时迁移，应物变化，立俗施事，无所不宜”，是用道家的语言，表述了法家的进化论思想。司马迁把老庄与申韩合传，是发人深思的。韩非说：“是以圣人不期修古，不法常可，论世之事，因为之备。”又说：“世异则事异”，“事异则备变”②。司马迁说：“秦取天下多暴，然世异变，成功大。传曰：‘法后

① 《老子》第三章：“不尚贤，使民不争；不贵难得之货，使民不为盗。不见可欲，使民心不乱。是以圣人之治，虚其心，实其腹，弱其志，强其骨，常使民无知无欲，使夫智者不敢为也，为无为，则无不治。”第十九章：“绝圣弃智，民利百倍。”第八十章：“小国寡民，使民有什伯之器而不用，使民重死而不远徙。……鸡犬之声相闻，民至老死不相往来。”老子的这些政治主张，均受到司马迁的批判，详见《货殖列传》。

② 《韩非子·五蠹》。

王'，何也？以其近己而俗变相类，议卑而易行也"[1]。"法后王"出自《荀子·非相篇》。司马迁所讲的"因循"，其治政内容与韩非的随俗施事和荀子的法后王是一脉相承的。

《高祖本纪赞》云："夏之政忠。忠之敝，小人以野，故殷人承之以敬。敬之敝，小人以鬼，故周人承之以文。文之敝，小人以僿，故救僿莫若以忠。三王之道若循环，终而复始，周秦之间，可谓文敝矣。秦政不改，反酷刑法，岂不谬乎？故汉兴，承敝易变，使人不倦，得天统矣。"不可否认，司马迁这段话的字面意义包含了循环论的色彩。但司马迁的主旨却是说，历史在不断地演变和前进，秦承周"文"政之敝而不改，故亡国；汉兴，"承敝易变"，获得了天命。司马迁引夏、商、周的忠、敬、文三统之说，重在说"变"，而不是"循环"。所谓"文"，郑玄注云："尊卑之差也。"[2] "僿"，又作"薄"，司马贞曰："僿，犹薄之义。"[3] 周政"文"之敝，就是说周朝等级森严的礼制，繁文缛节，发展过了头，官吏习文法只重形式，人情之义淡薄。秦朝不思救敝，反而变本加厉一断于法，所以二世而亡。汉承秦之敝，救之以忠，并不是去效法鲧、禹决渎，而是"承敝易变"，顺民之俗。萧何"谨守管籥，因民之疾秦法，顺流与之更始"，而与"闳夭、散宜生等争烈矣"[4]。曹参"为汉相国，清静极言合道。然百姓离秦之酷后，参与休息无为，故天下俱称其美矣"[5]，与萧何齐名为贤相。汉初功臣皆"当世仁义成功之著者"[6]。吕后称制，残虐宗室，她还屠戮功臣，个人品质极其狠毒。但吕后与民休息，司马迁称赞她"女主称制，政不出房户，天下晏然"[7]。汉文帝，"德至盛"。司马迁的这些评论，充分肯定了汉初顺民之俗的政治大方向，隐喻之意，则是对汉武帝奢侈酷烈政治的批评。

① 《史记》卷一五《六国年表序》。
② 《史记》卷八《高祖本纪·集解》引。
③ 《史记》卷八《高祖本纪·索隐》。
④ 《史记》卷五三《萧相国世家赞》。
⑤ 《史记》卷五四《曹相国世家赞》。
⑥ 《史记》卷一九《惠景间侯者年表序》。
⑦ 《史记》卷九《吕太后本纪赞》。

4. 惩恶劝善为后王立法

《史记》继《春秋》，“述往事，思来者”。《春秋》寓褒贬，“上明三王之道，下辨人事之纪”；《史记》继《春秋》就是要明是非，为后王立法，为人伦立准则。司马迁说：

> 《春秋》辩是非，故长于治人。……拨乱世反之正，莫近于《春秋》。《春秋》文成数万，其指数千。万物之散聚皆在《春秋》。《春秋》之中，弑君三十六，亡国五十二，诸侯奔走不得保其社稷者不可胜数。察其所以，皆失其本已。故《易》曰“失之毫厘，差以千里”。故曰“臣弑君，子弑父，非一旦一夕之故也，其渐久矣”。故有国者不可以不知《春秋》，前有谗而弗见，后有贼而不知。为人臣者不可以不知《春秋》，守经事而不知其宜，遭变事而不知其权。为人君父而不通于《春秋》之义者，必蒙首恶之名。为人臣子而不通于《春秋》之义者，必陷篡弑之诛，死罪之名。其实皆以为善，为之不知其义，被之空言而不敢辞。夫不通礼义之旨，至于君不君，臣不臣，父不父，子不子。夫君不君则犯，臣不臣则诛，父不父则无道，子不子则不孝。此四行者，天下之大过也。以天下之大过予之，则受而弗敢辞。故《春秋》者，礼义之大宗也。夫礼禁未然之前，法施已然之后；法之所为用者易见，而礼之所为禁者难知[①]。

司马迁的这一大段话是借题发挥，借评价《春秋》以论《史记》。《春秋》的价值没有这么高，而《史记》的内容却恰然是这样。“述往事”即“志古”，指《史记》所包容的全部历史内容。“思来者”本义是使后人有所思，实质是“自镜”，是司马迁熔铸在《史记》中的理想，指洞察历史未来的变化。司马迁认为，通过总结历史经验，洞察事势变化，借前车之鉴，可以避免覆败之祸。只有这样，著述才能传世，使来者思。所以《史记》着重写

① 《史记》卷一三〇《太史公自序》。

变革的历史，并以人物为中心，在治乱二字上下工夫，意义在此。《春秋》之中，弑君三十六，亡国五十二，不是一朝一夕突然发生的，而是早就有征兆，这就是"渐"。所谓"渐"，既是指未然之事的征兆，也即是已然之事的发展过程。司马迁"通古今之变"，就是要把握这个"渐"，预察未来，思补救敝。正因如此，司马迁对以往历史的"述"和对未来变化的"思"，都是一丝不苟，很动感情的。他经常废书而叹，叹极而垂涕。他读《春秋历谱谍》，至周厉王，"废书而叹"①；他每读《虞书》，看到古代明君贤相互相鼓励，情不自禁，"未尝不流涕也"②；他读孔子书，"想见其为人"③；他写晏子传，愿为之"执鞭"④；他读屈原赋，"悲其志"⑤；他读功令，至于广厉学官之路，"未尝不废书而叹"⑥。由此可见，司马迁忧民之深，悲时之切。他以人物为中心记述历史的治乱之变，载其恶以诫世，书其善以劝后。这也是他父亲司马谈所留下的遗愿。司马谈说："今汉兴，海内一统，明主贤君忠臣死义之士，余为太史而弗论载，废天下之史文，余甚惧焉，汝其念哉！"⑦ 司马迁创作了三十世家和七十列传来实现父亲的遗言。刘知几说：

> 夫善人少而恶人多，其书名竹帛者，盖唯记善而已。故太史公有云："自获麟以来四百余年，明主贤君忠臣死义之士，废而不载，余甚惧焉。"即其义也。至如四凶列于《尚书》，三叛见于《春秋》，西汉之记江充、石显，东京之载梁冀、董卓，此皆干纪乱常，存灭兴亡所系，既有关时政，故不可阙书⑧。

---

① 《史记》卷一四《十二诸侯年表序》。
② 《史记》卷二四《乐书序》。
③ 《史记》卷四七《孔子世家赞》。
④ 《史记》卷六二《管晏列传赞》。
⑤ 《史记》卷八四《屈原贾生列传赞》。
⑥ 《史记》卷一二一《儒林列传》。
⑦ 《史记》卷一三〇《太史公自序》。
⑧ 《史通》卷八《人物》。

可见，惩恶劝善是我国古代史家的一个优秀传统。《春秋》之所以受到司马迁的推崇，就是它的褒贬笔法“善善恶恶，贤贤贱不肖”，能“使乱臣贼子惧”。固然这是为了维护统治者的秩序，但贬斥乱臣贼子，褒奖圣君贤相，难道不也是古代人民的愿望吗？一个正直的史家要做到这一点是要作牺牲准备的。齐太史书“崔杼弑庄公”，兄弟见杀，少弟继之，这就是生动的例证。司马迁继承了这一优良传统，实录历史，“不虚美，不隐恶”，虽身遭腐刑而其志不屈。所以司马迁论载历史人物和历史事件，一般不作全盘肯定或全盘否定，而是原原本本讲清楚人物行事和客观事物的变化与发展，以穷究盛衰成败的因果。例如，司马迁反对秦朝暴政，却肯定秦朝的统一之功和制度体系；司马迁同情项羽，但并不饰过；司马迁揭露和批判刘邦的狡诈，却又肯定刘邦的政策笼络了人心，取得了天下；司马迁极其憎恶酷吏，却也肯定廉洁不枉法的酷吏；司马迁写《史记》的主旨是颂汉家一统的功德，却又委婉曲折地揭露了汉家帝王的一些隐私，如此等等，力求做到尊重客观的历史实际。因为只有实录的历史，才能提供真正有益的教训，使历史起到镜子的作用。司马迁的这些理想和实践，是我国历史学的优良传统，在今天仍有借鉴意义。

总上四点，司马迁的“一家之言”可以简括为一句话：即通过究天人之分和总结古今历史之变的经验，寻求适应封建一统天下长治久安的“治道”。所以司马迁的基本思想，仍是封建地主阶级的，他是为巩固封建政权而述史的。他所创造的纪传五体形式，本纪、世家、列传就是一个形象地照映封建等级秩序的等级序列。但司马迁融会百家学说以“论治”，却是对“独尊儒术”思想体系发出的异端。这一异端思想，使他突破了正统的和愚忠的思想束缚，敢于实录历史，讥刺君王，非议圣人，反对暴政，同情人民的苦难，在《史记》中突出了重视人民力量的思想，这些就是《史记》的人民性思想成分。司马迁的“一家之言”是我国异端史学的优秀传统，是应该肯定的。

司马迁为了避免空言论道，把他的思虑转向史学，潜心研思创造了百科全书式的纪传体通史来表述他的理想。《史记》的五体结构，具有深微的笔法义例；《史记》的丰富内容，广泛地开拓了历史研究的新领域；《史记》还创造了序赞的史论形式，使历史的编纂成为真正的史学；《史记》冶文史于一炉，创造了传记文学的典范。由于司马迁的宏伟成就，奠定了史学的独立地位。司马迁的“一家之言”就熔铸在这一宏伟创造的史学体系之中，所以我们说，纪传体通史体裁是他“一家之言”的表述形式。本书在《〈史记〉体制义例》和卷首《司马迁评传》第九节《成一家之言》两文中，对这一表述形式的体制义例和史学成就作了较为集中的阐述，这里不再具论。

（本文原载《西北师范学院学报》1983年第3期）

司马迁一家言之界说

司马迁在《太史公自序》和《报任安书》中，反复申言《史记》著述宗旨是“成一家之言”。前者是作者自传，为《史记》殿卷，题为《太史公自序》；后者是作者抒愤，载《汉书·司马迁传》。两篇都是作者自我评价的精意之作，是研究司马迁思想极为珍贵的文献。但是《史记》三家注，以及《汉书》颜师古注，对“成一家之言”这一极为重要的话都留空不注，司马迁继孔子，效《春秋》，著述一代大典，为拨乱反正而制义法，其著述宗旨非三言两语能说得清，这大概是三家注及颜氏对“成一家之言”不作注的原因吧。后世研习《史记》者，似乎都心领神会而口不能言，或者疏忽而不见，于是使“一家言”的实质义理湮晦两千多年至今而不显。笔者 1983 年曾撰文题名“试论司马迁的一家之言”，作了初步探索。如今日历又翻过了十年，学术界的研究有何进展？笔者对此课题的认识是否有所深化？到底如何理解司马迁的“成一家之言”？

一、一家言研究的历史回顾

文献记载，历史上第一个直接评论“一家言”的是东汉明帝刘庄。班固在《典引·序》中说，永平十七年（公元74年）明帝诏问班固，评述司马迁说：

> 司马迁著书，成一家之言，扬名后世，至以身陷刑之故，反微文刺讥，贬损当世，非谊士也。

汉明帝认为，司马迁的"一家言"，讥刺时政，虽然获得了个人的名声，却非忠臣义士。班固及其父班彪也站在封建正统立场，对司马迁"一家言"持批评态度。班固在《汉书·司马迁传》赞文中说："论大道则先黄老而后六经，序游侠则退处士而进奸雄，述货殖则崇势利而羞贱贫，此其所蔽也。"这就是有名的"史公三失"说，是是非非两千年，贯通了整个封建社会，评论司马迁一家言者，都未超出"史公三失"的窠臼。《史记》述史论道，又长于于心为文，因而是一部集史学、文学、思想三者于一炉的伟大著作。叙事传人，这一基准点决定了《史记》首先是一部史学，但不是像《春秋》、《尚书》那样的纯史学。《史记》一问世，史学首先得到肯定，文学及思想两者，是随着时间的推移，逐步被认识和深化的。《史记》的思想性，汉儒多持批评态度。早在汉明帝之前，西汉末年的哲学家和文学家扬雄就对《史记》提出了批评。扬雄说："太史公记六国，历楚汉，讫麟止，不与圣人同，是非颇谬于经。"[1] 扬雄又在《法言·重黎篇》中对照司马迁与孔子思想的不同点，指出："仲尼多爱，爱义也；子长多爱，爱奇也。"扬雄将司马迁传人之"奇"与儒家的"义"作对立评价，表现了他的卫道立场。他的"是非颇谬于经"的批评，实开班氏父子批评《史记》的先河。

在东汉随着儒学的神秘化，在统治集团，《史记》受到严厉的非难。光武建武四年（公元28年），博士范升反对为《左传》立博士，涉及《史记》，认为太史公多引《左传》，抨击《史记》

① 《汉书》卷八七《扬雄传》。

“违戾五经，谬孔子言”[1]。东汉末王允竟直斥《史记》为谤书[2]。由于两汉大气候对《史记》不利，故班固的“史公三失”之说更得天之助，前有扬雄铺垫，后有汉明帝定音，班氏之言，于是在整个封建社会具有权威性，在《史记》学发展史上左右舆论两千年。批评《史记》者必引“史公三失”为佐证，金人王若虚甚至发出了“迁之罪不容诛矣”的极端论述[3]。肯定《史记》者，不破“史公三失”之说，则不中肯綮。以至历代巨子，如魏晋六朝的王肃、张辅、葛洪、裴松之、范晔；唐宋的刘知几、晁无咎、秦观、沈括、倪思、黄震、叶适、郑樵、王若虚；明清的邓以瓒、董份、陈仁锡、李贽、袁文典、蒋中和、徐乾学、沈德潜、浦起龙、朱仕琇、邱逢年、熊士鹏、汪之昌、王鸣盛、赵翼、章学诚、梁玉绳等，无不对班氏的批评展开一次又一次的辩论，形成马班优劣论，又称马班异同评。这种争论，大抵在唐以前，论者主流扬班抑马；宋人开始转向，宋明人评论马班抑扬相当；清人扬马抑班，但并称《史记》、《汉书》为良史。马班优劣的提法，掩盖了对司马迁“一家言”的研究，它着眼于个人的论长道短，大多只作形式比较，很不科学。宋人提出“马班异同”的命题，具有浓郁的学术味，这是比较科学的。单就文献史学而论，即所谓纯史学而言，《汉书》比《史记》要纯得多，记事章法，资料搜辑，史事载述，《汉书》在《史记》的基础上有所发展，有所创造，例如《汉书·十志》就比《史记·八书》要丰富。但总体创作，《汉书》不及《史记》，尤其是“一家言”的思想性，《汉书》远逊于《史记》。班固批评的“史公三失”，虽然至今仍在争论，但从唯物史观的角度已基本得到廓清，它不仅不是司马迁之“敝”，而且恰恰是司马迁思想中光彩夺目之“长”。以今日眼光看，《汉书》是文献学，《史记》才是真正的史学。马班优劣论的倒向到马班异同比较，也恰是司马迁“一家言”被深化认识的过程。在封建史学框架内，人们跳不出文献学的藩篱，所以揭

① 《后汉书》卷三六《范升传》。

② 载《后汉书·蔡邕传》及《三国志·董卓传》裴松之注。

③ 《滹南遗老集》卷一九《史记辨惑》。

示司马迁“一家言”的实质和内容，必须用新观点新方法重新审视，这就历史地落在了当代人的肩上。

二、一家言的研究现状

司马迁“一家言”，在近代学者的论著中已被鲜明地提出。梁启超在其《要籍解题及其读法》史记条中就有大段论述。其言曰：

> 《史记》自是中国第一部史书。但吾侪最当注意者，“为作史而作史”，不过近世史学家之新观念。从前史家作史，大率别有一“超史的”目的，而借史事为其手段。此在各国旧史皆然，而中国为犹甚也。司马迁实当《春秋》家大师董仲舒之受业弟子，其作《史记》盖窃比《春秋》。故其《自序》首引仲舒所述孔子之言曰：“我欲载之空言，不如见之于行事之深切著明也。”《春秋》旨趣如此，则窃比《春秋》之《史记》可知。故迁《报任安书》云：“欲以究天人之际，通古今之变，成一家之言。”《自序》亦云：“略以拾遗补艺，成一家之言。厥协六经异传，整齐百家杂语。藏之名山，副在京师，俟后世圣人君子。”由此观之，其著书最大目的，乃在发表司马氏一家之言，与荀卿著《荀子》、董生著《春秋繁露》，性质正同。不过其“一家之言”乃借史的形式以发表耳。故仅以近世史的观念读《史记》，非能知《史记》者也。

梁氏强调《史记》不是一部纯史学的书，是借史以言志的一部子书，应与荀子、董子等量齐观，把握司马迁一家之言。近人常乃德在《历史哲学论丛》中断言，由于《史记》是一部“穷天人之故，达古今之变”的“一家言”，故能在中国历史著述中占独一无二的位置，“不但远非班固、范晔之流所敢望，就是司马温公的《资治通鉴》也逊之甚远”。常氏的结论是：

> 中国历史家中懂得史学的意义的恐怕只有司马迁一人，他的《史记》是“欲以究天人之标，通古今之变”的一家言，所以他的《史记》，并不是单纯的事实记录，而是和儒、道、墨、法诸家著作同等的系统哲学。不过他不用抽象的玄想，而用实际的事实材料，来建筑他的一家之学，比周秦诸子更进步，可惜后来的历史家无人能够懂得他的意思，所以尽管出了许多模仿的正史、别史，而却没有一部配得上称为一家言的。

常氏论说与梁启超大同小异，而更为简明。徐浩《二十五史论纲》亦有类似之言，不具引。以上诸人都注重司马迁一家言的哲学义理。鲁迅和范文澜则从文学创作角度阐释司马迁的一家之言。鲁迅评价《史记》为“史家之绝唱，无韵之离骚”[①]。范文澜说司马迁“为纪传之祖，发愤著书，辞多寄托。景武之世，尤著微旨，彼本自成一家之言，体史而义《诗》，贵能言志云耳”。[②]范氏谓史公创作具有“体史而义诗”的特点，以文言情抒志，与鲁迅的定评大旨略同。

以上论说，把思想义理和文学创作纳入了“一家言”的范畴。当代司马迁研究，正式提出了“一家言”的课题，仍然比较寥落。专题文章，直到 1983 年才初露头角，迄今为止，学术界也仅有 8 篇论文[③]，依时间先后排列如次：（1）张大可《试论司马迁的一家之言》，16000 字，刊于《西北师范学院学报》1983 年第 3 期；（2）程金造《释太史公自成一家之言》，2500 字，刊于《人文杂志》1983 年第 3 期；（3）程金造《述史记太史公一家言的实质》，12000 字，收入作者《史记管窥》论文集，陕西人民

① 《汉文学史纲要》。

② 范注《文心雕龙·史传篇》。

③ 本文发表之后，《渭南师专学报》1995 年第 1 期又刊载了朱枝富《司马迁成“一家之言”新论》一文，着重指出司马迁的“一家之言”乃是政治主张。

出版社1985年出版；（4）罗文博《论史记的成一家之言》，11000字，载《阜阳师专学报》1983年第4期；（5）白寿彝《论成一家之言》，7000字，载《历史研究》1984年第1期；（6）吴中匡《司马迁成一家之言论》，7500字，载《人文杂志》1984年第4期；（7）高振铎《司马迁的"成一家之言"新解》，3000字，载《贵州社会科学》1985年第5期；（8）柳维本、赵忠文《对司马迁成一家之言的探索》，3000余字，刊于《光明日报》1991年7月31日。仅此8篇论文，6万余字，还是显得单薄，还停留在解释什么是一家言，而缺乏系统的内容分析，所以到了1991年柳、赵二人的文章还用"探索"的字眼标题。总之，"一家言"的课题研究，正是方兴未艾，还大有文章可作。

20世纪80年代以后，《史记》研究进入热潮，专题论文也是应运而生，填补了"一家言"研究的空白，对"一家言"的实质、内涵和内容已做了较为系统的罗列，奠定了理论基础。明确提出了司马迁是历史家，他的"一家言"，主要是建立了系统的史学理论和探寻治乱规律为核心的史学体系，并把五体的结构形式纳入了"一家言"研究的范围。可以说这是在史记学发展史上开了一个新生面，为深入研究铺垫了基础。此外，"一家言"既然是司马迁创立的某种思维体系，因此研究司马迁思想的论文，尽管没有使用"一家言"的标题，而实际上已经触及了司马迁的一家言，许多文章中不乏精彩之笔。如施丁在《司马迁史学思想的几个问题》一文中说："所谓成一家之言"，"主要是指独具只眼的史学思想"。何旭光在《司马迁的朴素辩证思想》一文中说，"成一家之言"，"是就指《史记》的目的、动机、宗旨和指导思想来说的"，也是"指《史记》的体裁和取材来说的"。这些论述说明了，司马迁的"成一家之言"，是一个史学体系，既包括体例、取材，又包括宗旨、内容。此外，周一平《司马迁史学批评及其理论》[①]，由于集中讨论司马迁的史学思想，所以这本书已触及了"一家言"的思维体系，值得在此书写一笔。

---

① 周著由华东师范大学出版社1989年出版。

三、一家言的界说

所谓界说，就是确定讨论的依据和标准，也就是界定研究的范围和内涵。这里集说前两节昔贤今人关于“一家言”的讨论要点，参以己意，为司马迁“一家言”立一界说。为使行文简洁，凡引用前节标列的论文中语，只称某人某文说，不再作脚注。

分层次讨论如下。

1. “成一家之言”这一命题的语言结构和内涵

“成”字是动词，完成，建立。宾词“一家之言”是一个短语，“之”在这里，主要作用是调节音节的虚字，其次也兼有领属助词“的”字的作用。“一家之言”四字短语，中心词是“言”字，指独具一家的思想理论或主张。“一家之言”缩写为“一家言”，或“家言”，则“家言”二字是一个联合词组。一是“家”字的概念，二是“言”字的概念。《荀子·大略篇》：“此家言邪学之所以恶儒者也。”杨倞注：“家言，谓偏见自成一家之言也。”可见“家言”是“成一家之言”的缩写，字面意义是独具一家的言义，作联合词组解，则“家”与“言”两字，各有界定内涵。

“家”的本意是人所居之屋。《说文》：“宀，交覆突屋也，象形。家，居也。”即“宀”是房屋的象形字，人居于屋中就是“家”。段玉裁《说文解字注》认为“居”是“尻”字之误，“尻，处也，止也”。段氏申说云：“《释宫》，‘牖户之间谓之扆，其内谓之家’，引申之，天子诸侯曰国，大夫曰家。凡古曰家人者，犹今曰人家也。”扆，门户之间的屏风，扆内谓之家，也就是房屋深闺之内为人所居处之地，这就是“家”。无疑，“人”是“家”的核心，无人所居之屋就不是“家”。所以《易经》说：“家人有严君焉，父母之谓也。”一户人家，是一个有组织的人群单位，是伦理、政治与经济的合一。推而言之，大至国家、诸侯，小至一族、一家，都表示一定关系的人的组合。把“家”字推广到学术领域，必然是与一个群体的人相联系，而这一人群中有代表人物，如严君与父母为之主宰。具体说，在学术领域的“家”，至少有三个方面的内涵：第一，“家”的代表人物必须有系统的独特见解；第二，“家”的言议主张，博得一定数量的人群赞同，成为一派治学的人；第三，名“家”的人，在当世或后世产生影响①。先秦时代的诸子百家就具有这样的内涵。“言”的本意是“直言”，《说文》云：“直言曰言，论难曰语。”直言就是发抒自己的见解，即个人的主张，个人的创见。司马迁要“成一家之言”，就是要独立成“家”，自立为“言”。这既是针对先秦诸子百家说的，同时也是针对汉儒大师说的。司马谈总结先秦思想为六家，即阴阳、儒、墨、名、法、道德，汉也有大儒董仲舒、公孙弘等所治公羊学家，而司马氏父子要超然在这些先圣时贤之外自成一家，自立一个思想体系。研究司马迁的“一家言”，对“家”与“言”两个方面都要界定，缺一不可。

白寿彝《说成一家之言》，着重阐释了“家”的内涵概念，他引《荀子·非十二子篇》、《解蔽篇》，《韩非子·显学篇》，《庄子·天下篇》，《吕氏春秋·不二篇》，直到司马谈的《论六家要旨》，勾勒了中国先秦学术分家分派的历史。白先生的结论是：

> “成一家之言”，是在史学领域里第一次提出了“家”的概念。“家”，本来是一个政治概念、经济概念和社会组织单位的概念。把“家”运用到学术领域里，称学术流派为“家”，是经过相当长的过程的。

白氏还指出司马氏父子“有一种共同的思想感情，就是要把家族的‘家’，跟作为学派的‘家’统一起来”。张大可《试论司马迁一家之言》侧重阐释了“言”的内涵概念。其言曰：

> “言”即议论、理想和主张。“成一家之言”就是要独创一个思想体系，具有划时代的内容，能启迪后人，影响社

① 参阅黄新亚：《司马迁评传》，第170页。

会。“成一家之言”是司马迁在历史学上的一个首创。这表明，司马迁作史，并不是历史资料的汇抄和事实的堆积，而是要阐明自己的思想和理想。

“言”指思想和理想，这一点自近代学者发端论述以来，已积累了近一百年的认识，基本上取得了共识。但并非没有争议。罗文博《论史记的成一家之言》，发挥刘知几《史通·六家》的观点，把《史记》与《尚书》、《春秋》、《左传》、《国语》等同，认为“成一家之言”，仅仅是司马迁在“编著体例上的创新，是许多史家中的一家”。如果说，司马迁自成一家之言，仅仅是“编著体例”的创新，就应改为“自成一家”，而不能说是“成一家之言”。罗氏的论证，无论在理论上，还是在《史记》的具体实践上，都是与实际不相符的。

2. 司马迁是新时代产生的政治历史家

学术界研究司马迁思想，有的认为他尊崇道家，有的说他尊崇儒家，有的折中，认为他既尊道家也重儒家，也有人认为他是杂家。白寿彝也曾说过，“司马迁的‘成一家之言’，事实上也是杂家，其主导思想则是道家的思想”[①]。白先生对这一论点并未怎么阐述，“事实上也是”，留有分寸。白先生在正式论说“一家言”时，鲜明地指出司马迁是历史家。《论成一家之言》指出：“司马迁的工作，他自认为是继《春秋》以后的有关工作，是以史学成家的。”高振铎的《司马迁的“成一家之言”新解》作了专题论证。高振铎认为，司马迁不属于先秦六家中任何一家，也不是杂家，而是“西汉时期出现的史家，这是产生六家的先秦所根本没有的一家”。他论证说：司马迁提出“究天人之际，通古今之变”，即“探讨天与人类社会关系，历史古往今来的变化，这两种观点构成了他的一家之言”，“这正是司马迁和其他各家根本不同之处”，“所以我们认为司马迁的一家之言是史家之言，而不是其他六家中任何一家之言”。又说：司马迁的一家之言和通

① 《史记新论》，求实出版社1981年版，第30页。

史巨著，是“旷古绝唱，使中国古代史学在中国史学史上达到一个新的高峰，而他成为一个名副其实的史家，或为中国历史之父。因而不能再把他降低到六家之中，他是西汉时期新产生的一个学派，即史家”。

刘知几在《史通·六家》中论述中国古代史学的发展，将尚书家、春秋家、左传家、国语家、史记家、汉书家等六家并论。刘知几说：“自古帝王，编述文籍，外篇言之备矣。古往今来，质文递变，诸史之作，不恒厥体。榷而为论，其流有六。”很明显，刘知几并论的只是“编著体例”，而不是指“一家之言”的史学。从史学史的发展角度来看，中国史学源远流长，商周时代，王室就有了史官。如果没有先秦史学《尚书》、《左传》、《国语》、《春秋》、《战国策》等史籍的发展，《史记》不可能凭空创作出来。但是追溯历史，先秦没有一个历史家像司马迁那样写出一部“究天人之际，通古今之变，成一家之言”的历史巨著。《尚书》、《国语》是资料汇编，《左传》为解经文字，《战国策》为纵横家言论，《春秋》一字褒贬寄寓微言大义而成经学。所以史学在司马迁以前成为经学的附庸。先秦史学处在童年时期。司马迁体大思精的成功创作，把历史撰述从一个狭小的天地引向广阔的社会，从而创立了真正的历史学，结束了史学的童年。司马迁成为“中国历史学之父”，是没有疑义的。那种用刘知几论述编纂学的观点来否定司马迁是新时代产生的历史家是不能成立的。刘知几并列六家并没有错，引用者转移了刘知几的论题，则就不对了。不过在司马迁的时代，还没有“史家”之称，故自称为“成一家之言”。

3. 一家言的主要内容是建构一个以史学为载体的政治伦理学体系

如上所述，司马迁创作上独立成“家”，思想上自立为“言”，目标是追慕孔子，效法《春秋》，所以构建的是一个附载于历史的政治伦理学体系，它的内容和表述形式，都应是“一家言”的内容。白寿彝在《史记新论》中具体条列为四个方面：

(1)《史记》综合古今典籍及其他资料，创造出一部通史；

(2)综合古今学术，辨别源流得失；

(3)综合已有的史体，创立新的史书体裁；

(4)《史记》“继春秋，述往事，思来者”。

张大可《试论司马迁的一家之言》归纳为三个层次：

(1)“一家之言”的结构，融会贯通百家学说以建立统一的新思想体系；

(2)“一家之言”的核心思想，稽其成败兴坏之理以志古自镜；

(3)“一家之言”的表述形式，创立百科全书式的纪传体通史，奠定了史学的独立地位。

白先生阐释“一家言”着重从史学史体立论，张大可前进了一步，指出一家言是一个以论治为核心的思想体系，历史是其表现形式，即史学是一家言的载体。用司马迁自己的话说，就是效《春秋》为后王立法，为人伦立准则，所以要融会贯通，创立百科全书，成为一部治世的政治伦理大全，供全社会的人阅读。帝王读了，懂得治国，怎样为君；将相读了，懂得辅弼之任，理民之术，怎样为臣；百工之民读了，怎样各司其职，各任其力，为社会作奉献。例如，商人读《货殖列传》，懂得怎样经商；侠义之士读《游侠列传》，懂得怎样仗义反暴；为师治学者读《儒林列传》，医巫卜者读医卜等传，如此这般，社会各色之人，均从《史记》中找到对照，找到楷模，学会怎样做人，总之，君臣、父子、夫妇、兄弟、朋友等等人伦之道，都囊括在《史记》之中了。汇综政治伦理和百科全书，正是治世的需要。司马迁不愿空言论道，他将一家言托之于历史，也就是用历史学的形式表现出来。换一个说法，即一家言是以史学为载体的政治伦理学体系。为了普及流传，又增饰其文采，这样，《史记》就成了冶文史哲于一炉的旷世大典。史学是一家言的载体，文学是一家言的光泽，思想是一家言的灵魂。司马迁是集文史哲于一身的大思想家和文化巨人。由于史学是一家言的载体，所以司马迁第一是历史学家，其次是文学家，再次是思想家。司马迁的本意是写“政治伦理学”，通过历史记录来表达，这样就把政治伦理与历史统一起来，或者说古代史学的本质是政治伦理学，《史记》是一部政治历史书。当代政治学与经济学紧密相连，统称“政治经济学”，这是人类社会生产力高度发展的产物。政治经济学着重从生产关系探索人类社会发展史的规律，最高经典著作就是马克思的《资本论》。司马迁着重从人际关系，即社会上层建筑探索人类社会发展史的规律，所以将政治与历史相连，创作“政治历史学”。由于司马迁的这一创作，使治乱兴衰成为中国传统史学的主要内容。或者说史学是为政治服务的，由孔子发其端，司马迁集其成。在这个意义上，说司马迁的一家言就是一个史学体系也是完全成立的。

史学为什么能成为司马迁一家言的载体呢？司马迁的一家言要包容百科内容，而史学的综合性适应了这一需要。百科内容，从表面看，好像是一个杂家的思想体系。西汉扬雄最早提出这一问题。《法言·问神篇》：“或曰：《淮南》、《太史公》者，其多知与！曷其杂也。”扬雄未深究《史记》与《淮南子》二者的区别，不明《史记》作为政治伦理学大全的百科全书性质，故有杂家之叹。今天如果还有人认为司马迁是杂家，那就是停留在汉人的立场上。杂家只不过融会众家之长，并没有达到贯通和改造的境界，而司马迁“一家言”自成体系，所以不是杂家。《史记》体大思精，包容百科知识，并不是杂然陈列，而是系统地条列在一个历史学的体系之中，所以从学术上说，司马迁自成一家就是一个历史家。百科全书，包罗万象，无论在中国，还是西方，正是古代史学的表现。古希腊历史学家希罗多德著《历史》就是“百科全书”式的“无所不包”。“不仅记载政治、军事、外交方面的事，而且叙述各国的地理形势、经济生活、民情风俗、宗教信仰，等等。他有闻必录，把一切值得记载的事当做历史的素材，以达到传授知识的目的。”[1]“历史”一词，英语为History，法语为Histoire，意大利语为Storie，都源于希腊语Historia，其原意为“征问”、“问而知之”，即是通晓一切的意思。又英语History，今译为历史、历史学，而其原来的意思是“过去的事”，即以往的一切事情，至今仍有这种含义。司马迁“网罗天下放失旧闻”，“究天人之际，通古今之变”，要囊括中外，包罗万有，与西方“历史”一词的语源，达到音韵天成般的和谐与一致。这是什么原因呢？由于古代生产力低下，社会分工不发达，一切科学文化都处在童年时期，因而人们的认识力有限，不能做到科学文化的细致分门别类。古代自然自给的经济生活是自给自足，反映到思想文化领域，也要求学者、文人、思想家、史学家通晓万事，编写百科大全。历史统治者编写类书，求全求备，正是这一思维遗意。近代资本主义发展，生产社会化，分工日益细密，反映在科学文化上分门别类的学科也日益细密，历史学不再包罗万有，自然史、人类史才各自分途[2]。司马迁如果晚生二千年，他绝不会去创作包容自然科学与社会科学合一的百科全书。也就是说，百科全书在司马迁时代才是合理的，也只有在那个时代才能创作出不朽的博大著作，而这种百科全书就是历史学，而不是纯文学或哲学杂家。在这个意义上，司马迁也不应与诸子百家并列，所以他的“一家言”，不属于阴阳、儒、墨、名、法、道中的任何一家，也不是杂家，而是一个崭新的思想体系“政治历史学”，司马迁的本质是历史家。

4. 一家言的核心，是志古自镜以为治

作为百科全书的《史记》，包载天地万物，融贯古今，它有无中心思想？这个中心思想是什么？程金造《述史记太史公一家言的实质》实际是讲核心问题。程先生认为《史记》书首《五帝本纪》载黄帝及其子孙五帝五圣，“皆行公而无私的政教”，“有无私的圣德”。这无私的圣德，“它可以为万世有国者遵行的正

---

① 郭圣铭：《西方史学史概要》，第19页。

② 参阅周一平：《司马迁史学批评及其理论》，第58页。

道，这就是太史公‘通古今之变，成一家言’的理论核心”。又说：“读《史记》，不应遗其政理，而只观其事迹。其‘一家言’的政理，才是他全书的灵魂。”

程先生的论述，大体符合司马迁的精神。“政理”即“治道”，就是“一家言”的核心，这一结论没有错。但程先生的论证角度，以伦理道德为说，落实“政理”为宣扬“无私之德”，由此归纳《史记》一书内容，说：“《五帝本纪》是著其一家言的正面，是公正无私之道。三代以下，著出其反面，是私心的患害。”自觉和不自觉地转换了论题，或者压缩了政理的内涵，仅仅是一种伦理道德，只是“一家言”的一个方面内容，而不能说它是“核心”内容。

在非专题论文中，有不少论者也试图在探索这一问题。陈可青在《司马迁的史学思想及其阶级性》① 一文中说：“司马迁说他著《史记》是为‘究天人之际，通古今之变，成一家之言’的。在书中作者处处贯穿这个目的，议论激烈独到之处，也突出在天人关系和古今变革两个方面，使本书成一家之言的著作。在司马迁时代，天人是否相应？皇权是不是神授？天道变不变？历史变不变？封建统治秩序变不变？这些既是学术理论问题，更有政治实践意义。司马迁在这些问题上要树立起‘一家之言’，提出与正宗思想不同的见解。”实际上这讲的是“一家言”思想内容的方方面面，罗列了“天人感应”、“皇权神授”、“自然法则”、“社会制度”、“政治实践”等问题，司马迁在这些方面的新见解，就是他的“天命论”、“历史观”、“自然观”、“社会观”、“政治观”等等，未能触及司马迁“一家言”的核心。

由于《史记》内容丰富，包罗万象，若只从字面上看，博杂而矛盾，互相对立的资料俯拾即是，就拿“天命观”来说，有人说司马迁相信天命，大多认为司马迁不信天命，公说公有理、婆说婆有理，难以把握“一家言”的核心。所以研究者对这一问题，似乎大都心知其意而言之寥寥，或言之走了样，要不则语焉

① 《新建设》1965 年第 2 期。

不详。20世纪80年代以来，学术界对司马迁思想的研究是相当活跃的。司马迁的哲学思想、政治思想、经济思想、历史观、社会观、伦理观、人才观等，均有热烈的讨论，专题论文已积累了数以百计、千计的篇目。无疑的这些思想的抉发与研究都是“一家之言”的内容。但是一个具有卓然独创的思想家，并不是杂然陈列的各种思想的一个大杂烩，而应是一个义例严密的思想体系。把握这一思想体系的要领是把握核心，抓住核心才能提纲要领。司马谈论六家皆“务为治者也”①，司马迁借孔子言，“六艺于治一也”②，可见司马谈和司马迁都无意于把自己的思想与著述割裂成若干平列的部分，而归结于“治”。他们父子反复强调《史记》效《春秋》而作，《春秋》拨乱反正为后王立法。《太史公自序》言：“网罗天下放失旧闻，王迹所兴，原始察终，见盛观衰。”《报任安书》云：“网罗天下放失旧闻，考之行事，稽其成败兴坏之理。”这明显说的是治国平天下，探寻社会治乱规律。司马迁又说：“居今之世，志古之道，所以自镜也”③，“述往事，思来者”④。“志古”、“镜今”、“思来者”，就是“考之行事”的目的。综核以上论说，司马迁“一家言”的核心，就是“稽其成败之理以志古自镜”。也就是说司马迁“一家言”的核心是在治道上卓然独立自成一家，《史记》为治平天下而作，司马迁研究历史，探寻治乱规律，颂扬大一统，为后王立法，为人伦立准则，目的只有一个，就是为天下长治久安，总结经验，提供方略，一言以蔽之，“一家言”的核心就是一个“治”字。把握这个“治”字，就把握了解开“一家言”的钥匙。

5. 研究“一家言”的资料和方法

《史记》中的“太史公曰”，是司马迁的直接议论，这是研究司马迁思想的第一手资料。但这只是一小部分。司马迁借史以载道，他寓论断于序事，而“一家言”是包括司马迁的整个思想体

① 《论六家要旨》，载《史记·太史公自序》。

② 《史记》卷一二六《滑稽列传序》。

③ 《史记》卷一八《高祖功臣侯者年表序》。

④ 《史记》卷一三〇《太史公自序》。

系的全部创作结晶，所以探索“一家言”的原始资料应包括《史记》全书。所谓探索“一家言”，实质是从“一家言”角度，或称为“一家言”的高度，重新审视司马迁其人其书，也就是和以往的研究是一致的。所以原始资料是《史记》全书，参考资料包括史记学发展史的全部资料。当代时贤的论文论著应是主要的参考资料。与以往研究不同的，仅是方法和角度的区别而已。

那么从方法论上说，如何着手研究“一家言”呢？我们认为应把握的主要原则有三点：其一，从宏观立论。研究“一家言”，无疑要论述到司马迁思想的方方面面，那只不过是认识总体的手段。“一家言”不是剖析司马迁思想的具体细目内容，而是透视总体结构，描述其思想体系。以往的研究，即使全面地论述了司马迁，也是微观的方法，是平视扫描，而不是鸟瞰。其二，要说明为什么。微观研究，着重说明司马迁思想有什么或是什么，而“一家言”要通过有什么或是什么来揭示什么，所以是一个新的视角、新的高度。其三，以论治史家、政治史学为中心揭示“一家言”。司马迁的哲学思想寓于史中，司马迁的文学创造是演史的文采。司马迁集史学、文学、思想三者于一身，但三者并非平列，更不能颠倒。离开史学意蕴，就不能透视“一家言”的真谛。

（本文原载《陕西历史博物馆馆刊》
1994年第1辑，收入本书有增删）

司马迁的历史观

探讨司马迁的历史观，条析中国古代第一部纪传体通史的史学理论，是很有意义的。本文着重从《史记》的编纂特点和内容剪裁这一角度来探索司马迁历史观的内容及其表述形式。

一、大一统历史观

司马迁所处的时代，是中国封建社会中央集权制确立和巩固的时代。中央集权制度加强了国家的统一，结束了长期的分裂战乱，是当时最先进的制度。所谓大一统历史观，就是对这一先进制度的赞颂。中国走向大一统，是历史长期发展的必然结果。邹衍的五德终始说，董仲舒演化的春秋公羊学，都是应运而生的大一统理论。尽管邹衍和董仲舒对大一统历史的发展作了唯心主义的解释，提出了历史循环论的理论，但其旨归是宣扬大一统，在当时来说无疑是进步的历史观。司马迁继承了前代思想家大一统的理论，用以作为考察历史发展的指导思想，从而又系统地发展了这一理论，形成了《史记》独具的大一统历史观，对后世产生了深远的影响。

《史记》五体的体制结构，形象地反映了大一统的封建制等级秩序。《太史公自序》有着明确的阐述。司马迁说："上记轩辕，下至于兹，著十二本纪，既科条之矣。"从黄帝至汉武帝，两千多年历史的变化发展，用王朝嬗递和帝王兴替作为科分条析的大纲。"二十八宿环北辰，三十辐共一毂，运行无穷，辅弼股肱之臣配焉"，作三十世家和七十列传。纪传之关系，就如北辰与众星、车毂与辐条一样，具有统属关系。尊卑秩序符合天道自然，是协调社会运行的组织力和向心力。所以也可以简括地说，大一统历史观就是帝王中心史观，这是古代社会人们所认识的一种国家统一的理论。朕即国家，天经地义。《论六家要旨》强调儒家"序君臣父子之礼，列夫妇长幼之别，不可易也"，强调法家"正君臣上下之分，不可改矣"，强调名家"正名实，不可不察也"，就是大一统理论的反映。

孔子删书，《尚书》起于尧，《周易》起于伏羲。《史记》上限却起于黄帝，旨在突显大一统历史观。我们看司马迁笔下的《五帝本纪》黄帝之前是一个四分五裂的部落战乱之世。黄帝屠灭炎帝、蚩尤，才统一了社会。三代之后，历史又经历了春秋、战国两个时期的长期战乱，秦始皇完成了统一。虽然秦王朝二世而亡，但司马迁高度评价了秦王朝的历史地位。他不但作了《秦本纪》，而且又作了《六国年表》，表名六国，以秦纪年，确立了秦王朝的正统地位。"六国年表"，即"六国诸侯年表"之意，与春秋时名"十二诸侯年表"之意同。司马迁还在《六国年表序》中说："秦取天下多暴，然世异变，成功大，传曰'法后王'，何也？以其近己而俗变相类，议卑而易行也。学者牵于所闻，见秦在帝位日浅，不察其终始，因举而笑之，不敢道，此与以耳食无异。悲夫！"司马迁是反对帝王对人民施加暴力的，他在不少地方批判了秦王朝的暴政，但这里却肯定了秦王朝的统一之功。完成统一，削平群雄是离不开暴力的。《太史公自序》云："非兵不强，非德不昌，黄帝、汤、武以兴，桀、纣、二世以崩，可不慎欤？"这就是司马迁的暴力论。他虽然反对施暴力于人民，却赞成施暴力于统一。司马迁肯定秦朝用暴力统一天下，既是肯定汉武帝完成大一统的功业，也是肯定黄帝的统一功业。所以我们说，《史记》起于黄帝是突显了大一统的历史观。

从黄帝的统一到秦皇、汉武的大一统，象征着历史的发展方向，象征着帝王德业的日益兴盛。中华民族不断壮大，各民族互相融合，远方殊俗日益统一，这就是司马迁大一统历史观的内容，贯穿在《史记》全书中。夏、商、周三代之君，秦汉帝王，春秋以来列国诸侯，四方民族，无不为黄帝子孙。匈奴是夏桀之后，勾吴与中国之虞为兄弟，越王勾践是禹之后，楚是颛顼之后，其苗裔为滇王。中华民族皆黄帝子孙，这一民族一统观念就奠基于《史记》。司马迁的这一伟大思想成为历代以来进行爱国主义传统教育的宝贵历史资料，数千年来激励了无数的仁人志士为中华民族的生存、繁荣和进步而斗争。"黄帝子孙"，至今仍是一个神圣的名词，具有无限的号召力。被黄帝战败的炎帝，教民耕农，号"神农氏"，也是一个企图统一天下的历史人物，常与黄帝并称。所以"黄帝子孙"这一口号也称"炎黄子孙"。司马迁大一统的历史观构思，我们可以画一个结构简表，形象地将它表释出来，一目了然。（"大一统历史观结构简表"，见336—337页）

下面的"大一统历史观结构简表"，即是《史记》内容结构的图解。分析这一"结构简表"有两个矛盾。五帝三代的承传世系不合理。穷蝉和鲧，皆帝颛顼之子为兄弟，穷蝉五传至舜，而鲧之子文命即夏禹只一传反在舜后，这是不合理的。以《五帝本纪》计年考之，尧在位九十八年，《集解》引孔安国云，"尧寿百一十六岁"。舜年五十摄行天子事。年五十八尧崩，守丧三年，然后践帝位三十九年而崩，则死年亦百岁。舜摄政时尧举鲧治水，即尧在位九十年之后举鲧治水，鲧为帝喾之世的人，则治水时一百余岁。何以上古之世，皆百岁老人治事？又周代从后稷至武王传十五代，历尧、舜两帝及夏、商两代一千余年，平均每代约八十年，这也是不合理的。若以殷周世系比较，契与后稷为兄弟，从契至纣历二十九代，从后稷至武王历十五代，相差十四代。总之，帝王世系与历史演进的年代不吻合，这是第一个矛盾。又，《殷本纪》记载简狄（下接338页）

《史记》大一统历史观结构简表

〔说明〕华夏民族皆黄帝子孙，此即司马迁大一统历史观，《史记》结构亦由此构成。这是为西汉一统理论提供的历史见证。此表据《史记》各本纪、世家及三代、十二诸侯、六国等年表资料综合制成。

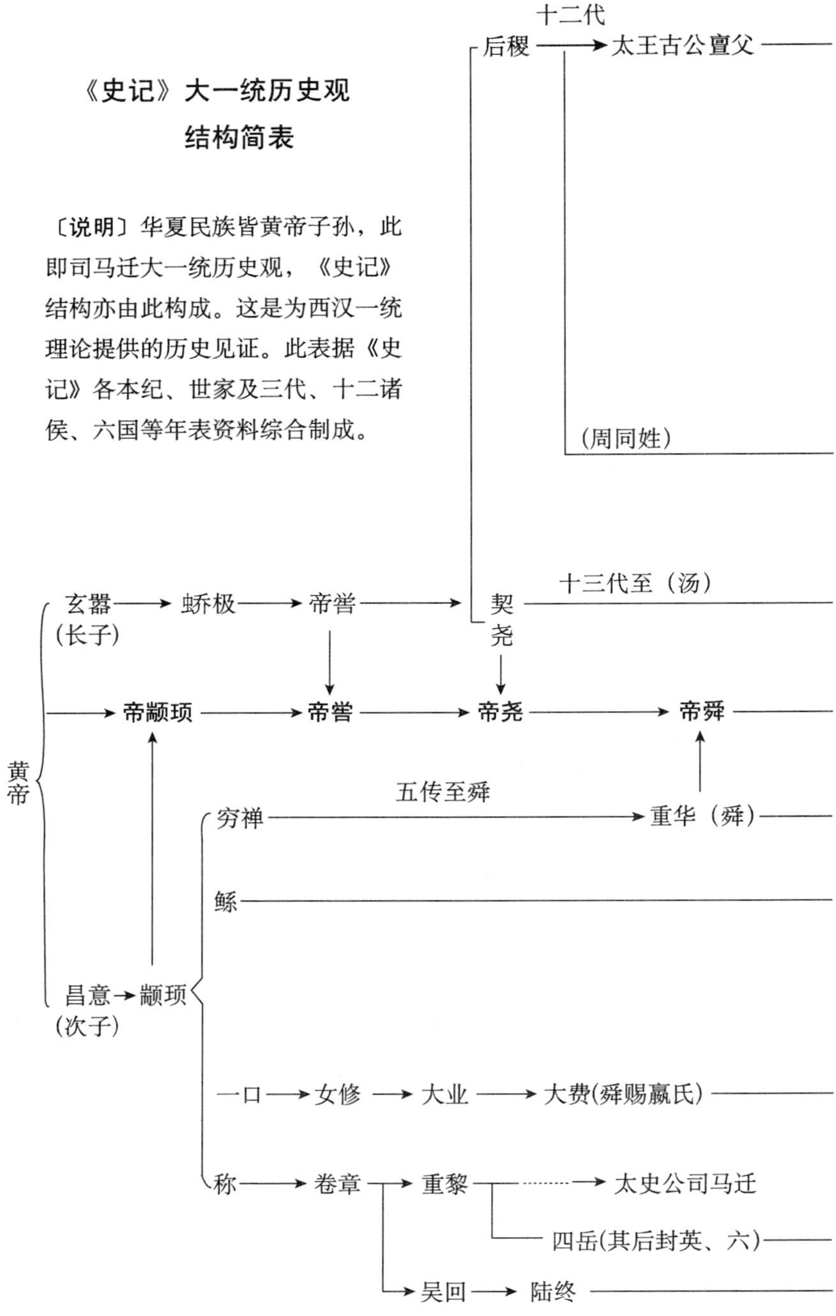

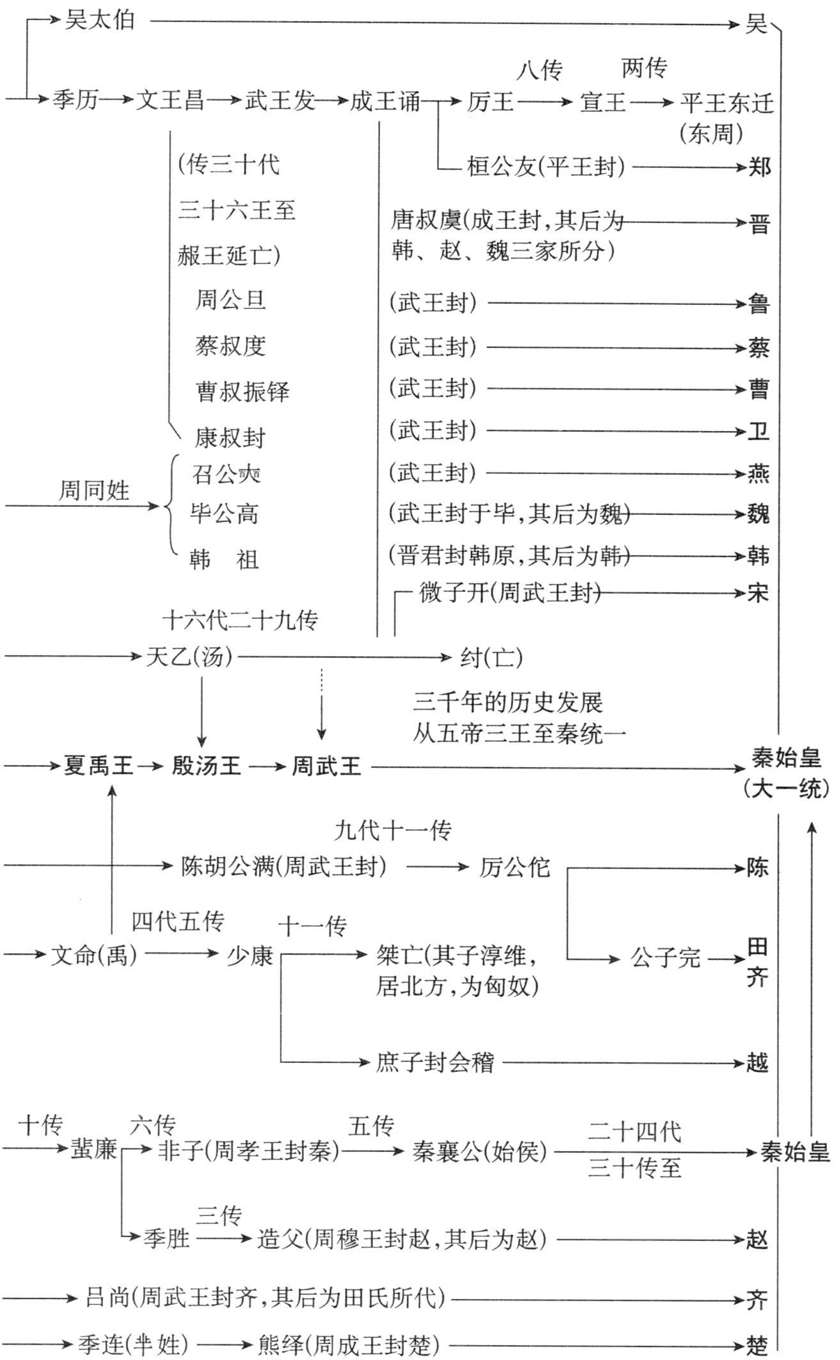
吴太伯
吴
八传
两传
季历
文王昌
武王发
成王诵
厉王
宣王
平王东迁
(东周)
桓公友(平王封)
郑
(传三十代
三十六王至
赧王延亡)
唐叔虞(成王封,其后为
韩、赵、魏三家所分)
晋
周公旦
(武王封)
鲁
蔡叔度
(武王封)
蔡
曹叔振铎
(武王封)
曹
康叔封
(武王封)
卫
周同姓
召公奭
(武王封)
燕
毕公高
(武王封于毕,其后为魏)
魏
韩 祖
(晋君封韩原,其后为韩)
韩
微子开(周武王封)
宋
十六代二十九传
天乙(汤)
纣(亡)
三千年的历史发展
从五帝三王至秦统一
夏禹王
殷汤王
周武王
秦始皇
(大一统)
九代十一传
陈胡公满(周武王封)
厉公佗
陈
四代五传
十一传
文命(禹)
少康
桀亡(其子淳维,
居北方,为匈奴)
公子完
田
齐
庶子封会稽
越
十传
六传
五传
二十四代
蜚廉
非子(周孝王封秦)
秦襄公(始侯)
三十传至
秦始皇
三传
季胜
造父(周穆王封赵,其后为赵)
赵
吕尚(周武王封齐,其后为田氏所代)
齐
季连(芈姓)
熊绎(周成王封楚)
楚

吞玄鸟卵生契，《周本纪》记载姜原践巨人迹生弃，而《三代世表》却记载“高辛生契，契为殷祖”、“高辛生后稷，为周祖”，即契与后稷为同父兄弟。也就是说，《史记》载三代始祖，一言有父，一言无父，这是第二个矛盾。

关于这两个矛盾，古代学者早已指出，近代以来历史家用氏族社会理论作了新的解释，但都未能合理地揭示司马迁的历史观，还需作进一步的探究。

三国时学者谯周作《古史考》，晋代学者皇甫谧作《帝王世纪》，引证了大量当时所见的古代典籍和传说，用以疏解和补正《史记》。这两部书已失传，片段存于三家注中。《帝王世纪》有徐宗元辑本，称《帝王世纪辑存》，1964 年中华书局出版。

关于世系矛盾。谯周说，“契生尧代，舜始举之，必非喾子”[①]。唐司马贞又指出，“鲧既仕尧，与舜代系殊易，舜既颛顼六代孙，则鲧非是颛顼之子”[②]。司马贞据东汉班固立说。班固云：“《帝系》曰，颛顼五世而生鲧，鲧生禹，虞舜嬗（禅）以天下。”[③] 查《帝系》云：“颛顼产穷蝉，穷蝉产敬康，敬康产句芒，句芒产蟜牛，蟜牛产瞽瞍，瞽瞍产重华，是为帝舜。”又云：“颛顼产鲧，鲧产文命，是为禹。”与《史记》相合。《帝系》为《大戴礼记》篇名，有案可稽。且《世本》和《帝王世纪》都说鲧为颛顼之子。可见班固引《帝系》文是他凭己意所改，使舜、禹的世系协调一致。又《周本纪》载周先公世系，从公非至古公亶父为五世：公非、高圉、亚圉、公叔祖类、古公亶父。《索隐》引《世本》云九世：公非、辟方、高圉、侯侔、亚圉、云都、太公、组绀、诸盩。皇甫谧云，公非字辟方，亚圉字云都。班固云：“云都，亚圉弟。”[④] 日泷川资言云：“盖《史记》因《国语》之文，而遗此四世，《世纪》又因《史记》之文而强为说，以曲全

① 《史记》卷三《殷本纪·索隐》引。
② 《史记》卷二《夏本纪·索隐》。
③ 《汉书》卷二一《律历志下》。
④ 《汉书》卷二〇《古今人表》。

之者也。《世本》之文，虽亦不能保无漏误，然多此四世，则于事理为近。”[1] 在我看来，后世学者的聚讼，目的在为《史记》圆场，实际上却大背司马迁之旨。《三代世表序》云：“太史公曰：五帝、三代之记，尚矣。自殷以前，诸侯不可得而谱，周以来颇可著。”又说：“余读《谍记》，黄帝以来皆有年数。稽其《历谱谍》、《终始五德之传》，古文咸不同，乖异。夫子之弗论次其年月，岂虚哉！于是以《五帝系谍》、《尚书》集世，纪黄帝以来讫共和为《世表》。”《五帝本纪赞》云：“《百家》言黄帝，其文不雅驯，荐绅先生难言之。”司马迁的这些论述，说明他本人已经深刻地认识到了世系的矛盾，要准确地整理出自黄帝以来的编年历史是不可能的。所以只作一个“三代世表”来反映历史发展的大势。从总的历史大势来看，三代世系时间愈长，世系愈多，因此基本合理。查表：

（1）从黄帝至夏桀之亡，历十八代；

（2）从黄帝至商纣之亡，历三十四代；

（3）从黄帝至周赧之亡，历五十代；

（4）从黄帝至始皇统一，历五十二代。

关于三代始祖是父生还是神生的问题。褚少孙《补三代世表》用问答形式作了释疑。其言曰：

> 张夫子问褚先生曰：“《诗》言契，后稷皆无父而生，今案诸传记咸言有父，父皆黄帝子也，得无与《诗》谬乎？”
>
> 褚先生曰：“不然。《诗》言契生于卵，后稷人迹者，欲见其有天命精诚之意耳。鬼神不能自成，须人而生，奈何无父而生乎！一言有父，一言无父，信以传信，疑以传疑，故两言之。”

在汉代，今文经学家为了神化帝王受命，取神生说。许慎是古文学家，但他在《五经异义》中载齐、鲁、韩三家今文诗

① 《史记会注考证》卷四《周本纪》注。

以及《春秋公羊》都说，“圣人无父，感天而生”[①]。古文经学家从父权制观念立说，取父生说。《毛诗》、《左传》都说“圣人皆有父”。两种说法都依据传说的史影，所以褚少孙解释为两传存疑。

郭沫若运用氏族理论在《中国古代社会研究》中作了新的解释：

> 黄帝以后的传说，那性质便稍微不同，那儿有一部分是自然发生，有一部分依然是人造。例如五帝和三王祖先的诞生都是感天而生，知有母而不知有父，那便是自然发生的现象。那暗射出一个杂交时代或者群婚时代的影子。又如五帝三王是一家，都是黄帝的子孙，那便完全是人为。那是在中国统一的前后（即嬴秦前后）为消除各种氏族的畛域起见所生出的大一统的要求。

氏族理论是近代人类学家考察原始部落人群总结出来的科学理论，运用于中国古史研究应无疑义。不过郭沫若认为五帝时代还是杂交的母系社会是值得商榷的。司马迁所写的五帝时代距今只有四千多年，是龙山文化的晚期。据考古学研究，中国龙山文化已进入了文明时代。《史记·高祖本纪》还记载刘媪与神交而生高帝刘邦的神话故事，岂非秦汉时期还是母系社会？《秦本纪》载：“秦之先，帝颛顼之苗裔孙曰女脩。女脩织，玄鸟陨卵，女脩吞之，生子大业。”《索隐》云：“女脩，颛顼之裔女，吞鳦子而生大业。其父不著。”在传说中无父的大业，司马迁将其母系于颛顼之后，以出源于黄帝。又周为西方民族，殷为东方民族，兴起有先后，故殷、周世系悬远，因两族不同源。而司马迁却说殷、周之始祖契与后稷为同父兄弟。把不同族源的种族说成同父兄弟，不借助神话是无法解释的。据人类学家研究，无父而生是世界各先民普遍流传的神话，反映了图腾崇拜的遗存。先民并不

① 见《毛诗·生民》引。

认为子女就是父精母血所生，而是图腾魂进入母体内，形成婴儿。五帝时代，人神混居，正反映的是这样的史影。黄帝母附宝“见大电绕北斗枢星明郊野感”而生黄帝[①]，颛顼母见摇光之星生颛顼[②]，帝喾母不觉而生帝喾[③]，庆都与赤龙相配而生尧[④]，舜母见大虹而生舜[⑤]等等，司马迁皆不取。他用两传存疑的方法，只将无父而生的神话存于殷、周、秦的始祖中，并非好奇，而恰恰反映了他的实录精神。但在实录之中又明确地表达了他的思想倾向，即认为黄帝之时已进入文明的父权制时代。五帝禅让只是传贤，而并非传异姓，实际还是一家之天下。正因为从黄帝起父权制已经巩固，所以才神化无父而生的事件。所谓神生，无非是野合而生。《孔子世家》载孔子是其母颜氏与其父叔梁纥野合而生，可以说是点题示例。契、后稷、大业等，在父权制时代，是有父亲所属的。黄帝完成了父权制时代的统一，结束了部落纷争，所以司马迁有意识地以为述史的开端，借黄帝来构成自己的大一统历史观。郭沫若说“五帝三王是一家，都是黄帝的子孙，那便完全是人为”，目的是“为消除各种氏族的畛域起见所生出的大一统的要求”，是完全正确的。这一理论通过《史记》的条理完成于司马迁之手。司马迁还把周边民族匈奴、西域、西南夷等都纳入黄帝子孙的范围，用以表达他的民族一统思想，更属难能可贵。北齐魏收作《魏书》亦云：“黄帝以土德王，北俗谓土为托，谓后为跋，故以为氏。”[⑥] 附会托跋为黄帝子孙，为胡人入主中原制造正统的舆论。由此可见，司马迁的大一统历史观，在中华民族大融合的历史上起了巨大的进步作用。

① 《绎史·帝王世纪》。

② 今本《竹书纪年》。

③ 《绎史·帝王世纪》。

④ 《初学记》及《太平御览》引。

⑤ 今本《竹书纪年》。

⑥ 《魏书》卷一《序纪》。

二、发展、进化、变革的历史观

历史是周而复始的循环，还是在发展、进化？历史是因循守旧，回顾往古，还是在因俗变化，不断革新？这是司马迁在《史记》中所要探索和回答的问题。司马迁的历史观带有循环论的色彩。《历书序》云："夏正以正月，殷正以十二月，周正以十一月，盖三王之正若循环，穷则反本。"这是讲天道循环。《高祖本纪赞》云："夏之政忠。忠之敝，小人以野，故殷人承之以敬。敬之敝，小人以鬼，故周人承之以文。文之敝，小人以僿，故救僿莫若以忠。三王之道若循环，终而复始。"这是讲人道循环。学术界以往的论述，一讲到"循环"，总与"因循"、"倒退"的字眼相联系，或者贴上一记"唯心史观"的标签了事。其实在秦汉之际，我认为循环论历史观是当时人们认识历史发展所能达到的认识论的制高点，初起是一种进步的历史观。在先秦诸子百家争鸣的时代，老子法太古，主张小国寡民的社会为至治之极。儒家法尧舜，也是向后看。他们的理论基础即是认为世风日坏，人心益恶，历史向着衰败的方向演变。主张法后王的法家，赤裸裸地以人性恶为其理论基础，政治方针刚毅刻深。而邹衍倡导的五德终始循环论和董仲舒构思的三统循环论，却是宣扬大一统，是适应秦汉统一的需要而出现的。循环论摒弃了人心益恶，而讲天道惩恶佑善，本来的意愿是劝诫人君重视历史变化，施行仁政，争取民心，争取天命，获得五德之属。"循环"二字包含着发展和变化的思想，只不过是转圆圈。转圆圈也是一种运动。邹衍对历史的阐述是，"先序今以上至黄帝，学者所共术，大并世盛衰，因载其机祥度制，推而远之，至天地未生，窈冥不可考而原也"①。从开天辟地讲到当今社会的大一统，不就是一部生动的历史发展进化史吗？"大并世盛衰"，《索隐》云："言其大体随代盛

① 《史记》卷七四《孟子荀卿列传》。

衰，观时而说事。”“随代盛衰”不就是讲变化吗？不过邹衍阿世取容，妄说机祥，其语闳大不经，受到了司马迁的批判。董仲舒维护道统，把循环论引向随顺人主的意志，成为官方哲学，扼杀变化，宣扬神意史观，日益走向反动。司马迁接过循环论，把它发展为变革的历史观。《天官书》云：“夫天运，三十岁一小变，百年中变，五百载大变；三大变一纪；三纪而大备，此其大数也。为国者必贵三五。上下各千岁，然后天人之际续备。”“三五往复”仍带循环论的框架，但重点是讲“变”，称“三五之变”。“三”即三十年，是一代人。司马迁认为每一代人都有变化。“五”即五百年是一个大的周期变化，孟子就说过“五百年必有王者兴”。《太史公自序》云：“先人有言：自周公卒五百岁而有孔子。孔子卒后至于今五百岁，有能绍明世，正《易传》，继《春秋》，本《诗》、《书》、《礼》、《乐》之际？”孔子卒于公元前479年，司马迁生于公元前145年，相隔只有三百三十四年，而不是五百年。可见司马迁说“五百载大变”，只是借用循环论的成说语言来说“变”。司马迁“究天人之际”，得出“三五之变”符合天道人事，为讲历史之“变”提供理论根据，与董仲舒的“天不变，道亦不变”完全针锋相对。这就是司马迁对循环论的扬弃和改造。

有人认为司马迁主张“古今社会就是按照‘忠’—‘敬’—‘文’这套公式周而复始地‘变’”，因而称司马迁的历史观是“三统循环论”。我们认为这种看法是张冠李戴，把董仲舒的观点强加在司马迁头上，根本不能成立。司马迁所讲的“忠—敬—文”是借用董仲舒的语言，抽象地讲“循环”，而具体论述却是讲“变”，指出汉高祖救秦之敝，改弦更张而得“天统”。董仲舒的原意并非如此。董仲舒说：

三王之道所祖不同，非其相反，将以救溢扶衰，所遭之变然也。故孔子曰：“无为而治者，其舜乎！”改正朔，易服色，以顺天命而已；其余尽循尧道，何更为哉！故王者有改制之名，无变道之实。然夏上忠，殷上敬，周上文者，所继之救，当用此也。孔子曰："殷因于夏礼，所损益可知也；周因于殷礼，所损益可知也；其或继周者，虽百世可知也。"此言百王之用，以此三者矣。夏因于虞，而独不言所损益者，其道如一而所上同也。道之大原出于天，天不变，道亦不变，是以禹继舜，舜继尧，三圣相受而守一道，无救敝之政也，故不言其所损益也。由是观之，继治世者其道同，继乱世者其道变。今汉继大乱之后，若宜少损周之文致，用夏之忠者。①

显然，董仲舒所讲的"变"，才是"忠—敬—文"的循环往复，强调"道"是不变的。但是司马迁讲"变"，为什么要借用循环论的语言呢？因为当时的科学水平限制着人们的认识，司马迁描绘不出未来社会的发展，所以他不得不运用"循环论"的概念来杜绝人们提出未来怎样怎样的问题，而更加注意现实的变革。请注意司马迁的用语，"盖三王之正若循环"，言"若"者，像也，似也，好像是循环。这和我们讲的螺旋式上升有些相似。当时的语言不可能有"螺旋式"的概念，所以司马迁说"若循环"。这和董仲舒"此言百王之用，以此三者矣"是大相径庭的。"通古今之变"这一命题就是针对"天不变，道亦不变"提出的。司马迁笔下的历史是不断发展、进化和变革的，而且愈向前发展，变革愈烈。司马迁的这一思想，在《秦楚之际月表序》中作了高度的理论概括。司马迁说：

昔虞、夏之兴，积善累功数十年，德洽百姓，摄行政事，考之于天，然后在位。汤、武之王，乃由契、后稷修行仁义十余世，不期而会孟津八百诸侯，犹以为未可，其后乃放弑。秦起襄公，章于文、缪，献、孝之后，稍以蚕食六国，百有余载，至始皇乃能并冠带之伦。以德若彼，用力如此，盖一统若斯之难也。

① 《汉书》卷五六《董仲舒传》。

这段议论，十分简括地勾画了中国历史从虞、夏至秦汉大一统发展变化的轮廓。社会走向一统，这就是两千年来历史发展的方向，经历了漫长的历程，所以司马迁慨叹“盖一统若斯之难也”。这里一丝一毫循环论的影子也没有。秦楚之际的巨变，司马迁更是惊叹万分。他说：“五年之间，号令三嬗，自生民以来，未始有受命若斯之亟也。”陈涉、项羽、刘邦，都“起于闾巷”，与虞、夏之兴和秦王朝之兴又是一番新气象。对于这种巨变，司马迁也是从历史的原因加以探索。他得出结论是“乡秦之禁，适足以资贤者为驱除难耳”。秦朝禁忌太苛，它所施行的暴政引起了人民的反抗，于是“王迹之兴，起于闾巷”。这就是司马迁探索历史之变所取得的辉煌成就，发现了人的活动是历史的主体，从而写出了以人为中心的历史，排除了神意史观。

司马迁发展、进化、变革的历史观，不仅表现在议论中，而且更加鲜明地表现在《史记》的具体内容中。朝代更替、制度建立、对民施政等各个方面都表现了这些进步的历史观点。《史记》卷首《五帝本纪》就是一个集中表现的鲜明例证。试分析如下。

黄帝之世，部落互相攻战，生产落后。黄帝“修德振兵，治五气，艺五种，抚万民，度四方”，统一了天下。他举风后、力牧、常先、大鸿以治民，按时播百谷草木。风后等人，只是黄帝的助手，他本人“披山通道，未尝宁居”。《世本》记载黄帝命大挠造甲子，容成造历。《五帝本纪》说黄帝“迎日推策”，亲自观测太阳视运动以推算时令。这时制度草创，不能成体系。颛顼、帝喾相继。大体仿黄帝之治。

当尧之世，历法、生产、治政都有了很大的发展。尧用羲氏、和氏为历官，有了专门的推历机构。尧还在东方的郁夷、南方的南交、西方的昧谷、北方的幽都设立了四个观日台，即四个天文站，精确地推算出春分、夏至、秋分、冬至的节令，指导生产。年历为三百六十六日，还设有闰月调整历法。尧还兴修了水利。在治政方面有四岳佐政。尧年老举舜摄政，经过了长期的考验，证明舜很贤能。尧子丹朱不肖。“授舜，则天下得其利而丹朱病；授丹朱，则天下病而丹朱得其利。尧曰‘终不以天下之病而利一人’，而卒授舜以天下。”尧举贤、禅让，很重视人民的态度。

当舜之时，礼义制度都建立起来。舜举了二十二个贤人治理国家。伯禹为司空，平水土；契为司徒，敬敷五教；皋陶为士，掌理刑狱；垂为共工，主百工；益为虞官，治山泽；伯夷为秩宗，掌礼仪；夔为典乐，和人神；龙为纳言，宣诰命。各部主事有正有佐，“三岁一考功，三考绌陟，远近众功皆兴”，各种事业都兴办起来。司马迁说，“天下明德皆自虞帝始”。这句话就是《五帝本纪》的主题。历史经历了从黄帝到虞舜的不断发展，国家建制才初具规模。

《五帝本纪》的思想脉络对于读《史记》全书是一个示例。本篇仅三千余字，具体生动地描绘了五帝相承的发展变化，鲜明地表达了司马迁进化论的历史观。《太史公自序》云，“略推三代，录秦汉，上记轩辕，下至于兹”。“推”是追述的意思，含有理性推度的意义。“录”是记载、实录。“略推三代，录秦汉”，即是详今略古、详变略渐的原则。《五帝本纪》也是详近略远，是全书写作原则的一个缩影。司马迁的这一写作原则是符合历史发展进程的。正因为历史是不断发展和变化的，所以才要详今略古，取法后王。司马迁法后王的思想是十分彻底的，具体内容就是法秦汉。《六国年表序》和《高祖功臣侯者年表序》都有明确论述。“居今之世，志古之道，所以自镜也，未必尽同。”司马迁述史为鉴，并非循古。所以战国的权变可以借鉴，汉代百年治政的经验更值得借鉴。对照一下董仲舒的观点。董仲舒认为三代之政，“尽循尧道”，舜无为而治，禹继舜，舜继尧，“三圣相受而守一道”云云。一个进化论，一个循环论，两个思想体系，是泾渭分明的。

如上所述，司马迁扬弃和改造了循环论，借用循环论的语言来表述历史之“变”，发展成为进化论的历史观，这是他对历史学的一大贡献。

三、带二元论色彩的朴素唯物论历史观

历史是怎样向前发展、变化的，即是谁在创造历史，司马迁的回答具有浓厚的二元论色彩，但基本倾向是朴素唯物论历史观。我们可以从以下三个方面来说明。

第一，司马迁认为天人相感，却又不受星占术荒诞迷信的束缚。《天官书》记载，秦始皇之时，十五年彗星四现，其后秦以兵灭六国，外攘四夷，张楚并起，三十年间，“兵相骀藉，不可胜数”，造成了“死人如乱麻”的时局。彗星四现就是一种先兆。项羽救巨鹿，“枉矢西流”，其后秦人遭屠。汉朝将要兴起，“五星聚于东井”。刘邦遭平城之围，“月晕参、毕七重”。诸吕作乱，“日蚀、昼晦”。吴楚七国叛逆，“彗星数丈”。元光、元狩，“蚩尤之旗再现，长则半天”，其后武帝外伐四夷，兵连不解数十年。越之亡，“荧惑守斗”。兵征大宛，“星茀招摇”。人间每有军国大事，则有天象示兆。司马迁作了这些历史叙述以后，并作了这样的总括：

> 此其荦荦大者。若至委曲小变，不可胜道。由是观之，未有不先形见而应随之者也。

司马迁不仅是天官世家子弟，而且本人为太史，职责就是解释天人感应的，他信仰星占术是很自然的。但是，作为一个历史学家，司马迁处理信仰与事实二者之间的关系时，更相信事实，能够突破星占术的束缚，进而怀疑，进而修正，对人事作出历史根本原因的探索。当他掌握了大量观测记录和详细研究了人事变化的史料之后，发现了“星气之书，多杂机祥，不经”[①]，他在《天官书》中说，“幽、厉以往尚矣。所见天变，皆国殊窟穴，家占

① 《史记》卷一三〇《太史公自序》。

物怪，以合时应，其文图籍禨祥不法”。又说，“近世十二诸侯七国相王，言从衡者继踵，而皋、唐、甘、石，因时务论其书传，故其占验凌杂米盐”。讥讽星占家“以合时应”、“因时务论其书传”，也就是阿世取容，胡说一通，甚至占起了米盐琐事，极不严肃。星占家的神圣光环被司马迁剥去，显现出光怪陆离的原形。最后，司马迁在《天官书》的结语中说：“国君强大，有德者昌；弱小，饰诈者亡。”兴衰成败，咎由自取，完全排除了天的意志。但司马迁仍然劝诫国君重视天人感应。他说：“太上修德，其次修政，其次修救，其次修禳，正下无之。”所谓“修救”，是指在上天示警后，国君改过从善，用以消除灾变。“修禳”，是指举行祭祀仪式，祈求上天保佑，收回警告。值得注意，司马迁把“修救”、“修禳”摆列在第三、第四，而把“修德”、“修政”放在第一、第二，也就是把人事放在第一位，把天事放在第二位。“正下无之”，指那些最差劲的暴虐之君，德、政、救、禳皆不修，肆情胡为，必遭灭亡。这有两种情况：殷帝武乙无道，为偶人“射天”，遭暴雷击死；帝纣淫虐自绝于民，一味迷信“我生不有命在天乎”，结果国破身亡。总起来看，司马迁在天人关系上所表现的二元论，首先强调以人事为主，其次借天人感应，警诫国君改过自新，修德修政，作了积极的解释和运用，基本思想倾向是进步的。

第二，司马迁认为天能支配人事，但又对“天道无亲”提出了质疑。《六国年表序》说，秦国偏居西隅，虽占地利，但文化落后，不能与中原诸侯比德量力，可是最后秦国并灭了六国，“盖若天所助焉”。《魏世家赞》又说“天方令秦平海内”，魏虽得阿衡之佐也无济于事。《秦楚之际月表序》慨叹刘邦贵为天子：“此乃传之所谓大圣乎？岂非天哉，岂非天哉！非大圣孰能当此受命而帝者乎！”这些话表现了司马迁对天能干预人事的迷惘。有的论者说，司马迁所讲的“天”是指形势。至于说刘邦为“大圣”云云，是司马迁反语相讥，意思是说刘邦无德无能，只不过是因人成事，侥幸成功而已。这种看法有一定道理。司马迁往往语意双关，他讲的“天”，确实含有“形势”，含有“侥幸”之意。问题是，形势为什么对秦有利？侥幸为什么落到刘邦身上？《留侯世家赞》说，“高祖离困者数矣，而留侯常有功力焉，岂可谓非天乎？”留侯得老父赐书，心悦诚服地佐高祖，岂非天意？又《傅靳蒯成列传赞》说，傅宽、靳歙等平庸低能之将，固然是他们阿意受宠，得封侯，但他们在严酷的楚汉战争中，“攻项籍，诛杀名将，破军降城以十数，未尝困辱，此亦天授也”。也就是说，傅宽等人是交了好运。这些记载，不承认冥冥中的“天”在起支配作用是不符合司马迁的本意的。但是司马迁在《项羽本纪赞》、《伯夷列传》、《蒙恬列传赞》等篇，明确地批驳了项羽引“天亡我”为“谬”，指斥“天道无亲，常与善人”是欺人之说，认为蒙恬被诛是罪有应得，诿过地脉十分荒唐。这些论述又鲜明地表现了对天命、宿命的怀疑，认为事业成败，完全在人为而不在天。司马迁陷入了自相矛盾之中。这种矛盾反映了司马迁的历史局限性。因为当时的认识水平，司马迁不可能揭示出在私有制经济上的阶级斗争运动规律。所以他不能圆满地描绘出秦国之得“势”，刘邦之得“幸”，只好引用天命论来帮忙。

第三，司马迁认为圣君贤相可以治平天下，但又承认人心背向起最后的决定作用。《史记》以人物为中心，主体是帝王将相。司马谈临终遗命曰：“今汉兴，海内一统，明主贤君忠臣死义之士，余为太史而弗论载，废天下之史文，余甚惧焉，汝其念哉！”前已述及，大一统历史观，就其实质是帝王中心史观。有的论者否认司马迁以帝王将相为中心，说他是“人民历史”的“开创者”，这是不能成立的。从数量上来看，《史记》记载上千人物，百分之九十以上是帝王将相。特别是三十世家和王子侯表，记载了几百个皇子贵族，他们骄恣放淫，只是社会的寄生虫，根本不能与立功名的功臣宿将，文臣宰相相提并论。但他们是中央集权制皇室的政治基础，如“二十八宿环北辰，三十辐共一毂”，司马迁为他们作世家，列年表，详载世系。对于治政的圣君贤相，司马迁不遗余力地歌颂，强调英雄人物的创世作用，更是本纪、列传的主题，不待具论。

司马迁述史，虽以帝王将相为中心，但有两个显著的进步的历史观点，符合唯物主义的认识论，为后世史家所不能望其项背。第一个观点，司马迁认为任何个人不能专有一切智慧，英雄个人不能创世。五帝三代之王，圣明的表现就是举贤授能。他说："尧虽贤，兴事业不成，得禹而九州宁。"① 刘邦得天下，文臣如雨，猛将如云，但对强大的匈奴束手无策，国家定都不能决。陇西戍卒娄敬，脱挽辂，衣羊裘见高帝，建言定都关中，与匈奴和亲，国家赖其便。司马迁感慨地说："语曰'千金之裘，非一狐之腋也；台榭之榱，非一木之枝也；三代之际，非一士之智也'。信哉！夫高祖起微细，定海内，谋计用兵，可谓尽之矣。然而刘敬（娄敬赐姓刘）脱挽辂一说，建万世之安，智岂可专邪！"② 两千年前的司马迁从一个下层士兵的建言中看到了人民的智慧，不仅特为刘敬作传，并上升为哲理，"智岂可专邪"，从而否定了最最最之类的超人，实在了不起。为此，司马迁为侠客、医卜、商贾、俳优、博徒、渔夫、猎户、妇女等下层人物作传，创立类传，使《史记》具有丰富的人民性。第二个观点，国家兴亡，民心向背起最后的决定作用。"民为邦本"，这是儒家宣扬的观点。司马迁的贡献，他第一个真正地用这一观点考察了历史的变迁，生动地描绘了人民群众的创造力量。秦朝之亡，是由于政治暴虐，陈涉发难。"风起云蒸，卒亡秦族"。"风起云蒸"四个字形容了人民群众具有铺天盖地的力量。"子羽暴虐，汉行功德"，这是楚亡汉兴的根本原因。孝文帝"专务以德化民，是以海内殷富，兴于礼义"③。汉武帝专事残酷，郡县相聚而叛，"大群至数千人"，阻山川，抗朝命，"无可奈何"④。汉武帝晚年悔征伐之事，下轮台罪己之诏，封田千秋富民侯，改弦更张，西汉才转危为安，出现了昭宣中兴。这是东汉班固在《汉书》中替司马迁续写的一章。《史记》中的许多进步观点也影响了班固。

更能表现司马迁朴素唯物论历史观的是《货殖列传》。在这

① 《史记》卷一一〇《匈奴列传赞》。
② 《史记》卷九九《刘敬叔孙通列传赞》。
③ 《史记》卷一〇《孝文本纪》。
④ 《史记》卷一二二《酷吏列传》。

篇经济史传中，司马迁开宗明义，给予道家小国寡民的倒退理论以深刻的批判，精辟地指出了欲望是历史的原动力，也就是人类对于社会物质生活的依赖和追求是必然向前发展的“势”，是任何力量也不能使之倒转的。司马迁论证说：“夫神农以前，吾不知已。至若《诗》、《书》所述虞夏以来，耳目欲极声色之好，口欲穷刍豢之味，身安逸乐，而心夸矜势能之荣使，俗之渐民久矣，虽户说以眇论，终不能化。”① 又说：“富者人之情性，所不学而俱欲者也。”② 在统治阶级提倡礼义提防遏制人欲的时代，司马迁发表这些尖锐的观点，表现了一个正直史家的大无畏精神。

综上所述，司马迁大一统历史观是对西汉王朝政治制度的肯定，《史记》的主题是尊汉。司马迁发展、进化、变革的历史观，表现了他进化论的思想。司马迁朴素唯物论历史观呈现二元论的色彩，不仅仅是反映了那个时代人们认识的历史局限性，而且更主要地反映了司马迁走向进步的足迹。形成司马迁独特的历史观具有多种因素。思想资料的继承是一个重要方面。但就在这一个方面司马迁也不是墨守一家。他广泛地吸取先秦诸子以来百家学说中的进步观点和合理内核，形成自己朴素的唯物论历史观。如儒家的“民为邦本”思想，法家的“法后王”思想，阴阳家的“循环论”变化思想，公羊家的“大一统”思想等等，司马迁都加以吸收、扬弃和改造。更重要的是司马迁具有广博的知识和实录史事的科学精神，使他不断突破信仰的束缚，走向进步。正因为他精通天文、历法，加之求实的科学精神和大无畏的探索勇气，才使他运用观测资料批判星气之书的“禨祥不经”。此外，司马迁的生活经历也是形成他进步历史观的重要因素。例如升华了朴素唯物论历史观的《货殖列传》就是司马迁二十壮游的成果之一。知识的扩展和生活的体验，使司马迁不断走向进步，终于突破帝王中心论而面向广阔的社会，熔铸了一定成分的人民的历史，从而表现了二元论的色彩。所谓二元论，是我们今天用马克

① 《史记》卷一二九《货殖列传》。

② 同上。

思主义观点回顾前人的思想体系所发现的矛盾，这是人类认识论的进步。在司马迁时代，他并不认为二元论是一个矛盾，而是很和谐的思想体系。所以司马迁自豪地宣称自成“一家之言”。

（本文原载《兰州大学学报》1984年第3期）

司马迁写当代史表述的政治观

本文集中讨论两个方面的问题。一、司马迁对现存制度汉政权的态度；二、司马迁对汉武帝的评价。下面分三个层次来谈。

一、以史为镜，详述当代史事

竭尽全力述史的司马迁，没有像贾谊、晁错那样留下专题政论文，但司马迁对现实政治的热情和研究比贾晁更系统、更全面、更具有理论性。《高祖功臣侯者年表序》云："居今之世，志古之道，所以自镜也，未必尽同。帝王者各殊礼而异务，要以成功为统纪，岂可绲乎？观所以得尊宠及所以废辱，亦当世得失之林也，何必旧闻？"这段话鲜明地表现了司马迁以史为镜，探寻治乱之源的政治思想，故着力于当代史的载述。以史为镜的政治目的，司马迁在《六国年表序》中说得更真切。他说："然战国之权变亦有可颇采者，何必上古。秦取天下多暴，然世异变。成功大。传曰'法后王'，何也？以其近己而俗变相类，议卑而易行也。"司马迁的这段论述，可以说是对汉承秦制的高度理论概括。在司马迁述史的历史断限上，秦朝的兴亡归于战国之世。《六国年表》“起周元王，表六国时事，讫二世，凡二百七十年”，是司马迁时代的近代史。贾谊的《过秦》、贾山的《至言》，以及更早的陆贾的《新语》都是总结秦朝的政治得失来为汉朝的治政提供指导的。贾谊、晁错还写了一系列指陈时弊、主张革新的政论。司马迁很重视贾晁的政论和政治主张，高度评价这两个历史人物。贾谊上及于屈原，两人合传，这是肯定贾谊的革新精神，把他与爱国的屈原相提并论。对晁错的评价是“不顾其身，为国家树长画”①。司马迁写当代史，是继承和发扬了贾谊、晁错以及古代的屈原等人为国家人民树长画的革新思想的。

“拨乱世反之正，莫近于《春秋》”②，这是司马迁对《春秋》的总评价。《春秋》就是孔子所写的一部当代史。司马迁说：“《春秋》之义行，则天下乱臣贼子惧焉。”③《史记》效《春秋》而作，其目的就是拨乱反正，为治政服务。儒家学派很重视现实政治。从孔子到董仲舒，他们在理论上主张宪章尧舜，而在实践上都是十分重视当代史。儒家学者理论与实践的脱节，是由于他们保守的政治思想带来了局限。荀子较为激进，提出了法后王的政治主张。但荀子“法后王”是尊汤、武；而司马迁“法后王”是法秦汉、法当代、重视现实的经验，更为进步。司马迁继承儒家思想资料，扬弃了它保守的一面，发扬了它革命的一面，做到了理论与实践的统一。例如司马迁继承了公羊《春秋》的大一统，而扬弃了它的阴阳五行说就是生动的例证。由于司马迁有着卓越的史识和进步的历史观，载述当代史，取得了辉煌的成就。班氏父子充分肯定了这一成就，称司马迁“其言秦汉，详矣”④。

所谓当代史，即西汉百年发展史。在中国历史上这是一个光

① 《史记》卷一三〇《太史公自序》。
② 同上。
③ 《史记》卷四七《孔子世家》。
④ 《汉书》卷六二《司马迁传》。

辉灿烂的时代，历史发生了巨大的变革。司马迁抓住了这个时代“巨变”的特点，详述了它的发展过程，文直而事核，实在不容易。《史记》一百三十篇，五十二万六千五百字，其中专载汉史的有六十二篇，兼及汉史的有十三篇，共七十五篇。这七十五篇纯言汉史的字数约二十五六万。《史记》贯通约二千三百年史事[①]，而只有一百年左右的当代汉史，无论篇目和字数均过了全书之半，这是很值得注意的。

百年汉史，司马迁划分为两个段落、三个时期。从西汉建国至武帝建元六年为第一段落，汉兴七十二年，司马迁载述其“盛”。这一段落又分为高祖靖乱安邦和惠景间无为治国两个时期，前一时期十二年，后一时期六十年。第二段落即第三时期，从武帝元光元年亲政起至太初四年，共三十四年，西汉由盛转衰。载述汉史的七十五篇，计本纪六篇，表七篇，书八篇，世家十二篇，列传四十二篇。按三个时期来看，高帝时期十二年，二十五篇九万余言；惠景时期六十年，十三篇约五万余言；武帝三十四年，二十篇，另有四篇重点载武帝时史事，共二十四篇约十万余言。也就是说，高帝时期，每年记事约万字，惠景时期十年才万字，武帝时期三年万字。这一简单的数量分析，就清楚地显示了司马迁详变略渐的原则。所谓详变略渐，即详究变革之际，而略升平之世。秦汉之际是一个巨变的历史时期，“五年之间，号令三嬗，自生民以来，未始有若斯之亟也”[②]，故司马迁载述特别详细。如果我们把七十五篇汉史篇目按这一历史断限进行排列，则司马迁述史为治的政治思想就较为鲜明地显现出来。试排列如下。六十二个圆括弧序号为汉史专篇，十三个鱼尾括弧序号为兼及汉史篇目。篇目后带圆括弧（惠）字，表示该篇兼及惠景时期；带方括弧［武］字，表示该篇重点载武帝时期史事。

① 参阅本书《〈史记〉断限考略》

② 《史记》卷一六《秦楚之际月表序》。

时期		体裁	篇名
汉兴七十二年之盛（前206至前135年）	高帝靖乱安邦时期十二年（前206至前195年）	本纪2篇	【1】项羽本纪 （1）高祖本纪
		年表3篇 世家8篇	【2】秦楚之际月表 （2）汉兴以来诸侯王年表 （3）高祖功臣侯者年表 （4）楚元王世家（惠） （5）荆燕世家（惠） （6）齐悼惠王世家（惠） （7）萧相国世家 （8）曹相国世家（惠） （9）留侯世家 （10）陈丞相世家（惠） （11）绛侯周勃世家（惠）
		列传12篇 共25篇	【3】张耳陈余列传 （12）魏豹彭越列传 （13）黥布列传 （14）淮阴侯列传 （15）韩信卢绾列传 （16）田儋列传 （17）樊郦滕灌列传 （18）张丞相列传（惠） （19）郦生陆贾列传（惠） （20）傅靳蒯成列传 （21）刘敬叔孙通列传 （22）季布栾布列传（惠）
	惠景间无为治国时期六十年（前194至前135年）	本纪3篇	（23）吕太后本纪 （24）孝文本纪 （25）孝景本纪
		年表1篇	（26）惠景间侯者年表
		世家2篇	（27）梁孝王世家 （28）五宗世家
		列传7篇 共13篇	【4】鲁仲连邹阳列传 【5】屈原贾生列传 （29）袁盎晁错列传 （30）张释之冯唐列传 【6】扁鹊仓公列传 （31）吴王刘濞列传 （32）日者列传

续表

时期		体裁	篇名
建元以来物盛而衰之变——元光至太初	武帝多欲政治时期三十四年（前134至前101年）	本纪1篇	(33) 今上本纪［武］（亡）
		年表2篇	(34) 建元以来侯者年表 (35) 建元以来王子侯者年表
		书2篇	(36) 河渠书 (37) 平准书
		世家1篇	(38) 三王世家
		列传14篇 共20篇	(39) 魏其武安侯列传 (40) 韩长孺列传 (41) 李将军列传 (42) 匈奴列传 (43) 卫将军骠骑列传 (44) 平津侯主父列传 (45) 南越列传 (46) 东越列传 (47) 朝鲜列传 (48) 西南夷列传 (49) 司马相如列传 (50) 汲郑列传 (51) 酷吏列传 (52) 大宛列传
贯通西汉百年史事的篇目		年表1篇	(53) 汉兴以来将相名臣年表
		书6篇	【7】礼书 【8】乐书 【9】律书 【10】历书 【11】天官书 【12】封禅书［武］
		世家1篇	(54) 外戚世家［武］
		列传9篇 共17篇	(55) 万石张叔列传 (56) 田叔列传 (57) 淮南衡山列传［武］ (58) 游侠列传［武］ (59) 儒林列传 (60) 佞幸列传 (61) 龟策列传 【13】货殖列传 (62) 太史公自序

如上，汉史内容列表以后，可以清楚地看出司马迁叙事重点突出，主旨鲜明。高帝时期以靖乱安邦为重点，武帝时期以征伐

四夷为重点。这里着重分析高帝时期的传目内容。

表列高帝靖乱安邦时期的篇目共二十五篇，本纪二篇，年表三篇，世家八篇，列传十二篇。另外，还应加上《陈涉世家》，该篇述秦末史事，故未列入汉史表中。但论述汉朝的兴起，“原始察终”，必须追溯，这是不言而喻的。《陈涉世家》以纪事本末体的笔法记述了波澜壮阔的秦末农民大起义，写出了历史动乱之因，即“秦失其政，而陈涉发迹”，“天下之端，自涉发难”，这是一场人民的反暴斗争。项、刘两本纪，载述楚汉相争，刘胜项败的原因，即“子羽暴虐，汉行功德”，这是人心背向决定了汉朝的兴起。《秦楚之际月表》勾勒了天下三嬗的历史发展线索。汉家《诸侯王表》、《功臣侯表》谱列了风起云涌的创世人物活动。几个篇目就有条不紊地写出了秦汉之际历史大变动的线索和原委，表现了司马迁“善序事理”的卓越史才。

但是司马迁的伟大，更在于他的卓越史识。他通过人物传记的载述，生动地揭示了历史运动的发展趋向和决定因素，是人心、人事的活动推动历史走向统一，而并不是天命、神意注定刘邦要当皇帝。这一卓越史识是通过对高帝君臣两个方面的载述来表现的，试分析如下。

《高祖本纪》刻画了刘邦的政治家风度和气质，而不是把他写成了一个不食人间烟火的“神”。刘邦为人，“仁而爱人，喜施，意豁如也，常有大度”，而又狡诈多智，所以他能团结人，善驭将，在风云变幻的斗争实践中成长为一个雄才大略的政治家，建立了西汉王朝。但刘邦的政治才能并不是天生的。他为布衣时，“好酒及色”，“无赖”，“不事家人生产作业”，有“外妇”宾客。当了皇帝以后，“拥戚姬”，“枕宦者”，傲太公，戏群臣。刘邦的这些缺点和个性，很切合他的生活经历。司马迁不加讳饰，并在笔端带有讥刺和嘲讽的意味予以批判。但司马迁这样写，其旨不在讥嘲和诽谤，而是实录历史，使人可信，揭示出历史运动之因，扫除“王权神授”的迷雾，指出了刘邦建成帝业的人为因素。这在阴阳五行说弥漫的西汉时代，司马迁思虑及此，是了不起的识见。

司马迁对入传人物的取舍和评价更具有卓越的史识，非后世史家所能企及。秦汉之际，事繁变众，人才辈出，创立传目，最具匠心。许多风云人物，司马迁都不立传。如秦朝将领章邯、司马欣、董翳，项羽封为三秦王者，又如楚之君臣，怀王熊心，楚将范增、钟离昧、龙且、周殷之属；以及入汉之后的诸吕外戚、长沙王吴芮等，司马迁都没有立传。因秦将为暴虐效忠，楚将助羽为虐，诸吕倾危天下，长沙王建功不著，所以不立专传，只载入年表或其他传为附记。而立传的汉初功臣，大都出身凡鄙。赵翼云："汉初诸臣，惟张良出身最贵，韩相之子也。其次则张苍，秦御史；叔孙通，秦待诏博士；次则萧何，沛主吏椽；曹参，狱掾；任敖，狱吏；周苛，泗水卒史；傅宽，魏骑将；申屠嘉，材官。其余陈平、王陵、陆贾、郦商、郦食其、夏侯婴等，皆白徒。樊哙则狗屠者。周勃则织薄曲吹箫给丧事者，灌婴则贩缯者，娄敬则挽车者，一时人才皆出其中，致身将相，前此所未有也。"究其原因，赵翼认为："汉高祖以匹夫起事，角群雄而定一尊，其君既起自布衣，其臣亦自多亡命无赖之徒，立功以取将相，此气运为之也。天之变局，至是始定。"[①] 赵翼发现汉初为布衣将相之局，这是他论史的精到处。但赵翼不能解释这一历史必然，而归结为宿命天意，则不符司马迁述史之旨。唯物史观认为，个人的性格和才干是社会实践的产物，而不是天生的、命中注定的。汉初将相顺历史潮流而动，应人心所向而归，辅汉尽职，一统天下，所以才能"立功取将相"。刘邦入咸阳，萧何收秦图籍，樊哙谏沛公勿居留秦宫室，封府库，还军霸上，表现了汉初君臣一统天下的大志。司马迁述秦汉之际的历史变局，抓住了汉兴一统这一主题来创立传目，可以说是接近了唯物史观的高度。具体来看，表中篇目列高帝时期的功臣传记共十七篇，可分为三组。第一组，萧、曹、张、陈、周五功臣世家。第二组，张耳、陈余至田儋六传，叙楚汉相争人物。第三组，樊郦滕灌至季布栾布六传，皆辅汉功臣义士。五功臣世家，实为传体，以世家

① 《廿二史劄记》卷二。

命名，尊为诸侯，旨在突出其靖乱安邦之功。五功臣不仅是开国元勋，而且是治世能臣。萧规曹随，奠定了汉初的无为治国路线。张良筹策，保太子，固国本。陈、周合谋，除吕安刘，巩固了汉家一统。五功臣在惠景间的治国初期发挥了重要作用，封侯传世，立世家固宜。彭越、韩信、黥布三大将是汉初开国之三杰。樊郦滕灌以下皆刘邦心腹。张耳、陈余、魏豹、田儋等人反秦、乱项羽也为刘邦的事业开辟了道路。请看司马迁的序录：

> 填赵塞常山以广河内，弱楚权，明汉王之信于天下。作《张耳陈余列传》第二十九。
>
> 收西河、上党之兵，从至彭城；越之侵掠梁地以苦项羽。作《魏豹彭越列传》第三十。
>
> 诸侯畔项王，唯齐连子羽城阳，汉得以间遂入彭城。作《田儋列传》第三十四。

由此可见，司马迁述秦汉之际的历史变局，是围绕刘邦一统天下这个中心来展开的，抓住了时代跳动的脉搏，故叙事辞约而事举，历史之变，线索分明，前因后果，委曲尽致。

惠景间无为治国时期是汉初政治的继续。表中篇目，高帝时期的世家列传半数兼载惠景间史事。从汉兴百年历史来看，这两个时期是一个历史段落。武帝建元以后为第三时期，是第二个历史段落，历史发展为多事转衰，重点载述征伐四夷，传目内容表现得十分鲜明。

如上，百年汉史分为两个段落，三个时期的历史断限，司马迁有着明确的交代。《封禅书》云：

> 今天子初即位，尤敬鬼神之祀。元年，汉兴已六十余岁矣，天下艾安，搢绅之属皆望天子封禅改正度也，而上乡儒术，招贤良，赵绾、王臧等以文学为公卿，欲议古立明堂城南，以朝诸侯。草巡狩封禅改历服色事未就。会窦太后治黄老言，不好儒术，使人微伺得赵绾等奸利事，召案绾、臧，

绾、臧自杀。诸所兴为皆废。后六年，窦太后崩。其明年，征文学之士公孙弘等。

“今天子初即位”，即公元前 141 年，汉兴至此已六十六年。“元年”，即武帝建元元年，公元前 140 年，召贤良文学之士，罢黜百家，独尊儒术，标志着新时代的开始。但汉武帝的这次尊儒改革，遭到窦太后的抵制而夭折。“后六年，窦太后崩”，即建元六年事。“其明年，征文学之士公孙弘等”，即元光元年，公元前 134 年，武帝亲政，改弦更张的新时代正式开始。所以《平准书》说：“至今上即位数岁，汉兴七十余年之间，国家无事”云云，就是以元光元年为前后两大历史段落的临界点。汉兴至此是七十二年。百年汉史的下限是太初四年。“汉兴已来，至于太初百年”[①]，“汉定百年之间”[②]，“至太初百年之间”[③]，“余观史记，考行事，百年之中”[④] 等等，可证“百年之间”是司马迁经常使用的话头。公元前 206 年刘邦为汉王，五年即皇帝位为公元前 202 年。太初四年为公元前 101 年。从公元前 206 年至公元前 101 年是 106 年；从公元前 202 年至公元前 101 年是 102 年，所以说“百年之间”，举其成数而言。《惠景间侯者年表序》云“及孝惠讫孝景间五十载”，即从惠帝元年至景帝后元三年（前 194 年至前 141 年），为 54 年，此言“五十载”，亦举成数而言。本文列表为 60 年是包括了武帝即位之初的建元六年时间，完全符合司马迁的断限。武帝亲政，更始，从元光元年至太初四年，是 34 年。

《史记》的年表是划分历史断限的。汉史六表，其目如下：

①《汉兴以来诸侯王年表》；

②《高祖功臣侯者年表》；

③《惠景间侯者年表》；

① 《史记》卷一三〇《太史公自序》。

② 《史记》卷一七《汉兴以来诸侯王年表序》。

③ 《史记》卷一八《高祖功臣侯者年表序》。

④ 《史记》卷二七《天官书》。

④《建元以来侯者年表》；
⑤《建元以来王子侯者年表》；
⑥《汉兴以来将相名臣年表》。

《汉书》载200年汉史亦为六表，其目如下：

①《异姓诸侯王表》；
②《诸侯王表》；
③《王子侯表》（颜注析为上下两卷）；
④《高惠高后文功臣表》；
⑤《景武昭宣元成功臣表》；
⑥《外戚恩泽侯表》。

对照上列《史记》、《汉书》两书年表，马班史识之不同与高下，顿然显现。《史记》表分类有着鲜明的历史断限，即以高祖为一个时期，惠景间为一个时期，建元以来为一个时期。断限百年汉史为三个发展时期，两个历史阶段。《汉书》表则不同，只是分类备载，罗列一代二百年各个类目的史事，不能反映历史发展的断限。《汉书》表中只有《功臣表》作了形式上的分段，即前表为开国功臣表，后表为景武兴师功臣表，并没有揭示出历史变化内在的阶段性内容。《史记》表中《将相表》从人才变局的角度以景帝初申屠嘉卒划分百年汉史将相为前后两个段落，揭示景武之世专制的加强，详论见本书《〈史记·将相表〉之结构与倒书》一文，兹从略。《将相表》之划段可视为《功臣表》划段的蓝本。但班固只效其形而不知其神，他的史识是不能与司马迁比论的。

二、反对分裂割据，颂扬汉家一统

《史记》发凡于司马谈，完成于司马迁。司马氏父子生活在景武之世的西汉鼎盛时期，中央集权制度空前巩固，经济文化蓬勃发展，对汉政权是十分忠诚的。钱大昕说："《史记》微旨有三：一曰抑秦，二曰尊汉，三曰纪实。"[1] 这个评价是十分中肯的。尊汉之旨，司马氏父子有着深切的讨论，《太史公自序》作了生动的记载。司马谈临终，父子二人还进行了最后一次的切磋。《自序》云：

> 是岁，天子始建汉家之封，而太史公留滞周南，不得与从事，故发愤且卒。而子迁适使反，见父于河洛之间。太史公执迁手而泣曰："今天子接千岁之统，封泰山，而余不得从行，是命也夫，命也夫！……今汉兴，海内一统，明主贤君忠臣死义之士，余为太史而弗论载，废天下之史文，余甚惧焉，汝其念哉！"迁俯首流涕曰："小子不敏，请悉论先人所次旧闻，弗敢阙。"

颂扬"今汉兴，海内一统"，载述"明主贤君忠臣死义之士"，即尊汉之旨也。到了太初元年，司马迁和壶遂论及《史记》宗旨，也十分兴奋地说：

> 余闻之先人曰："伏羲至纯厚，作《易·八卦》。尧舜之盛，《尚书》载之，礼乐作焉。汤武之隆，诗人歌之。《春秋》采善贬恶，推三代之德，褒周室，非独刺讥而已也。"汉兴以来，至明天子，获符瑞，封禅，改正朔，易服色，受命于穆清，泽流罔极，海外殊俗，重译款塞，请来献见者，不可胜道。臣下百官力诵圣德，犹不能宣尽其意。且士贤能而不用，有国者之耻；主上明圣而德不布闻，有司之过也。且余尝掌其官，废明圣德不载，灭功臣世家贤大夫之业不述，堕先人所言，罪莫大焉。

① 《潜研堂文集》卷三四《与梁耀北论史记书》。

这段话的尊汉之旨也是极为明显的。“汉兴以来，至明天子”，即汉兴以来至武帝之世的政治局面，经济文化发展，都是值得记载和歌颂的。尽管司马迁后来和汉武帝有矛盾，并遭受腐刑之冤，但对汉政权的忠诚并没有动摇。他称颂武帝是“明天子在上，兼文武，席卷四海”[①]。司马迁尊汉，是尊重历史的发展，即拥护中央集权制度。汉武帝对外征伐，对内兴作，巩固了中央集权制度，完成了四海一家的大业。司马迁热情地载述。《自序》云：“汉兴五世，隆在建元，外攘夷狄，内修法度，封禅，改正朔，易服色，作《今上本纪》第十二。”赵翼云：“是迁所作武纪，凡征匈奴、平两越、收朝鲜、开西南夷，以及修儒林、改夏正等事，必按年编入，非仅侈陈封禅一事也。”[②] 按，此论极是。虽然《今上本纪》亡佚，但赵翼所述这些内容，却详载于其他篇章之中。司马迁创立了《匈奴》、《南越》、《东越》、《朝鲜》、《西南夷》五个民族史传，载述周边民族走向统一的历史发展，表述了他的民族一统思想。汉武帝的开拓之功，显然是不能埋没的。

司马迁尊汉，从历史观来说是主张大统一，从政治观来看是拥护秦汉以来的中央集权制。这可从两个方面来论证。一是肯定秦的统一事业，再是颂扬景武之世的削藩政策。

司马迁抑秦是反对秦政暴虐。他为陈涉立世家，为项羽立本纪，为张耳、陈余、魏豹、田儋等人立传，主旨就是颂扬他们反暴。但司马迁抑秦却有别于那些全盘否定秦朝的“耳食”腐儒，而不同凡响地肯定了秦朝的历史地位。司马迁认为统一天下是十分不容易的，慨叹“盖一统若斯之难也”[③]。因此，对于秦取天下多暴这一历史事实，司马迁评论说：“世异变，成功大”，肯定“天下一并于秦，秦王政立号为皇帝”[④] 这一制度。

汉承秦制，推行郡县制度，景帝、武帝削藩平乱，加强了中央集权。司马迁颂扬秦朝的统一，乃是为景武之世削藩平乱制造

① 《史记》卷二〇《建元以来侯者年表序》。

② 《廿二史劄记》卷一。

③ 《史记》卷一六《秦楚之际月表序》。

④ 《史记》卷四六《田敬仲完世家》。

舆论，提供历史的依据。吴王刘濞、淮南王刘安、衡山王刘赐因先后谋反被诛，国除，司马迁不立世家，降为列传，以示贬抑。高帝大封同姓王，诸侯跨郡连城，司马迁认为不合周封五等，地“上不过百里，下三十里”的亲亲树藩之义，而赞扬景武时期的“削藩”政策。齐分为七，赵分为六，梁分为五，淮南分三，天子支庶子为王，王子支庶为侯，王侯之国一百有余，这样的政治局面，司马迁认为是“强本干，弱枝叶之势，尊卑明而万事各得其所”① 的好措施。他颂扬景帝平乱，使“天下翕然，大安殷富”②；称赞武帝推恩分削诸侯，说：“盛哉，天子之德！一人有庆，天下赖之。”③

颂扬汉家一统，符合历史的必然逻辑。司马迁在《货殖列传》中说：“汉兴，海内为一，开关梁，弛山泽之禁，是以富商大贾周流天下，交易之物莫不通，得其所欲。”国家的统一，政治的稳定，这是社会经济文化发展的前提。所以司马迁对于汉政权的统一和强盛，是倍加赞颂的。《史记》以昂扬的情调反映西汉盛世，颂扬伟大的时代，乃是进步的历史观。

三、赞颂汉初无为，批评武帝多欲

司马迁尊汉，尤其景仰汉初的无为政治。所谓无为就是遵循黄老之术治国，“从民之欲，而不扰乱”④。在指导思想上，即是“国家无事”，“君臣无言”；具体措施，则是约法省禁，与民休息。无为治国的原则，高帝在世时已经贯彻，如除秦苛法、开关梁弛山泽之禁、十五税一等等。但当时战争不断，天下百姓并未安定。惠帝、高后、文帝、景帝相继执行，社会安定，生产发展，出现了汉兴以来的盛世，史称“文景之治”。司马迁称颂惠

① 《史记》卷一七《汉兴以来诸侯王年表序》。
② 《史记》卷一三〇《太史公自序》。
③ 《史记》卷二一《建元以来王子侯者年表序》。
④ 《汉书》卷二三《刑法志》。

帝、高后的无为治国，说："孝惠皇帝、高后之时，黎民得离战国之苦，君臣俱欲休息乎无为，故惠帝垂拱，高后女主称制，政不出房户，天下晏然。刑罚罕用，罪人是希。民务稼穑，衣食滋殖。"① 汉文帝"广恩博施"，司马迁更是热情地称赞他是"德至盛"的"仁君"②。文景之世的社会，在司马迁笔下，被描写成典型的理想社会。《律书》云："太史公曰：文帝时，会天下新去汤火，人民乐业，因其欲然，能不扰乱，故百姓遂安。自年六七十翁亦未尝至市井，游敖嬉戏如小儿状。孔子所称有德君子者邪！"

汉武帝即位，西汉历史发生了重大的转折。政治从无为转向多欲，经济从自由经商转向国家垄断，思想文化从崇尚黄老转向独尊儒术。时势的急转，引起了史家的极大关注。雄才大略的汉武帝利用汉兴七十余年的生息积聚，大规模地对外征伐，对内兴作，把西汉推向了极盛。封禅、改制、正历、四夷归服，一派博大气象。《今上本纪》、《建元以来侯者年表》、《封禅书》、《河渠书》、《卫将军骠骑列传》、《平津侯主父列传》、《司马相如列传》，以及《匈奴》等五民族史传，互相贯通，勾画了汉武帝外征内作的事势发展规模，仍然是以赞颂的笔调肯定了今上的丰功伟绩。《太史公自序》云："汉兴以来，至明天子，获符瑞，封禅，改正朔，易服色，受命于穆清，泽流罔极，海外殊俗，重译款塞，请来献见者，不可胜道。"这是前所未有的大一统鼎盛局面，司马迁怎能不歌颂呢？但从历史事势的发展来看，汉武帝建元以后的历史发展是由盛转衰。因为汉武帝多欲，好大喜功，过度使用民力，"武力进用，法严令具"，加之"兴利之臣自此始也"③，超过了整个国家和人民所能负担的极限，给社会带来了灾难。到了武帝晚年，国家呈现出"海内虚耗，户口减半"④ 的残破景象，大类亡秦之迹。汉武帝后期的衰败，司马迁早在元封年间兴隆景象之时就觉察了。所以《平准书》赞语的结尾意味深长地以秦喻

---

① 《史记》卷九《吕太后本纪赞》。
② 《史记》卷一〇《孝文本纪赞》。
③ 《史记》卷三〇《平准书》。
④ 《汉书》卷七《昭帝纪》。

汉，用历史的教训来向汉武帝敲警钟。请看司马迁的批评：

> 及至秦，中一国之币为二等，黄金以溢名，为上币；铜钱识曰半两，重如其文，为下币。而珠玉、龟贝、银锡之属为器饰宝藏，不为币。然各随时而轻重无常。于是外攘夷狄，内兴功业，海内之士力耕不足粮饷，女子纺绩不足衣服。古者尝竭天下之资财以奉其上，犹自以为不足也。无异故云，事势之流，相激使然。曷足怪焉。

这里所说的秦统一币制，“然各随时而轻重无常”，乃是隐喻汉武帝垄断盐铁财货、随意变革币制搜括民财的写照。集天下之资财，用于“外攘夷狄，内兴功业”，以至于“海内之士力耕不足粮饷，女子纺绩不足衣服”的境地，而专制者“犹自以为不足”。司马迁批评武帝的多欲，讥刺他的迷信荒诞，就在这“犹自以为不足”上，而并不是对他整个事业的否定。西汉政治从无为转向多欲，乃“事势之流，相激使然”，是历史大势的必然发展。文帝时贾谊上《治安策》，尖锐地批评无为政治就是生动的证明。

《平准书》通过百年汉史前后两个历史阶段盛衰变化的载述和对比，鲜明地揭示了盛衰之转的原因。《平准书》说：

> 至今上即位数岁，汉兴七十余年之间，国家无事，非遇水旱之灾，民则人给家足，都鄙廪庾皆满，而府库余货财。京师之钱累巨万，贯朽而不可校。太仓之粟陈陈相因，充溢露积于外，至腐败不可食。众庶街巷有马，阡陌之间成群，而乘字牝者傧而不得聚会。守闾阎者食粱肉，为吏者长子孙，居官者以为姓号。故人人自爱而重犯法，先行义而后绌耻辱焉。当此之时，网疏而民富，役财骄溢，或至兼并豪党之徒，以武断于乡曲。宗室有土公卿大夫以下，争于奢侈，室庐舆服僭于上，无限度，物盛而衰，固其变也。

汉兴七十年之“盛”的原因，是“国家无事”。所谓“国家无事”，并不是没有事和不做事，这乃是与汉武帝时国家多事相对而言。查《汉书》各帝纪，惠帝有城长安之事，高后元年有置孝弟力田官劝农之事，二年有改行八铢钱之事，文帝有平济北王刘兴居叛乱之事，景帝有平吴楚七国之乱之事。这些事是必须要办的，它不是君臣们人为制造出来的，而且在办事时又有所节制，所以说“无事”。例如惠帝几次城长安，都在农闲进行，三十日而罢。“国家无事”的前提是“君臣无言”。曹参为相，日夜饮醇酒。“卿大夫已下及宾客见参不事事，来者皆欲有言。至者，参辄饮以醇酒，间之，欲有所言，复饮之，醉而后去，终莫得开说，以为常。”曹参对惠帝说：“高帝与萧何定天下，法令既明，今陛下垂拱，参等守职，遵而勿失，不亦可乎?”惠帝曰：“善。”[①] 可见无事、无言就是垂拱无为，守职尽责，依法办事，不滋事扰民。武帝即位则不然。《平准书》写道：

> 自是之后，严助、朱买臣等招来东瓯，事两越，江淮之间萧然烦费矣。唐蒙、司马相如开路西南夷，凿山通道千余里，以广巴蜀，巴蜀之民罢焉。彭吴贾灭朝鲜，置沧海之郡，则燕齐之间靡然发动。及王恢设谋马邑，匈奴绝和亲，侵扰北边，兵连而不解，天下苦其劳，而干戈日滋。行者赍，居者送，中外骚扰而相奉，百姓玩弊以巧法，财赂衰秏而不赡。入物者补官，出货者除罪，选举陵迟，廉耻相冒，武力进用，法严令具。兴利之臣自此始也。

汉武帝大事兴为，臣下争言利害，一事未就，一事又起，这就是西汉由盛转衰的原因。司马迁借汲黯之口批评武帝说：“陛下内多欲而外施仁义，奈何欲效唐虞之治乎！”[②] 鲜明的赞颂与批评，表现了司马迁提倡德治、顺从民望的政治观点。他评价汉文帝是：“专务以德化民，是以海内殷富，兴于礼义。”[③] 对萧、曹

① 《史记》卷五四《曹相国世家》。
② 《史记》卷一二〇《汲郑列传》。
③ 《史记》卷一〇《孝文本纪》。

的评价是："何谨守管籥，因民之疾秦法，顺流与之更始。"[①]"参为汉相国清静极言合道。然百姓离秦之酷后，参与休息无为，故天下俱称其美矣。"[②] 吕太后个性残忍，但她称制无为，"天下晏然"，所以也得到了司马迁的肯定。

司马迁的卓识远见还在于他通过对百年汉史盛衰转化的载述，总结了"稽其成败兴坏之理"的理论，他概括为八个字："原始察终，见盛观衰。"[③] 反过来说，就是"综其终始"[④]、"承敝通变"[⑤]。合起来是十六字理论。这是司马迁载述历史、通古今之变的基本方法。具体地说，考察历史事件，载述一代兴亡，不能就事论事，要追原其始，察究其终，也就是"综其终始"。所以司马迁载述夏、商、周、秦的历史兴亡，总要追溯到源远流长的先公先王。详载秦楚之际的变局，是追原汉兴之由。历史盛极则衰，衰极则变。如何安邦治国，就要总结这盛衰极变的经验，在盛世中看出衰变的迹象，在衰变中看到变化的通途，作出及时的政策转变。为政者遵循历史之势则获得成功，违背历史之势就要失败。秦承周代"文"政之弊而不改，"反酷刑法"，大谬历史之势，所以二世而亡。汉兴，"承弊易变，使人不倦，得天统矣。"[⑥] 汉初无为是承秦之弊的历史事势，顺民之欲而兴。但是无为治国，"网疏而民富，役财骄溢，或至兼并豪党之徒，以武断于乡曲"，各种矛盾潜滋暗长。所以汉武帝即位，他面临的是"海内艾安，府库充实"，而"四夷未宾，制度多阙"[⑦] 的政治局面，从而改弦更张，大规模地外征内作，加强中央集权的统治，也就是必然的历史事势。"物盛而衰，固其变也"，就是这一必然事势的恰当总结。司马迁正是从这一历史观点立论，一方面颂扬武帝的

① 《史记》卷五三《萧相国世家》。

② 《史记》卷五四《曹相国世家》。

③ 《史记》卷一三〇《太史公自序》。

④ 《史记》年表就是对历史事势发展的综合性叙述，司马迁反复提示。《十二诸侯年表序》云"综其终始"，《六国年表序》云"察其终始"，《高祖功臣侯者年表序》云"谨其终始"，《惠景间侯者年表序》云"咸表终始"。

⑤ 《史记》卷一三〇《太史公自序》。

⑥ 《史记》卷八《高祖本纪》。

⑦ 《汉书》卷五八《公孙弘卜式儿宽传》。

功业，另方面又批评他的“多欲”与“无限度”，具有辩证的思想。

如上所述，司马迁赞颂汉初无为，但并不认为无为是不应变化的；他批评武帝多欲，也并不认为武帝的功业一无是处。他的赞颂与批评，均是从顺民之欲的立场出发，总结历史的经验，警告为政者要顺应历史事势办事，以德为治，建立巩固的统治。这反映了西汉新兴地主阶级奋发向上的精神，是应该肯定的。

（本文原题《从司马迁写当代史看他的政治观》，
原载《西北民族学院学报》1984 年第 1 期）

司马迁的经济思想

在中国古代史上，司马迁第一个系统地考察了商品经济的特征，还考察了经济与政治、经济与道德民俗的关系，提出了一整套发展生产，扩大交换、富国富家的经济理论，闪耀着朴素唯物史观的思想光辉，达到了划时代的最高水平。司马迁的新思想、新观点发表在汉武帝独尊儒术强化对思想控制的时候，实在难能可贵，是值得认真清理的一笔宝贵的文化遗产。

一、首创经济史传，并重农工商虞

司马迁的经济思想集中表述在《货殖列传》和《平准书》中。《史记》编目，《货殖列传》卷一百二十九，七十列传之一；《平准书》卷三十，八书之一。篇目悬远，是因体例不同，而内容上却是互文相补、不可分割的“表里之文”。《货殖列传》以文景时期繁荣的商品经济为背景，描述了汉初经济的上升运动，肯定商人的历史作用，鼓励发财致富；《平准书》概述了汉武帝时期经济的下降运动，讽刺当世的经济政策。两种背景，相反相成，形成鲜明对照，生动地描绘了汉初至武帝时代西汉经济的事势变化，在翔实的叙事之中表达了司马迁进步的经济史观。①

从《史记》的笔法义例看，《货殖列传》和《平准书》是异军突起，与全书其他篇目迥然不同。《货殖列传》夹叙夹议，以论为主，篇中所述货殖三十人仅仅是作为议论的例证，有别于其他人物列传。《平准书》侧重评述汉武帝时期争利政策所导致的经济衰败，有别于八书贯通古今的其他篇目。这两篇是用丰富的历史事实充实起来的经济史论，也可称之为经济史传，从内容到形式都是司马迁的首创。从此以后，正史里面才有记载社会经济的篇目。值得注意的是，尔后正史中的《食货志》和《货殖列传》等经济史专篇，虽然在记述的内容上有扩大，但理论体系和思想高度没有一个超过司马迁的。从《汉书》起始的正史《食货志》着重讲土地制度和征税，这和司马迁总结治生之术以发展生产的经济思想是不可同日而语的。即此一端，司马迁首创的这两篇经济史传就可堪称为空前绝后的奇作。

司马迁首创经济史传，奠基于他卓越的史识。从战国以来，我国封建统治者就一直推行“重农抑商”的经济政策。到了汉武帝时期，为了加强中央集权的统治，“重农抑商”政策得到全面的推行和发展。盐铁官营、平准均输、算缗告缗，“于是商贾中家以上大率破”。在这样的历史背景中，司马迁研究了商人的活动，认识到商业的兴起是历史发展的必然之“势”，真是了不起。《货殖列传》开篇就讲经济发展之势、人俗变迁之理。他引用老子小国寡民的主张作为批判的靶子，指出自《诗》、《书》所述虞夏以来，“耳目欲极声色之好，口欲穷刍豢之味。身安逸乐，而心夸矜势能之荣使”这一人俗是随着经济的发展而渐染形成的。小国寡民的无知无欲是生产不发达时代原始氏族社会的人俗；最大限度地追求欲望的满足是生产不断发展所积渐形成的文明社会的人俗。这种变化是不可阻挡的“势”，司马迁称之为“俗之渐民久矣”。谁要想把历史车轮拉向倒转，使人回到“小国寡民”的蒙昧中去，即使把人的耳目都涂塞起来，挨家挨户进行教化，

① 本文凡引《货殖列传》及《平准书》均不加注。

无论说得多么动听，也是办不到的。司马迁这一形象的假设譬喻，深刻地表明了他用进化的观点看待社会的变化，这是符合唯物主义的认识路线的。

接着，司马迁从经济人俗发展之“势”的观点出发，认识到社会出现农工商虞的分工是不以人们的意志为转移的客观规律。他认为，中国地大物博，人们奉生送死的物质生活资料分布在各个不同的地区。“山西饶材、竹、穀、纑、旄、玉石；山东多鱼、盐、漆、丝、声色；江南出楠、梓、姜、桂、金、锡、连、丹沙、犀、玳瑁、珠玑、齿革；龙门、碣石北多马、牛、羊、旃裘、筋角；铜、铁则千里往往山出棋置。”大自然所提供的这些物质财富，不可能每一个人都去从事所需的直接生产，因此必须分工协作，互相依存。“故待农而食之，虞而出之，工而成之，商而通之。”司马迁还强调指出：“此四者，民所衣食之原也。原大则饶，原小则鲜。上则富国，下则富家。”人们要满足自己的衣食之需，国家要富强，就必须扩大农业、手工业生产，还要开发山泽、发展商业。司马迁引用《周书》的话说：“农不出则乏其食，工不出则乏其事，商不出则三宝绝，虞不出则财匮少。”这里，司马迁不仅突破了重农抑商的传统观念，而且强调了四业并重，缺一不可。他把商业作为人民的衣食之源放到国民生产总体结构中进行考察其作用，并引证齐国的发展历史来说明农工商虞四业早就是古代社会经济的基本结构，国家的盛衰强弱决定于经济基础的厚薄。四业兴旺，国家富强；四业不齐，国家贫弱。司马迁对“重农抑商”这一传统的抑商政策作了彻底的否定。

战国时代的孟子曾经和农家许行辩论，肯定了社会分工的进步意义。孟子的辩论是为了引出“劳心者治人，劳力者治于人”的结论①，为统治阶级的剥削辩护。司马迁发展了孟子的理论，认识到农工商虞的分工是生产发展之“势”，是富国富家的基础。他在《平准书》的赞论中有这样两句话：“事势之流，相激使然。”这两句是点睛之笔，极为重要。它说明了司马迁述货殖、

① 见《孟子》卷五《滕文公上》。

载平准、以事势变化的观点对社会经济的发展作规律性的探索，这就是他高人一筹的卓越史识。司马迁站得高，看得远，敢于首创，从而作出了超越前人的伟大贡献。

二、宣扬欲望动力说，批判了“最下者与之争”的政策

欲望是指人体感官对于物质利益的追求，这是一个活生生的存在。司马迁的前辈，先秦诸子发起的人性之争，都把欲望归之为人性，作出了各自的论述。道家主张绝圣弃智，即灭欲，老子说：“罪莫大于可欲。”[①] 法家主张用刑赏制欲。儒家主张用礼节欲。孔子教育学生的口头禅就是：“君子喻于义，小人喻于利。”[②] 孟子倡导养心节欲，他说：“养心莫善于寡欲。”[③] 总之，诸子百家莫不承认人人有欲，但都主张遏制欲望，统治阶级要维护其剥削利益，视人的欲望为洪水猛兽。西汉统治阶级鉴于秦末农民战争的风暴，更是不遗余力地大造舆论，挞伐人欲。例如贾谊就说：“其慈子嗜利，不同禽兽者亡几耳。”[④] 司马迁的老师董仲舒替统治阶级完成了一套防范人欲的理论，提出用三纲五常的道德礼教来陶冶人欲。他说：

> 夫万民之从利也，如水之走下，不以教化提防之，不能止也。是故教化立而奸邪皆止者，其提防完也；教化废而奸邪并出，刑罚不能胜者，其提防坏也。古之王者明于此，是故南面而治天下，莫不以教化为大。[⑤]

① 《老子》第四十六章。
② 《论语·里仁》。
③ 《孟子》卷一三《尽心下》。
④ 《汉书》卷四八《贾谊传》。
⑤ 《汉书》卷五六《董仲舒传》。

司马迁在统治阶级提倡礼义提防以遏制人欲的时代，不同凡俗地自成一格，奏出了透视人欲的异响。司马迁认为逐利求富是所有人的共性，并不是什么邪恶。他引用俗谚说：“天下熙熙，皆为利来；天下攘攘，皆为利往。”他用那支犀利的笔锋，饱蘸浓墨，淋漓酣畅地描绘了一幅社会的逐利图。“深谋于廊庙，论议朝廷”的达官显贵，“守信死节，隐居岩穴”的清雅之士，都为的是“归于富厚”。至于“陷阵却敌”的军士，“攻剽椎埋”的少年，“走死如骛”的侠士，“不择老少”的歌伎，“饰冠剑，连车骑”的游闲公子，“不避猛兽”的猎者，“博戏驰逐”的赌徒，“舞文弄法”的吏士，以及医农工商等百工之人，无不是为了追求财富而忙忙碌碌。在司马迁笔下，凡社会之人，不分贵贱，无论千乘之王、万家之侯、百室之君，还是匹夫编户之民，统统纳入了求利的轨道，彻底打破了儒家宣扬的纲常名分和君子小人的界限，追求财富就是人的共性。“此有知尽能索耳，终不余力而让财矣。”所以司马迁用“富者人之情性，所不学而俱欲者也”这句话对人性作了总括。

如果司马迁到此为止，仅仅指出人性欲财，算不上是一种经济理论，也没有超出先秦诸子学说的水平。司马迁的杰出贡献，正在于他跨出了人性论之争的思辨哲学范畴，进入了生产领域作实地考察，不仅生动地描绘了一幅社会人群的逐利图，而且洞察到“人各任其能，竭其力，以得所欲”是自然之理，是合理的行为。司马迁的前辈思想家只看到人欲争利的一面，而没有看到人欲是动力这一更本质的东西。司马迁第一个提出了人欲动力说。他说：

> 故待农而食之，虞而出之，工而成之，商而通之。此宁有政教发征期会哉？人各任其能，竭其力，以得所欲。故物贱之征贵，贵之征贱，各劝其业，乐其事，若水之趋下，日夜无休时，不召而自来，不求而民出之。岂非道之所符，而自然之验邪？

生产领域中农虞工商的社会分工，流通领域中的物价波动，都不是人为的政教期会设置的，而是在人欲的推动下自然形成，符合于“道”的规律而运动。恩格斯说：“自从阶级对立产生以来，正是人的恶劣的情欲——贪欲和权势欲成了历史发展的杠杆，关于这方面，例如封建制度的和资产阶级的历史就是一个独一无二的持续不断的证明。”① 我们不能苛求两千多年前的司马迁去发现人欲背后的阶级斗争，但他提出人欲动力说本身已经接近了真理的边缘，这是那个时代最卓越、最有价值的认识。司马迁比他的任何一个前辈思想家都站得高、看得远。

从人欲动力的观点出发，司马迁提出了“善者因之”的主张，批判了“最下者与之争”的政策。他说：

> 故善者因之，其次利道（导）之，其次教诲之，其次整齐之，最下者与之争。

司马迁所说的“因之”、“利道之”、“教诲之”、“整齐之”、“与之争”都是针对统治者的理财政策而说的。这五种政策方针的具体内容，司马迁没有明确论述。这是因为“其切当世之文而罔褒，忌讳之辞也”②。由于忌讳，司马迁用寓论断于序事的手法，把五种政策的具体内容分散在《货殖列传》和《平准书》中，两相对照可以看出，司马迁鲜明地批判了汉武帝“最下者与之争”的政策，用以衬托出“因之”的“善”。

“因之”的政策就是遵循经济发展的自然规律，放手商人活动，听凭人们追逐财富，发展生产，国家可以得到用不完的财富。司马迁说：“汉兴，海内为一，开关梁，驰山泽之禁，是以富商大贾周流天下，交易之物莫不通，得其所欲，而徙豪杰诸侯强族于京师。”这就是汉初实行的“因之”政策，它带来了经济的繁荣。《平准书》说，汉兴七十年间，“民则人给家足，都鄙廪

---

① 《马克思恩格斯选集》第四卷，第 233 页。

② 《史记》卷一一〇《匈奴列传赞》。

庾皆满，而府库余货财”。国家储备的钱财以亿计。“贯朽而不可校”，太仓的粮食多得“陈陈相因”，以“至腐败不可食”。“因之”带来了民殷国富，所以司马迁许之以“善”，认为是最好的政策。

反之，“与之争”则“最下”，那就是汉武帝所实行的盐铁平准。《平准书》详尽地揭露了“与之争”的每一项政策所带来的弊端，终于导致了经济的衰败。《平准书》从秦亡汉兴的经济凋敝开始述起，经过七十年的休养生息，到汉武帝即位之初，西汉经济发展到了它的高峰，紧接着笔锋一转详细记载汉武帝与民争利的竭财政治，至元封元年止，用卜式语“亨弘羊，天乃雨”作结，意味深长地示意“见盛观衰”。然后在“太史公曰”的评论中简略地追溯殷周以来的经济变革至秦统一为止。这一精心布局的内容安排，以便把汉武帝的事业与秦始皇的功业相对照，引人深思。司马迁明责始皇，暗喻武帝，指出他“无限度”地耗费民力，违背了经济发展的规律，造成了对生产的破坏，应引为借鉴。《平准书》是一篇全面地揭露和批判汉武帝“最下者与之争”的经济政策的战斗文献。

“因之”是放任商品经济的发展；“与之争”是国家粗暴地干预经济，全面地抑制商品经济，是两个极端。“利道之”、“教诲之”、“整齐之”是这两个极端之间的层次，在西汉的现实政策中都不同程度地实行过。“利道之”是指“平粜齐物”一类的经济调整政策，保护农工得到均衡的利益，贾谊论“积贮”、晁错论“贵粟”等措施，都是“利道之”。“教诲之”则是儒家主张的以礼节欲的政策。丞相公孙弘以汉相之尊，“布被，食不重味，为天下先”；武帝尊显卜式“以风百姓”，劝民输费佐国家之急等，这些是教诲的内容。但公孙弘的俭约“无益于俗”，尊显卜式亦未见效果，“百姓终莫分钱佐县官”。“整齐之”即传统的重农抑商，它的强化就是“与之争”了。

单纯从经济的发展来看，“因之”是最“善”的政策，但它也带来了新的问题。《平准书》在叙述汉初经济繁荣的同时，指出了“物盛而衰”的道理。司马迁说：

当此之时，网疏而民富，役财骄溢，或至兼并豪党之徒，以武断于乡曲。宗室有土公卿大夫以下，争于奢侈，室庐舆服潜于上，无限度。物盛而衰，固其变也。

司马迁看到了在经济繁荣的背后，潜伏着新的社会矛盾。一是社会财富的两极分化，“兼并豪党之徒，以武断于乡曲”；二是统治阶级骄奢淫逸，“无限度”。因此，司马迁赞美“因之”，并不等于主张放任政策。为了避免“物盛而衰”的发展趋势和国家的整体利益，司马迁也是赞成适当的“利道之”、“教诲之”的。但是，司马迁反对违反经济规律的“最下者与之争”的政策，批判它阻遏人欲动力，也就是阻遏了生产的发展。由此可见，司马迁宣扬人欲动力说是有利于人民、有利于经济生产发展的理论，是应该肯定的。

三、“崇势利，羞贱贫”

“崇势利，羞贱贫”是东汉史学家班固对司马迁“素封论”思想的歪曲和贬称。他批评司马迁“述货殖则崇势利而羞贱贫”，并认为这是“谬于圣人”的“蔽论”之一，载于《司马迁传》赞语中。我们如果将《史记》、《汉书》两书进行比较，就可立即发现班固的批评和他所纠的“蔽”，恰恰是司马迁思想中最进步的方面。让我们来分析一下司马迁“素封论”的内容。

1. 人富而仁义附

司马迁引用《管子》“仓廪实而知礼节，衣食足而知荣辱”的话下断语说：“礼生于有而废于无。”他用生动的比喻来说明这种关系：“渊深而鱼生之，山深而兽往之，人富而仁义附焉。”司马迁深刻地认识到仁义道德是建立在经济基础上的，统治阶级的道德只不过是所占财富势利的附属物而已。“何知仁义，已享其利者为有德。”[1] 有钱有势，也就有仁义。他又引庄子的话说：

---

① 《史记》卷一二四《游侠列传》。

“窃钩者诛，窃国者侯，侯之门，仁义存。”[①] 这是司马迁所作的愤激语，也一针见血地揭穿了统治阶级的虚伪道德，因为司马迁就是曾因“家贫财赂不足以自赎”而惨遭“腐刑”的人[②]，对统治者的残暴和虚伪面目有切身的体会。司马迁甚至把批判的锋芒指向了孔子。他说，孔子的学生原宪连糟糠都吃不饱，只好默默无闻地在穷巷过日子；子贡经商发了大财，与列国诸侯分庭抗礼，孔子的名声是依靠子贡才显扬起来的。因此，那些“长贫贱”而“好语仁义”的“岩处奇士”们是欺人的伪君子，应该竖起指头来刮他的脸皮。这就是司马迁“羞贱贫”的内容。显然司马迁是在为广大的贫民鸣不平，他揭掉了罩在达官显贵和好语仁义的伪君子们脸上的仁义道德面纱，是对“已享其利者为有德”者的辛辣讽刺。班固却歪曲司马迁似乎在歌颂富人、鄙视穷人。《汉书》的《货殖传》赞扬颜渊“箪食瓢饮”的陋巷生活，引用孔子的话批评子贡货殖“不受命”。两相比较，班固与司马迁两人的识见高下，不可同日而语。过了一千多年，金代王若虚还愤愤不平地说：“迁之罪不容诛矣！”由此可见司马迁“羞贱贫”的确是击中了封建仁义道德的要害，引起了文人学士们的切齿痛恨。

2. 巨万者与王者同乐

秦汉法律贱商人，《平准书》有生动记载。汉高祖不准商人“衣丝乘车”，不准子孙“仕宦为吏”，还用重租税来“困辱”他们。但是商人“因其富厚，交通王侯，力过吏势，以利相倾；千里游敖，冠盖相望，乘坚策肥，履丝曳缟”[③]。这是晁错所描述的文景时期商人的情形。他对此发出了“今法律贱商人，商人已尊贵矣”[④] 的惊呼，认为是不合理的。司马迁对此却提出了崭新的看法。他认为：“凡编户之民，富相什则卑下之，伯则畏惮之，千则役，万则仆，物之理也。”这里，司马迁从经济的观点揭露

① 《史记》卷一二四《游侠列传》。
② 《汉书》卷六二《司马迁传》。
③ 《汉书》卷二四《食货志》。
④ 同上。

了人剥削人、人压迫人的现实，把“劳心者治人，劳力者治于人”的本质揭穿了。国君、王侯、官吏之所以那么神气，不就是他们通过权力压迫剥削了大量财富吗？王侯封君食租税，“岁率二百户”，千户之君年收入二十万。富商大贾只要有一百万资本，每年就可获得二十万的年利收入，与千户之君相等。秦汉时的巨富大贾不仅与王者同乐，甚至受到了皇帝的尊礼。例如乌氏倮畜牧致富，“秦始皇令倮比封君，以时与列臣朝请”。而巴寡妇清开丹矿发财，“秦皇帝以为贞妇而客之，为筑女怀清台”。司马迁发出了有力的质问：“夫倮鄙人牧长，清穷乡寡妇，礼抗万乘，名显天下，岂非以富邪？”又如蜀卓氏、程郑，本来祖上是秦始皇统一六国时的东方迁虏，他们冶铁致富，“至僮千人”，“田池射猎之乐，拟于人君”。根据这生动的历史事实，司马迁作出结论：“今有无秩禄之奉，爵邑之入，而乐与之比者，命曰‘素封’。”这真是一个大胆的崭新的观点。这一观点的战斗性作用在于不承认天生的贵贱等级之分，各行各业的人都可运用自己的聪明才智发财致富，与王者同乐。司马迁的“素封论”与陈胜、吴广起义时发出的口号——“王侯将相宁有种乎！”具有异曲同工之妙，都是战斗的朴素唯物主义认识论。班固歪曲为“崇势利”，反映了正统史家的无识。《汉书》的《货殖传》全部删去“素封论”的议论，批评富商大贾“皆陷不轨奢潜之恶”，说他们的发财致富是“伤化败俗，大乱之道”。班固的这些激烈评论，恰好从反面衬托出了司马迁“素封论”的战斗意义。

总上两点，“人富而仁义附”，“巨万者与王者同乐”，这就是“素封论”的基本内容。司马迁提出“素封论”，并不是号召人民投向统治者的怀抱，崇向势利而鄙弃穷人。恰恰相反，司马迁用“素封论”揭示了富贵礼义的本质，讽刺那些荒淫无耻而又“口不言利”的统治者，他们欺骗人民，只要人民讲“义”而不要人民讲“利”。司马迁用“素封论”鼓励人人发财致富，改变“侯之门，仁义存”这一不合理的现实，具有特殊的战斗作用，所以遭到封建正统史家和卫道士们的歪曲与攻击。但是司马迁坚信他的理论是正确的，因而在《货殖列传》的结尾用不容置辩的反诘语气作了总结。他说：

> 由是观之，富无经业，则货无常主，能者辐凑，不肖者瓦解。千金之家比一都之君，巨万者与王者同乐。岂所谓“素封”者邪？非也？

在统治阶级鄙弃“小人喻于利”的时代，司马迁发出了这种离经叛道的异响，的确是一个具有大勇精神的人。《货殖列传》最后的这一诘问，表现了司马迁坚持真理的精神绝不屈挠。

四、为商人立传，总结治生之术

从生产发展的历史来看，商人的出现是以农业、手工业的分工为前提的。虽然商人不从事直接生产，但他们沟通各地的物产交流，大大推动了生产的发展。《太史公自序》说：“布衣匹夫之人，不害于政，不妨百姓，取与以时而息财富，知者有采焉。作《货殖列传》第六十九。”司马迁为古今三十个商人树碑立传，取名“货殖”，耐人寻味。《索隐》引《尚书》孔传云：“殖，生也，生资货财利。”本文前已述及，司马迁并重农工商虞，他是把商业作为人民的衣食之源放到国民生产总体结构中来考察其作用的。司马迁充分肯定了商人的活动对于富国富家的意义，为他们遭受贱视的政治地位鸣不平。他通过白圭之口，把商人与历史上最伟大的政治家、军事家相提并论，许以智、勇、仁、强的品德，作了高度的赞扬。白圭说：“吾治生产，犹伊尹、吕尚之谋，孙吴用兵，商鞅行法是也。是故其智不足与权变，勇不足以决断，仁不能以取予，强不能有所守，虽欲学吾术，终不告之矣。”一个人设若没有智、勇、仁、强的品德是不能成为富商大贾的。司马迁把商人看做人类的精华，因为他们对社会的发展作出了贡献。所以《货殖列传》不着眼于典型人物形象的塑造，而是把古今货殖之人作为一个整体来叙述，总结他们的治生之术供“智者”吸取借鉴，用意在于提倡发展生产。

司马迁总结治生之术有两个方面。一是考察商品的流通，总结财货增殖的经验；二是考察自然地理经济和民俗，总结商业活动推动生产发展的作用。这两个方面都是司马迁的首创，并且取得了卓越的成就。

司马迁对商品流通的考察，获得了一系列符合价值规律的珍贵见解，主要之点有四。（一）知时。计然“旱则资舟，水则资车”；范蠡“与时逐”；白圭“乐观时变”。这都说的是掌握商业行情，调查市场需要，“逐时而居货”，利用供求规律，牟取大利。（二）知物。“积著之理，务完物”，“腐败而食之货勿留，无敢居贵。”这是说要研究商品学，提高商品的竞争能力。（三）无息币，即加速资金流转，使“财币其行如流水”。为此，必须研究物价涨落规律，懂得“贵上极则反贱，下极则反贵”，而敢于“趋时若猛兽鸷鸟之发”，“贵出如粪土，贱取如珠玉”。（四）择地择人。范蠡居陶，因陶为天下之中，“诸侯四通，货物所交易也。”范蠡治产积居，“十九年之中三致千金”。刁间善用“桀黠奴”，使他们“逐渔盐商贾之利”，“终得其力，起富数千万”。

司马迁对自然地理经济和民俗的考察，总结了商业活动生产发展的作用。司马迁分中国为四大经济区。长江以南谓之江南；长江以北分为山东、山西两区，中以华山为界；龙门、碣石一线以北为北方区。在每一个大区下面又分为若干小的经济区。山西区分为关中区、巴蜀区和陇西区。山东区分为三河区、燕赵区、齐鲁区、梁宋区。江南区分为东楚区、西楚区、南楚区、岭南区。北方区基本上是以牧畜业为主的经济区，比较单一。各区之下的经济中心是都市。恩格斯指出，商人的使命“现在已经不仅仅从一个人手中转到另一个人手中，并且从一个市场转到另一个市场上去”①。司马迁充分认识到历史赋予商人的这一使命，描写了全国各地的物产、交通、民俗和都市经济。司马迁认为各地的物产提供了人民衣食之源，但要把这些资源变成财富，必须发展

① 《马克思恩格斯选集》第四卷，第171页。

生产以求流通。江南地势饶富，无饥饿之患，但生产落后，人民“无积聚而多贫”。齐鲁区，本来地脊民贫。由于太公望鼓励人民极技巧，通鱼盐，则人物归之，齐国竟成为“冠带衣履天下”的富庶之邦。三河区地狭民稠，习俗纤俭习事，从事经商，足迹遍天下。农、工、商、虞四业兴旺，关键靠商人来流通。但商业最终依赖于农业、手工业生产，所以司马迁又说：“本富为上，末富次之，奸富为下。”本富指农、林、畜、牧的生产。司马迁列举了一长串本富生产的项目，遍及全国各地的物产。末富指经营商业，周流天下。奸富指劫人作奸、掘冢铸币、舞文弄法、刻章伪书等。经营本富的人，“不窥市井，不行异邑，坐而待收，身有处士之义而取给焉”。不但声誉好，而且收入稳当，故为上。末富资金周转快，“夫用贫求富，农不如工，工不如商”。但经商要资本，又担风险，只有能者巧者才能经营，所以说次之。奸富危身取给，用生命冒险，所以说最下。论者多认为司马迁残存有重本抑末的思想，这是断章取义的失察。司马迁所说的上、次、下是总结治生之术供后人观择，这和统治者推行的重本抑末政策毫不相干。司马迁分区考察全国各地自然地理经济，着重物产、交通、民俗这些要素，也是总结的治生之术。富商大贾在全国范围内经商，必须掌握各地的物产、交通、民俗，才能知时逐利、用奇制胜。司马迁的总结正是给他们提供的“周流指南”。

以上所述两个方面的治生经验，都只适用于有雄厚资本的“智者”、“巧者”。对于一般的“拙者”又该怎样治生呢？司马迁提出了由穷致富的普遍原则和分阶段渐进的理论。他说：

> 夫纤啬筋力，治生之正道也，而富者必用奇胜。田农，掘业，而秦杨以盖一州。掘冢，奸事也，而田叔以起。博戏，恶业也，而桓发用富。行贾，丈夫贱行也，而雍乐成以饶。贩脂，辱处也，而雍伯千金。卖浆，小业也，而张氏千万。洒削，薄技也，而郅氏鼎食。胃脯，简微耳，浊氏连骑。马医，浅方，张里击钟。此皆诚一所致。
>
> 是以无财作力，少有斗智，既饶争时，此其大经也。

这两段话的内容具有辩证的统一。“力”是“力作”，人人都具有，所以说勤俭力作是治生的正道。“智”是“计谋”，需要有资本。“时”是“机运”，需要大资本、大识力。力作不能致富，但只要“诚一”力作，必有积蓄；运用智巧，投入市场，这就完成了从“无财作力”到“少有斗智”的过渡。等到财力充裕，就要用“奇”，创造机运，这就是“既饶争时”。“力作”和“诚一”是治生的普遍原则，“斗智”与“争时”是创造渐进致富的条件。一个人只要“诚一”，无论从事什么职业都要务实和专精，再用智巧求奇，就没有不富裕的。司马迁列举了一系列贱业的事例来证明。秦杨田农、田叔掘冢、桓发博戏、雍乐成行贾、雍伯贩脂、张氏卖浆、郅氏洒削、浊氏胃脯、张里马医等卑贱职业，都能致富千金，成了钟鸣鼎食之家。至此，司马迁的治生理论体系已经完成，可用八个字来概括，即人人有欲，人人致富。

五、结论

司马迁创立《货殖列传》和《平准书》是学术史上的一件大事，它开创了我国正史记载生产活动的先例，提供了大量的经济史料，成为中国史学的优秀传统。司马迁以他天才的洞察力从人欲争利的行为中看到了人欲是生产的动力。他考察了生产领域中的社会分工，并重农、工、商、虞，认识到这是古代社会基本的经济结构。司马迁总结了治生之术，获得了许多符合价值规律的见解，肯定了商业活动在促进生产发展中所起的纽带作用，颂扬货殖，为商人立传。司马迁还提出了“素封论”的财富观，“崇势利而羞贱贫”，剥去了仁义道德的虚伪面纱，鼓励人人发财致富，并断言人人可以致富。这一切都是离经叛道的异端思想，也就是司马迁超越前辈思想家的卓越贡献。

两千年前的司马迁不可能有价值规律、唯物主义、辩证法这一类概念。但只要有商品经济流通，就有价值规律的客观存在。战国秦汉几百年来商品经济异常活跃，这就给司马迁提供了认识价值规律的客观条件。司马迁高祖司马昌为秦铁官，曾祖司马无泽为汉长安市长，在秦汉之际，分别为新旧王朝首都的经济官，带给司马迁以治生之术的家学渊源。司马迁是一个游踪极广的历史家，他壮游全国，深入考察了各地的物产、交通、民俗和都市经济，还研究了古今商人活动的历史资料，使他的每一个观点都有生活经济基础。司马迁又受“腐刑”之祸，思想感情发生了重大转变，把眼光投向下层社会，同情人民。这些是司马迁形成先进思想的主观条件。这些主观条件很难集中在一个人身上，这就是在几百年的商品经济活动中，只产生了一个司马迁的历史原因。

在中国思想史上，司马迁进步的经济思想就像一束火花一样，只在天空一闪即逝，这也有深刻的历史原因。首先，商品经济的发展为以自然经济为基础的封建社会所不容。汉武帝加强中央集权，用“与之争”的政策取代了“因之”的政策，把重农抑商推向极端化，商贾遭摧残，“中家以上大率破”。中国古代自由竞争的商品经济从此衰落了。皮之不存，毛将焉附。此后，再也没有人去研究价值规律了。其次，司马迁的异端思想未能产生在百家争鸣的战国时代，没有形成一个学派。他是一花独放在漫长的寒夜，很快凋落，这是必然之理。此外，司马迁的经济思想是从直观中得来的经验。这种直观经验，一方面它本能地符合唯物主义的认识路线，并具有朴素的辩证法思想；另一方面，它不能形成科学的体系，最终的结论又退回到了唯心主义的立场上来，不能解释客观存在的现实社会。司马迁的最终结论是人人可以致富。但是，客观的现实是成千上万的人民受少数人压迫、剥削，永远不能改变他们悲惨的命运。司马迁不但未能认识阶级斗争，而且把“千则仆，万则役”看成是天经地义的规律，这就掩盖了阶级斗争。“能者辐凑，不肖者瓦解”，在现实生活中是个别现象，司马迁上升为一般规律，因而用“巧”与“掘”来解释阶级压迫，这当然是唯心主义的认识论。虽然我们不能苛责司马迁的历史局限性，但这造成了他的理论不能具有实践性，也就是他总结的治生之术不能引导人人致富，应该说这也是司马迁的先进经济思想在中国封建社会得不到发展的一个原因。

（本文原载《学术月刊》1983 年第 10 期）

司马迁的民族一统思想

司马迁的民族一统思想，是他的进步历史观的一个重要组成部分，在我国古代史上闪耀着夺目的光辉。然而，学术界至今未注意对这一问题作研究。

一、司马迁首创民族史传

自古以来，中国就是一个由多民族组成的国家。周初分封时就有许多内附的“夷狄”之国。例如吴太伯之勾吴、楚子荆蛮都不是华夏民族。周襄王后是翟人之女，三家分晋的赵襄子之母也是翟人之女。春秋五霸之一秦穆公取由余于戎，“益国十二，开地千里，遂霸西戎”[①]。中华民族的历史，是汉族和各个少数民族共同创造的历史。但是，儒家的正统思想却一再宣扬“夷夏之辨”，以中原华夏民族为冠带之国，贬称周边少数民族为夷狄之邦，以区分种族贵贱。因此，我国周边民族被贬称为东夷、西戎、南蛮、北狄，视为荒服之地。孔子修《春秋》，内诸夏而外

① 《史记》卷五《秦本纪》。

夷狄。孟子在辩论中，直斥楚人许行说话像鸟叫，称之为“南蛮鴃舌之人”[1]。《诗经》上说：“戎狄是膺，荆舒是惩。”[2]“膺”同“惩”，都是打击的意思。这两句诗，经孟子的断章取义，变为后世历代统治者压迫周边各族的理论根据。西汉大儒董仲舒提出的纲常伦理学说，也推广到民族关系上来。董仲舒说：

> 《春秋》慎辞，谨于名伦等物者也。是故小夷言伐而不得言战，大夷言战而不得言获，中国言获而不得言执，各有辞也。有小夷避大夷而不得言战，大夷避中国不得言获，中国避天子而不得言执，名伦弗予，嫌于相臣之辞也。是故大小不踰等，贵贱如其伦，义之正也[3]。

中国，即华夏诸侯。按照董仲舒的上述说法，诸侯不能与天子平等，大夷、小夷不能与华夏诸侯平等，甚至小夷与大夷也不能平等。各民族的大小被董仲舒说成是天然的等级序列，在民族关系的用语中都要表现出等级次序来。随着儒家思想取得独尊的地位，“大小不踰等”的大汉族主义逐渐形成了。因此，民族史在中国正史中也就不可能得到应有的地位。

但是，司马迁却在“罢黜百家，独尊儒术”的汉武帝时代，独步史坛，在他的《史记》中首创民族史传。从《匈奴列传》到《西南夷列传》，司马迁一共写了五篇少数民族史传。各篇史传独立成篇，详今略古，着重叙述汉武帝时期各周边民族与中原王朝的关系。

司马迁笔下的民族史传有一个共同的主题，即东西南北各个少数民族均为天子臣民，他们的历史发展是走向统一。《太史公自序》对此作了明确的表述，其辞曰：

> 汉既平中国，而佗能集杨越以保南藩，纳贡职，作《南

① 《孟子》卷五《滕文公上》。
② 《鲁颂·闷宫》。
③ 《春秋繁露·精华》。

越列传》第五十三。

吴之叛逆，瓯人斩濞，葆守封禺为臣，作《东越列传》第五十四。

唐蒙使略夜郎，而邛笮之君请为内臣受吏，作《西南夷列传》第五十六。

“集杨越以保南藩”、“葆守封禺为臣”、“请为内臣受吏”等，鲜明地表现了民族一统思想。两越、西南夷等等周边民族，都愿在天子治下，并入中国版图。因此，司马迁打破了董仲舒的所谓“小夷避大夷”、“大夷避中国”等的“名伦秩序”，把民族史传与名臣将相的列传交错等列。《匈奴列传》列于李广和卫青、霍去病的列传之间，《西南夷列传》下连司马相如列传，这是因事相连。因为李广和卫青、霍去病是征匈奴的名将，司马相如力主通西南夷。司马迁用这种因事相连的编列方法，表现了他的民族一统和等列天子臣民的思想。司马迁的这种布局，反映了他那匠心独运的史识义例。

然而，司马迁的这种真知灼见，却受到了一些正统封建史家的责难。例如清代学者赵翼不究司马迁之史例，批评司马迁编次杂乱无章，是“随得随编”，甚至认为“朝臣与外夷相类”的编次是不伦不类①。赵翼出于大汉族主义的偏见，认为民族史传只能置于列传之末，绝不能与朝臣等列。透过赵翼对司马迁的批评，更加显示出司马迁民族一统思想的光辉。

对比见义，司马迁对《大宛列传》的处理十分引人注目。《大宛列传》记叙外国史事远至中亚，故特别分出，编于类传之中。司马迁也作了明确的交代。《太史公自序》说：

汉既通使大夏，而西极远蛮，引领内向，欲观中国，作《大宛列传》第六十三。

① 《廿二史劄记》卷一。

我们将“通使大夏……欲观中国”与前面所引“请为内臣受吏”等作一对照，不难看出，司马迁对中外的界限是区分显然的。《史记》中的《大宛列传》，在《汉书》里被更名为《西域传》。值得注意的是，司马迁为什么不用“西域”命篇呢？推其义有两点。其一，汉武帝通西域是以征大宛为其标识的。该传内容，首尾皆叙大宛，而中亚、西亚各国的情况穿插其间，是以附见形式记载的。第二，以大宛为分界，大宛以东、敦煌以西，司马迁视为匈奴右地，是国内民族，故在《大宛列传》中略而不叙。大宛以西，即葱岭以西之中亚、西亚列国及乌孙、康居、奄蔡、大月氏、安息、条枝、大夏等国，是外国民族，故附入《大宛列传》中。班固作《西域传》时不分内外，把葱岭以东以西广大地域统统纳入一传之中。颜师古作注时，把《西域传》分为上下两卷，也是以葱岭为界，当是颜氏参照《史记》的结果。

班固是继司马迁之后的一位史学大家，但由于他受正统思想的束缚，抛弃了司马迁的史识义例，在如何为少数民族立传的问题上反而倒退了一大步。班固写《汉书》，不仅将司马迁作为国外民族处理的《大宛列传》改为内外不分的《西域传》，而且把几个国内周边民族史传合成一个史传，也视为外纪，排列在列传之末。班固宣称：“于惟帝典，戎夷猾夏，周宣攘之，亦列《风》、《雅》。”又说：“西南外夷，种别域殊”，“王师驒驒，致诛大宛”[①]。这是封建正统思想意识的鲜明反映。班固以后的史家，大都效法《汉书》，把民族史传厕于列传之末。司马迁民族一统的等列的进步史观在《史记》之后的纪传史中未能得到发扬，无疑班固是始作俑者。至于撰《三国志》的陈寿，虽有良史之才的美称，却不立民族史传，不能不说是一个很大的遗憾。因为三国时期的国内各少数民族是相当活跃的，他们都不同程度地参与了中原的逐鹿斗争。通过对比，我们可以看出，司马迁首创民族史传，区别国内外民族，各民族史传独立成篇，这一系列体例，不仅反映了他的博学和才华，而且更重要的是反映了他的杰出的思

① 《汉书》卷一〇〇《叙传》。

想和史识。

我们比较了马、班史识，指出了班固民族史观的倒退。但是，我们也应看到，《汉书》毕竟为周边民族立了史传，并在断代史中详究了民族史的发展过程。继班固之后的纪传史家，大都继承了这一做法。例如《后汉书》这部断代史也详细地记述了少数民族的历史发展，尤其是《西羌传》对羌族历史的记叙十分精妙，保存了丰富的民族史料。这说明，司马迁为民族立史传的思想在断代的正史中被肯定下来，《汉书》起了榜样的作用，班固之功不可泯没。当然，创始之功是属于司马迁的，这是中国史学上的一个重要成果。

二、司马迁民族一统思想的基本内容

司马迁首创民族史传是基于他进步的民族一统思想。这一思想的基本内容，主要包括三个方面：民族等列思想；中国境内各民族皆黄帝子孙；承认周边各民族有同等的“革命”权利。

1. 民族等列思想

所谓民族等列思想，并非今日的民族平等观念。《史记》是以“天子称本纪，诸侯曰世家”[①] “叙列人臣事迹曰列传”的[②]。这说明司马迁不可能打破封建的伦常秩序而产生民主的平等思想。司马迁的进步思想在于打破“种别域殊”的内外之别，把民族区域纳入统一的封建帝国版图之内来叙述，视各民族皆为天子臣民，并从直观中觉察了各个民族实体的客观存在，而必须记叙他们的历史。

各个民族实体有着各自独特的标识而互相区别开来。现代民族实体的科学定义是斯大林概括的。他说：“民族是人们在历史上形成的一个有共同语言、共同地域、共同经济生活以及表现在

① 刘宋裴松之语，见《史记》卷一《五帝本纪》之《正义》引《史目》。
② 唐司马贞语，见《史记》卷六一《伯夷列传·索隐》。

共同文化上的共同心理素质的稳定的共同体。”[①] 共同的语言、地域、经济生活、文化习俗四大要素是区别各个民族的标志。当然，我们不能以斯大林的这个定义去衡量我国古代史学家，这样做是一种不切实际的苛求。例如司马迁叙述的《匈奴列传》和《西南夷列传》就并不是两个“稳定的共同体”。司马迁也没有从理论上来阐述区别各民族的四大要素。但是司马迁实录历史，他从直观中觉察了各个不同民族之间的区别，分别立了五个民族史传，这不能不说是司马迁民族实体思想的反映。这里仅以《匈奴列传》和《西南夷列传》为例作一分析，从中可以得到一些启示。

匈奴是我国古代北方的强族，历史悠久。《史记·五帝本纪》记载黄帝北逐荤粥。匈奴即是荤粥的音转或另一种写法。这说明在很早以前，北方荤粥部族就与中原发生了接触。中原华夏民族经过三代的发展，到秦汉成为一个统一的封建王朝。北方大漠南北的各民族，到战国后期，也统一成为匈奴和东胡两大部。当西汉统一中国的时候，匈奴出现了一个英武的冒顿单于，他把许多不统属的氏族、部落都统一起来，建立了强大的匈奴单于国，其地东起辽河，西至葱岭，北抵贝加尔湖，南到长城。冒顿统一起来的匈奴成为西汉王朝的严重威胁。在汉武帝时，汉匈之间进行了严酷的斗争。司马迁说：“自三代以来，匈奴常为中国患害。欲知强弱之时，设备征讨，作《匈奴列传》第五十。”[②] 这就是司马迁详究匈奴历史的原因。该传九千零七十六字，着重阐述匈奴与汉朝的争逐、进退情况，对匈奴民族的历史发展的叙述极其概括简练。司马迁在开头一节只用了二百二十字就把匈奴民族生活的地域、经济、文化及风俗习惯介绍了出来。尽管匈奴内部的民族成分十分复杂，但他们都长期过着“逐水草迁徙”的游牧生活。匈奴人民食畜肉、饮湩酪、衣皮革、被毡裘、住穹庐，其畜产多马、牛、羊、骆驼、駃騠、騊駼、驒騱等。游牧生活，驰逐

① 《斯大林选集》上卷，第 64 页。
② 《史记》卷一三〇《太史公自序》。

原野，养成了人民善于攻战的天性。其俗“贵壮健，贱老弱，父死，妻其后母；兄弟死，皆取其妻妻之”。司马迁正是抓住了这些共同特征，所以把居地万里的匈奴作为一个民族实体来叙述。

《西南夷列传》则不然。西南夷虽然也有着广阔的地域，但比起匈奴来说却小得多。然而，由于西南夷地理形势比较复杂、交通闭塞，所以西南夷内部各部落民族有着独自的特点。司马迁注意到了这一复杂的民族成分，用简括的语言极有条理地叙述了出来。他说：

> 西南夷君长以什数，夜郎最大；其西，靡莫之属以什数，滇最大；自滇以北君长以什数，邛都最大，此皆魋结，耕田，有邑聚。其外西自同师以东，北至楪榆，名为嶲、昆明，皆编发，随畜迁徙，毋常处，毋君长，地方可数千里。自嶲以东北，君长以什数，徙、筰都最大；自筰以东北，君长以什数，冉駹最大；其俗或土著，或移徙，在蜀之西；自冉駹以东北，君长以什数，白马最大；皆氐类也。此皆巴蜀西南外蛮夷也。

这段记载说明西南夷是一个总括的概念，它是以汉王朝的西部边郡巴、蜀为中心，以南为南夷，以西以北为西夷。西南夷并不是作为一个整体与汉王朝发生关系的。西南夷各民族的社会文化发展很不平衡。南夷分为东部的僰人居住区和西部的嶲、昆明族居住区。西夷主要是氐人。司马迁连用四个“皆”字，极有层次地勾勒了各民族的经济生活和文化习俗。僰人君长以什数，大国有三：东为夜郎，西为滇国，北为邛都。僰人文化较高，“此皆魋结，耕田，有邑聚”，是以农耕为主的民族。故僰人早在春秋时代就建立了城邑邦国。夜郎邑，春秋时为古牂柯国都邑，战国时兴起为夜郎国。战国末期，楚国势力深入夜郎、滇国。秦统一中国，开五尺道，由四川僰中（今宜宾），往南达曲靖，东通夜郎，西至滇，置县邑。汉初，滇、夜郎复兴。建元六年（前135年），郎中将唐蒙始通夜郎，与夜郎侯多同商约置吏设郡，于是在延水以北僰中地置犍为郡。元鼎六年（前111年），驰义侯遗率巴蜀兵平西南夷，汉又在延水以南置牂柯郡，邛都置越巂郡。滇国直到元封二年（前109年）才内属，置益州郡。西部的巂、昆明族，居同师、楪榆一带，当今云南保山、洱海地区。这里的民族，“皆编发，随畜迁徙”，是游牧民族，“毋常处，毋君长”。说明巂、昆明各族不相统属，文化比较落后。元封二年，王然宇率领破南越兵入滇，同师、楪榆之地亦内附，汉置益州郡。西夷分布在徙、筰都、冉駹、白马等地，“皆氐类也”。其俗“或土著，或移徙”，是半农半牧相杂的民族。西夷南部的徙、筰都与僰人交错，北部的冉駹、白马与青海高原的羌人犬牙交错。所以范晔说冉駹有“六夷、七羌、九氐，各有部落”[1]。但西夷以氐人为主，故司马迁说，“皆氐类也”，元鼎六年西夷内附置汶山郡和武都郡。

如上所述，司马迁能用极其简练的文字，井井有条地叙述了西南夷各民族的历史，表明了他注意到了各民族有共同的地域、共同的经济生活以及共同的文化习俗。这些民族不断地走向进步，走向与中原华夏民族建立的王朝日益加强联系和一统的道路。《南越列传》和《东越列传》也是循着这一原则来叙述的。所以司马迁在《太史公自序》中点题说：“佗能集杨越以保南藩”，作《南越列传》；瓯人“葆守封禺为臣”，作《东越列传》；夜郎、邛筰之君“请为内臣受吏”，作《西南夷列传》。

2. 中国境内各民族皆黄帝子孙

这是司马迁从传说和历史中提炼出的民族一统理论。《史记》在许多篇章中都有所阐发。

勾吴与中国之虞为兄弟——“太史公曰：余读《春秋》古文，乃知中国之虞与荆蛮勾吴兄弟也。”[2]

楚之先祖出自帝颛顼——“楚之先祖出自帝颛顼高阳。

① 见《后汉书》卷八六《南蛮西南夷列传》“冉駹条”。

② 《史记》卷三一《吴太伯世家》。

高阳者，黄帝之孙，昌意之子也。”①

越王勾践禹之苗裔——“越王勾践，其先禹之苗裔，而夏后帝少康之庶子也。”②

东越王勾践之后——“闽越王无诸及越东海摇者，其先皆越王勾践之后也，姓驺氏。”③

匈奴夏后氏之苗裔——“匈奴，其先祖夏后氏之苗裔也，曰淳维。唐虞以上有山戎、猃狁、荤粥，居于北蛮，随畜牧而转移。”④

司马迁的这些叙述是有意识地采自传说，用以表述他的民族一统思想的历史依据和理论。例如，勾吴始祖吴太伯，本是周太王古公亶父的长子。周太王欲传位少子季历，以便季历传子姬昌。因为太王认为姬昌是一个贤人，于是太伯与弟仲雍避位逃奔到荆蛮，太伯被荆蛮拥立为主，自号勾吴。太伯死后无子，弟仲雍继立，三传至周章，时值武王灭殷，求太伯、仲雍之后，因周章已为吴王，于是封周章弟虞仲于虞。虞国在夏故墟，当今山西平陆东北，中原国家。这就是中国之虞与荆蛮勾吴的兄弟关系，其世系表列如下：

周太王古公亶父
- 吴太伯：奔荆蛮，自号勾吴。
- 仲雍—季简—叔达
  - 周章：武王封于吴
  - 虞仲：武王封于虞
  - （以上）不同民族兄弟之国。
- 季历—文王姬昌—武王姬发：灭殷建周。

《史记》叙三代天子及列国世家，皆归本于黄帝子孙，这显然是宣扬大一统和民族一统观念。从唯物史观来看，司马迁的这种理论是不科学的。我们也绝不会像三国时的谯周那样，以书呆子气去一一考实。要知道，司马迁撰史以“成一家之言”，他寓论断于序事之中。他的民族一统思想也是在序事中带出。如果不

---

① 《史记》卷四〇《楚世家》。

② 《史记》卷四一《越王勾践世家》。

③ 《史记》卷一一四《东越列传》。

④ 《史记》卷一一〇《匈奴列传》。

了解这一史例，我们就会苛责前人，也无法理解司马迁的思想。

3. 承认周边各民族有同等的“革命”权利

这里所谓“革命”，是指革故鼎新，变革天命，不同于今天的革命观念。这一词源出自《逸周书·克殷解》，《周本纪》作了摘引。司马迁说：“膺更大命，革殷，受天明命。”革命，就是推翻失去天命的暴君，拥戴获得天命的仁德之君主登基，改朝换代。武王伐纣、陈涉首难，司马迁都称之为“革命”。秦亡后，楚汉相争，项羽暴虐，汉王仁德，结果楚灭汉兴。南方越族参加了秦汉之际人民反暴政的斗争，司马迁作了肯定的记载。《东越列传》说：

> 诸侯畔秦，无诸（闽越王）、摇（越东海王）率越归鄱阳令吴芮，所谓鄱君者也，以诸侯灭秦。当是之时，项籍主命，弗王，以故不附楚。汉击项籍，无诸、摇率越人佐汉。

东越反秦佐汉，参与中原的政治斗争，司马迁特别加以记载。表现了他承认周边各民族有同等的“革命”权利的思想，这是值得肯定的。

三、司马迁民族一统思想形成的历史条件

司马迁民族一统思想的形成有着当时的历史条件，绝不是偶然的音韵天成。我们认为有以下几个方面。

第一，各民族人民之间的经济、文化交流走向民族一统。建元六年，唐蒙通使夜郎，拉开了汉武帝经略西南夷的序幕。唐蒙此行契机，是他在出使南越时，得食蜀枸酱。唐蒙回到长安，从蜀人商贾中得知，蜀枸酱是通过夜郎辗转到南越。巴、蜀与夜郎、滇等地的联系更为紧密。《西南夷列传》追溯了西南各族人民与内地交往的历史。战国时楚的势力就达于滇国，秦统一在南夷地置县邑，汉初弃置西南夷，但民间往来十分活跃。我们笮

马、髦牛及其他土特产品源源不断地输入巴、蜀，然后向内地扩散。蜀中大商贾很多就是这样致富的。《货殖列传》云：

> 蜀卓氏之先，赵人也，用铁冶富。秦破赵，迁卓氏。……致之临邛，大喜，即铁山鼓铸，运筹策，倾滇蜀之民，富至僮千人。田池射猎之乐，拟于人君。
>
> 程郑，山东迁虏也，亦冶铸，贾椎髻之民，富埒卓氏，俱居临邛。

秦始皇统一六国，迁山东贵族豪强于边邑。卓氏、程郑从中原带来先进的冶铁技术，在临邛冶铸铁器，运销椎髻之民，有力地推动了西南各民族地区的经济开发，促进了政治上的统一。自唐蒙、司马相如通西南夷后，汉朝大规模筑路，“凿山通道千余里”[①]，用以沟通与内地的联系。《货殖列传》还对全国各地的经济文化交流作了生动的记载。汉人生产的卮、姜、丹沙、铜、铁、竹、木等产品，很受各族人民的欢迎。反之，汉人也需要民族地区人民生产的特产、畜产。例如从南夷嶲、昆明族输入的木棉榻布就是一种畅销货。“文采千匹、榻布皮革千石……此亦比千乘之家。”[②] 这里把榻布与文采、皮革相提并论，以千石计量，可见输入量之大。各民族之间密切的经济文化交流，其必然的趋势是走向民族一统。元光六年（前 129 年），司马相如略定西夷，邛、筰、冉駹、斯榆之君皆请为内臣。“除边关，关益斥”[③]。总之，客观的历史发展形势，是司马迁形成民族一统思想最重要的历史条件。

第二，汉武帝向周边民族地区推广郡县制度，造成了促进民族一统的政治形势。汉武帝为了巩固大一统的封建帝国，对侵扰内地的匈奴采取了坚决的反击措施，将其逐出漠南，派张骞通使西域，开拓河西，“断匈奴右臂”。汉武帝不仅在河西设立郡县，

---

① 《史记》卷三〇《平准书》。

② 《史记》卷一二九《货殖列传》。

③ 《史记》卷一一七《司马相如列传》。

移民屯垦，而且在西南夷和两越地区推广郡县制度。汉武帝的这一政治措施顺应了历史的发展趋势，受到了各族人民的拥戴。在推行郡县过程中，汉武帝不是采取简单的武力征服，而是注意加强经济文化的影响，促进民族一统。《史记·平准书》记载说：

汉连兵三岁，诛羌，灭南越，番禺以西至蜀南者置初郡十七，且以其故俗治，毋赋税。

“且以其故俗治，毋赋税”，这一政策体现了对各民族人民习惯的尊重，还给内附各族人民带来了经济上的好处。汉武帝的主观意图是宣扬大汉威德，但客观上符合人民的愿望，大大促进了民族间的融合感情。汉武帝又对各民族的上层人物实行笼络政策，给他们封侯、做官。金日磾是匈奴人，后来成了汉武帝的辅佐大臣之一。京师长安置有胡越羌骑，这也是一种政治恩遇，即各民族组成的部队都有权利参与保卫京师，示四海臣民为一统。内迁的羌、胡、氐、匈奴等降民“皆衣食县官”，置典属国妥为安置。汉武帝的这一系列措施，巩固了汉家的大一统天下，也促进了民族一统的政治形势，这对于司马迁形成民族一统思想也是一个重要的历史条件。

第三，司马迁奉使西南夷设郡置吏，对民族历史积累了实地的考察经验。元鼎六年，司马迁“奉使西征巴、蜀以南，南略邛、笮、昆明、还报命”[①]。司马迁这次奉使以监军身份征略西南夷，并完成了设郡置吏的重大使命，是值得大书一笔的。班固给予了很高的评价，他把司马迁与丞相公孙弘并论，称之为“英俊”。班固说：

武帝既招英俊，程其器能，用之如不及。时方外事胡越，内兴制度，国家多事自公孙弘以下至司马迁皆奉使方外[②]。

① 《史记》卷一三〇《太史公自序》。
② 《汉书》卷六五《东方朔传》。

治汉史者都知道，汉武帝经营西南夷曾受到多方面的阻力干扰。朝廷大臣以公孙弘为首的儒臣极力反对，他们认为开通西南夷是“罢（疲）敝中国以奉无用之地”①。其次是西南夷君长中有一部分反对内附，留恋割据称王，时叛时服。由于西南夷道路险阻，唐蒙通夜郎，征发数万军民治道，数岁不通，加重了巴、蜀人民的负担，引起了很大的骚动。由此种种，所以汉武帝经营西南夷，时断时续，从建元六年唐蒙通使起到元封二年王然宇抚定滇国止，前后经营了二十七年（前135至前109年），才告成功。唐蒙、司马相如、公孙弘、司马迁、王然宇等人都参与了抚定工作。司马相如于元光元年（前134年）、元光五年（前130年）两次出使西南夷，告喻巴、蜀父老，抚定邛、筰、冉駹、斯榆之君，“皆请为内臣”，取得了很大的成功。司马迁有意识地将《司马相如列传》蝉联在《西南夷列传之后》，使两传互文相补，表现了司马迁颂扬民族一统的思想倾向。元鼎六年，汉武帝大规模地开通西南夷，全面地推行郡县制度于边邑，并将这一重大使命交给了司马迁，绝不是偶然的。司马迁不负此行，获得了巨大的成功“还报命”，特地书载于《太史公自序》中，这是我们研究司马迁民族一统思想时不容忽视的一个重大事件。

为了正确评价司马迁奉使西南夷的历史意义，有必要附带讨论一下奉使的时间和使命。因为学术界对这一问题的意见有分歧，而且至今还没有取得一致的看法。

王国维认为“史公奉使西南，当在置郡之后”②。考《汉书·武帝纪》元鼎六年定西南夷置郡，故王氏系年定司马迁出使在元封元年，程金造从之③。郑鹤声④、李长之⑤、王达津⑥等人认为在元鼎六年，但也都是笼统地提出。近年来，方国瑜提出元鼎五

① 《史记》卷一一二《平津侯主父列传》。

② 《太史公行年考》。

③ 《关于司马迁生卒年月四考》，载《司马迁与史记》，中华书局1957年版。

④ 《司马迁年谱》。

⑤ 《司马迁生年为建元六年辨》，《历史研究》1955年第6期。

⑥ 《读郭沫若先生“太史公行年考有问题”后》，《历史研究》1956年第3期。

年说[1]，祁庆富从之[2]。祁文《司马迁奉使西南设郡考》是学术界第一篇专论司马迁奉使时间和使命的文章，并首次提出司马迁是奉命置郡，而不是奉命安抚新郡，论说极是。但祁文认为司马迁出使在元鼎五年秋，结束使命在元封元年正月，尚可讨论。只有准确地考订司马迁奉使的时间，才能正确地了解他的使命，因此这里必须多说几句。

《太史公自序》说："奉使西征巴、蜀以南，南略邛、筰、昆明。"这里一"征"一"略"两个字清楚地点出了司马迁出使的背景。元鼎五年秋九月，汉武帝遣五路大军征讨南越，其中一路是驰义侯遗率巴、蜀兵南下，"咸会番禺"。遗征调夜郎兵，而夜郎与南越通，故且兰君反汉，阻滞巴、蜀兵南下。元鼎六年冬十月，武帝东巡，将幸缑氏，至左邑桐乡，得报闻南越破，巴、蜀兵受阻，"春……上便令征西南夷，平之。……以为武都、牂柯、越巂、沈黎、文山郡。"[3] 司马迁从巡武帝，这一使命就落在了他的肩上。也就是说，司马迁奉使巴、蜀是在汉武帝东巡路上奉命去传达"征""略"西南夷的命令的。"春"，即元鼎六年（前111年）正月。执行这一任务的是驰义侯遗所率的巴、蜀兵。司马迁以朝廷使者去监军，随军征略，并颁行置郡书，新郡甫定，乃"还报命"，已是第二年春末了。因《太史公自序》明确记载见父于河洛，时在元封元年。考《汉书·武帝纪》，元封元年春正月，行幸缑氏，"遂东巡海上"。夏四月癸卯，"上还，登封泰山"。司马谈从巡武帝，春正月东出京师，因病留滞周南。司马迁还报命，因武帝东巡，故追寻至行在所，遇父于河、洛。司马迁见父亲后，东行从封泰山，故《封禅书》曰："余从巡祭天地、诸神、名山川而封禅焉。"据此推算，司马迁还报命在元封元年二三月间。据祁文推算，奉使西南夷的往返需经半年之久，则司马迁在西南夷随军征略的时间约有十个月之久，故能亲身涉足邛、笮、昆明广大的地区。

---

① 《史记西南夷列传概说》，《中国史研究》1979年第4期。

② 祁文载《中央民族学院学报》1981年第3期。

③ 《汉书》卷六《武帝纪》。

考辨清楚了司马迁奉使西南夷的时间和任务，我们就可进行评价了。他不是元鼎五年秋奉命出征，而是元鼎六年春奉命去监军，其职责是设郡置吏，从政治上负责开辟新郡的工作，必须掌握大量的情报资料，深入了解民情民俗。换句话说，由于这一特殊的历史使命，就为司马迁形成民族一统思想奠定了坚实的生活基础。

综上所述，司马迁首创民族史传，等列各民族均为天子臣民；认为各个民族都是客观存在的实体，而详究各族人民的历史，分别立传；赞颂民族一统，并从心理要素（各民族皆为黄帝子孙）和经济文化等方面的联系，论证各民族的历史发展走向一统。这些就构成了司马迁进步的民族一统思想。司马迁民族一统思想的形成并不是个人的天才创造，而是那个时代的必然产物。具体地说，这一思想来自秦汉封建大一统的完成和巩固，来自汉武帝推行民族地区郡县化政策的影响，来自对民族地区的亲身经历和考察。此外，司马迁撰述历史坚持实录精神，也是一个重要的条件。由于司马迁生逢其时，躬奉其事，所以他成为一个卓越的进步历史家。他在《史记》中所反映的民族一统思想是十分可贵的，它远远地超过了同时代的思想家而独步当时。

（本文原载《史记研究》论集，甘肃人民出版社 1985 年版）

司马迁的战争观

清代历史学家顾炎武说："秦楚之际，兵所出入之途，曲折变化，唯太史公序之如指掌，以山川郡国不易明，故曰东曰西曰南曰北，一言之下，而形势了然。盖自古史书兵事地形之详未有过此者。太史公胸中固有一天下大势，非后代书生之所能几也。"① 三百年前顾炎武所提出的这一问题，似未引起研究者的注意。本文试论司马迁的战争观，以期抛砖引玉，促进这一领域的研究，深化对《史记》主题的揭示，不无意义。

一、《史记》是一部古代最完备的战争史

中国古代春秋战国及秦楚之际，是一个发生历史巨变的长期战乱时代，历时长达五六百年之久。只有约十八万字的《左传》，就记载了春秋二百四十二年中的动乱及战争五百五十余次。春秋之后是战国时代，更是无岁不征、无年不战。接着又是秦楚之际

① 《日知录》卷二六《史记通鉴知兵事》。

的大动乱，“五年之间，号令三嬗，自生民以来，未始有受命若斯之亟也”①，不仅战争越来越频繁，而且规模越来越大。春秋时的大战，如晋楚城濮之战、晋齐鞌之战，双方出战兵车已达一二千乘、士卒一二十万，是相当规模的大战了。但这些大战若与战国及秦楚之际的大战相比，只不过是小巫见大巫。战国时秦赵长平之战、秦灭楚之战；秦楚之际巨鹿大战、楚汉成皋之战，双方动员的直接参战兵力以百万计，往往相斗数月乃至经年，在中外战争史上都可叹为奇观。长平之战爆发在秦昭王四十七年（前260年），决战从四月至九月，历时半年。秦国“发年十五以上悉诣长平”②，进行了全国总动员，倾国远斗，秦胜赵败，“前后斩首虏四十五万人”。秦卒多于赵卒，双方参战兵力一百余万。公元前223年秦灭楚之战，秦将王翦率六十万大军入楚，楚悉发国中之兵对抗秦军，双方参战兵力亦百余万。公元前207年的巨鹿之战是起义军推翻暴秦的一场决战。诸侯之兵四十余万。秦军两支，王离军系秦戍守长城的边防军三十万，章邯军二十余万。此役各方参战总兵力近百万，决战从十二月至七月（秦历以十为月岁首），历时八个月。成皋之战，楚汉相持两年零四个月，双方前后投入的兵力有几百万③。这些大战役，影响历史的进程，司马迁作了绘声绘色的记载。交兵始末，兵略战术，局势变化，序之如指掌。这说明司马迁是一个精通兵略的历史家。

《史记》系统地记载了古代的战争，继承了《左传》的优良传统。但若将两书比较，由于体例和述史范围的不同，《史记》对于战争的记载，内容更丰富，评论更深刻，堪称古代最完备的一部战争史，有以下几个突出特点，是其他任何一部古代史籍无法比拟的。

---

① 《史记》卷一六《秦楚之际月表序》。

② 《史记》卷七三《白起王翦列传》。

③ 刘邦“将数十万之众”，距楚于巩雒，“数失军遁去”，萧何辄发关中卒补缺，刘邦又南走宛、叶收淮南兵北入成皋，并数发河北之兵南下，汉王一方前后已不下一二百万，见《史记》高祖纪、淮阴侯传、萧相国世家。

第一，《史记》具有战争史的规模体制

《史记》五体，本纪、年表、八书、世家、列传均载有战争的内容，有史有论，自成体系。单从篇目字数的数量来看，战争史内容就是《史记》最重要的组成部分。《史记》一百三十篇，五十二万六千五百字，载有战争内容的篇目达八十二篇[①]，字数十余万言，约占四分之一的篇幅。这些篇目记载擅长兵略战阵的帝王将相六十余人，记述古代战争五百余次、春秋战国及秦楚之际的大战役五十余次。凡重大战争，年表载其目，纪、传、世家载其事。十二诸侯、六国、秦楚之际三表之序，律书序（《史记》原有《兵书》，残缺。补亡者分《律历书》为《律书》、《历书》以补缺。今本《律书》前半篇习惯称《律书序》，是《兵书》残篇），以及各兵家传记篇末之“太史公曰”，则构成了司马迁系统的战争论。若把上述内容摘载出来，就可鲜明地看出《史记》是一部有史有论的、最系统而完备的战争史，这就是我们研究司马迁战争观的资料依据。

第二，《史记》载战争具有鲜明的系统性，以反映历史之变

《史记》断限，上起黄帝，下讫太初，即是从黄帝的统一战争起序事，至汉武帝兵征大宛而结，提示历史进程与战争密不可分，寓意深刻。孔子说过：“饰五兵及木石者曰贼”[②]，主张销毁兵器。儒家极力贬斥战争。司马迁却指出，秦始皇“堕坏名城，销锋镝，钼豪杰，维万世之安”，而这些禁忌“适足以资贤者为驱除难耳”[③]。“秦取天下多暴，然世异变，成功大”[④]。司马迁把

① 记有战争的八十二个篇目，较为重要的有五十八篇。本纪有五帝、周、秦、始皇、项羽、高祖六篇。表有十二诸侯、六国、秦楚之际三篇。书一篇，即律书。世家有吴太伯、齐太公、燕召公、晋、楚、越王勾践、赵、魏、韩、田齐、陈涉、曹相国、留侯、周勃十四篇。列传有司马穰苴、孙吴、伍子胥、苏秦、张仪、樗里子甘茂、穰侯、白起王翦、魏公子、乐毅、廉蔺、田单、蒙恬、张耳陈余、魏豹彭越、黥布、淮阴侯、田儋、樊郦滕灌、傅靳蒯成、吴王濞、韩长孺、李将军、匈奴、卫霍、南越、东越、朝鲜、西南夷、大宛等三十四篇。

② 《大戴礼记·千乘》。

③ 《史记》卷一六《秦楚之际月表序》。

④ 《史记》卷一五《六国年表序》。

战争与历史的发展变化联系起来考察，认识到战争是推进历史演变的一个动力，这不仅是超越前人的识见，而且在今天看来也是深刻的。因为战争是政治的继续，实质是阶级斗争的最高表现形式。《十二诸侯年表》、《六国年表》、《秦楚之际月表》三表首尾相接，就是用以系统地反映春秋战国及秦楚之际历史巨变的战史流年。三表内容以世系年月为经，以战争为纬，构成《史记》战史内容的纲要。《十二诸侯年表》起西周共和元年讫东周敬王之卒（前841至前476年），共三百六十六年，载战争一百八十九次；《六国年表》起周元王元年讫秦二世之灭（前475至前207年），共二百六十九年，载战争二百零一次；《秦楚之际月表》起陈涉发难讫刘邦称帝（前209至前201年），共八年，载战争五十三次。三表总计七百四十一年，载战争四百四十三次，去其重复三次，共四百四十次。其中重大战争五十八次。司马迁寓论断于叙事，他的战争观不仅表述于史论中，而且也表述于述史方法和笔削内容之中。如果我们把三表所载的五十八次重大战争排成一个战史流年，那么司马迁载述战争的历史内容和创表意义就鲜明地显现出来。为了使表格简洁，《史记》篇目均作略称，不加书名号。战国时代以公元前359年秦孝公变法和公元前241年六国最后一次合纵攻秦为分期临界点分为前期、中期、后期三个时期，加上春秋、秦楚之际，共为五个时期。依时间顺序表列五十五次重大战争，构成了反映春秋战国及秦楚之际历史巨变的系统的战史流年，寓示西周以来历史在动乱中走向统一。所以司马迁意味深长地在三表序中交代说，《十二诸侯年表》是将春秋时代的“盛衰大指著于篇”；《六国年表》是著战国时诸所闻的“兴坏之端”，使“后有君子，以览观焉”；《秦楚之际月表》载“号令三嬗”的历史巨变。五十五次重大战争表列如下。

（见下页）

历史时期	战役地区			时间（公元前）	结局		记事篇目
	次	古地	今地		胜败	斩首	
春秋时期（三百六十六年）	1	召陵	河南堰城东	656	齐桓公伐楚		诸侯表，齐、楚世家
	2	泓水	河南柘城县北	638	楚败宋		诸侯表，楚、宋世家
	3	城濮	山东濮县南	632	晋败楚		诸侯表，晋、楚世家
	4	崤	河南渑池东	627	晋败秦		诸侯表，秦纪，晋世家
	5	邲	河南郑州东	597	楚败晋		诸侯表，晋、楚世家
	6	鞌	山东济南北	589	晋败齐（晋兵车八百乘）		诸侯表，晋、齐世家
	7	鄢陵	河南鄢陵西南	575	晋败楚		诸侯表，晋、楚世家
	8	郢	湖北江陵北	506	吴破楚（孙武率吴师3万，五战入郢，败楚20万）		诸侯表，楚世家，孙吴传
战国前期（一百一十六年）	1	马陵	河北大名东南	369	魏败韩		六国表，魏、韩世家
	2	石门	陕西三原西北	364	魏败韩	6万	六国表，秦纪
	3	少梁	陕西韩城南	362	秦败魏		六国表，秦纪
战国中期（一百一十九年）	1	元里	陕西澄城南	354	秦败魏	7千	六国表，秦纪，魏世家
	2	邯郸	河北邯郸西南	353	魏败赵		六国表，魏、赵、田世家
	3	桂陵	河南长垣西北	353	齐田忌、孙膑败魏		六国表，田、魏世家，孙吴传
	4	马陵	河北大名东南	341	齐田忌、孙膑败魏，杀魏庞涓		六国表，田、魏世家，孙吴传
	5	安邑	山西安邑北	340	秦商鞅败魏		六国表，秦纪，魏世家，商君传
	6	彫阴	陕西洛川东南	331	秦败魏①	8万	六国表，秦纪，魏世家
	7	五国攻秦	第一次合纵攻秦	318	楚、赵、魏、韩、燕联兵攻秦至函谷关败还②		六国表，秦纪，六国各世家
	8	修鱼	河南原阳西	317	秦败赵、韩	8万2千	六国表，秦纪，赵、韩世家

① 此役彫阴之战《六国表》误作公元前333年，此从《秦本纪》，又《魏世家》作斩首四万五千。

② 此役五国攻秦，《楚世家》作六国攻秦。六国包括齐，当时齐大约只作声援，而未出兵。

（续表）

战国中期（一百一十九年）	9	观泽	河南清丰东	317	齐助秦败魏、赵		六国表，田、魏、赵世家
	10	岸门	河南许昌西北	314	秦败韩	1万	六国表，秦纪，韩世家
	11	丹阳	河南淅川附近	312	秦败楚	8万	六国表，秦纪，楚世家
	12	蓝田	陕西蓝田西	312	秦败楚		六国表，楚世家
	13	宜阳	河南宜阳西	307	秦甘茂取韩宜阳	6万	六国表，秦纪，韩世家，甘茂传
	14	重丘	河南沁阳西北	301	秦、齐、韩、魏败楚	2万	六国表，秦纪，田、魏、楚世家
	15	析	河南淅川东	298	秦败楚取16城	5万	六国表，秦纪
	16	三国攻秦	第二次合纵攻秦	298	齐、韩、魏、败秦于函谷关①		六国表，秦纪，田、韩、魏世家
	17	丹阳 伊阙	河南淅川附近 河南洛阳南	293	秦白起败韩、魏	24万	六国表，秦纪，韩、魏世家，白起传
	18	临淄	山东临淄北	284	燕乐毅率秦、韩、赵、魏、燕五国之师破齐		六国表，秦纪，韩、赵、魏、田世家
	19	光狼	山西高平	280	秦白起攻赵	3万	六国表，秦纪，赵世家，白起传
	20	即墨	山东平度东南	279	齐田单破燕		六国表，田、燕世家，田单传
	21	郢	湖北江陵北	278	秦白起破楚郢都		六国表，秦纪，楚世家，穰侯传，白起传
	22	大梁	河南开封	274	秦穰侯攻魏	4万	六国表，秦纪，楚世家，穰侯传
	23	华阳	河南新郑东	273	秦白起破魏、赵（斩魏卒13万、沉赵降卒2万于河）	15万	六国表，秦纪，魏世家，白起传
	24	阏与	山西和顺西北	270	赵将赵奢败秦		六国表，秦纪，赵世家
	25	陉	山西曲沃西北	264	秦白起破韩	5万	六国表，秦纪，韩世家，白起传
	26	长平	山西高平西北	260	秦白起破赵（秦发年15以上悉诣长平）	坑45万	六国表，秦纪，赵世家，白起传
	27	邯郸	河北邯郸	257	秦围赵邯郸，楚、魏救赵败秦		六国表，秦纪，赵、魏、楚世家

① 此役三国攻秦，《秦本纪》作公元前296年齐、韩、魏、赵、宋、中山（赵附属国）五国攻秦。

（续表）

战国中期（一百一十九年）	28	阳城	河南登封东	256	秦败韩	4万	六国表，秦纪，韩世家
	29	新中	河南安阳	256	秦败赵	虏9万	六国表，秦纪
	30	五国攻秦	第三次合纵攻秦	247	魏、楚、燕、韩、赵败秦于河外		六国表，秦纪，魏、楚世家，魏公子传
	31	卷	河南原阳西	245	秦攻魏	3万	始皇纪
	32	五国攻秦	第四次合纵攻秦	241	楚、赵、魏、燕、韩攻秦，战于函谷，至蕞（临潼东北）而还		六国表，始皇纪，赵世家
战国后期（二十年）	1	平阳	山西临汾	234	秦败赵	10万	六国表，始皇纪，赵世家
	2	阳翟	河南禹县	230	秦内史腾灭韩		六国表，始皇纪，韩世家
	3	邯郸		228	秦王翦灭赵		六国表，始皇纪，赵世家
	4	大梁	河南开封	225	秦王贲灭魏		六国表，始皇纪，魏世家
	5	寿春	安徽寿县	223	秦王翦率60万秦兵灭楚		六国表，始皇纪，楚世家，王翦传
	6	辽东	辽宁东部	222	秦王贲灭燕		六国表，始皇纪，楚世家，王翦传
	7	临淄	山东临淄	221	秦王贲灭齐，秦统一六国		六国表，始皇纪，田世家，王翦传
秦楚之际（八年）	1	戏	陕西临潼东	209	秦章邯败楚周文		月表，陈涉世家
	2	定陶	山东定陶西北	208	秦章邯破杀项梁		月表，项纪
	3	巨鹿	河北平乡西	207	项羽大破秦军	坑20万	月表，项纪，张耳陈余等传
	4	彭城	江苏徐州	205	项羽精骑3万破汉军56万		月表，项纪，高祖纪
	5	井陉	河北井陉西北	204	汉韩信破赵		月表，淮阴侯传
	6	成皋	河南荥阳西北	205 206	楚汉对峙两年零七个月		月表，项纪，高祖纪
	7	维水	山东高密西	203	韩信破杀龙且		月表，淮阴侯传
	8	垓下	安徽灵璧东南	202	汉灭楚，大一统		月表，项纪，高祖纪

第三，《史记》载战争旨在揭示历史的演变轨迹，颂扬秦汉大一统

司马迁在史论中表述的战争论观点，将在第二节详析。这里试对前表列载的重大战争史流年的内容作一简要分析，以考察司马迁寓于史中的观点。

春秋时代三百六十六年，表列八次重大战争集中在中期约一百五十年间。战国时代二百五十五年，重大战争四十二次。前期一百一十六年（前475至前359年），只有三次重大战争；中期一百一十九年（前359至前241年），有三十二次重大战争；后期二十年（前241至前221年），有七次重大战争。秦楚之际八年（前209至前201年），有八次重大战争。这个分期的战争史流年清楚地反映了历史由兼并战争走向统一的演变轨迹。由于春秋的兼并战争，改变了西周盛世“协和万邦”的封建格局，形成了几个大国。《十二诸侯年表序》云：“齐、晋、秦、楚其在成周微甚，封或百里或五十里。晋阻三河，齐负东海，楚介江淮，秦因雍州之固，四海迭兴，更为伯主，文武所褒大封，皆威而服焉。”齐、晋、秦、楚之所以兴起，是由于各国变法图强带来的经济发展起了巨大的作用。战国前期一百余年的相对平静是为战国中期大规模的战争做准备。这个时期各国先后变法，政治、经济、军事力量大大加强，所以才有战国中期频繁的大战。从战争地域来看，战国时期集中在三晋；楚汉相争，决胜在成皋。这说明在战国时期就已形成了“逐鹿中原”这样的格局。因三晋地处中原，是中国九州的经济、文化中心，人口密集，生产发达。《货殖列传》从经济地理角度阐述了三河（河东、河内、河南）为天下之中，然而关中最富。秦据关中，而晋全据三河。所以秦晋是两个大国。但是强大的晋国由于三分而削弱。偏处西方的秦国以其优越的地理形势及商鞅变法，后来居上，主宰了整个的战国局势。《六国年表序》云：“秦始小国僻远，诸夏宾（摈）之，比于戎翟，至献公之后常雄诸侯。”通计战国之世的四十二次大战，东方六国之间的争雄只有六次，其中一次燕乐毅伐齐还有秦国的介入。其余三十六次大战都是秦与六国的争雄战争。秦国发动的战争三十二次，只有两次失败，即阏於之战和围邯郸大战，其余三十次都获得了胜利。东方六国四次合纵攻秦都以失败告终。所以司马迁列战国年表取名《六国年表》，而不用“战国年表”或“七国年表”命名，寓示秦为宗主。所以秦先公先王世系立为“秦本纪”。

《六国年表》下及秦之灭，而不是截至公元前 221 年秦统一止，具有更深刻的寓意。这寓意就是把战国之世看做是秦朝一代历史兴亡的组成部分，肯定秦朝的统一之功。《六国年表序》云：“秦取天下多暴，然世异变，成功大。”秦并六国的战争是十分野蛮和残酷的。《史记》独特标出秦军攻伐斩首若干，就是用以批评“秦取天下多暴”的。上表所列“斩首”一栏，皆秦军所为。从公元前 364 年的石门之战起，至公元前 234 年的平阳之战止，一百三十年中，秦军斩杀六国士卒一百六十七万人，单是白起一人就斩首坑杀 92 万人。秦将白起最为野蛮。公元前 293 年伊阙之战，他斩杀韩、魏士卒二十四万；公元前 273 年华阳之战，杀魏卒十三万，沉赵卒二万于河；公元前 280 年的光狼之战和公元前 264 年的陉之战，两役斩杀赵、韩士卒八万；公元前 260 年长平之战，坑杀赵降卒四十余万，此役前后斩杀总计四十五万。史称秦为“虎狼之国”①，称白起、王翦为“豺狼之徒”②。但秦能战胜六国，夷灭侯王，客观上是在“平乱世”，所以得到了司马迁的肯定。他说：“秦起襄公，章于文、缪，献、孝之后，稍以蚕食六国，百有余载，至始皇乃能并冠带之伦，以德若彼，用力如此，盖一统若斯之难也。”③ 正如列宁所指出：“历史上常有这样的战争，它们虽然和一切战争一样不可避免地带来种种惨祸、暴行、灾难和痛苦，但是它们仍然是进步的战争，也就是说，它们有利于人类的发展，有助于破坏特别有害的和反动的制度。”④ 尽管司马迁还不可能认识到秦并天下是最后完成了中国封建制度的社会变革，但他通过“原始察终”的方法，认识到统一战争的进

① 《史记》卷六九《苏秦列传》载苏秦语，又见《战国策·西周策》载游腾言。
② 《汉书》卷二三《刑法志》。
③ 《史记》卷一六《秦楚之际月表序》。
④ 《社会主义与战争》，载《列宁选集》第 2 卷，第 668 页。

步意义，跳出了西汉时儒生学士的“耳食”之见，肯定以暴力取天下的秦朝“成功大”，为白起、王翦二人作传，可以说具有唯物的辩证的观点。

二、司马迁在史论中表述的战争观点

战争是人类阶级社会的斗争形式，是剥削制度的产物。“争地以战，杀人盈野；争城以战，杀人盈城，此所谓率土地而食人肉，罪不容于死。”[①] 这是先秦大儒孟轲对于战争的谴责。他主张“善战者服上刑”。谁善于打仗，就处他以极刑，以为这样就可以制止战争，这当然是一种十分可笑的迂腐观点。但是，孟轲对于战争的谴责确是一个发人深省的问题。先秦诸子百家都在思考这个问题。具有道德理性的人类社会，为什么要爆发战争？怎样去制止战争？墨家主张“兼爱”和“非攻”，提倡普遍的人性爱来制止战争。儒家主张“仁政”，倡导用礼、义来消除战争。法家主张富国强兵，以法为教，提出了“以战去战”的理论[②]，走兼并统一的道路。兵家适应法家的主张，致力于研究怎样打胜仗，保存自己，消灭敌人，发展了治兵置阵的兵学。司马迁贯通百家学说，以历史家“稽其成败兴坏之理”的卓识，研究战争，记载战争，发展了古代的兵学理论。《兵书》就是司马迁写的一篇战争论。司马迁对战争的基本观点可以概括为以下三个方面：

第一，认为战争是诛暴救危的自强工具，它既可以兴邦，也可以丧邦，应当慎重使用

司马迁给战争下了一个定义。他说：“兵者，圣人所以讨强暴，平乱世，夷险阻，救危殆。自含齿戴角之兽见犯则校，而况于人怀好恶喜怒之气，喜则爱心生，怒则毒螫加，情性之理

① 《孟子》卷七《离娄上》。
② 《商君书·画策》。

也。”①这里，司马迁把人类战争比做昆虫鸟兽的毒针爪牙，视为自卫的工具，这只是一种简单的类比，是不科学的。这是从直观中形成的自然主义战争观，把人类社会视同生存竞争的动物界，所以得出战争起源是“情性之理”的结论。司马迁不懂得阶级斗争，这样的认识是难免的。但是，司马迁从“通古今之变”的历史中认识到战争是不可避免的，他摒弃了儒家的迂腐观点，承认暴力在一定条件下的合理性，接近于法家的战争观，是一种进步的观点。

《太史公自序》云：“非兵不强，非德不昌。黄帝、汤、武以兴，桀、纣、二世以崩，可不慎欤？《司马法》所从来尚矣，太公、孙、吴、王子能绍而明之，切近世，极人变。作《兵书》第三。”今本《史记》“作《律书》第三”。这段话是原著《兵书》的内容提要，也是司马迁战争观的高度概括。据此，《兵书》内容可分为两大部分。第一部分阐述战争的根源及与政治的关系，是对战争现象的一般原理的探讨。第二部分总结历代以来兵家的战争理论，即总结具体的两军对阵决胜负的战略战术。今本《律书》只残留了第一部分，而第二部分“七正二十八舍”以下非《兵书》原文，司马迁是怎样总结古代兵家的战争理论，在《律书》中就不可得而详了。但《史记》有司马穰苴、太公、两孙子、吴起等人的传记，有“太史公曰”的评论，可以弥补今本《律书》之缺。将这两项资料结合起来讨论司马迁的战争观，也就没有什么遗憾了。

“非兵不强，非德不昌”，这八个字是司马迁战争观的理论核心。兵，即战争；德，指政治。两者相辅相成。国家缺少战争手段就不能自强，但只注重战争而缺少礼、义之德，国家也不会昌盛。儒家排斥战争，法家专注暴力，两家都不免有片面性。但司马迁的观点并非儒法两家的折中，而是总结了几千年的战争史，尤其是总结了春秋战国以来近世的战争史升华的理论，当然也吸收了儒法两家理论中的合理内核。“黄帝、汤、武以兴，桀、纣、

① 《史记》卷二五《律书》。下引《律书》不再注。

二世以崩”，就是生动的历史例证。“可不慎欤”，不是废弃战争，而是要注重战争和慎用战争。所以司马迁对侈谈“德化”的“世儒”给予了尖锐的批评。他指出黄帝之统一，颛顼之除害，成汤之有天下，春秋霸业之兴起，都凭藉了战争手段。“岂与世儒暗于大较，不权轻重，猥云德化，不当用兵，大至君辱失守，小乃侵犯削弱，遂执不移等哉!”空谈“德化”的人，根本不懂战争，也不懂得治国平天下。如果按照他们的办法，轻则“侵犯削弱”，重则“君辱失守”，即国破家亡。因此，司马迁强调“教笞不可废于家，刑罚不可捐于国”，故“诛伐不可偃于天下”，只是“用之有巧拙，行之有逆顺”罢了。

第二，认为战争“行之有逆顺”，颂扬顺天而行的正义战争，反对逆理而动的非正义战争

“行之有逆顺”，就是把战争分为正义与非正义两类，既不笼统地反对一切战争，也不盲目地支持一切战争；而是支持正义战争，反对非正义战争。司马迁对战争的这种认识和态度，是值得称赞的，超越了前人。

首先，从司马迁给战争所下的定义来看，他明确地提出了区分两类战争的理论。“兵者，圣人所以讨强暴，平乱世，夷险阻、救危殆”，即诛暴、平乱、夷险、救危这四个方面的战争是正义的，反之是非正义的。对照先秦兵家及东汉班固给战争所下的定义，就可以清楚地看出司马迁战争观的进步性。先秦的大军事家孙子竟宣称战争的目的就是“掠乡分众，廓地分利”[①]，这就混淆了两类战争的界线。班固说：“凡兵，所以存亡继绝，救乱除害也。”[②] 这是儒家的正统观点。“救乱除害”是正确的，儒家颂扬汤武革命就基于此，为司马迁所吸收。但“存亡继绝”却是倒退的历史观。孔子倡言“兴灭国，继绝世”[③]，目的是维护西周那样的封建局面。按照这一观点，远古的黄帝和近世的秦始皇所进行的统一战争就要被否定，这正是汉儒们的观点。司马迁批评他们

① 《孙子》第七《军争》。
② 《汉书》卷二三《刑法志》。
③ 《论语》第二〇《尧曰》。

是“不察其终始”的“耳食”之儒，是完全正确的。

其次，司马迁对历史上两类战争作了具体区分，鲜明地颂扬正义战争，遣责非正义战争。具体区分两类战争，比起从理论上下一个定义更加困难。所以《律书》列举了一系列两类战争的实例来提示。哪些是正义的战争呢？“昔黄帝有涿鹿之战，以定火灾；颛顼有共工之陈，以平水害；成汤有南巢之伐，以殄夏乱。递兴递废，胜者用事，所受于天也。”黄帝、颛顼统一乱世，成汤讨伐暴君，均为民除害，诛暴止乱，符合天理，是正义的战争。哪些是非正义的战争呢？“夏桀、殷纣手搏豺狼，足追四马，勇非微也；百战克胜，诸侯慑服，权非轻也。秦二世宿军无用之地，连兵于边陲，力非弱也；结怨匈奴，絓祸于越，势非寡也。及其威尽势极，闾巷之人为敌国。咎生穷武之不知足，甘得之心不息也。”桀、纣、二世穷兵黩武，贪得无厌，是非正义的战争，因此终究败亡。正义战争必胜，非正义战争必败。逆天而动，武力不可恃。

综观《史记》褒贬抑扬的两类战争，可以概括为三种类型。一是颂扬平乱世的统一战争，反对分裂割据的战争；二是颂扬有道伐无道的革命战争，反对暴虐人民的昏乱之君；三是颂扬诛暴战争，反对穷兵黩武的战争。

颂扬统一战争，是《史记》载述战争的一大主题。“春秋无义战”①，这是孟轲的观点。若单从争城争地来看，兼并战争确实是无正义可言。但从历史进程来看，兼并战争推动历史走向统一，它又是进步的，最后的胜利者应该占有一定的历史地位。司马迁对秦朝的统一战争和对楚汉相争刘邦的统一战争就是这样来评价的。项羽分裂天下，是他“暴戾”行事的一种反映；西汉吴楚七国之乱，破坏统一，均受到司马迁的批评。“子羽暴虐，汉行功德；愤发蜀汉，还定三秦；诛籍业帝，天下惟宁，改制易俗。作《高祖本纪》第八。”② 司马迁热情地颂扬刘邦的统一之

① 《孟子》卷一四《尽心下》。
② 《史记》卷一三〇《太史公自序》。

功，称他为“大圣”[①]。吴王濞首谋反叛，司马迁降为列传，以示贬抑。“吴之叛逆，瓯人斩濞，葆守封禺为臣。作《东越列传》第五十四。”[②] 越人内附，西南夷“请为内臣受吏”[③]，各民族融合走向一统，司马迁肯定了这一历史的趋向。

《周本纪》和《陈涉世家》颂扬了有道伐无道的革命战争。武王伐纣，在朝歌举行了盛大的告天仪式。武王再拜稽首说：“膺更大命，革殷，受天明命。”[④] 司马迁为陈涉立世家，高度评价他发难的反暴战争。“桀、纣失其道而汤、武作，周失其道而《春秋》作。秦失其政，而陈涉发迹，诸侯作难，风起云蒸，卒亡秦族。天下之端，自涉发难。作《陈涉世家》第十八。”[⑤]

《匈奴列传》以实录史事的手法谴责匈奴侵扰中国。冒顿单于犯边，高祖发三十二万兵征讨，被困平城，忍辱和亲。吕后当政，冒顿单于又遗书戏辱，蔑视汉朝。文、景时期，匈奴时常背约，入盗寇边，杀略吏民。反击匈奴的侵暴掠夺是正义之战，不可避免。“自三代以来，匈奴常为中国患害，欲知强弱之时，设备征讨，作《匈奴列传》第五十。”[⑥] 司马迁肯定了汉武帝反击匈奴的诛暴战争。但是汉武帝后期的对匈战争，却是要臣服匈奴，结果导致了李广利连年动众的失败，受到了司马迁的讥评。这反映了司马迁战争观的人民性思想，即使是正义的反侵暴战争，如果走上黩武主义，不符人民利益，司马迁也予以谴责。

第三，认为战争“用之有巧拙”，要兴建功业，必须详参彼己，慎择将相，认真研究用兵作战的方略

《匈奴列传赞》云：“世俗之言匈奴者，患其徼一时之权，而务谄纳其说，以便偏指，不参彼已；将率席中国广大，气奋，人主因以决策，是以建功不深。尧虽贤，兴事业不成，得禹而九州宁。且欲兴圣统，唯在择任将相哉！唯在择任将相哉！”匈奴之

---

① 《史记》卷一六《秦楚之际月表序》。

② 《史记》卷一三〇《太史公自序》。

③ 同上。

④ 《史记》卷四《周本纪》。

⑤ 《史记》卷一三〇《太史公自序》。

⑥ 同上。

众，不过当汉一郡。但汉匈战争在武帝之世从元光二年（前132年）设谋马邑到征和三年（前90年）李广利降匈奴止，进行了四十三年，耗尽了西汉盛大的国力，而并未臣服匈奴，所以说“建功不深”。司马迁从这一战争实践中总结出两条慎用战争、巧用战争的方略，即一为“详参彼己”，二为“择任将相”。

详参彼己。司马迁反说，“不参彼己”则败，正说即是“详参彼己”，乃取胜之道。“详参彼己”，就是“知彼知己”。毛泽东同志指出：“孙子的规律，‘知彼知己，百战不殆’，仍是科学的真理。”[①]《淮阴侯列传》述韩信破赵的井陉之战，先侦知赵将陈余不用李左车之奇计，而要打堂堂之战，又深知己军是一支新军，“其势非置之死地，使人人自为战”，才有胜机，故置背水阵，出奇制胜，一战而破赵军。但若是两大国交兵，一战之得失并不能决定全局的胜败。因为战争胜败“不但是军力和经济力的对比，而且是人力和人心的对比”[②]。司马迁所讲的“详参彼己”发展了孙子“知彼知己”的战术思想，而是详参交战双方社会总力量的对比。《张仪列传》载张仪说齐湣王曰：“臣闻之，齐与鲁三战而鲁三胜，国以危亡随其后，虽有战胜之名，而有亡国之实。是何也？齐大而鲁小也。今秦之与齐也，犹齐之与鲁也。秦赵战于河漳之上，再战而赵再胜秦；战于番吾之下，再战又胜秦。四战之后，赵之亡卒数十万，邯郸仅存，虽有战胜之名而国已破矣。是何也？秦强而赵弱。”这说明，两国交兵，双方强弱形势，财力大小，人力众寡，不可不详参彼己。《淮阴侯列传》载韩信论项羽必败的形势分析，又说明强弱之势并非一成不变，形势消长，人心向背，不可不详参彼己。此外，敌国政治之措置，人民之习性，兵卒之素质都必须详究。苏秦、张仪两传借纵横家之口说明和与战之策略关系国家存亡，不可不详参彼己。汉武帝反击匈奴，不趁元狩四年（前119年）漠北大战的胜利形势，与匈奴和亲，而误听“谄纳其说”，制定了臣服匈奴的错误

① 《毛泽东选集》第二卷《论持久战》。
② 同上。

战略。匈奴军虽寡，但匈奴是一个全民习骑射的大国，东西广袤万里，南面大漠为屏障。汉军虽众，但骑射不如匈奴，出塞千里，后方转输，“率三十钟而致一石”，势成强弩之末。匈奴却休兵于漠北，“无城郭之居，委积之守，迁徙鸟举”①，先占地利，以逸待劳，汉军难以取胜。司马迁“不参彼己”之批评，切中要害。

择任将相。司马迁给古今众多的兵家战将作传，高度评价司马穰苴、太公、孙、吴等人的兵法学，“切近世，极人变”，既切合近世社会的实用，又是人类最高智慧的结晶，与儒家“善战者服上刑”的主张形成了鲜明的对照。井陉之战，赵将成安君陈余不用广武君李左车的奇计，结果兵败身死为天下笑。司马迁以颂为讽评论说：“成安君儒者也，常称义兵，不用诈谋奇计。”《田单列传》记述田单破燕，以五千之众胜数十万燕军，全靠奇谋取胜。《赞》语曰：“太史公曰：兵以正合，以奇胜。善战者出奇无穷。奇正还相生，如环之无端。”所谓“正”，即堂堂的攻守之战，攻则无坚不摧，守则坚如磐石，这拼的是兵锐将勇。所谓“奇”，就是不依正轨，不行常道，用奇谋智计取胜，斗的是兵略权谋。兵锐将勇，是战争取胜最基本的要素。兵略权谋，是常胜的决定因素。两者相辅为用。百战百胜的将军总是智勇兼备，用兵置陈，正奇相依，变化无穷，如“环之无端”，无懈可击。让我们看司马迁所写的战争实例。

秦赵阏於之战，借赵奢之口说，两军相斗，“譬之如两鼠斗于穴中，将勇者胜”②。赵军如鹰击狡兔，迅猛而又出其不意地直趋秦军，获得了全胜。巨鹿之战，项羽破釜沉舟，勇往直前，以泰山压顶之势冲击秦军，赢得了大胜。项羽起兵八年，身经七十余战，未尝败北。彭城之战，他以三万精兵击溃刘邦五十六万大军。乌江岸边，他以二十八骑决战汉兵五千追骑，溃围、斩将、

① 《史记》卷一一二《平津侯主父偃列传》。

② 《史记》卷八一《廉颇蔺相如列传》。

夺旗。这都是一鼓作气取得的胜利。打仗就要有这样的气势。乌合之众、怯懦之将是不能打胜仗的。但是两军置阵对抗，“多算胜，少算不胜”①，善战者是斗智而不是斗力。拔山盖世之雄项羽终于败在刘邦手下，可见智胜勇。垓下之战，韩信指挥三十万大军与项羽战，以密集之大军伪作山崩瓦解之败，诱使项羽逐胜，分散楚军兵势，使孔将军、费将军从左右横击楚军，“楚兵不利，淮阴复乘之”②，于是把项羽团团围困在垓下，更是智胜勇。战国时孙膑围魏救赵的桂陵之战，“批亢捣虚”，避实击虚；马陵之战，外示以弱，诱敌中伏，擒杀庞涓。秦魏安邑之战，商鞅诈赚公子卬，王翦灭楚，计引楚军东归，在追击中取胜。这些都是用奇斗智的战例。常胜将军白起和淮阴侯韩信则是勇略兼备。秦赵长平之战，秦军正面佯败诱使赵军攻坚，而另出两路奇兵，一路冲断赵军，分割包围，一路切断粮道，困迫赵军投降。井陉之战，韩信不单用智，而且也是斗勇。凡以少胜众，以弱克强的将军，都是智勇双全的良将。司马迁绘声绘色地记载了古今大大小小的各种斗奇用智的战例，说的就是这个道理，欲“巧”用战争，必须慎择良将。

兵锐将勇，出奇用智，还在于有严格的训练，赏罚必信，官兵一体，成为一支有素养的军队。廉颇用赵卒则胜，带楚兵则无功，就是生动的例证。《孙子吴起列传》、《司马穰苴列传》，载述孙武练兵，吴起爱士，穰苴立信，这都是良将的治兵方略。他们带领的军队，官兵一体，纪律严明，就没有不打胜仗的。汉武帝伐匈奴，以外戚为大将，卫青、霍去病尚能“用材能自进”③，常打胜仗。但霍去病不恤士卒，“重车余弃粱肉，而士有饥者”④，比古之良将已逊一筹。至于贰师将军李广利更是庸劣无比，兵征大宛，上下贪冒，使汉军前后丧师十余万众，战死不能多，大多士卒物故于贪将之手。最后李广利兵败降匈奴，

① 《孙子》第一《计篇》。
② 《史记》卷八《高祖本纪》。
③ 《史记》卷一二五《佞幸列传》。
④ 《史记》卷一一一《卫将军骠骑列传》。

成了可耻的叛徒。司马迁对汉武帝不慎择将相的批评，也是切中要害。

从上述三个方面来看，司马迁十分精通兵略，娴于权谋，故载述兵事战阵有声有色。他虽然没有带兵打仗，但对于兵学理论作了深入的研究，尤其注重当世战争的经验总结。所以司马迁的战争观带有浓厚的政治色彩，在当时具有切中时弊的现实意义，为西汉统治者敲了警钟；在今天来看具有很高的史料价值，反映了中国封建社会走向大一统时代人们的战争观念，是研究古代战争史的重要资料。

三、司马迁战争观形成的历史条件

形成司马迁战争观的历史条件，有以下几点：

第一，春秋战国以来兵法学的发展，已经形成了系统的理论

伴随着春秋战国及秦楚之际的战争，产生了无数杰出的军事家和常胜将军，兵法学因而大兴。《司马兵法》、《孙子兵法》、《孙膑兵法》、《吴起兵法》等名著都是出自带兵打仗的常胜将军之手，是实战的总结，是经验的升华，所以具有朴素唯物论观点和辩证法思想。在秦汉之际，兵法学十分普及，广为流传。司马迁反复申言之。《司马穰苴列传赞》云："太史公曰：余读《司马兵法》，闳廓深远，虽三代征伐，未能竟其义……世既多《司马兵法》，以故不论，著穰苴之列传焉。"《孙子吴起列传赞》云："太史公曰：世俗所称师旅，皆道《孙子》十三篇，《吴起兵法》，世多有，故弗论，论其行事所施设者。"《魏公子列传》云："诸侯闻公子将，各遣将将兵救魏。秦兵不敢出。当是时，公子威震天下，诸侯之客进兵法，公子皆名之，故世俗称《魏公子兵法》。"

《汉书·艺文志》专设"兵书略"，分权谋、形势、阴阳、技巧四类，总计兵书五十三家、七百九十篇、图四十三卷。由此可见秦汉之际兵法学发展的盛况。留侯张良得《太公兵法》为王者师，“运筹策帷帐之中，决胜于千里之外”①。韩信穷愁潦倒而带剑学兵法，“连百万之军，战必胜，攻必取”②。西汉王朝从马背上得天下，最高统治者十分重视兵法学。刘邦令“韩信申军法”③，使兵法学得到了很好的整理。司马迁就生活在这兵法学昌盛的时代，广读兵书，内藏韬略，也就毫不奇怪了。

在春秋战国之世，不仅军谋家和带兵打仗的将军们要研究战争，而且政治家、外交家和历史家也要研究战争。例如《管子》书中就有《兵法》、《参患》、《制分》等篇。《荀子》书中有《议兵》篇。《艺文志》兵权谋类有《公孙鞅》二十七篇，有《范蠡》二篇，有《大夫种》二篇。管仲、荀子、商鞅、范蠡、大夫种等人都是政治家，荀子主要是学问家，苏秦、张仪等策士是外交家，他们的谈兵言论载于《战国策》。左丘明在《左传》中详载兵事。这些书籍不仅陶冶了司马迁的兵学，而且为其写作《史记》所取资。司马迁的战争观综合熔铸了前人的成果，这是不言而喻的。

第二，深厚家学渊源的影响

《太史公自序》追述了司马氏祖先源远流长，有着两大光荣的祖德传统，即或为文臣世典周史，或为武将建立功名。周宣王时的程伯休甫是一位著名的将军，垂名于多种典籍之中。《诗·大雅·常武》赞颂了他的事迹：“王谓尹氏，命程伯休甫，左右阵行，戒我师旅。率彼淮浦，省此徐土。”《国语·楚语下》观射父论绝地天通条亦述载此事。据韦昭注，程是国名，伯是爵级，休父是人名，他以伯爵诸侯任职为司马。西周有大司马，是执掌兵事的最高武职。西汉史游著《急就篇》，在“司马褒”下注云：“程伯休甫，周宣王时，有平徐方之功，赐以官族，为司马氏。”从此，休甫之后裔以司马氏为姓，传习兵法剑术，出了好几位名臣武将。《太史公自序》作了亲切的记载。战国时有个司马喜为中山相，是一个策士，见于《战国策》。在赵国有传剑术的司马氏，其苗裔在秦楚之际出了一个殷王司马卬。司马卬的后代又出

---

① 《史记》卷八《高祖本纪》。

② 同上。

③ 《史记》卷一三〇《太史公自序》。

了一个善于用兵的军事家兼政治家司马懿。他的孙子司马炎夺了曹魏的天下，统一中国，建立了晋朝。司马迁的直系祖先是秦国司马氏，居河西少梁，即今陕西韩城县南芝川镇。司马迁的八世祖司马错是秦国的著名大将，与白起同时，年齿稍长。在秦国发展史上，司马错和白起是两个显赫人物，一前一后建立了不朽的功业。司马错历事秦惠王、武王、昭王三朝，前后三十六年。白起事秦昭王三十七年。两人友谊深厚，曾并肩作战。秦昭王十八年（前289年），司马错与白起共攻魏，取垣、轵等大小六十一城。据《秦本纪》、《六国年表》、《张仪传》、《白起传》等篇记载，司马错七次出征，为秦西取巴蜀，南夺楚黔中地，东伐魏拓境过安邑，使秦国土地扩大了两倍。公元前316年，司马错与秦相张仪在秦惠王面前辩论伐蜀利弊，难倒了策士张仪。司马错的论辩纵谈天下形势，并阐明了兵政关系，惠王称“善”。司马错伐蜀，“秦以益强，富厚，轻诸侯”[①]。司马错之孙，即司马迁的六世祖司马靳是白起的得力助手。在长平之战中为秦军副将。《太史公自序·集解》引徐广说：靳，“一作蕲”。《秦本纪》、《白起列传》作“梗”。靳、蕲、梗三字一音之转，实为一人。“靳”与“蕲”韵近，“靳”与“梗”声近。也就是说《秦本纪》和《白起列传》中的“司马梗”即《太史公自序》中的“司马靳”。长平战后，秦军分为三路攻赵。白起自率一军定上党。王龁率一军取赵皮牢。司马梗率一军北定太原。公元前257年，白起不肯为将攻赵邯郸，被秦昭王赐死，司马靳（梗）连坐而死。白起不肯为将，因为他认为攻围邯郸不能取胜，他宁死也不做败军之将。秦军攻围邯郸，诸侯救赵，果然失败。司马靳连坐而死，由此可见他与白起关系之密切，大约也是不肯做败军之将拒绝出征而被赐死。司马错和白起从未打过败仗。胜则进取，不胜绝不盲目行动，具有唯物的求实精神和抗强梁的品德。这些思想和品德在父子孙孙口耳相传与言行身教之中形成遗传习性，这就是司马迁兵学思想的家学渊源。司马谈临终，拉着司马迁的手垂泣而教，要他以孝子的名义

① 《史记》卷七〇《张仪列传》。

发誓效周公发扬祖德，光耀先人。司马氏世典周史和治兵置阵的兵学，就这样在《史记》中得到发扬光大。

第三，时势的推动，使司马迁注重兵学

汉武帝元朔三年（前 126 年），司马迁二十壮游，网罗天下放失旧闻。其时汉匈战争已经进行了七年，天下飞刍輓粟，萧然烦费。骚动全国的战争动员给司马迁提出了研究兵学的课题。他“厄困鄱、薛、彭城，过梁、楚以归”[①]，详细考察秦灭六国以及楚汉相争的战场。他徘徊于大梁之墟，考求侯生所居夷门，遥想当年魏公子窃符救赵的壮举，激发报国之志。元鼎六年（前 111 年），司马迁“奉使西征巴、蜀以南，南略邛、笮、昆明，还报命”[②]，亲历军阵，渡越关山。他扈从武帝，目睹了盛大的阅兵典礼和围猎军事演习，使书本上治兵置阵的兵学得到实际生活的验证。尤其是汉匈战争兵连不解数十年，深深地影响了当时人们的生活，不能不使忧国忧民的司马迁加倍地关注战争。所以司马迁的战争观，不只是来源于读兵书、史乘和家学承传，而更有对现实的战争体察和亲身实践。这就是司马迁的战争观如前所述具有进步性、唯物性和人民性的根本原因。

纵观司马迁的战争观，立于治国平天下的政治高度，系统地总结了历史上的战争经验和兵学理论，形成了一套“志古自镜”的历史兵略学，供善为治国者览观。司马迁对兵政关系作了辩证的理论概括，认为兵与政是保国安民的两件不可或缺的工具。他借主父偃《谏伐匈奴疏》引《司马法》曰，“国虽大，好战必亡；天下虽平，忘战必危”[③]。这说明司马迁倡导注重战争、研究兵略，不是好战，而是自强，抗暴御侮。这些思想在今天看来，无疑也是值得肯定的。

（本文原载刘乃和主编《司马迁和史记》论集，
北京出版社 1987 年版）

① 《史记》卷一三〇《太史公自序》。
② 同上。
③ 《史记》卷一一二《平津侯主父列传》。

司马迁写秦赵长平之战

司马迁写战争，立于治国平天下的政治高度，已详述于《司马迁的战争观》一文中。这里选择三个战争实例：秦赵长平之战，秦灭楚之战，汉武帝征伐匈奴，评说司马迁怎样写战争。三大战争的规模之大，历时之久，均是历史的空前。三大战争，双方倾尽全力，其规模用在第一线作战的兵力达百万以上。战争历时长，秦灭楚之战时间最短一年多；秦赵长平之战，前后历时八年；汉武帝伐匈奴，历时达数十年之久。司马迁大手笔写大战役，精采绝伦。先说秦赵长平之战。

一、秦赵长平之战的背景

战国时代发生在公元前 260 年的秦赵长平之战，秦胜赵败，赵卒被斩杀活埋达 45 万人，赵国元气大伤，从此衰败。导火线是公元前 262 年赵孝成王听信平原君接纳韩国上党太守冯亭的投降，赵国虎口夺食，占有秦国的胜利果实，被司马迁批评为“利令智昏”。实质是赵韩唇齿相依，赵救韩，实为自保。赵王接受冯亭之降，有三个原因：其一，从地理态势增强邯郸西部的防务，上党入秦，邯郸的门户洞开。此所谓唇亡齿寒，赵不可不保；其二，秦兵东进，意在吞并各国，东方各国都清楚。坐等秦国各个击破，不如联合一拼。但谁出头联合，秦先打谁，所以东方各国又想联合，又不敢联合，处于两难选择。如今秦兵到了家门口，韩国又入地，入地增赵形胜，于是赵不惜一战受韩地。其三，八年前，公元前 270 年，秦 20 万大军攻韩，赵援救，秦赵阏与（山西和顺西北）之战，赵胜秦败。此时赵国为三晋之首，有与秦抗争的能力。

有以上三个理由，平原君主张接纳冯亭是正确的决策。司马迁批评平原君“利令智昏”，是警告人们，不要无故受益，天上不会掉馅饼，这也是对的。

赵孝成王五年，公元前 261 年，韩国上党太守冯亭上书赵王说：“韩国无力守上党，（韩王通知）投降秦国。但上党的官民都愿归附赵国，不愿做秦国的臣民。今冯亭献上上党郡十七座城邑的地图、人口数额，全体官民向赵王叩头，再叩头，请赵王赐福上党人民，听侯赵王的裁夺。”

赵王大喜，立即宣召平阳君赵豹入宫，通报这件事，征询赵豹意见，是否接纳冯亭。

赵豹说：“ 圣人甚祸无故之利。意思是说圣人把无故发横财看做是最大的祸害。这块烫手的山竽拿不得，一定有祸患。”

赵王说：“冯亭感念我赵国的德泽，怎么能说成是无故呢?”——赵王自认他的德泽远播，圣人所谓徕远人也！

赵豹说：“秦国蚕食韩国土地，切断了上党的通道，认为上党已是囊中之物。秦国攻韩付出了很大代价，这不明摆着是秦国出力，赵国得利。这种便宜事，即便是大国欺负小国，小国也会反抗的。如今秦强赵弱，是弱国去夺强国的口中食，这怎么不是无功受禄，无故得利呢？再说秦国，攻韩国三年，把灌溉耕地的水都用在运输渠中运送军粮，秦国政令畅通，军力强大，急红了眼要夺韩地，赵国插一杠子，难道不是招祸吗?”

赵王说：“就按你说的，不就是要打一仗吗？即使是用百万之军，攻城略地，穷年累月，还攻不下一座城池。这不费一兵一卒，坐享十七座城，又是送上门来的，是多么大一笔财富啊!”

当时的形势是，秦国是超级大国，不断向东扩张，志在统一天下。远一点说：

——在十七年前的公元前278年，秦将白起攻打楚国，夺取大片地方，攻破楚国都城郢都，迫使楚国向东迁都到陈（今河南淮阳），楚国破碎。

——在这十三年前的公元前274年，秦攻魏大梁，杀死魏兵4万。

——在这十二年前的公元前273年，秦将白起打败赵魏联军的华阳之战，杀魏兵13万，活捉赵兵2万，全部沉入黄河。

——在这五年前，公元前266年，赵孝成王刚即位，秦军大规模攻赵，夺走三城，齐兵来救，秦国退兵。

——就拿这次战争来说：秦国在三年前就发动了攻韩，公元前264年白起攻韩，拿下陉城等五座城池，杀韩卒5万，史称秦韩陉之战（陉在今山西曲沃境），第二年公元前263年，秦兵攻打南阳（今河南济源，原魏地，今由韩赵掌管）太行道（羊肠阪道）。第三年，即公元262年，秦兵攻下野王（今河南沁阳）切断了韩都与上党的太行道。冯亭降赵，其目的是引赵为援，韩赵共同抗秦。

如上所说：秦韩已经攻战三年，眼看口中食为赵所取，秦国当然不答应，赵国接受冯亭之降，就一定要与秦大战，赵豹说：无故贪利是大祸。赵王说：得十七座城池增强赵国力量，不惜与秦战。

赵豹出宫，赵王宣召平原君赵胜（赵王之弟，任相国）、宗室赵禹进宫商议此事。平原君、赵禹两人说：“动员百万大军，经年累月攻不下一座城，一下能得十七座城，这是大利，机不可失。”于是赵王下定决心，接纳冯亭。赵王为了表示极为看重，派最高国务大臣平原君赵胜到上党受降。以三万户封太守冯亭，以三千户封各县城县令，世世为侯。其他官吏加爵三级，人民每人赐金六溢。上党为赵地。赵国派廉颇为大将入援上党。

冯亭辞封说：“我冯亭受封有三不义：第一，我为封疆大臣，无力守上党，不能死难殉国，一不义也；韩王命我降秦，我违背主命降赵，二不义也；我受封等于是出卖国家土地，个人得利，三不义也。”——冯亭预料秦赵之间将有一场恶战，是他将给赵国带来重大灾难，所以辞封。

二、长平决战

1. 老将持重

赵孝成王接纳冯亭降赵后，决计与秦开战，倾全国之力迎战秦国。赵孝成王派出威镇六国的赵国宿将廉颇带兵 45 万入救上党与秦兵对阵。

赵将廉颇是一位持重的大将，秦人很怕他。秦将白起是秦国名将，诸侯闻之胆寒。白起作战非常野蛮，他大规模杀降、活埋、斩首、沉入黄河。秦国东进从公元前 364 年的石门之战起，到公元前 234 年的平阳之战止，130 年中，秦斩杀六国士卒 167 万人，单是白起一人斩首坑杀 90 万人。史称秦国为“虎狼之国”，称白起、王翦为“豺狼之徒”。由此可见，那时战争之酷，以及秦军的野蛮。

秦军野蛮作战有以下原因：

（1）秦崛起于狄戎之地，带游牧抢掠残杀之风；

（2）商鞅变法后，以杀敌首级论功，勇战者奖，却敌者罚，要求人人争死疆场。

（3）以野蛮杀戮震慑敌人。同时也增加了战争成本迫使敌人拼死抵抗。这种野蛮战法是一把双刃剑。

由上，秦人作战拼的就是实力。赵得上党，增强国境的安全系数；秦要东进，更要复仇，打击抢夺者。双方都是拼全力。所以公元前 261 年赵进兵上党，秦赵双方调兵遣将，沉寂了一年。

公元前 260 年（按《秦本纪》在公元前 261 年）四月，秦赵两军对峙长平，在今山西高平西北。秦军前线统帅王龁（né）。

——四月前锋接战，秦军阵斩赵军裨将赵茄。

——六月，秦军攻破赵军两座哨卡城堡，杀了四个赵军尉官。

——七月赵军坚壁固守，秦军又攻破赵军营寨，夺取了西垒壁，又杀了两个尉官。

赵军连败数阵，廉颇避其锋芒，秦军多次挑战，赵军岿然不动。赵王多次下达出战令，廉颇仍然不出，秦军无可奈何。

2. 秦施反间计

秦军远道进攻，持久不利，强行进攻打不破赵军坚壁。双方对阵军队超过百万。双方持久都是巨大的消耗，所以赵王也急于求战，秦军更急。但持久最终对赵军有利，廉颇坚壁以待，无疑是正确的战略。秦军如何打破僵局呢？

秦相范雎，展开外交攻势，他派出大批间谍到赵都邯郸，用千金厚币行贿赵王左右及用事大臣，说廉颇的坏话，又散布流言，说秦军最害怕“马服子”为将。马服子，就是马服君赵奢的儿子赵括。八年前的阏於之战，就是赵奢为将打败秦军的，当时赵将廉颇、乐乘都不敢为帅，赵奢一战成名。他的儿子赵括好读兵书，又好骑马射箭，又擅长夸夸其谈，认为天下善于用兵的人都不如他。赵括和父亲赵奢辩论兵法、战略，赵奢都说不过。但赵奢评论，赵括是纸上谈兵，断言赵括为将必败赵军。但赵括在社会上他却有很大的名声。秦人抓住赵王急战和赵括的虚名，反间计得以成功。赵王下令召回廉颇，用赵括为全军统帅。

3. 临阵易将

临阵易将，犯兵家之大忌。但若事实证明主帅连打败仗，必须易将才能扭转败局时，也应及时换将。例如二战，英军在北非战场，连连败北，邱吉尔改任蒙哥马利后，扭转战局。苏德战场，苏军连连败退，到斯大林格勒战役这一生死关头，斯大林改派朱可夫，转败为胜。如何易将，关键是分析胜败原因，如果优势战败，这个将必须换，如果即将全线崩溃，或主将一筹莫展，此时也须换将，打开新局面。长平之战，秦强赵弱，秦军又挟乘胜之威，硬拼打阵地战，赵军不敌是正常现象，这叫胜败兵家之常。而且廉颇没有大败，只是前沿接触，试探性战斗，廉颇立即改变战略，坚守疲敌，秦军强势一筹莫展。因为攻守形势，用力悬殊。攻方三倍于敌，才是平手，五倍于敌才有必胜把握。秦军没有这么大的优势。赵军在第一线45万人，可以说是倾全国之力了。秦军作为攻方，第一线差不多只能与赵军相当，估计约50万人，只是气势更胜，战力更强，但优势有限。后勤供应，秦军不如赵军，秦军战线长，持久不利。廉颇的坚守不战，消耗秦军士气，待其疲弊，克敌制胜，无疑是正确的战略。再说廉颇遏制了秦军的攻势，赵王换将，犯了兵家大忌。

这等换将绝对错误。因为换将意味着改变廉颇战略。改坚壁为进攻，也就是以短击长，蔺相如看到了这一点，他上书赵王说："赵括徒有虚名，他只会读兵书，不懂得临场变化，打仗按书本，好比弹奏琴瑟，用胶把柱子粘牢，只能弹出一个声音，哪成乐曲。"（原话：王以名使括，若胶柱而鼓瑟耳。）弹琴拉二胡，音调的高低要靠调节弦柱的松紧来转换。琴柱将弦转紧，则音急调高，琴柱将弦调松，则音缓调低。如果调弦的柱被胶粘牢，不能调弦松紧，只能弹奏一个声调，就不成乐章了。比喻赵括带兵，只懂一味进攻，蛮干，改变廉颇的战法，必然要失败。由于当时蔺相如生病，没法强谏赵王，他的一纸上奏，没有产生效果。

这时赵括的母亲出来上奏说，赵括从小就读兵书，喜欢夸夸其谈，赵括的父亲就说："我这儿子只会纸上谈兵，根本不会打仗，他若为将，兵败国亡的祸就要发生。"赵王仍然不听。

4. 兵败长平

公元前260年七月底，赵括来到军中。他立刻改变廉颇的部属，下令全军出击。老成持重的军官全部罢免，只知蛮干楞头青的人提拔为军官。发出挑战书与秦军决战。

且看秦军如何动作。

秦军得知赵括为将，知道两军即将决战。秦昭王命令善战的全军统帅白起直接任前敌总指挥，到第一线取代王龁。但表面上仍是王龁为将，而且封锁消息，敢于泄漏白起到第一线的人，斩立决。王龁名声小，才能不如白起，故意示敌以弱，麻痹赵括。白起亲临前线，更加鼓舞秦军士气。

白起做了如下部署。把大军埋伏在有利地形，引诱赵军离开坚固的营寨。两军交战，秦军正面迎战的军队，激战一番后败退，赵括出动大军追击，等到赵军进入秦军的口袋后，秦军事先埋伏的两万五千骑兵从两侧同时冲出，把赵军切断一分为二。赵军大部分被秦军包围，一部分退回赵营，也被预先埋伏的五千骑兵挡在营内。赵军被秦军分割包围，赵军大部脱离原有阵地，来到不利的新地域。赵括赶紧收缩，在不利的新地域筑垒固守待援。秦军也不急于进攻，用预先筑好的坚固营垒，包围赵军。赵军要突围、夺路，就向秦军进攻。原来是秦军攻坚，现在转为赵军攻坚。

秦军完成对赵军包围后，派出支军切断赵军后勤粮饷供应。秦昭王立刻在全国发起总动员，年十五岁的男子全部动员。原来是 23 岁为戍卒，一下子降低八岁。（二战德国后期，也征召 15 岁少年入伍）秦国男人，扫境以赴前线，造成绝对优势歼灭赵军。

秦昭王从首都咸阳赶到前线河内坐镇，鼓舞士气。对参军的家庭赐民爵一级。

再看赵军。赵国全部精壮 45 万都到了前线，后面没有强大机动部队，赵军粮饷供不上，向齐国借粮。齐国宣称中立，不给一粒粮食与赵军。

到了九月，赵军已经断粮四十六日，战马吃光了，就把生病瘦弱的军人杀来吃。赵军山穷水尽，做垂死挣扎。被围的全军分为四个梯队，轮番冲锋突围，赵括带头冲锋在全军的前面，不幸战死。赵军主将战死，军无斗志，全军投降。

数十万降军需要粮饷，秦军全部活埋赵军，只选了 240 个青年士兵回国报信，赵国全国震恐。

秦军杀降，有两大原因：一是节省军粮，二是消灭敌方有生力量。秦一贯是战场全歼敌军，投降了全部杀掉。

秦赵长平之战的决战阶段，在公元前 260 年四月到九月，历时半年，双方作战兵力一百万，赵军 45 万全军覆没，秦军约 50 万，也死了一半，20 余万。双方总计死亡 70 余万，在中国战争史上骇人听闻。由此可见，两国生死存亡决战之酷。

三、邯郸保卫战

1. 秦围邯郸

公元前260年（秦历十月为岁首）十月，秦军兵分为三，白起复定上党，另外两军，王龁攻韩皮牢（在今山西河津县境），司马梗率军攻赵太原。秦军经过十月、十一月、十二月，三个月征战拿下了这些地方。白起正要合兵进军邯郸，突然被命令退军回国，没有进一步扩大战果，乃至一举灭赵。这是怎么一回事呢？

长平战败，韩赵震恐，连忙请出苏代（苏秦弟弟）带了重金到秦国游说秦相范雎。

苏代对范雎说："白起全歼赵军，杀死马服子，相公知道吗？"范雎说："知道。"

苏代问："秦军即将进兵围邯郸吗？"范雎说："是的。"

苏代说："秦军围邯郸将产生怎样的后果呢？请相公听听我的分析。秦兵围邯郸赵国必亡。赵国亡，秦王就要称帝，白起功最大将要任用为三公，取代相公的地位，即使不取代你的地位，也一定在你之上，你能容忍吗？再说秦军攻下邯郸，也得不到赵国的国土。为什么呢？天下不愿意为秦国之民，秦军攻韩三年，眼看拿下上党，而上党之民投了赵国。如果秦军攻破邯郸，赵国是灭了，而赵国北部之民投到燕国，东部之民投到齐国，南部之民投到魏国、韩国。秦国得不到多少地。还不如先不灭亡赵国，秦军撤退回国休整，接受韩国、赵国的和谈，韩国割让桓雍（在今河南原阳）、赵国割让六座县城。这样，秦国不用打仗就得了地方，又阻挡了白起独占头功。秦兵休整好了，再次出兵攻赵，头功就是你相公的了。"

范雎认为苏代说得有理，就对秦昭王说："秦兵攻占数年，十分劳苦，请大王允许韩赵两国割地以和，待秦军休整后，再行进攻。这样可保秦军万无一失，而且先得两国之地。"秦昭王同意，于是在公元前259年正月撤兵，白起反对，没有效果，于是与范雎结下仇恨。

秦国丧失了乘胜灭赵的一次大好时机。

公元前259年九月，秦军经过休整，决定大举伐赵，兵围邯郸。白起称病不出，他上书说："灭赵的时机已经丧失，邯郸的防卫得到加强，秦兵难以攻破。"秦王不听。

范雎推荐五大夫王陵为秦军主帅，兵围邯郸。经过九月、十月、十一月、十二月，四个月的包围战，正月王陵下达总攻令，一番激战，秦军丧失五校兵马，死亡四千余人。

秦军失败，秦昭王下死命令要白起到前线任主帅。白起又上书说："邯郸已固，秦军确实无力攻下。如果楚、魏救兵赶到，秦兵若不撤出，将吃大败仗。"白起称病，坚决不出任大将。范雎亲自登门相请，白起仍然不出。秦兵围邯郸一年，没有攻破。公元前259年十月，秦将王龁代王陵，白起被罢官，贬爵为士伍，从一个大将军，迭落为普通一兵。

白起违抗君令，他知道有这样一个下场，他为什么这样做呢？有三个原因：

一、怨恨应侯范雎，要让范雎承受秦军失败的后果；

二、白起自认功大，认为秦王不够信任自己，让秦军失败，以警醒秦王。

三、白起自将，也无取胜把握。他坑了赵卒40万，赵人恨之彻骨，赵军经过休整，必然拼死防守。他宁肯抗命国君，也不做败军之将，维护个人的尊严与声望。这是白起的个性，值得崇敬。凡人才，都有个性，何况白起是常胜将军，他不打无把握之仗，无疑也是对的。但他毕竟是一个军人，不懂政治。军事始终让位于政治，在政治上，白起败给了范雎。

2. 邯郸军民奋起抗秦

邯郸之战到了紧要关头，魏王派辛恒衍来到赵国，请赵王出面上书秦昭王，尊秦为帝，可以使秦军撤退。尊秦为帝，等于是投降。齐国人鲁仲连得知消息，赶到赵国与辛恒衍辩论，史称鲁仲连义不帝秦。辛恒衍辩论失败，灰溜溜逃离赵国。

赵王不投降，秦军极恼怒，再次进攻邯郸，这时邯郸传舍有一个爱国青年叫李同，他找到平原君说："你不忧虑赵国灭亡吗?"平原君说："赵国灭亡，我就要当俘虏，怎么能不忧虑呢?"

李同说："邯郸 的老百姓挨饿，用人骨当柴烧，交换儿子来吃，可以说危急到了极点，但你的后宫人员有几百人，宫女穿着绸缎衣，好饭酒肉吃不完，然而老百姓连粗布衣服都没有，糟糠都吃不饱。百姓困苦，兵器耗尽，有的人用削尖的木头棒当武器。可是你的生活享用和战前一个样。一旦秦军攻破赵国，你还能保有家产吗？如果赵国能保全，你的各种家产何尝没有？现在你如果让夫人和后宫妇女都分配到兵士中服务，家中财物拿出来赏赐战士，那将大大地鼓舞士气。"平原君立即采纳了李同的建议，拿出全部家产来募军，征得了三千敢死队。李同率领冲向秦军，以一当十，以十当百，秦军被杀得天昏地暗，后退了三十里。

平原君输财助军的故事，表明邯郸最高层的官员、贵族全都动员起来出人出物。赵国万众一心，誓死卫国，士气盖过了秦军。

秦军包围邯郸一年多，双方殊死战，秦军攻不下邯郸，而赵军只能防守，无力打败秦军，赵军期待的楚魏救兵，为何迟迟不来呢?

3. 窃符救赵

邯郸之战一开始，秦赵双方都展开了外交战，赵国使者对楚、魏、齐、燕讲唇亡齿塞，要他们相救。秦昭王也派出使者要求各国中立，威胁说，谁敢救赵国，谁就要步赵国的后尘，下一个目标就全力攻击他。长平之战，邯郸被围，就是赵国救韩自找的，列国害怕秦国都不敢动。齐国铁定了心保持中立。燕国偏远，又弱小，不愿匿火烧身。韩国已与赵并肩作战。赵国指望的，只是楚魏两国。

魏国相国信陵君，是平原君的小舅子，平原君是信陵君的姐夫，有这一层关系，信陵君催促魏王，魏王答应相救。魏王派出大将晋鄙率领十万大军，扬言救赵国，但魏王暗中命令晋鄙不出国境，住军于邺城（今河北临障）。魏王遣使对秦王说，魏军只为声援，并提出从中斡旋，说赵王尊秦为帝，秦国退兵。于是有魏使辛垣衍游说赵王，鲁仲连入赵与辛垣衍一场辩论。魏军屯于边境，名为救赵，实为两端，暗中与秦勾结，还想从中渔利。秦胜，魏军抢夺赵地；赵胜，名义已救。魏军观望，楚国救兵也不出。

平原君只有催逼信陵君，甚至发出狠话，说："我赵胜之所以与你联姻，我敬慕你的高义，能够急人之难。如今邯郸危急，公子袖手旁观，这叫急人之难吗？即便是公子看不起我赵胜，难道公子也忍心你的姐姐陪着我做亡国奴吗？"

信陵君感到事态严重，但他没有办法，只能做的就是带着自己的卫队家兵与亲近宾客数百人，驾一百多辆车，准备赶到赵国与平原君一起玉石俱焚。

魏公子信陵君一行从大梁东门，也叫夷门出城。魏公子尊礼的一位宾客侯嬴是夷门的门卫，魏公子向他辞行，告诉侯嬴自己赴难的决心。魏公子想的是，侯嬴一定会陪着自己去救赵国，至少也有一番送行的话，出一点主意。没想到侯嬴爱理不理，不冷不热地说："公子好自为之，臣年老没法陪公子。"多的话一句也没有。魏公子前行几里路，心中闷闷不乐，心想自己对待侯生很尊重，希望他出一个主意，什么话都不说，连一句勉励的话都没有，是我办错事了吗？为什么侯生说话语气带冷嘲热讽？魏公子越想越不对劲，他决定回头问个究竟。

魏公子回来，侯嬴笑着说："我知道公子一定会回来。"接着说："公子名闻天下，好端端要跑到秦军中去送死，你带的几百人等于是投给饿虎的一块肉，什么意义也没有。这不像是你急难解纷的为人啊。你有必死的决心，我却不陪你一块去送死，所以你不甘心，一定会回来问个究竟。"

魏公子一听，十分吃惊，感到自己办错了事，于是认真严肃地向侯嬴叩头两次，行大礼，一面陪罪请教计谋。侯嬴带公子到密室，对公子说："晋鄙领兵十万屯驻在边境。调兵的兵符在魏王宫中。魏王的宠妃如姬夫人有能力偷出来。公子替如姬报过父仇，如姬十分感激要报答公子，肯定能给你办这件事，公子拿了兵符，夺了晋鄙的军队，北上援赵，五霸之业也。"

魏公子依计而行，果然拿到了兵符，公子再来向侯嬴辞行。侯嬴说："将在外，君令有所不受。此行要有两手准备，晋鄙交出兵权更好，晋鄙不交兵权，要在瞬间当机立断处决，我推荐一位猛士朱亥随行。"侯嬴又说："公子赴难，我应当陪同。但我年老，不能远行，我计算日期，公子到达晋军中之日，就是我自杀之时，老臣以死送行。"

魏公子到达邺城，与晋鄙合符，但晋鄙不愿交权，他说："我领十万大军驻在边境，国家重任，事先没有魏王使者通告，公子一人来也没有使者陪同，我怎能相信。"说时迟那时快，朱亥立即从衣袖中抽出铁锤，一下扎死晋鄙，说他谋反抗王令，迟迟不进兵。然后公子下令整编军队，兄弟都在军中，或父子俱在军中，留军一人，回家一人。老弱也裁减回家。这一举措使全军振奋，共得八万精兵，士气高昂，立即向邯郸挺进。侯嬴也果然自杀。

4. 平原君使楚

平原君得知魏军出动的消息，他亲自出使楚国求救。平原君需要找二十位随从，他在三千宾客中挑出了十九位，还缺一人挑不出来。这时有一个下等宾客叫毛遂，他自荐于平原君前。

平原君问："先生在我的门下几年了？"

毛遂答："三年了。"

平原君说："如果先生是一个有才干的人，到了我的门下，就好比是一把尖锐的锥子放在布袋中，它的锥尖会立即显露出来。先生既然在我门下三年，从没有人称赞过你，我也没有听见人说起你，看来先生干不了大事，还是留下来吧！"

毛遂说："我三年在公子门下，只是做食客，没处在布袋中，今天我才要求藏进公子的布袋中。我毛遂一旦进了公子的布袋，你抽出来看一看，整把锥子都锋利，岂只是锥尖而已。"锥进布袋，比喻锥子即将使用。毛遂之意，是说你没有使用我，怎么知道我不是贤才呢？平原君想了想，觉得毛遂的话也有道理，再说时间紧迫，缺的人一时难找，就让这个说大话的毛遂随行吧！

其他十九人互相以目示意，会心地讥笑毛遂吹牛皮，只是嘴上不说。毛遂假装没看见。一路上与十九人谈笑风生，从谈吐中，平原君门客感到自己不如毛遂，从心里对他尊敬起来。

平原君一行来到楚国，与楚王商议合纵，纵早上太阳一出就谈起，过了中午还没结果。临行时平原君与门客们早有交代说："这次去楚国请救兵，只能成功，不能失败。如果和平方式谈下来，很好；如果和平方式谈不下来，你们这些人要当机立断，想出办法，果敢行动，一定要歃血结盟而归。"十九位宾客眼看当时的紧张情况，急得抓耳挠腮，你看我，我看你，拿不出办法。突然大家眼睛一亮，一致对着毛遂说："先生上。"毛遂得到大家鼓励，说："诸位配合掩护。"说完，噔噔噔上了台阶，一手按剑，面对平原君说："合纵的利与害两句话就说清楚了，干吗从日出谈到日中，还在扯淡，这是为什么？"

楚王问平原君："这位客人是干什么的？"

平原君说："是我的门客。"

楚王于是呵斥毛遂说："还不退下去。我和你主人说话，有你插嘴的地方吗？你来干啥！退下去。"楚王声色俱厉。

毛遂手握剑柄，做出要抽出的样子，迈向楚王说："大王你敢在众目睽睽之下呵斥我毛遂，你仗恃什么？无非是仗着楚国人多。而现在我俩相距只有十步远，你依靠不了楚国人多，你的生死就靠我手中的剑来说话。你敢在我主人面前呵斥我，难道不给我主人留面子吗？我听说古代的商汤王只有七十里地，周文王只有百里之地，他们都成就了统治天下的伟业。如今楚国地方五千里，雄兵一百万，秦将白起，不过是一个粗鄙的家伙，只带了几万人，兴兵来犯楚国，一战攻下了楚国都城郢，再战烧了楚国发祥地夷陵，三战羞辱大王的祖先。这是百世不解的仇怨，连我们赵国人都感到耻辱，大王你很厉害，却不知道羞辱。合纵是为楚国，现在是替你楚国报仇雪恨的机会。我们既是请救兵，也是来帮楚国的。你把本领用错了地方，干吗喝斥我！"

楚王觉得毛遂说的有道理，看看眼前形势，来者不善，如果今天不答应合纵，毛遂们是要拼命的。

毛遂一行理又正，气势壮，摆出一付舍生拼命的架势。楚王顺水推舟，连声说："对、对！先生说得对，我要用全国之力与赵国配合抗秦。”

毛遂紧追问了一句：“合纵的事定下了吗？”

楚王说：“定下了。”

毛遂趁势高声说：“楚王下定决心合纵结盟，把鸡、狗、马之血拿上来。”

随从人员立即献上血酒，毛遂捧着铜盘，跪着送到楚王面前，说：“请大王先饮定盟酒，依次是我的主人，再后是我毛遂饮。”于是在殿上行酒，订了合纵之盟。然后毛遂对堂下的十九人说：“你们就在堂下饮这盘中的余酒，对这次盟会做一个见证。你们碌碌庸庸，是靠着别人才办成事的。”

定盟后，楚国起十万大军，由相国春申君率领，浩浩荡荡来救赵国。

公元前 257 年十月，楚救兵抵达邯郸，秦军围攻邯郸近三年，早已疲困，在三国联军的打击下，大败而归。

5. 白起之死

秦军败还，白起说：“秦王不听臣之言，果然有今天。”秦王大怒，下令流放白起，立即离开咸阳。白起离开咸阳，才走了十里路，来到了杜郵。这时秦昭王又派使者追上白起，赐给白起一把宝剑，要他自裁。这是怎么一回事呢？原来应侯范雎要推卸兵败的责任，又害怕白起报复，于是添油加醋，煽风点火，向秦昭王上奏一本说：“白起不满意流放，牢骚满腹，不是好兆头。”秦昭王警觉，害怕白起反叛，流亡他国，于是遣使赐了白起一把宝剑。白起受剑，无可奈何，对天长叹：“我白起该当要死，在长平坑杀了 40 万赵军，我应该偿命。”说完自刎而死。

秦国人怜惜白起，觉得他死得冤。长平人恨透白起，用白菜炖豆腐，把这道菜称为白起，表示白起天天下油锅。风俗至今犹存。

一代良将白起，以悲剧终。

平原君在邯郸解围后为毛遂举行庆功宴，当众表扬毛遂说：“我赵胜再不敢谈论天下的士人。我评价过上千的士人，自认为是伯乐，自认为识才，没有漏下一个士人，可是却在眼皮底下漏下了毛先生，真是有眼不识泰山。毛先生一到楚国，使赵国的身价如同九鼎、大吕，毛先生的三寸之舌，胜过百万大军。我赵胜再也不敢评价士人了。”待毛遂为上宾。

信陵君假传王命夺军，不敢回魏国，让副将带兵回国，他留在赵国。赵王用五座城封了他。

平原君使楚，请来救兵，信陵君救赵，也是平原君出的力。赵相虞卿报告赵王，请求给平原君记功，加封。公孙龙劝平原君辞封，因为这场战祸也是因平原君而起，虽然立功，也是将功补过。平原君听了公孙龙的话，果然低调，辞封。司马迁评论说：“平原君风度翩翩，是乱世中的一位佳公子，然而不识大体，俗话说‘利令智昏’，他误听冯亭邪说，让赵国在长平损兵40余万，邯郸差点不守。”司马迁“利令智昏”的批评对不对呢？

四、如何评价长平之战

秦赵长平之战的实质是秦在统一战争中与东方六国决雌雄的一次主力大决战，秦赵两国是主角。冯亭降赵只是导火索，从主力决战的大背景来看，秦赵长平之战应起于公元前264年。

西汉政论家贾谊《过秦论》评述秦始皇统一六国是“续六世之余烈”，即继承发展了六代祖先积累下来的事业。六代祖先为秦孝公，秦惠王、秦武王、秦昭王、孝文王、庄襄王。这六代秦王中，功绩最大的是秦昭王。秦昭王在位56年，不断东出，侵扰六国，打了许多大仗，吞食六国疆土，使秦国有天下之半，秦昭王时代有著名战将白起，大破韩、赵、魏及楚国的秦军统帅就是白起。秦与韩、赵相持八年之久的长平之战，重大战役都是白起统领秦军，白起从未打败仗。司马迁把白起与王翦二人合传，表彰与突显两人在秦统一战争中的功绩。从统一战争的角度看长平之战，此役是秦与东方六国的一次大决战，是促使历史转折的关键之战。秦胜赵败，基本奠定了统一的格局。反之，历史进程则不可估计。司马迁评论说：“平原君风度翩翩，是乱世中的一位佳公子，然而不识大体，俗话说‘利令智昏’，他误听冯亭邪说，让赵国在长平损兵40余万，邯郸差点不守。”司马迁“利令智昏”的批评是就事论事，单从利与害角度评说，做人不要贪无妄之利，天不会降陷饼。无故受益是要遭报应的。但从当时天下大势来看，这场统一战争的大决战不可避免。从战争进程来看，长平之战并不是秦赵两国事先谋划的一场大战，而是秦国统一战争必然要发生的一场大决战，是形势的发展使然。公元前264年秦攻韩陉城，拔五城，斩首五万，是秦韩两国的一场大战。公元前262年白起断韩太行道。公元前261年又攻拔野王，上党危急。韩上党太守冯亭对官民说：“上党与韩国都城的联系已经断绝，韩国保不住上党了。秦兵天天进逼，韩国无力反击，我们不如投降赵国。赵国如果接纳了上党，秦国必然大怒，一定攻赵。赵国遭到攻击，一定亲近韩国，韩赵联合为一，那就可以抵挡秦国了。”赵国接受了上党，局势果然按照冯亭的预想发展，秦韩之战演变成了韩赵联合抗秦的大战。秦国不惜倾全国之兵，连续三年攻韩，其战略目标一定拿下上党，上党入秦，不仅韩国遭到极大的削弱，而且赵国的门户洞开，邯郸就暴露在秦军的视野之下。赵国接纳上党，也是为邯郸的安全保有一道屏障。赵王与平原君，当然知道冯亭的打算，也明白接纳上党必然受祸。如果不愿坐等待毙，眼看秦国各个击破，赵国必须冒险一战，这样既得上党，又得到韩国的同盟。赵国不接纳上党，可以免去长平之祸，眼前得到安宁，但秦国缓过劲来，下一个目标必然是攻打赵国。形势逼使韩赵联合，长平之战势不可免。秦攻韩之战，与秦围邯郸之战，都可视为长平之战的组成部分，前后八年，相当于中国的八年抗日战争。一场持久八年的大战，决不是偶然的。在这一背景上评价长平之战，有如下几个意义。

一、长平之战是秦国统一战争中划时代的一场大战役，它既是秦赵之间的一场主力决战，也是秦国与东方诸侯各国之间的一场主力大决战。东方诸侯韩、赵、魏、楚四国参战，秦国为一方，五国决战，历经八年。战役上，东方诸侯列国最终胜利，赶走了秦兵，韩国也收回了上党；战略上，秦国大胜，韩赵被彻底削弱，赵国损失巨大，太原等广大地区丧失，从此一蹶不振。

二、长平之战，赵国倾全力而失败，说明东方列国单独一国不能抗秦。邯郸之战的胜利，说明秦国不能战胜东方列国的合纵。这场大战生动地证明：合纵存，则东方列国存；合纵亡，东方列国亡。秦要统一，必须打破合纵，各个击破才可能统一。苏秦合纵，张仪连横在长平之战半个世纪之前，秦国力量还不十分强大，东方列国单个可以对阵秦国，所以合纵不坚，被秦国连横打破。长平之战形势明朗，秦国野心暴露无余，单个国家又无力对抗秦国，因此长平战后，东方列国没有形式上的合纵，而互相依存的实际合纵更加坚定。公元前247年和公元前232年，魏楚燕韩赵五国两次联合打败秦兵就是证明。齐国彻底守中立。秦始皇亲政后，采纳尉缭的建议，用重金，用间谍战破坏合纵，还假东方列国昏庸国君之手自毁长平，屠杀良将。因此秦始皇只用十年功夫就灭了六国，统一天下。长平之战为双方提供了经验，最终秦国取得了胜利。

三、长平之战从秦伐韩起始，其后赵国卷入，再后楚魏卷入，愈来愈失控，没完没了拖了八年，因此绝不是“利令智昏”四个字可以了结的。如同《亮剑》电视剧李云龙兵围平安县城，绝不是李云龙“为老婆报仇”这五个字可以了结的，它只不过是一个导火索。李云龙打平安县城，搅动了整个中日华北战场，牵一发而动全身，恰恰是中日两国生死决战这个大局决定的。赵国接收上党也只是一个导火索，秦赵决战，秦与东方诸侯的大决战迟早要发生。公元前270年的阏於之战，也是赵救韩。秦欲吞上党，打开攻赵的门户，早就虎视眈眈。赵王救韩，保守门户，并上党，无疑是正确的。但“利令智昏”的批评，也有道理，赵国不纳上党，可以暂时免祸，从这一角度，不要贪无妄之财，也有警示意义。

四、战争最终是国力、军力、财力、政治力的综合较量。当时三晋韩赵魏三国土地近一半已丧失给秦国，三国的地盘加起来也只有秦国的一半，三国力量的总和也只能与秦国打个平手。秦国动员15岁以上男子出征，可以说扫境以战，才勉强赢得胜利。

长平之战，如果齐国加盟，用粮食支援赵兵，秦军就要失败。赵国救韩，秦国使者四出，警告列国不要参战，而赵国是在长平战败后才紧急求救。赵国长平之战，来得突然，准备不足，不但军力失败，也是外交失败，后了秦国一步，付出了沉重代价。

五、秦国的野蛮战法，杀降，报复平民，也增加了统一进程的难度。东方之民，不愿为秦民。上党地区民众自救，秦国在长平之战后又经过了十二年，直到公元前 248 年才彻底平定上党的反抗，再次从韩国手中夺回。就是生动的明证。公元前 227 年，秦始皇破赵邯郸，赵公子嘉在代地一弹丸之地抗秦，经过了五年，到公元前 222 年最终才灭亡，也是生动的明证。但秦军彻底消灭对方有生力量，在军事角逐上也有一定意义。

长平之战产生了许多故事，留下许多成语，如：利令智昏、纸上谈兵、窃符救赵、脱颖而出、一言九鼎等。

长平之战系年表（前后八年）

前 264 年，秦白起攻韩，拔陉城，杀韩卒五万。（此为序战）

前 263 年，秦白起攻韩，取南阳，击韩通上党的太行道。

前 262 年，秦白起攻韩，取十城，断太行道。

前 261 年，秦白起攻韩拔野王，韩上党危急，太守冯亭拒降秦。赵救韩，赵将廉颇军于长平。

前 260 年，四月至九月，秦赵两军决战长平。赵临阵易将，七月以赵括代廉颇。赵败，白起坑杀赵卒 45 万。

前 259 年，秦军正月休整，九月兵围邯郸。

前 258 年，赵求救于楚魏。辛垣衍入赵说降。

前 257 年，楚魏救赵，秦军大败，秦将郑安平率二万秦军降赵。邯郸解围。（长平之战历经八年结束。）

（2007 年 4 月 21 日在邯郸国学大讲堂的演讲）

司马迁写秦王翦灭楚之战

在统一六国的战争中，最顽强的是灭赵、灭楚两役。赵有李牧，楚有项燕，都是当时名将。但由于两国政治腐败，赵国自毁长城，两度中秦反间计，长平之战，临阵易将，更换廉颇；秦灭赵之战，赵诛李牧，赵于是败亡。灭赵、灭楚，以及灭魏都是王翦之功，因此他在完成统一大业中功最高，在中国古代军事史上写下了极为浓厚的一笔。

一、精算兵力　智高一筹

楚是南方大国，全据长江，“地方五千里，持戟百万。”秦王政二十三年，公元前224年发动了灭楚之战。此时楚国只有半壁河山，只据有长江中、下游之地了。但是楚国仍有相当实力，长江中下游，特别是淮南地区比较富庶，又有名将项燕抗秦。秦王政命王翦攻楚，王翦提出要六十万大军，这差不多是秦国的全部兵力。倾国远征，把军权都交给了一个臣下，秦王政犯了疑心病，他罢了王翦的官。

秦王政派李信出征，问他需要多少人马？李信说：“二十万人就足够了。”这符合了秦王的口味，他十分高兴，就命李信为大将，蒙武为副将，领兵二十万伐楚。

王翦告老还乡，家居频阳，在今陕西富平县东北。

公元前225年，李信和蒙武率二十万大军分兵伐楚，李信攻克平舆，蒙武攻下寝邑，大破楚军。接着李信又攻克了鄢和郢。连战皆捷后，李信十分得意，自以为必定可以成就灭楚的大功。不料楚国大将项燕为了争取战略主动，避开了秦军的锋芒，改向秦的南郡进攻，迫使李信不得不抽调大军回救南郡。项燕乘机突然发动反攻，大败秦军。李信向城父败走和蒙武会合，项燕率军连续追击三天三夜，连破秦军两个营垒，杀死了七名都尉，李信大败而逃，秦军死伤无数。

李信惨败的消息传来，秦王政十分后悔不该轻信李信，他急忙亲自赶到频阳，请王翦出征。秦王一见到王翦，就一面道歉一面诚恳地说：“当初我没有采纳将军的意见，让李信带兵南征，结果使秦军蒙受耻辱。如今事已至此，只得有劳将军辛苦一趟了。”王翦推辞道：“老臣年迈多病，脑子糊涂，还是请大王另择良将吧！”秦王再三恳请说：“好了，将军不要再推辞了。”王翦感到实在难以推托，就说：“大王一定要用我的话，非有六十万人不可。”秦王完全答应了王翦的要求，并用自己的车马把王翦接回朝廷，拜他为大将，仍以蒙武为副将，让他们率六十万大军再度伐楚。

大军出发的那天，秦王政亲自到灞上为王翦设宴饯行。席间，王翦请求秦王多赐给他良田、府第、园林、池塘。秦王笑着说：“将军你就放心走吧，等你凯旋归来，定会享尽荣华富贵，难道还怕受穷吗？”王翦说：“当大王的部将，即使有再大的功劳，终究也难封侯，所以趁大王现在信任我的时候，请求您多多赏赐给我田地、房产，以便为子孙后代留点产业罢了。”秦王听后哈哈大笑。

王翦领兵启行，一路上连续五次派人回朝廷，请求秦王赏赐良田、园林。为此引起了人们的议论，就连王翦身边的人也说：“将军一路上不停地请求赏赐，未免太过分了吧！”王翦笑着对身边的人说："你们有所不知啊！秦王为人粗暴而不信任人，现在他将全国的军队都交给了我，他怎么能放心呢？我如果不多多请求赏赐田地住宅，让他知道我别无所图，他又如何会让我放手用兵呢？"众人听后，连连称是。

二、以逸待劳 平定强楚

王翦率大军进到平舆一线。楚国听说王翦带六十万人伐楚，于是动员全国的军队来抗击秦军。王翦见楚军兵多将广，士气高昂，就决定采用以逸待劳、伺机出击的作战方针。他下令士兵构筑坚固的工事，守卫阵地，与楚军相持不战。楚军多次出动挑战，秦军始终不出来。王翦每天让士兵休息沐浴，并用丰盛的饮食犒劳士兵，他还亲自和士兵们一道用餐，以此抚慰士兵。秦楚两军对峙了一年之久后，王翦才问部将："军营中在玩游戏吗？"部将回报说："现在士兵们身体强壮，吃饱饭后就比赛投石头，进行跳跃活动，劲头可大了！"王翦高兴地点头说："士兵们可以用了。"此时，楚军见秦军长期固守不战，就错误地认为，王翦并不敢轻易出击。为了避免与秦军长期对峙和减少消耗，楚军主将项燕下令部队向东方撤退。王翦见时机已到，便出动军队向楚军发起全线进攻。由于秦军长期养精蓄锐，加上楚军麻痹大意，甫一交战，楚军就手忙脚乱，四散逃亡。秦军乘胜追击，在蕲南将楚军彻底击溃，楚军主将项燕自杀身亡。一年多以后，俘虏了楚王熊负刍，完全平定了楚国。

接着，王翦又挥军南下，降服了百越部落的君长，使秦国的统治范围达到东海之滨。

秦灭楚后，还剩下半个燕国和山东的齐国。公元前 222 年，王翦的儿子王贲灭燕，回师灭齐。齐国有四十年没有打仗，齐相后胜受秦国收买，不支援六国，不设兵备。公元前 221 年，齐国向秦投降，"和平解放"。至此秦始皇完成了统一大业。王翦、王贲父子名垂青史。王翦被秦王封为武城侯，晚年死于故土频阳。

三、王翦为将　智勇兼备

秦始皇统一六国，王翦的军功最大，灭赵、灭魏、灭楚，均王翦之功。而王翦传只集中写了灭楚之战。秦楚两军战场对阵，也只是寥寥数语，而惊心动魄的大场面却展现于读者心中，在感悟中体现，这是司马迁大手笔写战争的高超技法。楚国地方五千里，带甲百万，是战国七雄中最大的国家。王翦伐楚之时，楚国已缩小近半，仍然是一个大国。王翦的任务是兼并楚国，而不是只取一战之功，在军力上要占绝对优势，非六十万不可。六十万，差不多集中全秦的机动部队，很容易犯人主之忌，猜忌成隙，不仅不能建功，往往有性命之忧。即使有了六十万军队，硬拼打消耗，也未必全胜。兼并一个大国，尤其是敌方良将尚存，不可能速胜。王翦灭赵，打了三年的时间。战争拖长，必有小人乘间进谗，或敌人用间，有许多不可预料的变数。坚定人主意志，使自己赢得被充分信任，比起正面与敌人作战，还要艰难。赵国良将李牧，被赵王猜疑而丧身，李牧不是被王翦打败，而是被自己的上司毁坏。这正是王翦要防止的事件。司马迁用浓墨重笔写王翦出征，五请园地美田，最后用他自己的话揭出迷底："夫秦王怚而不信人，今空秦国甲士而专委于我，我不多请田宅为子孙业以自坚，顾令秦王坐而疑我耶?"王翦乞贷是假，防止秦王嫌疑是真。王翦自保，赢得君臣同心，保证了战争的胜利，公与私的利益取得了一致。

王翦伐楚非六十万军队不可，这也是十分高明的智计。第一，这是稳操胜券的基本保证，军力上占绝对优势；第二，也是要求秦王大投入，近似于一场孤注一掷的大赌搏，用以坚定秦王的决心。王翦冒秦王猜疑之险，恰好也是激发雄主下定决心，全力支持自己的最高技法，没有大智大勇，不能有此奇计。第三，秦兵远征，利在速决，王翦反以坚壁持久来消磨楚军士气，麻痹楚军的战斗意志，同时养蓄秦军的士气，坚壁一年多，终于抓住战机，一举大破楚军。这是王翦五请园地美田赢得秦王充分信任创造的环境。总之，王翦灭楚之战，是在拥有绝对优势军力的形势之下，用智计克敌的光辉战例。楚汉相争的垓下之战，汉将韩信也是在拥有绝对优势军力的形势下，用“四面楚歌”的智计瓦解敌人。王翦与韩信，两人都是常胜将军，他们指挥的经典战例，有异曲同工之妙。

司马迁把王翦与白起两人合传，对比见义，揭示军事以外的人生哲理，这也是司马迁写战争的特别内容。白起与王翦两人合传的意义有三。其一，清人牛运震曰：“起、翦以善用兵合传。白起传云‘善用兵，事秦昭王’；王翦传云‘少好兵，事秦始皇’，此其一篇眼目也，正其两传自相联络处。”① 两人合传突出一个“兵”字，表明秦王朝以武力统一天下，秦昭王与秦王（即秦始皇）两位雄主，善用白起与王翦两位优秀军事家，创造了一统天下的奇迹，肯定白起与王翦两位军事家对中国统一所作的贡献。其二，善战将帅，功高震主，下场多可悲。白起长于料敌，不能料主，更不能避范雎之祸，宁肯伏剑而死，也不愿做战败辱军之将，白起的悲剧带有普遍性，这是专制政体的弊病，司马迁的揭露带有批判，从秦人怜白起之冤可知。而王翦运用他的智慧，明哲保身，得以善终。两人处世不同，结果不同，发人深思。其三，论赞引鄙语“尺有所短，寸有所长”，说明对事物的认识要有辩证的观点和多元思维，人际关系，尤为复杂。白起应敌变化，天下无敌，他的冤死，令人叹惜，而白起之残暴，坑杀降卒，却又令人发指。王翦智计，长于谋身，而不为百姓进言，偷合取容，其孙王离遭报应。司马迁写战争，笔端不忘苦难百姓。他认为，一个善战的良将，不能只是一味地打仗，要心中装有百姓，为什么要打仗，这就是作者对王翦批评之所在。

（2007 年 4 月 22 日在邯郸国学大讲堂的演讲）

① 《史记评注》。

司马迁写汉武帝征伐匈奴

汉武帝征伐是这位雄才大略君主一生政治中最显赫的事业，对历史有着深远的影响。司马迁是“原始察终，见盛观衰”的实录史家，载述史事不虚美、不隐恶。如此的良史之笔载述如此的雄略君主之事，是一个很有意义的研究课题。汉武帝征伐主要是征匈奴。他征大宛、平两越、开通西南夷等战争都是围绕征匈奴进行的。尤其是征大宛，更是汉匈战争不可缺少的一个组成部分。所以本文探讨，着重汉匈战争的内容。这场战争的性质和是非，在汉武帝当世就引起了争论，至今仍是史学界争论的一个重大问题。司马迁目睹了这场战争的事势发展，他是什么态度，抱着什么目的，写了些什么内容，进行一番清理，显然是很有意义的。

一、武帝征伐事略系年

司马迁述史，反对空言，而注重事实。他以事系史，以史寓论。这就是我们常说的寓论断于序事之中。司马迁也作直接评论，或用太史公曰，或借他人之语，发抒议论，旨意显明。但载述武帝征伐是一个棘手的现代史问题，多忌讳之禁，不能直抒胸臆，畅达己志，故微文刺讥，婉约喻讽，更用互见之法言在此而意在彼，若断章取义，则难以把握其旨意。这一点司马迁作了明确的交代。他说：“孔氏著《春秋》，隐桓之间则章，至定哀之际则微，为其切当世之文而罔褒，忌讳之辞也。”这段话写在《匈奴列传赞》中耐人寻味。《匈奴列传》叙汉匈战争，用素描手法，客观著述，竭力避开直接评论。篇末赞语显然是在昭示读者，欲明战争利弊和著者意向，需要在字里行间细细推敲，明其笔削之旨，更要在其他篇章之中参互考核。为此，我们在论断司马迁对武帝征伐（主要是对汉匈战争）的态度之前，首先对司马迁所载述的武帝征伐事略作一番疏理，以便论从史出，是十分必要的。

《史记》直接载述汉匈战争的篇目除《匈奴列传》外，尚有《李将军列传》、《卫将军骠骑列传》，而且是恢弘大传，足见司马迁对这一历史事件的重视。《大宛列传》叙大宛之役是断匈奴右臂，《平准书》载汉武帝的经济政策实质是筹措战争费用，所以这两篇也是极重要的篇目。《史记》载四夷的专篇还有《南越列传》、《东越列传》、《朝鲜列传》、《西南夷列传》等篇。兼载征伐的篇目，有《建元以来侯者年表》、《汉兴以来将相名臣年表》、《韩长孺列传》、《平津侯主父列传》、《司马相如列传》等篇。为了集中史事，便于分析，兹将各篇所载武帝征伐事略以汉匈战争为主线列系年表于下。

时间（公元前）			战争经过	结　局	战费筹措
元光	二	133	夏，韩安国、李广、公孙贺、王恢、李息五将军率三十万屯马邑谷中，诱击单于。	单于觉出走，汉兵无所得。	【1】汉岁以数万骑出击胡，通西南夷，取河南，筑朔方，转漕甚远，“自山东咸被其劳，费数十百巨万，府库益虚”。 （1）元光六年初算商车。 （2）募民能入奴婢得以终身复。 （3）入羊为郎。
	五	130	夏，发巴蜀治南夷道；又发卒万人治雁门阻险。		
	六	129	［匈奴入上谷，杀略吏民。］卫青出上谷，公孙贺出云中，公孙敖出代，李广出雁门，军各万骑。冬，匈奴数入盗边，渔阳尤甚。	卫青至龙城，获首虏七百人。贺无所得。敖丧师七千余。李广覆没，道亡归。此役汉军丧师二万。	

续表

时间（公元前）			战争经过	结局	战费筹措
元朔	元	128	秋，匈奴分道入辽西、渔阳、雁门，杀辽西太守，败渔阳都尉，共杀略吏民四千余人。卫青三万骑出雁门，李息出代。	获首虏数千级。	
	二	127	［匈奴入上谷、渔阳，杀略吏民千余人。］卫青、李息出云中以西，击胡楼烦、白羊王于河南。徙民十万实朔方。	获首虏三千余级，收河南地，筑朔方。汉亦弃上谷之什辟县造阳地以予胡。	
	三	126	夏，匈奴数万骑入代杀太守恭友，略千余人；秋，又入雁门，杀略千余人。		
	四	125	匈奴入代、定襄、上郡三万骑，杀略数千人；又入河南，杀略甚众。		
	五	124	春，卫青将六将军，十余万出朔方、高阙。秋，匈奴万骑入代，杀都尉朱英，略千余人。	获首虏万五千人，裨小王十余人。	【2】两役赏赐将士黄金二十余万金；兵甲之财，转漕之费不与焉。 （4）买爵及禁锢免减罪。 （5）置武功爵以赏战士，级十七万，凡直三十余万金。
	六	123	春，卫青率十余万骑出定襄。夏，卫青再出定襄。	前后获首虏万九千余级。汉失亡两将军，三千余骑，士马死者十余万。	
元狩	元	122	匈奴万骑入上谷，杀数百人。		
	二	121	春，霍去病将万骑出陇西至皋兰。夏，霍去病将数万骑再出陇西，至祁连。公孙敖出北地，李广、张骞出右北平。秋，浑邪王率四万众降汉，霍去病率万骑受降。	初出破休屠王，获首虏万八千余级，得祭天金人。再出获首虏三万余人。敖无功。李广丧师四千人，杀虏亦过当。汉得河西地。	【3】是岁用费凡百余巨万。

续表

时间（公元前）			战争经过	结　　局	战费筹措
元狩	三	120	匈奴入右北平、定襄各三万骑，杀略千余人。		
	四	119	卫青将四将军出定襄，霍去病出代，各将五万骑，马十四万匹，[步兵踵军后者数十万]。	卫青至漠北，围单于，至阗颜山还，获首虏万九千级。霍去病与左贤王战，封狼居胥山还，获首虏七万余级。汉兵死者数万，丧马十余万匹。 汉渡河自朔方以西至令居，置田官吏卒五六万人。徙关东贫民七十万口实北地、西河、上郡，衣食仰给县官。	【4】赏赐将士五十万金。转漕徙民之费以亿计，不可胜数，县官大空。 （6）初算缗钱。 （7）盐铁专卖。 （8）造白金、皮币。 白金（银锡）八两直三千；白鹿皮方尺直四十万。王侯宗室朝觐聘享，必以皮币荐璧，然后得行。
	五	118			（9）币值贬值，罢半两钱，行五铢钱。
元鼎	二	115	张骞将三百人，马各二匹，牛羊以万数，赍金帛使西域，连乌孙，断匈奴右臂。		【5】张骞使西域，费值数千巨万①。 （10）置平准均输。 （11）吏得入谷补官，郎至六百石。
	三	114			（12）令民告缗者，以其半与之。
	五	112	[西羌反与匈奴通，攻故安，围枹罕。匈奴入五原，杀太守。]公孙贺万五千骑出九原，赵破奴万余骑出令居。又发兵十余万征西羌。南越反。汉发兵十余万平两越，又征西南夷。	汉平两越及西南夷皆为郡县。两将军出塞二千余里，不见匈奴一人而还。	（13）列侯坐酎金失侯者一百六人。
	六	111			

① 数千巨万：数千万乃至巨万，即“千”字下省万字。巨万即万万，又称大万，就是一亿。表中黄金二十万、五十万，即二十亿、五十亿。黄金一金，又写作一斤，因以一斤为单位，值一万。

时间（公元前）			战争经过	结　　局	战费筹措
元封	元	110	汉武帝率十八万骑巡边，出长城，至朔方，遣使告单于能战，天子自将兵待边；不能战，即南面而臣于汉。是岁封禅。	［匈奴耆焉］，数使使于汉，好辞甘言求和亲，如故约，汉嫁公主，赠财物；汉欲臣服匈奴，索太子为质，匈奴不平。	【6】是岁用帛百余万匹，钱金以巨万计，皆取足大农。县官有盐铁缗钱之故，用益饶矣。
	四	107	匈奴数使奇兵犯边，郭昌屯朔方。	谈判决裂，互留使者。	
太初	元	104	贰师将军李广利率步骑数万征大宛。公孙敖于塞外筑受降城。	赵破奴斩捕首虏数千，遇单于八万骑围攻，全军覆没。贰师往来二岁还敦煌，生还者十二三。	【7】伐宛四年，天下骚动。贰师破大宛还，赏赐将士值四万金。
	二	103	赵破奴率二万骑出朔方西北二千余里为贰师屏蔽。		
	三	102	李广利率步骑六万再征大宛，马三万匹，牛十万头，驴骡驼以万计，多载资粮。又发戍甲卒十八万为贰师后援，遮阻匈奴。徐自为出五原，筑城鄣列亭至庐朐，韩说将兵屯其旁，路博德筑城居延，以卫酒泉。秋，匈奴大入定襄，杀略数千人；又入酒泉、张掖，略数千人。	任文救酒泉、张掖，击匈奴，匈奴尽复失所得而去。贰师破宛还，得善马数十匹，中马三千余匹。汉兵死五万人，丧马三万匹，军入玉门者万人，马千余匹。然自是中西交通畅达，汉使十余辈至西域。屯田仑头。	
	四	101	李广利破大宛，斩其王而还。下诏曰："高皇帝遗朕平城之忧，高后时单于书绝悖逆。昔齐襄公复九世之仇，《春秋》大之。"		
天汉	二	100	匈奴归汉使者。		
	二	99	李广利将三万骑出酒泉，与右贤王战于天山。公孙敖出西河，李陵将步卒五千出居延。	李广利初战斩首虏万余级，归途中伏丧师什六七，二万余。敖无功。李陵遇单于八万骑围攻，全军覆没，李陵降，亦杀虏万人。	

续表

时间（公元前）			战争经过	结　局	战费筹措
天汉	四	97	李广利将六万骑，步兵七万出朔方；公孙敖万骑，步兵三万出雁门；韩说步兵三万出五原；路博德步兵万余与贰师会。	匈奴单于远其辎重于余吾水北，以十万骑待水南，贰师与战十余日。诸军皆无功还。	
征和	三	90	［匈奴入五原、酒泉杀两都尉。］李广利将七万出五原，商丘成二万出西河，马通四万骑出酒泉。	李广利全军覆没降匈奴。商丘成多斩首虏。马通不遇虏，受降车师。	（14）［令死罪人赎钱五十万减死一等。］
	四	89	［汉武帝下轮台诏，深陈既往之悔曰："前有司奏，欲益民赋三十助边，是重困老弱孤独也。而今又请遣卒田轮台，……欲起亭隧，是扰劳天下，非所以忧民也。……当今务在禁苛暴，止擅赋，力本农，修马复令以补缺，毋乏武备而已。"于是封田千秋为富民侯，以明休息，思富养民也。（《汉书·西域传》）］	汉武帝追悔误用贰师伐大宛。	（15）益民赋三十助边。

上表中所载武帝征伐事略系年，适当参校了《汉书》及《资治通鉴》。如卫青第一次出击匈奴，《卫将军骠骑列传》系于元光五年，《汉书》与《资治通鉴》均系于元光六年，而《史记》之《将相表》亦系于六年，故系年从元光六年。表中加有方括"［ ］"的几则文字系据《汉书》的《武帝纪》及《西域传》补入，以资参证。

系年表把司马迁用互见别出之法所载于各篇的史事汇聚于一编之中，参互对照，作者意向就比较鲜明地显现了出来。系年表以太初元年为分界点分为两部分，标志汉武帝抗匈战争分为前后两个时期。前期材料主要摘自《匈奴列传》和《平准书》，后期材料主要摘自《匈奴列传》和《大宛列传》。

从建元元年至后元二年（前 140 至前 87 年），汉武帝在位五十四年，对匈奴战争进行了四十四年。前期战争从元光二年至元封六年（前132至前105年），共二十九年，而大规模战争至元狩四年（前119年）基本结束，是十五年。前期战争总形势，汉胜匈败，汉收复了河南地，开拓河西，趁势平两越、通西南夷。前期战争主将是大将军卫青、骠骑将军霍去病。卫青七出，获首虏六万余级，霍去病四出[①]，获首虏十二万余级，降浑邪王四万众。两将军总计斩降匈奴二十二万，汉军损失亦十余万，丧马数十万匹。“自大将军围单于之后十四年而卒，竟不复击匈奴者，以汉马少；而方南诛两越，东伐朝鲜，击羌、西南夷，以故久不伐胡。”[②]“大将军围单于”，指的就是元狩四年的漠北大战，此役汉军丧马十一万匹，“但斩获匈奴约十万级，漠南无王庭”。元鼎六年（前111年），公孙贺、赵破奴两将军出塞二千余里，不见匈奴一人而还。前期战争基本上解除了匈奴犯边的威胁，乌维单于“数使使于汉，好辞甘言求请和亲”[③]。

后期战争从太初元年到征和三年也是十五年（前104至前90年），汉武帝服大宛，通西域，断了匈奴右臂，获得了战略上的胜利。但汉武帝“欲侯宠姬李氏”[④]，所用非人，以庸将贰师将军李广利为主将，汉军损失惨重。大宛之役，李广利前后丧师十余万，丧马三万匹，只获得了宛王首，善马数十匹，中马以下牡牝三千匹。天汉二年、天汉四年、征和三年，李广利三次出征匈奴，都失败了。最后一次即征和三年（前90年），李广利七万大军全军覆没，投降匈奴。总计后期战争，斩获匈奴首虏仅万数千级，而汉军丧师二十余万，竟是前期战争损失的两倍。残弱之匈奴不仅未臣服，而且却拖垮了强大的汉帝国，汉武帝不得不在征和四年下轮台诏，深陈既往之悔，从而停止了对匈奴的战争。司马迁因忌讳未载轮台诏，但《匈奴列传》记事至李广利兵败降匈奴而止，意味深长地喻示后期战争得不偿失，伐匈奴已不能继续下去了。

汉朝即便是前期战争的胜利也是付出了沉重的代价。《平准

① 霍去病六出，因头两次为从大将军出征，故未计。

② 《史记》卷一一一《卫将军骠骑列传》。

③ 《史记》卷一一〇《匈奴列传》。下引本传不再注。

④ 《史记》卷一二三《大宛列传》。

书》列举了战费支出和筹款措施，骚动天下，影响了全社会的生活面貌。系年表用鱼尾括“【】”标举了六项支出，计约四百余亿，用圆括“（）”列举了十三项理财措施，皆摘自《平准书》。这四百余亿的支出只是一小部分，仅是直接的赏赐费用，而更大量的支出即军队装备、转漕之费，战马之失等皆未计入。元狩二年的河西之役，“是岁用费凡百余巨万”，即一百余亿。以此役用费为基数来推计整个前期战争，其战费支出至少在一千亿之外。西汉的岁入，大司农及皇室少府所收两项为五十三亿[①]，正常的官吏俸禄将支出一半，故国库年收入约三十亿。十五年的总收入只四百余亿，不及战费支出的半数。汉武帝又内兴功作，治西南夷道，修治黄河及关中水利，营建京师及离宫别馆，用费亦当数百亿之巨。汉武帝耗尽了汉初七十年休养生息的积蓄，仍感不足，而用桑弘羊、孔仅等人理财，想尽各种办法收聚财赋：1. 算商车；2. 入奴婢终身复；3. 入羊为郎；4. 买爵及禁锢免减罪；5. 置武功爵标价出卖；6. 算缗钱；7. 盐铁专卖；8. 造白金皮币；9. 行五铢钱，贬币值；10. 置平准均输；11. 吏入谷补官；12. 告缗；13. 列侯坐酎金失侯籍没。这十三项理财措施直接打击商贾末技之民乃至封君侯王、地方豪强。告缗一项就使中家以上大率破。坐酎金一项籍没了一百零六个侯王的财产。为了打击豪强，夺取他们手中的财富，汉武帝起用了酷吏。桑弘羊的理财措施，实质上是把全国经济纳入了战时体制，是一场全民的总动员，包括整个统治阶级都为战争出力，从而影响了整个社会生活。《平准书》作了生动的记载：“及王恢设谋马邑，匈奴绝和亲，侵扰北边，兵连而不解，天下苦其劳，而干戈日滋。行者赍，居者送，中外骚扰而相奉，百姓抏弊以巧法，财赂衰耗而不赡。入物者补官，出货者除罪，选举凌迟，廉耻相冒，武力进用，法严令具。兴利之臣自此始也。”为此，司马迁提出了尖锐的批评。他借卜式的话说：“县官当食租衣税而已，今弘羊令吏坐市列肆，贩物求利。亨弘羊，天乃雨。”又以秦喻汉批评汉武

① 请参阅范文澜：《中国通史简编》第二编，人民出版社 1995 年版，第 73 页。

帝“外攘夷狄，内兴功业，海内之士力耕不足粮饷，女子纺绩不足衣服”。与之相对照的是，司马迁在《律书》中赞扬汉文帝“休宁北陲”带来了天下“和乐”。于是有人认为，“司马迁反对汉武帝征伐匈奴，主张和亲”。这一观点是否符合司马迁的思想，下面将继续讨论。

二、实录史事　原始察终

司马迁“通古今之变”，对重大的历史事件必详述其始末原委，实录史事，原始察终，“述往事，思来者”[①]，供后人评说。这一述史原则，司马迁有着反复的交代。“后有君子，以览观焉”[②]，“后有君子，欲推而列之，得以览焉”[③]，“令后世得览”[④]。司马迁对汉匈战争及其以此为契机所引起的一系列历史势变的载述就充分地体现了这一原则。《律书》称赞汉文帝时的和乐，《平准书》揭出战争所带来的消极后果，即生产破坏，人口死亡，财力虚耗，这一切都是据事实录。“烹弘羊，天乃雨”，否定了桑弘羊竭泽而渔的争利政策，表现了司马迁的预见。征和四年桑弘羊提出“益民赋三十助边”，直接加赋于民以筹措轮台屯田经费，由此可见西汉财政已到破产边缘。桑弘羊理财最终还是转嫁到了农民头上，造成生产凋敝，轮台诏令的批评已经指陈出来。“当今务在禁苛暴，止擅赋，力本农，修马复令以补缺，毋乏武备而已。”汉武帝及时地作了政策转变，挽救了西汉的覆亡，这都说明《平准书》的批评切中要害。但论者以此证明司马迁反对武帝伐匈奴，似是而实非。《太史公自序》明确指出，“作《平准书》以观事变”，作《律书》以绍明兵学，慎用战争。兵者，危事，迫不得已而用之，要讲求“用之有巧拙，行之有逆顺”。汉武帝

① 《史记》卷一三〇《太史公自序》。
② 《史记》卷一五《六国年表序》。
③ 《史记》卷一八《高祖功臣侯者年表序》。
④ 《史记》卷一七《汉兴以来诸侯王年表序》。

伐匈奴乃是诛暴，是正义的战争，非逆理而动，司马迁并不反对，这可用《匈奴列传》的史事实录得到证明，试析之如下。

《匈奴列传》内容由三个部分组成。第一部分叙匈奴社会习俗及其与中国的历史渊源关系。第二部分叙汉初和亲。第三部分叙武帝时期的汉匈战争。司马迁行文中不作一字褒贬，由于史事始末完具，是非曲直自然显现。

司马迁依据传说，认为匈奴祖先是夏后氏之苗裔，名叫淳维。他流落北方，征服了山戎、猃狁、荤粥诸民族，居于北蛮，逐水草畜牧。周之祖先公刘①，失其稷官，流落西方，变为西戎。西方有犬戎、畎夷、赤翟、白翟、绵诸、绲戎、翟貆诸民族。北方西方的各种民族，由于地理环境不同，生活习俗不与中国同。“自君王以下，咸食畜肉，衣其皮革，被旃裘”，“壮者食肥美，老者食其余”，“贵壮健，贱老弱”，“父死，妻其后母，兄弟死，皆取其妻妻之”。这些民族长期以来与华夏民族互相争逐、融合。西周兴起，戎狄攻太王古公亶父，西伯姬昌伐畎夷，周武王放逐戎夷于泾、洛之北，穆王伐犬夷，犬戎杀幽王。平王东迁，至周襄王娶戎狄女为后，一度又为戎狄所逐。北方山戎曾伐燕、伐齐。于是西方之戎入居关中，北方之戎南下幽并。春秋时，秦用由余之谋霸西戎，晋用魏绛之策服戎翟。战国时，燕用秦开，赵用李牧，威服胡戎。秦并天下，大击北胡，于是筑长城以拒守。

司马迁对古代民族之间的争战不加褒贬的客观叙述，表现了他尊重历史发展的求实态度。古代社会从原始氏族部落发展成为不同习俗的居地民族，而后各个分散弱小的居地民族又走向大一统的礼义国家，不就是在这样争战融合之中统一的吗？《史记》开卷《五帝本纪》叙黄帝统一华夏部落也就是这样的过程。司马迁写东越、闽越、西南夷也完全用如此笔法，追叙各民族祖先都是黄帝子孙。从唯物史观来看，不同习俗的中国各民族不可能出自一个氏族部落，怎么能都是黄帝的子孙呢？但从历史观点来看，司马迁这样写乃是宣扬大一统思想，他给予各民族以兄弟平

① 《周本纪》作公刘之祖为不窋。

等的地位，这是进步的观点。司马迁扬弃了儒家传统的“尊王攘夷”思想，不仅宣扬各民族皆黄帝子孙，还说夏后氏之苗裔变匈奴、周之祖先变西戎。这实质是说，各民族在战争中走向大一统，习俗不同并无高下之分，都能走向融合。汉武帝乘战胜匈奴之余威平两越，开通西南夷是一种必然的事势。司马迁并没有谴责汉武帝“贪欲扩张”。因此，有人认为司马迁谴责汉武帝“贪欲扩张”，发动了对“边疆兄弟民族”的战争的观点不符合司马迁的思想。《太史公自序》明确指出两越和西南夷“保南藩”，“守封禺”，“请为内臣受吏”。因为西汉的经济文化发展与这些地区发生了密切的联系和交流，统一势在必行。

我们还回到《匈奴列传》来看它的第二部分，即关于汉初和亲的记载。“单于有太子名冒顿”至“终景帝世，时时小入盗边，无大寇”止为第二部分。秦汉换代之际，匈奴族出了一个英雄人物冒顿单于。他东并东胡，西灭月氏，南没白羊、楼烦、河南王，控弦之士三十余万。公元前200年，冒顿单于提兵四十万南侵，前锋进至太原。此时汉高祖刘邦已统一中国，他率兵三十二万亲征，却被匈奴困于平城七日七夜，几乎全军覆没。高祖兵破民疲，不得已屈辱退让，采纳刘敬的建言与匈奴和亲。条款是以公主嫁单于为阏氏，厚赐财物，通关市，约为兄弟，以长城为界，互不侵犯。汉朝每年都要向匈奴奉送约定的絮、缯、酒、米、食物。惠帝、文帝、景帝都先后复遣公主，厚赐财物。但是公主、财物、关市并不能满足匈奴单于的贪欲。匈奴骑兵仍时常犯边。冒顿单于曾遗书戏侮高后，蔑视汉朝。公元前177年，右贤王侵扰上郡，杀掠人民。公元前166年，匈奴骑兵十四万骑入朝那、萧关，杀北地都尉，虏掠人民畜产甚众。侦骑深入至甘泉，京师告警。公元前158年，匈奴又大入上郡、云中，各三万骑，杀掠人民甚众。这是文帝时匈奴三次犯边。景帝即位，“与匈奴和亲，通关市，给遗匈奴，遣公主，如故约”。但匈奴并不改其恶行，虽无大寇，却时常“小入盗边”。汉朝忍辱求全，仍不能获得边境的安全。所以汉初的忍辱和亲既不符合统治阶级的愿望，更损害了汉族人民的利益，又不能使北边安宁，反倒滋长了匈奴单于的轻汉之心和无尽贪欲。等到武帝即位，汉已强盛，反击匈奴一洗耻辱之局也就是十分自然的了。

《匈奴列传》第三部分叙汉武帝伐匈奴。这场战争首先是由汉武帝发动的。“今帝即位，明和亲约束。厚遇，通关市，饶给之。”每年给匈奴更多的财物，为的是麻痹匈奴。汉武帝作了积极的备战，并借汉匈和亲之烟幕派张骞借道匈奴通使西域，目的是联合匈奴的死敌月氏夹击匈奴。但是匈奴识透汉使意图，扣留了张骞。元光二年，汉武帝准备就绪，用大行官王恢之策，设伏马邑，诱击单于。“自是之后，匈奴绝和亲，攻当路塞，往往入盗于汉边，不可胜数。”中国北疆由东到西，辽西、右北平、渔阳、上谷、代郡、雁门、定襄、云中、西河、上郡，以及其后开拓的五原、朔方、张掖、酒泉等郡吏民不断受到匈奴的侵扰杀掠。汉兵出塞，往往是匈奴侵扰在先。马邑设谋虽然是由汉武帝发动，这只能说明汉兵反击匈奴提到议事日程，并不能由此说明是汉武帝破坏了和平。因设伏诱击本身就说明了是匈奴犯边。匈奴百约百叛。汉文帝前元六年致书匈奴，就严正谴责说：“汉与匈奴约为兄弟，所遗单于甚厚，倍约离兄弟之亲者，常在匈奴。”后元二年又致书匈奴：“单于留意，天下大安，和亲之后，汉过不先。单于其察之。”司马迁如此写，显然是用事实说明，汉武帝反击匈奴是正义之举。《太史公自序》更作了明确的说明：“自三代以来，匈奴常为中国患害；欲知强弱之时，设备征讨，作《匈奴列传》第五十。”显然司马迁并没有反对汉武帝伐匈奴。既然如此，司马迁载述武帝征伐何以又多忌讳之词以及婉约喻讽呢？这尤须详究。

三、笔削讥刺　见盛观衰

笔削，指史事剪裁，褒贬评议。《李将军列传》、《匈奴列传》、《卫将军骠骑列传》三传并列，篇末赞语安排，别具匠心。《匈奴列传》叙事至李广利降匈奴止，《将相表》不载贰师征大宛事，《卫将军骠骑列传》不述两将军用兵方略。《平准书》述经济至元封元年而结，都寄有深意。这些笔削微旨，曲尽其妙地表达了司马迁对汉匈战争利弊的分析和他忧国忧民的深沉思想，却往往为人们所忽略，下面随文疏释，以供讨论。

李将军、匈奴、卫霍三传并列构成一组史传，详述武帝时汉匈战争始末。司马迁生动地载述了李将军的血战和卫、霍两将军的功绩，表现了汉军反击匈奴侵扰的敌忾之情以及战争的残酷，可歌可泣。李广、卫青、霍去病三个将才都是司马迁赞颂的人物。卫青、霍去病敢深入，是常胜将军。李广才气，“天下无双”，他热爱士卒，敢与虏敌战，而常打败仗是因为寡不敌众，每次出塞，所将不过万人。李广立功不得封侯，有才不能施展，一生与匈奴血战而演成悲剧，司马迁深为不平。卫、霍贵幸，得力于裙带关系以及两将军的“和柔自媚”。两传赞语形成了鲜明的抑扬对比。但司马迁的用心不在评论三将才能之高下，而矛头所向是讥刺汉武帝亲亲疏贤，揭露专制政治的黑暗。这种黑暗削弱了汉军的战斗力，增加了抗匈战争的代价，并导致了后期战争的失败。《匈奴列传赞》进一步提出了尖锐的批评。司马迁说：“世俗之言匈奴者，患其徼一时之权，而务谄纳其说，以便偏指，不参彼己；将率席中国广大，气奋，人主因以决策，是以建功不深。尧虽贤，兴事业不成，得禹而九州宁。且欲兴圣统，唯在择任将相哉！唯在择任将相哉！”这段话既鲜明而又曲折隐晦。鲜明的是司马迁明确指出汉匈战争“建功不深”；隐晦的是“不参彼己”和“择任将相”所指具体内容不明。

知彼知己，百战不殆。“不参彼己”，是批评汉武帝不深究匈奴国情，不详察汉军之短，而盲目地制定了臣服匈奴的错误战略，导致了后期战争的失败。元狩四年漠北大战，匈奴大困，“遣使于汉，好辞请和亲”。汉武帝下其议，有的主张和亲，有的主张臣服，博士狄山与御史大夫张汤展开了一场辩论。狄山指出，“中国以空虚，边民大困贫”，“由此观之，不如和亲”。张汤斥狄山“愚儒，无知”[①]。丞相长史任敞说：“匈奴新破，困，宜

① 《史记》卷一二二《酷吏列传》。

可使为外臣，朝请于边。”汉武帝误听了这一“谄纳其说”，失去了和亲的机会。大宛之役，汉已疲困，但“天子意欲遂困胡”[①]，再一次误听“谄纳其说”，造成了李广利的三次丧师。这一次是桑弘羊建言。他劝汉武帝趁“匈奴困于汉兵，折翅伤翼”之时，“可遂击服”[②]。《卫将军骠骑列传》不载两将军用兵方略，只是出塞拼杀。因汉匈战争驱逐于广漠沙碛之野，与游牧骑兵作战，难以设伏阻击，全凭拼消耗、阵前斗智勇。李广、卫青、霍去病三大将都是这个战法。匈奴是一个全民皆兵的大国，东西广袤万里，南有大漠为屏障，凭藉高寒的地利和骑射之锐与少马的汉军周旋，有利“如鸟之集”；困败，“则瓦解云散”。汉武帝要臣服这样一个敌国是不容易的。后期战争汉军远出塞外几千里越过大漠去争逐，已是强弩之末，又无卫霍之贤将，“建功不深”是不言而喻的。“择任将相”的感叹，主要是讥刺汉武帝误用无节操的庸将李广利，也包括“谄纳其说”的任敞、桑弘羊、张汤等人。有的论者张冠李戴，把司马迁讥刺汉武帝误用李广利的批评，说成是讽刺卫、霍是两个“没有将略的腐才”，实在是一种误解。《佞幸列传》指出，卫、霍虽以外戚贵幸，然“颇用材能自进”。司马迁还在《淮南衡山列传》中借伍被之口称赞卫青“材干绝人”。司马迁坐李陵案受腐刑的罪名就是“沮贰师”，所以《匈奴列传赞》的隐晦批评主要是针对李广利的。

《匈奴列传》叙事至李广利降匈奴而止，具有深微的讽谏意义。第一，紧接赞语相发明，讥刺汉武帝不慎择将相，已如上述。第二，与《大宛列传》载“欲侯宠姬李氏”互见，批评伐大宛之失，故《将相表》不载大宛之役，以不言喻讽。因《将相表》列载国家大事，详载汉匈战争而不载大宛之役，示意此役并非国家之急。但是有的论者谓《大宛列传》是讥刺汉武帝仅仅为了几匹“汗血马”和“欲侯宠姬李氏”而大兴师，也是只知其一，未知其二。

---

① 《史记》卷一一〇《匈奴列传》。

② 《盐铁论》卷八《西域第四十六》。

汉武帝伐大宛是臣服匈奴战略的一个组成部分，司马迁有明确的记载。《匈奴列传》云："汉既诛大宛，威震外国。天子意欲遂困胡，乃下诏曰：'高皇帝遗朕平城之忧，高后时，单于书绝悖逆。昔齐襄公复九世之仇，《春秋》大之。'是岁太初四年也。"《大宛列传》也有明确记载，汉武帝通西域，连月氏、乌孙，目的是"断匈奴右臂"。伐大宛求善马也是从属于汉匈战争这一大目标，并不是汉武帝的个人贪欲，司马迁也是写得清清楚楚的。

汉匈战争，骑兵是决胜的兵种，良马是最税利的武器。汉初律令，"令民有车骑马一匹者，复卒三人"[①]。景帝"益造苑马以广用"[②]，至武帝即位时，"众庶街巷有马，阡陌之间成群"，为汉武帝伐匈奴准备了物质条件。但汉之马不如匈奴之马[③]，使汉武帝大伤脑筋。他发《易》书占卜，云"神马当从西北来"[④]。河西走廊开通以后，公元前115年，张骞率领了三百人的庞大使团，多赍金帛财物以千万巨万计，不惜代价通西域。汉武帝欲达三个目的：一求大宛良马；二连乌孙；三通有无，与西域各国交往。中西交通符合各国人民的利益，"汉率一岁中使多者十余，少者五六辈"[⑤]，和平往来十余年。"而天子好宛马，使者相望于道"[⑥]；乌孙和亲，"以千匹马聘汉女"[⑦]，这都说明了汉通西域首要的进口货物是良马，用以改善中国马种[⑧]，备军国之用。西域的苜蓿、葡萄也传入中国。中国的丝绸、金币传入西域。匈奴遣使破坏中西交通，教令西域各国敲诈勒索汉使。尤其是大宛自恃其远，既不给善马，又杀汉使劫财，损害朝廷之威，破坏了汉武帝断匈奴右臂的整个计划。在这种情势下，汉武帝以他的雄武决策，力排众议，"案言伐宛尤不便者邓光等"[⑨]，不惜一切代价大兴师伐宛。

---

① 《汉书》卷二四《食货志》。

② 《史记》卷三〇《平准书》。

③ 《汉书》卷四九《晁错传》载晁错《言兵事疏》云："匈奴地形技艺，与中国异，上下山阪，出入溪涧，中国之马弗与也。险道倾仄，且驰且射，中国之骑弗与也。"

④⑤⑥⑦ 《史记》卷一二三《大宛列传》。

⑧ 参阅《汉武伐大宛为改良马政考》，载《余嘉锡论学杂著》上册，中华书局1977年版。

⑨ 《史记》卷一二三《大宛列传》。

汉武帝欲趁此使宠姬李夫人之兄李广利得侯，用他为主将，乃是因势用人，而并不是因人致师。但由于李广利庸劣，结果使汉军丧师十余万，丧马三万余匹，才换得宛马善马数十匹，中马三千余匹，得不偿失。但是大宛之役宣扬了汉家威德，保护了中西交通，巩固了汉与乌孙的和亲，对于遏制匈奴起了积极的作用。汉宣帝本始三年（前 71 年）汉与乌孙联兵大击匈奴，结果匈奴惨败，“兹欲向和亲，而边境少事矣”①，不过司马迁未之睹也。

从以上的论述，司马迁批评大宛之役，并非就事论事孤立地反对伐大宛，而是批评汉武帝后期臣服匈奴的错误战略，丧失了漠北大战后的和亲时机。至于汉武帝通西域，司马迁是赞赏的，认为符合中西人民的共同利益。司马迁说：“汉既通使大夏，而西极远蛮，引领内向，欲观中国。作《大宛列传》第六十三。”②

纵观司马迁载述的武帝征伐，行文错综，扑朔迷离，容易使人做出简单的断章取义的结论。这是因为在封建专制时代，历史家直写当代史要褒贬今上的是非，本身就是一个棘手的难题。他不仅要处理忌讳之禁的问题，而且在政治上要有卓识，在历史观上要能洞察事势的变化，预见将来。司马迁以他的卓越史识和实录之德，运用笔削隐喻之才准确地把握了时代的脉搏，反映了一代盛世一代雄主的伟大历史事件，真不愧为良史之笔。他肯定了汉武帝前期对匈战争的正义性和胜利，论述了平两越、通西南夷、通西域的必然之势，批评了后期对匈战争的战略错误，抨击了汉武帝“不参彼己”，不慎“择任将相”给国家带来的危害，利弊分析，切中要害。司马迁并不是简单地赞颂武帝征伐，或者贬斥武帝征伐，而是实事求是地作了深入的历史分析。司马迁认为国家不能没有武备，“设备征讨”是兴盛自强的手段；但不能穷兵黩武，要慎用战争，爱惜民力③，这是十分进步的战争观。桑弘羊理财，支持了汉武帝前期反击匈奴侵扰的战争，司马迁仍

① 《汉书》卷九四《匈奴传上》，并参阅卷九六《西域传下》。

② 《史记》卷一三〇《太史公自序》。

③ 司马迁的这一思想集中地反映在《太史公自序》的律书序目中，其辞云：“非兵不强，非德不昌，黄帝、汤、武以兴，桀、纣二世以崩，可不慎欤？”

然是作了肯定的评价，称赞平准均输的效益，“一岁之中，太仓、甘泉仓满”，“边谷诸物均输帛五百万匹”，“民不益赋而天下用饶”。但是平准均输等战时体制的经济政策阻滞了生产的发展，不应长期坚持。故司马迁又提出了批评。元封元年汉武帝自将巡边，登泰山封禅，象征西汉鼎盛。但《平准书》述经济恰至元封元年戛然而止，不仅以“烹弘羊，天乃雨”作结，而且又于赞中引喻秦事向汉武帝发出了警告，若“竭天下之资财”，必致前车之覆，忧国忧民之情跃然纸上。可以说《平准书》的笔削微旨以及赞语的隐喻大义正是司马迁“见盛观衰”的精妙之笔，也是载述武帝征伐的命意所在。真是言尽而意无穷，发人深思。

（本文原载《中国历史文献研究》第一辑，
华中师范大学出版社 1986 年版）

论　刘　邦

秦庄襄王三年（前 247 年），楚国沛县丰邑镇中阳里村，一户刘姓的普通人家降生了第三个儿子，取名季。这个刘季就是西汉的开国君主，中国历史上第一个布衣皇帝刘邦。刘季是小名，刘邦是他称帝以后正式称用的大名。本文着重谈刘邦一介布衣是怎样在乱世中崛起的。楚汉相争以及称帝后的作为，略述其梗概，不作过多的评说。

一、好逸恶劳的农家子弟

刘邦之名，《史记·高祖本纪·索隐》引项岱云："高祖小字季，即位易名邦。"小字，即小名，俗称乳名。父母给婴孩取名字，往往表达爱意，要简易、亲昵，常常以动物阿猫、阿狗呼叫。刘季，即小三，长大就是老三。伯、仲、季，就是排行相称的顺序。但以"邦"字为名，不同寻常。古时"邦"字是国家的意思。《说文·邑部》："邦，国也，从邑，丰声。"故以"邦"为名者，上古罕见。刘邦称帝，既以"邦"为名，为避讳，用

"国"字代"邦"①。但无论如何，刘邦怎么得意，断不会在称帝以后取名"邦"，独占称号。刘邦起义，自立为沛公，仍称名刘季可证。所以，《索隐》所引项岱云"即位易名邦"，有待考证。刘邦之名，由于文献不足，至今还是一个谜。极有可能是在未起事之初，在芒、砀山中时，一帮无赖哥们儿呼叫的混号，表示选择的决心，即位正式用为大名，表示贵为天子，渊源有始。

刘邦有两兄一弟，长兄名伯、次兄名仲，刘邦名季，即刘老大、刘老二、刘老三，依排行称名，小弟刘老四，若再无弟，可称刘老么。小弟老四却有正式之名，曰刘交，或许是伯、仲、季排序之后无代字取名交，或许是刘氏发迹之后所取名，亦不可考。刘邦当泗水亭长，交游四方，一直以俗名刘季相称，表示出身平民，一般的农家子，在称名上没有讲究。古时地广人稀，乡村狭小，彼此以排行辈分相称，表示亲切，叫个名字，反而生疏。大户人家，男子二十要举行加冠礼，表示成人，正式取名，还要加一个代称的号叫表字。小户人家就没有这么多礼数。刘邦一直沿用小名，表现了他的豁达和淡泊，保持淳朴的乡村习气，和大家一样是极普通、极平凡的百姓。史称刘邦之父曰"太公"，母曰"刘媪"，这也不是正式名字，是通称的刘大爷、刘大妈的意思。班固写《高帝纪》，追溯刘邦为帝尧之后，祖先是夏朝的御龙氏刘累，用此编造"汉绍尧运，以建帝业"② 的理论，适应东汉皇朝尊奉谶纬学说的需要，也表明了"班固以西汉历史神化东汉皇权的企图"③，并无世系可寻。

刘邦天性淘气，与两个哥哥朴直憨厚的性格完全不同。他既不读书，也不事生产，喜欢游荡交友，崇尚游侠，带刀使剑。刘邦出生时，由于巧合，中阳里村，刘家邻居一户姓卢的人家，同日也生下一男，取名卢绾。两户人家，同日同时生男，成为中阳里村一件大喜事，村里乡亲，带着羊羔酒食，到两家庆贺，并把此事传为美谈。两人生辰同日同时，被称为同庚，虽然稀少，但

① 《汉书·高帝纪》注。
② 《汉书·叙传》。
③ 白寿彝《司马迁与班固》，载《人民日报》1964年1月23日。

不足为怪，而在一个村庄里产生同庚，那就稀奇了。两家觉得是一个缘分，走动亲切。刘邦与卢绾，自幼要好，如同亲兄弟。卢绾温驯忠厚，事事听从刘邦，因此刘邦从小就有一个跟班和听指挥的助手，养成了他的狂傲性格。刘邦生得鼻梁高耸，胡须很美，身躯魁伟，成人后是一表人才。他左股上有一片黑斑，被说成是长了七十二颗黑痣。七十二是一个神秘数字，环周天 360 度的五分之一，也就是象征刘邦在五行中得了一行。沛县还有一个武勇过人的狗屠樊哙，性格正直，笃守信义，与刘邦交好。又有周勃，膂力过人，以编织蚕箔为业，又善吹箫，常以此技充役给人家办丧事，也与刘邦交好。这些人都尊奉刘邦为大哥。刘邦也有长兄风度，胸襟开阔，有钱同使，从不吝啬。于是刘邦在游民层中搏得声誉，有“宽大长者”之称，而在朴实的父老眼里，刘邦是一个不成材的东西，时常受到刘老太公的斥责。对此，刘邦耿耿于怀。高帝九年，公元前 198 年，刘邦已到晚年，他在新都长安的未央宫举行酒会，大宴群臣。刘邦亲自捧一大碗酒为太上皇刘太公祝酒说：“始大人常以臣无赖，不能治产业，不如仲力，今某之业所就孰与仲多?”① 殿上群臣，大笑为乐，齐呼万岁。这故事曲折反映了，刘邦少时在朴实乡亲父老眼里，在务农为本的父亲眼里，是一个不成材的无赖。宋代诗人张方平在《题汉高祖庙》诗中作了恢谐而生动的评述。诗曰：

纵酒疏狂不治生，中阳有士不归耕。
偶历乱世成功业，更向翁前与仲争。

寥寥二十八字，刻画刘邦无赖精神，字字中的，精妙无比。但刘邦虽混迹于无赖之中，耍枪弄棒，但不横蛮，好酒及色，颇有分寸，一生没有大的劣迹。他虽无财可疏，却也仗义助人。他常带领无饭可吃的哥们到家里吃饭，这已是最大的努力了。刘邦做了泗水亭长，有了一份公差，微薄俸禄，都撒给了朋友，以至

① 《史记·高祖本纪》。

他常常身上没有喝酒的钱，于是就到王媪、武负两个妇人酒店去欠账喝酒。刘邦以他亭长的身分保护两个酒店不受骚扰，刘邦欠账自觉心安理得。每到年终，这两个酒店无可奈何一笔勾销了他的欠账，还编出故事说："只要刘邦到酒家喝酒，头顶上方隐隐有龙形，这一天生意特别好，酒店加倍赚钱。"

二、出入于黑白两道的泗水亭长

亭，是秦代的地方基层组织，始于战国。秦汉时，大率十里一亭，遍于全国，亭设亭长一人，下设亭父、求盗各一人。亭长的主要职责有二；一是"逐捕盗贼"，维护所辖地区的治安，并训练青年习五兵：弓、弩、戟、刀、剑。二是接待过往官差，护送过境官员，故亭有楼屋，供来往官吏及官差止宿，是官家招待所。亭父、求盗两个副手，分理两个方面的事务。亭长往往由少壮有勇力者或退伍军人担任。刘邦"及壮，试为吏，为泗水亭长"①。泗水亭在沛县城东郊，隶属沛县，但又是郡城近郊的大亭，又称都亭。泗水亭长高于一般亭长，因为他常常要接待郡、县级的官员出入，负责郡、县城的近郊治安。刘邦与沛县上层官吏很熟悉、亲昵，时常捉弄他们，表明泗水亭长地位不一般。

刘邦壮年，经试用为亭长，前文已指出，大约在秦统一之初。秦末，刘邦仍为亭长，可以说刘邦为亭长与短命的秦王朝相终始，在升平之世，一个不懂文墨仅靠几手拳脚吃饭的人，混到刘邦的地位，也就差不多了。刘邦就当了十多年的亭长，没有升迁。但刘邦发迹也得益亭长这一地位，因职责关系，他要广交朋友，出入于黑白两道社会，成为一方的地头蛇。刘邦的白道朋友，他与沛县功曹掾萧何、典狱掾曹参、狱吏任敖、县吏夏侯婴等十分要好。夏侯婴替县令管车马，仁厚耿直，对刘邦是五体投地，忠心无二维护刘邦的大哥形象。有一次，刘邦与夏侯婴耍练

① 《史记·高祖本纪》。

拳脚，刘邦无意伤了夏侯婴，被不满意刘邦的人抓住把柄，告发刘邦打伤县吏。沛县令断狱，夏侯婴出证，不承认被刘邦打伤，夏侯婴被判出证不实，服刑一年，还挨了一顿板子。刘邦又在萧何的护持下，得以逍遥法外。这个故事表现了刘邦的人缘。至于刘邦的黑道朋友，樊哙、周勃等，不必细说。

刘邦以泗水亭长的身分，上通县衙，下结游侠，可以说是沛县通达黑白两道的显赫人物。萧何慧眼识英雄，在秦末风雨欲来之际，他委身与刘邦交好，在沛县结成萧刘联盟的反秦集团。在乱世中拉邦结派，从小的范围讲，结成势力，可以保护亲族自身利益；从较大的范围讲，形成山头，保护一方，或割据，或投主；从更大范围讲，雄视天下，逐鹿中原。萧刘联盟，因循时势，随波逐流，初始未必有野心，时势推动发展。萧何工于心计，他交友刘邦打有大算盘。有一年刘邦押送徒役前往咸阳服役，萧何率县衙同僚为刘邦送行，大家都送俸禄三百钱，萧何独送五百钱。这件事使刘邦感动不已。因为当时萧何地位在县令一人之下，而在全县人之上，他如此看重刘邦，提高了刘邦的身价地位，给足了面子。刘邦作为有游侠之风的“长者”，极看重面子，其感激之情可想而知。此时刘邦已非昔日可比，他做泗水亭长多年，积劳有绩，接待、办案，与四方侠士交游，识见与知名度都有了很大提高。他曾到外黄访谒了张耳，两人盘桓数月。张耳原是战国时魏公子的门客，以侠闻名，是一个被秦朝通缉的要犯，其反秦之心，不言而喻。刘邦与张耳等人交游，隐约的反秦之心与勃勃野心也不知不觉地潜滋暗长。有一年，刘邦押送徒役到了咸阳，有幸看到秦始皇威仪堂堂的出巡，千万人的心理是拜伏在秦始皇帝辇下，呼喊万岁，而刘邦却想的是自己未尝不可以到天子辇车中坐一坐？他十分神往，不觉发出羡慕的叹息，自言自语说：“嗟乎，大丈夫当如此也。”①

秦始皇晚年，全国社会已开始动荡不安。西汉文帝时政治家贾山在《至言》中总结说：“秦皇帝身在之时，天下已坏矣，而

① 《史记·高祖本纪》。

弗自知也。”当时秦始皇不断出巡，刻石颂功，自以为远过尧舜，并以显赫声威镇压天子气，其实天下人民，已经是“力疲不能胜其役，财尽不能胜其求”，“人与之为怨，家与之为仇”①。在这一环境中，萧何与刘邦加深友情，秘密组织，逐渐在沛县形成一个反秦自保的仁人志士社团。萧刘联盟为社团中坚。这个社团的形成，可以从刘邦戏剧性的婚姻中得到折射。

刘邦与吕雉的结合，是萧何为巩固萧刘联盟提高刘邦身价地位而导演的一出政治联姻。其时刘邦年已 34 岁。刘邦年过 30 岁没有结婚，是什么原因，文献无征，不必推究。刘邦好色，对自己的婚姻极不严肃，也许没有满意的意中人，但他虽没结婚，却与许多女子鬼混，刘邦与吕雉结合前称为微时，他与一个曹姓女子拼居留下了长男刘肥。吕雉给刘邦生男孝惠帝刘盈。刘邦共有八男。薄姬生汉文帝刘恒，是刘邦在成皋之战时一幸所生。戚夫人生赵王如意。赵姬生淮南王刘长，是高帝八年，刘邦征陈稀，路过东坦，赵王张敖献美人，也是一幸所生。赵王刘友、刘恢、燕王刘建为诸姬所生，其母失载，史家搞不清楚刘邦的这几位公子是哪位妃子所生。刘邦入关，一头扎进秦宫室不出来，张良力谏，樊哙强谏，才使刘邦清醒了头脑，退出秦宫室，封府库，还军霸上，避免了项羽问罪的灭顶之灾。公元前 205 年，刘邦入彭城又一头扎进项王宫室，迷恋女色，遭到项羽突然袭击，导致彭城大败，几乎全军覆灭。考察刘邦一生有关男女间的关系，极不严肃，喜新厌旧，见一个，爱一个，丢一个，八个儿子，八个母亲。刘邦与吕雉的结合，却又意外地严肃，既带戏剧性，又带传奇性，究其因，可说是萧何导演的一出政治婚姻，也是萧刘联盟的一条政治纽带。

吕雉，即后来的吕后，以下行文即称吕后。吕后之父吕公是沛县令的好友，单父县人，因避仇举家来投。沛县令看中了吕公长女吕雉，向吕公求婚，吕公不肯。萧何受县令委托，出面主持盛大宴会为吕公接风，目的是收取一大笔礼金送给吕公作安家

① 《汉书·贾山传》。

费。沛县衙门大小官员及社会贤达，碍于县令与萧何的情面，都来赴宴贺礼。萧何定出规矩，坐席不论身分只论礼钱的多少，送钱二千以上去堂上坐席，送钱少的在堂下坐席，有些出乎常规。刘邦不带一文钱，口称贺钱一万，心不跳，面不改色，雍容潇洒，活像一位富翁派头。吕公闻言大惊，亲自起身到门口迎请，刘邦也不推辞，大摇大摆坐到贵宾的首座上。萧何对吕公说："刘季惯爱吹牛皮，当不得真。"① 吕公并不见怪，也没把刘邦的贺礼当一回事，他非常欣赏刘邦的气度，油然产生敬佩之心，席间谦恭地敬酒，席散时又目示刘邦一人单独留下来细谈。刘邦侃侃而谈，使吕公更加钦佩，当即许婚要把长女吕雉嫁给刘邦为妻。刘邦走后，吕母生气说："公始常欲奇此女，与贵人。沛令善公，求之不与，何自妄许刘季?"吕公回答说："此非儿女子所知也。"② 这哪是你们妇人家懂得的，吕公终于嫁女刘邦。吕公女吕雉成了刘邦的结发夫妻。吕雉嫁给刘邦生一男一女，女为长，即鲁元公主，后嫁张耳子张敖为妻，儿即惠帝刘盈。刘盈生于公元前211年，以此推计，吕雉与刘邦的结合，大约在公元前214年前后。

吕公投奔沛县令而来，但他不肯嫁女沛县令，却嫁给一个小小泗水亭长刘邦。吕公以看相为名，称刘邦日后大贵。更合理的解释，应是吕公已看出社会呈现动乱之兆，与其说举家投沛县令，还不如说是投奔萧何、刘邦。萧刘土生土长，周围聚集了一大批地方贤达、壮士，他们才真正是沛县的地方势力中坚。俗语说："强龙压不过地头蛇。"沛县令离开了地方势力的支持，也是寸步难行。吕公嫁女刘邦，融入了客居的地方势力圈，如同诸葛亮寓居隆中，取汉上名士黄承彦之丑女为妻一样，反客为主，首先就要去掉客居的身分，成为地方的一员，联婚是最可靠最便捷的手段。刘邦攀上吕公这门亲事，在地方上也身价倍增，更加有头有脸。吕公说，刘邦有异相，也只有在社会动荡已露端霓，人

① 《史记·萧相国世家》。
② 《史记·高祖本纪》。

们思乱时才有的思维。因此说，吕刘的结合是萧何导演的一桩政治婚姻。这一婚姻巩固了萧刘联盟的沛县反秦社团。吕后“为人刚毅，佐高祖定天下”①，不仅仅是后来“所诛大臣多吕后力”，而且与刘邦结婚后，立即参与沛县萧刘社团的政治活动，为刘邦的出世建功大造舆论。

萧刘社团的中坚人物，除领袖萧何、刘邦外，主要成员有典狱掾曹参，他是萧何的好友。曹参下属狱史任敖，也是其中一员。泗水郡卒史周昌、周苛兄弟，一度与萧何同事，是当然的成员。还有县吏夏侯婴，他与刘邦特别亲爱。刘邦哥们儿有周勃、卢绾、周緤、雍齿、樊哙等人，大都孔武有力，习马弯弓，是刘邦的心腹。狗屠樊哙娶了吕后妹妹吕媭，如无政治目的，吕公不会嫁女给狗屠樊哙一个纠纠武夫的。吕后以她女性的特有身分，宣传刘邦神异，许多故事就从她口中吐出，不胫而走。《史》《汉》两书《高祖本纪》都记载了吕后曾带着她生的一对儿女即惠帝、鲁元公主在田间劳作，遇一老叟过路乞饮而相面，说吕后两子皆大贵。老父离去，适逢刘邦赶来田间，吕后具道所以，刘邦连忙去追赶老父，刘邦追上了，又请老父相面，老父说：“向者夫人婴儿皆似君，君相贵不可言。”所谓“贵不可言”，就是“贵为天子”的意思。鲁元、孝惠因刘邦而贵，刘邦是真龙天子。孝惠帝生于公元前 211 年，第二年刘邦就拉了一队人马隐于芒、砀山做山大王去了。以情理度之，惠帝尚在襁褓，吕后怎能带两子在田间劳作？刘邦家境不丰，世代务农，吕后嫁去参与田间劳动这是事实，而刘邦起事前她带两子在田间劳动遇老父相面云云，显然是人为的制作。刘邦隐于芒、砀山中，吕后宣传，刘邦所居山中位置，天空有五彩祥云，这祥云只有吕后识得，她观望天气，就能找到刘邦。吕后懂得蛊惑人心，才具不凡。她不仅是刘邦的结发妻子，而且是刘邦的起事伙伴，又生有贵子，所以后来刘邦要更易太子，终于忍不下心来，这是有渊源的。

① 《史记·吕太后本纪》。

三、时势造就布衣皇帝

公元前 211 年，有大流星坠落东郡，有人在石头上刻字："始皇帝死而地分。"秦始皇下令尽诛石旁的居民。第二年，公元前 210 年，始皇出巡东南镇压天子气。秦政权已面临暴风雨的前夜，只不过臣民还慑于秦始皇的声威，未敢公开反秦罢了。这时许多英雄豪杰已经拉起了队伍隐于山林为盗。楚人黥布拉了一队骊山刑徒，反出函谷关，回到故土居于鄱阳湖中。楚人桓楚也流入大泽中。这一年刘邦因押送沛县刑徒去骊山，这些刑徒还没有走出沛县境，沿途已多有逃亡。到了丰邑之西，刘邦驻屯下来，买酒买肉与刑徒作了一场豪饮。刘邦对众人说："公等皆去，吾亦从此逝矣！"[①] 徒众中有十余壮士，愿追随刘邦。刘邦乘着酒兴，连夜向芒、砀山进发，在沼泽的独行道上横着一条大蛇，挡住去路，徒众不敢前行。刘邦说："壮士行，何畏！"大丈夫走路，没有什么可惧怕的。刘邦奋勇前行，抽出宝剑，击蛇为两段。刘邦奋勇前行数里，酒湧醉卧，迷迷糊糊听到有个老妇人在哭，徒众向前询问，在对答中老妇人说："人杀吾子，故哭之。"又说："吾子，白帝子也，化为蛇，当道，今为赤帝子斩之，故哭。"听话的人认为老妇人说话不诚实，想揍她一顿，老妇倏忽不见。这一奇遇使徒众打内心畏服刘邦，刘邦也以此自负。这就是刘邦提三尺剑，斩蛇大泽起义的故事。自以此后，关于刘邦是真龙天子的故事，就由吕后等人四处传扬。过了一年，公元前 209 年七月。陈胜、吴广在大泽乡正式起义，发出了反秦的号召，全国大起义爆发。九月，刘邦在萧何、曹参等人的拥戴下，走出芒、砀山，夺取沛县，自称沛公，竖起了反旗，以赤帝子号令四方，旗帜尽为赤色[②]。刘邦要带领沛县子弟逐鹿中原了。与刘邦

---

① 《史记》卷八《高祖本纪》。

② 刘邦起义沛县，详本章第二节萧何"拥刘起义"一目，兹从略。

竖起反旗同时，在南方关中，由楚国贵族下县（今江苏宿迁县西南）人项梁、项羽叔侄也起事了。项梁是楚国大将项燕的小儿子，项羽是项燕的长孙，项梁的侄儿。项燕是楚国名将，坚决抗秦的一位英雄，在楚国遗民中有很高的声望。项燕在公元前224年大败秦将李信统率的二十万大军。秦将王翦灭楚，要求秦王集中全秦国的精兵六十万人与项燕对阵，双方争战了一年，项燕因寡不敌众，兵败自杀。项燕的英勇抗秦，赢得楚地人民广泛同情，都相传他没有死，隐居在民间，找机会反秦。陈胜、吴广起义就打着项燕的旗号，号召人民。由此可见，项氏家族在民众中的深远影响。

项梁、项羽叔侄逃避秦朝的通缉，隐居在吴中，今江苏苏州市，当时是会稽郡的郡治。项梁很有组织才干，吴中有大徭役及丧事，郡太守都请项梁出来主办。项梁借此机会暗中以兵法组织宾客及吴中子弟，掌握了吴中少年及豪杰的各自才干。项羽身长八尺，力能扛鼎，才气过人。但他性情急躁，缺少耐心。他读书不成，改学剑术，又半途而废。项梁责备他，他说："书足以记名姓而已。剑一人敌，不足学，学万人敌。"于是项梁教他学兵法，项羽大喜，可是"略知其意"后，又"不肯竟学"。项羽后来兵败垓下，不是韩信对手，与他学业不精不无关系。这是后话，按下不提。公元前210年，秦始皇巡游东南，渡浙江，项梁与项羽一同在远远的一侧观看。秦始皇扈从浩浩荡荡，威仪堂堂，但项羽看来，与凡品无异，他脱口而出："彼可取而代也。"[①]项羽时年23岁，表现了一个青年的雄心。

刘邦在咸阳看到秦始皇出行，说："嗟乎，大丈夫当如是也。"约早于项羽二三年，在公元前212年前后，年届35岁。

项羽说："彼可取而代也"，斩钉截铁，表现了强烈的反秦意识，一个热血青年，抱着满腔的国仇家恨，恨不得立刻刺死秦始皇。

刘邦说："嗟乎，大丈夫当如是也。"一副叹羡的口吻，大丈

① 《史记·项羽本纪》。

夫男子汉就应当这样。对刘邦来说，他是开了眼界，看到了皇帝的排场，作为沛县老大的刘邦，平时派头十足，此时感到渺小，世界原来是这样，皇帝好气派。当时秦始皇的神圣光环如日中天，刘邦没有产生取代的念头，“因为他知道那是完全没有效用的。他只是无可奈何的摇摇头，表示羡慕而已。”[①] 但这羡慕也透露了刘邦的大志与帝王气度，随着时势的变化，当刘邦逃遁芒砀山时，就大肆制造天子舆论，什么赤帝子杀白帝子，什么行止处天空有五彩祥云等等。当沛县父老迎请刘邦，说出“刘季诸珍怪，当贵”的话时，时势已经把这位满身无赖气息的布衣推上了登基的皇帝之路。

四、刘项相争　楚亡汉兴

由于秦政暴虐，天下人民共苦患秦。陈胜振臂一呼，全国大起义风起云涌。当陈胜在陈郡称王，建立了张楚国号时，刘邦在沛县也拉起了张楚的旗号，拥护陈胜王，自号沛公。但没有多久，陈胜被秦将章邯攻杀。刘邦部属雍齿，与刘邦同村同日生，是一对发小好朋友，刘邦起义，让雍齿驻守根据地丰邑。陈胜王失败，雍齿却背叛了刘邦去投靠魏王，刘邦陷入了困境。这时项梁、项羽率军从江东渡过长江，进入山东，成了抗击秦军的主力。沛公带兵去投奔项梁，与项羽拜了把兄弟，此后就一同并肩作战。沛公与项梁等人共同拥立了楚怀王。反秦斗争进入了一个新阶段。

秦二世二年（前 208）八月，起义军再次遭到挫折，项梁因连胜秦军而骄傲轻敌，不幸在定陶被秦将章邯偷营战败而死。接着章邯转战河北，围困赵国。沛公和项羽都收兵回到彭城。楚国群臣对部队进行了调整，决定分兵两路攻秦。诸将认为刘邦是个宽大长者，让他带兵从河南西进入关破秦。让宋义带领主力北上

---

① 陈国柱《西楚霸王》，国际文化出版公司 1996 年版，第 6 页。

救赵，牵制秦军主力。楚怀王忌惮项羽，强令他为副将，听从宋义节制。楚怀王又与诸将相约："谁先入关谁就做关中王。"

项羽世世为楚将，楚国被秦国所灭。他的叔父项梁又被秦将章邯杀害。国仇家恨，使得一个只有二十四岁起兵反秦的项羽，在血气方刚的驱动下表现得十分残暴。他兵锋所向，破敌屠城，杀戮无辜，受到诸将的忌惮和长者的不满。不过秦国这个大敌当前，人们还能容忍。项羽的复仇怒火使他作战英勇，乐于与秦军主力搏斗。宋义观望不进，项羽杀了宋义，夺了兵权，在巨鹿城下大战秦军，一日九战，喊杀震天，楚军无不以一当十，一往无前。秦军主力被项羽打败，章邯投降，尚有二十万众。项羽担心秦军入关后造反，就在行进到河南新安时把秦兵全部坑杀了。这一大血案，使项羽大失人心，尤其是关中人民，把他恨之入骨。

与项羽相反，刘邦进兵一路招抚。他趁项羽在河北与秦军主力决战的时机，乘虚直入，从武关迂回进入咸阳，秦王子婴投降，秦王朝就这样灭亡了。刘邦几乎没有打什么大仗。陈胜发难，项羽破秦主力，可以说都为刘邦的成功开辟了道路。他入关后与秦民约法三章，即杀人偿命，伤人及盗抵罪。秦朝的苛法全部废除。刘邦派出使者四出告谕秦民，又说，他与诸侯约，先入关者当为关中王。秦民十分高兴，惟恐沛公不为关中王。这与项羽的暴虐形成了鲜明对比。

公元前 207 年十月，沛公刘邦先于项羽两个月入关打破咸阳，秦王子婴请降，秦朝灭亡。刘邦派兵把守函谷关，阻挡项羽入关。十二月，项羽领兵来到函谷关，项羽已经知道刘邦打破了咸阳，而函谷关竟然有守兵不肯开关。项羽震怒，命令楚军先锋将当阳君黥布打破函谷关，楚军四十万进关驻扎在戏西。项羽立即下达紧急动员令，连夜造饭，第二天兵伐沛公。当时刘邦只有兵十万，不是项羽对手。刘邦听用张良智计，亲自到鸿门向项羽陪罪，作为盟兄大哥的刘邦当面向项羽自称"臣"，称项羽为"大王"，一顿迷魂汤灌得项羽晕晕糊糊。在鸿门宴上，表面上刘项和解，实质拉开了楚汉相争序幕。鸿门宴预演了楚汉相争智胜力的结局。从公元前 206 年八月，刘邦还定三秦，到公元前 203

年十二月项羽自刎乌江，经过三年半的征战，楚亡汉兴。公元前202年二月，刘邦称帝，大汉正式建立。

楚汉相争，项羽失败的原因，就是刘邦胜利的原因。两人相反相成，形成鲜明对比。司马迁总结项羽失败有五大原因，反之就是刘邦成功的五大原因。刘邦自己总结楚亡汉兴的根本原因是善用人才。汉得张良、萧何、韩信三杰之助而兴，项羽有一范增不用而灭亡。“得人者昌，失人者亡”，刘邦用他亲历的战斗生动地说明了这一个普通的真理。三杰归汉，另作专文讨论。刘项对照，最核心之点，一个是青年，项羽；一个是中年，刘邦。刘胜项败，从人格魅力上说，是一个城府的中年战胜了一个涉世未深的青年。

项羽不学无术，项梁过早死亡，项羽年青气盛，还缺乏担当天下重任的政治经验。项羽总结经验，往往走向反面。例如他残暴杀伐，他本来是反秦暴政，而自己却以暴制暴，无法赢得人心。刘邦起兵，投靠项梁，与项羽结为兄弟，而第一个起来与项羽争天下的恰恰是刘邦，这使得项羽错误地总结了生活经验和政治经验，猜忌功臣，防范外姓，只听信项伯等亲人的话，他哪里知道，项伯脚踏两只船，恰恰是个内奸。统治集团上层出了内奸，军事行动的情报都暴露给敌人，这个仗还怎么打？最大的失误是项羽分封十八王。此着一输，全盘皆输。与项羽相反，刘邦的性格“仁而爱人”，他好说大话，给人希望，讲义气，交朋友，例如他先后与项羽，与项伯两人都约为兄弟，项羽、项伯却是叔侄。刘邦管不了这许多，他只是搞政治。在严酷斗争的环境里，刘邦的这种性格与拉人际关系的手腕很能得到群众拥护。刘邦出身布衣，阶级本性也决定了他同情下层人民。他押送徒役，见逃的人多了，不是运用严刑防范，而是放大家去逃生，他自己也上山入伙。他虽然没有陈胜之勇敢于发难，但他稳步发展，却是具有谋略。刘邦人缘好，顺利地当上西征主将，使得他先入关，在政治上占了主动。刘邦起初也没有多大才能，秦朝统一中国时，他已三十多岁，才做了一个亭长，还经常去酒铺喝酒不付钱，这说明他没有突出的大志。但他跑了一次咸阳，看到秦始皇的排场就想当皇帝，说明他思想活跃，很能跟形势。他能博采众长，招揽人才，集思广益，在斗争中迅速地增长了才干。到鸿门宴时，他敢于身入虎穴，表现他的勇；他计划周密，把统战工作做到了项羽的心脏中去，让项伯做了汉军的内奸。本来范增要把刘邦封为巴蜀王，把他困在四塞之国的四川盆地。刘邦愤怒地要和项羽拼命。又是张良活动项伯说情，项羽改封他为汉中王。结果项羽既负失约之名，而实授关中之地。刘邦的确是知人善任，加上自己的进步，他成了天下无敌的杰出政治家。就这样，时势把一个泗水亭长铸造成了叱咤风云的英雄，创造出了布衣将相之局的汉家天下。

（本文前三节摘自《张良萧何韩信评传》第三章，
第四节为收入文集时所增）

论三杰归汉

“三杰”并称，来源于汉高祖刘邦对西汉开国功臣张良、萧何、韩信三人相提并论作了高度评价，可以说汉初“三杰”乃汉高祖钦定。公元前 202 年二月初二日汉王刘邦即皇帝位，宣告汉王朝正式建立。五月，汉高祖刘邦在洛阳南宫设宴庆成功。刘邦在庆功大会上说：

> 夫运筹策帷账之中，决胜于千里之外，吾不如子房。镇国家，抚百姓，给饭饷，不绝粮道，吾不如萧何。连百万之军，战必胜，攻必取，吾不如韩信。比三者，皆人杰也，吾能用之，此吾所以取天下也。项羽有一范增而不能用，此其所以为我擒也。[①]

刘邦并称“三杰”，评价分寸十分得体。张良是大谋略家，封留侯；萧何是大政治家，封鄼侯；韩信是大军事家，初封王，后降为淮阴侯。三杰同功一体，辅佐刘邦，使布衣登极做了皇帝，创建了西汉王朝，三杰也成为影响历史进程的人物。谋略用

① 《史记》卷八《高祖本纪》。

智，政治用仁，军事用勇，张良、萧何、韩信三杰，个个都是兼备智、仁、勇的全才人物，而又各有所侧重，高祖兼收并蓄，无敌于天下。但在秦统一之初，无论高祖也罢，还是三杰也罢，他们都生活在社会的下层，无所作为。是什么机运造就“三杰”成为惊天动地的伟男子呢？

一、汉初三杰的身世

三杰身世，张良最尊贵，出身韩国同姓贵族，因秦灭韩而破落。萧何布衣，为社会贤达，任地方沛县主吏掾。韩信游民。

1. 张良遗少

据《史记·留侯世家》记载，张良，字子房，出身贵胄，本为姬姓，为韩国同族。姬姓是个古老的姓氏，源于黄帝。《晋语》称：“黄帝以姬水成，炎帝以姜水成”①，所以许慎②、皇甫谧③等，都认为黄帝居姬水，因以为姓。后来周人兴起于渭水中游，包括姬水流域（今陕西宝鸡地区），善稼穑五谷。帝尧便封周人先祖弃，即后稷“别姓姬氏”④。因此司马迁在《史记·韩世家》中说：“韩之先与周同姓，姓姬氏。”姬姓古老，是古代的望族，韩国先人事晋，得封于韩原，公元前453年，韩、赵、魏三家分晋，韩国建立。张良一族是韩国王室支族，故以国为姓，祖籍韩国城父（今河南禹县南）⑤。张良是尊贵的姬公子，韩亡而沦落为遗少。

张良祖父姬开地，相韩昭侯、韩宣王、韩襄王，父姬平相韩釐王、韩悼惠王。祖、父两代相韩五代国君，历经了韩国由侯到

① 《国语·晋语》。

② 《帝王世纪》。

③ 《说文解字·女部》。

④ 《史记》卷四《周本纪》

⑤ 春秋战国时有两个城父，东城父在今安徽亳县东南，西城父又名父城，在今河南禹县南，有张良故里张得乡，留有遗迹及许多传说。参见余世城《张良故里是禹州》一文，《寻根》2000年第4期。

王的转变[1]，史称“五世相韩”，历八十余年，近一个世纪。张良的祖、父两代与韩国五世侯、王，君臣相知，世所罕见。或许这是世卿世禄的积习在韩国还有相当的影响，贵臣世禄与王室同根连体，这就是张良在国破家亡之后念念不忘为韩报仇的思想基础。

韩国在战国七雄中是最小的国家。在三家分晋时，都平阳，在今山西临汾市北，由于秦的压迫，不断向东迁都，先后迁都宜阳，（在今河南宜阳县西）、阳翟（在今河南禹县）、郑（在今河南新郑县），几经发展，总算在中原站稳脚跟。韩国虽小，而所处战略地位极为重要，与秦、魏、楚等国交壤，而且扼守在秦国由函谷关东出的通道上。秦兵东出，韩国首当其冲，特别是战国中期，秦韩之间发生多次大战役，公元前 317 年有修鱼之战，公元前 314 年有岸门之战，公元前 307 年有宜阳之战，公元前 293 年有伊阙之战，此役韩国丧失西部重镇宜阳，元气大伤，已臣服于秦。但韩人斗志顽强，一直坚守其国，虽然在六国中最先灭亡，也是战斗到最后，其他各国相继灭亡。张良的祖、父两代，正是在秦韩生死博斗之际，进入韩国领导集团，其恨秦、怒秦、敢于与秦国争战的爱国精神遗传在张良的血液里。张良 10 岁时，公元前 241 年，楚、赵、魏、韩、燕五国联合攻秦，战于函谷，联军一度前进至蕞（在今陕西临潼东北），最终败还。此役是六国抗秦的最后一博，也最有声色，联军逼近了秦都，虽败犹荣。东方六国的最后一战，给少年的张良留下了沉重而深刻的印象。

如上所述，张良出身贵族，却生不逢时，正值韩国家衰亡之际。韩悼惠王二十三年（前 250 年）张良之父韩国相姬平，在内忧外患中积劳成疾不幸逝世，只剩下母亲和不满周岁的弟弟。父亲的过早去世，使如日中天的姬氏家族在衰亡中的韩国所处政治地位一落千丈，所以张良直到韩国灭亡，过了弱冠之年，也没有机会出仕，只是一个富室公子而已。

韩王安九年（前 230 年），秦将内史腾率军灭韩，俘虏了韩

---

① 柏杨：《中国帝王皇后亲王公主世系录》，中国友谊出版公司 1986 年版第 119 页。

王安，韩地建置为颍川郡。张良一家孤儿寡母沦落为亡国孑遗。祸不单行，张良弟不幸早夭。其时张良家资富有，僮仆三百人。张良毁家抒难，其母大约早已亡故，所以《留侯世家》只记载："弟死不葬"。所谓"弟死不葬"，是指草草安葬，未按礼制铺张。张良将家产全部变卖，所得巨资用于结交豪侠，誓为韩国报仇，谋刺秦王。张良孑然一身，没有家室之累，又值血气方刚，他要干一番大事业。公元前218年，张良在博浪沙椎击秦始皇，事败匿于下邳，在今江苏邳县南，改名换姓张良。

张良毁家抒难，奔走江湖，爱国爱家，堪称是一位奇士。

2. 萧何文吏

萧何与汉高祖刘邦同乡邑，在楚国沛县所属丰邑镇。西汉建立，因刘邦出生丰邑，而升格为县，于是史籍丰沛并称。丰县今属江苏省，归徐州市管辖。史载萧何"以文无害为沛主吏掾"[①]。何为主吏掾？掾，指县令的下属佐吏。主吏，重要的佐吏，县令的骨干辅佐人员，有五官掾、主吏掾等职。主吏掾，又名功曹掾，主管人事、总务，是县令的左右手。秦焚诗书，"若欲有学法令，以吏为师"[②]。萧何以吏为师，精通文字，说明他出身于农村的殷实之家，即富裕农家，是秦汉时代乡村中的中产阶级。秦始皇统一六国，把地方豪强大户及六国贵族西迁咸阳十余万家。萧何未被迁徙，祖上也无显赫人物，说明出身属于中产而非豪强大户。由于改朝换代，豪强大户被迁徙，像产生萧何这样出类拔萃人物的中产之家，在地方就成了显赫人家，萧何也成了社会贤达，一县之中的长者。

萧何为人宽厚，办事公平而又能干，所以史称以"文无害为沛主吏掾"。"文无害"，按《史记》三家注有四种解释：一是"有文无所枉害"，指草拟文案，笔下行文公平无害；二是"虽为文吏，而不刻害"，指萧何厚道，不以文字刻害人；三是"为有文理，无伤害"，指行文准确，不会伤害事理；四为陈留方言，

① 《史记》卷五十三《萧相国世家》。

② 《史记》卷六《秦始皇本纪》。

“无害”即无比，“文无害”就是文章特出无比，天下无双。这些解释都有一定道理，均是对萧何为文吏的肯定与赞誉。其实“文无害”，主要意思是与酷吏锻炼成狱的刻害文字相对比，不以文字刻害人。在秦末苛政猛于虎的动荡社会中，萧何“文无害”，受到广泛的赞扬。萧何在沛县有很好的声望，他利用自己的职位与声望，掩护了刘邦及一批地方豪侠之士，在沛县积聚起一支反秦力量。这支反秦力量的核心人物是刘邦，策谋人物就是萧何。

3. 韩信游民

韩信故里在淮阴城郊。淮阴，秦县名，今属江苏省，在淮水岸边，淮阴市西南。韩信家贫，父母早丧。其父死时，韩信尚未成人。韩信刚成人，其母又死，既无葬具，又无葬地。韩信到荒郊找了一块高敞宽平的地方埋葬了母亲。韩信说：“这个地方其后当置万家邑。”① 言下之意，自信能封万户侯。韩信游荡，经常饿肚子，他的这句话成为助人谈资的笑柄。韩信后来果封了万户侯，这话又成了韩信少小立志的美谈。西汉司马迁写韩信传，专门到淮阴作了调查，韩信母亲墓冢，确实在一处开阔平坦的高地上。司马迁发出了深深的感叹：“其志与众异。”②

三个不同的家庭，造就了性格各异的三位人杰。张良出身贵族，家资富有，交游广泛，少年血气方刚。慕豪侠之行，敢做惊人之事，久经磨难，洞察世事，折节改行，修道家“无为”之学，习兵法变化之妙，佐刘邦而处宾师的位置，与帝王若即若离，始终保持着清醒的脑头而淡泊名利，功成身退得以善终。张良画策，决不先声夺人，总是后发制人，别人冒了头，他后面综括，刘邦不请教，他不发言，事不急不表态，城府很深，成为千古帝王师的榜样。唐代李泌策谋德宗朝，就是学习张良的榜样。张良伴君，绝不轻言，言必有中。萧何出身中产之家，处世待人小心谨慎，开拓不足，守成有余，是一个难得的行政人才。故楚汉相争，萧何坐镇后方，足食足兵，而创立汉朝，建设制度，无为休息，为汉家第一丞相，这才是萧何的首功。韩信出身贫士，

①②《史记》卷九十二《淮阴侯列传》。

成为游民闯荡江湖，重义气友情，看重功名利禄，有豪侠志气，而政治斗争不成熟，所以韩信立下盖世大功而不得善终。韩信与张良对照，适成鲜明的黑白反差。司马迁极端同情韩信，几乎是用血和泪写成《淮阴侯列传》，在传后评论说："假令韩信学道谦让，不伐己功，不矜其能。则庶几哉，于汉家勋可比周、召、太公之徒，后世血食矣。"由此可见，家庭身世，环境影响，个人修养，对于一个人一生的功业与结局，产生的影响是十分重要的。

三杰的生年，《张良萧何韩信评传》依据有关材料推定，张良生于公元前 251 年，萧何生于公元前 248 年，韩信生于公元前 228 年。为省篇幅，推论过程，兹从略。

二、汉初三杰在动乱中崛起

历史造就英雄，英雄借助时势大展鸿图。秦末大起义，全国性的大动荡，把汉初三杰和许多英雄人物推上历史舞台，演出了一幕幕留传千古的历史活剧。

1. 张良椎刺秦始皇

韩国亡后，张良以孤臣孽子之心，怀着满腔的悲愤，矢志报复秦国。他身材矮小，面貌像一个娇小的姑娘[①]，孑然一身，仅有两只空拳，如何能报仇于手握百万雄兵的秦王呢？但张良并不气馁。韩国虽亡，东方六国还有五国存世，若能合纵，全力抗秦，胜负未可逆料。但当时形势，赵、魏朝不保夕，弱燕偏安残喘，东方齐国、南方楚国，两大国同盟关系被秦连横外交所瓦解。齐国坐山观虎斗，楚国郢都破后元气大伤。东方五国各怀自保，无人敢出头再倡合纵，眼睁睁看着秦国来蚕食国土，被各个

① 《史记》卷五十五《留侯世家》记载司马迁曾见张良画像，状貌好似一个漂亮的小姑娘而发出深深的感叹。司马迁说："上曰：'夫运筹策帷帐之中，决胜千里之外，吾不如子房。'余以为其人计魁梧奇伟，至见其图，壮貌如妇人好女。盖孔子曰：'以貌取人，失之子羽。'留侯亦云。"

击破。在这种形势下，有两位热血青年，爱国志士，想用刺杀秦王的手段，做最后一博。

这两位青年，一个是燕太子丹，另一个便是张良。他们一前一后采用刺杀手段来报复秦王，制造秦国的动乱以谋求局势的变化。在个人专断的社会，这一手段虽不高明，有时确实也能奏效，例如春秋时鲁曹沫之劫齐桓公。燕太子丹选中的刺客就是名垂千古的侠士荆轲。公元前 227 年，燕太子丹遣荆轲西行刺秦，在易水河畔送别，著名乐师高渐离击筑，送行人身穿白衣，荆轲扣着筑声节拍慷慨悲歌："风萧萧兮易水塞，壮士一去兮不复还。"天为之动容，水为之呜咽。悲凉场景，十分动人。燕太子丹嘱托荆轲，入秦完成两项任务的其中之一，便是胜利。一是劫持秦王，效法曹沫迫使齐桓公返还诸侯被侵土地；二是秦王不听则将其刺死，制造秦国的政局动乱，给东方五国的合纵创造条件。燕太子丹说：

诚得劫秦王，使悉反诸侯之侵地，若曹沫之与齐桓公，则大善矣；则不可，因而刺杀之。彼秦大将擅兵于外而内有乱，则君臣相毁，以其间诸侯得合纵，其破秦必矣。此丹之上愿，而不知所委命，唯荆卿留意焉①。

燕太子丹想用刺杀手段制造震动，激起东方各国的斗志。但是荆轲失败了，燕国遭到秦国的大举进攻，燕太子丹兵败被杀。秦国加紧进攻东方各国。燕国在公元前 222 年为秦所灭。

荆轲刺秦，发生在公元前 227 年，此时是韩国灭亡的第四年，张良 26 岁。这位孤臣孽子正在楚国都城淮阳学礼，寻求报国之路。燕太子丹背靠国家之力，组织刺杀失败，演成悲剧，成为一般人们的谈说资料，叹惜话题，而张良却别具只眼，看到了复仇的希望。《史记留侯世家》载："良尝学礼淮阳。东见仓海君，得力士，为铁椎重百二十斤。秦皇帝东游，良与客狙击秦皇

① 《史记》卷八十六《刺客列传》。

帝博浪沙中，误中副车。”张良祖、父相韩五世，家国连体相依。韩国灭亡，张良其弟又死，真是祸不单行，国破家亡。但张良没有被这突如其来的横祸所击倒，22岁的少年，血气方刚，报国报家的复仇精神，游侠志气的勇敢，都驱动着张良要干一番大事业。张良遣散了三百个家奴，草草埋葬了弟弟，把偌大家资全部变卖，携带黄金到楚国都城淮阳学礼，结交豪侠，报复秦王。淮阳，汉郡名，在今河南淮阳县。春秋时，淮阳是陈国都城，称陈邑。公元前278年，秦将白起攻破楚都郢，楚倾襄王迁都于陈。张良学礼淮阳，实际是国破家亡后流亡楚国。张良学礼，只是一个烟幕，他借此结交四方侠士，并通向楚国上层社会，谋求报秦之策。东方齐、楚两国为最大国。张良在楚都未得遇奇士，他东游齐国，访得隐者仓海君，在仓海君的引荐下，结交了一位能扔出一百二十斤大铁锤的力士。依据吴镇烽先生对秦半两钱等实物的测定，算出来一斤合今0.5125市斤①。秦120斤，合今61.5市斤，即30.75公斤。荆轲刺秦王，虽然失败，却打破了秦王神圣的光环。因此，荆轲的失败，反倒给张良一个启示，只要靠近秦王，一个力士就可了结秦王性命。张良眼看天下大势，复国已经无望，他只要报仇，只须索取秦王性命。循此逻辑，我们可以推定，张良放弃在淮阳学礼，东见仓海君，组织刺杀秦王的行动，就是在荆轲刺秦王的启示下进行的，也就是说张良东行，应在公元前227年。一边是秦王叱咤风云，继续吞灭六国，一边是张良组织刺杀秦王，等待时机。这一等就是十年。公元前218年，秦王二十八年，秦始皇第二次东游，给张良的计划实施带来了机会。这时已是秦王统一六国后的第三年，秦王已上尊号称始皇帝，全国实行郡县制。秦始皇连年出游，巡行郡县，宣示国威。当秦始皇的车驾行抵阳武县博浪沙（今河南原阳县南）的时候，突然从险狭处飞出一百二十斤重的大铁锤，端端正正砸在了一辆黄屋大纛的天子坐车上，车子砸毁，车上人亡。好一个力士，武艺了得。秦始皇在另一辆车上看得清清楚楚，惊了一身冷

① 吴镇烽：《半两钱及其相关的问题》，载《秦文化论丛》第一集第536页。

汗。原来被砸的天子坐车乃是一辆以假乱真的副车，秦始皇的坐车跟在后面，安然无恙，秦始皇有惊无险。虽然如此，秦始皇的权威受到了挑战，这还了得。秦始皇大怒，下令全国戒严十天，四处捉拿刺客，进行了全国大搜捕，却终无所获。张良与力士逃脱灾难。张良放弃了国姓姬氏，改名换姓叫张良，逃到楚地下邳藏匿起来。这是一件震动全国的大事件，《史记·秦始皇本纪》和《留侯世家》均作了记载。《秦始皇本纪》载：

> 二十九年，始皇东游。至阳武博浪沙中，为盗所惊。求弗得，乃令天下大索十日。

《留侯世家》载：

> 秦皇帝东游，良与客狙击秦皇帝博浪沙中，误中副车。秦皇帝大怒，大索天下，求贼甚急，为张良故也。良乃更名姓，亡匿下邳。

考察秦始皇的坐车及其属车、副车，秦始皇陵出土的一、二号铜马车，提供了形制①。《秦始皇本纪》为尊者讳，称张良为“盗”，正名分；《留侯世家》记其实，大书张良与大力士抗暴的英雄义举。秦始皇出巡是行进在宽六步的坦荡大道上，称为驰道，这是专供皇帝行走的御道。6尺为一步，6步共36尺，即宽3丈6尺的大道。秦汉尺合今制23公分，36尺合8.28米，可与当今普通汽车公路相比。秦始皇修这样宽的出巡大道，便于军马行动，浩浩荡荡，气势非凡。庞大警卫，前呼后拥，副车多辆，鱼贯行进，张良弄不清真的秦始皇在哪一辆车上，因而狙击不成功。

春秋战国的长期战乱，给人民带来深重灾难。秦并六国，一

---

① 参见武伯纶《秦汉车制杂议》，载《文博》1989年第5期。又袁仲一《秦陵一、二号铜车马综论》，载《秦文化论丛》第5辑第3页。

统天下，符合历史进步的进程，受到天下人民的拥护。贾谊《过秦论》中篇作了如下的描述：

秦并海内，兼诸侯，南面称帝，以养四海，天下之士斐然向风，若是者何也？曰：近古之无王者久矣。周室卑微，五霸既殁，令不行于天下，是以诸侯力政，强侵弱，众暴寡，兵革不休，士民罢敝。今秦南面而王天下，是上有天子也。既元元之民冀得安其性命，莫不虚心而仰上，当此之时，守威定功，安危之本在于此矣①。

国家的安危之本，就是人民拥护，得人者，得立国之本。然而秦王并未能认识到自己何以统一中国的原因。他本人是韩非"当今之世争于力"的信奉者，所以，"秦取天下多暴"②，被称为"虎狼之国"③。秦在统一六国过程中，斩杀六国士卒167万人，单是白起一人就斩首坑杀92万人。秦将白起最为野蛮。公元前239年伊阙之战，他斩杀韩、魏士卒24万；公元前273年华阳之战，杀魏卒13万，沉赵卒2万于河；公元前280年的光狼之战和公元前264年的陉之战，两役斩杀赵、韩士卒8万；公元前260年长平之战，坑杀赵降卒40余万，此役前后斩杀总计45万。史称秦为虎狼之国，称白起、王翦为"豺狼之徒"④。秦军攻城略地，坑杀平民，也屡见不鲜。公元前238年，秦灭赵，秦王亲临邯郸，"诸尝与王生赵时母家有仇怨，皆坑之"⑤。秦王施行彻底的强权政治，失掉民心，这是秦王朝二世而亡的根本原因。贾谊也有尖锐的批评。《过秦论》中篇，紧接上段引文之后说：

秦王怀贪鄙之心，行自奋之智，不信功臣，不亲士民，

① 《史记》卷六《秦始皇本纪》引贾谊《过秦论》中篇。

② 《史记》卷十五《六国年表序》。

③ 《史记》卷六十九《苏秦列传》载苏秦语，又见《战国策·西周策》载游腾语。

④ 《汉书》卷二十三《刑法态》。

⑤ 《史记》卷七《秦始皇本纪》。

废王道，立私权，禁文书而酷刑法，先诈力而后仁义，以暴虐为天下始。夫并兼者高诈力，安定者贵顺权，此言取与守不同术也。秦离战国而王天下，其道不易，其政不改，是其所以取之守之者无异也。孤独而有之，故其亡可立而待。

立国失去根本，失去人心，“其亡可立而待”，一个早晨就可被推倒。因此荆轲刺秦王，张良椎始皇，都是代表人民反暴抗暴的正义之举，是真正爱国爱民的浩然正气，应该肯定，应该颂扬。南宋爱国民族英雄文天祥在《正气歌》中颂扬正气英雄时说：

在齐太史简，在晋董狐笔。
在秦张良椎，在汉苏武节。

齐太史，晋董狐、秦张良、汉苏武，四人都是文人，但都是一身浩然正气，勇于牺牲的堂堂大丈夫。他们拍案而起，焕发正气，所向披靡，惊天地，泣鬼神。可见，干大事业的英雄，并不都是勇冠三军，力能扛鼎的英武之人，文人学士，壮貌如妇人好女的张良，在大是大非的关键时刻，依然可以一奋而为天下雄，特别是他们表现出的坚忍卓绝精神，大智大睿的气质，干出非常人所及的事业来，令人肃然起敬，折腰敬仰，他们不仅仅是英雄，而且是大英雄。

对张良刺秦始皇行为的评价，近代有两位爱国的历史伟人，做了恰如其分的评价，具有人民的心声。一位是清代的民族英雄林则徐，他题诗说：

除秦便了复仇心，勇退非关滤患深。
博浪沙椎如罕中，十年应以卧山林①。

林则徐的诗寄寓很深，咏史以抒情。再一位是抗日民族英雄

① 王德等编《汉张良留侯祠》，留坝县张良文管所印，1983年第54页。

冯玉祥将军在留坝“汉张良祠”题写的一副对联，很有深意。其词曰：

> 侯封敝屣，汉家三杰，如公的是完人，明功成身退之意；
>
> 奋志击秦，博浪一椎，不中亦寒敌胆，以匹夫有责为心。

冯玉祥评价张良椎击秦始皇，是“匹夫有责”的爱国行为。古代暴君夏桀自比太阳，人民诅咒，这太阳什么时侯灭亡，宁愿和这太阳一起死亡。暴君民贼，人人可得而诛之。总之，张良刺秦始皇，代表了当时人民的意志，这是历代以来有口皆碑的。

张良椎始皇，遣力士所为，看似简单，其实不然。张良反秦，一椎奋起，前后组织策划，长达 10 年之久，其难度可想而知。还拿荆轲刺秦王作对照，可以生动地证明非常人所能及。荆轲入秦，在咸阳宫殿上，仅仅是肃穆庄重气氛，就把荆轲的副手秦舞阳吓得变了脸色。这个秦舞阳曾是一个杀人不眨眼的恶少年，一见大场面未免心悸。张良与大力士在博浪沙驰道上狙击秦始皇，面对千军万马的冷兵器时代，以个人之力刺一国之君，实在是一件非常之举，不是一般人所能想，所敢为。秦始皇经过荆轲事件，警卫森严，副车多辆，庄严肃杀之气，可以想见。秦始皇出行，是镇压天子气，史称“立石刻，颂秦德，明得意”[①]，始皇的骄狂心态又可以想见，而今竟然在大军行进中遭到狙击，其天子震怒情状，尤可想见。全国大搜捕更在情理之中。张良刺杀秦始皇虽未成功，他敢想敢为，而又逃脱了秦始皇严法令具布下的天罗地网，不仅有大勇，而且有大智。张良藏匿在下邳，并不是荒郊野岭，虽非名都大邑，却也是一个交通四达的冲要城镇，秦始皇居然通缉不得。一方面说明张良少时游学楚都，结织的豪侠非常可靠；另一方面说明楚地人民反秦意识最浓重，不配合秦

① 《史记》卷六《秦始皇本纪》。

朝的官吏。当时有民谣说："楚虽三户，亡秦必楚。"[①] 张良的行为受到楚地人民的支持与保护，也更加坚定了他反秦的意志。张良藏匿下邳，这里是东南的交通枢纽，以便交结四方豪杰，表明他反秦壮志未灭。秦始皇出行要镇压东南的天子气，实质是东南的楚地人民反秦意识最浓烈。离下邳不远的丰沛就是刘邦、萧何、樊哙、曹参等人的故乡，他们开创了汉家王朝，绝不是偶然的。

2. 萧何静观时变

萧何天性诚笃，办事敏捷，大事小事，有条不紊。秦御史到泗水郡督察庶务，发现萧何是一个难得的行政人才，就把萧何从沛县调到泗水郡任郡卒史。沛县在秦时是泗水郡治，因此萧何的调转，只是换了衙门，没有换地方。一年后，郡吏考核，萧何治绩列为第一。秦御史要推荐萧何到京师任职，萧何恳切地坚决辞谢，还回到沛县主吏掾的旧职上，不肯去京师。按常理，一个地方小吏被钦差看中，推荐京师是求之不得，多少人钻营拍马都得不到的东西，为何萧何却不屑一顾呢？这正是萧何的过人之处，表现了他不凡的志趣，看清了天下的大势，留在故乡静观时变。这当然是秦始皇的晚年时代，大约在公元前 212 年前后。

说到萧何，离不开与刘邦并提。两人同乡里，萧何习文，刘邦习武，年齿相若，自幼相知，一同出仕在沛县为小吏，一同起事走过了坎坷艰难的创业道路，功成名就，共同创造了汉家基业。刘邦做了开国皇帝，萧何做了开国丞相。两人少了一人，也许历史是另一番模样。评说他们事功，两人连体相依，不可分离。

萧何与刘邦的出仕，其年无考，大约在秦统一之初。公元223 年秦灭楚，萧何 26 岁，刘邦 25 岁，正当出仕年华。公元前221 年，秦并六国，在全国推行郡县制，需要大批官吏。萧何、刘邦等人以农为本业，在秦汉时代称良家子，正是新政权的依靠对象。秦国自商鞅变法以来，重本抑末，大力培植自耕农作为巩

---

① 《史记》卷七《项羽本纪》。

固政权的阶级基础，因此萧何、刘邦在秦统一之初出仕为地方小吏合于情理。在升平年代，萧何和刘邦在定格的生活环境中和普通人一样，也是规规矩矩做人，尽心尽职办事，长时期碌碌无所作为，萧刘奋斗了十年只博得了一个能吏的声誉外，没有做出什么轰轰烈烈的事业来，萧何只做到沛县主吏掾，刘邦才是一个泗水亭长。司马迁经过调查，发出了意味深长的感叹。他说：

> 太史公曰：吾适丰、沛，问其遗老，观萧、曹、樊哙、滕公之家，及其素，异哉所闻！方其鼓刀屠狗卖缯之时，岂自知附骥之尾，垂名汉廷，德流子孙哉？[1]

这是说萧何、曹参、樊哙、夏侯婴、周勃等人，在秦朝承平时代只能成天忙忙碌碌为生计操劳，做梦也没有想到刘邦会做天子，追随刘邦能够出将入相。司马迁在京师听到的和看到的官方文件，对西汉开国皇帝和开国将相大臣有许多神异非凡的传说和记载。《史记·高祖本纪》就留下了许多关于刘邦神异的传说。如说高祖之母，“梦与神遇”而有身；高祖面貌高鼻龙颜，“左股有七十二黑子”；高祖到店家饮酒，店家生意兴隆免收他的酒钱；高祖斩蛇起义，有老妪哭曰：“赤帝子杀白帝子”；高祖匿于芒、砀，行止处“常有云气”等等。这些是司马迁在京师之“所闻”。经过实地调查，汉初将相，多是“屠狗卖缯”之辈，所以长叹“异哉所闻”。这“异哉所闻”的弦外之音，就是说汉初的创业君臣原也是凡品。就拿刘邦来说，《高祖本纪》对刘邦的凡人举止，神异传说的假像，记载不作隐讳。刘邦少时好逸恶劳，不事本业，成天耍枪弄棒，崇拜游侠，沾染许多游民习气，吃喝嫖赌，样样在行。刘邦长子刘肥就是刘邦和情妇曹氏的非婚生之子。刘邦常在沛县城中王媪、武负两家酒店喝酒不给钱，说一声欠账，拍拍腿就走。刘邦的行为被乡人视为无赖，在家里受到嫂嫂的白眼，常被父亲刘太公奚落，责备他虽然当了亭长还不如老大、老

① 《史记》卷九十五《樊郦滕灌列传赞》。

二种地有收获。

可是，秦末的风云际会，改变了环境，也改变了人生。萧何"以文无害为主吏掾"，原不过是辛苦积劳做一个地方良吏，充其量造福一方罢了。刘邦做一个尽职的亭长，与游侠哥们儿嬉戏，也还心安。他曾经派属吏专程到薛县（在今山东滕县南），采购桂竹之皮制作了一顶竹皮帽子，戴在头上象征已冠，进入了"士"与"吏"的阶层。刘邦称王称帝后仍不忘戴他的竹皮冠，并起名"刘氏冠"，还下了一道诏令，只有封爵在第八级高爵公乘以上才能戴"刘氏冠"。由此可见刘邦对发迹前因当亭长而入"士"戴冠的怀念，表明原本也无什么野心①。萧何与刘邦的性格与志趣、修养，都不在同一个水平线上。一个文质彬彬，一个粗鲁豪放，在承平社会，一般不可能成为深交，十年同在一个县城共事，没有什么值得记载的。秦末动荡，人心思乱，时势把两人推向风头浪尖，两人联手，文武合璧，演出秦汉之际的天地变局。萧何欲在乱世中有所作为，他要依靠刘邦的冲锋陷阵，刘邦要成大事离不开萧何的辅佐。萧何与刘邦，为了志清天下的共同事业，走到了一起。史称"何数以吏事护高祖"②，这正是在秦末征戍无已的多事之秋时。萧何留故里静观时变，实际是萧何与刘邦联手在沛县组织反秦的仁人志士社团，萧刘两人是这个社团的首脑人物。萧何与刘邦，在秦末山雨欲来风满楼之际，已经连体相依，谁也离不开谁了。

3. 韩信仗剑从戎

韩信青年时代的生活十分凄凉。他身材高大，佩戴长剑，气宇轩昂，确是一表人才。但他一贫如洗，又无谋生技能，孤独一人，四处游食，被乡邑人看不起，说他是一个"无行"的人。本来乡间小吏，如维护地方治安的亭长一类，韩信足可胜任，或到县衙当个差役，也有一口饭吃。可是没有人推荐韩信，他谋不了职，只好为游民，倍受贫困的熬煎，更受世态炎凉社会的欺辱。

① 随着秦末的动乱，刘邦被推上政治舞台逐鹿中原。

② 《史记》卷五十四《萧相国世家》。

坎坷经历养成了韩信嫉恶如仇和知遇报恩的品格，影响了他一生的事业。司马迁在《淮阴侯列传》中作了生动的记载。一个落魄青年，无可称述的事迹，司马迁从调查访问中，提炼出人民口碑故事的几个生活片断，写成几个故事，却展示了韩信的内心世界和他少小立志的基础。

韩信唾弃小人。韩信有一个朋友做南昌亭长，韩信常到他家去白食。几个月后，南昌亭长妻忍受不了，又不便当面拒客，于是有一天在天未明时就吃了饭。等到韩信清早赶去时，“不为具食”，亭长不提吃饭的事。“信亦知其意，怒，竟绝去。”韩信虽然饿着肚子，一见朋友冷冰冰的面孔，什么都明白了。“知其意”，表明双方都没有说话，韩信从察颜观色中，已了解对方拒客的意思，不等对方开口，自己也不吭一声，掉头就走。这一场面，十分尴尬，韩信的内心多么痛苦，他的观察是多么的细致、微妙。韩信人穷志不短，他虽然默不作声，而实已怒发冲冠，在瞬间作出决断，“绝交”，所以“怒，竟绝去。”韩信这一去不再复返，故称“绝去”，即断交而去。韩信的“怒”，不仅仅是对南昌亭长小人的愤恨，而且更是对势利社会的唾弃，是自己立志的宣誓。这个生活小故事，与陈涉佣耕而有“鸿鹄之志”的感叹，有异曲同工之妙。一个精壮青年，沦落到没有饭吃或为人佣耕的地步，双手的劲使不出，这个世道必须改变。陈涉之叹，韩信之怒，皆为生活所逼而怒而怨，这就是他们反秦起义的思想基础。

韩信受惠报恩。有一年夏天，韩信又是衣食无着，他只好到淮阴岸边去钓鱼。河岸附近有一群妇女冲洗丝絮，她们就是做苦工的“漂母”。为了赶活，漂母们把午饭带到河边吃。韩信整天坐在岸边垂钓挨饿，被一位好心的漂母看在眼里，就分一份饭给韩信吃，这样一直到漂絮季节的结束，有好几十天。韩信深受感动，对送饭的漂母说：“吾必有以重报母。”这位漂母竟生气地说：“大丈夫不能自食，吾哀王孙而进食，岂望报乎！”韩信想到自己一定会发迹，向漂母道谢，表示要重重报恩，漂母回答，我是可怜你这个大小伙子，谁希罕你的报答。漂母的发怒，一是激励韩信要上进，再是不容韩信的误解，施饭并未图回报。漂母的施饭与怒，都表现了劳动人民的直朴感情。施恩不图报，这是中华民族的传统美德。但反过来，受惠的一方不应忘记施恩者，俗话说："受人滴水之恩，当涌泉相报。"也是劳动人民的直朴感情，这同样是中华民族的美德。韩信受了抢白，哑然无声，但心中十分感激这位好心的漂絮大娘，并把大娘的激励牢牢地记于心中。

上面两个生活小故事，是游民阶层时常碰到的场面。世上有厚重君子，也有小人。南昌亭长，为德不终，做好事有头无尾，斤斤计较，盘算利益，是一个小人。漂母同情厄困的人，竭其所有，施以援手，有君子之风。两人形象在韩信心中打下深深的烙印。西汉建立，韩信当了楚王，衣锦还乡，他找到了南昌亭长和漂母。韩信对南昌亭长说："公，小人也，为德不卒。"赐一百钱。韩信回报漂母以千金，兑现了自己的承诺。韩信带兵打仗，对待士兵和老百姓都很好，行军秋毫无犯。士卒乐于效命，百姓欢跃，"农夫莫不辍耕释耒，褕衣甘食，倾耳以待命者"[①]。这和韩信青年时代的生活经历是密不可分的。

韩信审时度势。俗语"大丈夫能屈能伸"，这说的是一个抱负远大的人，要有坚韧顽强的意志，善处逆境，并能审时度势，决定去取。这也需要生活的磨练。孟子有言："故天将降大任于是人也，必先苦其心志，劳其筋骨，饿其体肤，空乏其身，行拂乱其所为，所以动心忍性，曾益其所不能。"[②] 韩信发奋能忍，在斗争时最能审时度势，不做无谓的牺牲，这也是生活的炼狱造就出的才能。有一天韩信佩带上他的长剑在淮阴城中行走，突然横冲出一个青年屠夫挡住去路，要和韩信比武。这个屠夫是淮阴城中有名的无赖，喜欢恶作剧，他发誓要当众侮辱韩信逞能，给同伙和围观市井细民一个开心。他当众羞辱韩信说："别看你长得身高马大，耍刀弄剑，貌似英雄，其实是个胆小鬼。"韩信没有答理。接着这个青年屠夫又用挑逗的口吻对韩信说："你不怕死，

①③《史记》卷九十二《淮阴侯列传》。

② 《孟子》卷十二《告子下》第 15 章。

就捅我一刀；如果怕死，就从我胯下爬过去!”说完，一阵轻狂的嘲笑。“信熟视之，俯出胯下，蒲伏。一市人皆笑信，以为怯。”[3]韩信仔细打量了对方，恨不得一刀捅死这个屠夫。霎时转念一想，值不得和这个狂徒拼命，韩信压下怒火，弓下身子，匍匐在地，硬是当着满街的嘲笑，从屠夫少年的胯下爬了过去。屠夫得意非凡，哈哈大笑。围观的人内心厌恶屠夫，却也看不起韩信，都认为他是个胆小鬼。这时韩信正是一个二十来岁的青年，血气方刚，手执兵器，他一怒可真要出人命。韩信熟视对手，打量了又打量，然后作出了一个“忍”字的决定，一个没有坚强意志和远大抱负的人是做不到的。与韩信同时代而年岁稍长的大梁人张耳、陈余两人处事可与韩信作对照。张耳、陈馀两人受到秦廷的通缉，隐姓埋名在陈县躲藏，在一个村庄做看门人。一天，陈余有了过错，受到地方里胥的责罚，挨打板子，陈馀认为有损脸面，几次抬腿想起身和里胥拼命，张耳在场用脚踢陈余示意要“忍”。陈馀强忍挨完板子。事后张耳责备陈馀，说：“始吾与公言何如？今见小辱而欲死一吏乎?”[1] 当初我是怎么嘱咐你的，难道为了一点小小的侮辱就拼命吗？陈馀接受了张耳的责备，两人互相鼓励，挨过了困厄期，秦末响应陈涉起义，并受陈涉派遣北伐，恢复了赵国。后来张耳投汉封赵王，陈余辅佐六国赵族后裔赵歇为赵相封代王，两人也是一世豪杰。张耳、陈馀、韩信三人相较，在对待逆境的态度上，青年韩信可比拟老练的张耳，表现了他思想上的成熟。陈余就差人一筹，在楚汉相争中，陈余助楚，被韩信在井陉之战中斩杀。

韩信能屈能伸，以受胯下之辱来保全有用之躯，施展抱负，还表现了韩信的大局观，善于审时度势，用理智战胜感情，争取最后的成功。后来韩信打仗，总是示人以弱，用智计取胜，除了他本人的聪明才智以外，生活磨难给他增添了智慧，锤炼了他的休养，使他在聪明之上又加上了成熟，所以韩信用兵无往而不胜。再做一个对照。项羽大将曹咎，在成皋之战中受命坚守成皋

① 《史记》卷八十九《张耳陈馀列传》。

十余日，项王命令他绝不出战，保有阵地，要等待项王清剿扰乱后方的彭越后归来。可是曹咎经不起刘邦挑战侮骂，一怒出战，兵败失地，自己感到有负项王，自杀以谢。这叫不识大体。我们从韩信与同时代的英雄豪杰的对照中，鲜明地感受到他的确是一个“其志与众异”的非凡人物。他青年时受胯下之辱的“忍”，乃是真正大丈夫的“屈”。韩信蒙受落魄游荡生活的熬煎，使他修成了正果。古往今来多少大豪杰、大英雄，不正是在能屈能伸中方显英雄本色的吗？

韩信喜读兵书，爱好武艺，想有一番作为，所以葬母“行营高敞地”，立志要当万户侯。韩信落魄立志与陈胜为人佣耕而叹，有异曲同工之妙，乃是秦末社会动荡，人心思乱的召唤。时势造就了韩信，韩信应该感谢生活。秦二世二年（前208）二月，项梁渡江，北上入薛，沿途招纳少年从军。韩信认为闯荡天下的机会已到，他仗剑从戎，投入项梁军中，做了项梁的一名亲兵。

韩信从戎，时年二十岁。

三、造就汉初三杰的时与势

时势、社会、人生，这三者是每一个人生存于人世间的主客观世界，也是一个人立德、立功、立言的条件。秦汉之际的社会剧变，把这三者推向交融的顶端，从而产生了汉初将相布衣之局。古代民谚：“时势造英雄。”西方哲学家爱尔维修曾这样说：“每个社会时代都要有自己的伟大人物，如果没有这样的人物，它就要创造出这样的人物来。”① 汉初三杰，以及汉初的布衣将相之局、布衣皇帝刘邦，就是秦汉之际的剧变时代所创造出来的时代英雄。

1. 秦汉之际的社会剧变

剧变，指快速发生的巨大变化，例如自然界的大火山、大地

---

① 《马克思恩格斯选集》第一卷第450页引。

震的爆发，霎那间天崩地裂，产生大振荡，创造奇伟自然突变与景观。社会亦然。秦汉之际的社会剧变，如火山、如地震，人民一声呼喊："天下苦秦久矣！"[1]，具有几百年历史发展的秦王朝和军事帝国，不终朝而崩毁。西汉时代的人有切近的体会，所以西汉的思想家作了极为生动的总结。贾谊作《过秦论》于前，司马迁作《秦楚之际月表序》于后。贾谊说，陈涉不过是一个农家子，才能不及中人，由于"天下苦秦"，陈涉振臂一呼，"斩木为兵，揭竿为旗，天下云集响应，赢粮而景从，山东豪俊遂并起而亡秦族矣。"司马迁洞察历史变迁作了更深刻的总结，他把秦汉之际的时势剧变概括为"五年之间，天下三嬗"，并说这是自人类社会开创以来，前所未有。《秦楚之际月表序》是这样说的：

> 太史公读秦楚之际，曰：初作难，发于陈涉；虐戾灭秦，自项氏；拨乱诛暴，平定海内，卒践帝祚，成于汉家。五年之间，号令三嬗，自生民以来，未始有受命若斯之亟也。

"太史公"，即司马迁。"读"，考察研究，翻阅材料。"秦楚之际"，指秦汉之间的变革历史。《秦楚之际月表》，起陈涉发难，讫刘邦称帝，即从公元前 209 年至前 202 年，前后八年。《太史公自序》云："秦既暴虐，楚人发难，项氏遂乱，汉乃扶义征伐；八年之间天下三嬗，事繁变众，故详著《秦楚之际月表》第四。"秦汉之际八年，分为两个阶段。秦二世元年，陈涉起义建号大楚，刘邦、项氏相继起兵，三年亡秦，项羽发号司令，此为第一阶段。楚汉相争五年，汉家统一，刘邦即皇帝位，这是第二阶段。八年指秦汉之际全过程，五年，突出楚汉相争。《秦楚之际月表》就包括了全过程，前半内容为反秦战争，后半为楚汉相

① 秦末民怨沸腾，"天下苦秦久矣"，载《陈涉世家》，为陈涉动员起义的口号。类似句子，《史记》数见。《淮阴侯列传》作"天下共苦秦久矣"，《张耳陈余列传》作"天下同心而苦秦久矣"，《秦始皇本纪》作"皆以戍漕转作事苦"。贾谊《过秦论》亦曰："天下苦之。"

争。“天下三嬗”，指陈涉发难称楚王，项羽灭秦号西楚霸王，刘邦建汉称帝，主宰天下的人更换了三次。司马迁把秦汉之际的剧变，称为“秦楚之际”，旨在突出陈涉、项羽西楚霸王灭秦之功，而在序中又标出”五年之间，天下三嬗”，言五年则强调楚汉相争刘邦诛暴的功绩。一个月表，突出两个重点，正是时代剧变的特点。

“五年之间，天下三嬗”，秦汉之际的这一社会剧变特点，是针对夏、商、周三代各有几百年天下说的。《秦楚之际月表序》就追溯了三代以来天下一统的艰难历程。上古虞舜受禅，夏禹治水，他们是“积善累功数十年，德洽百姓，摄行政事”，才得到天命，登上帝位。商汤王、周武王，因其祖先契和后稷，“修仁行义十余世”，然后才取得天命。秦朝的兴起，始于秦襄公，到了秦文公、秦穆公日益强大，又自孝公变法到秦始皇统一，经过了六代人一百余年的争战努力，才统一了天下，可见“定于一”是何等的艰难。可是秦汉之际，不仅“五年之间，天下三嬗”，而且“定于一”完成在泗水亭长刘邦之手，这更是骇俗的变化。魏曹冏说：“汉祖奋三尺之剑，驱乌集之众，五年之中，遂成帝业。自开辟以来，其兴功立勋，未有若汉祖之易也。”① 一个毫无凭藉的平民布衣，居然五年之间平乱世，登大位，这是怎么一回事？司马迁在《秦楚之际月表序》中提出了他的回答：

> 秦既称帝，患兵革不休，以有诸侯也，于是无尺土之封，堕坏名城，销锋镝，钼豪杰，维万世之安。然王迹之兴，起于闾巷，合从讨伐，轶于三代，向秦之禁，适足以资贤者为驱除难耳。故愤发其所为天下雄，安在无土不王。此乃传之所谓大圣乎？岂非天哉！岂非天哉！非大圣熟能当此受命而帝者乎？

司马迁的这段史论，分析刘邦得天下的原因，十分精彩。秦

① 曹冏：《六代论》，见《西汉三国文汇》。

始皇以暴力平天下，又欲以暴力维系万世之安，而恰恰是这暴虐政治替兴起于民间的天子开辟了道路，原来暴力不可持，民心不可违。司马迁从秦汉之际的剧变中，总结出民心向背对“天下三嬗”起了决定性的作用。“初作难，发于陈涉”，肯定了陈涉反暴政的首唱之功。“虐戾灭秦自项氏”，虽然肯定了项氏的灭秦之功，而“虐戾”二字批评项氏重蹈亡秦之路，败亡是必然的。“拨乱诛暴，平定海内，卒践帝祚，成于汉家”，鲜明地赞颂刘邦“拨乱诛暴”而成大业。“拨乱”，指扫灭群雄，“诛暴”，指歼灭项羽。《史记》在《高祖本纪》与《项羽本纪》中对项羽之暴和刘邦之仁作了强烈对照。刘邦西进咸阳，“诸所过毋得掠虏，秦人喜，秦军解”。入关后，封府库，约法三章，秦人大喜，“唯恐沛公不为秦王”。刘邦深得民心。与此相反，项羽西进，“夜击坑秦卒二十余万人于新安城南”。入关后，“屠咸阳，杀秦降王子婴，烧秦宫室，火三月不灭”。项羽大失民心，众叛亲离。项败刘胜，楚亡汉兴，民心向背起了决定性作用。三杰归汉，顺应民心而成事功。王陵母宁死不从项王，告语使者，要儿子王陵率兵投归宽仁长者刘邦，更是一典型例证。刘邦与三杰，顺应民心，“拨乱诛暴”，而得天命。因为古人的革命观念，含有两重性，一是民心反暴，二是天道惩恶，克平暴乱就是革膺天命，认为称王称帝的人，不仅得民心，而且得天命。所以司马迁称刘邦为“大圣”，连声感叹，“岂非天哉！岂非天哉！”古人不懂得阶级斗争，所以给天命留下了一席之地。

2. 春秋战国习俗世风的影响

秦末动乱，六国贵族遗民乘势而起，有楚王心、赵王歇、魏王咎、魏王豹、韩王成、齐王儋、田荣、田广、田安、田市等，但他们次第皆灭，最终布衣刘邦称帝，其臣亦多亡命和无赖之徒，立功取将相。有祖业根基影响的贵族后裔，成不了大器，毫无凭藉的布衣白徒，反而成了天下的主宰。清代历史家赵翼第一个继司马迁之后锐敏地认识到这是时代和社会的大变局，概括为“汉初布衣将相之局，”并作了生动的描述和论断。赵翼在他的考史名著《廿二史劄记》卷一说：

汉初诸臣，惟张良出身最贵，韩相之子也。其次则张苍秦御史，叔孙通秦待诏博士。次则萧何沛主吏掾，曹参狱掾，任敖狱吏，周苛泗水卒史，傅宽魏骑将，申屠嘉材官。其余陈平、王陵、陆贾、郦食其、夏侯婴等皆白徒。樊哙则狗屠者。周勃则织薄曲吹箫给丧事者。灌婴则贩缯者。娄敬则輓车者。一时人才，皆出其中，致身将相，前此未有也。

赵翼指出，汉初大臣，在秦时都是平庸百姓或中小官吏，在秦汉之际，乘势改变了自己的命运，成为历史的主宰者，变革了几千年的“世侯世卿”制度，“为天地一大变局”，用今天的话说，就是开创了新纪元。赵翼的论述是对司马迁观点的进一步发挥，把秦汉之际的剧变看成是社会制度的大变局，并上溯到春秋战国之世的纷乱，探索变革原因，作了如下的论断，十分精彩。赵翼说：

自古皆封建诸侯，各君其国，卿大夫亦世其君，成例相沿，视为固然。其后积弊日甚，暴君荒主，既虐用其民，无有底止。强臣大族，又篡弑相仍，祸乱不已。再并而为七国，益务战争，肝脑涂地，其势不得不变。而数千年世侯世卿之局，一时亦难遽变，于是先从在下者起，游说则范雎、蔡泽、苏秦、张仪等，徒步而为相。征战则孙膑、白起、乐毅、廉颇、王翦等，白身而为将。此已开后世布衣将相之例，而兼并之力，尚在有国者。天方藉其力以成混一，固不能一旦扫除之，使匹夫而有天下也。于是纵秦皇尽灭六国以开一统之局。使秦皇当日发政施仁，与民休息，则祸乱不兴，下虽无世禄之臣，而上犹是继体之君也。惟其威虐毒痡，人人思乱，四海鼎沸，草泽竞奋，于是汉祖从匹夫起事，角群雄而定一尊。其君既起自布衣，其臣亦自多亡命、无赖之徒，立功以取将相，比气运为之也。天之变局，至是始定。

赵翼的这段论述，也是对司马迁提出的问题，秦汉之际“天下三嬗”这一剧变的回答。赵翼认为这是社会制度的一大变局，是春秋战国以来积渐而成的势。赵翼和司马迁的观察，都在说明时代背景与英雄创世的关系，并追溯历史数百年、数千年，这是了不起的识见。但他们还不能从经济基础的发展和阶级斗争规律来揭示历史的变局，最后只能归之于天，这是历史的局限。

揭开秦汉之际“天下三嬗”和“汉初布衣将相之局”的历史之谜，只有唯物史观才能把它说清楚。秦汉大一统，是春秋战国长期以来生产力的发展和阶级斗争积渐演成的历史格局，也就是常说的历史规律。春秋以前，夏商周三代，我国社会是建立在“井田制”形式上的奴隶社会，村社成员每户有一块份地，称为私田。八家共井，共耕一块公田，也就是农奴奉献的力役地租，称为“助”。井田制的完整形态在西周，今天已无法考察它的细则。从生产力发展的角度看，井田制时代由于生产力低下，村社的血缘关系和土地制度还有很大的凝聚力，村社首领是地方上的实际君主，他们也是一族一姓的宗族长，种姓奴隶主。在这种情况下，生产管理困难，剥削收入有限，周天子没有充裕的财力来组建庞大的中央集权官僚机构和军队，只能采用封国、封君、食邑、食田的办法，分散治理，这就是政治上的“分封制”，它与井田制的经济基础相适应。天子、诸侯、卿、大夫、士，按宗法血缘与姻亲关系构成宝塔式的君主等级制，层层世袭。宝塔的各层都是相对独立的君主，各有一块封地，最底层的村社封君就是士。周天子只是形式上的共主，并不是凌驾于一切诸侯王和臣民之上的主宰。春秋战国时期，生产力发展，井田制崩溃，个体小农成了社会主体，他们是国家租赋徭役的承担者。战国时各国变法，稳固了新的变局，个体小农成为“编户齐民”，国君可以征收大量物力人力，组建日渐加强的中央集权的官僚体系和强大的军队，于是大大小小“食土临民”的各级封国日渐消灭。各国君主为了夺取更多的财富和土地人民，兼并战争愈演愈烈，内要治理，外要战争，争用人才，为布衣出将入相提供了条件。经济基础的变化，带来阶级关系的调整。“世侯世卿”的贵族统治体系崩溃，平民势力走上了历史前台。原来的“士”阶层分化出具有特殊技艺的自由游民，经过文武分途，文学之士从事游说、学术；武勇者成为游侠。战国时百家争鸣，人才流动，“儒以文乱法，侠以武犯禁”①，就是当时社会实际情况的反映。

春秋战国长时期的战争动乱，养成人民尚武的习俗。又由于社会动乱，礼崩乐坏，法制不存，匹夫抗愤，游侠之风甚盛。荆轲刺秦王，张良椎击秦始皇，缘于世风影响。秦朝统一，离战国之世未远，加之秦政暴虐，家家思乱，人人欲叛，尚武精神抬头，春秋战国布衣将相的事实，积久而形成了一种新观念，那就是“王侯将相宁有种乎”？陈涉起义就以此为号召。黥布受刑，相面大贵，喜而为盗。韩信葬母，“行营高敞地”希望日后成为万家邑。陈涉为人佣耕，也念念不忘改变命运，与伙伴相约，“苟富贵，毋相忘。”② 这一切表明了春秋战国以来积渐而成的习俗世风，为秦末豪侠之士闯荡天下，提供了思想基础和精神力量。

战国时的游民与游侠，有以下特点：一是没有封地，不从事农工各业；二是无门第背景和经济实力；三是必须依恃个人的一技之长寄食于强族或统治者。战国四公子养士，各有食客三千，秦相国吕不韦养士，也是食客数千。这些被养的食客，就是社会上有一技之长的游民阶层。

游侠之士，扶弱钽强，如父如兄，重然诺，轻死生，有重义之德，其首领被称为“长者”。秦末揭竿而起的群雄首领来自游民层，有“长者”之声。秦末动乱，啸聚山林的乡里豪侠，在大潮中蜂拥而起的市井少年，他们都是下层百姓，多不读书，对先秦诸子描绘的蓝图并不了解，也不可能接受。他们往往凭借自己的直觉选择豪侠长者为领袖。东阳少年杀其令，相聚数千人，推举有“长者”之声的东阳令史陈婴为王，陈婴带领这支队伍投了项梁。沛县子弟起事，萧何、曹参等人请刘邦出山。王陵母宁死不从项王，告语使者传语王陵，要儿子追随“长者”刘邦。刘邦

① 《韩非子》第十九卷《五蠹》。
② 《史记》卷四十八《陈涉世家》。

任秦沛县泗水亭长，他瞧不起县吏执事和书生儒士，却庇护游侠、市井少年，乐善好施，豁达大度，有“宽大长者”之声，这正是刘邦得人的基础。刘邦部属也多来自游民层。班固说：“（韩）信惟饿隶，（英）布实黥徒，（彭）越亦狗盗，（吴）芮于江湖。云起龙变，化为侯王。”[①] 追随刘邦起事的好友，如周勃，吹箫谋生；樊哙，屠狗为业；灌婴，贩买缯者，都具有游民性质。当时社会好枪弄棒的游民人数众多。司马迁考察孟尝君封邑薛地，就有游民六万家。司马迁说：“孟尝君招致天下任侠，奸人入薛中盖六万余家矣。”[②] 这些人唯恐天下不乱，秦末动荡给他们提供了用武之地。秦博士，叔孙通归汉，“从儒生弟子百余人，然通无所言进，专言诸故群盗壮士进之”[③]。刘邦集团的胜利，可以说是游民阶层为中坚的农民军的胜利。也就是说，春秋战国长期动乱形成的庞大游民阶层，是“汉初布衣将相之局”的阶级基础。

3. 激烈抗争的社会是锤炼人才的大熔炉

在中国古代史上，还有一个与秦汉之际类似的剧变时代，那就是隋唐之际。两个剧变时代，产生两个盛大的王朝，也造就了两个时期的一大群人间豪杰。秦汉之际产生了汉朝，隋唐之际产生了唐朝。反过来追溯历史，可以说汉代大一统，由秦奠其基；唐代大一统，由隋奠其基。秦隋两代又都二世而亡。隋唐之际与秦汉之际仿佛是历史周期的重演，可以提供史家许多类比的思考资料。唐代历史家总结隋亡唐兴的历史经验，就把隋与秦作了比较，并得出如下结论：

> 其隋之得失存亡，大较与秦相类。始皇并吞六国，高祖统一九洲，二世虐用威刑，炀帝肆行猜毒，皆祸起于群盗，而身殒于匹夫。原始要终，若合符契矣[④]。

① 《汉书》卷一百《叙传下》。
② 《史记》卷七十五《孟尝君列传》
③ 《史记》卷九十九《叔孙通列传》。
④ 《隋书》卷七十史论。

所谓“群盗”，是对农民大起义的贬称。秦、隋两代，都是用武力削平长期分裂割据的纷乱之世建立的强大王朝，武功显赫，但胜利之本是得民和。因为统一是顺应民心的。秦统一之初，天下之民，“莫不虚心而仰上”[①]，隋统一之初，“人物殷阜，朝野欢娱”[②]。秦二世与隋炀帝，蒙故业，践丕基，自矜天命在躬，忽王业之艰难，不务仁道以恤众，外征内作，虐用其民，倏忽之间，天翻地覆，“率土分崩”，“子孙殄灭”，载舟之水，覆了水上之舟。平凡百姓，出将入相，田舍郎登上天子之堂，这就是历史上变局演出的活剧，叫做“时势造英雄”，或者更直率地叫做“乱世出英雄”。秦汉之际如此，隋唐之际如此，秦秋战国、三国鼎立、五代十国，历代改朝换代皆如此。大英雄，大豪杰，产生于乱世。汉初三杰产生于秦汉大动乱之世，顺乎自然，合于情理。这一客观情势，也是古今中外的通则。

乱世出英雄，盛世造就人才，是在不同条件下产生的不同精英。但盛世人才与乱世英雄，不仅类型不同，而且数量也不如乱世集中。太平盛世，文治为先，多产文人学士和科技英才，乱世动荡，多产文武将相，以韬略策谋建功立业，安邦定国。社会实践不同，结果自然不一样。盛世与乱世，在某种意义上讲是相对而言的。乱世不一定就是群雄争战的社会。西汉最盛在汉武帝时代，而汉武帝规模庞大的外征内作，实质也是一种动乱，导致“海内虚耗，户口减半”[③]，造就了一大批政治、经济、军事、文化的人才。古往今来，无论中外，最杰出的历史人物总是孕育、诞生和成长在激烈抗争的群体运动中，这就是“时势造英雄”的内在原因。“时势”包括“盛世”与“乱世”，单说“乱世”就绝对化。不过“乱世出英雄”这句话最形象生动，汉初三杰就是在“乱世”中育成，我们理解时要心知其意而融会贯通，切不可胶柱鼓瑟，固执一端，以偏概全。

杰出人物为什么多产生在激烈抗争的群体运动中呢？因为动

① 贾谊：《过秦论》。

② 《隋书》卷二史论。

③ 《汉书》卷七《昭帝纪》。

荡的社会把个人的运动融于群体之中，个人生存于不同的社会团体中，个人的智慧和成就，就是集思广益的结晶。反过来说在严酷的激烈抗争社会中，个人的奋斗，必须是努力拼搏，积思广益，顺乎潮流，才能取得生存和发展。社会虽乱，而奋争的个人，总是在群体中。而太平盛世则不然，社会平静有序人们安居乐业，个人在一定的生活之规中活动，实践在有限的范围与群体之中，因此，就个人而言，盛世人才，不乏才干，但缺乏"胆识"，大多碌碌无为。例如曹参，秦末升平时，只不过为沛县狱掾，而追随刘邦起事以后，成为一代名将。史载："参功凡下二国，县一百二十二；得王二人，相国三人，将军六人，大莫敖、郡守、司马、侯、御史各一人"①，封平阳侯，邑万六千三百户。但就是这样一个赫赫战功的将军，在西汉建立，继萧何为丞相，"举事无所变更，一遵萧何约束"②，日饮醇酒无所事事。当惠帝责备曹参时，曹参反问惠帝，陛下能与高帝相比吗？我曹参能与萧何相比吗？惠帝答"不能"。曹参振振有词说："陛下之言是也。且高帝与萧何定天下，法令既明，今陛下垂拱，参等守职，遵而勿失，不宜可乎？"惠帝曰："善，君休矣"③。这个故事非常生动说明，盛世时期，国家政治稳定，制度已成定格，统治者要的是"率由旧章"，循祖宗之法，不需要英雄出世，网络规矩，压抑人才。这时，只要守成，保持稳定，庸才可以居高位。不思进取，不思改革，被视为当然。动乱之世，全社会的人都被推到风头浪尖上，仅仅为了生存也需要顽强拼搏，所以一个人的"胆识"与"才干"与日俱增，进步者出人头地，碌庸者被淘汰出局。这就是"时世"提供了人才成长的客观条件和诸多机遇。在乱世，社会呼唤英雄，"君择臣，臣亦择君"，人人都在寻找光明出路，在激烈的风浪中搏击，优胜劣汰，幸存者自然就是佼佼者。秦王朝积数百年文治武功的经验才成一统之局，政治力、经济力、军事力、思想钳制力极为强大，形态外表巍峨壮观，坚如盘石，可是转眼之间毁于一旦，这如同大火山、大地震的爆发，

①②③《史记》卷五十四《曹相国世家》。

产生了山崩地裂的大振荡，吞噬千万人的生命，才在幸存者中产生了一批重建国家社会的杰出历史人物。也可以说，乱世英雄的经验和才智，就是上千万所付出的生命的代价获得的结晶，所谓“一将功成万骨枯”，正说的是这个道理。太平时，陈涉才能不及中人，为人佣耕，由于他有鸿鹄壮志，成为可与汤武并举的首难英雄。汉初三杰和刘邦，以及其他灿若群星的西汉开国将相，如陈平、郦生、陆贾、随何、刘敬、曹参、樊哙、灌婴、周勃、彭越、黥布之徒，无一不是陈涉这样的英雄人物，他们为时势所造，同时又创造了时势，建立了西汉。西晋阮籍曾登广武山，观楚汉战场，发出感叹说：“时无英雄，使竖子成名”①。阮籍渺视布衣天子刘邦，只不过是书生之见。西汉布衣天子，布衣将相，在排山倒海的群体抗争中产生，他们破关灭秦，又在楚汉相争中击败了“力拔山兮气盖世”的项羽，成就了四百年汉家基业，非英雄而何？汉初三杰张良、萧何、韩信，便是这群开国英雄中的代表人物，他们为时势所创造，反过来又为时势增光添采，他们的英名与西汉王朝永存，千秋万代彪炳于史册，成为人们景仰的历史伟人。

四、三杰归汉

1. 张良寻主　千里归汉

张良反秦，志在复韩，转而归汉，寻得明主，位封留侯，成为千古帝王师的楷模。张良的选择，正是一个识时务者为俊杰的进步足迹。

（1）下邳受书。公元前218年，张良椎击秦始皇，时年33岁，已步入了中年，修养与思想也逐渐成熟起来。十余年的谋刺，一旦失败，对个人意志与信念都是一场严峻的考验。张良内心的沮丧与痛苦，无以言状。秦始皇震怒，全国戒严，大索十

① 《晋书》卷四十九《阮籍传》。

日，不知株连了多少无辜。残酷的现实，逼使张良猛省。个人单枪匹马的任侠行为，向掌握了国家机器的皇帝挑战，无异于以卵击石，如同飞蛾扑火，自取灭亡。宋人苏轼在《留侯论》中对此提出了批评。苏轼说：

> 古之所谓豪杰之士者，必有过人之节，人情有所不能忍者。匹夫见辱，拔剑而起，挺身而斗，此不足为勇也。天下有大勇者，卒而临之而不惊，无故加之而不怒，此其所挟持者甚大，而其志甚远也。

无过人之能，而逞匹夫之勇，不是真正的大勇。苏轼认为张良有“盖世之才”，却去效法荆轲的匹夫之勇，“而逞于一击之间”，是一种无补于事的冒险行为，张良得以遁逃纯属侥倖。即使刺杀成功，也只是丧了秦始皇的命，而不能结束秦朝的暴政。以暴制暴，用暴力推翻秦王朝，不能只是个人的孤立行为，而是要如同项羽那样学“万人敌”，像陈涉那样为天下唱，动员人民大众参与，才能使暴君独夫陷入灭顶之灾，结束一代暴政。张良年少任侠，一心只想报仇，当然不会有这个认识境界。但张良的椎刺秦始皇，并不是毫无意义，而是大快人心，启迪民智的大勇精神，在动员人民反秦上是很有意义的。试问，如果没有荆轲、张良等人前赴后涌一次又一次对秦始皇的权威挑战，就不可能在短时间内有陈胜、吴广的大泽乡起义。张良之一击，打破了“始皇帝”的神圣光环，消除了广大老百姓积习心头的巨大压力，不得对天子造反，冤死、屈死，只能任命。皇帝荒暴，就是独夫民贼，人人可得而诛。张良向秦始皇的挑战，其作用远远大于椎刺秦始皇暴君这一行为本身，它起了催醒人民动员造反的启蒙作用。唐李白有诗云：“沧海得壮士，椎秦博浪沙。报韩虽不成，天地皆振动。”[1] 说的就是这个道理。

但是，张良十年谋刺的失败，侥倖遁逃的狼狈，全国弥漫的

---

① 《李太白全集》卷二十二。

怨痛与反抗情绪，年龄增长的成熟，使张良痛定思痛获得了顿悟，达到了苏轼所批评与陈述的那种境界，经历十年藏匿，十年修炼，动心忍性，脱胎换骨，从一个任侠成长为一个智士的谋略人物。张良这一人生转折的契机，就是下邳受书。

下邳是古代下邳国的都城，战国时属楚边邑，紧邻齐国，秦统一后置县，在今江苏邳县南古邳镇东。这里交通四达，人物殷阜，地当南北冲要，自古是兵家必争之地，所以县城垣高墙厚，城郊河道纵横[①]。楚汉相争时，这里是楚大后方的军事重镇，汉将彭越、灌婴，带领精锐骑兵，突袭项王后方，多次袭扰下邳，并歼灭楚大将薛公于此。正由于下邳地处冲要，使得这里的人迁徙频繁，南来北往流动人口聚集，构成了复杂的社会环境。张良逃匿于此，既有利于隐身，又有利于与四方豪俊交游，表明张良复仇之心未泯，他还要图谋东山再起。

张良谋刺始皇，由于多年的积劳，谋刺失败的打击，遁逃困苦，身体垮了下来，从此多疾病，也影响到张良的行侠行动。他藏匿下邳，改了姬姓，更名为张良，一边养病，一边检讨，思谋反秦良策。张良痛定思痛，体验到一个人的单打独斗，是无奈何秦帝国的。他要改弦易辙，敖过了苦闷、傍徨，学习黄老，修炼起道家的“导引辟谷”来，既养身，又养性，对于张良，真是一番脱胎换骨的考验。导引辟谷，对于张良来说，就好似遁入空门。但张良虽学道黄老，但远未达到物我两忘的境界，反秦报国的大志还在驱动着他要振作起来，只是残酷的现实迫使他逃遁、傍徨苦闷而已。因此张良经常到城南小沂水上的圯桥漫步，观日出日落，沉思、检讨。度过困惑期后，他又重新振作起来。

有一天，张良独立桥头，这时有一个穿短袍的老翁，步履蹒跚地来到张良跟前，故意把鞋子掉到桥下，回过头来对张良说：

---

① 顾祖禹《读史方舆纪要》卷二十二称下邳形胜曰：“北控齐鲁，南蔽江淮。水陆交通，实为冲要。”县城十分牢固，有城墙“三重”（《水经注·泗水注》）。沂、泗两水会流于此。沂水至下邳城分为两流，一条从城北的西南处注入泗水，为沂水主流，另一条从城东绕行南边汇入泗水，称为小沂水（《水经注·沂水注》），其上有桥，就是张良漫步的圯桥。泗水径其南。

"小伙子，下桥去给我拾鞋。"老头毫不客气的唐突语言使张良一愣，心想，这老头莫非倚老卖老在耍笑我吗？张良心一横想伸拳揍老头一顿。但转眼之间张良又一想，自己正在遭通缉，不要惹是生非，且面前的老翁，偌大年纪，给他拾鞋也不丢分，正如孟子说的，为长者折枝，这是后辈应该做的事。真是退一步天宽地阔，张良一转念，压下了怒气，拾好了鞋，交给了老人。可是这老头也不言谢，还以命令口吻说："给我穿上。"张良想，既然拾了鞋，就把好事做到家，于是跪在地上俯身替老人穿上鞋。老人满意地笑着离开了张良。老人诡谲的行动使张良大吃一惊，他呆呆地目送老人离去，头脑盘旋，隐隐悟出点什么，老人似乎专门到桥头来让张良拾鞋，要试探他什么。张良目送老人走了一里地之远，渐渐看不到了人影，忽然老人又折了回来，对张良说："孺子可教矣。后五日平明，与我会此。"张良困惑不解感到离奇，对老人已生出无限敬意，他谦恭地拜跪在地，答应了老人的约会。五天之后，张良一早就到了桥头，老人已先到达，生气地责备张良说："与老人期，后何也？"老人不由分说离开了张良，又甩出一句话："后五日早会。"又过了五天，张良在天未亮鸡鸣时就去了桥头，想不到老人又先到了，这一次，老人声色俱厉地责备张良说："为何又落在后面。"老人离开了，又说了一句："后五日复早来。"又一个五天过去了，张良不到半夜就去了桥头，不一会老人也来了。老人十分高兴，对张良说："当如是。"于是从怀中取出一编竹简书赠送张良，说："读此则为王者师矣。后十年兴。十三年孺子见我济北，谷城山下黄石即我矣。"说完，老人离去，再没有别的话，从此也再没有出现。十三年后，张良果然在济北谷城山下找到了一块黄石，并把它供奉在家中。于是史称张良所遇老人为黄石公。

这个传奇故事，载于《史记·留侯世家》，它神化张良，得到仙人指教。故事中只有张良与黄石老人两个当事者，谁见，谁知，谁传，已无从查考。连续三天夜半往，十三年后化为黄石，离奇而神秘。但故事又平易动人，情节简易，入情入理，是民间故事的常套，流传极广，司马迁认真记载，细节刻画，一丝不苟，绝非虚构。这个故事大旨在写张良由任侠转为斯文谋士的关节，故事的真实与有无不关紧要，张良的人生转折才是大节目。古人兴众起事，往往借助神怪作宣传，民间也津津乐道，这是中华文化的传统特色，本不足怪。高祖斩蛇起义，黥布受刑当王，皆此类也。陈涉起义，吴广学狐鸣："大楚兴，陈胜王。"又鱼腹丹书，这些都是人工制作。张良得黄石老人授书，原来是《太公兵法》。太公是周初的开国功臣吕望，又称姜太公，他隐居渭滨垂钓，七十得遇周文王。文王死，武王立，用为军师，尊为尚父。吕望佐武王灭纣，创建了周朝八百年天下。张良隐居下邳，痛切反思，以姜太公为榜样，立志佐贤主灭暴秦，取天下，可以说这才是张良脱胚换骨的十年修炼。奇遇的故事可以是人为，也可以是受老人的指点①。老人所授之《太公兵法》，据何清谷教授研究，就是宋代所刻《武经七书》上的《黄石公三略》，张良从中吸取智慧，在楚汉战争中"决胜于千里之外"而为刘邦军师。授书老人，很可能就是该书的作者，因自云"谷城山下黄石即我"，故人称"黄石公"。黄石公是不满秦政的一位隐者，这是由于秦焚诗书，实行文化专制主义，把知识分子推到了秦王朝的对立面②。何先生的研究，也言之成理。具体事实，无须细考，要旨在正确的理解太史公记载圯上老人授书的精神，它说明张良在下邳，以道家"导引辟谷"的养生作掩护，而刻骨铭心地反省，大事乃是蓄志待时，如同诸葛亮之卧隆中，仰观天象，俯察地理，修学养性，以待贤主，志清天下。张良的这一志节境界高于任侠不知几千里，血气之勇已为伟大胸怀所代替。张良成熟了，他不再是一个逞匹夫之勇的莽夫，而是一个善谋的智多星。他在

① 王仲孚先生认为："圯下取履故事，显然极不寻常，这位'圯上老人'悉非神仙中的'黄石公'，而是一位从事反秦活动的有心人。原来张良在博浪沙一击，天下震惊，必然地引起地下反秦志士的注意，觉得张良资质不凡，胆识过人，只是年少气盛，忍耐不足，以致易于轻举妄动，如欲成就大事，自需一番磨练，特别要在忍耐力上痛下功夫。侍老人一再考验张良的忍耐力之后，认为系可造之材，便对他进一步指导。"（《鼓荡秦汉风云的张良》，载《中央月刊》第九卷第3期第115页）。王氏议论，不无道理，录以备考。

② 何清谷《黄石公三略考辨》，载《秦文化论丛》第七辑。

下邳交纳豪杰，共襄覆秦大业。项羽的堂伯父项伯，是秦朝悬赏捉拿的要犯，他既是楚国的显贵孑遗，又犯杀人之罪，极为注目，张良收容了他。张良与项伯，遭遇相同，命运相同，仇恨一体，志趣一致，两人成了莫逆之交。想不到这一因缘，成了日后挽救沛公刘邦于灭顶之灾的情结，演出了鸿门宴的活剧。张良与项伯的交游，生动地说明了，张良藏匿下邳，志念没有须臾忘秦。《史记·留侯世家》作了意味深长的记载说：张良“居下邳，为任侠。项伯常杀人，从良匿。后十年，陈涉等起兵，良亦聚少年百余人。”其时，公元前 209 年，张良 43 岁。

（2）两随沛公。公元前 208 年四月，项梁、项羽在山东薛邑拥立战国时客死于秦的楚怀王之孙熊心为楚王，都彭城，仍称楚怀王，以号令天下。沛公刘邦和张良闻讯，都率众投奔项梁。刘邦与张良两人一见如故，合兵一处，此为张良一随刘邦。张良说兵法，诸将都不懂，刘邦一听，十分动容，心灵相通。张良称赞刘邦是一位天才。

张良与沛公入薛，见项梁。此时韩广又自立为燕王。东方六国已有赵、魏、齐、燕、楚五国立王，只剩下韩国还没有人称王。张良说项梁立韩后韩成为韩王。项梁应允，张良为韩申徒。申徒即司徒，职同丞相。张良于是与韩王成一道率领千余人西进攻取韩地，得有数城，又被秦军夺回。张良只好与韩王在颍川（今河南禹县）一带为游兵，与秦军展开拉锯战，没有多大进展。

张良复韩心切，于是与刘邦分手。刘邦此时正是用人之际，但他理解张良，十分大度，依依惜别，送走张良。此时逐鹿，形势未明，作为六国贵族子弟的张良又燃起了恢复韩国的旧梦，各为其主，他张良离开刘邦去辅佐韩王。

秦二世三年，公元前 207 年后九月，楚怀王熊心收缩楚兵，面对项梁失败被杀，秦将章邯北上攻赵的新形势，重新部署，分兵两路击秦。主力由宋义率领，北上救赵，项羽为副将。西征军由沛公刘邦率领，直指关中。楚怀王与诸将相约：谁先入关中灭秦，谁做秦王。

刘邦率砀郡兵数千人西征，以曹参为先锋，倒也旗开得胜。

首战攻秦军东郡尉于成阳（成阳即城阳，在今山东甄城东南），复攻之于杠里（在甄城南），大破秦军。十月下东郡。十二月破秦栗下军。栗县在今河南夏邑县。沛公在西征途中扩大队伍，收纳魏将皇䜣、武蒲两支军队，其众近万人。萧何等人宣慰抚纳，安定降民。二月，沛公转战昌邑，联络彭越，合兵围攻昌邑城坚未下，沛公置之西进。彭越，昌邑人，秦末聚众于巨野泽，响应陈涉起义，攻城略地，未能壮大，而擅长游击。刘邦引兵向西，彭越仍率旧部居巨野泽，收魏散卒。

沛公西征，由于力量小弱，攻占城邑，得而复失，形成拉锯状态，遇城坚或大股秦军则难取胜利，攻昌邑就未能克。项羽早在十二月就取得了巨鹿大捷。昌邑战后，沛公置强敌于后，跳跃西进，寻访贤才，求高人指点，希望改变不利局面。

三月，沛公军行进至陈留近郊高阳乡，沛公帐下骑士推荐大名鼎鼎的儒生郦食其。高阳乡在今河南杞县西，骑士亦高阳乡人。郦食其好读书，家贫落魄，无业为衣食，在里中当看门人，而抱负不凡，被人们讥笑为“狂生”，说他是一个疯疯癫癫的书呆子，不知天高地厚。人们当面称他为“郦生”，即郦先生，背后就称他为“狂生”。郦食其不以为意，仍然是我行我素。他的弟弟郦商勇猛好武，响应陈胜，在陈留拉起了一支几千人的队伍。陈胜和项梁都曾经派诸将攻打陈留，召募部众，郦食其都认为是一些浮躁不足取的人，不能归附。郦商听从哥哥郦食其的调遣不肯归附陈胜和项梁，一直是游兵一支。郦食其一见刘邦心悦诚服。刘邦得到郦氏兄弟归附，兵不血刃下陈留，形势大为好转。沛公以陈留为基地，四出掠地。三月，连破开封、荥阳，北渡黄河取白马（今河南滑县），封锁黄河渡口，然后南下战中牟，大破秦将杨熊。四月攻颍阳，略韩地，与韩王成、张良会合，张良再从沛公。其时，沛公有众数万，成为河南反秦的主力军。郦氏兄弟的归附，给沛公带来大好形势。

沛公在颍川休整，张良献纳破秦策略。张良建言沛公绕开函谷关正面，改西征为南下迂回，经南阳入武关破秦，既避实击虚，又可借秦正面之力阻滞项羽。这时刘邦帐下已是谋臣如雨，猛将如云，其实力仅仅在项羽之下，而在各诸侯之上。项羽战河北，刘邦战河南，是两支名副其实的反秦主力军。沛公人众弱于项羽，而军谋智力超出了项羽。外交有郦生、陆贾，军师有张良，政治有萧何。项羽帐下，虽有韩信、陈平而不被任用，有奇士范增，却有懵懂的内奸项伯制肘。虽然这些是后话，当时形势还不明朗，而两军入关破秦，先入者为关中王，双方展开了时间的赛跑。刘邦用张良策一路智取，项羽欲以力征取天下，步步受阻。公元前206年，秦王子婴元年岁首十月，沛公先于项羽两个月入关破秦，此时项羽才行军至河南。刘邦西征后期的迅速发展，得之于张良助画方略。

六月，刘邦按照张良的迂回战略，南下攻宛。秦郡守吕齮迎战于犨县（今河南鲁山县东南）东，战不利退守宛城。刘邦攻宛不克，“引兵过而西”，张良进言曰：“沛公虽欲急入关，秦兵尚众，拒险。今不下宛，宛从后击，强秦在前，此危道也。”[①] 刘邦听从张良建议，乘着夜色杀了一个回马枪，团团围攻宛城，杀声震天。刘邦西去，秦军喘了口气，士气松弛，突然间攻秦军好似神兵天降，秦将以为刘邦军得了增援，被吓破了胆。刘邦又用张良计，围城不攻，允许秦将归降，只收编军队，保留秦将原职。沛公不战下宛，封秦将吕齮为殷侯，南阳郡所属各县望风请降。沛公军威大振，资粮充实。

七月，沛公军势如破竹，西进至丹水，秦将高武侯鳃、襄侯王陵等献诚请降。沛公前进至武关。此时，项羽所统河北之军，与秦将章邯在漳水隔岸对峙七个月之后，项羽连战皆胜，但一口吃不下章邯。赵将陈余致书章邯劝降，章邯见大势已去，与副将长史司马欣、都尉董翳谋，向项羽投降，项羽承诺灭秦后封他们三人为王，双方在洹水南殷墟上订盟。项羽收编秦军，留章邯在楚军中为质，秦军由长史司马欣率领，反戈为前锋，南下黄河，诸侯军随其后，浩浩荡荡杀向关中。一路已无秦军抵抗。但秦降卒二十万，诸侯军四十万，项羽只是为盟军统帅，其众拥肿，指

① 《史记》卷八《高祖本纪》。

挥与联络不畅，行进迟缓。

秦军南翼，在武关、峣关、蓝田关布置了纵深防线[1]。三关城坚粮足，沛公强攻，不易得手，迁延时日，形势不利。三关守敌，重兵在峣关，居中策应。张良献计智取峣关。他侦知秦军主将在峣关，是屠夫的儿子，性贪婪，可诱以利。沛公派郦食其和陆贾，往说秦将，许以高官厚爵。同时在山上多张旗帜为疑兵，示形有五万之众的围城军队。沛公软硬兼施，秦将果然中计，答应献关。沛公不战接收了武关，陈兵峣关受降。张良复又献计说："此独其将欲叛耳。恐士卒不从。不从必危，不如因其解击之。"[2] 张良不愿有秦军拖累，要快速进兵咸阳。"兵不厌诈"，刘邦心领神会，派出奇兵翻越山领绕在峣关之后，突然两路夹击，大破秦兵，夺了峣关，接着乘胜追击，又破了蓝田之秦军。张良计攻已说降之秦卒，其计甚毒，而收效绝妙。张良又劝沛公约束军纪，"诸所过毋得掠虏"[3]，一路秋毫无犯，秦人喜悦。

秦二世三年（前 207）八月，沛公军逼近秦关，引起了秦统治集团的内部惊恐，激发内乱。赵高杀秦二世，立秦始皇远房堂弟子婴为秦王[4]。子婴杀赵高，为秦王四十六日沛公入咸阳。秦王子婴白马素车，郊迎出降，秦朝灭亡。

是年，沛公受封汉王，史称汉元年。

此时，项羽军才行进至河南，秦降卒受诸侯侵凌，多有怨言。项羽恐秦军心不服，入关反叛，同时为了加快行军，甩掉包袱，于是与诸将谋，在新安城南（今河南渑池县东），乘夜幕坑杀秦降卒二十余万，只留下秦降将章邯、司马欣、董翳三人入关。项羽和张良，都畏秦军之众，不愿受累，张良用诡计在战场

---

① 蓝田，县名，亦关，即今陕西蓝田县，在咸阳东南二百里。峣关在蓝田县东南。武关又在峣关东南，今陕西丹凤县东南。三关连成一线，是关中的南门重关。

② 《史记》卷五十五《留侯世家》。

③ 《史记》卷八《高祖本纪》。

④ 《史记》卷八十七《李斯列传》载，赵高立子婴为王，称"召始皇弟，授之玺。"《秦始皇本纪》称子婴为秦二世兄子。秦始皇生于公元前 258 年，子婴与二子谋诛赵高，假定子婴少子年十五岁，子婴的最小年龄当在三十五左右，应生于公元前 240 年，仅小于秦始皇十八岁，不当为始皇之孙，故从《李斯列传》。

上消灭秦军，将其击溃，项羽则明目张胆坑杀降卒，制造了骇人听闻的大屠杀与暴秦无异。同样是消灭秦军，而两人计谋之高下不可同时而语。

刘邦西征，从秦二世三年后九月，到第二年十月秦王子婴投降，前后征战十四个月，可分为前后两个阶段。第一阶段，从秦二世三年后九月到四月，前后八个月，刘邦始终在河南转战于开封以东，成了一支大股游兵，没有大的进取。这一阶段，在陈留得郦氏兄弟之助，形势才为一变。第二阶段从秦二世三年五月到十月，前后仅六个月，刘邦采纳张良迂回战略，避实击虚，一路势如破竹。在具体战役中，也多得张良谋略之助，代价小而胜利大。没有张良的再随沛公，刘邦与秦正面争战，将不会成功，侥倖胜利，也只能是为项羽作前驱，历史将是另外一番模样。张良佐韩王成，兵弱将寡，面对强秦，智士无所用其策，张良离开了刘邦，也一事无成。刘邦与张良的君臣际会，合了分，分了合，前后三合两分，仿佛有冥冥之力在支配一样，天不佑秦，使两人合力，得以成其事功。

张良在咸阳解救了沛公的鸿门之危，还愚弄引诱忠厚的项伯成了葬送项王天下的内奸。张良替沛公谋画得封汉中王。汉元年，公元前 206 年四月，诸侯各就国。

汉王就国，张良亲自送行，在褒中话别。张良指着山间的褒斜栈道对汉王说："大王把走过的栈道烧了，表示没有东出的意向，迷惑项王。"刘邦心领神会，火烧桡道，既麻痹了项羽，又杜绝了诸侯的偷袭。真是，火烧栈道，一箭双雕。

（3）千里归汉。张良辞别汉王，回归故主，辅助韩王成。项羽心胸狭窄，他怀恨张良追随沛公入关，替刘邦画计，就迁怒韩王成，不让韩王成就国，把他带到彭城，监视起来。项羽此举，也有切断张良与刘邦的关系之意，唯恐韩王成与汉王联合反楚，同时也把张良裹胁到彭城，要张良替自己出谋献策。张良却身在楚营心在汉，他趁机对项羽说："汉王烧绝栈道，无还心矣"[①]。

① 《史记》卷五十五《留侯世家》。

于是项羽放松了对刘邦的警惕。

汉元年（前206）六月，田荣首先反于齐，一气吞没了他的同宗田市、田都、田安，自立齐王。接着陈余反于赵，借兵于齐，驱逐了赵王张耳，彭越反于梁，燕王臧荼并灭了辽东王韩广。八月，汉王从陈仓故道东出，以迅雷不及掩耳之势，一举挫败雍王章邯主力，收降塞王司马欣、翟王董翳，包围章邯残部于废丘、陇西等孤立据点。从六月至九月，短短四个月，狼烟四起，项王不知所措，兵出何方，狐疑不决，没有做出反应，丧失了最好的战机。在这紧要关头，项羽却全力在对付不关痛痒的义帝，他催促义帝离开彭城到流放地长沙郴县。项羽此举，不得人心，部下多有背叛而追随义帝。项羽不悟，反而暗中指示九江王黥布、衡山王吴芮、临江王共敖在半道截杀义帝。九江王黥布等没有执行项羽的命令，义帝到达郴县。项羽又敦促九江王黥布派人追杀义帝于郴县。黥布被迫做此不义之举，于是与项王有隙。

汉元年八月，刘邦东出，汉王与张良暗通消息。张良给项羽写了一封信，辨析天下大事。张良说："汉王失职，欲得关中，如约即止，不敢东。"而田荣反山东，并三齐，居高以临彭城，才是肘腋之患，并演义说："齐欲与赵并灭楚。"① 项王信以为真，不再担忧刘邦，而是备兵伐齐。项羽废韩王成为穰侯，另立郑昌为韩王，发兵拒汉。

汉二年，公元前205年十月，项羽灭了义帝，正要出兵征讨田荣之时，刘邦却又东出函谷关，于是项羽震怒，这才发现上了张良的当，他迁怒于韩王成，杀韩王成释张良。显然，项羽又犯了一次妇人之仁的大错误，他听了项伯之言放走了张良。张良失了故主，毫无牵挂，逃出彭城，投奔汉王②。明李贽在《史纲评要》中对此批评项羽说："为汉驱一好军师，好懵懂。"

张良经过千里跋涉，终于寻得明主，回到汉王身边，君臣相

---

① 《史记》卷七《项羽本纪》。

② 《资治通鉴》卷九《汉纪·高帝元年》作"张良自韩间行归汉"。《汉书》本传无"自韩"两字。《通鉴》推断失据，与"间行"二字不协。今从《汉书》，良应自楚才会间行归汉。

会于陕。在过去的四年（前209至前206年），张良两度追随汉王，由于依恋故主，还不能定下心来辅佐刘邦。明陈季雅认为："造汉非子房之素愿，其志但欲亡秦耳。"[①] 比言非是。张良在下邳十年修炼，怀抱济世之才，欲佐明主以安天下，不仅仅在于亡秦。张良辅韩王成，只是报旧主之恩，不忘先人相韩五世故也。韩王成非命世之才，只能在群雄割据中借先人之余荫有一席之地而已。所以张良相韩王，处处为汉王谋画，韩王只不过是汉王的一个外援罢了。

张良千里归汉，被汉王封为成信侯，嘉奖他离楚归汉，能信守信义。从张良之封，可以透露出昔日褒中话别，原来有约。从此张良紧随汉王，谋画大计，成为汉王不可须臾离开的左右手。

2. 萧何识人　拥戴沛公

萧何长于政治，目光远大，善识英雄。刘邦少时，行为无赖，只有萧何识得他是个命世之才，可以将身家性命相托的俊杰人物，因而事事维护，深相结纳，引誉刘季，才使得刘季声誉渐闻，成为沛县豪杰首领。萧何月下追韩信，为汉家基业，求得擎天柱。可以说，没有萧何，就没有沛公；没有萧何，就没有韩信；没有萧何，就没有汉家天下。

西汉建立，功臣定封，萧何第一，当之无愧。

（1）拥刘起义。公元前210年，刘邦斩蛇起事，隐伏于芒砀山中，等待时机，他未敢倡言反秦。沛县地方以萧何、曹参为首，团结志士，暗中支持刘邦。沛县县令视萧曹为左右手，沛县局势控制在萧何手中，反秦的工作紧张而有序地进行着。沛县已具备了起义的群众基础。萧何的地位，办事能力，人缘、地缘，其声望都在刘邦之上。

公元前209年七月，陈胜、吴广大泽乡起义，吹响了反秦的号角，沛县地方立刻沸腾起来了。起初，只是纷纷扬扬，三五成群议论，到了九月形势大变，沛县少年公言反秦，萧何、刘邦多年积聚起来的反秦社团骨干人物已是半公开活动了。沛县县令已

① 《西汉博议·张良》。

经是无法控制局面。他面前有三条路可走。第一是顽抗；第二，是逃遁；第三，是主动起义。沛县县令选择了第三条道路，他找来萧何、曹参商议起事。萧、曹对沛县县令说：

君为秦吏，今欲背之，率沛子弟，恐不听。愿君召诸亡在外者，可得数百人，因劫众，众不敢不听。①

沛县县令，打算响应起义来改变自己的身份，仍然要掌握沛县地方的实权。萧、曹赞成起义，但明确反对沛县县令作带头人，提出要召回逃亡在外的数百沛县子弟，这就是指刘邦在芒、砀山上拉起的几百人的队伍。沛县县令无可奈何地答应了。萧何派樊哙火急赶往芒、砀山，宣召刘邦。刘邦岂能放过这千载难得的机会，他立即拉起队伍，日夜兼程赶回沛县。樊哙刚走，沛县县令后悔了，他不甘为人后，更不愿拜倒在泗水亭长刘邦之下，越想越不是滋味，他下令关闭沛县城门，与心腹策划诛杀萧何、曹参。沛县县令的举动，早有人报知了萧、曹，萧、曹乘夜翻越城墙逃出，告知刘邦不得进城。萧何以刘邦名义写了一封告喻沛县子弟书信，抄在绢帛上，裹在箭杆上，射入城中。告喻说：

天下苦秦久矣，今父老虽为沛令守，诸侯并起，今屠沛。沛今共诛令，择子弟可立者立之，以应诸侯，则家室完。不然，父子俱屠，无为也②。

沛县守城军民，看了告喻，心一下子聚到了一起，他们早就听到许多关于刘邦神异的传说，也不知刘邦带兵多少。特别是萧何、曹参都在刘邦军中，跟着萧何走，绝没有错。于是守城军民，一声呐喊，攻入沛县县令府署，取了沛县县令的人头，打开城门，迎接刘邦、萧何、曹参等入城。萧何提议刘邦作沛令，大

① 《史记》卷八《高祖本纪》。

②② 《史记》卷八《高祖本纪》。

家赞同，刘邦谦让说：

> 天下方扰，诸侯并起，今置将不善，壹败涂地。吾非敢自爱，恐能薄，不能完父兄子弟。此大事，愿更相推择可者[②]。

刘邦推让萧何，也有人提到曹参。萧何、曹参都是文吏，在这多事之秋，要血战沙场，还是习武的刘邦最合适。萧何、曹参等还多一层考虑，万一事不成，首领人物要被诛灭九族。刘邦本来就有取秦始皇而代之的野心，但在萧何、曹参等人面前，他还要作一番谦虚的表态赢得众心。萧何早就打定主意，辅佐刘邦，自居丞相之位，他坚推刘邦。刘邦再三谦让，由于萧何的坚持，没有人敢出来应承，刘邦这才就位为沛县县令。楚人称令为公，于是史称刘邦为沛公。此时刘邦之名仍为刘季。从这一天起，人们就称刘邦为沛公。

沛公誓众，在县衙庭中筑起祭坛，祭礼黄帝、蚩尤，杀牲以血溅鼓，竖起红旗，告喻大众，赤帝子杀白帝子，沛公就是赤帝子，所以用红色。宣布萧何为丞督事。丞，即县丞，为县令副手，督事，指萧何为丞，总理众事。所以司马贞在《高祖本纪·索隐》中解说曰："谓高祖起沛，令何为丞，常监督庶事也。"从此，萧何就定位在总理众事的丞相之位上。刘邦出征，萧何留守，供给前方，足食足兵。

沛公部勒军队，已有二三千人。令曹参、周勃为中涓，掌握中军禁卫部队；令樊哙、周緤为舍人，随时充当出征军吏；令周昌为职志，掌领旗帜；卢绾、周苛为宾客，随军参谋；封夏侯婴为七大夫爵，掌车马。后来汉朝建立后，夏侯婴为太仆，他替刘邦赶了一生的车。其他萧刘社团的中坚人物分拨各有差。从这一天起，人物身份与关系发生了翻天复地的变化，刘邦虽称沛公，而为君主，萧何名为县丞，实为丞相，其他人员都是刘邦的臣属。

沛公安定沛县以后，令萧何留守，自己亲自率军出征，攻打胡陵、方与等县，没有得手，还军驻屯在沛县丰邑镇，丰邑是刘邦的出生地，他十分重视，挑选了一名出生丰邑的勇将，平民时的哥们儿雍齿守丰，给了他足够的兵力。秦二世二年（前 208 年），燕、赵、齐、魏皆自立为王，秦帝国在中原地区的统治已土崩瓦解。沛公再次整军出征，第二次攻击胡陵、方与等县，破杀秦泗水郡监军。沛公乘胜追击秦军至薛县，再追至戚县，沛公左司马曹无伤俘虏了泗水郡守壮，杀之。正当沛公扩大战果，胜利挺进之时，后院起火，连忙回军。魏王魏咎派魏相周市掠地，周市收买雍齿反叛沛公。沛公待人粗枝大叶，动辄骂人，自称“而公”，即“你老子”如何，如何；骂人曰“鲰生”，即“你个狗杂种”；见了书生，戴儒生帽，取下来当面撒尿，还骂一声“竖儒”。雍齿膂力在刘邦之上，他平时就不太服气刘邦，忍受不了刘邦的粗鲁，勉强地称刘邦为大哥。现在诸侯四起，沛公出师又不怎么顺利，于是他竖起反旗，投靠了周市，替魏王留守丰邑。沛公还军攻丰，吃了败仗，只得退回沛县。其时在秦二世二年十二月。沛公自秦二世元年九月起兵已来，已经过了四个月的征战，由于雍齿背叛，仍然只有一个沛县，自己的出生地丰邑反而成了敌对势力。沛公对雍齿怀恨不已。

秦二世二年端月，沛公听说东阳宁君秦嘉立景驹为王，驻军于留。沛公往投景驹，打算请兵攻丰，行至下邳县西境与张良相遇。张良说沛公，先攻击主要之敌秦军，次及雍齿。刘邦于是与秦嘉合兵迎击秦军于萧县西，不利。刘邦还军于留，经过补充，转攻秦砀郡，三日取砀，扩众至九千人。沛公第一次得了一个秦郡。又攻下邑，拔之。沛公第二次还军攻丰，仍不能下。

四月，项梁击杀景驹、秦嘉，驻军于薛，有众十万。沛公带百余随从往见项梁，项梁借兵五千与五大夫将十人给沛公。沛公第三次还军攻丰，雍齿兵败投奔魏王。

六月，沛公如薛复命，与项梁共立熊心为楚怀王。沛公与项羽结为盟兄弟，奉项梁之命合兵西征。张良第一次与沛公分手，亦奉项梁之命，率兵一千余人与韩王成西入颍川攻复旧日韩地。

沛公与项羽合兵，于秦二世二年七月先北上救齐，大破秦军于东阿，再破秦军于濮阳，又东屠城阳。八月，沛公与项羽乘胜向西挺进，斩三川守秦丞相李斯之子李由于雍丘。此战为沛公起兵以来获得的最辉煌的胜利。在击秦的共同目标下，沛公与项羽配合默契，并肩战斗，结下兄弟情谊。

在沛公与项羽联兵征战之际，萧何留守丰沛，把沛公根据地丰邑、沛县、砀郡治理得井井有条，崭露头角，显示了他全面的政治才干。

（2）入都收图籍。秦王子婴元年，公元前206年十月，刘邦西征大军破秦入咸阳，诸将争相抢夺金帛财物，沛公也一头钻进秦宫室，享受六宫粉黛的温柔。这时只有萧何在为全局大业筹谋。萧何预感夺取天下，还将是一个持久的过程，他采取有力措施进行持久的战略部署。萧何的政治举措，主要有三项决策，略述如次：

第一，收秦图籍。萧何入咸阳，带领亲兵，悄悄地接收了秦丞相府、御史府、太史署等官署的图书册簿，他小心地珍藏起来。后来项羽火烧咸阳，挖始皇冢，接收宫女府库财物，没有注意图书册簿。萧何采取了绝密措施，完好地保留了秦朝的典章制度、法令及天下厄塞图册、户口簿籍，了解强弱处所，民间疾苦。萧何对天下大势，地形险要，人口分布，税收多寡，了然于胸中，不仅在楚汉战争中是重要的情报，而且在西汉建国之中提供重要参考。后来萧何治汉，除秦苛法，保留秦朝礼仪制度，休息无为，皆得力于收秦图籍。萧何在保护秦朝图籍的同时，也保护了一批秦政府有才干的吏员，使之投降为新政权服务。

第二，除秦苛法。萧何收藏秦图籍后，他紧急办的第二件事，就是谏说沛公及时召开关中诸县豪杰父老会议，宣布除秦苛法，安抚秦民。沛公告谕秦民说：

> 父老苦秦苛法久矣，诽谤者族，偶语者弃市。吾与诸侯约，先入关者王之，吾当王关中。与父老约，法三章耳：杀人者死，伤人及盗抵罪。余悉除去秦法。诸人民皆按堵如故。凡吾所以来，为父老除害。非有所侵暴，无恐！且吾所

以还军霸上，待诸侯至而定约束耳[①]。

萧何四出遣使，告谕秦民，深入到各县乡邑村镇，务必家谕户晓。于是秦民大喜，争持牛羊酒食犒赏沛公军。沛公辞让不受，说："仓粟多，不欲费民。"秦民又喜，唯恐沛公不为秦王。沛公深得秦民爱戴，萧何治政之力也。

第三，经略汉中。沛公在入武关之前，分兵郦商经略汉中，其策当出自萧何。后项羽负约封沛公为汉中王，沛公不听，愤怒欲出击项羽，周勃、灌婴、樊哙等亲将，劝谏均不听。萧何谏曰："虽王汉中之恶，不犹愈于死乎?"汉中虽然地理偏远，也是一方之王，总比送死要强罢。汉王说："为什么攻击项羽就是送死?"萧何说："今众弗如，百战百败，不死何为?"萧何又引《周书》上的话说："天予不取，反受其咎。"当时民间把天上的银河星系，称为"河汉"，萧何机智地解说为"天汉"，即天上有汉，现在沛公为汉王，乃是天意，沛公要从汉王发迹，如果不接受天意，就要遭快。萧何引经据典，侃侃而谈，说得刘邦心平气和，萧何趁势进言说：

夫能屈于一人之下，而信（伸）于万乘之上者，汤武是也。臣愿大王王汉中，养其民以致贤人，吸用巴、蜀，还定三秦，天下可图也[②]。

汉王说："好。"于是就国汉中，以萧何为丞相。萧何大力经营巴、蜀、汉中，告谕安抚，储备积聚，为汉王东出作准备。萧何经营汉中，表现了他政治上的卓识远见。萧何慧眼善识人，他处处留心网罗人才。所以郦商经营汉中，当为萧何所荐。

（3）月夜追韩信。韩信身高魁伟，年少机灵，项梁、项羽只看中他的外表，却不赏识他心胸中的韬略，只不过留在帐前效

① 《史记》卷八《高祖本纪》

② 《汉书》卷三十九《萧何传》。

命，做了一名亲兵。项梁死后，项羽提升韩信做了郎中。秦汉宫廷警卫最低级军官称郎中，秩三百石。韩信在项羽帐下做郎中，也就是低级的警卫军官。韩信利用他侍从的便利，多次进言项羽，献计献策，项羽均不采纳。韩信出身低微，项羽出身贵族，帐前有军师亚父范增，足智多谋，很自然地看不上韩信。项羽的门第之见，遮蔽了他的眼睛，不识英才，使得韩信才能无法施展，心常怏怏不平。

鸿门宴刘项相会，项羽颐指气使，高坐尊位，刘邦忍气吞声，却柔中有刚，敢在虎口逃生，给韩信以很大的触动。刘邦能屈能伸，胸有远谋，其志不可限量。项羽骄矜跋扈，鼠目寸光，爱听恭维话，没有战略头脑，白白地丢失了斩除刘邦的好机会。韩信想起了自己受胯下之辱，遭世俗人的讥笑，这些凡夫俗子，如同燕雀哪能知道鸿鹄的冲天之志呢？能忍才是真正的男子汉。韩信对鸿门宴的冷眼旁观，他得出了与亚父范增同样的结论，刘邦必胜，项羽必败。韩信打定主意，弃暗投明，等待脱离项羽的机会。

汉元年（206）四月，汉王就国入汉中，韩信逃离项羽，投入汉王军中。汉王见韩信在项羽军中，征战数年，没有建功，也没把韩信的归汉当作一回事，发落在萧何帐下做了一名管理粮秣的小军官，与韩信在楚的郎中级别差不多，地位更是下降。韩信怨气冲天，与部属一起触犯了军令，依法当斩。滕公夏侯婴受命为监斩官。已斩杀十三人，依次应斩韩信。韩信面对滕公，扬起了头，说：“大王不是要打天下吗？为何斩壮士！”面不改色，毫无惧色。夏侯婴是一个心地厚道的人，见韩信仪表堂堂，临危不惧，内心钦佩，停止了行刑。夏侯婴亲自召见韩信谈话，审问案情，得知韩信故意犯法，表达怀才不遇的怨气，心里非常高兴，向汉王提出了赦免重用的报告。夏侯婴是替刘邦赶车的亲随，极受信任。汉王免了韩信死罪，提升为治粟都尉，管理汉王全军的军需长官。都尉是次于将军的高级军官。

韩信为了引起汉王的重视而故意犯法，表现了他的拼搏冒险精神，这在古代靠人为赏识的用人制度下，常常是命世之才采用的一种手段，成则升天，败则入地。三国时，庞统为耒阳令、蒋琬为广都长，他们都故意醉酒不治事，让主管官员报告到先主刘备那儿，先主大怒，免官治罪，鲁肃和诸葛亮再出来推荐，指出庞统、蒋琬非百里之才，不大用则不展其才。《三国志》庞统传和蒋琬传做了生动记载。韩信犯法当斩，当属此类，也许幕后还有萧何的支持。文献无征，这里只是推断。但非常之人，在创造机遇的时侯，总是有非常举动，这是可以肯定的。只是那十三个与韩信同时犯法的人，白白地送了性命。但是没有这十三个人的牺牲，可能就没有韩信的转机。古来一个成功的将军，总是要踏着血迹前进。

刘邦所部十万众，项羽只允许汉王带领三万人入汉中。但楚军和诸侯部众仰慕汉王而投归的人却有数万之众。在当时汉中、巴、蜀尚未充分开发，地广人稀，远比现在寒冷，地理又偏，所以这些地方是秦朝流放犯人的蛮荒之地，秦岭山中，更是荒凉异常。汉王部属来自关东梁楚子弟，初夏四月淮河一带到处是鸟语花香，麦苗翠绿，菜花金黄，而北国秦岭群山，还是一派残冬天气，没有一丝春天的气息。秦王政九年（前 238 年）四月，秦王流放嫪毐集团同党四千余家入蜀，在房陵（今湖北房县）地区还发生寒冻死人的事件。不仅寒冷，而且道路奇险。“噫吁乎，蜀道难，难于上青天。”唐人李白还有如此慨叹，秦汉时的道路的险难，可以想见。汉王从褒斜道入汉中，一路有重重的险峻山峰，千丈峭壁，这些地方就用栈道相通。行李、粮秣，都由士兵背负跋涉，一不小心，就要掉入深渊绝谷而粉身碎骨。汉王部众，广大官兵，看不到前途，他们拼命数年，灭了秦朝，盼的是荣归故乡，而今却踏在西进途中，越走离家乡越远。失望的官兵，每天都有成批的逃亡，汉王、萧何也拿不出好办法制止，于是就听其自然，坚强的留下来，意志消沉的就让他们走。

韩信在行进途中多次与萧何谈语，萧何已经充分认识到韩信是一个奇才。韩信也估量到萧何已多次向汉王作了推荐。韩信到达了南郑，又过了许多日子，仍不见有动静。韩信对汉王也失望了，他沉思后自言自语：“上不我用，即亡。”韩信他不能满足于做一个军需总长，他要的是带领数万、数十万雄兵猛将，驰骋天下，干出一翻轰轰烈烈的功业来。关东诸侯，群雄并立，项羽封了十八个王，我韩信不能吊在汉王这一棵树上。韩信打定主意，在一天夜里加入了逃亡的散兵中，离开了南郑。

萧何为丞相，总理百官。他听到韩信逃亡的消息，惊得一身冷汗，来不及向汉王报告，乘着夜色，快马加鞭去追韩信。萧何是全军的主心骨，他的举动震惊了全军，一霎时消息传遍南郑，纷纷传扬："丞相逃走了。"汉王得到报告，着实吃了一惊，大发雷霆，茫然不知所措，仿佛失去了左右手。过了两天，萧何回来请见汉王，汉王又大喜过望，立即传令进见。汉王见了萧何，又高兴又愤怒，厉声质问说："你为何要逃跑？"萧何回答说："臣不敢亡也，臣追亡者。"汉王问："你追的是谁？"萧何答："韩信也。"汉王不信，气又提了上来，再次厉声责骂说："诸将亡者以十数，公无所追，追信，诈也。"跟随多年的将领，逃亡了好几十，萧何一个没有追，反倒去追一个新来的韩信，岂非有诈？萧何不紧不慢对汉王说出了一番追韩信的道理。萧何说：

> 诸将易得耳。至如信者，国士无双。王必欲长王汉中，无所事信；必欲争天下，非信无所与计事者。顾王策安所决耳。"①

萧何反问刘邦，你如果安于做汉中王，用不上韩信；你要想东出争天下，失却了韩信，再就找不出第二个可以分忧计议的人。韩信之才，举国无双。汉王说："我一心想的就是打回东方，夺取天下，怎能长久闷死在这鬼地方？"萧何说："大王如果真心要向东方发展，一定要用韩信，韩信也会留下来效命；如果不重用韩信，韩信终究还是要逃走的。"汉王说："我看你的面子就用韩信为将吧！"萧何说："尽管任用韩信为将，还是留不住他。"汉王说："我重用他为全军大将，怎么样？"萧何说："这才是大

① 《史记》卷九十二《淮阴侯列传》。本节下引该传不再注。

王之福。”汉王说：“那就宣召韩信来拜他为大将。”萧何说这样还不行。于是萧何又一字一顿的说出了一番理由。萧何说：

王素慢无礼，今拜大将如呼小儿耳，此乃信所以去也。王必欲拜之，择良日，斋戒，设坛场，见礼，乃可耳。

萧何要汉王举行隆重的拜将礼，一是表达汉王的用人诚心，以收取韩信效知遇之恩；二是必如此方能重韩信之威，使诸将心服；三是严军礼，整饬三军。这真是一箭三雕之举，汉王心领神会，立即传告全军，兴建坛场，择吉日拜大将。这可是破天荒的第一回，诸将奔走相告，资深的个个喜悦，人人各自以为得大将。

3. 韩信拜将，刘邦东出

汉元年（前 206 年）五月，在一个风和日丽的日子，汉王在南郑南效的练兵场上筑坛举行了隆重的拜将礼。这是汉王进入汉中兴办的第一件大事。汉王部属，日夜思归回故乡。汉王举行拜将大礼，表示整军讲武，是东出的前奏，全军有了盼头，人人欢心鼓舞。拜将大礼成了激励士气的一项盛典。萧何做了认真的准备，庄严，隆重。午时正刻，汉王登上祭坛，由萧何主司仪。先由汉王祭拜天地，再祭拜祖宗，接着举行拜将大礼。全军注视接印大将何许人也，出乎所有人的意料，原来大将就是新来的治粟都尉韩信，全军皆惊。中国历史上一颗杰出的将星，就这样在汉王建筑的祭坛上冉冉升起。开汉家四百年基业的军事家韩信，此刻正式登上了安邦定国的政治历史舞台。

（1）对策汉中。拜将礼毕，汉王推韩信坐上座。汉王向韩信咨问天下大计，韩信有条不紊，一吐胸中韬略，提出了楚汉相争的纲领，可称之为“汉中对策”。

“汉中对策”。韩信以天时、地利、人和三个方面对楚汉形势做了精辟的分析。

楚汉相争，论天时，由于项羽背义帝之约，宰天下不平，诸侯叛之，借众力以斗项羽，项羽虽强，独木难支，趁乱东出，此其时也；论地利，项羽不居关中形胜，又封秦民所怨三秦王，只要汉王东出，“三秦可传檄而定”，岂非天所以以三秦资汉王者乎？论人和，汉王更胜项王一筹。“项王所过无不残灭者，天下多怨，百姓不亲附”；而汉王“秦民无不欲得大王王秦者”。这是说，百姓亲附汉王，汉王东出，“以义兵从思东归之士，何所不散！”汉王部属是山东人，高举义旗，打回老家，全军拥护，所向无敌，这是说战士亲附汉王。项羽仁爱，“言语呕呕”，婆婆妈妈，妇人之仁，只能搏得那些好面子、多礼仪的书呆子们拥护，而汉王慢易，说话粗鲁，但胸怀大度，有功重奖，“以天下城邑封功臣，何所不服”，那些攻城夺地的勇士们都将归到汉王旗下，这是说将相人才亲附汉王。单打力斗，逞匹夫之勇，汉王不如项王；而纵观天下大势，天时、地利、人和，汉王远胜项王，楚汉相争，必然是刘胜项败，韩信分析得清清楚楚，明明白白。如何东出，有步骤，有方略。这第一步就是不失时机，还定三秦，长远方略，则是收拾民心，智胜项王。

韩信说完，汉王心悦诚服，非常高兴，“自以为得信晚”。于是汉王全面采纳韩信计谋，部署诸将日夜操练，作好战备，听从韩信调遣。

(2) 还定三秦。雍王章邯是秦朝名将，他的领地是关中的八百里秦川，挡在汉兵东出的第一线。韩信战略上藐视三秦王，而战术上却十分重视，精密策画，一丝不苟。为了麻痹章邯，韩信采取了声东击西的战略，他动员人力大张旗鼓修复褒斜栈道，吸引章邯的注意力于秦川中段，而大军却暗地里从陈仓故道西出，取得了突击效果，史称“明修栈道，暗渡陈仓”。

从汉中北入关中，跨越海拔三千余米的秦岭，由东向西有三条谷道。东道子午谷，南段叫午谷，北段叫子谷。子谷谷口在长安之南。子午谷最险远，有660里的高山险谷，从此道出兵，可以出其不意，直插长安，但不能运动大军，只能出奇兵偷袭，主力只能从西边的两道入秦川。秦汉之际，尚无长安，秦都在咸阳，已被项羽烧为废墟。雍王的都城在废丘，在今陕西兴平，咸阳之西。当时子午谷尚未通行，不在韩信考虑的进兵路线中。中道傥骆谷最近，谷长 420 里，韩信从此道出兵，可陈兵武功，对废丘的威胁也很大。但这条近道，在秦汉之际还未大力开发，也不能行动大军，仍不在韩信考虑的进兵路线中。西道褒斜道，相对宽坦，有 470 里的山谷，南段叫褒谷，谷起褒城，就在汉中南郑的北面。北段叫斜谷，谷口在陕西眉县南三十里。汉王就是走此道从关中进入汉中的，秦汉之际，这是一条主要的通道。在褒斜道之西，有一条出入秦岭，北抵陈仓的通道。最早从关中通汉中的就是这条道路。褒斜道开通后，这条道路逐渐冷落，当时就称为陈仓故道。汉王大军从褒谷往北运动，可以直出斜谷，也可西出陈仓故道到陈仓。韩信声东击西，大肆张扬出斜谷，而实际大军从陈仓故道出。那末韩信是如何动作的呢？

汉王入汉中烧毁了褒斜道的栈道，韩信要从褒斜道上出兵，就必须要先修复栈道。汉元年六、七月，韩信督率大军民工冒着酷暑修复栈道，这一行动就是进军的信号。只要修栈道，就把章邯的注意力吸引到秦川中段偏西的眉县一带杜塞斜谷口。由于修复栈道尚须时日，没有一年半载，不能毕其功。为了日后的大军补给，韩信修复栈道也是认真的在进行，章邯的探马报告的却是实情，而短时间韩信又修不好栈道，章邯要以逸待劳，可以说暂时章邯还没把韩信修栈道的事放在眼里，在他看来汉王刚入汉中，没能力在汉元年就出兵。韩信抓住章邯的这一心里，巧妙地打了一个在修复栈道的过程中的时间差，在汉元年八月从陈仓故道出兵偷袭陈仓，端端正正打了章邯一个凑手不及，汉军在陈仓获得了大量军实。

陈仓，就是今陕西宝鸡市，地处八百里秦川的西端，是一处咽喉要地。宝鸡东通西安，西越陇入甘肃，西南谷口通陇南重镇天水，向南从陈仓故道入南郑，通巴蜀。现今宝鸡是陇海铁路陕西境内西部的重要集散地，也是川陕公路、入川铁路的北方起点。秦人从西垂向东发展，就把宝鸡作为一个重要的立足点，修建城池。相传秦文公时，秦文公在此地打猎，得一宝石，夜半能化作鸡鸣，秦文公在陈仓县北山坡上筑祠祭礼，称宝鸡祠。由于这里地处交通要冲，商业日益辐辏，人口越来越多发展成为一座交通重镇，因名宝鸡城。在宝鸡南边渭水岸口有一座官仓，名为陈仓，储备大量军资积谷，往东供应咸阳，往西支援陇西。秦人最初所置的县就称陈仓县。这里历来是兵家必争之地。三国时诸葛亮六出祁山，蜀建兴六年（公元228年）秋，诸葛亮第二次北伐就走的是陈仓故道，兵锋直指陈仓，魏将郝昭据城坚守，由于城坚粮足，诸葛亮无功而返。陈仓地形险要，大军施展不开，早作准备，易守难攻。郝昭有了守城准备，以诸葛亮之智，不能攻克。而韩信兵出陈仓，由于麻痹敌人的工作做得好，一举收到了奇袭之效，汉兵未经战斗，拿下了陈仓坚城。初战胜利，大大地激发了汉军的士气。

汉军在陈仓获得给养后，韩信乘胜扩大战果，他以迅雷不及掩耳之势，闪电般推进，分兵四出攻击三秦王。仅一个月时间，韩信就打通了八百里秦川。汉元年八月，雍王章邯被围困于废丘，塞王司马欣、翟王董翳望风而降。章邯弟章平与原秦将赵贲等退守陇西、北地，负隅顽抗，为章邯外援，等待项羽驰援。

项羽闻警，但他被田荣的反叛所吸引，没有及时率兵西征，而是以故吴令郑昌为韩王，驻防颍川拒汉兵。项梁、项羽避难关中与郑昌相识。项羽在紧要关头用人唯亲，将重大军事任务用以酬劳故旧，失策之至。

汉将韩信他充分利用秦民拥戴汉王的政治优势，趁项羽伐齐无暇西顾这一千载难遇的战机，他大胆地置关中残敌于不顾，与汉王亲率主力，于汉二年十月东出函谷关驻兵于陕县（在今河南三门峡市西）。韩申徒张良和赵王张耳来归。

汉二年（前205）十月，项羽大发兵东击齐，欲先安定后方，再率兵西向。韩信东出潼关至陕，则是尽力向中原推进，确保关中，扩大领地。这是一着妙棋，在政治和军事上的意义至少有三个方面的收获。第一，阻断章邯与项羽的交通，汉军在关中对章邯形成关门打狗之势，章邯只能坐等待毙。第二，汉王大张声势，与诸侯交通，安抚关外父老。第三，韩信出关，趁新韩王郑昌立脚未稳之机，夺取韩地。汉二年十一月，河南王申阳降，汉立河南郡。韩信击破韩王郑昌，汉更立韩太尉韩信为韩王，为汉南翼屏障。至是，汉王帐下两韩信。一是大将淮阴人韩信，一是韩王韩太尉韩信。

再说关中之战。汉二年十一月，汉军攻拔陇西。正月，汉军攻拔北地，虏章平。汉军至此，扫荡了章邯军外围，占有关中全境，唯有章邯困守废丘孤城。

汉二年二月，汉王入关，正式除秦社稷，更立汉社稷，临时定都栎阳。萧何为丞相，留守都城。

汉二年三月，汉王集中关中诸军，浩浩荡荡东出，正式打出讨伐项王旗号。章邯在废丘苟延残喘不敢出击突围，汉兵只用少量人马监视章邯动静，围而不歼。韩信集中兵力策动对项羽发起总攻，趁项羽陷于齐地的时机，汉军将直指彭城。

（3）进军彭城。项羽击齐，起初连战皆捷，齐民不愿割据纷争，欢迎楚军。项梁击秦牺牲，影响犹存。十二月，项羽北进至城阳，大破田荣，田荣败走平原，平原民杀之以应项羽。项羽怨田荣叛楚而迁怒齐民，他烧夷城郭，坑田荣降卒，又系虏其老弱妇女，一路烧杀至北海。齐民愤怒，于是田荣弟田横在城阳收合散亡，立田荣子田广为齐王，一下啸聚数万众，齐民多应。项羽再战，连连受挫，陷于齐地，不得回军。

项羽征兵九江王黥布会战，黥布称疾不往，只使部将率领数千人助战，项王由此怨恨黥布。

汉二年三月，汉王第二次出关，率领汉军从临晋渡过黄河，西魏之魏豹与汉军连和。接着汉军攻下河内，虏殷王司马卬，置河内郡。汉军从平阴津南渡至洛阳。汉王在洛阳为义帝发丧，亲自吊丧三日，“袒面大哭”，派出使者连和诸侯，宣告项羽罪恶。檄文说：

> 天下共立义帝，北面事之。今项羽放杀义帝于江南，大逆无道。寡人亲为发丧，兵皆缟素。悉发关中兵，收三河士，南浮江汉以下，愿从诸侯王击楚之杀义帝者。①

① 《汉书》卷一《高帝纪》。

汉王在进入洛阳城的途中，新城邑（在今河南伊川县西）的一位乡官，三老董公拦路谏说汉王，“兵出无名，事故不成”，又说“明其为贼，敌乃可服”，意思是要正告天下，项羽放杀其主，乃天下之贼。汉王采纳其策，所以在洛阳为义帝发丧，使汉军高举正义之旗，堂堂正正出征项羽，诸侯不从，则是助贼。已被汉王收降的诸侯王有塞王司马欣、翟王董翳、河南王申阳、殷王司马印，他们的部众被刘邦收编，成为正义之师了。西魏王魏豹被裹胁随从，韩王信为汉王所立。赵王张耳投汉，陈余所立新赵王赵歇与齐王田广本与项羽作战。北方燕王臧荼，也表示声援。其他诸侯王包括项羽心腹九江王黥布也不愿公开助项王。特别是举足轻重的黥布，更加坚定了中立政策的决心，项王一批又一批使者催促黥布出兵，他就是坚卧不肯动。项羽陷入了完全的孤立。汉王进兵彭城，一路顺风，毫无阻挡。汉二年四月，韩信统率的汉兵及诸侯之兵胜利进入彭城，众达五十六万。

汉王大将韩信，率汉王本部三万人自汉元年八月出兵，到汉二年四月兵进彭城，在短短八个月的时间，由西向东横扫了大半个中国，取得了还定三秦、攻略韩地、覆灭楚都等一系列辉煌战绩，兵众从三万发展到五十六万，几乎扩大了二十倍。如此大军，韩信运筹调度，有条不紊，他自称领兵“多多益善”，初露头脚，就得到充分的展现。萧何称赞韩信是“国士无双”，毫不夸张。韩信是无与伦比的军事天才。这一年他才二十四岁。

董公一介村野乡官，他拦路谏汉王，建言为义帝发丧，夺取政治主动权，汉王采纳之速如响应声，这就是汉王的过人之处。其时张良已在军中，此策未出张良之口，而出于乡间老翁，因民间不胜秦、项相继为虐，身有其受，体会深刻，故出言不同凡响。也许董公本来就是一位深藏民间的隐逸智士。俗语曰：“智者千虑必有一失，愚者千虑必有一得。”智慧不可能一人独专，董公发人之所未言，就是一个生动例证。宋人张栻作“楚汉战争论”，对此发出了一番深深的感叹。其文不长，引之如下，以供评说欣赏。张栻曰：

惟仁义足以得天下之心，三王是也。高帝之兴亦有合乎此，是以能翦暴秦，灭强项而卒基汉业。方怀王遣将入关，诸老将固以为沛公素宽大长者而心归之。至于三章之约，其所以得乎民者深矣，此非其所谓仁者欤？予每爱三老董公之说，以为“顺德者昌，逆德者亡”；“兵出无名，事故不成”；“名其为贼，敌乃可服”，三军之众为义帝缟素，声项羽之罪而讨之，于是五十六万之师不谋而来，从义之所感也。使斯时高帝不入彭城置酒高会，率诸侯穷羽所至而诛之，天下即定矣。惜其诚意不笃，不能遂收汤武之功，然汉卒胜，楚卒亡者，良由于此，名正义立故也。董公盖深知其理，故其言又曰：“仁不以勇，义不以力。”自留侯而下，陈谋虽多而皆未之及。呜呼！董公其一时之逸民欤？①

韩信困顿，得遇汉王而展其才。汉王拜韩信为大将，成事于萧何的力谏。明人黄淳耀评论说：

高帝之于韩信，未尝亲见其状貌，孰察其计画，以萧何一言之故遂拜为将，将又不足而至大将，此类儿戏，然足用此得天下何也？盖帝不知信而知何，以何之不妄而知信之可用也。图天下者，岂能人人耳而目之哉，得数人可信者足矣②。

黄氏的评论，并不高深，却是至理。而懂得这样平凡至理的人，就是非常之人，由此可见刘邦的皇帝气度。刘邦得三杰归心而取天下，良有以也。

① 《四库全书·南轩集》卷十六。

② 《四库全书·陶庵全集》卷四《史记评论·淮阴侯列传》。

五、余论

一个人要成就事功，必须全身心投入，精通其业。韩信精通兵法而为将，张良精通谋略而为帝王师，萧何长于政理而为丞相，他们都是天生具才，不可多得的俊杰伟人。张良辅韩王而落拓，韩信随项羽而无功，萧何仕秦仅得为刀笔吏，三杰得遇刘邦而成其功，不遇刘邦终为凡民。而刘邦并无三杰之才，但却有容三杰之度，他能合众智，集众力，识人而用人，故所向无敌。张良为人言《太公兵法》，皆不省，只有刘邦称“善”。韩信拜大将，看似儿戏，也唯有刘邦能安置，并恨相见之晚。刘邦看似无能而有大能。常理之所谓能，具才也；非常之能，图天下者也。刘邦有图天下之大才，所以他得人不失，用人不疑。论筹策，刘邦不如张良，论政理，刘邦不如萧何，论用兵，刘邦不如韩信，但刘邦之能，驾驭三杰，“此吾所以取天下也”。项羽力能扛鼎，但他奋其私智，有一范增而不能用，逞个人之力以抗天下之士，怎能不败！人才不难得而难容。古往今来。口喊“尊重知识，尊重人才”，而内实心肠，乃叶公好龙，焉能成事。黄氏评说刘邦，“图天下者，岂能人人耳而目之哉，得数人可信者足矣”，其言信矣。三杰归汉，良有以也。

（本文摘自《张良萧何韩信评传》第一至三章，
标题为收入文集特所加，文字也略有调整。）

论韩信功业

韩信是我国历史上屈指可数的军事家之一，没有韩信就没有西汉，没有韩信就没有刘邦的天下。韩信在楚汉相争中经略了汉家半壁江山，他所创造的战例，至今仍是军事教课书中的必备教材。

一、擒魏取代

擒魏取代是韩信开辟北方侧翼作战开门红的两场胜利，有力地屏蔽了关中根本，而且分楚之势，耗楚之力，也有力地支援了成皋主战场。

1. 奇袭擒魏

项羽入关后封魏豹为西魏王，辖有河东（今山西西南部黄河东岸），都于平阳（今山西临汾）。

汉二年三月，刘邦从临晋（今陕西大荔东）渡河，深入魏地。魏豹投降，随刘邦向东推进。

汉二年五月，楚汉成皋对峙，魏豹乘机向刘邦请假回家探母。回到故地后立即叛汉附楚，并切断河津渡口。项羽即派项它率士卒支持魏豹拒汉。魏豹重兵守蒲坂（今山西永济县）渡口，自己坐镇安邑（今山西夏县西北）。

魏豹反汉，不仅使汉军占领的荥阳、洛阳侧背受到威胁，而且连关中基地也受到严重的战略压力。形成了西出关中南下断汉粮道，与楚军东西呼应夹击汉军之势。魏豹的反汉行动，对汉军影响很大，刘邦又暂时无力分兵对付，但为了解除对汉的侧背压力，派郦食其前去游说魏豹再度归汉。魏豹不听，对郦食其说："人生一世间，如白驹过隙耳。今汉王慢而侮人，骂詈诸侯群臣如骂奴耳，非有上下礼节也，吾不忍复见也。"[①] 魏豹指出刘邦的无赖形像，固然是托词，但郦食其最为善辩，也无可奈何，只好空手而归。

郦食其的平阳之行虽无建树，但摸清楚了魏豹的军事部署，为进攻提供了重要的情报。他向刘邦汇报魏国大将是柏直，骑兵将领是冯敬，步兵将领是项它。刘邦笑着说，柏直不敌韩信，项它不如曹参，唯有冯敬系秦将冯无择之子，但不及灌婴。刘邦针对魏军部署派出以韩信为统帅，曹参、灌婴为将领的一支三万余人的部队攻击魏豹[②]。

在进攻魏国之前，韩信担心富有军事经验的周叔为大将，他急切地问郦食其魏豹是否用周叔，郦食其回答是"柏直"。韩信大喜过望说："原来是这小子。"于是再次使用"明修栈道，暗渡陈仓"的策略。韩信派人在临晋一带征集船只，摆出大军渡河的架势进行佯动，迷惑魏豹主力屯驻蒲坂。这时韩信把主力悄悄地转移到临晋上游的夏阳（今陕西韩城南 22 里）的少梁渡口，准备渡河，迂回从侧背奇袭安邑。

少梁渡口在今韩城的芝川镇，韩信率军秘密集结后，商议渡河方法。将军高邑提出将肚大口小的大木罐联结起来，铺上木板制成木筏，在魏军毫无知觉的情况下偷渡黄河。

渡河以后，汉军迅猛向魏军发起猛攻。先锋曹参率军直插魏

① 《史记·魏豹彭越列传》。

② 史未载韩信领兵多少，但从韩信取代请兵三万人来看，这是韩信需要保持的最低兵力。

背后，在东张城发起攻击，大破魏将孙速。东张城在今山西虞乡县西北，位于蒲坂之东。魏豹见后路被抄，慌忙从蒲坂撤军向安邑退逃。韩信率大军抢先攻破安邑，俘获魏将王襄，切断魏豹归路。魏豹败走东逃，曹参紧追其后，韩信堵截于前。魏豹在曲阳（今山西省绛县东南）又遭汉军伏击，被迫南逃东垣（今山西垣曲县），被曹参俘虏，全军覆灭。

汉二年九月，韩信攻下平阳，西魏灭亡。魏豹的母亲、妻子、儿女都被汉军俘虏，魏地五十二县尽为汉有，汉置河东、太原、上党郡。

韩信灭魏的安邑之战，算不上大战，双方投入的兵力也不是太多，但在彭城失利能取得这样一个大捷，对于振奋士气树立信心，有着极为重要的战略意义。在灭魏的战役中，韩信以三万之兵，八月出兵，九月定魏，仅用了两个月的时间便灭了一国。从谋略运用、战役设计到战术实施，一环紧扣一环，急进奇袭，围追堵截，一战全歼敌人，充分显示出韩信卓越的军事指挥才能。

2. 速战取代

韩信破魏收编魏兵。汉王害怕韩信势大，遣使调走精兵，只给韩信保留有限的军队。韩信认为要坚决地执行下邑画策，必须乘胜扩大战果，对敌发动不停顿的进攻。韩信派人向汉王请求增兵，说："愿益兵三万人，臣请以北举燕、赵，东击齐，南绝楚之粮道，西与大王会于荥阳。"① 韩信请兵，充满了自信，只要汉王增派三万人，就可完成对项羽的战略包围，横扫北半部中国。汉王应允了韩信的请求，派张耳为监军，率三万汉兵增援韩信。

韩信的下一个攻击目标是赵国，赵相陈余颇知兵机，又有代国作外援，破赵必先取代，扫清外围。赵王歇为陈余所立，陈余为代王兼赵相，是赵王歇所封，陈余留辅赵王，以夏说为代相留守代国。所以赵代两国一体，唇齿相依。代国在今山西北部，挡在汉军北面，赵国在今河北中南部，处于汉军的东面。韩信攻赵，代国救赵，汉军有腹背受敌之忧。韩信决定各个击破，先击

---

① 《汉书·韩彭英卢吴传》。

代，后伐赵，解除攻赵的后顾之忧。代弱赵强，先击代，也是攻敌的薄弱环节。代相夏说原来是一个游说之士，不会打仗，他不守险以逸待劳，而是听说韩信来攻，匆忙迎敌，主动出击。这正中韩信之计，在运动中消灭代军。夏说在邬县（今山西介休东北）与汉军先锋曹参相遇，一场短兵相接，在激战中，代军溃败。夏说率领残军向东逃窜，靠陇赵军。韩信、曹参紧紧追赶，在阏与（今山西和顺县）全歼代军，夏说被斩杀。

韩信取代，扫清了进攻赵国的障碍，汉军可以长驱直入了。韩信收编了代军，汉王又调走了精锐。

韩信擒魏取代两次战役，打得坚决、神迅，打出了汉军的神威，打出了汉军的士气。两次战役采用了不同的打法。擒魏之战，虽然魏豹用将不当，但他本人是打仗起家，也是一员勇将，西魏地广兵强，又占有险要地势，以黄河为池，优势大于汉兵。魏王豹因反叛汉王，拒绝说降，抱有死战到底的决心，韩信不可小视。因此韩信采用智取，不用力敌的战术，声东击西，用假象迷惑魏王，实施从背后攻击魏军的策略，出奇致胜。破代之战，韩信运用的战术策略完全倒了过来，力战速决。代军小弱，主将夏说又不懂打仗，韩信却要汉王增兵，诱敌出巢，在运动中以绝对优势兵力速战速决，目的不让赵代合兵，达到各个击破的效果。全歼代军，斩首夏说，长汉军威风，灭赵军志气，使赵军闻风丧胆。根据不同的对象和战役要求，韩信采用了灵活的战术，无论智取或力敌，都是快速取胜，干净利落，不拖泥带水，缩短了战争进程和减少了战争费用。韩信是一位当之无愧的杰出军事家。

二、破赵胁燕

韩信擒魏取代，占有今山西全境。韩信从这里进攻赵国，通过井陉口是必由之路。由于赵国倾巢出动，守险井陉口，一战破败而国亡，韩信乘胜胁燕，扫清了河北。于是破赵胁燕，成了韩信用兵，一战而灭两国的军事杰作。

1. 井陉之战

井陉，山名，关口名[1]。井陉山，在今河北井陉县境内。陉，指山隘口，重山峻岭中的通道。井陉口，因四周高峰环绕，中间低洼，山形如井，故称井陉。井陉是太行山八陉之一[2]。从山西越太行入河北冀中平原，井陉是必经的隘口，所以石太铁路就穿过井陉口。

井陉口是赵国西边的门户。井陉西面是一条长约百余里的狭长道路，“车不得方轨，（并排行驶），骑不成列”，不利于军队的大规模运动，但它又是行军要道，因此，井陉是古代兵家必争的要冲，秦灭赵国，数十万大军就从这里通过。陈余和赵王歇率领倾国之兵二十万屯驻井陉口，严阵以待汉军来犯。

汉四年（前 203 年）十月，韩信挥军横越太行，正式向赵国进军，井陉口的一场大战一触即发。赵兵二十万，韩信率领的汉军只有数万，众寡悬殊，而且赵军守险，以逸待劳。韩信如何通过井陉是面临的一场严峻的考验。

韩信逼进井陉口，如何交战，双方主将都在军势地图前聚精会神地商议作战方案。

赵军方面，陈余的谋臣广武君李左车向赵王歇和陈余提出了坚守疲敌，断敌粮道的作战方案。李左车说：

> 闻汉将韩信涉西河，虏魏王，擒夏说，新喋血阏与。今乃辅以张耳，议欲以下赵，此乘胜而去国远斗，其锋不可当。臣闻，“千里馈粮，士有饥色；樵苏后爨，师不宿饱。”今井陉之道，车不得方轨，骑不得成列，行数百里，其势粮食必在其后。愿足下假臣奇兵三万人，从间路绝其辎重；足下深沟高垒，坚营勿与战，彼前不得斗，退不得还，吾奇兵

---

① 顾祖禹《读史方舆纪要》云，井陉又曰土门关，为太行八陉中第五陉。其关口“在真定府获鹿县西十里，山西平定州东九十里”，为天下九塞之一。

② 太行八陉是：轵道陉、太行陉、白陉、滏口陉、井陉、飞狐陉、蒲阴陉、军都陉。

绝其后，使野无所掠，不至十日，两将之头可致戏下。愿君留意臣之计。否，必为二子所禽矣。”①

《汉书·艺文志》在《兵书略》中有《广武君》一篇，班固注称，是李左车兵法，列入“兵权谋”类，放在韩信兵法的前面。这说明李左车与韩信都是同时代的军事权谋家，擅长用奇计打胜仗。李左车的迎战谋略是充分发挥赵军兵多、粮足、拒险等优势，以逸待劳，以长击短。汉军远征，粮草补给困难，利在速决，其优势是虏魏王，擒夏说，乘胜攻赵，其锋不可挡。赵军拒险不战，可以挫杀汉军士气。李左车出奇兵，熟悉地形地势，从小道插到汉兵背后，断其粮道，阻其归路，使汉军进不能战，退不能走，不出十天，必然军心涣散，赵军可大获全胜，韩信、张耳两个人的头颅就保不住了。可惜陈余是个书呆子，讲究墨守宋襄公蠢猪式的仁义道德，把军队全部收缩到井陉口，要与韩信打堂堂的阵地战。陈余说：“正义之师不用诈谋奇计”。他还装腔作势，引用《孙子兵法》“什则围之，倍则战”②的道理教训李左车，认为韩信兵力少，又千里来袭，十分疲劳，“今如此避而弗击，后有大者，何以加之？则诸侯谓吾怯，而轻来伐我。”陈余不听李左车的策谋，甚至对韩信进兵连消耗阻截的战术都不采取，敞开大路让韩信从容不迫行军，陈余只在井陉口摆开阵势。

韩信谨慎进兵，派出探马，收取情报。当韩信得知陈余不用李左车的策略，非常高兴，他抓紧战机快速地将汉军前进到距井陉口三十里地方扎下大营，连夜布置消灭赵军的阵法。韩信察看地势赵军坚固的营垒挡在井陉路口上，在赵军营垒两侧有山坡可以埋伏奇兵，在赵军营垒正前方数里有一条绵蔓水，岸边有开阔地带，可以摆开战场。按《兵法》的一般常理，战斗阵地要“右背山陵，前左水泽”，敌人来犯，前有一道水泽缓冲，自己后面

① 《汉书·韩信传》。

② 此为化用《孙子兵法》的句子。《孙子兵法·谋攻篇》原文作“十则围之，五则攻之，倍则分之”。赵军数倍于汉军，陈余死读兵书，认为自己兵多，只准备正面迎敌，所以装腔作势，摆出一付精通兵法的样子逞能，实际是一个书呆子。

有山陵可守险，这是安全的置阵法。韩信统率的大都是收编魏、代的新兵，精锐被汉王抽走，手下的队伍既疲弱，又是乌合之众，加之敌众我寡，按常规战法，汉兵将一触即溃，夺路逃生。这样的军队必须“置之死地而后生”，把他们放在没有后退的境地，只有死战求活才能发挥战斗力。韩信还抓住敌方主帅陈余轻视自己，死抠教条的缺点，一个大胆的奇计油然而生。韩信借夜幕掩护紧张地运动军队。他派出精骑二千，每人手持一面汉军的红色旗帜，沿着小路，借助山地的林木掩蔽，穿插前进到赵军营垒两旁的山坡埋伏下来。这支奇兵的任务是，等到明天战斗展开，赵军倾巢出动的时候，迅速突入赵军营垒，拔掉赵军的旗帜，插上汉兵的旗帜，然后夹击赵兵。

伏兵出发后，韩信又选出一万精兵布置在绵蔓水岸边迎击来犯赵兵，背靠水边置阵，表明汉军没有了退路。剩下的军队，老弱居多，重新整编为战斗队形，天明向赵军挑战。韩信晓示全军，只有血战取胜，才有可能生存。天刚黎明，韩信传下军令，立即便餐，吃些干粮，说：“今日破赵会食。”示意大家努力战斗，一定能打败赵军，到赵军营垒中饱食会餐。诸将心中不服，只是闷声地回答“是”。

韩信为了引诱赵军倾巢出战，不但背水布阵，而且还与张耳亲自率军挑战赵军，打出大帅韩信、张耳的旗帜。汉军擂鼓进兵。赵军望见韩信如此布阵都大笑起来，陈余更是确信韩信不懂兵机，下令大开营门，全军出动打击赵军，凭着人多，一举歼灭汉军，赶入绵蔓水中。汉军虽少，又是老弱，但为了生存，人人自为战，与赵拼杀了很长时间，消耗了赵军的士气。汉军终于支撑不住，向水上军阵退走，韩信、张耳丢掉了大将旗鼓，也随军败逃。赵军果然空营全出，争抢汉军丢弃的旗鼓，追击汉军到了水上阵地。汉军水上阵地的一万精兵加入战斗，退逃的汉军见无路可走，又回转头来战斗，两军拼杀激烈，汉军人人血战，赵军无法战败汉军。这时在赵营两旁埋伏的二千汉兵突入赵营，拔下全部赵军旗帜，插上汉军旗帜，呐喊从赵军背后杀来。赵军不知汉兵虚实，只见自己营垒全部丢失，于是无心恋战，顿时全军混乱，纷纷夺路逃跑，赵将斩杀逃兵也稳不住阵脚。赵王歇和陈余混杂在乱兵中逃跑。汉军夹击尾追，赵军退到泜水岸上，纷纷落水，全军溃散。陈余被斩于泜水岸上，赵王歇成了俘虏。

战斗结束，汉军果然在赵军营垒会餐。诸将向韩信进酒，报功庆贺，既钦佩韩信，又心中犯疑，于是问韩信说："兵法说'右背山陵，前左水泽'，今将军违背这个原则，要我们背水而战，还说'破赵会食'，我们心里既不服又害怕，只得死战，还真打了胜仗，这叫什么战法?"韩信笑着说："我这也是按兵法作战，只是诸君没有注意罢了。兵法上不是说过'置之死地而后生，投之亡地而后存'吗[①]？再说，我军将士都是新征集来的，如果不把他们放在拼死求活的处境上，谁肯死战呢?"韩信的一席话使众将明白过来，皆服曰："善。非臣等所及也。"[②] 其实韩信背水为阵，也有不得已而为之的难处。正如他所说，精锐之兵被汉王调走，新兵大多是收编的魏代散卒，他们在山西境内作战，对汉将又素无感情，如在旷野作战，极有可能作鸟兽散。韩信把他们置之死地，是一场冒险用兵。但这是建立在知彼知己较有把握的基础上，成为了奇谋。韩信作了周密的打探调查，才作出的决断。按照宋代洪迈的说法，韩信在请兵取赵之时就已有奇计妙着，井陉之战不过是其中的一个部分。洪迈说：

> 世言韩信伐赵，赵广武君请以奇兵塞井陉口，绝其粮道，成安君不听。信使间人窥知其不用广武君策，还报，则大喜，乃敢引兵遂下，遂胜赵。使广武计行，信且成禽，信盖自言之矣。……夫以韩信敌陈余，犹以猛虎当羊豕尔。信与汉王语，请北举燕、赵，正使井陉不得进，必有他奇策矣。其与广武君言："向使成安君听子计，仆亦禽矣。"盖谦以求言之词也[③]。

① 韩信所引这两句话见《孙子兵法·九地篇》。
② 《史记·淮阴侯列传》。
③ 《容斋随笔》卷五。

洪迈所言不无道理，兵无常形，“与时迁移，应物变化，设策之机也”①。以韩信之军事指挥天才，没有井陉之战，灭赵也是可能的。但就井陉之战而言，韩信以三万之师在一个上午击溃赵军二十万之众，并非一般常人所能做到，尤其是背水为阵，更是中外军事史上空前绝后的创举。毛泽东在《论持久战》一文中说：“我们承认战争现象是较之任何别的社会现象更难捉摸，更少确实性，即更带所谓‘盖然性’。但战争不是神物，仍是世间的一种必然运动，因此，孙子的规律，‘知彼知已，百战不殆’，仍是科学的真理。”② 这段话用来总结井陉之战韩信的用兵方略也是极为恰当的。

2. 不战屈燕。

韩信对李左车十分钦佩，井陉之战下令不许伤害，悬赏千金寻求。于是有人生擒李左车送到军前，韩信尊为贵宾，虚心向李左车请教进攻燕齐的方略。

韩信问：“仆欲北攻燕，东伐齐，何若而有功?”

李左车推辞说：“臣闻败军之将，不可以言勇；亡国之大夫，不可以图存。今臣败亡之虏，何足以权大事乎?”

韩信虚心向自己手下败将李左车请教，这正是韩信高明的地方，他总是虚怀若谷，向部属，向俘虏，向一切真知灼见的人请教，察纳雅言，使自己立于不败之地。李左车推辞，打了败仗，哪里还有资格商量大事，谈论是非。韩信真诚地说：“我也听说过，春秋时虞国大夫百里奚，他在虞国做官，虞国却灭亡了；后来他到秦国做官，却辅佐秦穆公称霸。并不是百里奚在虞国时愚笨，到了秦国就聪明，原因是用与不用，对他的策略听与不听的区别。如果成安君听了先生的策略，我韩信将沦落为俘虏。由于成安君不听用先生的计策，才使得我今天有机会待奉你。”韩信说得恳切，又再三要求说：“我韩信真心请教，请先生不要推辞。”

---

① 《资治通鉴》卷十。

② 《毛泽东选集》第2卷第458页。

李左车接受了韩信的诚意，不再谦虚，提出了不战而下燕的策略。李左车说：

> 臣闻智者千虑，必有一失；愚者千虑，必有一得。故曰“狂夫之言，圣人择焉”。顾恐臣计未必足用，愿效愚忠。夫成安君有百战百胜之计，一旦而失之，军败鄗下，身死泜上。今将军涉西河，虏魏王，禽夏说阏与，一举而下井陉，不终朝破赵二十万众，诛成安君。名闻海内，威震天下，农夫莫不辍耕释耒，褕衣甘食，倾耳以待命者。若此，将军之所长也。然而众劳卒疲，其实难用。今将军欲举倦弊之兵，顿之燕坚城之下，欲战恐久力不能拔，情见势屈，旷日粮竭，而弱燕不服，齐必距境以自强也。燕齐相持而不下，则刘项之权未有所分也。若此者，将军所短也。臣愚，窃以为亦过矣。故善用兵者不以短击长，而以长击短①。

李左车一席话说得韩信心服口服，他不愧为一位军事权谋家，用今天的话说就是一位军事战略家，他对战争的分析，着眼于全局。韩信所领汉兵，三个月内就击破魏、代、赵三国，声威远播，敌人慑服，韩信智计，无人可比，此汉兵之所长。但不停顿的连续战斗，汉兵疲极倦极，已不能继续进行大战斗，此为汉军之短，如果强行使用，很可能蹈成安君的覆辙，一个早上就全军瓦解。只要燕国用最笨的办法，坚守不战，拖延战斗，就可对汉兵全局产生重大的不利影响。因为在正面战场，成皋一线楚强汉弱，那里的汉兵士气寄托在韩信这一策应支军不断打胜仗上，转变汉弱楚强的态势，也必须靠韩信方面军的不断胜利来削弱楚势。韩信军即便不败，而进展缓慢，正面战场汉王的军队得不到声援，以及实际支援，那么楚汉相争的胜负就很难说了。宋人争论，若成安君听广武君之策，那么井陉之战的胜负很难说了，也许真如李左车所说，韩信、张耳之头已悬于赵军辕门之上。韩信

① 《史记·淮阴侯列传》。以下对话同引此篇。

不是一个草包，他未必就败于李左车手下，但可以肯定一点，如果赵军掌握在李左车手下，赵强汉弱，韩信不败，也奈何赵军不得。即便是陈余，他只要坚守不出，韩信以疲弱之军，又如何能撼动坚壁不出的赵军！事实证明广武君李左车的分析是极为正确的。韩信收服燕国之后，项羽分兵来争赵地，赵国的不服势力也不断反叛，韩信陷于赵地拉据安抚，今天平了东边，明天反了西边，韩信整整用了一年的时间才把赵地安抚下来。汉三年十月，韩信破赵国，汉四年十月韩信才进兵攻齐。

把话收回来。井陉之战，赵军以短击长，汉兵以长击短，双方长短的应用相反，恰好胜败也相反，弱者打败了强者。韩信极感兴味。在此情况下，汉兵取燕，如何以长击短呢？于是韩信问李左车曰："然则何由？"按照你的办法，汉兵取燕，如何运动？李左车回答说：

> 方今为将军计，莫如案甲休兵，镇赵抚其孤，百里之内，牛酒日至，以飨士大夫醳兵，北首燕路，而后遣辨士奉咫尺之书，暴其所长于燕，燕必不敢不听从。燕已从，使喧言者东告齐，齐必从风而服，虽有智者，亦不知为齐计矣。如是，则天下事皆可图也。兵因有先声而后实者，此之谓也。

孙子曰："凡用兵之法，全国为上，破国次之；全军为上，破军次之"，"是故百战百胜，非善之善者也；不战而屈人之兵，善之善者也"①。李左车提出，韩信要利用汉军连战皆胜的声威，摆出要向燕国进攻的态势，实际按兵不动，派遣一个能干的使者，致书燕王，分析利害，可以不战而降燕。这就是兵法上说的"先声而后实"，即俗语所说先礼后兵，如果燕王不服，再行进兵。韩信说："好！谨尊您的指教。"于是遣使致书燕王。燕王臧荼慑于韩信的声威，果然向汉军投降。事实证明李左车之谋正是

① 《孙子兵法·谋攻篇》。

“善之善者也”。韩信兵不血刃而屈全燕，这在楚汉战争中是和平兼国的一个范例。

屈燕之后，韩信分兵镇抚赵地，汉置常山、代郡。韩信表请汉王封张耳为赵王，一为将来自己请王作铺垫，二为借此摆脱张耳的监督。人主最忌带兵者干预政治，韩信的越级表请给自己的前途布下阴影。陷在功名之中的韩信还不自知，他入齐后自请假王，越陷越深。

三、进军齐国

汉三年（前 204）十月，韩信进军齐国，破齐历下军，十一月在潍水之战中大破楚齐联军，斩楚名将龙且，项羽震恐。韩信又一次创造了在短时间内连续作战，连续取胜，破灭一国的辉煌战绩，建立了替汉王打下半壁江山的功业。武涉、蒯通游说韩信助楚，三分天下鼎足而立，韩信犹豫中立，坐观楚汉对峙广武，又请假王于齐，埋下了悲剧的种子。

1. 楚汉争夺齐国

楚汉对峙成皋以后，项羽撤出了齐国，田横收复齐国所有城邑，立田荣子田广为齐王，自己担任齐相，大权独揽。田横为了安定齐境，保持中立，既不助楚，也不助汉。当韩信破赵胁燕之后，田横紧张起来，随着成皋战场有利于汉兵的形势变化，田横已看出了天下大势，汉王日强，项王日衰，齐国这一粒中立棋子地位日益重要，投汉则汉胜，投楚则形势未明。楚汉两方都争夺齐国相助。齐国立于项羽之背，齐国保持中立，实际就是助楚。这是从形势上说。从主观心理上说，项羽是齐国之仇，田横不愿助项羽，但利害相关，楚汉两方保持均势才是齐国之福，楚汉任何一方全胜，都是齐国之祸，所以齐国公开的立场是两不相助，只是密切关注楚汉战局，坐山观虎斗。齐国的这一中立局势，从汉二年六月到汉三年十月，保持了整整一年又五个月，前后十七个月。

这期间，正是楚汉成皋相持阶段，韩信擒魏取代，破赵胁燕的作战阶段。起初，楚强汉弱，在成皋正面战场上，项羽占有优势。当韩信破赵后，项羽分兵与韩信争夺赵地，两军拉锯近一年。韩信破赵，危及齐国，田横心里明白，韩信安抚赵地以后，兵锋所指必是齐国。他派遣齐国大将华无伤、田解二人率领二十万大军在历下布防。历下在今山东济南西面的历山脚下，这是一个战略要地，齐国的西疆门户。韩信从赵国境内进兵攻齐，历下是必经的路口，所以齐国用重兵防守。

汉三年七月，汉王渡河在修武夺了韩信的精兵，九月渡河重新从项羽手中夺回了荥阳，项羽开始走了下坡路。赵国境内的拉锯战结束，韩信全部肃清了楚军势力。汉王命张耳为赵王守赵，命韩信为赵相，收集赵国各地的驻防兵，准备攻打齐国。从汉三年七月到十月，韩信完成了进军齐国的准备，于十月正式向齐国进军。这一势态的发展，齐国不能中立两端，要么助楚，要么降汉。田横身经百战创立齐国，岂肯轻易降汉，他用重兵驻防历下，已摆开与汉军决战的态势。可惜项羽由于中了汉王的反间计，逼死了范增，身边无良臣，看不到这一形势，未能抓住机遇，主动联络齐王共同抗拒汉王。韩信不战而屈燕给了汉王一个警示，只要韩信兵临齐国，汉遣一介之使游说齐王，喻以利害，有可能不战而下齐。汉王在张良等人的策划下，双管齐下，一面命韩信进兵，一面派出能言士，郦食其游说齐王，齐王果然归汉。在争取齐王这一着棋子上，项羽又输给了刘邦。

郦食其出使齐国，开门见山对齐王田广说："大王知道天下将来归谁吗?"齐王回答"不知。"郦食其说："大王知道天下归于谁，则齐国可以保全；如果稀里糊涂，不知道天下归于谁，那么齐国不能保全。"齐王问："依先生之记，天下之士归于谁呢?"郦食其说："天下归汉。"齐王又问："先生有什么根据吗?"郦食其从容不迫分析天下大势，滔滔不绝说出天下归汉的理由。其言曰：

> 汉王与项王勠力西面击秦，约先入咸阳者王之。汉王先

入咸阳，项王负约不与而王之汉中。项王迁杀义帝，汉王闻之，起蜀汉之兵击三秦，出关而责义帝之处，收天下之兵，立诸侯之后。降城即以侯其将，得赂即以分其士，与天下同其利，豪英贤才乐为之用。诸侯之兵四面而至，蜀汉之粟方船而下。项羽有背约之名，杀义帝之负；于人之功无所见，于人之罪无所忘；战胜而不得其赏，拔城而不得其封；非项氏莫得用事；为人刻印，刓而不能授；攻城得赂，积而不能赏；天下叛之，贤才怨之，而莫为之用。故天下之士归于汉王，可坐而策也。

郦食其真不愧为雄辩之士，他从道义人情入手，将汉王与项羽两人作鲜明对照，指出项羽不义不仁不智，失了人心，为天下智士所不取。项羽负约，不王刘邦于关中，又迁杀义帝，是不义；项羽不记人之功，而专记恨人之罪，是不仁；项羽用人唯亲，对诸功臣宿将不封不赏，是不智，所以“天下叛之，贤才怨之”，项羽虽勇，成了孤家寡人。汉王事事与项羽相反，是一个大义大仁大智的明主，“与天下同其利，豪英贤才皆乐为之用”故“天下归汉王”，“可坐而策也”，闭着眼睛也能看得出来。郦食其特别强调“天下之士归于汉王”，就拿眼前齐王畏惧的韩信来说，不就是从项王身边归于汉王的吗？这一点最能打动齐王心扉，归汉就是智士，反之则不明智，何去何从，聪明人就应作出明智的选择。这一席话，仅仅是郦食其进行利害分析的铺垫。接着郦食其才托出利害攸关的形势分析，请齐王选择。郦食其说：

夫汉王发蜀汉，定三秦；涉西河之外，援上党之兵；下井陉，诛成安君；破北魏，举三十二城；此蚩尤之兵也，非人之力也，天之福也。今已据敖仓之粟，塞成皋之险，守白马之津，杜太行之阪，拒飞狐之口，天下后服者先亡矣。王疾先下汉王，齐国社稷可得而保也；不下汉王，危亡可立而待也[1]。

① 以上两段引文均载《史记·郦生陆贾列传》。

郦食其对形势的分析，列举了汉兵的一系列胜利，现在已经占据了天下的要冲，项羽处于被动挨打的低洼之地，坐等待毙，这不是人力所致，实乃上天降给汉王的福泽。如果谁打算最后归降汉王，他将最先遭到消灭。齐王最好尽快归顺汉王才能保住齐国的社稷，否则灭亡立等可待。田广、田横都认为郦食其说得有理，归降了汉王。

2. 韩信进兵破齐

汉四年（前 203）十月，韩信举兵东征，还未渡过黄河，在平原津就接到探马报告，齐王田广已归降了汉王。韩信打算停止行进，回报汉王。韩信谋士范阳人辩士蒯通阻止韩信退军，他劝韩信说："将军受汉王诏令，率军击齐。如今汉王又遣使说降齐国，难道另有新的命令停止将军进兵吗?"韩信说："未有新令。"蒯通说："既如此，将军为什么不继续进兵呢？况且郦生不过是一游说之士，他凭三寸之舌，就说降齐国七十余城，将军率数万之众，攻战数年，才下赵五十余城，岂不是所建功业反而不如一竖儒吗?"蒯通的这番话说出了韩信内心的不平，于是他采纳了蒯通的计谋，继续挺进齐国，偷袭齐历下军。

齐王田广、齐相田横，为了表示归汉的诚心，撤消了历下军的战备警戒，天天大摆宴席，盛请款待郦食其。齐王遣使与汉王订约。

由于齐王撤消了警戒，韩信顺利地渡过了平原津，指挥大军奔袭齐历下军。灌婴率领的汉军骑兵，突入齐军华无伤的车骑大营，生擒华无伤及其亲兵部属四十六人，曹参指挥的步兵攻破齐军田解的大营，汉将傅宽立了首功，在汉军的勇猛而又突然打击下，齐历下二十万大军，倾刻瓦解星散。韩信乘胜长驱，兵临齐都城临菑。这时齐王正在宴席上与郦食其纵酒。齐王震愤，认为是郦食其把自己出卖了，他对郦食其说："你能阻止汉军攻城，我就让你活命，不然就叫你活活的下油锅。"郦食其以汉王大业为重，他也深知韩信攻齐，无论是汉王所遣，还是韩信自作主张，他都没有能力制止汉军攻城。大概心里还认为是汉王的安排。想当年汉王入关破秦，也是派自己说降秦军峣关守将，秦军放松戒备，汉军趁机偷袭得手。现在韩信攻齐，也许是汉王的故伎重演。不管怎样，齐兵溃败，自己的游说使命产生了效果，虽然身死，死得其所。于是郦食其接过齐王话头说：“举大事不细谨，盛德不辞让。而公不为若更言！”① 郦食其说这话，可以想见他临死前的一付狂傲之态，拍着胸脯，高声大叫对齐王说：“干大事业的人是不计较小节的，你上了老子的当，老子不会替你说话。”齐王将郦食其下了油锅，活活烹死。

田广退走高密。韩信兵入临菑，分兵攻掠齐地。田广遣使向项羽求救，项羽派大将龙且率二十万楚军救齐。韩信进兵围攻田广。田广与龙且合兵共同迎击韩信。汉四年十一月，汉军与齐楚联军在高密西夹潍水而阵。

双方尚未交战，楚军中有一个谋士向龙且献策说：“汉军远征，久经战斗，士气高昂不可抵挡。齐军楚军在自己境内作战，士兵家室就在附近，不能不想家，这样的军队容易溃散。不如深沟高垒，不与汉军交战，让齐王派亲信为使，招抚被汉军攻占的城池。齐人听说齐王还在，楚军又来救援，一定起来反汉。汉军二千里远来，客居于齐，人地生疏，所有齐国城邑都起来反抗，这种形势会使汉军得不到粮食，可以不战而使汉军投降。”龙且是项羽手下的一员勇将，性情耿直，敢于直谏，项羽也要让他三分，平时就有些骄傲。楚汉对峙成皋，龙且奉项王之命，经常是独当一面，九江王黥布反叛，就是龙且打败黥布，收复了淮南的。因此龙且没有把韩信看在眼里，他不但没有采纳谋士的献策，还十分傲慢地数落了韩信一顿。他对策士说：

> 吾平生知韩信为人，易与耳。寄食于漂母，无资身之策；受辱于胯下，无兼人之勇，不足畏也。且救齐而降之，吾何功？今战而胜之，齐半可得，何为而止！②

① 《史记·郦生陆贾列传》。
② 《汉书·韩信传》。

韩信少时的困顿，龙且认为是无能，他不懂得环境可以锻炼人，缺乏辩证观点。韩信取得了一系列的胜利，龙且认为是韩信没有碰上真正的对手，自己目空一切，骄傲轻敌，缺乏侦察和戒备，已隐伏败征。更为甚者，龙且贪得无厌，他认为救援齐国，敌不战自降，自己没有功劳，如果战而取胜，可夺得半个齐国之地。怀着贪利之心作战，往往冒失，不顾惜军队，伤害士气，这是致命的败因。韩信洞察这一切，十分高兴，他利用龙且的傲慢，布下破斩龙且的天罗地网。韩信在夜里派了一万余人潜伏到潍水上游，每人扛一个大沙袋，堵塞在潍水上游，形成一堤坝，截住汹涌的河水。楚军在东岸，汉军在西岸。

第二天，汉军向楚军挑战，汉军涉过浅浅的潍水，向东岸的楚军发起进攻，楚军在阵前与汉军大战。汉军渡过一半，在楚军的迎击下露出了招架不住的样子，随后撤退，乱成一团，引诱龙且追击。龙且不知是计，他十分得意地对部将说："我原本就知道韩信是个胆小鬼。"他下令全军追击，亲自带头冲到了前面。

汉军溃逃，楚军紧紧尾追，约有一半楚军十万之众都下到了潍水，先头楚军已追击汉军到了河西岸。这时在上游堵塞潍水的汉军，扒开沙袋，顿时呼啸奔腾的河水汹涌而来，仿佛是从天而降漫过了还行进在潍水河中的成千上万的楚军。二十万齐楚联军被潍水冲成了两半，楚军受惊，立刻乱成一锅粥。汉兵整队还击，很快消灭了冲上西岸的楚军，阵斩龙且。还留在东岸的楚军，见主将被杀。呐喊一声作鸟兽散。二十万楚军就这样被韩信打败，全军覆没。项羽起兵以来，没有吃过这样的大败仗，他害怕了，也震惊了。项羽感到无力与韩信作战，他派出说客武涉向韩信乞和。

潍水之战，韩信智取楚军获得全胜。他乘胜追击齐王，在城阳俘虏了田广，汉军很快平定了齐国七十余城。只有田横与五百壮士脱逃，往依彭越。这时韩信的威望，已超出在汉王与项王之上。

3. 韩信请王于齐

韩信善战，却不懂政治。汉王驭将，城府很深，即使是亲信，他也暗防三分，让诸将互相牵制。汉王对韩信的智勇，深信不疑，故拜他为大将，动之以情，施之以恩，使韩信感激涕零。但对韩信的忠诚，汉王始终戒备于心，进而发展为忌疑。韩信开辟北方战场，汉王只给他少量的军队，还派出亲信骑将灌婴、步将曹参分领其军，又派张耳为监军。韩信破魏、破代、破赵，收编敌军，汉王每次都要抽走精锐，只给韩信留下老弱，或让其征集新兵。更有甚者，汉王还施计夺军。

韩信破赵，深得将士信任，汉王也开始了密切注视。汉中对策韩信就提出“以天下城邑封功臣，何所不服”的建议，这也是他内心的吐露。韩信建功立业，目的就要封侯封王。韩信的这句话，时时触动汉王的心，韩信他是意想不到的。韩信破魏破代，汉王随即置郡。韩信攻下赵地后，他按捺不住，向汉王报告，请置张耳为赵王，镇抚赵国。张耳为王，韩信为相，委派官吏，征集粮饷，一切政务，自然是韩信说了算。汉王口头答应韩信的请求，命张耳为赵王，韩信为赵相，但没有正式委任状，赵地仍置为郡县。

汉三年七月，汉王在成皋再次告急，令张耳、韩信率领河北之军南渡黄河增援成皋。韩信行军至修武（今河南获嘉县），尚未渡河，汉王突围成皋，诈称汉使来到修武。跟随刘邦的只有夏侯婴一人。天刚蒙蒙亮，汉王与夏侯婴在耳目的导引下，同入韩信中军帐卧内，夺了将军印和兵符，立即升帐召集诸将，宣布更换了各将领的职务，夺了韩信的军队。汉王仍只是口头宣布张耳为赵王，韩信为赵相，并命令韩信重新集结军队征讨齐国。汉王夺军，非比寻常。蒯通看到这些情况，认为汉王与韩信有了疙瘩，所以才进言韩信，不顾齐王已降汉的情况，进兵破齐。韩信军事上胜利了，政治上又输了一着，他打乱了汉王的计划，又损失了一员能干的外交大臣，增加了汉王对韩信的忌疑。

这时，项王使者武涉到来，游说韩信与楚连和。武涉盱台人，与韩信同是东海郡人。盱台与淮阴县相邻。项王派武涉为使，便于联络感情。武涉对韩说：

足下何不反汉与楚？楚王与足下有旧故。且汉王不可必，身居项王掌握中数矣，然得脱，背约，复击项王，其不可亲信如此。今足下虽自以为与汉王为金石交，然终为汉王所禽矣。足下所以得须臾至今者，以项王在。项王即亡，次取足下。何不与楚连和，三分天下而王齐？今释此时，自必于汉王以击楚，且为智者固若此邪！[1]

韩信谢绝，他说项王只不过给他一个执戟当警卫的郎官，不用他的计谋，因此才背楚归汉，汉王拜为大将，“解衣衣我，推食食我”，言听计从，如此亲信见用，怎能背叛。韩信请武涉转告项王，他心领项王厚意，但不能与项王连和。武涉不愧为是一个辩士，他的说辞与郦食其说齐王田广降汉可以说大旨相同，先动之以情，喻之以义，然后分析形势。三分天下为王，与受人控制为将，更是不可同日而语。但韩信内心坚定，他深深怀着感恩报恩的思想，认为没有汉王，就没有他韩信的今天，“夫人深亲信我，背之不祥”，所以武涉的话，说得头头是道，但感情上进不去。武涉无可奈何，只得空手回报项王。

武涉走后，蒯通复说韩信，三分天下自立为王。

蒯通是范阳人，原名蒯彻，后因避汉武帝刘彻的讳，史称蒯通。秦末，武臣奉陈胜王之命攻掠赵地，蒯通鼓动他的如簧巧舌说降范阳令，武臣不战而下赵地三十余城。蒯通为赵臣。韩信破赵，蒯通追随韩信，如果韩信割据称王，蒯通自然得到重用。他挑动韩信进兵齐国，就因为他心中打了小算盘。

蒯通见武涉用形势利害没能说动韩信，于是他用相面术说韩信，在古代最能耸动视听。蒯通对韩信说：“我受高人指点，精通相面术。相君之面，不过封侯，又危而不安；相君之背，贵不可言。”韩信说：“此话怎讲？”蒯通说：“请单独细言。”韩信屏退左右，蒯通说韩信曰：

① 《汉书·韩信传》。

天下初作难也，俊雄豪杰建号一呼，天下之士云合雾集，鱼鳞杂袭，飘至风起。当此之时，忧在亡秦而已。今刘、项纷争，使人肝脑涂地，流离中野，不可胜数。汉王将数十万众，拒巩、洛，阻山河，一日数战，无尺寸之功，折北不救，败荥阳，伤成皋，还走宛叶之间，此所谓智勇俱困者也。楚人起彭城，转斗逐北，至荥阳，乘利席胜，威震天下，然兵困于京、索之间，迫西山而不能进，三年于此矣。锐气挫于险塞，粮食尽于内藏，百姓疲极，无所归命。以臣料之，非天下贤圣，其势固不能息天下之祸。当今之时，两主悬命足下。足下为汉则汉胜，与楚则楚胜。臣愿披心腹，堕肝胆，效愚忠，恐足下不能用也。方今为足下计，莫若两利而俱存之，参分天下，鼎足而立，其势莫敢先动。夫以足下之贤圣，有甲兵之众，据强齐，从燕、赵，出空虚之地以制其后，因民之欲，西向为百姓请命，天下孰敢不听！足下按齐国之故，有淮泗之地，怀诸侯以德，深拱揖让，则天下君王相率而朝齐矣。盖闻"天与弗取，反受其咎；时至弗行，反受其殃。"愿足下熟图之①。

蒯通替韩信所作的形势分析，不仅仅是三分天下自王，而是为天下苍生请命，他认为刘、项两方为争个人胜负打了几年仗，给天下人民带来祸害，战争是非正义的，刘邦有智，项羽有勇，两人打了一个平手，谁也吃不掉谁，可以说刘、项两人智勇俱困，他们的命运操在韩信手中，韩信佐汉则汉胜，佐楚则楚胜，无论哪一方胜利了，韩信都要受制于人，反过来，韩信以自己的智勇，以所据齐国为基地，坐收渔人之利，可以为天下主。丢了机会，时不再来，自己还要遭受祸殃。蒯通的游说，却是力透纸背。但韩信仍然陷在个人的恩怨感情中。他说："汉遇我厚，吾岂可见利而背恩乎！"蒯通再以古今历史为据，说明在政治斗争中只有利害，没有恩怨。近的例子有张耳、陈余，两人为生死之

① 《汉书》卷四十五《蒯通传》。

交，后来争夺权利，二人不相容。远的例子有大夫种辅佐越王勾践灭吴，结果“立功名而身死”。韩信与汉王，论交情没有张耳与陈余两人深，论功劳，韩信大大超过大夫种，已有震主之威名，必不为汉王所容。蒯通的结论是：“夫势在人臣之位，而有高天下之名，切为足下危之。”韩信心动，但仍下不了决心。他对蒯通说：“先生休息去吧，让我仔细考虑。”

过了几天，蒯通见韩信没有反应，他再次游说。蒯通开门见山批评韩信迟疑不果决。他说：“能不能听取好的意见，是事业成功的先兆。有无成算，是成败的关键。没有见识的奴仆，只能考虑一丝一毫的小事，却丢掉天下的大事；一个聪明的人，不是不知道利害关系，但如果迟疑不决、将是最大的祸害。俗话说：‘猛虎瞻前顾后，还不如黄蜂的迅速一螫；千里马徘徊不进，还不如劣马安然徐行；有孟贲、夏育之勇而迟延，还不如庸夫的必定到达；即使有舜、禹的大智而不言，还不如聋哑人的用手比划’，这些都说的是一个人做事要果敢行动。功业难成而易败，时机难得而易失，机遇啊机遇，错过了就不再来。希望足下详加考虑。”蒯通可算是苦口婆心了。韩信还是不忍心背汉。他认为自己功大，汉王会封他做齐王。他没有听从蒯通。蒯通见无法说动韩信，这才认识到韩信只是一个将才，他没有帝王气度。他感到自身的危险，教人谋反，罪在不赦。于是他装疯卖傻，离开了韩信，到市井上去做了一个算卦先生。

武涉、蒯通虽然没有说动韩信背汉，但开启了韩信称王的野心和素愿。韩信遣使向汉王请为假王。所谓假王，即暂署代理为王。韩信请假王，表明自己权且为王，出于治安需要，一片忠心，实质是委婉的要挟。《史记·淮阴侯列传》作了生动的记载：

> 汉四年，遂皆降平齐。使人言汉王曰：“齐伪诈多变，反覆之国也，南边楚，不为假王以镇之，其势不定，愿为假王便。”当是时，楚方急围汉王于荥阳，韩信使者至。发书，汉王大怒，骂曰“吾困于此，旦暮望若来佐我，乃欲自立为王！”张良、陈平蹑汉王足，因附耳语曰：“汉方不利，宁能

禁信之王乎？不如因而立，善遇之，使自为守。不然，变生。”汉王亦悟，因复骂曰：“大丈夫定诸侯，即为真王耳，何以假为！”乃遣张良往立信为齐王，征其兵击楚。

这段记载充分地揭示了刘邦对韩信请封齐王的不满与怨愤，但无力制止韩信不称王，无可奈何地顺水推舟正式封为真王。刘邦煞有介事派出了最高规格的使者，由张良亲自去安抚韩信。但刘邦并没有给韩信划定疆界，玩政治手腕韩信是一个侏儒。刘邦封王的礼数越是隆重，越是一种危险信号，韩信哪里能够知道呢？

《淮阴侯列传》记载韩信请王的时间在武涉、蒯通游说之先，这应当只是集中序事的方便。武涉、蒯通与韩信对话，没有言及韩信请王之事，可见二人游说在韩信请王之先。再从时间考查，韩信破齐，败楚将龙且，在汉四年十一月，齐地为郡县，《史记·秦楚之际月表》和《汉书·异姓诸侯王表》均有明载。汉四年二月汉王立韩信为齐王，距其破齐时间已有四个月。武涉、蒯通游说韩信只能在这一段时间。这就是说，韩信即不听武涉、蒯通之言，不公开背汉，不自立为王与刘、项鼎立，而是趁刘、项相争，智力俱困的时机，请王于齐，无论主观与客观，都是一种要挟行为，这与公开背汉只有一步之遥。可以说，韩信自请为王，已经触动了汉王的杀机。请王以后，由于疆界不明，仍然消极观战，直到疆界划定，才与彭越率兵会围项羽。韩信功高震主，不知退避，反而明里暗里一再要挟主子，那就真的要应验蒯通说的古谚：“高鸟尽，良弓藏；敌国破，谋臣亡”了。

利令智昏与缺乏政治头脑，铸成了韩信后来酿成悲剧大错。

四、垓下会战

汉五年（前202）十一至十二月，汉王发动了合围项羽的垓下之战。这是楚汉两军最后的一搏，双方都拼了全力，战斗空前激烈和壮观。双方动员的参战兵力，前后总计近 80 万。战线绵延数千里，战区涉及今江苏、河南、江西、安徽四省区。项羽军 20 余万，最后被围于垓下的残部尚有十万。各路汉军会合后总计将五倍于敌，约 50—60 万。韩信受命为前敌总指挥，他率领了第一线参战兵力就有 32 万。汉王统领中军继其后。整个战役分为三个阶级：陈下之战、垓下之战、东城之战，持续时间约两个月。汉五年十一月的陈下之战是序曲，十二月垓下之战是大决战的主曲，紧接着的东城之战是尾声。汉军追穷寇，项羽自刎乌江。垓下会战的三个阶段，一气呵成，雄壮、威武、激烈，是中国战史上一部大手笔的创作，光辉灿烂的战争交响乐。这部大战役乐章，是由汉王、张良、韩信与项王共同创作的绝响。大军事家韩信是创作主曲的主笔和主曲演奏时的指挥家。

1. 陈下之战

此战在《史记》、《汉书》的《项羽本纪》与《高祖本纪》中都没有提及，但在西汉开国诸将列传中却有明确的记载。没有序曲就没有主曲，因此陈下之战是垓下会战的重要组成部分。

陈，指陈郡陈县，即今河南淮阳，“控蔡颍之郊，绾汴宋之道”，交通四达，自古就是兵家必争之地。陈县是楚国后期的都城，因此陈涉起义在陈县称王，号“张楚”。楚汉订立和约，以鸿沟为界中分天下，但淮北大部分地区已实际落入汉军之手，睢阳以北为彭越所占，彭城以东、以南遭到汉军靳歙和灌婴两支骑兵的打击，楚国后方只剩淮南和江东地区。在楚汉订立和约的前两月，即汉四年七月，汉王封黥布为淮南王，令黥布率领旧部与汉将刘贾侵入淮南。在这种态势下，陈县作为鸿沟南端的重镇，军事地理位置显得尤为重要，它已成为项羽残楚的西疆门户，也是项羽向江东退却的唯一通道。刘项对峙广武，陈县是楚军最重要的补给基地。项羽心腹大将利几为陈公，率重兵驻防于此，与北面的固陵、阳夏连成一道防线。因此，汉王追击项羽，项羽以这道防线为依托，阻滞汉军于阳夏，重创汉王于固陵，楚汉两军形成了新的对峙。

汉王为突破项羽的固陵防线，组织了陈下之战。汉王统率的大将周勃、樊哙、虫达、夏侯婴等参加了陈下之战。转战彭城以东的汉大将靳歙，以及在彭城以南活动的灌婴是两支骑兵，他们的任务是袭击项羽后方，切断粮道。汉军转入反攻以后，靳歙连下缯（今山东峄县东）、郯（今山东郯城）、下邳（今江苏睢宁北）、蕲（今安徽宿县东南）、竹邑（今宿县北）等城邑。灌婴则攻下彭城以及周围广大地区。两支骑兵在彭城会合，联兵西进，攻略谯（今安徽亳县）、苦（今鹿邑）等城邑，会汉王于陈。齐王韩信也“引兵诣陈，与汉王共破项羽”[①]。彭越结集在睢阳一带，离陈最近，虽然本传未载，也一定参加了陈下之战。汉五年十一月，汉军四面云集，尤其是韩信、彭越两支生力军的参战，汉军很快打破了对峙僵局。这时又给项羽传来噩耗，驻守淮南的大司马周殷降汉，与黥布、刘贾合兵从淮南北上，将切断项羽的退路。项羽不敢恋战，在汉五年十二月从陈县突围向东迅速撤退。项羽留下利几守陈县，利几无力拒抗，降了汉王，被封为侯。

陈下之战是垓下之战的前奏和预演。由于各支汉军从四面赶来，没有形成统一的指挥，才使得项羽走脱。但项羽的鸿沟防线已彻底崩溃，没有屏障保护楚军，被浩浩荡荡的汉军紧紧追逼，项羽向东只走了几百里地，在安徽垓下被汉军咬住，垓下决战就此展开。

2. 垓下之战

垓下，地名，秦汉时属沛国洨县[②]。其地在今安徽灵璧县南沱南岸，固镇县东 24 公里处的濠城集，古时为洨县。项羽从陈县东撤，目标是回到江东，最近的路线是经寿春到历阳（今安徽和县）渡江。由于黥布攻占了寿春，项羽大司马周殷又叛变于舒县（今庐江），断了项羽的南归之路，他只能东走城父（今亳县城父集）、蕲县（今宿县蕲县东）至洨县，南下历阳。项羽在城

① 《史记·曹参传》。

② 垓下：原非地名专称，系泛指高台之地及周围有低平旷野的一般语辞。项羽兵退洨县城。古洨县城位于今安徽固镇县东 24 公里处的濠城集，这里是一片高台地，城郊四野低平。垓下之战即在此展开，其后垓下成为了楚汉决战的地名专称。参见阵怀荃《黄牛集·垓下和垓下之战》一文。安徽教育学院 2000 年 9 月出版。

父遭到黥布的截击，损失惨重，再往东进入洨县垓下，又受到彭越南下的汉军堵截，项羽陷入了包围，他只能停下来作最后一搏。这就是垓下之战。

双方作战序列，楚方已是残兵败将。统帅，西楚霸王项羽，谋士，只剩下那个离心离德的左尹项伯，将领有钟离眛、季布、项声、项冠、项焊等。收缩一团的总兵力，尚有 10 万。汉军四面会围，汉王做了全面总动员。最高统帅，汉王刘邦。谋士，张良、陈平、陆贾、随何等。由成皋一线来的中央军团，将领有：周勃、陈武、樊哙、王陵、郦商、靳歙、御史大夫灌婴。兵力，20 余万。四方诸侯之军有：齐军，统帅齐王韩信，将军孔熙、陈贺等。梁军，统帅梁王彭越，将领有大夫栾布。淮南军，统帅淮南王黥布，将领有刘贾、楚降将大司马周殷。诸侯之军总兵力 32 万。垓下会战，双方兵力总计 60 余万，汉军五倍于楚军。

汉王十分重视垓下决战，与张良、陈平、韩信等谋臣良将会议，制定了精密的战斗方案，摆出了稳操胜券的阵势。诸侯之军组成第一线，兵力 32 万，由韩信任前敌总指挥，对项羽实施总进攻。刘邦自领中军，即参战成皋的兵力居后为总预备队，兵力 20 余万。项羽有万夫不当之勇，困兽犹斗，况有 10 万楚军，汉王不敢怠慢。彭城大战，项羽率 3 万轻骑打垮汉兵 56 万，尚记忆犹新。这一次，汉王举轻若重，把歼敌任务，全权委托给了善战的韩信。韩信自诩带兵“多多益善”，他第一次指挥 32 万大军，且看他如何运动！

项羽善战，驰骋战场，天下无双。韩信在项羽身边做了两年警卫，体察了项羽多次的攻坚大战，包括巨鹿大战，韩信都经历了。他对于项羽的作战十分了解，尽管自己占绝对优势，他也要智取而不是力敌。这就是韩信，一个天才军事家的韩信。

决战的一天终于来到。韩信派出两支骑兵，孔熙居左，陈贺居右，张开两翼在远离项羽阵地的旷野埋伏待命。韩信打着大将之旗在正面诱敌。为了确保胜利，汉王派出周勃、陈武两将统领预备队在韩信身后，随时支援前方。汉王在最后，汉军三层梯队的纵深部署，把 50 余万大军全都动员起来，筑起了擒杀项羽的天罗地网。韩信下达了擂鼓的总攻号令，汉军人多势众压向楚军，喊杀声震天，战场十分悲壮。项羽作战最善于集群猛动，他不怕敌人众多，而担心敌人稀少。敌人众多，只要被项羽冲溃，兵败如山倒，敌人越多，越是乱成一团，项羽的骑兵就可施展神威，巨鹿大战，楚军只啃了几口干粮，一日九战，九战皆胜。彭城大战，项羽一鼓作气，把数十万汉军压迫入睢水。固陵之战，项羽反向一冲，汉军大败。垓下决战，是项羽和楚军的生死之战，其惨烈程度可想而知。项羽果然身手不凡，他气势如虹，勇猛不减，一阵搏杀，第一线汉军死伤累累，全线溃退，项羽乘胜猛追。奇怪的是，这一次汉兵没有出现兵败如山倒的溃退，因为他碰到了克星韩信。韩信充分运用兵多的优势，他组织了层层梯队，与项羽认真血战，只有这样才能把项羽引出阵地。项羽杀得性起，只顾猛冲，逐渐地拉长了战线。韩信步步退却，项羽一个劲的紧逼。彭城大战，汉兵是乌合之众，又是在夜晚遭突袭，所以一朝溃散，就不可收拾。垓下之战，汉兵已是久经战阵的精兵，训练有素，又是有备而来，主动进攻，因此虽然同样是败退，却是有组织的抵抗。项羽学“万人敌”，只长于力战，学兵法不精，不会应变。楚军初战胜利，压迫汉军后退，在不能冲溃汉军的情况下应注意自己的阵脚，留心战斗的变化。项羽只顾一个劲的猛冲，战线越来越长，恰恰中了韩信之计。当楚军进入了不利地势，陷入了汉军的伏击圈，这时陈、孔两将军统率的生力军，汉军骑兵从两翼杀入，夹击楚军，切割楚军为两半，后退的汉军冲回来，团团包围了项羽。项羽陷入了兵少食尽，地势不利的绝境。另一半楚军失去主将，丧失了战斗力，投降了汉军。项王被困，韩信却围而不歼，楚军断了外援，不消几日，饥饿战法就可瓦解楚军。战国时秦赵长平之战，秦将白起消灭了赵将赵括率领的40余万大军就用的是这一战法。白起引诱赵括出战，诈败退却，两翼埋伏的奇兵拦腰冲断赵军，然后秦军分割包围，围而不歼，饥饿拖垮了赵军。垓下之战类似长平之战，由于主客不同而战法实异。赵括平庸之辈，项羽是百战百胜的将军。长平之战，秦赵势均力敌，白起是在对峙的陈地战中完成对赵军的分割。垓下之战，汉军是在追穷寇。兵法曰“归师勿遏，穷寇勿迫”[①]，韩信却能在追穷寇的运动战中分割了项羽军。尽管项羽已被打得大败，但他还有十万楚军，汉军力战消灭要付出很大代价，围而不歼又担心项羽突围，一旦放走项羽，可能留下后患。当前最好的办法是迅速瓦解楚军士气，使其丧失斗志，用最小的代价消灭楚军。汉王是楚人，韩信本人与汉将樊哙、灌婴、曹参、黥布、刘贾、夏侯婴等都是楚人，周殷归降更带来南方的九江兵，楚人擅长楚歌，一呼百应，一唱百和，尤其是在夜间，唱起楚歌，此起彼伏，响彻夜空，它将勾起楚人的怀乡之情，反思为谁而战，为何而战，为什么秦朝灭亡了还要背井离乡，撕杀争战。入夜，汉军在楚军四围大唱楚歌，项羽也受到迷惑，他惊惶不解地说：“难道汉军把楚地都占领了么？为何有这么多人大唱楚歌？”项羽心烦意乱，一个劲地喝闷酒，他第一次感到了自己的末路来临，却又不理解自己为什么会落到这步田地？他让人牵来陪他南征北战的乌骓马，面对爱妾虞姬，禁不住唱起了离别的悲歌：

力拔山兮气盖世，时不利兮骓不逝。
骓不逝兮可奈何，虞兮虞兮奈若何！

项羽一遍又一遍地慷慨悲歌，泪流不止，左右的人也一个个泣不成声。英雄陷入了生离死别的窘境，他在痛苦的思索中得出结论：“时不利兮骓不逝”，这真是天真而执迷。项羽还不服输，他突然决定，离开虞姬，丢下数万大军，在沉沉的夜幕下，他跨上了乌骓马，挑选了八百壮士，偷偷突围南逃。悲壮激烈的垓下之战，以霸王别姬而宣告结束。

3. 东城决战[②]

项羽突出包围，次日清晨，汉军察觉，立刻出动五千骑兵追

---

① 《孙子兵法・军争篇》。

② 《史记・项羽本纪》记载，羽王到东城，对随骑说：“今日固决死，愿为诸君快战。”“快战”有本作“决战”。项羽不服输，要与灭亡他的“天”作抗争，“决战”比“快战”义长。这里应是两义兼而有之，即痛快淋漓地决一死战。

击。项羽过了淮河，只剩了一百余骑。跑到阴陵（今安徽定远县西北六十里）县境，迷失道路，又被耕田农夫欺骗陷入了大泽，汉兵追了上来。到了东城（今定远县东南五十里）的四隤山，离乌江渡口还有三十余里，被汉军团团包围。此时项羽，身边只剩下二十八骑。英雄已到了末路，但项羽仍要一展雄风，他对身边的二十八骑说："我起兵八年，身经七十余战，从没打过败仗，故能称霸天下。今天走投无路，是上天要我失败，不是我不会打仗，不信我再痛快地打一场决战给你们看一看，我要斩将、夺旗、并为你们解围。"于是，项羽在乌江边上表演了一场精彩的快战和不服输的决战。

项羽将二十八骑分为四队，命令从四面突围，约定到四隤山东面会齐。项羽说："我为诸公斩一汉将之头。"说完他突然大喝一声，率领一队冲入敌阵。汉兵仗着人多，围了几重，没把项羽的几队人看在眼里，想不到项羽拼死来冲，出其不意直扑一名汉将，锐不可挡，一枪就刺了个正着，结果了汉将的性命。其余汉兵大惊，纷纷退避。项羽的二十八骑全部突围，到达四隤山的东面。汉兵很快围追上来，项羽为了迷惑汉兵，分军为三处，汉军不知道项羽在哪一处，也分为三处包围，这样汉军也分散了力量。项羽趁汉军分兵之际，再次突围又斩了一名汉将。项羽的人马再次会合，只少了两人，而汉军却死伤了数百人。项羽笑着对众骑说："怎么样？我的话不错吧！"众骑说："大王说得完全对。"

项羽率领二十六骑一气奔驰到长江边上的乌江浦，前面是浩瀚的大江，后面有黑压压的追兵。只要渡过长江，就是项羽起家的江东了。恰好乌江亭长驾着一只小船靠在岸边，他知道奔逃的是霸王，于是说："江东虽小，地方千里，众数十万人，亦足王也。愿大王急渡。今独臣有船，汉军至，无以渡。"项羽突围，本来是要回到江东，现在听亭长一说，他不觉面红耳赤，感到难过心酸。想当初，他带领江东八千子弟雄纠纠气昂昂渡江而西，现在只剩下一个人回来，纵然江东父老可怜我，仍让我做王，我还有什么面目见江东父老。项羽主意已定，反觉心地坦然。他笑着对亭长说："天之亡我，我何渡为!"项羽赠马亭长，然后步战又杀了几个追上来的汉兵，然后从容自刎而亡。

生当作人杰，死亦为鬼雄。
至今思项羽，不肯过江东。

这首《夏日绝句》是宋代女词人李清照怀着对项羽的崇敬心情留下的绝唱，它表达了千百年来人们对项羽英雄气概的肯定。

项羽失败，楚汉战争结束，韩信的功业也达到了顶峰。

（本文摘自《张良萧何韩信评传》第五章，
南京大学出版社 2002 年版）

韩信诚蒙冤　谋反亦不诬

在“四人帮”大搞影射史学之时，认为西汉淮阴侯韩信死于谋叛，是罪有应得，甚至说韩信是一个“混进革命队伍的野心家”。显然，这是有意歪曲历史。粉碎“四人帮”之后，学术界发表了一批辨诬文章，予以拨乱反正，这是应该肯定的。但是，有些辨诬文章又过于偏激，如说刘邦刻忌功臣，韩信是尽愚忠而死，纯系陷害，这种看法，就失之平允。我们认为，辨楚王韩信谋反之冤是正确的，但韩信贬爵为淮阴侯之后的关中谋反则不诬。所以本文用“韩信诚蒙冤，谋反亦不诬”这样一个从字面上看似乎矛盾的标题来概括韩信前后行事的变化，以供讨论。

一、《淮阴侯列传》的思想倾向

《淮阴侯列传》是一篇满洒同情泪水的翻案史传。淮阴侯韩信是西汉的一大功臣，他替刘邦打下了半壁河山，忠心耿耿地效尽了犬马之劳。韩信又拒武涉、蒯通之说，成就了汉家天下，到头来却陷于“叛逆”之罪，被夷三族，蒙上了污秽的恶名。司马迁愤愤不平，笔端饱含着极大的热情替韩信写了翻案史传，并用“淮阴侯”

这一封爵名篇，表示了他那深厚的同情和赞叹，因而拨动了千百年来读者的心弦。司马迁以其高超的艺术手法为我们塑造了一个光彩照人的艺术形象，使人倾倒，赢得了后之读史者憎刘惜信。司马迁用简练的笔法，写出韩信亡楚归汉，定策汉中，擒魏取代，破赵胁燕，东击齐，南灭楚，是一个无往而不胜的名将。司马迁把韩信比之为周、召、太公。司马光作《资治通鉴》，就是依据《淮阴侯列传》作赞。臣光曰："世或以韩信首建大策，与高祖起汉中，定三秦，遂分兵以北，擒魏，取代，破赵，胁燕，东击齐而有之，南灭楚垓下，汉之所以得天下者，大抵皆信之功也。"①

两司马都肯定了韩信的功绩，淮阴侯彪炳于纪传史和编年史中，已成铁案。

汉初三大功臣，韩信、彭越、黥布，都以谋叛罪被夷三族。刘邦死后，封建王朝也没有替三人平反，作为汉廷史官的司马迁为三人树碑立传，这是需要一种大勇精神的。三人中韩信功最大，最智，亦最冤，第一个遭擒拿，司马迁也最同情。因此，《淮阴侯列传》是一篇立意撰述的翻案史传。司马迁在《苏秦列传赞》中示例说："夫苏秦起闾阎，连六国从亲，此其智有过人者。吾故列其行事，次其时序，毋令独蒙恶声焉。"②

"毋令独蒙恶声焉"，这就是司马迁写翻案史传的原则。韩信有大功于汉，他通谋陈豨是蒙冤后而被逼上梁山的，是不能让他"独蒙恶声"的。全传以汉四年韩信封齐王为界限分为两部分。前一部分，描叙韩信之功，只用略写、虚写，重点突出他的智。后一部分述说韩信被高祖猜忌，从夺王贬爵到夷灭三族，突出他的冤。以"智"照应"冤"，为我们勾勒了一幅感人的悲剧画面。韩信拒武涉、蒯通之说一节最为精彩，寓论于序事之中，历代为韩信辨诬者都引以为据。可以说这段文字就是司马迁在为韩信辨诬。司马迁还用互见法在《陈丞相世家》中，对汉六年楚王信谋反案作了淋漓尽致的揭露。这次谋反是刘邦蓄意策划的一场政治

① 《资治通鉴》卷一二《汉纪》四高帝十一年。
② 《史记》卷六九。

陷害案，许多辨诬文章都给予了辨正，这里就不再赘述了。

但是以“实录”精神垂名后世的司马迁，并没有掩去韩信谋反关中的痕迹，而是抱着十分惋惜的心情，批评韩信不能学道谦让，功成身退，却演出了这样一起悲剧。《淮阴侯列传赞》说：“假令韩信学道谦让，不伐己功，不矜其能，则庶几哉！于汉家勋，可以比周、召、太公之徒，后世血食矣！不务出此，而天下已集，乃谋叛逆，夷灭宗族，不亦宜乎！”可见司马迁既坚持了实事求是的精神，又充满了对韩信的惋惜。但是有的论者认为司马迁的这一段话是针对刘邦刻忌功臣所说的反语。例如清李笠就说：“天下已集，岂可为逆于其必不可为叛之时，而夷其宗族，岂有心肝人所宜出哉！读此数语，韩信心迹，刘季吕雉手段，昭然若揭矣。文家反复辩说，反不若此言之婉转痛快。”[①] 孤立地看李氏的立说似也成立，但只是推论。不错，曲笔诛心确是司马迁的笔法，但这是需要用历史事实来充实的。

二、韩信关中谋反，形势使然

“成也萧何，败也萧何”，这是人们熟知的成语故事。韩信得以登坛拜将，靠的是萧何力荐，韩信被斩，亦是萧何设谋。一个萧何干出了这样似不相容的两件事，正是形势使然。南宋陈亮说：“汉高帝所藉以取天下者，固非一人之力，而萧何、韩信、张良盖杰然于其间。天下既定，而不免于疑。于是张良以神仙自脱；萧何以谨畏自保；韩信以盖世之功，进退无以自明，萧何能知之于未用之先，而卒不能保其非叛，方且借信以为自保之术。”[②] 陈亮揭露专制统治集团的内部矛盾是十分深刻的。在刘邦猜忌功臣的高压政策之下，人人感到自危，如何做到明哲保身，也颇不容易。萧何不但谨畏自保，而且他还能逢迎高帝和吕后之

① 《史记》卷九二《淮阴侯列传·会注考证》引。
② 《陈亮集》卷九《论》。

意以筑狡兔三窟。萧何是刀笔吏出身，他能够做到逆来顺受，不借贼民财以自诬。韩信正相反，文武兼资，功高震主，是刘邦要拔除的第一个眼中钉，反而不能顺时取容，失职生怨，溢于言表。所以萧何“卒不能保其非叛”，而借韩信之头以自保了。韩信的思想变化，司马迁作了生动的记载：

> 信知汉王畏恶其能，常称病不朝从，信由此日夜怨望，居常鞅鞅，羞与绛、灌等列。信尝过樊将军哙，哙跪拜送迎，言称臣，曰：“大王乃肯临臣！”信出门，笑曰：“生乃与哙等为伍！”上常从容与信言诸将能不（否），各有差。上问曰：“如我能将几何？”信曰：“陛下不过能将十万。”上曰：“于君何如？”曰：“臣多多而益善耳。”上笑曰：“多多益善，何为为我擒？”信曰：“陛下不能将兵，而善将将，此乃信之所以为陛下擒也，且陛下所谓天授，非人力也。”

这就是夺王贬爵后的韩信。司马迁善于在对比中刻画人物性格情态，揭示内心世界。夺王后的韩信与封王前的韩信判若两人。韩信能忍夺军徙王，而不能忍夺王贬爵，这正是对他热衷功名利禄的生动写照。青年时代的韩信，能忍恶少年的胯下之辱，却不能忍南昌亭长的怠慢不食。因为恶少年的羞辱，是一场无知的胡闹，信为前途计能忍。南昌亭长有意怠慢，为德不终，信不能忍。刘邦诈捕韩信，夺王贬爵，乃属为德不终之类，故韩信不能忍。韩信的忍与不忍都与他的壮志屈伸有密切的联系。司马迁通过韩信葬母行营高敞地的故事，揭示他“其志与众异”，早就蓄有裂地封王的欲望。所以韩信不能忍项氏的压抑，而亡楚归汉。他登坛拜将，首建大谋就迫不及待地说出了“以天下城邑封功臣，何所不服”的话。王夫之评论说：“为人主者可有是心，而臣子且不可有是语。”① 李贽也说：“明以自家把柄授沛公矣。”②

① 《读通鉴论》卷二。

② 《史纲评要》卷五。

这就是说，韩信以市井之心与刘邦讨价还价，刘邦将计就计玩信于股掌之上。修武夺军，拜信为相国；徙移王楚，让他衣锦还乡，这都在韩信能忍范围。夺王贬爵，韩信则不能忍，且羞与绛、灌等列。绛、灌、樊哙都是刘邦的亲信。韩信极端鄙夷此辈，这是他内心爆发出强烈怨愤情绪的表现。所以他“称病不朝从”，而“日夜怨望，居常鞅鞅”，并非一般的牢骚情绪。“多多益善”的对答，表现了他公然对抗的情态跃然纸上。“陛下所谓天授，非人力”，更是揶揄讥刺，“似奉承，其实尖酸”。以韩信之智，情态如此，正是由于利禄心的驱动，使他有失常态。恰如李贽所说：“信识见如此，至自谋不济，何也？利令智昏，贪使人愚也。”①

正当韩信“日夜怨望，居常鞅鞅”之时，陈豨来访，燃起了东山再起的欲望。司马迁是这样描写的：

> 陈豨拜为钜鹿守，辞于淮阴侯。淮阴侯挈其手，辟左右与之步于庭，仰天叹曰：“子可与言乎？欲与子有言也。”豨曰：“唯将军令之。”淮阴侯曰：“公之所居，天下精兵处也；而公，陛下之信幸臣也。人言公之叛，陛下必不信；再至，陛下乃疑矣；三至，必怒而自将。吾为公从中起，天下可图也。”陈豨素知其能也，信之，曰“谨奉教！”汉十年，陈豨果反。

此节文字，争议最大。有的辨诬文章认为这段记载有几大疑点，是司马迁“故作疏漏”，照抄“汉廷狱案”以明淮阴侯不反。是些什么疑点呢？其一，“在当时没有窃听设备的情况下”，韩、陈二人对话，外人何以得知？其二，陈豨是刘邦亲信，韩信岂能贸然同他商议谋反？其三，韩信夜诈诏赦诸官徒奴，“一夜之间”部署已定，“但却不连夜去袭击吕后、太子，待要讨豨报……如同儿戏，岂上将韩信所为哉？”其四，高祖平陈豨，在汉十一年

① 《藏书》卷四七。

十二月攻下东垣，韩信谋反在春正月，焉有在陈豨冰消瓦解之后再“从中应之”，“从此助公”之理？这些疑点是否成立呢？辨之如下。

韩信被软禁，陈豨明知其为朝廷所忌，他偏偏冒险去访，这本身就是非常之举。两人对话，当时是没有窃听记录，但陈豨举兵可是要借此来煽动部属，史公用笔简练，只不过没有记载过程就是了。如果对古史资料要逐一翻查窃听记录，恐怕二十四史多半要烧掉。就以淮阴侯本传而论，蒯通说韩信不也是密室之语吗？我们信不信呢？陈豨反后，韩信“乃谋与家臣”，是“欲发以袭吕后、太子”。一个“谋”字，再加一个“欲”字，清楚明白地记载了只不过是韩信的计划，他只是与“家臣”谋，要待机而发，等待陈豨的捷报。结果，高祖在前线取得了胜利，韩信的计划落了空，才被家臣告发。论者无端添加“一夜之间”四个字，就这样把韩信的欲谋计划说成是已成的事实，以便提出一连串的疑点，显然是不能成立的。

此外，有的论者还从力量对比上提出疑问，这也是不能成立的。谋反本身就是冒险行为，何况韩信是困兽犹斗，死里求生。对于韩信来说，反亦死，不反亦死，与其坐死不如反死，他是被逼上梁山的，不在常情范围之内。韩信在被捕之时就愤怨地喊出了“狡兔死，良狗烹；高鸟尽，良弓藏；敌国破，谋臣亡”的反抗话，也可以说他已把生死置之度外了。韩信深知，刘邦当时不杀他，并不是如赦令所说给他悔改机会，他本来就没反嘛！刘邦还需要韩信做一个时期的政治人质。因彭越、黥布还拥兵在外，众多功臣还没有分封。查《高祖功臣侯者年表》可知，汉初封授的第一批功臣，恰值捕系韩信之后。诸将仍不平，相聚谋叛，刘邦用张良计，封雍齿为侯，这才安定了局势。刘邦的大仇人雍齿尚且不能杀，自然杀韩信的时机更不成熟。蒯通之语，句句在心，韩信想求得雍齿的地位而不能，因此他的谋反是情理之中。

又有的论者，引证明胡应麟的推论，认为刘邦在杀韩信以前，“故意借征陈豨之机走开，让吕后来实施这个阴谋计划”。胡应麟说：

陈豨非黥布辈也。征豨，平阳、绛、灌之事。而高卒自将，淮阴之死可知也。彼其以吕自解哉。淮阴堕其术可也，而后世亦堕其术，何哉！[①]

胡氏的推论完全是书生之见，与历史事实大相径庭。这个问题，朱东润有着十分精辟的考证，不妨赘引于下，以广见闻。朱先生说：

高祖定代者六次，破陈余，破项羽代，破韩王信，破卢绾之见于诸侯功状者，率不过三四见。至破臧荼，定燕代，则见于功状者凡十三见，斯为大役。及击陈豨则见于功状者凡十二见，自平项羽以后，用兵之众，成功之难，未有若是者也。吾尝以为楚汉之际，高祖、项羽为两雄，韩信、彭越、黥布皆未尝有争天下之志，定天下之才。其足与刘项抗衡者独一陈豨，而论者多未之及，遂使英雄埋没而不彰，为尤可惜也。史称陈豨尝告归过赵，赵相周昌见豨宾客随之者千余乘，邯郸官舍皆满，豨所以待宾客者如布衣交，皆出客下。豨还之代，周昌乃求入见，见上具言豨宾客盛甚，擅兵于外，恐有变。汉十年九月豨反，是时豨监赵代边兵，边兵皆属焉。高祖以羽檄征天下兵，未有至者，其危急可知。高祖将行，周緤泣曰。“今上常自行，是为无人可使者乎！”高祖以緤为忠，然緤不知陈豨之为劲敌，非高祖自将，不能定也。《淮阴侯传》言：“陈豨为巨鹿守，淮阴侯执其手，仰天而叹。其后豨反，信阴使人至豨所曰弟举兵，吾从此助公。其后吕后缚信，斩之长乐钟室。”其事论者以为疑狱，真伪不可知，然淮阴侯知陈豨之为英雄，阴欲结纳，藉以自奋，吕后当机立断，使祸变不至生于肘腋之间。惟英雄能识英雄，淮阴吕后，信一时之人杰也哉。[②]

① 《少室山房笔丛》卷一四。

② 《史记考索·高祖功臣侯年表书后》。

韩信是否遣人至豨所，朱先生存疑。但朱先生对时局的分析，可谓精细详审，实为历代辨诬者所不及。原来陈豨有争天下之志，故阴养宾客，不惜冒人主之忌辞访韩信。信语豨曰，人言公反，三至，刘邦“必怒而自将”，亦可谓料事如神。其后刘邦果自将亲征。“信病不从”。若韩信未与陈豨通谋，何以堕其术中？司马迁说：“吕后为人刚毅，佐高祖定天下，所诛大臣多吕后力。”① 诈斩韩信即为“佐”的内容之一。以当时形势论，彭越、黥布尚拥兵在外，高祖亲征陈豨，尚征兵不至，实持两端。刘邦之所以比项羽高明，就是他洞察天下大势，以迅雷不及掩耳之势扑灭了陈豨，否则天下事不可推测。韩信亦料及此，故称病不从，计划谋叛以待天下之变。吕后、萧何早已在旁防范。韩信陷于悲剧也就是必然的了。

我们再以互见法考之，《高祖本纪》、《萧相国世家》都明载韩信谋反关中。尤其是《高祖本纪》的记载，其证不可没。若韩信未谋反，司马迁就可以故作疏略不载于本纪以明真相了。所以我们不能以吕后之诈斩而掩韩信之谋反，这是两码子事，各人的账记在各人的名下，两者并不是互相排斥的。

三、韩信的功过是非

司马迁笔下的韩信，智勇双全，并不是一个效愚忠的奴才。他功名心切，故有大功于汉，亦有大过触犯了刘邦的忌刻，举其大端者有四。

韩信身为大将，其职责是攻城略地，至于政治上的措置自有汉王布置，无须他来操心。但是，韩信打下赵地以后，“乃遣使报汉，因请立张耳为王，以镇抚其国”，这是一种越职犯分的行为。有人说，韩信请为齐王，因有张耳为赵王的先例可援，殊不知这一先例，原来是韩信自己创立的，已经包藏了他的隐私。刘

① 《史记》卷九《吕太后本纪》。

邦迫于形势，不得不应，“乃立张耳为赵王”，但迟迟不发表。查《史记·秦楚之际月表》和《汉书·异姓诸侯王表》，正式册封张耳为赵王，已是汉四年十一月韩信破齐之时。刘邦修武夺军，“以麾召诸将，易置之”，实萌于韩信为张耳请王。后来韩信不敢谋反齐地，对武涉说：“我倍之不祥”，因其部属皆刘邦亲信，不能不有所忌讳，此其一。

郦食其说降齐国，已经形成了对项羽的包围形势。可是韩信为了掌握齐国，背信袭齐，破坏了这一形势。难怪李贽说：“即此一端，信有死道矣。”[①] 又说：“无人气，宜被戮。”[②] 这是比较平允的评论，此其二。

韩信拒武涉、蒯通之说，不忍背汉，也是从形势上考虑。当时并没出现三分天下的地理均势。因山东居高以临彭城，若刘邦西退，项羽必来争齐，这是韩信熟虑的。分析问题不能只着眼于道德论。韩信三思了蒯通之言，自作聪明借重兵在握之机，要挟为王，以为是上策，殊不知犯了死罪。利令智昏，使当事者韩信至愚。蒯通知其不可，立即佯狂为巫。韩信遣使报汉王，刘邦大怒，立即就要讨伐，由于张良、陈平的点画，才将计就计笼络他为齐王。刘邦杀信，实萌于此，此其三。

韩信立为齐王后，仍消极罢战，不听调遣，以索重赏，彭越也跟了上来。查《秦楚之际月表》，汉四年十一月，韩信已破齐并击杀楚将龙且。此时项羽震恐，谋臣死，良将亡，众叛亲离，本可一举歼灭。但是由于韩、彭观望，使得项羽苟延残喘在广武与刘邦对峙近一年。刘邦迫不得已请和，诈项羽东归，权用张良计增封韩信、彭越地盘，直到汉五年十二月才会围垓下。这是明显的搞分裂割据，此其四。

由此看来，有人说韩信索封，发挥了积极性，缩短了战争进程云云，是不符历史事实的。倒是司马光说得有道理：“臣以为高祖用诈谋擒信于陈，言负则有之；虽然，信亦有以取之也。

① 《史纲评要》卷五。

② 《藏书》卷四七。

始，汉与楚相拒荥阳，信灭齐，不还报而自王；其后汉追楚至固陵，与信期共攻楚而信不至；当是之时，高祖固有取信之心矣，顾力不能耳。及天下已定，酬功而报德者，士君子之心也。信以市井之志利其身，而以士君子之心望于人，不亦难哉！”① 我们认为司马光的这一评论是十分中肯的，它完全符合历史事实。只从个人品德和恩怨来评论历史人物，大概是不会得出正确的结论的。“业愈盛，德愈衰”，这只是表面现象，其实质是为了巩固一统的家天下。所以长沙王吴芮，并无大功，可以传世久远；韩信功最大，首先遭诛灭。项羽分封十八王，固然表现了他的思想守旧，但主要是迫于形势不得已；刘邦封异姓王，同样是迫于形势不得已。但是，项羽分封后，他没有政治手腕来收拾局面，结果造成了五年的战乱，使天下生灵遭涂炭！刘邦封异姓王，却有手腕来逐个消灭。从维护中央王朝的统一立场来看，刘邦负功臣无可非议，韩信搞分裂割据不应当歌颂。至于手段之残酷，可以说这正是封建专制主义的弊端。所以有的评论者指出：“司马迁揭露刘邦残害功臣的行径，有力地戳穿了封建君臣关系的虚伪性，说明封建专制主义是制造冤案的根源，是摧残人才、虐杀人才的罪恶渊薮。”我们原则上同意这一评论。但是这个理还不全面。如果刘邦不屠功臣，而功臣们又不肯学留侯的榜样，一个个向皇帝伸手要地盘、闹权位，那又怎么办呢？本文并不颂扬刘邦屠功臣，功臣而遭屠，无论如何这是丧尽天理的。夷灭淮阴三族是应受谴责的，而且屠功臣也确与个人品德有关。刘邦、朱元璋这两个农民起义的皇帝，屠功臣也最厉害。像光武帝、唐太宗、宋太祖等不屠功臣亦安定了天下，也许这和狭隘的农民意识也有关系，这都不是本文所要探讨的内容。这里仅仅是说对于评价功臣也应一分为二。韩信有大功于汉而遭屠是不公正的，但他失职怏怏陷于悖逆，也没有必要曲为之辨诬。本来司马光早就做出过恰如其分的评论。他说：“观其拒蒯彻之说，迎高祖于陈，岂有反

① 《资治通鉴》卷一二《汉纪》四高帝十一年。

心哉！良由失职怏怏，遂陷悖逆。”① 有的辨诬者在引证时，断章取义，删去“良由失职怏怏，遂陷悖逆”，这就完全改变了司马光的原意，以证己说，那自然是值得商榷的。

（本文原载《江海学刊》1983 年第 1 期）

① 《资治通鉴》卷一二《汉纪》四高帝十一年。

《史记》中的抵牾与疏漏

《汉书·司马迁传》赞语说："自刘向、扬雄博极群书，皆称迁有良史之才，服其善序事理，辨而不华，质而不俚，其文直，其事核，不虚美不隐恶，故谓之实录。"这是班固对《史记》的总体评价与肯定。但他同时又提出批评说："司马迁据《左氏》、《国语》，采《世本》、《战国策》、述《楚汉春秋》，接其后事，迄于天汉。其言秦汉，详矣。至于采经摭传，分散数家之事，甚多疏略，或有抵梧。"这说明班固对司马迁也并不完全满意。后人在研究过程中，也提出了不少有关《史记》谬误和自相矛盾的问题。各种考证、纠谬、辨惑、志疑、探源之作，数量甚夥。晋谯周作《古史考》二十五篇"皆凭旧典，以纠迁之谬误"（《晋书·司马彪传》）。金王若虚著《史记辨惑》十一卷，分采摭之误、取舍不当、议论不当、文势不相承接、姓名冗复、字语冗复、重叠载事、疑误、用虚字多不安、杂辨等十类，对《史记》提出了严厉的指责。明清以后，对《史记》的考辨更取得了长足的进步，提出的问题也就更多。清梁玉绳《史记志疑》就是一本代表作。如何评价前人的研究成果，以及如何对待《史记》中的抵牾与疏漏，从两个方面来说。

1.《史记》存在抵牾与疏漏是客观事实

综览前人的研究成果，以及阅读的体会，《史记》中的抵牾与疏漏，主要有两大类。

（1）各篇记载不一，前后参差。例如：

①《晋世家》书晋公子重耳出亡，过卫在前，适齐在后。《十二诸侯年表》则是重耳先适齐，后过卫。

②《晋世家》云："赵衰曰：'求霸莫如入王尊周。'"《十二诸侯年表》则系为咎犯之言曰："求霸莫如内王。"

③《晋世家》载"以原封赵衰"系"于文公四年十二月"。《十二侯年表》载赵衰为原大夫在"文公元年。"

④《晋世家》载："（晋）出公十七年"出公奔齐，道死。《六国年表》则载出公在位"凡十八年"。

⑤《赵世家》载，赵襄子"立四年"，四卿共攻晋出公，出公出奔齐，道死，而《六国年表》系年在赵襄子"元年"。

⑥《楚世家》载：楚怀王二十四年，"秦昭王初立，乃厚赂于楚。楚往迎妇"《六国年表》则云："秦来迎妇。"

⑦《楚世家》载楚烈王六年，秦围邯郸，赵告急楚，"楚遣将军景阳救赵。"而《六国年表》及《春申君列传》以救赵者为春申君本人。

（2）史实谬误。其中又可分为以下几种主要的类型。如：时间不合，人名、地名、官名、数字不确，史实有误，叙事不明，这里试各举数例。

①《项羽本纪》云："汉之二年冬，项羽遂北至城阳，田荣亦将兵会战。田荣不胜，走至平原，平原民杀之。"梁玉绳曰："案：'冬'当作'春'，事在春也。"（《史记志疑》卷六）施之勉曰："按：《月表》项籍击荣走平原、平原民杀之，在汉之二年正月。《汉书·高纪》亦在二年春正月。是羽击田荣，在汉之二年春也。"（《史记会注考证订补·项羽本纪》）

②《高祖本纪》载，高祖五年，"十月，燕王臧荼反。"《史记会注考证》云："中井积德曰：'十月'是'七月'之讹，《汉书》可证。愚按：《秦楚之际月表》，八月，帝自将诛燕。盖七月

反八月得之也。”施之勉曰：“按：《荀纪》，八月，燕王臧荼反，上自将击燕；九月，虏臧荼。”（《史记会注考证订补·高祖本纪》）

③《高祖本纪》：“（七年）立兄刘仲为代王。”梁玉绳曰：“刘喜之王在六年正月，与封荆、楚、齐三王同时，此误书于七年二月前也。《吴王濞传》同误。”（《史记志疑》卷六）泷川资言曰：“《汉书·高纪》云：“六年正月，以云中、雁门、代郡五十三县立兄宜信侯喜为代王。”（《史记会注考证·高祖本纪》）施之勉曰：“按：《功臣表》六年正月立仲为代王，《将相表》六年刘仲为代王。”（《史记会注考证订补·高祖本纪》）

以上三例为时间有误之例。

①《高祖功臣侯者年表》有“曲城侯蛊达”。陈直曰：“《汉表》作虫。古有虫姓无蛊姓。班固十八侯铭、陆机高祖功臣颂皆作虫达可证。”（《汉书新证·高祖功臣侯者年表第六》）

②《货殖列传》云：“当魏文侯时，李克尽地力。”《索隐》：“案：《汉书·食货志》李悝为魏文侯尽地力之教，国以富强。今此及《汉书》言‘克’，皆误也。刘向《别录》则云‘李悝’也。”《平准书》言“魏用李克尽地力”，与此同误。

以上二例为人名有误之例。

①《惠景间侯者年表》有齐悼惠王子刘罢军封“管”侯。泷川资言曰：“‘管’，当作‘菅’，菅县属济南。”（《史记会注考证》）陈直曰：“《齐鲁封泥集存》十四页有‘菅侯相印’封泥，与本表正合。”

②《绛侯周勃世家》云：“（周勃）攻曲逆，最。还守敖仓，追项籍。”钱大昕曰：“《汉书》作‘曲遇’，‘逆’字误。（《二十二史考异》卷四）梁玉绳曰：“案：‘曲逆’误也，《汉书》作‘曲遇’是。曲遇在中牟，故下文云‘还守敖仓。’若曲逆，属中山，不相值也。”

以上二例为地名有误之例。

①《绛侯周勃世家》云：“（周勃）击下蓟，得绾大将抵、丞相偃。”梁玉绳曰：“《樊哙传》云‘破绾丞相抵蓟南’，此误以抵为绾将，当是得绾丞相抵、大将偃耳。”

②《韩长孺列传》云："（韩安国）为北地都尉，迁为大司农。"梁玉绳曰："（大司农）当为大农令。"（《史记志疑》卷三十三）据《百官公卿表》，景帝后元年治粟内史更名大农令，武帝太初元年更名大司农。韩安国之卒在元朔二年，不当有大司农之名。

③《酷吏列传》云："乃拜都为济南太守。"钱大昕曰："据《汉表》，都自济南太守迁中尉，在景帝前七年。而郡守更名太守，乃在景帝中二年，则其时不得称'太守'也。'太'字衍。"（《二十二史考异》卷五）

以上三例为官名有误之例。

①《平准书》云："汉兴三十九年，孝文时河决酸枣，东溃金堤……其后四十有余年，今天子元光之中，而河决于瓠子。""四十余年"《汉书·沟洫志》作"三十六年"。齐召南曰："自孝文十四（当作十二）年河决东郡，至元光三年河决濮阳，实三十六年，无四十余年也。"（《汉书补注》引）

②《刺客列传》云："其（聂政）后二百二十余年而秦有荆轲之事。"《集解》："徐广曰：'聂政至荆轲百七十年耳。'"

③《匈奴列传》云："后秦灭六国，而始皇帝使蒙恬将十万之众北击胡，悉收河南地。"按："十万"，《汉书·匈奴传》作"数十万"，此误。《秦始皇本纪》、《六国年表》、《蒙恬列传》俱云蒙恬将兵三十万。

以上三例为数字有误之例。

①《田敬仲完世家》云："（田乞）杀高昭子。晏孺子奔鲁。"钱大昕曰："'晏孺子'乃'晏圉'之误也。使孺子果奔鲁，安得迁之骀而杀之?"（《二十二史考异》卷四）

②《李斯列传》云："（赵高）引玺而佩之，左右百官莫从，上殿，殿欲坏者三。"李笠曰："上文云'赵高使其客十余辈诈为御史、谒者、侍中，更往覆讯斯'。又云'乃献鹿，谓之马。'二世问左右："此乃鹿也?"左右皆曰："马也。"则高之私人甚盛也，何佩印上殿，而无从之者乎！此盖恶高之为人之故事性传说，史公偶用之耳。观下云'殿欲坏者三'，直是神话。此种传说，虽不足信，却可见时人心理及史公之爱憎也。"（《广史记订补》

卷九)

③顾炎武曰:"《淮阴侯传》先云范阳辩士蒯通,后云齐人蒯通,一传互异。韩王信说汉王语,乃淮阴侯韩信语也,以同姓名而误。"(《日知录》卷二十六)

以上三例为史实有误之例。

①《高祖本纪》云:"其明年,立张耳为赵王。汉军军荥阳南。"《史记会注考证订补》曰:"瞿方梅曰:案此因事叙及明年,惟及张敖一语。自汉王下,则仍为三年事也。明年,盖汉之四年。"

②《高祖本纪》云:"二月,高祖自平城过赵、洛阳,至长安。"梁玉绳曰:"案:《汉纪》高祖十二月过赵,二月至长安,非二月自平城至长安也。"(《史记志疑》卷六)

③《高祖本纪》云:"陈涉之将周章军至戏而还。"梁玉绳曰:"案:章为章邯所败自弁而死,非还也。"(《史记志疑》卷八)

以上三例为叙事不明之例。

综上所列,可知《史记》史料,确实存在着一些问题,这一点无庸讳言。而且,随着研究的深入,必定还会发现一些新的问题。

2. 有谬必纠,而疑古过勇,则会迷失方向

《史记》史料,确实存在着一些问题,加以抉发和纠正,应该说是《史记》研究中的一大内容。有谬必纠,这也是一个严肃的史学工作者应有的态度。但是也不能疑古过勇,如王若虚之与崔适,务以浮言猎奇为功,那就偏离了方向。须知《史记》全书五十二万六千五百字,系统记载了自黄帝迄汉武二千多年的历史,规模宏大,有如原始森林,又像是浩瀚无垠的大海,森林里有几根枯枝,几片败叶,海面上有些许漂浮物,本不足为怪。吴汝煜说:"就像'人无完人,金无足赤'一样,在史学史和传记文学史上还没有出现过一部不可补充和没有失误的巨著。《汉书》的失误之多,只要读一读王鸣盛的《十七史商榷》就不难知道。新、旧《唐书》的错误、矛盾和重出现象也是很多的。吴缜的《新唐书纠缪》虽然指出了不少,但还只是有限的一部分。《汉书》、《唐书》的史料价值谁能否定呢?”① 司马迁从一大堆相当散乱的资料中取材，在一无依傍的情况下自创体例，叙述古今，自然也不可能十全十美。但从总体而言，它仍是一部准确性相当高的信史。一些学者片面夸大《史记》存在的问题，是不恰当的。1988年1月1日，《社会科学报》刊登一则题为《外国学者怀疑史记的史料价值》的综合消息，对《史记》的史料价值有基本否定的倾向，尤不足取。

疑古过勇而失误者，有以下几种情况。

(1)《史记》不误，反将其优点指责为缺点。自班固批评《史记》“甚多疏略，或有抵梧”以来，后世学者也发现《史记》本纪、世家、列传、年表各体之间有许多记载不一致的地方。其实，这部分内容，大多不能看做记载有误，而是作者有意存异。疑则传疑是《史记》处理史料的一个重要方法。司马迁作《史记》“厥协六经异传，整齐百家杂语”，对当时所存史料作了全面的综合。各种史料来源不一，而一时又无法判定其正确或是谬误，故两说或多说并存，留待后人进一步研究、判断。如，《吴太伯世家》云：“初，楚边邑卑梁氏之处女与吴边邑之女争桑，二女家怒相灭，两国边邑长闻之，怒而相攻，灭吴之边邑。”《楚世家》则云：“初，吴之边邑卑梁与楚边邑钟离小童争桑，两家交怒相攻，灭卑梁人。卑梁大夫怒，发邑兵攻钟离。楚王闻之怒，发国兵灭卑梁。”吴、晋黄池之会，《吴太伯世家》云：“吴王与晋定公争长。吴王曰：‘于周室我为长。’晋定公曰：‘于姬姓我为伯。’赵鞅怒，将伐吴，乃长晋定公。”《晋世家》则云：“定公与吴王夫差会黄池，争长，赵鞅时从，卒长吴。”面对存在歧异的史料，如果文献足征，则通过考辨，加以折中；文献不足，则疑以传疑。这是对待史料的极其慎重的方法。如果证据不足而强作判断，很可能弄巧成拙，贻误后学。后人能从《史记》的记载中发现“抵牾”之迹，正受惠于作者此种史料处理的方

① 《就〈史记〉的史料价值问题答记者问》，载《古典文学知识》1998年第5期。

法；后人以出土文献或其他资料相印证，解决这一类的问题，也有赖于《史记》提供的材料。这样处理，比随心所欲，以意取舍，要高明许多。

（2）《史记》不误而指责有误。顾颉刚论《史记》云："今试其所记，自秦以上，时见抵牾，至于不胜指摘。第我辈指摘之者是一事，而古史真相又为一事。以甲校乙，固足以明乙之非，然又何足以知甲之必是？故不得谓我辈一加指摘，即可揭发事实之真相也。"① 事实证明，后人对《史记》本不误而指责、怀疑有误的，也不在少数。这里试举数例。

《孙子吴起列传》云："孙子武者，齐人也。以兵法见于吴王阖闾。"又云："孙武既死，后百余岁有孙膑。"又载孙膑败庞涓事，云"孙膑以此名显天下，世传其兵法"，孙武、孙膑分别为春秋、战国时期著名军事家，都有兵书传世，《史记》记载甚明，《汉书·艺文志》"兵权谋家"著录《吴孙子兵法》八十二篇，图九卷，又录《齐孙子》已不见著录，中外学者便产生了种种怀疑和猜测：有人认为孙子是一人而非二人，有人认为《孙子兵法》是一书而非两书，更有人认为《孙子兵法》源出于孙武，而完成于孙膑，实则本是一书。1972年，山东临沂银雀山汉墓同时出土《孙子兵法》和《孙膑兵法》的竹简和残简，经整理，《孙膑兵法》共440余简，字数在11000字以上，这一考古成果完全证实了《史记》记载的可靠性。

《秦本纪》载："（秦昭王）四十一年夏，攻魏，取邢丘、怀。"梁玉绳认为文中的"邢丘"为"鄄丘"之误而且旁征博引，以为找到了"确据"（见《史记志疑》卷四）。但是，1976年湖北云梦睡虎地出土秦简《大事记》却明明记载着"四十一年，攻邢丘"。说明梁玉绳所作结论未必正确。

（3）不顾事实，未加考辨，依靠地下残篇断简急于为功而失误。学术界关于苏秦与张仪孰先孰后的论辨是一个典型例证。1973年底，长沙马王堆三号汉墓出土了大批帛书，其中的一种，

① 《史记》点校本序文。

后来被定名为《战国纵横家书》。帛书有几章主名为苏秦，而所记内容与《史记·苏秦列传》、《张仪列传》时间有较大的出入。不少学者根据帛书的记载，认为苏秦不是在张仪之前，而是在其后，苏秦合纵本无其事，而《史记》、《战国策》中关于苏秦合纵、张仪连横的说辞，全是后人杜撰，尤其是《苏秦列传》的记载错误百出，多出伪造，可信者十无一、二[①]。一时间，似乎《史记》关于苏秦的记载真的完全被推翻了。

其实，真正有误的不是《史记》，而是《战国纵横家书》。

《战国纵横家书》一类的材料，本无纪年，时间概念相当模糊，加上许多篇章没有主名，或主名不确定（如泛称“苏子”之类），非常容易窜改伪托，仅据此种材料根本无法编次人物传记。《苏秦列传》赞语说：“苏秦起闾阎，连六国从亲，此其智有过人者。吾故列其行事，次其时序，毋令独蒙恶声焉。”《史记》各篇记载苏秦、张仪事亦多有准确编年，单是《六国年表》就有八条。如燕文公二十八年云“苏秦说燕”，秦惠文王十年云“张仪相”，秦惠文王后元元年云“相张仪将兵取陕”，二年云“相张仪与齐、楚会啮桑”，三年云“张仪免相，相魏”，八年云“张仪复相”，楚怀王十六年云“张仪来相”，秦武王元年云“张仪、魏章皆出之魏”，魏哀王十年云“张仪死”。《苏秦列传》、《张仪列传》“次其时序”，确认苏秦合纵在前，张仪连横在后，且张仪主要活动是在苏秦死后，当有充分的根据。否则，只好依《孟子荀卿列传》写墨翟的口气云苏秦“或曰在张仪前，或曰在其后”了。

《战国策》的整理者刘向也确认了司马迁的判断。《战国策书录》明确记载了“苏秦为纵，张仪为横”的时序：“苏秦结之，时六国为一，以傧背秦……及苏秦死后，张仪连横，诸侯听之，西向事秦。”《战国策》录七国纵横之事，都是苏秦合纵在前，张仪连横在后，无一例外。刘向校书时，有关纵横家的资料极多。除据以校订《战国策》的各种底本外，据《汉志》著录，尚有“从横十二家，百七篇”。其中包括《苏子》三十一篇。班固注：

① 详见文物出版社1976年版《战国纵横家书》附录各文。

“名秦，有《列传》。”《张子》十篇。班固注：“名仪，有列传。”其余诸子百家之书，更是举不胜举。根据这些资料，刘向判定苏秦、张仪的活动时间，本是极其简单的事情，所以《战国策书录》对此所下的断语，也与《史记》一样，毫不含糊。很难想象他会数典忘祖，把有关苏秦、张仪最基本的事实搞错。

不少学者认为《战国纵横家书》的一些史料为司马迁、刘向所未见，这种说法也缺乏根据。《苏秦列传》赞语说：“世言苏秦多异，异时事有类之者皆附之苏秦。”说明司马迁见到了不少类似的资料。司马迁又在《张仪列传》太史公曰中作了交代说：“夫张仪之行事甚于苏秦，然世恶苏秦者，以其先死，而仪振暴其短以扶其说，成其衡道。”原来苏秦的恶名，多是张仪制造的，所以司马迁不平，将两人对照，为苏秦翻案。《史记》在《秦本纪》、《燕世家》、《魏世家》、《六国年表》中记载二人活动年代，苏秦用世在公元前 334 至前 320 年，张仪用世在公元前 328 至前 309 年。两人同事鬼谷先生，年辈相若。由于苏秦早于张仪用世，又横死未尽天年早死张仪十一年，所以张仪才得以振暴其短，使苏秦蒙受不白之冤。司马迁是经过了周密的考证，才在两人的传记中反复交代为苏秦翻案。再以历史大势考之，苏秦活动年代，合纵占上风，秦兵不敢东出者十五年，没有什么大战役。苏秦死后，张仪连横占上风，从公元前 317 至前 293 年，秦兵连年东出，发动修鱼之战、观泽之战、岸门之战、丹阳之战、蓝田之战、宜阳之战、重丘之战、析之战、伊阙之战，称雄诸侯，二十五年间，发动了九次大战。事实胜于雄辩，历史大势生动地说明张仪得势在苏秦之后。

王国维用地下资料证明地上资料，发明二重证据法，恰恰是证明《史记·殷本纪》为可信。时贤用《战国纵横家书》欲证史公失误，反而自己陷入了泥潭。那么失误在哪里呢？因为客观事实是，无论地上材料还是地下材料，其中都有失误，谁的失误少，看谁的依据是第一手材料。司马迁写史，依据了大量第一手材料。王国维据卜辞考史，因卜辞是第一手材料。《战国纵横家书》未必是第一手材料，也许恰恰是司马迁所唾弃的材料，或者是后人附会的记录，因为司马迁已经说清楚了，由于苏秦的成功，故后人喜托名苏秦造舆论。也就是说，帛书的出土，不仅不足以否定《苏秦列传》、《张仪列传》的史料价值，反而又一次证明了太史公论断的正确性："异时事有类之者皆附之苏秦。"

要精确地评估《史记》的史料价值，必须彻底摸清其史源，并对所有的资料加以稽核考辨，定其正误，辨其致误之由。尽管前辈学者在这方面付出了大量的劳动，但由于时代悬隔，文献散佚，今天仍不具备这样的条件。对《史记》史料价值的认识，仍是值得研究的一个课题。

我们既不护史公疏略之短，也不要夸大其非，以揭短为功，最要紧的是扎扎实实做工作，认认真真的细心体会。猎奇好胜，一些时贤大家，失误在此，可以引为教训。

（本文摘自《史记教程》第十章第五节，
商务印书馆2010年版）

司马迁研究中值得注意的问题

司与迁是我国古代最伟大的历史学家，同时也是最伟大的文学家之一。他用毕生精力完成的《史记》，对我国的史学及文学都产生了极其深远的影响，是我国古代民族文化的宝贵遗产。历代以来研究和阅读它的人不可胜计。智者见智，仁者见仁，对《史记》的评价分歧很大，毁之者认为《史记》是一部“谤书”[①]，甚至发出了“迁之罪不容诛矣”[②] 的愤慨；誉之者推崇《史记》是“百代以下，史官不能易其法，学者不能舍其书”[③] 的“全史”[④]。

新中国建国以来，广大文史工作者运用马克思主义观点为指导重新评价司马迁和《史记》，取得了可喜的成绩，开拓了新方向。从 1951 年至 1982 年，三十二年学术界发表研究《史记》的论文计二百六十篇，约二百万字，这一数量在当时的环境已是可观的成绩，是中国古代史上任何一部其他史学要籍不可比拟的。但是，我们不能满足于已取得的成绩，也应该正视存在的一些问

① 《后汉书》卷六十下《蔡邕列传》载王允语。
② 金代王若虚：《滹南遗老集·史记辨惑》。
③ 宋代郑樵：《通志总序》。
④ 清赵翼：《廿二史劄记》卷一《各史例目异同》。

题，理论和史料两个方面的基础都有薄弱的环节。为了把《史记》的研究推向一个新阶段，就司马迁研究中值得注意的几个带有倾向性的问题，作一概略的评述，不无意义。

一、不要用今人的思想去改铸古人

黑格尔有一句名言："人们总是很容易把我们所熟悉的东西加到古人身上去，改变了古人。"① 在《史记》研究中，美化和拔高司马迁，用今人的思想去改铸他的形象，可以说是一个普遍的现象。如说司马迁的著作"充满了人民性"②，是"处处从人民立场上来评价历史人物和历史事件。"③ 更有甚者，大声赞美司马迁是"人民的歌手"、"人民历史的开创者"④，"他非常仇视刘家的皇帝"⑤，并"觉察到封建专制主义的弊病"而进行"批判"⑥。还有人认为司马迁用纪传体写历史，是对人的"劳动力的发现"⑦。我们并不否认以实录著称于世的《史记》具有深厚的人民性，但它并不是处处充满了人民性。司马迁对专制君权的弊病有所揭露和批判，但并未上升为对"封建专制主义"的批判。如对秦皇、汉武的批评，司马迁主要认为是个性问题，而并未看出是制度的弊病。清代学者钱大昕指出《史记》的主题之一是"尊汉"⑧，倒是更符合实际些。

不少论者颂扬司马迁为人民史家，最主要的根据就是司马迁

---

① 黑格尔：《哲学史讲演录》第一卷，三联书店 1957 年版，第 111 页。

② 侯外庐：《司马迁著作中的思想性和人民性》，载《人民日报》1955 年 12 月 31 日。

③ 北京大学 1955 级：《中国文学史》。

④ 殷孟伦：《略谈司马迁现实主义的写作态度》，载《文史哲》1955 年第 12 期。

⑤ 谭丕模：《中国文学史纲》。

⑥ 陈可青：《司马迁对专制主义弊病的批评》，载《光明日报》1980 年 12 月 9 日。

⑦ 李少雍：《纪传体产生的原因问题》，载《西北大学学报》1981 年第 2 期。

⑧ 钱大昕说，《史记》的"微旨"有三："一曰抑秦，二曰尊汉，三曰纪实。"见《潜研堂文集》卷三十四《与梁耀北论史记书》。

为陈涉立传。翦伯赞先生称陈涉为地主阶级的“叛逆”[①]，还有的认为这标志着司马迁“承认人民起义的合理性”，甚至推导出“司马迁看到了封建社会的基本矛盾，认识到农民起义将最后导致统治阶级的灭亡”[②]。此等赞语，不胜枚举。

不错，司马迁在《史记》中为陈涉立《世家》，这在封建历史家中确是独具慧眼的，应予以充分的肯定。由于司马迁为陈涉立《世家》，他遭到了后世许多封建史学家的责难。东汉班彪、班固父子就批评司马迁是“细意委曲，条例不经”[③]。唐代著名史学评论家刘知几和《史记索隐》作者司马贞都提出过尖锐的批评。刘知几尤其愤愤不平，他提出质问说：“至如陈涉起自群盗，称王六月而死，子孙不嗣，社稷靡闻，无世可传，无家可宅，而以世家为称，岂当然乎？”[④] 这些迂阔的议论，比起司马迁的识见来说，其史识之高下，不言而喻。

但是，司马迁也并不是反封建正统理论的史学家。他的《史记》是效《春秋》而作，是非折中于夫子。有的论者以班固在《汉书》中立《陈胜项籍传》，司马迁写《项羽本纪》和《陈涉世家》来分别其史识之高下，这是不能成立的。《汉书》是断代史，《本纪》写汉朝皇帝，又取消了《世家》，陈胜、项籍入《列传》正得其宜。《史记》是通史体，《本纪》叙列王朝，《世家》载诸侯，故汉代帝王之上有五帝、夏、商、周、秦、楚（项羽）诸《本纪》；诸侯《世家》杂陈孔子、陈涉、外戚等，亦无不可。因此，从体例上来分辨马班优劣是值得商榷的。随着封建专制主义的加强，后来的封建史家诬蔑陈胜为“盗贼”，因此，亦不能用后世史学家对司马迁的讥评来反证司马迁是一个反封建正统理论的史学家。列宁指出：“在分析任何一个社会问题时，马克思主义理论的绝对要求，就是要把问题提到一定的历史范围之内。”[⑤]

① 见《中国历史学的开创者司马迁》，载《中国青年》1951年总57期。

② 北京大学1955级：《中国文学史》。

③ 范晔：《后汉书》卷四十上《班彪传》。

④ 《史通》卷二《世家》。

⑤ 列宁：《论民族自决权》，见《列宁选集》第二卷，第512页。

我们只要把司马迁放到西汉当时的历史环境里，认真核查一下《史记》，就可以看到，司马迁歌颂陈涉，并不是把他当作农民起义的领袖，而是把他视为一个诸侯王。所谓农民起义领袖，这是马克思主义的观点，岂能廉价地妄加于古人？封建史家笔下的农民起义，就是“大逆不道”的“盗贼”，司马迁亦不例外。例如他对古代的跖和庄跻的起义就持排抑的态度，说“跖、跻暴戾”，甚至对跖的“寿终”极为不满，向天发出了这样的质问：“盗跖日杀不辜，肝人之肉，暴戾恣睢，聚党数千人，横行天下，竟以寿终……余甚惑焉，傥所谓天道，是邪非邪？”[①] 对于汉武帝时代的农民斗争，如南阳的梅免、白政，楚地的殷中、杜少，齐地的徐勃，燕、赵之间的坚卢、范生等农民起义，在司马迁的笔下，统统斥为“盗贼”。不特如此，司马迁尽管对酷吏深加贬责，但对于酷吏镇压农民起义这一行为却持赞赏态度。他认为酷吏的“方略教导”能“禁奸止邪”，因此他们“虽惨酷，斯称其位矣”[②]。司马迁在《太史公自序》中讲得更露骨，他说：“民倍本多巧，奸轨弄法，善人不能化，唯一切严削为能齐之。作《酷吏列传》第六十二”[③]。可见司马迁仍然站在地主阶级的立场上反对农民起义。那种认为司马迁“以广大人民的是非善恶为尺度”的说法，是站不住脚的。

那么，司马迁何以为陈涉立《世家》呢？他的这一创作与同代先进思想家作比较，继承了什么？发扬了什么？有何进步意义？这些问题是值得研究的。

司马迁作《陈涉世家》，其因有四：一曰尊汉，二曰反暴政，三曰赞首难，四曰纪实。分述如下。

一曰尊汉。西汉统治阶级并不认为陈涉是什么“叛逆”，因为刘邦也起自匹夫，他是打着陈涉的旗号起事的。公元前 208 年二月，刘邦为项梁所收编，常与项羽并肩作战，约为兄弟。项梁接受陈王部将召平的封拜，为“楚王上柱国”。同年六月，项梁

---

① 《史记》卷六十一《伯夷列传》。
② 《史记》卷一二二《酷吏列传赞》。
③ 《史记》卷一三〇《太史公自序》。

确知陈王已死，才会计于薛，立楚怀王孙心为楚王，继续讨秦。所以司马迁说："陈王虽已死，其所置遣侯王将相竟亡秦，由涉首事也。"又说："高祖时为陈涉置守冢三十家砀，至今血食[①]。公元前195年，刘邦还颁发了一道特别的诏令，把陈涉与六国诸侯并论。诏令说："秦皇帝、楚隐王、魏安釐王、齐湣王、赵悼襄王皆绝无后。其与秦始皇帝守冢二十家，楚、魏、齐各十家，赵及魏公子无忌各五家。"[②] 楚隐王即陈胜王。《世家》说置守冢三十家，《汉书》说十家。这一差异是由于高帝先为陈胜置守冢三十家，其后颁发诏令，统一于六国诸侯改置守冢十家之故造成的。司马迁写《史记》时，陈胜的在天之灵继续享受汉家的"血食"。由此可见，司马迁为陈涉立《世家》，也是完全符合汉代统治者的要求。因为讲汉朝的历史，必然要追溯到反秦的开路先锋陈涉；要肯定大汉政权的合法性，首先就得承认陈涉称王的合法性。对此，司马迁还做了明确的交代。他说："初作难，发于陈涉；虐戾灭秦，自项氏；拨乱诛暴，平定海内，卒践帝祚，成于汉家。"[③]

二曰反暴政。《太史公自序》云："桀纣失其道而汤武作，周失其道而《春秋》作。秦失其政，而陈涉发迹，诸侯作乱，风起云蒸，卒亡秦族。天下之端，自涉发难。作《陈涉世家》第十八。"这里，司马迁把陈涉与汤、武并列，旨在批判秦的暴政。一些研究者往往在这里大作文章，他们抽掉了司马迁的原意而进行推论。最近，有的论者说司马迁"为陈涉这样被统治者视为'盗贼'的人立'世家'，把他同古代的圣王和圣人相提并论，这不仅在当时是一个极为大胆、极为卓越的识见，即使在二十四史的所有作者中大约也找不到第二个具有同样胆识的人。"[④] 这段话，乍一看似有道理。二十四史的作者的确是没有一个歌颂农民起义领袖的，这本是正常现象，否则二十四史的作者也就不是封

① 《史记》卷四八《陈涉世家》。

② 《汉书》卷一《高帝纪》。

③ 《史记》卷十六《秦楚之际月表序》。

④ 李少雍：《纪传体产生的原因问题》，载《西北大学学报》1981年第2期。

建史学家了。但仔细一推敲，作者的论断也是经不起历史检验的。第一，西汉统治者并没有视陈涉为"盗贼"，已如前述。第二，司马迁也没有把陈涉与汤、武和圣人完全等同起来。《史记》的《儒林列传》说："陈涉起匹夫，驱瓦合适戍，旬月以王楚，不满半岁竟灭亡，其事至微浅，然而缙绅先生之徒负孔子礼器往委质为臣者，何也？以秦焚其业，积怨而发愤于陈王也。"司马迁讲得十分清楚，陈涉"其事至微浅"，怎能和汤、武圣王和孔丘圣人相比肩呢？司马迁自己讲的总比今人推测臆造要牢靠得多。

但是，司马迁却又实实在在将陈涉与汤、武、孔丘并论，其义安在？原来司马迁是把陈涉发难的事业和汤、武、孔丘并论，着重点在批判秦王朝的暴政。一则曰："秦失其政，而陈涉发迹"①；再则曰："诸侯作难，风起云蒸，卒亡秦族"②；三则曰："缙绅先生之徒……积怨而发愤于陈王也。"② 司马迁还说，秦始皇"堕坏名城，销锋镝，鉏豪桀，维万世之安"，其结果是"向秦之禁，适足以资贤者为驱除难耳。"③ 这些都是在批判秦朝的暴政。

认为暴秦应该推翻，陈涉不是"叛逆"的人，在西汉大有人在。西汉早期思想家贾谊在《过秦》中，早就阐发了这个观点，并被奉为权威性的定论。武帝时的主父偃、严安、徐乐等人都分析过秦亡的原因，并认为陈涉首事反秦是合理的。司马迁对陈涉的评论并没有超出贾谊的水平，他直接引用《过秦》为《秦始皇本纪》的赞语。褚少孙又引《过秦》为《陈涉世家》的赞语。这说明西汉时代思想界对陈涉的评价还是一致的。他们为什么要颂扬陈涉反暴政呢？这是为了总结秦亡汉兴的教训，正如有的论者所讲，"实际上是给汉王朝奉献的治安策"④，这才是司马迁的本来思想。

---

① ②《史记》卷一三〇《太史公自序》。

② 《史记》卷一二一《儒林列传》。

③ 《史记》卷十六《秦楚之际月表序》。

④ 晁福林：《司马迁与陈涉世家》，载《北京师大学报》1981年第3期。

三曰赞首难。司马迁曾反复申说陈涉的首难之功。尽管陈涉“其事至微浅”，但“首事”之功不可没，这的确是司马迁的伟大识见。西汉政论家贾山说：“秦皇帝身在之时，天下已坏矣”，天下之人“戴目而视，倾耳而听”[①]，但没有人敢于发难。项梁、项羽蓄志反秦已久，而起事却趁陈涉之势而起，晚了两个月。刘邦、黥布、彭越均为“盗”，这些农民起义都不敢公开反秦。至于六国后裔，以及张耳、陈余、张良等豪杰，无不在等待天下之变。张良虽足智多谋，并曾组织暗杀秦始皇的活动，可谓智勇兼资，但也不敢首倡发难。有的甚至在天下纷纷起事之后，仍不敢称王而起，要依附名族，为的是“事败易以亡，非世所指名也”[②]，陈婴就是一个典型。相形之下，陈涉首事的大勇精神，可以惊天地、动鬼神，是值得歌颂的。司马迁在《陈涉世家》里，用如椽的大笔描绘了波澜壮阔的楚地人民的反秦斗争，气势磅礴，有声有色。从这个意义上说，司马迁的确歌颂了农民起义，这正是有别于其他迂阔的封建史学家之所在。但是司马迁的主观意识是形容暴秦所造成的土崩瓦解之势，并以此表彰陈涉的首事之功。越过这一界限，就不符合司马迁的思想。

四曰纪实。司马迁创造五体，以严密的史法来表现其“察其终始”[③] 的纪实史观。对刘邦起自匹夫却得了天下这一历史现象，当时的司马迁在历史局限下是无法解释清楚的，只好归之于天命，而发出了“此乃传之所谓大圣乎？岂非天哉，岂非天哉！”的感叹[④]。但是司马迁的可贵之处，他要从历史事实中“原始察终，见盛观衰”[⑤]，所以他用互见法在《项羽本纪》、《陈涉世家》、《秦楚之际月表》等篇中互文补足来纪实。值得注意的是，司马迁在《陈涉世家》中，历述大小起义军近二十支，唯独不载沛公军。陈胜死后，吕臣起兵攻陈，杀叛徒庄贾。秦左右校复攻陈，

---

① 《汉书》卷五一《贾山传》载《至言》。

② 《史记》卷七《项羽本纪》。

③ 《史记》卷十五《六国年表序》。

④ 《史记》卷十六《秦楚之际月表序》。

⑤ 《史记》卷一三〇《太史公自序》。

吕臣走，得黥布兵，再反击秦左右校，“复以陈为楚”。然后紧接一句：“会项梁立怀王孙心为楚王”，结束了《陈涉世家》的正传。司马迁这一精心安排的笔法，旨在说明，陈涉首事，项氏继业。总之，灭亡暴秦是陈涉、项羽而不是刘邦。尽管刘邦攻下了秦都咸阳，然而奠定灭秦基础的是陈涉首事，项羽发动巨鹿之战消灭了秦军主力。所以司马迁为陈涉立《世家》以及为项羽立《本纪》，都是为了纪实。这样，司马迁从生动的史实中回答了刘邦得天下的根本原因：第一，秦政暴虐，失去了民心；第二，陈涉首事，项羽灭秦，为刘邦扫清了道路。所以司马迁说：“伯翳之后，至周平王时封为秦，项羽灭之，有《本纪》言”①。

清代学者钱大昕说，《史记》的“微旨”有三：“一曰抑秦，二曰尊汉，三曰纪实”，这是符合司马迁思想的。司马迁也直言不讳地说：“二十八宿环北辰，三十辐共一毂，运行无穷，辅弼股肱之臣配焉，忠信行道，以奉主上，作三十世家。”又说：“扶义俶傥，不令己失时，立功名于天下，作七十列传”②。很明显，司马迁是为巩固汉政权而作《史记》的。他用纪传体写历史，也绝不是什么对人的“劳动力的发现”；他写《陈涉世家》，也不是什么对“叛逆”的颂歌。应该说，司马迁创纪传体，完成了“帝王中心论”的创造，特别是“汉代帝王中心论”。《史记》一百三十篇，专记汉事的六十二篇，兼及汉事的十三篇。七十列传所载正传人物一百四十人，汉代人物就占七十六人；较为重要的附传人物五十四人，汉代也占三十一人。无庸置疑，这反映了司马迁厚今薄古的进步历史观，但亦不能否认这也是“汉代帝王中心论”的反映。司马谈在遗嘱中有明确的交代，司马谈说：“今汉兴，海内一统，明主贤君忠臣死义之士，余为太史而弗论载，废天下之史文，余甚惧焉，汝其念哉!”司马迁俯首流涕说：“小子不敏，请悉论先人所次旧闻，弗敢阙。”这是多么生动的见证，我们怎能抹煞呢!

① 《史记》卷三十六《陈杞世家》。

② 《史记》卷一三〇《太史公自序》。

我们论证了司马迁不是“人民歌手”，仍是封建史家，但他超越了其他封建史家的成就，核心之点贵在“实录”。《史记》不虚美，不隐恶，从他为陈涉立《世家》中得到了直接的证明。《史记》还揭露了一些帝王的“隐私”和社会积弊。尤其是对汉武帝的讥刺，在《封禅书》中可谓入木三分。但是司马迁的目的是为了给统治者敲警钟，而不是蔑视“皇权”，替人民呐喊。很明显，赞扬司马迁为“人民史家”的观点是不符合史实的，也是根本违背马克思主义的历史唯物论的，这是我们所不能苟同的。

二、不应为尊者讳

历史研究应尊重客观事实本身，而不应主观设想曲意为尊者讳。其实，“人无完人，金无足赤”。作为封建史家的司马迁，由于阶级和历史的局限，存在这样那样的问题和不足是在所难免的。特别是司马迁经历了坎坷不平的创作道路，为“成一家之言”，用血泪和生命写出了不朽的《史记》，这是理应大书特书的。但是，我们进行历史评价的时候，不应回护古人的局限性，即不能用感情和好恶来取代马克思主义的观点的。

班固认为《史记》“不虚美，不隐恶，故谓之实录。”我们在前面的评述中，已经肯定了这一点。但是，这不等于说《史记》字字句句都是实录。例如鸿门宴写樊哙之怒，“头发上指，目眦尽裂”，显系文学夸张，而不是史家实录。由于各种局限，司马迁的史识也不可能做到“纯客观”。司马迁是一个充满了爱恨感情的人，他那支传神的笔是饱蘸着感情倾向的，有时也为感情所左右，本是不必苛求的。可是有的论者却说司马迁“能做到不被个人的爱憎所惑乱”，“他能突破感情的浪潮，如实地写出他所掌握的事实的真象”①。从总体上来看，这个评价无可厚非，司马迁确实能够做到爱不虚美，恶不毁功。但是，事实并非完全如此。

① 韩兆琦：《司马迁的崇实精神》，载《北京师大学报》1998年第4期。

司马迁对法家就常常在笔端流露出憎恶之情。如评论吴起，就说他“以刻暴少恩亡其躯”[①]，评韩非“其极惨礉少恩”[②]，论李斯则云“严威酷刑”，结果“斯被五刑”[③] 而死。又说：“商君，其天资刻薄人也……卒受恶名于秦，有以也夫”[④]。总之，法家人物残苛少恩，天生刻薄，不得好死。司马迁为什么对法家人物这样憎恶呢？我们认为主要有两个原因。第一，是信仰问题。司马迁在其父司马谈的影响下，崇尚黄老之学，而《史记》效法《春秋》，对儒家亦很宗仰。从历史观点来看，由于秦朝短命夭亡，也就宣告了法家在政治上的失败。代之而起的是西汉初年的黄老之学，接着是汉武帝的独尊儒术。司马迁时代的人都是不信仰法家的。第二是遭遇。他惨遭腐刑之辱，“肠一日而九回”，“每念斯耻，汗未尝不发背霑衣也。”[⑤] 对法家的酷吏峻法深有体味，因而痛绝之。司马迁的这种感情是可以理解的。

感情与史实，即主观与客观，二者的统一是一个复杂的问题。在总体上，司马迁能够做到二者的统一，他是运用互见法来协调的。《太史公自序》概述全书立篇旨意，着重理性分析，比较客观；而各篇人物赞论往往抒发抑扬褒贬的感情，或失平允。司马迁对抗匈名将李广、卫青、霍去病的载述就是一个典型的例证。司马迁有意编列李广传在匈奴传之前而将卫霍传殿之于后，由此构成了强烈对比。评论时用李广的优点，“忠实心诚信于士大夫”，去比照卫青、霍去病的缺点，和柔自媚“而天下之贤士大夫毋称焉”。司马迁高度称颂李广“桃李不言，下自成蹊”；而对卫青、霍去病则贬抑刺讥，“为将如此”，轻蔑口吻，溢于笔端。李广带兵，骑不满万，他的功绩和贡献是不能与卫、霍相比的。所以司马迁在《太史公自序》中作了弥补。对李广的评价是，“勇于当敌，仁爱士卒，号令不烦，师徒乡之”。对卫、霍的

① 《史记》卷六五《孙子吴起列传赞》。
② 《史记》卷六三《老子韩非列传赞》。
③ 《史记》卷八七《李斯列传赞》。
④ 《史记》卷六八《商君列传赞》。
⑤ 司马迁：《报任安书》，载《汉书》卷六二《司马迁传》。

评价是，“直曲塞，广河南，破祁连，通西国，靡北胡”。这里充分肯定了卫、霍的功绩，较为公允。两相对照，是矛盾的。又如对文景时代有着重大贡献的政论家、革新家和实干家晁错的评价也是矛盾的。《太史公自序》肯定晁错“不顾其身，为国家树长画”，而本传赞语却说晁错“擅权，多所变更”，甚至感慨地引谚语说，“变古乱常，不死则亡”[①]，这自然是不允当的。类似这样的矛盾，正是司马迁感情倾向的表现。因此我们在研究《史记》时应把司马迁所记叙的史实与他所倾注的感情区分开来。司马迁的感情倾向是表现他的个性和观点的，不是历史事实本身。所以我们不能笼统地说，司马迁“不被个人的爱憎所惑乱”，而应指出，他的爱憎有时也是有偏激的。由于他运用互见法来弥补，所以在总体上不失历史之真，这一点也是应当肯定的。

司马迁的思想倾向和爱憎感情还表现在道德伦理各个方面。司马迁颂游侠抗暴，颂货殖增财，表现了他的人民性，这些是颇谬于圣人是非的异端思想，否认它的进步性是不对的。但是司马迁在颂游侠时所表现的“士为知己者死”的思想倾向，在颂货殖时表现的“千则仆，万则役，物之理也”的思想倾向，都是当时统治阶级的思想，这正是司马迁思想的阶级局限性。但是有的论者在评论司马迁的道德观时，不但不指出这些局限性，反而夸大司马迁颂游侠、颂货殖的思想，是“反对封建主义的道德律”[②]，是“站在被压迫阶级方面猛烈的攻击压迫阶级的道德”[③]。这些颂词把司马迁的道德观说成与被压迫阶级的人民相一致，显然是不符合历史真实的。

更为典型的例证是评价李陵案。关于李陵案的始末，司马迁本人在《报任安书》中有着详细的载述。为了便于评论，引列如下。

仆少负不羁之才，长无乡曲之誉，主上幸以先人之故，

① 《史记》卷一〇一《袁盎晁错列传赞》。

② 侯外庐等著：《中国思想通史》第二卷，人民出版社1957年版，第140页。

③ 胡寄窗：《中国经济思想史》中册，上海人民出版社出版，第49页。

使得奉薄技，出入周卫之中。仆以为戴盆何以望天，故绝宾客之知，忘室家之业，日夜思竭其不肖之材力，务一心营职，以求亲媚于主上。而事乃有大谬不然者。夫仆与李陵俱居门下，素非相善也，趣舍异路，未尝衔杯酒接殷勤之欢。然仆观其为人自奇士，事亲孝，与士信，临财廉，取予义，分别有让，恭俭下人，常思奋不顾身以徇国家之急。其素所畜积也，仆以为有国士之风。夫人臣出万死不顾一生之计，赴公家之难，斯已奇矣。今举事一不当，而全躯保妻子之臣随而媒孽其短，仆诚私心痛之。且李陵提步卒不满五千，深践戎马之地，足历王庭，垂饵虎口，横挑强胡，卬亿万之师，与单于连战十余日，所杀过当。虏救死扶伤不给，旃裘之君长咸震怖，乃悉征左右贤王，举引弓之民，一国共攻而围之。转斗千里，矢尽道穷，救兵不至，士卒死伤如积。然李陵一呼劳军，士无不起，躬流涕，沫血饮泣，张空拳，冒白刃，北首争死敌。陵未没时，使有来报，汉公卿王侯皆奉觞上寿。后数日，陵败书闻，主上为之食不甘味，听朝不怡。大臣忧惧，不知所出。仆窃不自料其卑贱，见主上惨凄怛悼，诚欲效其款款之愚。以为李陵素与士大夫绝甘分少，能得人之死力，虽古名将不过也。身虽陷败，彼观其意，且欲得其当而报汉。事已无可奈何，其所摧败，功亦足以暴于天下。仆怀欲陈之，而未有路。适会召问，即以此指推言陵功，欲以广主上之意，塞睚眦之辞。未能尽明，明主不深晓，以为仆沮贰师，而为李陵游说，遂下于理。拳拳之忠，终不能自列，因为诬上，卒从吏议。家贫，财赂不足以自赎，交游莫救，左右亲近不为一言。身非木石，独与法吏为伍，深幽囹圄之中，谁可告诉者！此正少卿所亲见，仆行事岂不然邪？李陵既生降，颓其家声，而仆又茸以蚕室，重为天下观笑。悲夫！悲夫！

李陵降匈奴在天汉二年，司马迁受祸在天汉三年。据《汉书·李陵传》载，陵在匈奴岁余，汉武帝遣因杅将军公孙敖将兵深入匈奴迎陵，无功而还。公孙敖谎报李陵教单于为兵以备汉，“故臣无所得”。实际是另一个降将李绪教练单于兵。汉武帝不察，族灭了李陵全家，司马迁连坐以“诬上”之罪而受腐刑。《报任安书》作于太始四年，上距天汉三年已六年，可以说是司马迁痛定思痛的回顾，是完全真实可信的。上引的一段自述，说明了李陵降敌之事，是出人意料的，司马迁和汉武帝都没有估计到。在李陵案之前，司马迁是“务一心营职，以求亲媚于主上”，常从巡武帝，君臣之间，鱼水相得。但在政治观点上，司马迁的认识与汉武帝的行事是有分歧的。他作为一个实录史事的历史家，批评了汉武帝的“多欲”和“无限度”的外征内作，如同汲黯当面讥刺汉武帝多欲一样，本是出于忠心。司马迁的批评在于敲警钟，而并没有上陈政见来反对汉武帝。司马迁为李陵辩护，也是出于忠心，目的是宽武帝之心，客观地看待李陵的降敌。司马迁认为李陵有国士之风，出击匈奴，横挑强胡，所杀过当，不得已而降，是待机以报汉。例如汉初有韩王信降匈奴之事，文帝十四年，其子韩颓当归汉封弓高侯。景帝三年，平吴楚之乱，“弓高侯功冠诸将”①。汉武帝时赵破奴，先是亡入匈奴，已而归汉从骠骑将军霍去病出征匈奴，以军功封从骠侯。太初二年赵破奴出击匈奴兵败降，“居匈奴中十岁，复与其太子安国亡入汉”②。因此司马迁视李陵之降为权宜之计，是可以理解的。但是从本质上讲是错误的。苏武留胡十九年而不辱，表现了中华民族抗御强暴宁死不屈的气节，就说明了李陵降敌是应该受到批判的。班固称赞苏武说：“孔子称‘志士仁人，有杀身以成仁，无求生以害仁’，‘使于四方，不辱君命’”③。显然班固的论点是应该肯定的。在这个具体问题上，司马迁为李陵辩护，不应为之粉饰。由于汉武帝乖张暴戾，误把司马迁的忠心当成是“沮贰师，而为李陵游说”，“遂下于理”，表现了专制淫威的残酷，也是令人愤慨的。我们今天来评价李陵案，应以马列主义理论为指导，要作出历史

① 《史记》卷九三《韩信卢绾列传》。
② 《史记》卷一一一《卫将军骠骑列传》。
③ 《汉书》卷五四《李广苏建传》。

主义的分析，力求是非允当，不可以空言立论为尊者讳。由于评论者爱屋及乌，为司马迁讳，乃至于翻李陵降敌之案，这是应予辨正的。

司马迁受了冤屈，而怒而愤，所以他在《报任安书》中对李陵的战功很自然地带有夸张之辞，如说“印亿万之师”、“旃裘之君长咸震怖”、“举引弓之民，一国共攻而围之”等等。这些夸张之辞，只是用以表达自己的愤怒，而非史实，原不足怪。但令人奇怪的是，今之翻案者却不加分析地说司马迁对李陵的评论“是比较客观，是比较实事求是的”①。翻案者还提出了一个奇怪的逻辑，把李陵降敌的责任推到汉武帝身上。还有的甚至赞美李陵的降敌，说他是“传统‘忠君’思想的反叛者”②。这真是一种怪论！客观地评价，李陵之败，汉武帝负有责任。他不给李陵骑兵，他又妄听路博德的诈言，造成了李陵率步卒孤军深入而无援的绝境，败亡是注定了的。但是兵败与降敌完全是两回事，二者并无必然的因果联系。不论兵败的原因如何，李陵降敌，未能以身殉国，其责任是不能推卸的。

另有一种观点认为，“司马迁的‘李陵之祸’是他和汉武帝长期政治分歧，矛盾积累的总爆发”，因为“司马迁在政治上的种种异议无疑是武帝实现鸿图的阻力，必须扫除；但武帝又不便以政治分歧来加罪。适逢其遇，就利用李陵问题进行了断然处置”③。此论甚辩，但并无史实根据足以服人。汉武帝是一个刚毅志骄的雄主，哪能容得下阻他“鸿图”的人！汉武帝诛杀大臣如同视草芥，一个小小的太史令岂能挡他的“鸿图”？司马迁受祸，完全是专制君主喜怒无常的错误处置，这在封建社会常常是难以避免的。司马迁为李陵辩护，只不过是说了自己的看法，何况又是回答汉武帝的征询，所以他受腐刑却是一场冤案。但正是这场冤祸，使司马迁亲身体验了酷吏的暴行，认识到了绝对君权的弊

① 周富道：《李陵投降的责任在谁》，载《历史知识》1981年第1期。

② 雷树田：《试论李陵及其五言诗的真伪》，载《西北大学学报》1981年第3期。

③ 来新夏：《从史记看司马迁的政治思想》，载《文史哲》1981年第2期。

端，从而更加发愤述史，增添了《史记》人民性的光辉，这是汉武帝及其酷吏们万万想不到的。

综上所述，一言以蔽之：研究历史，不能感情用事；研究《史记》不应为尊者讳。我们并不否认司马迁是我国历史上有真知灼见的史学家和思想家，更不否认《史记》是一部实录作品。我们对司马迁也是怀有崇敬心情的，也免不了要唱赞歌。这里，我们旨在说明，司马迁毕竟是一位古人，一位封建史家，对于他所受到的历史的和阶级的局限，既不要苛求，也不要曲为之隐讳，这是我们史学工作者应抱的正确态度。

三、不能以偏赅全

毛泽东同志曾经指示我们："研究问题忌带主观性、片面性和表面性。"[①] 司马迁往往将某种人物某种历史事件用互见法写在其他传中。司马迁还用两传存疑的笔法广载异闻，以备参考。此外，《史记》又分"述"与"作"两部分。大体说来，秦楚之际和汉代历史，亦即司马迁时代的近现代史，以"作"为主；战国以前的古代史，以"述"为主。就全书来看，"作"大于"述"，约占三分之二的篇幅。"作"是司马迁的创作，是根据国家档案、图书和亲自调查所得而写成的文章。"述"则是熔铸剪裁，摘抄旧史而成。由于上述种种情况，在《史记》研究中，尤忌片面性。试举几例说明。

司马迁"究天人之际"，这在《史记》研究中是一个重大课题。司马迁在天命问题上既承认，又怀疑，时而清醒，时而糊涂。司马迁的这种矛盾思想，恰恰是真实地反映了他那个时代的人们所受到的阶级局限性和历史局限性。

《伯夷列传》为七十《列传》之首，以议论为主，其中心思想是对"惩恶佑善"的天道观提出质问。《项羽本纪》名标《本

---

① 《矛盾论》。

纪》，实为《列传》。因为《项羽本纪》以汉年纪历，用传体纪事。司马迁标为《本纪》，一方面是尊显项羽灭秦之功，另方面是纪实，以《本纪》之名列在《高祖本纪》之前，使两篇文章构成强烈的兴亡对比，说明楚亡汉兴的根本原因是人心的背向。所以司马迁在《项羽本纪赞》中对项羽至死不悟，怪罪“天亡我，非战之罪也”提出了批评。司马迁还在《蒙恬列传赞》中对蒙恬怪罪斩断地脉而得恶报之说加以否定，指出他轻百姓力，助纣为虐，死有余辜。这些是司马迁反天命的言论。

但是，司马迁宣扬天命的材料也不少。他在《高祖本纪》中说，三王之道若循环，并以此论证汉得“天统”。他还在《秦楚之际月表》中，赞叹汉得天下是“此乃传之所谓大圣乎？岂非天哉，岂非天哉！”。对秦始皇统一天下，司马迁认为“盖若天所助焉。”[①] 这些又是宣扬天命的言论。

上述这一矛盾观点，由两个原因所致。一是历史局限性。司马迁认为三代之兴是累世积德行义而得天下，秦汉之际天子起于匹夫，古今何以有这样大的差别，他无法解释，只好求救于天命论来帮忙。二是阶级的局限性。七十《列传》以人为中心，主要是“作”，司马迁从实际的历史变迁中总结历史经验，强调人为的作用，治乱兴衰，在于用人。这时司马迁的头脑是清醒的。在《太史公自序》中特别声明：“星气之书，多杂机祥，不经”，而又在《天官书》中大量记载天人感应的迷信。这正是阶级局限性的表现。

在《史记》中，矛盾的地方是很多的，这本是正常现象。我们研究者的任务，就是要透过现象看本质，综合考察，正确评价司马迁的主要思想倾向。但论者往往各执一端。强调司马迁是唯心论者，就说他的历史观是“三统”循环论[②]；强调司马迁是朴素唯物论者，就说他的历史观是“人定胜天的唯物主义思想”[③]。

---

① 《史记》卷十五《六国年表序》。

② 包遵信：《司马迁和他的名著史记》，载于王伯祥的《史记选》代序，1973 年人民文学出版社出版。

③ 陆永品：《司马迁的历史观》，载《河北师院学报》，1980 年第 3 期。

我们认为这两种对立的论点都不免失之于偏。司马迁的历史观是二元论的，但主要倾向是朴素唯物主义。

还有的论者，在引据史料时作了片面的夸张推论，以今人的感想去想像，这和本文所讲第一个问题用今人思想去改铸古人有殊途同归之“妙”。司马迁的壮游问题就是一个典型的事例。

司马迁二十壮游，这是他行年中的一件大事，《太史公自序》特为之记载。此外，《史记》中还有十四条记载游历的资料可与《太史公自序》互相参证。即《五帝本纪赞》、《河渠书赞》、《齐太公世家赞》、《魏世家赞》、《孔子世家赞》、《孟尝君列传赞》、《魏公子列传赞》、《春申君列传赞》、《屈原贾生列传赞》、《蒙恬列传赞》、《淮阴侯列传赞》、《樊郦滕灌列传赞》等十二篇《赞》及《伯夷列传》、《龟策列传》。纵观《史记》所载司马迁游历，共有三种情况：（一）二十壮游，“网罗天下放失旧闻”；（二）仕为郎中，于元鼎六年奉使征略西南夷；（三）数十年扈从武帝之游。其所足迹范围，“西至空桐，北过涿鹿，东渐于海，南浮江淮。”[①] 历代学者，对此评价很高。例如顾炎武说：“秦楚之际，兵所出入之途，曲折变化，唯太史公序之如指掌。以山川郡国不易明，故曰东曰西曰南曰北，一言之下，而形势了然。盖自古史书兵事地形之详，未有过此者。太史公胸中固有一天下大势，非后代书生之所能几也。”[②] 这是指《史记》在史事方面所得游历之助。苏辙云：“太史公行天下，周览四海名山大川，与燕赵间豪俊交游，故其文疏荡，颇有奇气。岂尝执笔学为如此之文哉？其气充乎其中而溢乎其貌，动乎其言，见乎其文而不自知也”[③]。这是指《史记》在辞章风格方面所得游历之助。总之，司马迁游历，使他获得了许多在书本中闻所未闻的知识，网罗了天下放失旧闻，开阔了视野，扩大了胸怀，这些是《史记》成功的条件之一。司马迁面向社会作实地调查而作史的精神，是应该得到崇高的评价，也是没有疑义的。

① 《史记》卷一《五帝本纪赞》。

② 《日知录》卷二十六《史记通鉴兵事》条。

③ 《上枢密韩太尉书》，转引自郑鹤声：《司马迁年谱》。

但是，不少研究者在触及司马迁游历时，往往作了过分的夸张，约有三个方面。（一）夸大地域，说司马迁遍游了全国版图；（二）夸大了时间，说司马迁的二十壮游，经历了整五年；（三）夸大了游历的意义，亦即思想境界的拔高。限于篇幅，我们对（一）（二）两点，暂不深究，单说思想境界的拔高。有人说，司马迁年十岁诵古文，二十壮游，“把他十年来积累下来的疑问完全去掉了”①，“他接触到广大的人民”②。还有人说，通过游历，司马迁已经“使一己的阶级利益与广大群众利益接近起来”③，凡此种种，无不是用现代思想去装扮司马迁，是不符历史实际的。

根据只言片语作片面夸张的论述，在《史记》研究中并不是个别的现象。例如《太史公自序》说：“迁生龙门，耕牧河山之阳，年十岁则诵古文。”司马迁的这几句话无非是自述童年在家乡度过，十岁时就能认古字读古书。“耕牧”是指有产业的意思，也是泛指乡间生活。但是有人据此立论，说司马迁“从小就参加劳动，与劳动人民有着紧密的联系。”再以十岁所诵的古文来说，司马迁自己讲得很清楚。古文一是指先秦文字，《太史公自序》云“秦拨去古文”，说的就是秦朝的文字改革，废去古文，书同文。二是指先秦典籍，《春秋》、《国语》、《五帝德》、《帝系姓》，也包括《尚书》。《五帝本纪赞》、《三代世表序》作了明确的交代。可是有的权威人士却夸张司马迁十岁诵《古文尚书》，并且是孔安国的学生。试问，司马迁耕牧河山之阳，他怎能去做京师的孔安国的学生呢？又，司马迁既然从小就参加劳动，他哪有时间在十岁时就能读《古文尚书》呢？不错，孔安国是司马迁的老师，但那是青年司马迁壮游归来之后的事，而不是年十岁时之事。

至于引用司马迁暴露专制主义弊端的一些词句夸大成为司马

① 见《中国历史学的开创者司马迁》，载《中国青年》1951年总57期。

② 汪篯：《我国古代伟大的历史家——司马迁》，载《人民日报》1955年12月31日。

③ 卢南乔：《司马迁在祖国文化遗产上的伟大贡献与成就》，载《文史哲》1956年1月号。

迁批判封建主义制度更是不能成立的。例如说："司马迁是封建统治营垒中最早觉察到封建专制主义的弊病，并敢于揭露这种弊病的思想家之一"①。司马迁的暴露是实录历史的自然反映，并没有上升到自觉批判的高度，因为，"新的思想和理论，只有当社会物质生活发展已在社会面前提出新的任务时，才会产生出来"②。反封建专制主义是资产阶级提出的任务，作为封建史家的司马迁是无力承担的。

综上所述三个问题：（一）不要用今人的思想去改铸古人；（二）不应为尊者讳；（三）不能以偏概全，我们认为是司马迁研究中应值得注意的几个问题。我们对《史记》还缺乏深入的研究，所提看法难免失当，错误一定很多。不过，我们是旨在提出问题，阐明见解，作为我们研究路上的警钟，热诚期待专家们指正，并与同道者共勉。

（收入第一版《史记研究》论文集，
甘肃人民出版社 1985 年出版）

① 陈可青：《司马迁对专制主义弊病的批评》，载《光明日报》1980 年 12 月 9 日。

② 《联共（布）党史简明教程》第 48 页。

三十年来史记研究述评[①]

三十年来《史记》研究所指时间，是建国以来从 1951 至 1982 年，共三十三年。

三十年来《史记》研究取得了很大的成绩，如何评价这些成绩？整个研究工作有什么新特点？当前应注意哪些问题？怎样推进《史记》研究向纵深发展？对这些问题开展评议是很有必要的。本文略谈个人浅见，以期抛砖引玉，求其友声，在《史记》研究领域中开创无愧于我们时代的新局面。

一、三十年来史记研究的总成果

司马迁是我国历史学的奠基人，他用毕生精力完成的《史

① 本文于 1983 年应《人文杂志》编辑部之约，为纪念司马迁诞辰 2130 周年而作，这里描述的是 20 世纪 80 年代初的《史记》研究情况。近三十年来，《史记》研究有长足的发展，当时呼吁的设想正在次第实现，详文集第六卷《史记二十讲》之《史记的民族凝聚力与研究现状》一文。两相对照，可以鲜明地看到近三年来“史记学”的发展轨迹，此是收入本文的意义。可喜的是，公元 2001 年 4 月，全国 30 余所高校和研究单位的 50 余位《史记》研究学者聚会无锡，在江南大学成立了“中国史记研究会”，这是当代《史记》研究黄金时代的一个标志，必将极大地促进全国各地学者之间的交流与合作，推动《史记》研究向纵深发展。

记》，奠定了史学的独立地位，在我国古代史学史上竖起了一座巍峨的丰碑，对后世产生了极其深远的影响。《史记》自问世以来，历代研究和阅读它的人日益增多，几乎不可胜数，单是有清一代研究《史记》留下文章著述的学者就有三百余人。新中国建立以后，学术界对《史记》研究更加活跃，撰写《史记》论文者累计一百七十七人，取得了丰硕的成果。

在出版读物中，普及与提高相结合，成绩显著。中华书局出版了新点校本《史记》，其他出版社出版了各种普及性的注译选本和通俗性的评介小册子。因此，《史记》这一享有盛名的史学和文学巨著，再也不仅仅是文人学者的案头物，而在社会广为流传。郑权中的《史记选讲》，中华活页文选合订本《史记》专集，梁弼的《史记故事选译》，季镇淮的《司马迁》，胡佩韦的《司马迁和史记》，谢介民的《司马迁》（收入吴晗主编的《中国历史小丛书》）等几部雅俗共赏的读物，是普及《史记》和介绍司马迁方面的佳作，很受读者欢迎。王伯祥的《史记选》，中华书局出版的《两汉文学史参考资料》中的“史记文选”，则是两种学术性较强的选本，在大专院校文科师生中广为传播。韩兆琦的《史记选注集说》，更是后来居上，1982 年由江西人民出版社出版。在其他各种中国古代散文选本中，《史记》也占有相当的分量。一些通史、哲学史、文学史、经济史和要籍介绍，也对《史记》作了重点分析，至于史学史则立专章评论。专家著作有陈直的《史记新证》，贺次君的《史记书录》，金德建的《司马迁所见书考》，都是别开生面之作。最值得一提的是 1959 年中华书局出版的新点校本《史记》，它以金陵书局本为底本，对《史记》原文及“三家注”作了全新的断句、标点和分段整理。这一读本有两大特点。第一，分段精善。1936 年顾颉刚、徐文珊本，北平研究院排印已作分段。新点校本在顾徐本的基础上作了更精善的分段。一般是每事一段。但为了避免琐碎，凡事情简易、文字短小者，数事合为一段。反之，一个大事件，文字很长，则按事件发展的波澜分成若干段。如《项羽本纪》中的“鸿门宴”一节就分为四段。分段精善，使史事内容条理清晰，线索分明。第二，technically

术处理合理。为了使段落之间眉目清楚，根据段与段之间的不同联系做了不同的技术处理。凡大段之间空一行。二人以上合传，关系密切的叙完一人事迹接续另一人事迹时空一行；关系不密切的，人物之间空二行；附传人物为一组，之间不空行。正文中的大段引文如《秦始皇本纪》和《陈涉世家》所引《过秦论》，以及后人增补的文字如《张丞相列传》、《郦生陆贾列传》所附增窜文字均另起行，低二格以示标帜。年表部分，在书眉上标注了西历纪年，阅读和考证都十分方便。点校者对于已断定的增删文字也作了有标帜的技术处理。删去的字用圆括小号字排，增添的字用方括标排，以避免武断。三家注则用小号字分条排列于各段正文之后，标注号码照应。《史记》经过这样整理以后，具有很高的学术价值，不仅给广大读者提供了精善的读本，也给专门研究者提供了完善的引证本。可以说新点校本是顾颉刚先生等前辈专家集《史记》章句之学的大成，也是三十年来《史记》研究对原著整理所取得的一项重大成果。它的问世为二十四史及其他要籍整理提供了范例，无疑具有划时代的影响。

纵观三十年来《史记》研究总成果，更能反映《史记》研究水平的，还应推数量颇多的史记论文。初步统计，从 1951 年至 1982 年，国内有九十三种报刊杂志及大学学报发表的研究论文有二百六十篇左右，约二百万字，作者一百七十七人。这个统计数字包括了 1981 年求实出版社出版的《史记新论》，以及 1982 年河南人民出版社出版的《司马迁研究新论》等两部论文集，重出篇目未计。这一可现的数字反映了我国文史工作者对《史记》这部宝贵历史遗产的研究，是十分重视的。

《史记》一书的成就，不仅表现在纪传体通史这一编纂形式的创造上，更表现在它自成“一家之言”的思想内容上。《史记》熔铸了作者司马迁非凡的才思，卓越的史识和系统的理论。三十年来的研究成果，突出的表现就是广泛地探索了司马迁思想的各个方面，不断地开拓了《史记》研究的新领域和新方向。郑鹤声、季镇淮两先生对司马迁行年和传纪的研究，卢南乔先生对史记编纂学特点的研究，陈直先生对《史记》名称及早期传播的研究，齐思和先生对《史记》产生的历史条件和在世界史学上的地位的研究，侯外庐、任继愈两先生对司马迁哲学思想的研究，殷孟伦、朱星两先生对《史记》语言的研究，程金造先生对《史记》三家注的研究，都是独具见解，启迪新思的。近年来，对司马迁思想的研究有了进一步的深入和发展。杨向奎、杨燕起、张维华、吴忠匡、施丁、陈可青、来新夏、韩兆琦、谢天佑、吴汝煜、赖长扬等人对司马迁的历史观、政治观、经济观、社会伦理观、学术观、历史编纂、历史文学、艺术手法、马班异同等各个方面作了比较深入的研究，提出了不少引人注目的新观点和新看法。本文限于篇幅，不能将其论题和论点一一列举述评，试举一例说明。

1979 年《中国史研究》第一期刊载了杨向奎先生的《司马迁的历史哲学》一文，从思想继承和对现实的批判这两个侧面评述了司马迁的历史观。杨先生认为，在司马迁以前的儒家思想的范畴内，"已经存在一个历史学派公羊学"，这一学派对司马迁发生过重要影响，可以说，"司马迁是前期公羊学派中的重要人物"。司马迁继承公羊学的传统，有两立：一为后王立法而宣扬大一统；一为后人立法而颂扬反暴政。这两者是对立的统一。但公羊学的三世三统说具有的循环论对司马迁产生了消极的影响，使他法后王不彻底。但总的来看，司马迁的历史观是"进步的唯物史观"。司马迁能够抓住新事物看出它有利于人民，有利于社会而加以肯定，给他们应有的历史地位。他有两颂：一颂货殖；二颂游侠，而这二者都是向封建秩序挑战的，也是与同属公羊学派的董仲舒"背道而驰"的。杨先生的这些见解，读来使人耳目一新，因此在学术界引起了较大的反响。

司马迁与公羊学是杨文发掘的一个新课题，不少同志参与了讨论和争鸣。赖长扬在《史学史研究》1979 年第四期上发表《司马迁与春秋公羊学》一文，认为公羊学的基础是"阴阳五行说"，其主要内容是"天人感应"，派生的观点有"历史循环论的三统说"、"王权神授说"等等，司马迁对这一神学体系是持批判的态度，他不为董仲舒立专传，不载《天人三策》，可以说是对董仲舒公羊学的直接否定。1980 年《史学史研究》第六期，赖长扬又发表了《论司马迁历史哲学中的唯物主义观点》一文，进一步论证司马迁对董仲舒的神学以及阴阳家的祖师爷邹衍都采取了批判的态度，认为司马迁摒弃了“天人感应”，并且已经发现“人类社会生活的基础是物质生活资料的生产”，因此“力图从经济条件出发来说明人们的社会地位、思想意识和政治制度”。1980 年陆永品在《河北师院学报》第三期上发表《司马迁的历史观》，与杨先生商榷。陆文认为司马迁的思想体系是与董仲舒对立的，说司马迁是前期公羊学派的重要人物，是“缺乏历史根据”的。1980 年《文史哲》第五期发表了张维华先生的《论司马迁的通古今之变究天人之际》一文，认为司马迁通古今之变，究天人之际，实际讲的就是“天人感应”，大体同董仲舒接近；但司马迁是为了经世致用，故《史记》的主导思想是讲人事。他谈天意，只不过是受了过去和当时的影响所必然造成的，但不是《史记》的主题。至于邹衍的“五德终始说”，司马迁信疑参半，并不曾达到据其说以写史的地步，自然也就谈不上继承其说来构成自己的历史哲学。这些不同观点的论述，无疑地深化了对司马迁思想的研究。

如何看待司马迁与公羊学，吴汝煜的论述较为平实。吴文《史记与公羊学》，刊于《徐州师院学报》1982 年第二期。吴文比较具体的进行了两点论的分析，具有较高的学术水平。

吴文认为，汉武帝独尊儒术，并不是尊奉所有的儒家经学流派，而是独尊董仲舒的春秋公羊学。也就是说，司马迁生活在公羊学最盛行的武帝时期，又师事董仲舒，接受公羊学是必然的，但“没有把公羊家的学说全盘接受”，而是有批判的继承。司马迁对公羊学的批判表现是：一、怀疑和讽刺灾异说；二、不取公羊家的讳饰态度；三、不贵虚名。司马迁接受公羊学的影响是：一、公羊家颂扬汤武革命，主张以有道伐无道，成为《史记》反暴政的思想武器；二、公羊家“尊王攘夷”、主张“大一统”的思想，成为《史记》贯串全书的主要观念；三、公羊家崇让、尚耻之义是《史记》褒贬历史人物的道德标准。结论：“司马迁以恢宏的气魄，吸收了公羊家学说中的精华，写出了比《春秋》规模更大、褒贬尺度更富于人民性、内容体制更符合大一统时代要求的伟大著作，这实在是空前的壮举。从这个意义上说，司马迁作为伟大人物的个人特性，不仅可以方驾孔子，而且也是后世的许多史家所不可企及的”。

二百万字的史记论文，约有五分之一是属于总论性的评介文章。这类文章指出，《史记》闪耀着朴素唯物主义的思想光辉，突出地表现在两个方面：一是司马迁首创经济史传，重视物质生产对社会历史的作用，认为经济生活具有不以人的意志为转移的客观规律，并论证了“欲望”是社会的原动力，肯定人们追求富利是进步的伦理道德。司马迁的经济思想独自奏出了不同凡俗的异响，是当时朴素唯物论的最高水平。二是司马迁以人为中心述史，结束了神权意识的支配地位，发现了人的价值，写出了几千年的人类活动的社会发展史，这是了不起的识见。司马迁不但记叙圣君贤相的事迹，而且广泛地记叙了社会各阶层人物的活动，并记叙了农民起义的领袖以及社会底层的人物事迹。司马迁在记叙和褒贬人物时，一方面褒扬圣君贤相，爱惜人才，惩恶劝善，总结历史的经验以诱导帝王清平尚贤，并热烈颂扬人民群众的道德；另一方面敢于鞭笞帝王，揭发历史的黑暗，同情被剥削被压迫者，反映当时人民群众的要求和愿望。总论性的评介文章，理论分析虽一般化，但这些论文对《史记》包含着丰富人民性和民主性精华的发掘和评价，也是三十年来《史记》研究的一项重要成就。

《史记》体大思精，包容天文地理、人事物事百科知识，值得发掘和研究的课题很多。如葛一之的《史记体例的分析》，孙钦善的《史记采用文献史料的特点》，邬国义的《司马迁译古文》，赵生群的《司马谈作史考》；薄树人的《试论司马迁的天文学思想》，李少雍的《司马迁对人的态度》，吕锡生的《正确处理感情与史实的关系》，何双生等《论司马迁的史笔》，资中筠的《太史公笔法小议》，俞樟华的《试论史记中的太史公曰》；任访秋的《伟大的现实主义散文作家司马迁》，赵省之的《司马迁赋作的评价》，徐宗文的《史迁肯定大赋说献疑》，冯其庸的《司马迁的人物特写》，杨松溥的《略论史记的人物刻划及历史意义》，白静生的《史记中的妇女形象》，章明寿的《论史记中传记散文的文史分野》；黄展岳的《游踪极广的司马迁》，祁庆富的《司马迁奉使西南设郡考》，沈伯峻的《司马迁为何被刑？》；李人鉴的《史记校读记》，陈邦贤的《史记医学史料汇辑》，费云东的《司马迁——汉代的史学家和档案工作者》，杨鉴的《宋刊本史记记略》等文章虽非恢宏大论，但却就某一点作了深入的单向研究，提出了新颖的见解，其学术价值是应该肯定的。这方面的研究篇目还可列举一些，汇集起来也是相当可观的。

二、三十年来史记研究新特点

三十年来的《史记》研究，无论从学术研究方法上，还是从内容和水平上来看，其研究成果都开创了一个新时代。建国以前，传统的《史记》研究都是侧重于史实考订和文字校勘、疏解，其研究方法是罗列材料，引证甲说乙云，层层相因，缺少新意，对《史记》所熔铸的司马迁“一家之言”的研究十分零碎，根本谈不上系统的探索。如王重民等先生编制的《清代文集篇目分类索引》，其中所收《史记》论文 165 篇，大都是读《史记》札记。又如从 1905 年到 1949 年，关于《史记》的编目论文约有 110 篇，研究的内容仍多是校勘、考证、读法、评注等等，探索司马迁思想的文章不成系统，而且立论肤浅。明清时代《史记》的评点派对司马迁的思想不乏精到见解，但偏重于辞章技巧，因而陷入寻章摘句中，又刻意追求史公微文，往往断章取义，肆情附会，脱离历史的实际。这是缺乏马克思主义指导的必然结果。当然旧时代的文献整理和疏解研究，也是必要的和有益的。但是作为历史研究，仅仅停留在这个基础上是不够的。三十年来有了很大改观，已发的二百万字学术论文，无论数量和质量都有了新的起飞，这是旧时代无法比拟的。

三十年来《史记》研究的最大特点是在研究方法上运用了马克思主义作指导，发生了质的飞跃。研究者把《史记》放在当时的社会历史环境中进行科学的分析，把司马迁的写作活动与当时社会政治、经济状况紧密地联系起来，不仅揭示了司马迁历史活动的动机，而且能够从社会关系的总体中分析这种发展的客观规律性，“看出物质生产发展程度是这种关系的根源”①。

运用唯物史观与丰富史料相结合的方法，平允、准确地全面评价司马迁的思想，并且取得了显著成绩的，是前辈学者白寿彝先生。他的《司马迁与班固》和《史记新论》两篇宏论可以代表三十年来《史记》研究的新水平。《司马迁与班固》同题三文，有详有略，以1963年北师大学报第四期所发最全面，论文洋洋三万言，分了十个专题，从两汉广阔的时代背景上用纵横的比较法评价马班史学，提出了新观点。众所周知，刘知几的《史通》是扬班抑马的，而郑樵的翻案又太偏宕，传统的观点是将马班并提。白先生研究了两汉历史及史学的发展，正确地指出了司马迁的《史记》是“答复历史怎样变化发展”的，而班固的《汉书》却是“答复如何维持目前局面”的。司马迁要“究天人之际，通古今之变，成一家之言”，拿出的是“自己独到的见解”，具有进步的异端思想，也就是有着人民性的成分。班固则是把两汉的历史写出来，“综其行事，旁贯五经，上下洽通”，即“用五经的道理将上下二百年的历史妥贴讲通”，维护汉室的正宗思想。所以无论从体裁的创造上，还是历史的识见上，班固都不能与司马迁相比，《史记》《汉书》并举，是“很不相称的”。《史记新论》更宏大，约四万言。该文上溯历史至西周共和以来七百多年的历史发展，探索《史记》的写作背景，第一次将司马迁自己揭示的《史记》要旨三题，即对“究天人之际，通古今之变，成一家之言”作贯通的述评。白先生指出，司马迁接受了西周共和以来七百多年间的“经济、政治发展的影响”，继承了这个漫长的变革时期所形成的进步历史观和历史研究的优良传统，综合了长期历

① 《列宁选集》第二卷第五八六页。

史发展过程中形成的各种历史体裁，创造了一部纪、传、表、书综合体的通史。司马迁在史学上的贡献，正可凝炼为他自己所总括的三句话十五个字之中。司马迁“究天人之际”，“主要是指他的世界观而言，其中也包括历史观”。司马迁运用“天”字，也讲“天命”、“受命”，但实际上“是从历史条件，从人事上讲”的，主要是讲“人谋”，讲“时”、“势”。司马迁“通古今之变”，承认“历史是进化的，是变的”，十分重视历史条件的客观影响，“原始察终，见盛观衰”，具有“明确的唯物主义观点”。司马迁的“成一家之言”是一个创举，表明他“敢于拿出自己的主张”，“显然是对正统儒学表示的一种抗议”。综观司马迁的思想“是杂家”，“其主导思想是道家的思想”，而在实际作法上，“则倾向于法家和儒家的主张”。结论认为，《史记》“确是一部前无古人的巨著，是后来史家的优秀楷模”。

《史记新论》发表于1981年，但它却是白先生二十年前的一部讲课记录稿，写成于1963年，和《司马迁与班固》一文是蝉联完成的姊妹篇，两文互证互补。一篇上溯七百年，一篇下及三百年，合观则上下一千年。白先生运用纵横的比较方法，上溯下及，作这样远距离的探索，既是独创的，也是新颖的。

齐思和在1956年1月17日《光明日报》上发表的《史记产生的历史条件和它在世界史学上的地位》一文，运用历史比较法，将《史记》与希腊史学名著对比，分析出“《史记》的特点在于它的全面性，尤其是对于生产活动、学术思想和普通人在历史上的地位的重视”，简明地表述了《史记》在世界文化史上的地位。

三十年来《史记》研究的第二个特点，是研究者运用历史的研究取代了考据的研究，开始把《史记》从“史料学”的研究水平提高到“史记学”的研究高度上，走上了科学化的正确方向。旧时代的考据研究偏重于名物典章，地理沿革，文字校勘，音韵训诂，版本源流等。方法是抄撮材料，排比引申，这就是为人们津津乐道的乾嘉学派的治学方法。应该肯定，乾嘉学派在考据方面是有贡献的。在史实考辨，鉴别材料真伪等方面是不能离开考据方法的；但是仅仅拘泥于一些僵死的事实的搜集和考据，如果离开对事物发展的过程的考察研究，往往会偏离正确的轨道，即使是博学宏通的学者有时也会迷失方向。例如已故文献学者余嘉锡先生考证《史记》缺逸，著《太史公书亡篇考》，洋洋十余万言，引证材料几百条，用以论证张晏之说不虚。尽管余先生引证宏博，穷源竟委，但他离开了《史记》本证，囿于班固、张晏之成说，考证的起点就偏离了方向，所以他的详细考证并不能定案。余先生在《太史公书亡篇考》中甚至否认"太史公曰"是司马迁创造的史论形成，认为"太史公曰"只是司马迁"遇其意有所感发，更端别起"所发的即兴议论。若此说成立，则《史记》中篇首的"太史公曰"就无着落，难道司马迁未行文而先有感发吗？篇首之"太史公曰"即习惯称之为序的十表序、八书序、类传序等。这些篇章具有浓厚的理论色彩，是司马迁的精心之作。篇末"太史公曰"习惯称赞。《史记》序赞是司马迁创造的史论形式，言约义丰，集中地表述了司马迁的"一家之言"，可以说是《史记》一书的血气。由于余嘉锡先生以张晏所云十篇亡书目录为不易之言这一先入之见立论，不承认《礼》、《乐》、《律》三书序存，更不承认《三王世家》及《赞》为司马迁手笔，故否认司马迁创造了序赞的史论形式，真是一叶障目，不见泰山。至于清人崔适作《史记探源》，考证《史记》断限，肆意灭裂，谓《史记》有二十九个伪篇，元狩以后记事皆妄人所续。此种考证"务为异说"，用以"惊人耳目"，更不足训。当然正确运用考据方法，在马克思主义指导下，将考据与唯物史观的分析方法结合运用，却能提高研究水平。在这方面，卢南乔的《司马迁在祖国文化遗产上的伟大贡献与成就》，程金造的《关于司马迁生卒年月四考》，陈直的《太史公书名考》，陈可青的《论司马迁的社会经济思想和历史观》、《太史公书凡例考论》，施丁的《马班异同三论》等，都是考论相结合的佳作。特别是党的十一届三中全会以来，研究者思想得到解放，对《史记》的研究，从政治到经济，从思想到文化，从史学到地理，从文学到美学，从伦理到哲学，都进行了广泛深入的讨论，出现了前所未有的生动局面，

《史记》研究正在发展成为一门完整的专门科学：史记学。可以预料，在不久的将来，定会取得更多的成果。

三十年来《史记》研究的第三个特点，是新人新作不断涌现，研究队伍日益扩大。回顾三十年，老一代学者发挥了骨干作用，有数十位知名学者发表了学术论文，他们的精辟论述和号召力，奠定了《史记》研究的基础。其中，翦伯赞先生是在新中国学术界第一个发表史记论文的学者。他的《中国历史学的开创者司马迁》，发表在《中国青年》1951年总第五十七期上。这虽是一篇知识性的评介文章，但议论简洁明快，文字通俗，一反旧时代研究者的那种堆积史料和文字艰涩的毛病，且发表在通俗刊物上，是有意识地向青少年介绍这部古代名著，对《史记》的普及和研究开了一个新生面，是颇有影响的。嗣后、金兆梓、季镇淮、荣孟源、汪篯、侯外庐、高享、尚钺、李长之、吴晗等前辈都先后写了通俗性的《史记》评介论文，对推进《史记》的研究起了宣传和号召的作用。1955年郭沫若在《历史研究》第六期上发表《太史公行年考有问题》一文，发起了一场围绕司马迁生卒年问题的学术讨论，尽管这场讨论在解决司马迁生卒年上没有形成定论，但此为契机带动了《史记》研究的开展，形成了三十年来《史记》研究的第一个高峰。郭老的声望在学术界所产生的马太效应和号召力起了良好的作用。1951至1954年，学术界发表的史记论文只有四篇知识性的评介短文，而1955至1957年三年发表史记论文五十五篇，提出了许多有待深入钻研的问题。例如程金造与黄烈两先生关于《史记》三家注之间关系问题的辩论就是由行年的讨论引发的。1962年程先生在《文史哲》第五期发表《史记“正义”“索隐”关系证》一文，列举十例证明三家注后出的《正义》疏通前出的《索隐》，解决了清代学者钱大昕所提出的“二书不相称引”的疑案，对于考证司马迁的行年和评价三家注的价值都有重要意义。建国以来，程先生在《史记》三家注研究方面，前后发表了六篇论文，是前辈学者发表史记论文最多的一个，而且至今仍保持着在三家注研究方面的权威地位。

但是，三十年来，众多的史记论文是完成于中青年文史工作者之手。纵观三十年来《史记》研究的发展，可分为三个时期，有两个高峰。从1951至1957年是文史工作者运用马克思主义新方法研究《史记》的初期，大家还很不熟练，史记论文多是一般性的评介。但在此期间，党的“双百”方针贯彻得比较好，思想活跃，有良好的争鸣气氛，提出了许多新问题，并出现了五十年代中期的第一个高峰。从1958到1965年底是《史记》研究向纵深方向发展的时期，开始对《史记》进行综合研究，发表了许多有较高学术价值的专题论文。十年浩劫期间，《史记》研究陷于停顿。粉碎“四人帮”以后，《史记》研究再度活跃起来，进入了全面研究的第三时期，形成了第二个高峰。这个高峰从1979年以来至今不衰。1979至1982年四年中发表史记论文一百二十五篇。这一喜人形势的出现，一个重要的因素是大批中青年《史记》研究者成了新时期的骨干。施丁、吴汝煜、韩兆琦、陈可青等同志是取得成绩较多的几位中年骨干。他们各自从不同的角度对司马迁的“一家之言”作系统的探索。我们可以预期，他们中的著作不久将问世。赖长扬、李少雍、赵生群等同志更是崭露头角的青年。中青年骨干的形成，这是一个新动向。它标志着《史记》研究后继有人，必将使这项研究出现一个新的局面。

三、当前应注意的问题以及怎样推进史记研究向纵深发展

当前我国正在进行大规模的四个现代化建设，学术界呈现了一派春天的气息，《史记》研究和其它学科一样，进入了蓬勃发展的黄金时代。有关《史记》研究的单位和研究者个人都应珍惜这一大好时机而奋竞工作，拿出更多更好的成果来，方不辜负时代所赋予我们的历史使命。应当看到，三十年来《史记》研究虽然取得了好成绩，但也存在一些值得注意的问题。

第一，史论结合的研究方法，理论和史料两个方面的基础都比较薄弱。在理论方面，一般化的论述较多，深透的分析较少，

论证简单化。我认为在司马迁研究中值得注意的思想倾向主要有三个方面。一是用今人的思想去改铸古人，拔高司马迁的形象；二是为尊者讳，粉饰司马迁的历史局限性和阶级局限性；三是以偏概全，因而在《史记》研究中往往形成极端对立的观点。前两个问题属于理论方面，后一个问题属于史料方面。此外，司马迁的历史观和他的阶级立场的关系，至今未能很好解决。有的研究者认为司马迁站在人民的立场，或者站在农民的立场写史，《史记》是一部"人民历史"；反对者认为司马迁仍是地道的地主阶级的思想代表，他写《史记》是为巩固封建统治服务的，否认《史记》有人民性；折衷意见认为司马迁代表中小地主阶级的利益等等，都是一些比较概念化的论证，其结论不能使人信服。在史料运用上，各说各的一面，只摘取有利于自己观点的史料，对于不利于自己观点的史料因不能作出合理解释，从而采取回避态度。例如讨论司马迁笔下的游侠，一种意见认为游侠是"下层人物"，是"维护下层人民利益，反对上层封建统治阶级的"；反之，另一种意见则认为游侠是"上层人物"，"不是代表人民的利益来反对封建势力，而是为封建统治服务的"。象这样两种对立的观点，都能在《史记》中找到各自的资料论据。类似例子，不胜枚举。

怎样在《史记》研究中贯彻史论结合，学术界已发表了十多篇文章来探索。这些文章当以《文史哲》1965 年三至五期所发表的几篇文章为代表。这些文章指出司马迁研究中值得注意的思想倾向确实存在，但由于这些文章受当时"左"的思想的影响，本身立论又过于简单化，因而未能很好解决这一问题。例如说司马迁的历史观，只不过是由"英雄史观、历史循环论、神意史观等糅合于一体"的"唯心主义历史观体系"。其论证根据是："唯物主义的历史观点，是马克思主义的一个重要组成部分，马克思主义以前是没有唯物主义的历史观的"。我们认为这种立足于理论概念的推论本身就不符合历史唯物主义。难道马克思主义是天上掉下来的？在马克思主义以前，尽管没有完整的科学唯物史观，但朴素的唯物史观的因素或倾向是存在的。马克思主义的产生不单是革命实践的总结，也是对历史遗产的继承和发展。所以，我们不能用公式化的方法去证明司马迁的思想，也不能不顾《史记》内容宏博、“述”与“作”交织的特点，而简单地用罗列资料的方法立论。我们应当严肃地尊重历史，运用马克思主义理论作指导，充分占有历史资料，在分析的基础上去立论，而不是在理论的基础上去推论。

上述问题的产生原因虽多，但主要是没有很好地掌握以马克思主义为指导进行历史研究的科学方法；理论与史料脱节；缺乏对《史记》成书过程的研究；缺乏对司马迁思想资料系统化的整理；赞叹《史记》的宏伟结构和司马迁忍辱著书精神以致评论失之偏颇；以及争鸣气氛不浓等。

第二，研究队伍涉猎者多，专精者少，同时也缺乏一个《史记》研究中心来组织。《史记》论文作者虽然很多，但专精者甚少，系统研究司马迁思想的人屈指可数，而且亦未尽全力，故至今未见这方面质量较高的专著问世。三十年来，《史记》研究是自发的，分散的，还没有形成一个研究中心。所以《史记》研究未能象《红楼梦》研究那样早应形成专门之学。某些工作还不及国外。程金造先生专攻《史记》半个多世纪，他曾大声疾呼应由中国人来总结两千年来《史记》研究的成果，与《史记》总合在一起，加以条理阐释，作成一部集大成的著作，至今未能实现。正如程先生所说，“当今是需要这种书的”。三十年代日本学术界出版了泷川资言的《史记会注考证》，汇合日人及我国注解《史记》的著述，贯串作考证，采摭众家，搜罗宏富，但也只吸收了不到三分之一的成果，对清人的著述尚有多种遗落，更不用说近半个世纪以来的研究成果。因此日本学术界在五十年代又出版了水泽利忠的《史记会注考证校补》。相比之下，我们在这方面的工作就显得有差距，应当急起直追。但是集大成的著作，并要把它做得完善，决非一人之力所能完成。中国旧时代的大官僚知识分子，虽然家藏万金，蓄书万卷，可自刻出书，又有充裕的时间，具有个人研究的良好条件，但他们完成巨著也是离不开国家支持的。例如司马谈临终遗言，要司马迁必为太史，“紬史记石室金匮之书”，依靠国家的力量。司马光作《资治通鉴》也以书局自随。在今天社会主义时代，知识分子个人，若无国家的支持，要完成宏伟的研究任务是不可能的。因此成立一个《史记》研究中心来组织全国力量，通盘考虑，改善研究条件，培养专精队伍，有计划地开展工作，分工合作，是十分必要的，也是有条件的。中华书局出版新点校本《史记》，有计划地整理二十四史，就是在国家的规划下进行的，这体现了社会主义的优越性。所谓《史记》研究中心，就是说有一个科研部门来支持，来组织，把《史记》研究列入国家计划，成立班子，收集资料，培养人材，组织全国力量集体攻关，制订科研项目和出版计划，要有专款经费，有出版社支持，能系统出书。我们希望作为司马迁故乡的陕西对《史记》研究应予以特殊的重视，并作出积极的贡献，以推进《史记》研究尽快出现一个新局面。

三十年来《史记》研究取得了好成绩。但是，我们不能满足于已有的成绩而踏步不前。要不断创新，才能肩负时代赋予的崇高任务。应该看到，两千年前中国出现了司马迁和《史记》，这是世界文化史上的奇观。《史记》具有系统的史学理论和述史方法，它所取得的成就是中国古代文化的一个高峰，它所蕴藏的能量和价值很大一部分还没有释放出来，需要深入挖掘和研究。如何把研究推向深入，我认为必须加强以下两个方面的工作。

（一）关于资料整理。历代以来研究《史记》的论著，零散的和整部的不下四、五百种，留下了丰富的遗产。从清代以来的论文也有五、六百篇。这两项资料累计字数估计有一、两千万。一个人要阅读这些资料都十分不容易，要搜集起来更是渺茫。若有一个《史记》研究中心，组成专门班子，采用现代化的复印手段，资料的收集是不难的。然后组织人力，首先编写一部《史记书录和论文目录及主题索引》的工具书，对几百种书和几百篇文章作题解，这是一项很有意义的工作。随后，编辑出版《史记长卷》，筛选出精品专著和论文，出几十卷资料丛书。这是深入研究《史记》和写出高水平论著的前提条件。

（二）关于论著研究。此又可分为普及与提高两个方面。普及与提高是相对而言，今天所说的普及与提高都含有会综前人成果的意思。普及方面，至少要做好三项工作：一是出版能够全面反映《史记》风貌，文史并重的新的注释选本；二是今译《史记》全书，它应集训诂和论著研究之大成，这对于普及史记学和今后《史记》流传具有不可估量的历史意义；三是编写一部司马迁大传，全面反映这位古代思想家和历史家的创造精神和发愤精神及其成就，将是培养爱国主义的宝贵资料，对于鼓励知识青年发愤立志，振兴中华有巨大的现实意义。提高的工作也有三项：一是加强对司马迁思想和《史记》内容的系统研究，可从史学、文学、比较学各个方面展开，还应系统地整理司马迁的思想资料，要写出一批有分量的专著，并不定期出版“史记论丛”；二是对《史记》的疑案要作深入的专题攻关。这包括文字真伪、史实考订、残缺篇目及史公疑年等的定案工作；三是编纂一部集古今研究之大成的会注本，完成划时代的工作，遗惠子孙。做好以上各项工作，不是少数几个专家便能完成的，更不是自发状态下所能期望的，但只要把力量组织起来，并作好规划，依靠众多的人来热心工作，团结一致，通力合作，坚持不懈，完成以上各项工作并非是不切实际的幻想。

在《史记》研究方面，我还只是一个学步的中年人，水平低，见识浅，所发议论定有不少谬误。本文述评的目的在于提出看法，与同志们共同商量，把《史记》研究推进一步。我们深信，在马克思主义理论指导下，在党的“双百”方针推动下，《史记》研究一定会不断创新，达到一个新的高峰。

（原载《人文杂志》1983 年第 6 期）

附录：书评三篇，书摘一篇[①]

一本系统研究司马迁的论集问世

——读张大可《史记研究》

张大可同志的《史记研究》论集（甘肃人民出版社出版）一书问世了，共收论文二十三篇，系作者多年辛勤劳动的结晶。这是一本代表《史记》研究新水平，熔科研教学于一炉的专著。

本书的鲜明特点之一是对《史记》进行了全面系统的研究。全书分为五个部分，即：总论、疑案探讨、论《史记》编纂学、论司马迁的思想和三十年来《史记》研究成果评述。这些独立成篇的文章，并非孤立零散或彼此无关，而是有目的有计划地撰述的，是作者从各种不同的角度和方面对《史记》进行全面系统的长期探索的结果。

作者在有关古今研究《史记》资料的搜集和占有上，涉猎十分广博，功夫深厚。以清代和新中国建立后这段时间为例，对《史记》进行过研究的就有四五百人之多，而撰写的著述，更是浩繁不计，单解放后发表的《史记》研究论文便达到三百余万字。纵观大可同志的著作，对这些丰富的研究成果，虽不能做到毕览无余，但其中的主要部分，几乎都未曾放过。用力之勤，钻

① 附录的三篇书评，是学术界对拙著甘肃人民出版社1985年版《史记研究》的评论，按时间为序排列。三篇书评，出自三位学者之手。他们是：柯昌基，南充师范学院历史系教授，今已作古。唐少卿，兰州大学学报主编，编审。黎尚诚，甘肃人民出版社编审。书摘一篇，出自张新科、俞樟华两位学者的《史记研究史略》。张新科，陕西师大中文系教授，博士生导师。俞樟华，浙江师大中文系教授，硕士生导师。这几位学者，都是我的学术好友，他们的评述表现了严谨的学风和深厚情谊。借此次结集，再次表示谢忱！——作者附注。

读之苦，当可想见。

司马迁致毕生精力于述史，以自己的生命铸成了他的一家之言，这一家之言的内容到底指的是些什么，千百年来，人们却不知究竟。大可同志通过自己的研究，认为司马迁的一家之言可以概括为三个方面：

> **融会百家学说以建立统一的新思想体系；创立百科全书式的纪传体通史的表述形式；一家之言的核心是“稽其成败兴坏之理”。**

根据作者的论证，我们认为这样的归纳和评述是站得住脚的，经得起推敲的，是《史记》研究中的一个新的突破。

《史记》的五体结构是一个伟大的创造，此种纪传体形式被封建王朝定为国史正体，而历代学者大多偏于从史料编纂方法上探讨其得失，以致对《史记》的内容为什么会如此丰富这样的重大问题也不能做出令人满意的回答。大可同志改弦更张，摆脱了封建旧史学纯资料性的考证，以马克思主义为武器，着重从笔法义例上进行研究，详细地剖析了五体（《本纪》、《表》、《书》、《世家》、《列传》）之义，同时指出，《史记》之所以能做到“经济、政治、文化、学术、民族、社会以及自然界的星象、历法、地理、地利等无所不备”，原因就在于它有一个五体结构的完整体系，基于体制完备，故能包罗万有。大可同志对《史记》五体结构的探索可以说是独具匠心，弥补了史记学研究在这方面的缺陷，确实显得前进了一步。司马迁创造了《序》、《赞》的史论形式，但遭到唐代著名史学评论家刘知几的抨击，意见猛烈到说《赞》乃系画蛇添足的程度，此说在唐以后颇有影响。对这个问题，作者在书中提出了自己的看法，认为刘氏的指斥不当：“一部历史著作，若无作者的评论和观点，只能算做资料汇编”。同时深入分析了《序》、《赞》的内容和作用。①考证史实；②调查研究；③对历史人物进行直接的评论；④阐明述作之旨；⑤提示作史之例。

以上的几点分析表明，《序》、《赞》不是可有可无的东西或多余之举，而是一种寓意深微的优秀的史论形式。读了大可同志的论驳可知，刘知几的意见确实是值得商榷的。

本书对《史记》互见法的探讨尤为出色。“《史记》互见法是司马迁首创的一种述史方法，这种方法是将一个人的生平事迹、一件历史事件的始末经过，分散在数篇之中，参错互见，彼此相补。”这个问题曾长期争论不决，有的说司马迁剪裁取舍失当，有的说重复迭出难于避免……。大可同志经过精心探求，找出了司马迁为什么要创立互见法的原因：

①互见法能使复杂的历史事件显得线索清楚、层次分明。《史记》的五体结构能容纳众多的历史素材是其所长，而纪事重复冗赘则是其所短。运用互见法，不仅能扬长补短，且可化短为长，使每篇都能做到重点突出，记事简练而又详略得当。

②互见法集中史事，使历史事件的叙述首尾完具，具有纪事本末体的特色。如《吕太后本纪》详诸吕之变；《陈涉世家》详秦末农民战争发难之势；《吴王濞列传》详七国之乱；《大宛列传》详汉通西域等，可以说是具体而微地体现了纪事本末的笔法。

③互见法使回护与历史真实之间的矛盾获得了妥善的解决。

④互见法是塑造历史人物典型形象的一种特写方法，本传集中描述人物一生的最典型事迹，而将人物的侧面载于他传。司马迁笔下的人物形象之所以光彩照人，就在于他成功地运用了互见法。

⑤互见法两传存疑，广载异闻以备参考。

人们过去对《史记》互见法的认识比较粗浅，仅简单地归结为材料编纂上的“互文相足例”。大可同志对《史记》互见法的具有开拓意义的研究，提供给了我们探讨司马迁一家之言的一把钥匙，无疑也把对《史记》的研究引向了新的深度。

班氏父子提出《史记》亡缺十篇，此说一直为历代多数学者所接受。大可同志经过认真细致的考辨，认为今本《史记》除残亡四篇外，基本上保持了原貌。细读作者的文章，我们认为这一结论是可以接受的，符合历史真实的。作者的这一研究成果，或许应该说，可以基本结束学术界在这个疑案面前的长期徘徊。

《史记》断限问题，过去许多学者都感到难于剖释，一直众说纷纭。对此，作者提出了自己很有说服力的看法：《史记》本有两个断限计划——“起于陶唐，至于麟止，是司马谈发凡起例的计划。起于黄帝，至于太初，是司马迁扩大的计划”。上起黄帝是大一统历史观的反映。“至于太初”而附载大事又尽武帝之末则是为了实录的需要。作者的这个见解，同《史记》的成书过程和司马迁的历史方法论恰相吻合。论证相当有据，我们仿佛看到，凝聚在断限问题上的疑云迷雾已经大部分被驱散了。

“太史公”释名的疑案更是史学界长期争论不休的问题。作者总结了两千年来的各种说法，竟委穷源，把“太史公”释名与《史记》书名之演变结合起来考察，这一方法，确实抓住了解决这一疑案的关键，作者认为：“‘太史公’不是官名，此称‘太史’为官名，‘公’字为尊称，乃是司马迁尊称其父，署官以名其书曰《太史公书》，故百三十篇之序赞题‘太史公曰’是必然之理，均司马迁自题，不是外人所加。‘太史公书’取义太史所记之书，故演变为‘史记’也完全符合司马迁题名之原义。”作者的这一结论即使不是最后的定论，却也是迄今为止关于这个问题研究中具有充分理据的一家之言。

如何估计建国三十年来《史记》研究的总成果，怎样推进《史记》研究向纵深发展？作者在《三十年来史记研究述评》一文中做出了实事求是的估价，提出了比较中肯的意见。作者建议成立一个史记研究中心来组织和推进《史记》研究，是一个很有价值的建议。该文在《人文杂志》刊发以后引起了学术界广泛的注意。我们深信，随着四化建设的步伐，作者的建议必将成为现实。一个深入研究《史记》的新局面会很快出现。作者在论集《后记》中所提出的种种问题将会受到学术界的重视。我们预祝作者的新成果在不久的将来问世。

司马迁生活于西汉盛世，看得出来，作者收入论集中的全部研究文章，都紧扣着这一历史背景，从而也就弄清楚《史记》这部不朽名著的产生，乃是主客观条件的统一促成的，主观条件——父子两代人的心血结晶；客观条件——西汉的大一统和文化高涨，汉武帝的雄才大略及其雄伟事业。大可同志把自己的整个研究置于这样的基础上，在方向上是对头的，也符合历史唯物主义的基本原则。

大可同志治学严谨，考证之篇固不少，却不拘泥于繁琐的引章摘句；论述深入浅出，说理明白透辟，行文流畅激扬，遣词朴雅清丽；既有学术上的新造诣，而又通俗易懂。一本具有作者一家之言风格的学术专著能做到这样，是颇不容易的。还应当指出的是，大可同志是近年来才活跃于史学论坛的中年同志，在短短几年里，竟然取得了这样丰硕的研究成果，就显得更加难能可贵了。（**柯昌基**）

（**原载《西北师院学报》1985年第2期**）

史记研究的新成果

——评介张大可的《史记研究》

最近，由甘肃人民出版社出版的三十余万字的《史记研究》，是兰州大学历史系中年教师张大可同志系统研究司马迁和《史记》的一本专著。这本书对司马迁和《史记》的研究比较广泛、深入，是我国史学界在《史记》研究方面的一个新成果。现作一介绍，从四个方面来谈。

一、《史记研究》对司马迁和《史记》作了系统、深入的研究

司马迁是我国历史学的奠基人。他集史学家、文学家、思想

家于一身，并将这几个方面熔铸在他用毕生精力完成的《史记》中。《史记》是一部千古流传、举世称颂的历史巨著，它奠定了中国史学的独立地位，在古代史学史上竖起了一座巍峨的丰碑，对后世产生了极其深远的影响。自《史记》问世以来，历代阅读和研究它的人不可胜数，著述有几百种之多。新中国建立以来的三十多年间，学术界对司马迁和《史记》的研究则更为活跃。不仅编写、出版了大量普及性的注、译选本和通俗性的评介小册子，而且有近百种的学术刊物发表了数百万字的研究论文。这些研究成果把《史记》从传统的"史料学"的研究水平提高到"史记学"的研究高度上，走上了科学化的正确方向。张大可同志的《史记研究》继往开来，在已有研究成果的基础上进行了新的开拓，故不论是研究的范围，或是深度方面，可以说是建国以来第一部系统地研究司马迁思想和《史记》编纂学的论集。

《史记研究》共辑文二十三篇，分为五个部分。第一部分文章三篇，是综合性的论述，重点研究《史记》产生的原因和成书的历史条件。第二部分文章六篇，讨论《史记》疑案，主要是对司马迁生卒年、太史公释名、史记断限、史记残缺与补窜等问题作总结性的探索、考证。第三部分文章六篇，研究《史记》编纂学，着重讨论了史记的体制义例、取材、序赞、互见法、倒书以及塑造历史人物的方法等问题。第四部分文章六篇，集中论述司马迁的思想，剖析了司马迁的一家之言、历史观、政治思想、经济思想、民族一统思想等。第五部分文章两篇，对建国以来《史记》研究的方法理论和总成果作了评述，并提出了今后如何进一步推进《史记》研究的建议。通读《史记研究》，笔者个人有如下的深刻印象：本书对《史记》传统的研究课题作了新的开拓，或充实前人的结论，或推翻前人的定论，或引出新的结论；更值得注意的是开拓了新的研究领域，如《史记》成书的历史条件、《史记》编纂学的系统论述、司马迁一家之言及民族一统思想的探索等等，并做出了比较合理的评述，也可以说是做出了具有创见的一家之言。

二、考论相结合的研究方法

从研究方法上来看，《史记研究》考论相结合，既有宏观的论述，也有细微的分析，具体说有以下几个特点：

第一，《史记研究》坚持了马克思主义的唯物史观的方法论。作者把司马迁和《史记》放置于西汉盛世这一历史背景中考察，把司马迁的写作活动与当时社会政治、经济状况紧密地联系起来，较为合理地揭示了司马迁历史活动的动机。作者在《司马迁评传》、《论史记成书的历史条件》等文章中分析、论证了《史记》产生的主客观条件。在主观条件方面：司马迁聪颖勤奋，十岁诵古文，养育了他的才；得天独厚的家学渊源和师承，培植了他的学；壮游与受祸锤炼了他的识；史官世家的气质，司马谈尽忠尽孝的教育，临终遗言的嘱托，涵育了他的德。简言之，良史必备的才、学、识、德四大要素，司马迁兼备一身，这是《史记》产生的内因。在客观条件方面：西汉统一提出了如何巩固自己的政治，需要总结历史的经验，做出学术的综合；西汉盛世的经济文化发展，提供了修史的条件；雄才大略的汉武帝加强了中央集权的统治，这宏阔昂扬的时代，是成书的直接背景；汉武帝后期阶级矛盾尖锐化，为司马迁"原始察终，见盛观衰"的方法论提供了现实的依据；文景之世开明政治的流风余韵，启迪了司马迁自成"一家之言"。《史记》之所以成为一部不朽的巨著，乃是主客观条件的统一。其他如《司马迁经济思想述论》、《司马迁的民族一统思想试探》等文，也都具体入微地展示了时代的影响。

第二，坚持和发扬了以本证为主的考证方法。昔贤研究《史记》疑案，所用考证方法主要是间接资料的排比，引据甲说乙云，故纷纭歧说，莫衷一是。如司马迁的生年和卒年各有六、七种说法，太史公释名有十种分歧意见，《史记》残缺有五种观点，《史记》断限有四种立论依据。孤立地来看，各种说法大都有着合理的论据；但综合分析，各种说法都依据的是间接的材料来推论，未能大量引证《史记》本身的材料立论，故结论似是而实非。例如已故文献学者余嘉锡先生考证《史记》缺逸，著《太史公书亡篇考》，洋洋十余万言，引证材料几百条，用以论证张晏之说不虚。尽管余先生引证宏博，穷源竟委，但他离开了《史记》本证，囿于班固、张晏之成说，考证的起点就偏离了方向，所以他的详细考证并不能定案。《史记研究》讨论《史记》疑案的六篇文章，另辟蹊径，立足于本证，大量引用司马迁在《史记》中自述的材料立论，得出了新的结论。试举太史公释名一例以明之。《史记》原称《太史公书》。作者抓住这一线索，将太史公释名与《史记》书名之演变结合起来考察，从《史记》中筛选内证，得出了这样的结论："'太史公'不是官名，此称'太史'为官名，'公'字为尊称，乃是司马迁尊称其父，署官以名其书曰'太史公书'，故一百三十篇之序赞题'太史公曰'是必然之理，均司马迁自题，不是外人所加。'太史公书'取义太史所记之书，故演变为'史记'，也完全符合司马迁题名之原义。"我们认为这一结论是比较合理的。其他如《史记断限考略》、《史记残缺与补窜》等文的论证，也都主要从《史记》中筛选内证，为解决《史记》疑案开辟了新路。

第三，论从史出。《史记研究》对一系列问题的研究所得的见解和结论，不是从理论概念中推导出来的，而是从历史事实中引出来。如《史记》的体例，以往研究文章作溯源的考证，认为五体古已有之，司马迁只不过把它汇总在一起以构成一书而已。而本书的《史记体制义例简论》一文则从全书的历史内容来探讨五体的笔法义例，考察司马迁创造纪传体的意义，把这一问题的研究提到了一个新的高度。作者认为，《史记》五体体制形象地照映了封建的等级秩序，五体均为司马迁所创。作者从五体的题名、目次、篇数探讨《史记》义例，不仅新颖，而且提出了比较合理的看法。又如《试论司马迁的一家之言》一文，作者论证司马迁的一家之言可简括为三点：一、"一家之言"的结构，融会贯通百家学说以建立统一的新思想体系；二、"一家之言"的核心思想，稽其成败兴坏之理以志古自镜；三、"一家之言"的表达形式，创立百科全书式的纪传体通史，奠定了史学的独立地位。作者用了正反两面的材料来论证，具有充分的说服力。再如《司马迁经济思想述论》一文，作者论证司马迁的经济思想，并重农工商虞；宣扬欲望动力说，批判了“最下者与之争”的政策；“崇势利，羞贱贫”；为商人立传，总结治生之术，均紧扣《平准书》和《货殖列传》的材料，一扫空泛论说的积习，论说有力，观点鲜明。

第四，《史记研究》排比资料，运用了表论相结合的方法。梁启超说：“多想方法，把正文变为图表。”因图表能“范繁碛的史事为整饬，化乱芜的文章为简洁，且使读者一目了然。”(《中国历史研究法（补编）》）本书有八篇文章列表论证，充分显示了鲜明简洁的特色。八篇目录是：《司马谈作史考论述评》，《史记断限考略》，《史记残缺与补窜考辨》，《史记体制义例简论》，《论史记取材》，《试析将相表之结构与倒书》，《论司马迁的历史观》，《从司马迁写当代史看他的政治观》等。表论结合，不仅使复杂的史据和考辨得到集中简明的反映，而且增强了论证的说服力和科学性。尤其是《论司马迁的历史观》一文中的“大一统历史观结构简表”把司马迁的历史观和《史记》的体制结构令人信服地表现出来，是史学论文的一种创造。

以上几点已经充分地说明《史记研究》一书的作者不是用单一的方法从事科学研究，而是运用各种方法作综合分析，所以论说有力，文情畅达。例如一般所运用的类比研究，逻辑推理，数据的提炼与分析等等，作者不仅运用圆熟，而且具有自己的一些特色，显示出生机勃勃的创造力。

三、开拓了史记研究的新领域

旧时代研究《史记》的文人学士偏重于文献的解释和订正，如解题、校勘、考证、读法、评注、版本流传等方面，给我们留下了丰富的遗产；但对司马迁的史学见解和他独创的“一家之言”的实质探讨不够，因此对《史记》的研究停滞在文献学和史料学的基础上未能达到史记学的高度。建国以来，文史工作者力图运用马克思主义的观点作指导，重新评价司马迁和《史记》，从政治到经济，从思想到文化，从史学到地理，从文学到哲学，从司马迁行年到三家注，进行了广泛的探讨，取得了很大的成绩。但是，由于《史记》体大思精，司马迁一生坎坷不平，所以研究司马迁和《史记》还有许多新的领域需要开拓。《史记研究》在这一方面作了相当的努力。如书中的《论史记成书的历史条件》、《史记体制义例简论》、《简评史记论赞》、《论史记互见法》、《试析将相表之结构与倒书》、《试论司马迁的一家之言》、《司马迁的民族一统思想试探》、《司马迁怎样塑造历史人物》等文，都是开拓新领域的尝试。《史记研究》的这些新的建树总篇数和字数约占全书的三分之一，由此可见创新是该书的一大特色，值得支持和提倡。

《史记研究》在传统的研究课题上也有不少的创新。例如《史记残缺与补窜考辨》一文，立足于本证，首先弄清亡缺的时间和原因，辨证班固、张晏之说不可尽信；然后进行全面的综合考察，把史记断限、亡缺与补窜联系起来研究，得出了张晏所云十篇亡书，实际亡四存六，四篇亡书也可说是亡一残三，即《今上本纪》亡，《礼》《乐》《兵》三书均书亡序存，亦可说残。对这种按核《史记》原书，验之以本证所得出的结论推翻了余嘉锡所著《太史公书亡篇考》的结论，可以说是方法正确，析校细密，考证精审，堪称定论。

关于司马迁的历史观，昔贤今人的论述不少。《史记研究》中《论司马迁的历史观》一文用表论结合的方法，着重从《史记》的编纂特点和内容剪裁这一角度作了新的探索，得出了新的结论。作者认为，司马迁的历史观是发展、进化、变革的历史观，从历史哲学上来看是带二元论色彩的朴素唯物论历史观。作者的论述较好地解决了《史记》中对若干历史问题的矛盾记载。例如本文在解决五帝三代的承传世系不合理的矛盾时，不用近世发现的民族社会理论作解释，而运用《史记》体制结构所表现的大一统历史观来阐述，既新颖，也较符合司马迁的原意。此外，关于司马迁生卒年的考证以及对司马迁政治思想、经济思想的探索，虽是老生常谈的题目，作者却写出了新意。

四、展望了史记学的研究与发展

建国以来，学术界对《史记》的研究取得了丰硕的成果，成绩是显著的，但也出现了一些值得注意的倾向性问题。《史记研究》中《司马迁研究中值得注意的问题》、《三十年来史记研究述评》两文作了总结。作者认为在《史记》研究中，史论结合的研究方法，理论和史料两个方面的基础都比较薄弱，在理论方面，一般化的论述较多，深透的分析较少，论证简单化。具体说，在司马迁研究中值得注意的思想倾向主要有三个方面。一是用今人的思想去改铸古人，拔高司马迁的形象；二是为尊者讳，粉饰司马迁的历史局限性和阶级局限性；三是以偏概全，因而在《史记》研究中往往形成极端对立的观点。此外，研究队伍涉猎者多，专精者少，同时也缺乏一个《史记》研究中心来组织。因此，要完成建设性的宏伟的研究任务是不可能的。作者提出的问题，阐明的这些见解，是有助于研究深入的。

如何推进《史记》研究向纵深发展，作者在《三十年来史记研究述评》和《后记》中提出了比较中肯的具体建议。概括说来是两个方面。

第一，要做好基础工作，对《史记》进行多层次的整理研究。所谓基础工作包括队伍的培养组织和资料整理两个方面。队伍的培养和组织需要成立一个研究中心来组织全国力量，通盘考虑，改善研究条件，培养专精队伍，有计划地开展工作，分工合作，是十分必要的。关于资料的整理，作者建议编写一部“史记书录和论文目录及主题索引”的工具书，然后筛选出几百万字的专著和论文，编辑出版几十卷史记资料丛书。这两项工作是深入研究《史记》和写出高水平论著的前提条件。所谓多层次的整理研究，就是把普及与提高两个方面的工作结合起来做。既要有全部《史记》的注释，也要有各种新的注释选本。对司马迁思想的研究要系统和全面地进行，可从史学、文学、比较学各个方面展开。对《史记》疑案要作深入的集体攻关，一个一个落实。最后要编纂一部集古今研究之大成的全注本，完成划时代的工作，遗惠子孙。这些意见，无疑地对深入开展《史记》的研究，既有启示，也很有益。

第二，论著研究要在许多新的领域进行开拓。作者认为，研究《史记》成书的历史条件，对评价司马迁的思想极为重要，今后还需大力深入钻研。对司马迁思想的研究，大的方面有，司马迁有无系统的史学理论？如果有，具体内容是什么？司马迁“一家之言”的具体内容和实质是什么？专题方面有：“史记与春秋”比“司马迁与班固”更重要，但至今这个问题仍是空白；《史记》与《易》学，与先秦诸子的关系等，也都需要作进一步的探讨。还有司马迁对战争的态度，司马迁的民族思想、美学思想等等若干问题都还需要深入展开。作者在《后记》中豪情满怀地说：“我们深信，在马克思主义理论的指导下，在党的‘双百’方针推动下，一定会在学术界形成一个通力合作，集体攻关的新局面，从而把《史记》研究推向一个新的高峰。”随着社会主义四化建设的高涨和经济文化的发展，作者所展示的这一目标一定能够实现。（唐少卿）

（原载《社会科学评论》1985年第5期）

颇具特色的史学论集

——试评《史记研究》

由我社甘肃人民出版社新近出版的《史记研究》论集，是我国史记研究工作中的又一新的成果。本书收辑的二十三篇论文，是作者张大可同志多年辛勤劳动，熔研究与教学于一炉的学术专著。全书共分综合性总论、《史记》疑案探讨、论《史记》编纂学、司马迁思想研究、建国以来《史记》研究方法论与成果综述五个部分。就具体内容来说，涉及到《史记》的成书与断限、残缺与补窜、体制与取材、结构与倒书，论赞与互见法，太史公释名与生卒年考，以及司马迁的政治观、经济观、历史观、民族观、一家之言、历史文学等各个方面，并都做了有益的探讨，每篇既能独立成章，又能系统地联成整体。这本书涉猎面广，资料丰富，虚与实兼备，可以看出作者深厚的功底。全面地系统地研究《史记》，并能使之达到一个新的高度，就是这部论集最主要的特色之一。

本书在研究方法上有独到之处。如太史公释名，学术界长期争论不休。作者排比了两千年来的各种说法，竟委穷源，把"太史公"释名与"史记"书名的演变结合起来考察，获得了新的结论。在研究《史记》断限、残缺与补窜等长期存有争论疑案的问题时，作者不是就事论事，而是从宏观的高度上把这些疑案与《史记》成书过程，和司马迁的历史方法论结合起来研究，从而在《史记》原著中筛选出了大量的本证。《史记残缺与补窜考辨》一文，对张晏所列《史记》十篇亡书目录进行了深入研究，作者认为所谓十篇亡书目录，既可云亡四存六，亦可云亡一残三存六；根本不存在"妄人所续"的问题，基本保持原貌。至于《史记》断限，作者在《史记断限考略》一文中认为《史记》有两个计划，"起于陶唐，至于麟止，是司马谈发凡起例的计划，起于黄帝，至于太初，是司马迁扩大的计划。"司马迁延展上限起于黄帝是大一统历史观的反映；延伸下限至于太初，而大事尽武帝之末是实录史事。这些论述是很有见地的。书中采用表论结合表述的治史方法，尤具特色。全书有八篇文章均采用了表论相结合的方法，使复杂的史据和考辨得到集中简明的反映。

本书在内容上，对司马迁传统的课题研究都能提出新见解。如作者对于司马迁的历史观，不是简单地表述了一般认为的朴素唯物史观，而是逐层分析论证了司马迁的大一统历史观、发展进化变革的历史观与二元论色彩的朴素唯物论历史观，形成了自己具有充分理据的一家之说。对司马迁的政治观的研究，作者认为“司马迁赞颂汉初无为，但并不认为无为是不应变化的；他批评武帝多欲，也并不认为武帝的功业一无是处。他的赞颂与批评，均是从顺民之欲的立场出发，总结历史的经验，警告为政者要顺应历史事势办事，以德为治，建立巩固的统治。这反映了西汉新兴地主阶级奋发向上的精神，是应该肯定的。”学术界讨论这个问题大多与董仲舒思想对照，有人认为司马迁的政治思想与董仲舒相通，有人则认为二者不相容；或者采用标签式的结论，有人说司马迁是旧贵族的思想家，有人则认为是“人民歌手”。作者却另辟蹊径，从司马迁写当代史来分析他的政治观，详引资料，博采史事，提出了自己的新看法，但是更值得注意的是，作者开拓了《史记》研究的新领域，提出了新课题。如《论史记成书的历史条件》、《史记体制义例简论》、《论史记取材》、《简评史记论赞》、《论史记互见法》、《司马迁怎样塑造历史人物》、《试析将相表之结构与倒书》、《试论司马迁的一家之言》、《司马迁的民族一统思想试探》等论题，大多是新提出的研究课题。有的课题学术界虽有所论及，但尚未深入，而本书最有特色的内容，正是这些新的课题。

建国三十五年来，学术界对于《史记》的研究可以说是空前的。据不完全统计撰写史记论文和论著的作者有二百多人，取得的成果有学术论文三百余篇，论著和小册子近三十种，字数约七、八百万，成绩是相当可观的。但是整个研究队伍，涉猎者多，专精者少。不过近几年来对于《史记》的研究，又出现了热潮。《史记研究》的作者是一位中年同志，能坚持长期的全面的系统研究，写出几十万字的专论并不多见，希望他的学术研究能更上一层楼。《史记研究》的问世，不仅反映了史学研究方面的新水平，也是奉献给广大读者的一枝学术新葩。（黎尚诚）

（原载《新书报》1985.9.11·4版）

书摘：《史记学史略》对《史记研究》的评述二则

一

历史事件、历史过程是复杂的、变化多端的，对于研究者来说，如何把纷乱的丝线理出一个头绪，让人一目了然，确是一件值得考虑的事情。近年《史记》研究中，有的学者采用表论结合的方法，把复杂的论述化为简明的表的形式，再加以论证，给读者以清晰的形象。张大可在这方面做得比较出色。从他的《史记研究》一书来看，大小表共有26个，大至《史记大一统历史观结构简表》，《史记取材表》，小至《五体目次》，使复杂的史据和考辩得到集中简明的反映。如《司马谈作史考论述评》一文，作者为了在昔贤今人对司马谈作史考论基础上进行新的论证，先列一表格（分五个小表），将方苞、王国维、顾颉刚、李长之、赵生群的考论结果介绍给读者，分为论者、篇目、论据、论点四个条款，一目了然，这远比用大段文字叙述清楚得多。又如《史记残缺与补窜考辩》一文，为了正本清源，辩明《史记》残缺及补窜，作者列了四个表：褚少孙等续史篇目内容，好事者补亡篇目内容，读者增窜篇目内容，司马迁附记太初以后事篇目内容（此表又分为三个细表），在《史记断限考略》一文中，每个表按照篇目、续（补、窜、附）史内容、说明、字数四个条款分列。这是一种严密的、科学的考据方法，在此基础上，作者再进行新的论证。作者在这方面所作的努力是应该肯定的。

二

张大可在本时期对《史记》中的“太史公曰”进行了更为深

入、全面的研究。他的《简评史记论赞》一文（《青海社会科学》1983年第6期）认为，司马迁的“太史公曰”是首创的史论形式，使历史编纂成为真正的史学论著，为后世史家提供了典范。“太史公曰”言约义丰，博大思精，涉及政治、经济、军事、思想、文化、天文、地理、历史、伦理、世俗、形势、人事等等，往往补篇中所未备。“太史公曰”议论宏阔，笔势纵横，言辞精练，旨义深微，或考证古史，或叙游历所得，或提示取材义例，或明述作之旨，或褒贬人物，或纵论史事，或隐微讥刺，皆直抒胸臆，观点鲜明，并构成了系统的史学理论。“太史公曰”的形式既整齐而又灵活。总之，“史记论赞是司马迁一家之言的重要组成部分”。

张大可另有专著《史记论赞辑释》（陕西人民出版社1986年版），将《史记》130篇的论赞全部进行了注释、翻译，大多数篇章的论赞还附有简论。在五体结构各单元的前面也有一个“说明”，全书之前冠以序论，对《史记》的论赞进行了全面的分析评述，这本书既给研究“太史公曰”提供了资料，也体现出了作者对“太史公曰”研究的成果，是值得重视的一部学术著作。（张新科　俞樟华）

（原载《史记研究史略》，三秦出版社1991年版）

張大可文集

总目

第一卷　七十述怀

第二卷　史记研究

第三卷　史记文献研究及选讲

第四卷　史记论赞辑释

第五卷　史记精言妙语

第六卷　史记二十讲

第七卷　司马迁评传

第八卷　三国史研究

第九卷　三国史

第十卷　中国历史文献学